여신실무법률

담보 I

오시정 저

한국금융연수원
KOREA BANKING INSTITUTE

여신실무법률 - 담보(Ⅰ)

제10판을 내면서

이 책 제10판에서는 제9판까지의 내용 중 일부를 다음과 같이 수정·보완하였다.

첫째, 금융소비자보호에 관한 법률과 동법시행령에 근거한 금융소비자보호에 관한 감독규정 제14조 제6항 제8호의 규정과 관련하여 한정근보증과 한정근담보가 허용되는지 여부에 관한 질의에 대한 금융위원회의 회신 내용과 그에 따른 법률적인 문제점 등에 관하여 자세히 해설하였다.

둘째, 제1장과 제2장의 판례를 보다 알기 쉽게 설명되어 있는 최신의 판례로 교체하고 의미있는 새로운 판례를 보충하였다.

셋째, 개인금융채권의 관리 및 개인금융채무자의 보호에 관한 법률이 2024년 2월 27일 새로이 제정되어 2024년 10월 17일부터 시행됨에 따라, 동법에서 규정하는 내용을 부록 은행의 담보약관 서식에 반영하였다.

부족한 점에 대하여는 독자 여러분들의 기탄없는 조언을 들어 계속 보완해 나갈 예정이다. 아무쪼록 이 책이 독자 여러분들에게 실무적인 지침서로서는 물론이고 학문적인 연구의 자료로서 유용하게 쓰일 수 있기를 바라오며, 아울러 이 책이 출판될 수 있도록 지원을 아끼지 않으신 한국금융연수원 원장님 이하 임직원 여러분에게 감사의 마음을 전하고자 한다.

2025년 1월

吳 時 正

머리말

기업이 수익을 내기 위해서는 적극적인 마켓팅을 통한 매출신장도 중요하지만, 각종의 거래관계로부터 필연적으로 발생하게 되어 있는, 타인에 대한 채권을 적기에 회수하여 이를 재투자에 활용하는 것이다. 거래의 규모와 이윤의 폭이 아무리 크다 하더라도, 그 거래관계에서 발생하는 채권이 회수불능으로 되어 버린다면, 그러한 거래는 오히려 기업의 존립을 위태롭게 하는 요인이 되고 말 것이기 때문이다.

그간 저자는 금융회사 등의 여신거래관계에서 발생하는 채권의 안전한 회수를 위하여 담보를 취득하고 관리함에 있어 알아두어야 할 각종의 법률관계를 담보의 종류별로 인적담보, 유체동산담보, 지명채권담보, 유가증권담보, 지식재산권 등 담보, 부동산담보 및 그 밖의 등기·등록재산담보로 분류하여 체계적으로 해설하여 여신거래의 실무자나 관리자가 실제로 부딪치게 되는 여러 업무의 실무처리지침으로 삼을 수 있도록 여신실무법률(중)-담보편이라는 책 이름으로 2002년에 초판을 낸 이후 2012년 제7판까지 낸 바 있다.

그런데 초판을 낸 이후 12년여가 지남에 따라 그간 동산·채권 등의 담보에 관한 법률의 제정으로 동산담보권과 채권담보권 제도가 새로이 마련되었고, 공장저당법·광업재단저당법을 통합한 공장 및 광업재단 저당법의 제정으로 재단저당제도가 개편되었으며, 자동차저당법·건설기계저당법·소형선박저당법·항공기저당법을 통합한 자동차 등 특정동산저당법의 제정으로 동산저당제도의 개편도 있었다. 또한 보증인 보호를 위한 특별법이 제정되어 보증인 보호를 위한 새로운 제도가 마련되었으며, 민법이 개정되어 미성년자 등 행위무능력자제도가 제한능력자제도로 개편되었고, 그밖에 금융업무에 변화를 가져올 부동산등기법·주택임대차보호법·상가건물임대차보호법 등 많은 법령이 개정되었으며 새로운 판례가 나왔다. 그리고 금융업무에 있어서도 담보권설정비용의 금융회사부담, 소비자금융의 연대보증폐지, 기업금융에 대한 보증의 합리적 규제, 포괄근담보의 금지 등 많은 변화가 있었다.

이 책은 위와 같은 변화를 모두 반영하여 여신거래의 실무자나 관리자가 담보의 취득과 관리 업무를 수행하는 과정에서 발생하는 여러 실무적인 법률문제에 관하여 충분히 이해하고 적절히 대응할 수 있도록 여신실무법률(중)-담보편을 전면 개편하여 여신실무법률(담보Ⅰ)과 여신실무법률(담보Ⅱ) 2권으로 구성, 담보Ⅰ에서는 담보총론, 인적담보, 유체동산담보, 지명채권담보, 유가증권담보 및 지식재산권 등 담보에 관하여, 그리고 담보Ⅱ에서는 부동산담보 및 그 밖의 등기·등록재산담보에 관하여 해설하였다.

특히 이 책을 집필함에 있어서 가장 고심한 것은, 이 책이 한국금융연수원의 집합연수과정인 여신실무법률과정의 강의교재로 사용되는 것이라는 점에서, 그 분량을 어느 정도로 할 것인지 이었다. 강의시간에 맞추어 그에 맞는 분량만을 해설하게 되면, 그 내용이 너무 축소되어 실제의 실무에 있어서 발생하게 되는 여러 법률문제를 이해하기가 쉽지 않고, 그렇다고 하여 실무상의 여러 법률문제를 모두 해설하려고 하면 교재의 분량이 많아지기 때문이다.

그러나 이 책의 독자가 모두 한국금융연수원의 집합연수교육을 받는 것이 아니고, 또 교육을 받는다 하더라도 주어진 교육시간의 범위에서 학습하지 못한, 여러 실무상의 법률문제에 대하여도 그 처리방향을 제시해줄 참고서가 필요할 것이라는 점을 고려하여, 분량이 많아지더라도 담보의 취득과 관리에 관한 기초적인 법률관계는 물론이고, 실제의 업무처리과정에서 발생하게 되는 복잡한 여러 법률문제까지 최대한 해설하기로 하였다.

따라서 이 책을 연수교재로 사용하고자 하는 때에는, 주어진 교육시간과 교육목적에 맞도록 강의할 부분을 미리 한정하되, 나머지 부분의 내용을 본인이 스스로의 학습을 통해서 습득할 수 있도록 학습프로그램을 적절히 조정하여 사용할 것을 권유하고자 한다.

아무쪼록 이 책이 독자 여러분들에게 실용적인 반려자가 되기를 바라오며, 아울러 이 책이 출판될 수 있도록 물심양면으로 지원을 아끼지 않으신 한국금융연수원 원장님 이하 임직원 여러분에게 깊은 감사의 마음을 전하고자 한다.

2014. 2

吳 時 正

차 례 Contents

약어표

1. 법률

(ㄱ)

가담 • 가등기담보 등에 관한 법률
고산보 • 고용보험 및 산업재해보상보험의 보험료 징수 등에 관한 법률
관진 • 관광진흥법
공광저 • 공장 및 광업재단저당법
공항시 • 공항시설법
관세 • 관세법
광업 • 광업법
국건보 • 국민건강보험법
국기 • 국세기본법
국배 • 국가배상법
국연 • 국민연금법
국징 • 국세징수법
국채 • 국채법
근기 • 근로기준법
근퇴보 • 근로자퇴직급여보장법
기보 • 기술보증기금법

(ㄴ)

내수어업 • 내수면어업법

(ㄷ)

댐주지 • 댐건설 및 주변지역지원 등에 관한 법률
독규공거 • 독점규제 및 공정거래에 관한 법률
동채담 • 동산·채권 등의 담보에 관한 법률
디보 • 디자인보호법

(ㅁ)

마약 • 마약류 관리에 관한 법률
민 • 민법
문보 • 문화재보호법
민소 • 민사소송법
민집 • 민사집행법

(ㅂ)

반집배설 • 반도체 집적회로의 배치설계에 관한 법률
법조 • 법원조직법
보보특 • 보증인 보호를 위한 특별법
보험 • 보험업법

(ㅅ)

사복사 • 사회복지사업법
사학 • 사립학교법
상 • 상법
상임보 • 상가건물임대차보호법
상표 • 상표법
수산업 • 수산업법
수표 • 수표법
신보 • 신용보증기금법
실용 • 실용신안법

(ㅇ)

약 규 • 약관의 규제에 관한 법률
어 음 • 어음법
여 금 • 여신전문금융업법
우 편 • 우편법
유 도 • 유료도로법
은 행 • 은행법
의 료 • 의료법
국 건 보 • 국민건강보험법

(ㅈ)

자 시 금 투 • 자본시장과 금융투자업에 관한 법률
자 특 저 • 자동차 등 특정동산 저당법
재 공 • 재외공관공증법
저 작 • 저작권법
전 문 거 기 • 전자문서 및 전자거래 기본법
주 사 전 등 • 주식·사채 등의 전자등록에 관한 법률
주 임 보 • 주택임대차보호법
중 기 은 • 중소기업은행법
지 기 • 지방세기본법
지 세 • 지방세법
지 재 • 지방재정법
지 재 기 • 지식재산기본법

(ㅊ)

채 설 이 • 체육시설의 설치·이용에 관한 법률
채 회 파 • 채무자회생 및 파산에 관한 법률

(ㅌ)

특 허 • 특허법

(ㅎ)

한 산 은 • 한국산업은행
한 토 공 • 한국토지주택공사법
항 만 • 항만법
항 안 • 항공안전법
형 • 형법

2. 령 · 규칙

민 소 규 • 민사소송규칙
은 감 규 • 은행업감독규정

※ 기타 :법률약어 다음에 「령」이 붙은 것은 시행령, 「규」가 붙은 것은 시행규칙임.

(예)

국 기 령 • 국세기본법시행령
국 채 규 • 국채법시행규칙

3. 판례

대 전 합 판 • 대법원전원합의부판결
대 판 • 대법원판결
대 전 합 결 • 대법원전원합의부결정
대 결 • 대법원결정

4. 조문의 인용예

1 ① i • 제1조 제1항 제1호

1 ① ② • 제1조 제1항 제2항
1 ~ 3 • 제1조 내지 제3조
1, 2 • 제1조 제2조
본, 단 • 본문, 단서
전, 후 • 전단, 후단
본전, 본후 • 본문 전단, 본문 후단

5. 약관, 기타

예거기 • 예금거래기본약관
신보약 • 신용보증약관(대출보증 · 제2금융보증용)
전신보약 • 신용보증약관(전자상거래대출보증 · 전자상거래제2금융보증용)
지신보약 • 신용보증약관(지급보증의 보증용)

주요 참고문헌 및 인용약어

민법 해설서

고상룡 민법총칙 ························ 고상룡, 민법총칙, 1999, 법문사.
곽윤직 민법총칙 ························ 곽윤직, 민법총칙(신정수정판), 1999, 박영사.
권룡우 민법총칙 ························ 권룡우, 민법총칙(제5전정판), 1999, 법문사.
김상용 민법총칙 ························ 김상룡, 민법총칙(전정판), 1998, 법문사.
김용한 민법총칙 ························ 김용한, 민법총칙론(재전정판), 1993, 박영사.
김주수 민법총칙 ························ 김주수, 민법총칙(제3판), 1991, 삼영사.
김준호 민법강의 ························ 김준호, 민법강의(제5판), 1999, 법문사.
김증한 민법총칙 ························ 김증한, 신고민법총칙 1986, 박영사.
이영준 민법총칙 ························ 이영준, 민법총칙(전정판), 1996, 박영사.
황적인 현대민법론 ······················ 황적인, 현대민법론, 1987, 박영사.

곽윤직 물권법 ·························· 곽윤직, 물권법(신정수정판), 2000, 박영사.
김기선 한국물권법 ······················ 김기선, 한국물권법, 1985, 법문사.
김상용 물권법 ·························· 김상용, 물권법, 1993, 법문사.
김용한 물권법 ·························· 김용한, 물권법론(전정판), 1985, 박영사.
이영준 물권법 ·························· 이영준, 물권법, 1991, 박영사.
이은영 물권법 ·························· 이은영, 개정판 물권법, 2000, 박영사.
장경학 물권법 ·························· 장경학, 물권법, 1987, 법문사.

곽윤직 채권총론 ························ 곽윤직, 채권총론(민법강의Ⅲ, 신정수정판), 2000, 박영사.
김기선 한국채권법총론 ·················· 김기선, 한국채권법총론, 1987, 법문사.
김상용 채권총론 ························ 김상용, 채권총론, 1996, 법문사.
김용한 채권법총론 ······················ 김용한, 채권법총론, 1983, 박영사.
김형배 채권총론 ························ 김형배, 채권총론(제2판), 1999, 박영사.
이은영 채권총론 ························ 이은영, 채권총론(개정판), 2000, 박영사.
이태재 채권총론 ························ 이태재, 채권총론, 1981, 진명문화사.

곽윤직 채권각론 ························ 곽윤직, 채권각론(민법강의Ⅳ, 신정수정판), 2000, 박영사.
김형배 채권각론 ························ 김형배, 채권각론(계약법), 1998, 박영사.

민법주해[I]	편집대표 곽윤직, 민법주해[I] 총칙(1), 1996, 박영사.
민법주해[II]	편집대표 곽윤직, 민법주해[II] 총칙(2), 1996, 박영사.
민법주해[VI]	편집대표 곽윤직, 민법주해[VI] 물권(3), 1996, 박영사.
민법주해[VII]	편집대표 곽윤직, 민법주해[VII] 물권(4), 1996, 박영사.
민법주해[X]	편집대표 곽윤직, 민법주해[X] 채권(3), 1995, 박영사.
민법주해[XI]	편집대표 곽윤직, 민법주해[XI] 채권(4), 1995, 박영사.
주석민법[채권총칙(2)]	편집대표 박준서, 주석민법[채권총칙(2)], 2000. 한국사법행정학회.
주석민법[채권총칙(3)]	편집대표 박준서, 주석민법[채권총칙(3)], 2000. 한국사법행정학회.

상법 해설서

강위두 상법강의(III)	강위두, 상법강의(III) 어음 · 수표, 1983, 형설출판사.
서돈각 · 정완용 상법강의(상)	서돈각 · 정완용, 제4전정 상법강의(상), 1999, 법문사.
손주찬 상법(상)	손주찬, (제10정증보판)상법(상), 2000, 박영사.
손주찬 상법(하)	손주찬, 제8정증보판 상법(하), 2000, 박영사.
이기수 회사법학	이기수, 회사법학, 1996, 박영사.
이태로 · 이철송 회사법강의	이태로 · 이철송, 제7판 회사법강의, 1999, 박영사.
이철송 회사법강의	이철송, 회사법강의(제8판), 2000, 박영사.
정동윤 회사법	정동윤, 회사법(제6판), 2000, 법문사.
정동윤 어음 · 수표법	정동윤, 어음 · 수표법, 1998, 법문사.
정찬형 상법강의(상)	정찬형, 제4판 상법강의(상), 2001, 박영사.
정찬형 상법강의(하)	정찬형, 제3판 상법강의(하), 2001, 박영사.
정희철 · 정찬형 상법원론(상)	정희철 · 정찬형 상법원론(상)(제2개정판), 1997, 박영사.
정희철 상법학(하)	정희철, 상법학(하) 1990, 박영사.
채이식 상법강의(상)	채이식, 개정판 상법강의(상), 1996, 박영사.
채이식 상법(하)	채이식, 상법(하), 1992, 박영사.
최기원 상법학신론(상)	최기원, 제7전정증보판 상법학신론(상), 1996, 박영사.
최기원 어음 · 수표법	최기원, 재전정증보판 어음 · 수표법, 1996, 박영사.
주석 어음 · 수표법	주석 어음 · 수표법, 1996, 한국사법행정학회.

기타 해설서

금융분쟁사례집[제4집] ·················· 금융분쟁사례집[1991년도], 1992. 한국은행 은행감독원.

논문

김광년 계속적보증 ························ 김광년, 계속적 보증계약과 보증인의 해지권 (민사판례연구 4집).

박병대 계속적보증 ························ 박병대, 계속적 보증에 관한 고찰 (사법논집 제18집, 법원행정처).

제 1 장
담보제도 개설

제1 금융거래와 담보

제2 인적담보

제3 물적담보

제4 물상보증

제1 금융거래와 담보

영리를 목적으로 하는 금전의 수요·공급에 관한 경제현상을 금융이라고 한다. 금융에 의하여 금전의 공급자는 자금을 금전의 수요자에게 대여하여 이자를 얻고, 대여를 받은 수요자는 그 자금을 기업경영에 활용 이윤을 추구하거나 가계자금에 충당하게 된다.

금융은 자금의 공급자와 수요자간에 직접적인 거래를 통하여 이루어지기도 하나, 오늘날의 사회에 있어서는 많은 부분이 금융회사란 매체를 통해서 이루어지고 있다. 즉 금융회사는 금전의 공급자로부터 예금 등의 형식을 빌려 대부자금을 형성한 후, 이를 금전의 수요자인 가계와 기업에 공급하는 역할을 담당하고 있다. 이와 같이 금융회사가 금전의 공급자로부터 대부자금의 예수(預受)를 받는 것을 수신거래, 예수받은 자금을 수요자에게 공급하는 것을 여신거래라고 한다.

여신거래계약이 성립하게 되면 각 당사자간에는 그 계약내용에 따른 채권·채무관계가 발생하게 된다. 이 경우 채권은 금융회사인 채권자가 채무자에 대하여 금전의 지급을 청구하는 것을 내용으로 하는 권리로서, 채무자에 대한 청구적 효력과 채무자의 변제를 수령하여 이를 적법하게 보유하는 권리를 기본적인 내용으로 한다.[1] 따라서 채권자의 청구에 응하여 채무자가 임의로 채무의 내용에 따른 급부를 하고, 채권자가 이를 수령하게 되면 채권은 정상적으로 실현된 것이 되어 소멸하게 된다.

채무자가 자진하여 채무의 내용에 따른 이행을 하지 않는 경우에는, 채권자의 신청에 의한 국가권력의 발동으로 채무내용의 실현을 강제하는 것이 원칙이다. 그리고 이 경우 채무의 이행을 보장하는 방법으로는 현실적 이행강제와 손해배상의 두 가지가 있다. 그런데 채무의 이행을 보장하려면 될 수 있는대로 급부내용을 그대로 실현하는 것이 채권자에게 유리하며 또한 채권을 권리

1) 곽윤직 채권총론 94.

로서 인정한 취지에도 적합하다.[2] 따라서 채무의 강제실현은 현실적 이행강제의 방법으로 하는 것이 원칙이다. 현실적 이행강제의 방법으로는 직접강제와 대체집행 및 간접강제의 3가지가 있다. 직접강제란 국가기관이 실력을 행사해서 채무자의 의사 여하에 불구하고 채권의 내용을 실현하는 방법이고, 대체집행이란 채무자로부터 비용을 추심해서 그 비용으로 채권자 또는 제3자로 하여금 채무자에 갈음하여 채권의 내용을 실현케 하는 방법이며, 간접강제는 손해배상의 지급을 명하고 벌금을 가하거나 또는 채무자를 구금하는 등의 수단을 써서 채무자를 심리적으로 압박해서 채권을 실현시키는 방법을 말한다.[3]

금전의 지급채무나 물건의 인도채무 또는 대체적 작위채무 등에 있어서는, 현실적 이행강제의 방법에 의하더라도 아무런 부당한 결과를 가져오지 않는다. 그러나 부대체적 작위채무에 있어서는 이를 현실적으로 강제할 경우 채무자의 인격을 침해하는 것이 되어 부당할 뿐만 아니라 이를 강제하여도 그 목적을 달성할 수 없는 경우가 대부분이다. 또한 물건의 인도채무나 대체적 작위채무에 있어서도, 그것이 이행불능으로 되면 현실적 이행강제가 불가능해진다. 따라서 이러한 경우는 채무자로 하여금 손해배상을 하게 하는 수밖에 없다. 그리고 현실적 이행강제가 가능하더라도 실제로 이에 의하여 채권을 실현시키기까지 채권자가 입은 손해는, 이를 따로 채무자로 하여금 손해배상하게 하여야 한다.

채무의 내용이 발생 당초부터 금전의 지급인 경우 또는 당초에는 금전의 지급이 아니었으나 그것이 위와 같이 손해배상채무로 전환됨으로써, 금전의 지급으로 된 경우의 현실적 이행강제는, 채무자의 재산을 압류하여 현금화(현금을 압류한 경우는 현금화를 요하지 않는다)한 후 그 대금을 지급하는 방법으로 한다. 따라서 채권의 실현을 실효성 있게 하는 것은, 결국 채무자가 보유하고 있는 재산이라고 할 수 있다. 채무불이행시의 강제수단으로는 현실적 이행강제와 손해배상의 두 가지가 있지만, 현실적 이행강제가 불가능해지면 결국 손해배상을 할 수밖에 없고, 손해배상은 금전으로 하는 것이며, 금전배상은 현실적 이행강제에 가장 적합한 것이기 때문이다.

위와 같이 채무자의 재산은 채권의 실현을 위한 최종의 보루라고 할 수 있다.

2) 곽윤직 채권총론 95.

3) 직접강제와 대체집행 및 간접강제의 구체적 내용에 관하여는 곽윤직 채권총론 184 이하 및 김형배 채권총론 134 이하 참조.

그런데 채무자의 재산은 끊임없이 증감 · 변동하는 한편, 채권은 그 발생원인이나 발생시기의 선후 및 금액의 다소에 불구하고 평등하게 다루어지므로(이를 채권자평등의 원칙이라고 한다), 어떤 특정 채권이 발생할 때에는 그 채무자의 재산이 채권을 만족시키기에 충분하였다고 하더라도, 그 후의 재산감소나 새로운 채권의 발생으로 채권의 완전한 만족을 구하기에 부족한 경우가 생기게 된다. 여기에서 좀더 확실한 채권확보의 수단이 필요하게 되었는데, 그러한 수단으로 인정된 것이 바로 담보제도인 것이다.

담보의 방법으로는 강제집행할 수 있는 책임재산의 범위를 채무자 이외의 제3자의 재산에까지 확대하는 것과산에 대하여 채권자평등의 원칙을 깨뜨려서 다른 채권자보다 우선적으로 변제를 받을 수 있도록 하는 것의 두 가지로 크게 나누어 볼 수 있다. 전자를 인적담보라 하고 후자를 물적담보라 한다.

제 2 인적담보

1. 인적담보의 의의

인적담보라 함은 채무자의 채무불이행시 채권자가 강제집행하여 변제받을 수 있는 책임재산의 범위를, 채무자 이외의 제3자의 재산에까지 확대함으로써 채권을 강화하는 수단으로 되는 것을 말한다. 즉 인적담보는 채무자의 수를 늘림으로써 그 중 어느 한 채무자가 변세자력이 없게 되는 경우라도, 다른 채무자의 변제자력으로 채권의 만족을 기하고자 하는데 그 목적이 있다.

따라서 인적담보는 채권자에 대하여 타인의 채무를 변제할 의무를 부담하는 제3자의 변제자력이 어떠한가에 따라 그 담보로서의 가치가 결정된다고 할 수 있다. 다시 말하면, 채권자가 그 제3자로부터 채무의 변제를 구하고자 할 때, 그 제3자가 신용과 변제자력을 갖추고 있어 임의로 변제를 해 주면 그 담보로서의 가치는 아주 높다고 할 수 있으나, 그 제3자가 임의로 변제를 하지 않아 강제집행을 하고자 할 때에, 그 제3자에 대하여도 강제집행할 수 있는 아무런 재산이 없거나 또는 집행할 수 있는 재산이 있다 하더라도, 그 재산의 가치가 그 제3자에 대한 다른 채권자의 채권까지를 포함한 모든 채권의 변제에 부족한 때에는, 여전히 채권의 완전한 만족을 구할 수 없어 그 담보로서의 가치가 낮아지게 되는 것이다.

2. 인적담보의 종류

채무자의 수를 늘려 채권변제의 효력을 강화하려고 하는 모든 수단을 통틀어 인적담보라고 한다. 인적담보로 활용할 수 있는 것으로는 「보증」이 있으며, 그밖에 「연대채무」와 「의사표시에 의한 불가분채무」 및 「중첩적채무인수(또는 병존적채무인수)」가 있다.

보증이란 주된 채무자가 그의 채무를 이행하지 않는 경우에 이를 이행해야 하는 채무를 말한다(민 428①). 그리고 연대채무란 수인의 채무자가 채무 전부를 각자 이행할 의무가 있고 채무자 1인의 이행으로 다른 채무자도 그 의무를 면하게 되는 채무를 말하고(민 413), 의사표시에 의한 불가분채무란 성질상으로는 각 채무자가 안분하여 이행하여야 하는 채무를, 당사자간의 합의로 각 채무자가 불가분적으로 전부 이행하기로 하여, 그 중 1인이 이행하면 다른 채무자도 그 의무를 면하게 되는 채무를 말하며(민 411), 중첩적채무인수란 제3자가 기존의 채무관계에 가입해서 기존의 채무자와 함께 새로이 동일 내용의 채무를 부담하기로 하는 계약을 말한다.

제 3 물적담보

1. 물적담보의 의의

물적담보라 함은 어느 특정채권자가 채무자 또는 제3자의 소유에 속하는 특정재산의 가치로부터 다른 채권자보다 우선변제 받도록 함으로써 채권을 강화하는 수단으로 되는 것을 말한다. 물적담보권을 가진 채권자가 그렇지 않은 일반채권자와 달리 취급되는 점은 다음의 3가지로 요약할 수 있다. 즉 물적담보권자는 첫째로 채무자의 채무불이행시 집행권원[4]에 집행문[5]을 부여받은 이른바

---

4) 집행권원(민사소송법이 개정되어 민사소송법과 민사집행법으로 분리되기 전에는 채무명의라고 하였으나 명칭과 내용을 정확하게 부합시키려는 취지에서 용어를 바꾼 것임) 이라 함은 강제집행에 의하여 실현시킬 사법(私法)상의 이행청구권의 존재와 범위를 표시하고 그 청구권에 집행력을 인정한 공정의 문서를 말한다. 집행권원 제도는 강제집행을 간이하고 신속하게 처리하기 위한 법기술적 요청에서 마련된 것이다. 즉 집행기관이 채권자의 일방적이고 주관적인 권리주장만으로 강제집행을 실시할 수 있다고 하면, 채무자의 권리보호를 기할 수가 없고, 그렇다고 하여 집행기관으로 하여금 직접 채권자의 권리주장에 대한 당부를 판단하여 강제집행을 실시하게 하는 것은 실체적 권리의 존부를 판단할 수 있는 구조를 갖추고 있지 않는 집행기관의 성격에 맞지 않을 뿐만 아니라 강제집행의 신속성을 저해하게 되어 타당하다고 할 수 없으므로, 실체적 권리의 존부와 범위에 관하여는 집행기관이 아닌 다른 기관으로 하여금 공증케 하고, 집행기관으로서는 실체적 권리의 판단에 관여함이 없이 오로지 공증된 청구권의 강제실현에만 전념할 수 있게 하려는 것이 집행권원 제도인 것이다.

5) 집행문이라 함은 이를 부여하는 시점에서 집행권원이 유효하며 집행에 적합하다는 점과 집행의 당사자가 누구인가를 명확하게 하기 위하여 집행문부여기관이 집행권원 정본의 말미에 부기하여 공증하는 문언을 말한다. 강제집행의 요건으로 집행권원의 정본에 집행문의 부기를 요하도록 한 것은 특정의 집행권원에 즉시 강제집행할 수 있는 집행력이 있는지의 여부는 집행권원 그 자체만으로서는 판단할 수 없는 것이 보통인데(예컨대 판결의 확정이나 집행조건의 성취여부 등은 판결정본만으로는 판단할 수 없다) 집행권원의 작성기관과 집행기관을 분리하고 있는 현행법제상 집행기관에는 집행권원에 집행력이 있는지의 여부를 판단할 자료가 없을 뿐만 아니라 이를 집행기관으로 하여금 판단하도록 하는 것은 신속·정확한 집행을 요하는 강제집행의 성질상으로도 부적합하기 때문에, 집행권원에 집행력이 있는지의 여부를 집행기관이 아닌 집행권원의 작성기관으로 하여금 판단하게 하고 집행기관은 집행력의 존부를 심사하지 않고 바로 집행에 착수하게 함으로써 강제집행의 효율성을 높이기 위한 것이다.

집행력 있는 정본을 소지하지 않고서도 담보목적물에 대한 강제매각절차를 취하여 채권의 만족을 얻을 수 있고, 둘째로 담보권의 설정 후 그 목적물의 소유권이 제3자에게 이전되었다고 할지라도, 그 추급력에 의하여 강제매각절차를 취할 수 있으며, 셋째로 그 매각대금으로부터는 다른 일반 채권자보다 우선변제를 받는다.

물적담보는 장래의 채권변제를 채무자 또는 제3자의 특정재산의 객관적가치에 의하여 현재의 시점에서 미리 확보할 수 있다는 점에서, 장래의 채권변제를 담보주체의 장래의 인적신용에 의존하는 인적담보보다 그 담보력이 객관적이고 확실하다는 장점이 있다. 반면에 물적담보는 그 설정을 하는 데에 상당한 시간과 비용을 요하는 점에서, 당사자간의 의사의 합치만으로 간단히 설정되는 인적담보보다 절차가 번거롭다는 단점이 있다. 그러나 인적담보는 그 담보주체의 장래의 신용상태를 현재의 시점에서 파악한다는 것이 어려울 뿐만 아니라 무의미한 경우도 있으므로,[6] 거래의 실제에 있어서는 절차의 번거로움에도 불구하고 물적담보 제도가 많이 이용되고 있으며, 인적담보제도는 물적담보가 없거나 부족한 경우에 보충적으로 이용되는 것이 보통이다.

2. 물적담보의 종류

(1) 제한물권의 법리에 의한 것

가. 제한물권의 의의

물건의 경제적 효용가치에는 물건을 그 용법에 따라 직접 사용·수익하는 것을 내용으로 하는 사용가치와 물건을 다른 사람에게 양도하여 그 대가를 취득하는 것을 내용으로 하는 교환가치가 있다. 이러한 물건의 경제적 효용가치를 직접 지배할 수 있는 권리를 법률적으로 물권이라고 한다.

물건의 경제적 효용가치인 사용가치와 교환가치를 모두 지배할 수 있는 권리를 소유권이라 하고, 그 중 어느 하나의 가치만을 지배할 수 있는 권리를 제한물권이라고

---

6) 예컨대 현재의 시점에서는 부채보다 많은 재산을 보유하고 있어 그 신용상태와 변제자력이 양호하나 변제를 해야 할 시점에서는 사업의 실패나 낭비 등으로 보유재산보다 부채가 많아지게 되는 때에는 채권의 완전한 변제를 받을 수 없게 된다.

한다. 그리고 제한물권 중 물건의 사용가치만을 지배할 수 있는 권리를 용익물권이라 하고, 교환가치만을 지배할 수 있는 권리를 담보물권이라 한다.

나. 담보물권의 분류

(가) 약정담보물권

당사자 사이에 약정에 의하여 성립되는 것으로 질권, 저당권, 전세권, 동산담보권, 채권담보권 및 지식담보권의 6가지가 있다.

질권이란 채권의 담보로 채무자 또는 제3자로부터 인도(동산 · 유가증권), 대항요건구비(지명채권) 또는 설정등록(특허권 등 지식재산권) 받은 담보목적물로부터 채무불이행시 다른 채권자보다 자기채권의 우선변제를 받는 권리를 말하며, 그 설정유형을 보면 다음과 같다.

- 대상목적물에 따른 분류
  - 동산질권
    - 특정동산질권
    - 집합동산질권
      - 특정집합동산질권
      - 유동집합동산질권
  - 권리질권
    - 지명채권질권
      - 특정지명채권질권
      - 유동지명채권질권
      - 물적담보권부지명채권질권
    - 유가증권질권
    - 지식재산권질권
- 질권의 내용에 따른 분류
  - 보통질권
  - 근 질 권
    - 특정근질권
    - 한정근질권
    - 포괄근질권

저당권이란 채무자 또는 제3자가 채무의 담보로 제공한 부동산 그 밖의 목적물을, 채권자가 직접 점유함이 없이 그 교환가치만을 관념상으로 지배하고 있다가, 채무불이행시 현금화하여 다른 채권자보다 우선변제받는 것을 내용으로 하는 담보물권을 말하며, 그 설정유형을 보면 다음과 같다.

- 대상목적물에 따른 분류
  - 부동산저당권 – 토지, 건물(민 356)
  - 입목저당권(입목 4)
  - 재단저당권
    - 공장저당권(공광저 3, 4)
    - 공장재단저당권(공광저 10)
    - 광업재단저당권(공광저 52)

- 권리저당권
  - 지상권, 전세권(민 371)
  - 광업권(광업 10①), 어업권(수산업 16②, 내수어업 7②), 유료도로관리권(유도 11), 댐사용권(댐주지 29), 공항시설권리권(공항시 26③), 항만시설관리권(항만, 24②)
- 선박저당권(상 787, 790)
- 특정동산저당권 – 건설기계, 소형선박, 자동차, 항공기, 경량항공기(자특저 3, 12)

저당권의 내용에 따른 분류
- 보통저당권(민 356)
- 공동저당권(민 368)
  - 특정근저당권
  - 한정근저당권
  - 포괄근저당권
- 근저당권(민 367)

전세권이란 전세금을 지급하고서, 타인의 부동산을 그 용도에 따라 사용·수익하다가, 전세권이 소멸한 후 전세금의 반환이 없으면 목적부동산을 현금화하여, 다른 채권자보다 우선변제받는 것을 내용으로 하는 용익물권 겸 담보물권을 말한다(민 303~319).

동산담보권과 채권담보권 및 지식재산담보권은 민법에 대한 특별법인 동산·채권 등의 담보에 관한 법률에 의하여 인정되어 있는 담보권으로, 동산담보권이란 채무자 또는 제3자가 채무의 담보로 제공한 동산(여러 개의 동산 또는 장래에 취득할 동산을 포함한다)을 대상으로 채권자 앞으로 동산담보등기부에 담보등기를 하였다가 채무불이행시 현금화하여 담보권자가 다른 채권자보다 우선변제 받는 것을 내용으로 하는 담보물권을 말하고, 채권담보권이란 채무자 또는 제3자가 채무의 담보로 제공한 지명채권(여러 개의 지명채권 또는 장래에 발생할 지명채권을 포함한다)을 대상으로 채권자 앞으로 채권담보등기부에 담보등기를 하였다가 채무불이행시 현금화하여 담보권자가 다른 채권자보다 우선변제 받는 것을 내용으로 하는 담보물권을 말하며(동채담 1~57), 지식재산담보권이란 채무자 또는 제3자가 채무의 담보로 2개 이상의 지식재산권을 대상으로 채권자 앞으로 특허원부, 저작권등록부 등 그 지식재산권을 등록하는 공적(公的) 장부에 담보등록을 하였다가 채무불이행시 현금화하여 담보권자가 다른 채권자보다 우선변제 받는 것을 내용으로 하는 담보물권을 말한다(동채담 58~61).

- 대상목적물에 따른 분류
  - 동산담보권
    - 특정집합동산담보권
    - 유동집합동산담보권
  - 채권담보권
    - 특정지명채권담보권
    - 특정집합지명채권담보권
    - 유동집합지명채권담보권
  - 지식재산권담보권
- 담보권의 내용에 따른 분류
  - 보통담보권
  - 근담보권
    - 특정근담보권
    - 한정근담보권
    - 포괄근담보권

(나) 법정담보물권

일정한 채권에 관하여 당사자간의 약정이 없더라도 법률의 규정에 의하여 당연히 성립되는 것으로서 다음과 같은 것들이 있다.

- 유 치 권 : 타인의 물건 또는 유가증권을 점유한 자가 채권의 변제가 있을 때까지, 그 물건 또는 유가증권을 유치할 수 있는 권리(민 320~328, 상 58)
- 법 정 질 권 : 토지임대인이 임대차에 관한 채권에 의하여, 임차지에 부속 또는 그 사용의 편익에 공여한, 임차인의 소유동산 또는 과실을 압류한 때(민 648)와 건물 기타 공작물의 임대인이 임대차에 관한 채권에 의하여, 그 건물 기타 공작물에 부속한 임차인 소유의 동산을 압류한 때(민 650)에, 성립되는 질권
- 법정저당권 : 토지임대인이 변제기를 경과한 최후 2년의 임대채권에 의하여, 그 지상에 있는 임차인 소유의 건물을 압류한 때(민 649)에 성립되는 저당권
- 우 선 특 권 : 목적물을 유치하거나 등기하지 않더라도, 채무자의 일반재산 또는 특정재산으로부터, 우선변제권이 인정되는 담보물권
  - 조세 기타 공과금의 우선특권(국기 35①, 지기 71①, 관세 3)
  - 주택임차인의 우선변제권
    - 최우선변제권(주임보 8, 12)
    - 순차적우선변제권(주임보 3의2②, 3의3③, 3의4①, 12)
  - 상가건물임차인의 우선변제권
    - 최우선변제권(상임보 14, 17)
    - 순차적우선변제권(상임보 5②, 6⑤, 7①, 17)
  - 근로자의 임금우선특권
    - 최우선변제권(근기 38②, 근퇴보 12②)
    - 일반우선변제권(근기 38①, 근퇴보 12①)
  - 국민건강보험료의 우선징수권(국건보 85)
  - 국민연금보험료의 우선징수권(국연 98)
  - 고용보험료와 산재보험료의 우선징수권(고산보 30)
  - 회사사용인의 우선변제권(상 468)
  - 선박우선특권(상 777이하)
  - 해난구조자의 우선특권(상 893)
  - 체납우편료의 우선특권(우편 24③)
  - 회원보증금의 우선변제권(자시금투 395③)
  - 한국거래소의 우선변제권(자시금투 400①④)
  - 보험계약자 등의 우선특권(보험 33,103)

(2) 소유권이전의 법리에 의한 것

가. 가등기담보

가등기담보라 함은 채권담보를 목적으로 채권자에게, 채무자 또는 제3자에 속하는 물건의 소유권 기타 재산권의 이전청구권보전을 위한 가등기를 한 후, 채무를 변제하면 가등기를 말소하고, 변제하지 않으면 청산절차를 취하여 본등기를 하거나 또는, 목적물을 경매하여 그 매각대금으로부터 우선변제를 받게 하는 것을 내용으로 하는 담보형식을 말한다(가담 1 이하). 그리고 이 경우 소유권 기타 재산권의 이전청구권보전을 위한 가등기의 원인으로서는 통상 대물변제의 예약과 매매의 예약이 이용된다.

나. 양도담보

양도담보라 함은 채권담보를 목적으로 채권자에게, 채무자 또는 제3자에 속하는 물건의 소유권 기타 재산권을 이전시킨 후, 채무를 변제하면 이전받은 소유권 기타 재산권을 반환하여 다시 그 채무자 또는 제3자에게 복귀시키고, 변제하지 않으면 일정한 청산절차를 거쳐 그 반환의무를 면하게 하는 것을 내용으로 하는 담보의 형식을 말한다.

다. 매도담보

매도담보라 함은 채권담보를 목적으로, 채무자 또는 제3자에게 속하는 물건의 소유권 기타 재산권을 환매특약부 또는 재매매예약부로 매각하여 채권자에게 이전시킨 후, 채무자 또는 제3자가 소정의 요건을 갖추어 환매권 또는 재매매의 예약완결권을 행사하면, 이전받은 소유권 기타 재산권을 다시 그 채무자 또는 제3자에게 복귀시키고, 행사가 없으면 일정한 청산절차를 거쳐 환매권 또는 재매매의 예약완결권을 소멸시키는 것을 내용으로 하는 담보의 형식을 말한다.

라. 소유권유보

소유권유보란 물건의 매도인이 매매대금채권의 담보를 위하여, 매매목적물의 점유는 매매대금의 완제 전에 매수인에게 이전시켜 사용·수익하도록 하는 반면, 매매목적물의 소유권은 매매대금의 완제시까지 매도인에게 유보시켜 두었다가, 매매대금의 완제와 함께 매수인에게 자동 이전하는 것으로 하되, 매매대금의 지급을 게을리하면, 매수인으로부터 소유권에 기한 점유의 회수를 하여 그 잔존가치를 평가하여 청산토록 하는 담보의 형식을 말한다.

(3) 사실상의 담보적 기능을 하는 것

가. 상 계

채권자와 채무자 쌍방이 서로 이행기에 있는 동종의 채무를 부담하고 있는 경우에, 그 중 일방 당사자가 일방적인 의사표시로서 상호간의 채권·채무를 대등액에서 소멸시키는 행위를 상계라고 한다. 이러한 상계가 있으면 채권자는 채무자가 자신에 대하여 가지고 있는 반대채권으로부터, 다른 채권자에 우선하여 자신의 채권을 변제받는 결과를 가져오게 되는데 이를 상계의 담보적 기능이라고 한다.

나. 대리수령

채권자 A와 채무자 B 사이의 계약으로 채무자 B가 제3채무자 C에 대하여 가지는 채권의 변제수령권한을 A에게 위임하고, 제3채무자 C로부터 그에 관한 승낙을 받아 두었다가 채무의 이행이 완료되면 그 위임계약을 해지하고, 불이행시는 대리수령권에 의하여 B의 C에 대한 채권을 A가 수령하여, 자신의 B에 대한 채권의 변제에 충당하는 것을 대리수령방식에 의한 담보라고 한다.

다. 납입지정

납입지정은 채무자와 제3채무자간의 거래관계로부터 발생하는 제3채무자의 채무자에 대한 대금지급채무를, 채무자가 채권자인 은행에 개설한 특정예금계좌에 납입시키는 방법으로 이행하게 하여, 그 납입된 채무자명의의 예금을 은행의 채권변제에 충당토록 함으로써 채권을 보전하고자 하는 담보방법을 말한다.

라. 처분승낙서

담보목적물을 채권자가 점유하고 담보제공자로부터 그 처분권을 위임받아, 채무불이행시 위임받은 처분권에 의하여 담보목적물을 임의매각, 채권의 변제에 충당하는 것을 처분승낙서에 의한 담보라고 한다.

3. 물적담보의 대상목적물

(1) 부동산

가. 부동산의 의의

토지 및 그 토지의 정착물을 부동산이라고 한다(민 99①). 그리고 토지의 정착물이란 토지에 고정적으로 부착되어 용이하게 이동할 수 없는 물건으로서, 그러한 상태로 사용되는 것이 그 물건의 거래상의 성질로 인정되는 것으로서 건물, 수목 등이 그 예에 해당된다.

나. 부동산의 종류

(가) 토지

토지는 무한히 연속하는 성질을 가지고 있으나, 그 지표에 인위적으로 선을 그어서 구획을 정하고 지번을 붙인 후, 이를 토지대장에 등록하여 독립된 여러 개의 물건으로 다루고 있다. 이와 같이 하나의 지번이 붙는 토지의 등록단위를 필지라고 하며, 토지에 관한 거래는 원칙적으로 이러한 개개의 필지를 대상으로 하여 이루어진다. 그리고 하나의 필지는 이를 여러 개의 필지로 나눌 수 있고, 여러 개의 필지를 하나의 필지로 합칠 수 있으며, 하나의 필지의 일부분만을 다른 필지에 합칠 수도 있다. 다만 이와 같이 하여 토지대장에 등록된 개개의 필지를, 구체적인 거래의 대상으로 하여 그 권리를 타인에게 이전시키려면, 그 필지를 다시 토지등기부에 등기하여야 하는데, 이 중 최초로 하는 토지소유자의 등기를 소유권보존등기라고 한다. 개개의 토지를 토지대장에 등록하는 절차는 공간정보의 구축 및 관리 등에 관한 법률에, 토지등기부에 등기하는 절차는 부동산등기법에 규정되어 있다.

(나) 건물

건물은 토지의 정착물인 부동산으로서 가장 대표적인 것이다. 건물은 일정한 면적, 공간의 이용을 위하여 지상, 지하에 건설된 구조물을 말한다.

건축중인 건물이 언제부터 토지와 구분되는 별개의 부동산이 되는가는, 반드시 물리적인 구조만을 표준으로 결정되는 것이 아니라, 건물거래 또는 건물이용의 목적에서 보아 사회관념상 독립한 건물로서의 효용을 가진다고 인정할 것인지의 여부에 따라 결정된다.[7] 따라서 예컨대 건축중인 건물이 단순히 건물 축조의 기초공사의 단계에 있는 경우에는, 그 기성부분을 토지의 구성부분으로 볼 수밖에 없지만, 주벽과 지붕이 완성되는 등 건물로서의 외관을 어느 정도 구비한 경우에는, 비록 완공전이라 할지라도 토지와는 별개의 독립된 부동산이 되는 것으로 보아야 한다.

건물의 개수는 토지와 달리 공부상의 등록에 의하여 결정되는 것이 아니라, 사회통념 또는 거래관념에 따라 물리적 구조, 거래 또는 이용의 목적물로서 관찰한 건물의 상태 등 객관적 사정과, 건축한 자 또는 소유자의 의사 등 주관적 사정을 참작하여 결정된다.[8]

판례1-1

1. 독립한 건물이 되는 시기

독립된 부동산으로서의 건물이라고 함은 최소한의 기둥과 지붕 그리고 주벽이 이루어지면 법률상 건물이라고 할 수 있다(대판 1996.6.14. 94다53006).

2. 증축 건물의 독립성 판단기준

(1) 법률상 1개의 부동산으로 등기된 기존 건물이 증축되어 증축 부분이 구분소유의 객체가 될 수 있는 구조상 및 이용상의 독립성을 갖추었다고 하더라도 이로써 곧바로 그 증축 부분이 법률상 기존 건물과 별개인 구분건물로 되는 것은 아니고, 구분건물이 되기 위하여는 증축 부분의 소유자의 구분소유의사가 객관적으로 표시된 구분행위가 있어야 한다.

(2) 기존 건물에 관하여 증축 후의 현존 건물의 현황에 맞추어 증축으로 인한 건물표시변경등기가 경료된 경우에는 특별한 사정이 없는 한 그 소유자는 증축 부분을 구분건물로 하지 않고 증축 후의 현존 건물 전체를 1개의 건물로 하려는 의사였다고 봄이 상당하고, 이 경우 증축 부분이 기존 건물의 구성 부분이거나 이에 부합된 것으로서 기존 건물과 증축 후의 현존 건물 사이에 동일성이 인정된다면, 위 건물표시변경등기는 증축 후의 현존 건물을 표상하는 유효한 등기라고 할 것이고, 또한 기존 건물에 대하여 이미 설정되어 있던 저당권의 효력은 법률에 특별한 규정이나 설정행위 등에 다른 약정이 없는 한 증축 부분에도 미친다고 할 것이므로 기존 건물에 설정된 저당권의 효력을 증축 부분에 미치게 하는 취지의 저당권변경등기를 할 수 없는 것이고, 설사 그러한 등기가 경료되었다고 하더라도 아무런 효력이 없으며, 한편 증축 부분이 기존 건물의 구성 부분이거나 이에 부합된 것이 아닌 별개의 건물이고 이를 구분건물로 할 의사였다면

7) 민법주해(II) 49(김병재).
8) 대판 1997.7.8. 96다36517 참조.

> 구분건물로서 등기를 하여야 할 것이지 건물표시변경등기를 할 수는 없는 것이므로, 그 건물표시변경등기가 경료된 후 기존 건물에 설정된 저당권의 효력을 증축 부분에 미치게 하는 취지의 저당권변경등기를 하였다고 하더라도 그 저당권의 효력이 별개의 건물인 증축 부분에 미칠 수는 없다(대판 1999.7.27. 98다32540).

1동의 건물의 일부가 경제적으로 독립한 건물과 동일한 효용을 가지고 있어, 사회관념상 독립한 건물로 다루어지는 경우에는, 그 1동의 건물은 이른바 구분소유라는 법리에 따라 독립한 개수의 건물로 다루어지게 된다. 그리고 이러한 1동의 건물의 구분소유관계는 「집합건물의 소유 및 관리에 관한 법률」에 의하여 규율되고 있다.

토지와 구분되는 독립한 물건으로 다루어지는 건물을, 구체적인 거래의 대상으로 하여 그 권리를 타인에게 이전시키려면, 그 건물을 건물등기부에 등기하여야 하며, 그 중 최초로 하는 건물소유자의 등기를 소유권보존등기라 한다. 건물에 관한 소유권보존등기를 하려면, 먼저 그 건물이 건축물대장에 등록되어 있어야 하는 것이 원칙이다. 개개의 건물을 건축물대장에 등록하는 절차는 건축법에, 건물등기부에 등기하는 절차는 부동산등기법에 규정되어 있다.

참고

다세대주택과 다가구주택

다세대주택이란, 1동의 건물이 여러 세대가 거주할 수 있도록 축조되어, 각 세대가 거주하는 부분에 대하여, 구분소유라는 법리에 따라 여러 개의 건물로, 별개의 소유권보존등기를 할 수 있는 건물을 말한다. 이에 대하여 다가구주택이란, 1동의 건물에 여러 세대가 거주할 수 있도록 축조된 것이기는 하나, 각 세대가 거주하는 부분에 대하여 별개의 소유권보존등기를 할 수 없고, 그 전체를 하나의 건물로만 소유권보존등기할 수 있는 건물을 말한다.

(다) 수목

토지에 생육하고 있는 수목은 토지로부터 분리되면 동산으로 다루어지고, 분리되지 않은 상태에서는 토지의 구성부분으로 취급되는 것이 원칙이다. 그러나 다음의 두 경우는 예외적으로 수목이 토지와 구분되는 독립한 부동산으로 취급된다. 하나는 「입목에 관한 법률」에 의하여 입목등록원부에 등록한 후 입목등기부에 소유권보존등기를 필한 「수목의 집단」이고, 다른 하나는 「명인방법」[9]이라는 관습법상의 공시방법을 갖춘 「수목의 집단」이다.

㈑ 미분리의 과실

미분리의 과실(예컨대 과수의 열매, 뽕나무잎 등)은 수목의 일부로서 독립된 물건으로 다루어지지 않으나, 명인방법을 갖춘 때에는 독립한 물건으로서 다루어진다. 독립한 물건으로 다루어지는 미분리의 과실에 관하여는, 이를 동산으로 보아야 한다는 견해[10]와 부동산으로 보아야 한다는 견해[11]가 대립되어 있으나, 아직 분리되지 않은 이상 토지의 정착물로서 부동산으로 보는 것이 타당하다.

㈒ 부합물

㈀ 부합의 의미

부합이란 특정한 물건이 부동산에 부착되어 부착된 물건을 훼손하지 아니하고서는 분리할 수 없게 된 경우나 분리에 과다한 비용을 요하는 경우 또는 분리할 경우 그 경제적 가치가 심히 감손되는 경우를 말한다.[12]

부합하는 물건에 동산 이외에 부동산도 포함되는지에 관하여는 긍정설과 부정설이 대립하나 대법원의 판례는 긍정설을 취하고 있다.[13]

판례1-2

부합의 기준

부합이란 분리 훼손하지 아니하면 분리할 수 없거나 분리에 과다한 비용을 요하는 경우는 물론 분리하게 되면 경제적 가치를 심히 감손케 하는 경우도 포함하고, 부합의 원인은 인공적인 경우도 포함한다(대판 2012.1.26. 2009다76546).

---

9) 명인방법이란 수목의 집단이나 개개의 수목 또는 미분리의 과실 등의 소유권이 누구에게 귀속하고 있다는 것을 제3자에게 "명인" 즉 명백하게 인식할 수 있도록 공시하는 방법을 말한다. 수목의 집단에 관한 명인방법으로는 수목의 껍질을 깍아 거기에 소유자의 성명을 묵서(墨書)한다든가 그 주위에 소유자의 성명을 표시한 표찰을 여러 곳에 세워 제3자가 용이하게 입목소유자를 알 수 있도록 하는 방법 등이 사용되고 있다(민법주해[II] 55(김병재)).

10) 고상룡 민법총칙 290. 곽윤직 민법총칙 310. 권룡우 민법총칙 296. 김주수 민법총칙 235.

11) 김상용 민법총칙 300 김용한 민법총칙론 226. 김증한 민법총칙 251. 이준 민법총칙 907.

12) 민법주해[V] 494(권오곤).

13) 민법주해[V] 493(권오곤), 곽윤직 물권법 273.

(ㄴ) 부합물의 소유권자

부동산에 부합된 물건은 그 부합물이 부동산 소유자의 소유가 아닌 타인의 소유라 할지라도 부동산 소유자의 소유로 되는 것이 원칙이다(민 256본). 다만 타인이 그 권원(예컨대 지상권 · 전세권 · 임차권 등)에 의하여 부합시킨 것이면 예외적으로 부합시킨 자의 소유가 된다(민 256단). 따라서 타인이 아무런 권원 없이 자신의 소유에 속하는 물건을 부동산에 부합시킨 때에는 그 부동산의 소유자가 부합물의 소유권을 취득하게 된다. 또한 타인이 그 권원에 의하여 부합시킨 물건이라 할지라도 부합물이 사실상 분리복구가 불가능하여 거래상 독립한 권리의 객체성을 상실하고 그 부동산과 일체를 이루게 된 경우[14]에는 부동산의 소유자가 부합물의 소유권을 취득하게 된다. 다만 이 경우 소유권을 잃은 부합물의 소유자는 부당이득에 관한 규정(민 748, 749)에 따라 부동산의 소유자에게 보상을 청구할 수 있다(민 261).

판례1-3

부합물의 소유권 귀속

부동산에 부합한 물건이 타인이 적법한 권원에 의하여 부속한 것인 때에는 민법 제256조 단서에 따라 그 물건의 소유권은 그 타인의 소유에 귀속되는 것이다. 다만 부동산에 부합된 물건이 사실상 분리복구가 불가능하여 거래상 독립한 권리의 객체성을 상실하고 그 부동산과 일체를 이루는 부동산의 구성부분이 된 경우에는 타인이 권원에 의하여 이를 부합시켰더라도 그 물건의 소유권은 부동산의 소유자에게 귀속된다(대판 2012.1.26. 2009다76546).

그러나 타인의 토지에 경작 · 재배된 농작물에 관하여는, 그 경작자의 권원여하에 관계없이, 나아가서는 위법하게 이루어진 것이라 할지라도, 부합에 의한 토지의 구성부분이 되지 않고 독립한 부동산으로 다루어져, 그 경작자의 소유가 된다는 것이 판례이다.

판례1-4

타인의 토지에 경작 · 재배된 농작물이 소유권자

(1) 남의 토지에 대하여 이것을 사용, 수익할만한 권한이 없이 함부로 농작물을 경작한 경우라 할지라도 원고가 심은 소자, 양파, 마늘, 고추 따위의 소유권은 여전히 원고에게 귀속되는 것이요. 따라서 그 수확도 원고만이 할 수 있고, 이것들이 그 기지의 소유자에게 귀속되는 것은 아니라 할 것이다(대법원 1967.7.11 선고, 67다893 참조)(대판 1968.6.4. 68다613, 614).

(2) 적법한 경작권이 없이 타인의 토지를 경작하였더라도 그 경작한 입도(立稻)가 성숙하여 독립한 물건으로서 존재를 갖추었으면 입도의 소유권은 경작자에게 귀속된다(대판 1979.8. 28. 79다784).

14) 예를 들면 사회관념상 토지로부터 독립성을 전혀 가지지 못하는 정원수 · 정원석 등과 건물로부터 독립성을 가지지 못하는 창틀 · 베란다 샷시 · 싱크대 등이 이에 해당한다.

(2) 동 산

가. 동산의 의의

부동산 이외의 물건을 동산이라고 한다(민 99②). 토지의 부착물건(예컨대 가건물, 이동식건물, 가식(假植)의 수목 등)이라도 정착물이 아니면 동산에 해당되며, 전기 기타 관리할 수 있는 자연력도 동산에 속한다. 동산의 범위는 위와 같이 포괄적인 것이어서 그 대상을 일일이 열거하기가 곤란하다. 따라서 이하에서는 동산 중에서 담보의 대상이 될 수 있는 것에 관하여만 살펴보기로 한다.

나. 동산의 종류

(가) 일반유체동산

일반유체동산이라 함은 부동산이 아닌 것으로서 형체가 있고 그 개수를 헤아릴 수 있으며, 현금화가 가능한 물건 중 특수유체동산으로 다루어지지 않는 것을 말한다. 구체적인 예로서는 금·은·보석, 골동품, 서화, 일상생활용품, 기계·기구 등의 생산설비, 특정용기에 수용된 물·유류·가스 등을 들 수 있다. 이러한 일반유체동산은 이상의 예시 외에도 그 종류가 지극히 다양하며, 그 하나 하나가 각각 독자적으로 담보의 대상이 된다.

(나) 특수유체동산

(ㄱ) 집합동산

각각의 독립된 여러 개의 동산이 집합하여, 거래상 하나의 동산으로 다루어지는 경우 이를 집합동산이라고 하며, 그 예로서는 어느 특정창고에 있는 특정량의 상품전체라든가, 어느 특정공장에서 가공중인 특정량의 원재료 전체 등을 들 수 있다. 이 집합동산은 그 구성물이 증감·변동하면서도, 전체로서의 동일성을 유지한다는 데에 특징이 있으며, 이를 담보의 대상으로 할 수 있음에는 이론이 없다.

(ㄴ) 증권에 그 인도청구권이 표창된 동산

창고증권이나 운송증권에 그 인도청구권이 표창되어 있는 동산이 이에 해당

된다. 창고증권이란 창고업자에게 임치(보관) 중인 물건의 반환청구권을 표창하는 유가증권이다. 운송증권이란 운송인이 운송중인 물건을 목적지에서 증권소지인에게 인도할 의무를 표창하는 유가증권으로서, 그 운송경로가 육상인가 해상인가에 따라 화물상환증과 선하증권의 두 가지로 구분된다.

특정의 동산에 관하여 창고증권이나 운송증권이 발행되어 있는 때에는, 그 증권의 인도가 있으면 그 증권에 표창되어 있는 물건 자체를 인도한 것과 동일한 효과가 생긴다(상 133, 157, 861)는 점에 그 특수성이 있다. 따라서 이들 물건에 관하여는 일반유체동산의 담보취득방법에 의하지 않고, 그보다 간편한 유가증권의 담보취득방법을 취할 수 있어 그 담보화가 용이하다는 이점이 있다.

(ㄷ) 등기 또는 등록에 의하여 공시되는 동산

등기한 선박과 등록한 특정동산이 이에 해당된다. 특정동산이란 건설기계, 소형선박, 자동차, 항공기, 경량항공기를 말한다(자특저 2ⅰ). 이들은 유체동산에 속하지만 거래상의 법률관계에 있어서는 부동산에 준하여 다루어지며, 이에 따라 준부동산이라고도 부른다. 그러나 같은 선박과 특정동산이라도 등기나 등록이 되어 있지 않으면 일반유체동산으로 취급된다. 등기나 등록을 할 수 있는 대상은 선박에 관하여는 선박법과 선박등기법에 그리고 특정동산에 관하여는 건설기계관리법, 선박법·어선법·수상레저안전법, 자동차관리법, 항공안전법 및 자동차 등 특정동산 저당법에 각각 규정되어 있다.

(ㄹ) 담보등기부에 등기된 동산

양도담보 등 명목을 묻지 아니하고 동산·채권 등의 담보에 관한 법률에 따라 동산담보등기부에 담보등기를 한 동산(여러 개의 동산 또는 장래에 취득할 동산을 포함한다)이 이에 해당된다.

담보등기부는 전산정보처리조직에 의하여 입력·처리된 등기사항에 관한 전산정보자료를 담보권설정자별로 저장한 보조기억장치(자기디스크, 자기테이프, 그 밖에 이와 유사한 방법으로 일정한 등기사항을 기록·보존할 수 있는 전자적 정보저장매체를 포함한다)를 말하며(동채담 2ⅷ), 담보등기에 관한 사항은 대법원장이 지정·고시하는 지방법원, 그 지원 또는 등기소에서 취급한다(동채담 39).

등기에 의하여 공시되는 선박과 등록에 의하여 공시되는 건설기계·소형선박

· 자동차 · 항공기 · 경량항공기가 물건을 기준으로 등기부 또는 등록부가 작성되는 물적편성주의를 채택하고 있음에 대하여 동산담보등기부는 담보설정자를 기준으로 인적편성주의를 채택하고 있는 점에 그 특징이 있다.

(3) 채권

가. 채권의 의의

채권이라 함은 특정인이 다른 특정인에게 특정의 행위를 할 것을 청구할 수 있는 권리를 말한다. 그리고 이러한 채권자의 청구에 따라 채무자가 해야 할 행위의 내용으로는 노무의 제공, 물건의 인도, 금전의 지급 등을 들 수 있다. 다만 이들 채권 중, 노무의 제공을 목적으로 하는 채권은, 그 일신전속적 성질로 인하여, 양도성이 없어 담보의 대상으로 할 수 없으므로, 결국 담보의 대상이 되는 채권은, 물건의 인도채권과 금전의 지급채권이라고 할 수 있다. 한편 이들 담보취득이 가능한 채권을 그 담보취득방법의 특수성에 따라 분류하여 보면 다음과 같다.

나. 지명채권

지명채권이란 채권자가 특정되어 있는 채권을 말한다. 지명채권은 채권의 내용이나 변제기 등이 확정되어 있는 확정채권과, 확정되어 있지 않은 미확정채권이 있으며, 전자의 예로서는 예금채권, 외상매출채권, 정액도급의 공사대금채권 등을 들 수 있고, 후자의 예로서는 장래의 이재(罹災)시에 발생할 보험금채권, 계속공급계약상의 장래납입상품대금채권 등을 들 수 있다.

다. 특수채권

(가) 증권적 채권

증권적 채권이란 채권의 내용이 증권에 표창되어 있어서 그 채권의 행사에 증권의 점유를 요하는 채권을 말한다. 증권적 채권에 있어서의 증권에 표창된 채권은, 크게 물건의 인도채권과 금전의 지급채권으로 나누어 볼 수 있으며, 전자의 채권을 표창하는 증권으로는 전술한 창고증권과 운송증권을 들 수 있고, 후자의 채권을 표창하는 증권으로는 어음, 수표, 국채권, 공채권, 사채권 등을 들 수 있다.

(나) 집합채권

특정인이 다른 특정인에 대하여 현재 가지고 있거나 장래에 취득하게 될 일정범위의 채권을, 일괄하여 거래상 하나의 채권으로 취급할 때 이를 집합채권이라고 한다. 집합채권은 집합동산에 있어서와 같이 채권의 내용이 증감변동하면서도 전체로서의 동일성을 유지한다는 데에 그 특수성이 있으며, 이에 대하여도 담보권을 설정할 수 있다는 것이 일반적인 견해이다.

(다) 담보등기부에 등기된 채권

양도담보 등 명목을 묻지 아니하고 동산·채권 등의 담보에 관한 법률에 따라 채권담보등기부에 담보등기를 한 지명채권(여러 개의 채권 또는 장래에 발생할 채권을 포함한다)이 이에 해당된다. 담보등기부와 담보등기에 관하여는 담보등기에 등기된 동산의 경우와 같다.

(4) 사원권

사원권이란 단체의 구성원이 그 구성원이라는 지위에 의거하여 단체에 대하여 가지는 권리를 말한다. 단체는 법인과 법인 아닌 사단으로 구분되고 법인은 다시 비영리법인과 영리법인으로 구분되며, 영리법인은 합자회사, 합명회사, 유한책임회사, 유한회사 및 주식회사로 구분된다.

법인 아닌 사단과 비영리법인의 구성원으로서의 지위는 양도할 수 없으므로 담보의 대상으로 할 수도 없다. 이에 대하여 합명회사의 구성원인 사원으로서의 지위는 다른 사원의 동의를 얻으면 그 지분의 전부 또는 일부를 타인에게 양도할 수 있으므로(상 197), 다른 사원의 동의를 얻어 이를 담보로 제공할 수 있다.

합자회사의 무한책임사원은 유한책임사원을 포함한 다른 사원 전원의 동의를 얻어 그 지분의 일부 또는 전부를 양도할 수 있고(상 269), 유한책임사원은 무한책임사원 전원의 동의를 얻어 그 지분의 일부 또는 전부를 양도할 수 있다(상 276). 따라서 합자회사의 무한책임사원의 지분의 일부 또는 전부는 유한책임사원을 포함한 다른 사원 전원의 동의를 얻어, 그리고 유한책임사원의 지분의 일부 또는 전부는 무한책임사원 전원의 동의를 얻어 담보로 제공할 수 있다.

유한책임회사의 사원은 다른 사원의 동의(업무를 집행하지 아니한 사원은 업무를 집행하는 사원 전원의 동의)를 받아야 그 지분의 전부 또는 일부를 타인에게 양도할 수 있으므로(상 287의8①②), 다른 사원의 동의를 받아야 그 지분의 전부 또는 일부를 담보로 제공할 수 있다. 다만, 유한책임회사는 지분의 전부 또는 일부 양도에 관하여 정관으로 위와 다른 사항을 정할 수 있으므로(상 287의8③), 그러한 정함이 있는 때에는 담보제공에도 그 정관의 정함에 따른다.

유한회사의 사원은 그 지분의 전부 또는 일부를 다른 사원의 동의 없이 자유로 양도할 수 있으므로(상 556본), 다른 사원의 동의 없이 그 지분의 전부 또는 일부를 담보로 제공할 수 있다. 다만 정관으로 지분의 양도를 제한할 수 있으므로(상 556단), 정관에 의한 제한이 있을 때에는 담보제공에도 그 정관에 의한 제한이 따른다.

주식회사는 출자자인 사원을 주주라 하고, 그 주주가 출자자로서 회사에 대하여 가지는 법률상의 지위를 비율적인 단위로 세분화한 지분을 주식이라 하며, 그러한 주주로서의 지위를 표창하는 증권을 주권이라고 한다. 주주는 보유 주식을 자유로 양도할 수 있으므로(상 335①본), 자유로 담보제공할 수도 있다. 다만, 회사는 정관으로 정하는 바에 따라 그 발행하는 주식의 양도에 관하여 이사회의 승인을 받도록 할 수 있으므로(상 335①단), 그러한 정관의 정함이 있는 때에는 담보제공도 그 정관의 정함에 따른다.

(5) 동산·부동산 등의 복합체(재단)

기업경영에 필요한 토지·건물 등의 부동산과 생산설비인 기계·기구 등의 동산 및 지상권·임차권·산업재산권 등의 권리를 포괄하여, 하나의 통일적인 재단을 구성하는 경우, 이 재단은 그 구성물의 변동에 불구하고 하나의 부동산으로 취급되어, 소유권과 저당권의 대상목적물이 된다. 그리고 이러한 재단으로서는 현행법상 공장 및 광업재단저당법에서 규정하는 공장과 공장재단 및 광업재단저당법에서 규정하는 광업재단이 있다.

(6) 기타

가. 부동산의 공유지분

1개의 물건을 지분[15]에 의하여 수인이 소유하게 되는 것을 공유라고 한다(민 262). 부동산의 공유지분은 이를 등기할 수 있고(부등 67), 또한 공유자는 자신의 지분을 자유로 처분할 수 있으므로(민 263), 그 지분을 담보의 대상으로 할 수 있음은 당연하며, 저당권의 대상목적물이 된다.

나. 소유권 이외의 물권

소유권 이외의 물권으로는 부동산 용익물권과 개별 법률에서 규정하고 있는 특수한 물권이 있다.

부동산 용익물권이란 타인의 부동산을 배타적으로 지배하여 사용·수익할 수 있는 권리로서 현행 민법상의 지상권과 지역권 및 전세권의 3가지가 있는데, 이 중 지상권과 전세권이 저당권의 목적물로서 담보의 대상이 된다.

개별 법률에서 규정하고 있는 특수한 물권으로는 광업권 중 채굴권(광업 3iii~iii의3, 10①, 11), 어업권(수산업 2vii, 16②), 내수면어업권(내수어업 2v, 7②), 유료도로관리권(유도 10①, 11), 댐사용권(댐주지 2iii, 29), 공항시설관리권(공항시 26①③), 항만시설관리권(공항시 24①②)이 있으며 저당권의 목적물로서 담보의 대상이 된다.

다. 지식재산권

지식재산권이란 법령 또는 조약 등에 따라 인정되거나 보호되는 지식재산에 관한 권리를 말한다(지재기 3iii). 그리고 지식재산이란 인간의 창조적 활동 또는 경험 등에 의하여 창출되거나 발견된 지식·정보·기술, 사상이나 감정의 표현, 영업이나 물건의 표시, 생물의 품종이나 유전자원(遺傳資源), 그 밖에 무형적인 것으로서 재산적 가치가 실현될 수 있는 것을 말한다(지재기 3i).

지식재산권은 크게 산업재산권(또는 공업소유권)과 저작권으로 분류할 수 있다. 산업재산권에 속하는 것으로는 특허권·실용신안권·디자인권·상표권·서비스

---

15) 공유란 1개의 소유권이 분량적으로 분할되어 여러 사람에게 속하는 상태인 것으로 파악하는 것이 보통이다. 따라서 이에 의하면 공유지분이란 1개의 소유권의 분량적 일부분이라는 것이 된다(이은영 물권법 492 참조). 각공유자는 원칙적으로 자신의 지분을 다른 공유자의 동의 없이 자유로이 처분할 수 있다. 그러나 공유물 자체의 사용과 관리 및 처분은 공유자들이 합의해서 하여야 한다. 만일 합의가 이루어지지 않으면 공유물을 분할하여 그 분할된 부분에 대하여 각자가 단독으로 소유권을 가지거나 공유물 자체를 매각하여 그 매각대금을 각자의 지분비율에 따라 분배하는 수밖에 없다(민 262~270 참조).

표권 및 반도체집적회로의 배치설계권을 들 수 있고, 저작권에 속하는 것으로서 저작권 · 출판권 · 저작인접권 · 데이터베이제작자의 권리 · 영상제작자의 권리 · 컴퓨터프로그램저작권 및 컴퓨터프로그램 배타적발행권을 들 수 있다. 이들 지식재산권은 질권의 대상목적물이 된다(특허 99②, 100④⑤, 101①iii, 102⑥⑦, 118③, 실용 28, 디보 96②, 98①iii, 99⑤, 104③,상표 93②, 95⑥⑦, 96①ii, 97④⑤, 100①ii, 반집배설 10③, 11④, 12④, 16①, 23①iv, 저작 47, 48①, 54, 63③, 88, 90, 98, 101, 동채담 58, 59).

4. 담보물권의 공통성질

(1) 개설

각종의 담보물권은 각각 그에 특수한 성질을 가지고 있음은 물론이나, 채권담보라는 공통의 목적을 가지고 있다는 점에서 다음과 같은 공통의 성질도 가지고 있다. 다만 이러한 공통성질이라고 해서 그것이 모든 담보권에 대하여 완전히 동일하게 적용되는 것은 아니며 각 담보물권마다 그 적용내용에 다소의 차이가 나고 또 어떤 담보물권에는 그 적용이 없는 경우도 있다.

(2) 부종성

담보할 채권의 존재를 전제로 하여서만 담보물권이 존재할 수 있게 되는 성질을 담보물권의 부종성이라고 한다. 이것은 담보물권이 채권담보의 목적을 위하여 존재하는 것이라는 데서 오는 논리적 결과이다. 따라서 당사자간에 담보권설정의 합의와 그 공시방법까지 갖추고 있다 하더라도, 담보할 채권이 성립하고 있지 않거나 또는 소멸하고 있는 때에는, 담보권도 성립하지 않거나 또는 소멸하게 되는 것이 원칙이다.

위와 같은 성질의 부종성은 그 담보물권이 유치권 등과 같은 법정담보물권인 경우에는 엄격하게 적용된다. 법정담보물권은 특정의 채권담보를 위하여 법률상 당연히 인정되는 것이어서, 그 채권의 존재와 운명을 같이 하는 것이 당연하기 때문이다. 그러나 신용수수의 매개수단으로서 당사자간의 합의에 의하여 성립되는 질권이나 저당권 등의 약정담보물권에 대하여도, 법정담보물권의 경우와 같이 부종성의 적용을 엄격히 하면, 거래관계에 대단히 불편하게 된다. 여기에서 우리 민법은 약정담보물권에 관하여는 부종성을 다소 완화하고 있다. 계속적인 거래관계로부터 발생하는 다수의 불특정한 채권을, 장래의 결산기에서 일정한 한도까지 담보하는 것을 내용으로 하는 소위 근저당권(민 357)이 그 대표적인 예이다. 그리고 저당권에 있어서의 이러한 부종성 완화는 질권이나 가등기담보권과 같은 다른 모든 약정담보권에도 똑같이 적용되는 것으로 해석되고 있다.

독일민법에서는 부종성이 없는 저당권 즉 담보할 채권의 존재를 전제로 하지 않는 저당권[16]을 인정하고 있으나 우리 민법은 이를 채택하지 않고 있다.

(3) 수반성

담보물권이 담보하는 채권의 이전에 따라서 이전하고 담보하는 채권 위에 부담이 설정되면 역시 그 부담에 복종하는 성질을 담보물권의 수반성이라고 한다. 법정담보물권은 특정의 채권을 우선적으로 보호하려는 것이므로, 채권자가 누구인가를 물을 필요도 없이, 채권의 이전에 따라 함께 이전하게 됨은 당연하다. 그리고 약정담보물권은 당사자 사이의 계약으로 채권의 변제를 확실하게하여 그 채권의 경제적 가치를 증가시키려는 것이어서, 그 채권을 거래함에 있어서는 담보권이 함께 따라가는 것으로 하는 것이 거래의 관념에 적합하다 할 수 있고, 또 채권자가 누구이냐 하는 것은 담보제공자의 이익에 영향을 미치는 바가 없으므로, 약정담보물권도 담보하는 채권에 수반하는 것으로 보는 것이 타당하다. 그러나 제3자 담보제공의 경우에 채무자가 변경되는 것은 그 담보제공자의 이익에 중대한 영향을 미치는 것이므로, 그 채무자의 변경에 담보제공자가 동의하지 않는 한 담보권이 수반되지 않는 것으로 보아야 한다.

(4) 물상대위성

담보물권의 목적물이 멸실 · 훼손되거나 또는 공용징수됨으로써, 목적물의 소유자가 그에 갈음하여 보험금 · 손해배상금 · 보상금 등의 금전이나 기타의 물건을 받을 청구권을 취득하게 되는 경우에, 담보권자의 담보권이 목적물소유자가 받게 될

16) 독일의 저당제도에 관하여는 이은영 물권법 731 이하 참조.

금전이나 물건 위에 존속하게 되는 성질을, 담보물권의 물상대위성이라 한다. 민법은 동산질권에 관하여 이를 규정하고(민 342), 권리질권과 저당권에 이를 준용하도록 하고 있다(민 335, 370). 그러나 같은 담보물권이라 하더라도, 목적물을 유치하여 채무자의 변제를 간접적으로 강제하는 것을 목적으로 하는 유치권에는, 물상대위성이 없다. 즉 물상대위성은 우선변제적효력이 있는 담보물권에만 인정된다.

우선변제권이 있는 담보물권에 물상대위성을 인정하는 이유는, 담보물권이란 원래 목적물 자체를 물리적으로 직접 지배하고자 하는 것이 아니라, 채무불이행 시 그 담보물의 교환가치로부터 우선변제 받고자 하는 것이므로, 목적물의 물리적 형태가 변경되었다 하더라도, 그 교환가치를 대신하는 것이 있는 이상, 그 위에 담보권의 효력이 미치도록 하는 것이 담보물권의 본질에 적합하기 때문이다. 따라서 민법이 규정하는 질권이나 저당권이 아닌 담보물권이라도 각개의 법률에 명문의 규정이 있는가의 여하에 불구하고 당연히 물상대위성이 있는 것으로 보아야 한다. 다만 물상대위의 구체적 내용에 있어서는 각 담보물권마다 그에 따른 특수성이 있는 것이므로 각개의 경우에 다소의 차이가 있음은 물론이다.

(5) 불가분성

담보물권자는 피담보채권의 전부를 변제받을 때까지 목적물의 전부에 관하여 그 권리를 행사할 수 있는데 이를 담보물권의 불가분성이라고 한다. 따라서 담보하는 채권의 일부가 변제 · 상계 · 혼동 · 경개 · 면제 등으로 소멸하더라도 잔액이 있는 한, 담보권은 그 목적물 전부에 효력이 미치게 된다. 또한 담보물의 일부가 불가항력 기타의 사유로 멸실한 경우에도, 그 잔존부분이 전체의 채권을 담보하고, 멸실한 부분의 비율로 담보할 채권액의 일부가 감소되지 않는다. 그리고 담보물이 공유자 사이에서 분할된 경우에도, 담보권자는 분할된 각 부분 위에 채권액의 전부에 관하여 그 담보권을 행사할 수 있다.

위와 같은 담보물권의 불가분성을 민법은 유치권에 관하여 규정하고(민 311), 이를 다시 다른 담보물권에 준용하도록 하고 있다(민 343, 370).

(6) 추급력

담보권자의 담보취득 후 담보목적물의 소유권이 제3자에게 이전된 경우에도, 신소유자인 제3자에 대하여 담보권의 효력이 미치는 것을 담보물권의 추급력이라고 한다. 담보물권 중 질권이나 저당권과 같은 약정담보물권의 경우는 그 성질상 당연히 추급력이 있다. 그러나 유치권이나 주택임차인의 우선변제권 또는 조세우선특권이나 근로자의 임금우선특권과 같은 법정담보물권의 경우는 당연히 추급력이 있는 것이 아니다. 조세채권이나 근로자의 임금채권과 같이, 특별한 공시방법을 갖춤이 없는 것에 대하여도 추급력을 인정할 경우에는, 거래의 안전을 기할 수가 없기 때문이다. 따라서 법정담보물권 중 추급력이 인정되는 것은 유치권이나 주택임차인 또는 상가임차인의 우선변제권과 같이, 그 존재를 일반인에게 알리는 특별한 공시방법이 마련되어 있거나, 선박우선특권과 같이 법률에 그 추급력을 인정하는 특별규정(상 785)이 있는 경우에 한정되는 것으로 보아야 한다.

한편 추급력이 인정되는 경우라도 담보목적물이 동산인 때에는, 그것이 제3자에 의하여 선의취득(민 249)되면 그 선의취득의 효력이 담보물권의 추급력에 우선하게 된다. 공장저당의 경우에 있어서는 그 대상목적물인 기계·기구 기타 공장의 공용물에 대한 공장저당권의 추급력을 명문으로 규정하는 동시에, 제3자가 선의취득하는 경우 추급력이 미치지 못한다는 것도 아울러 규정하고 있다(공광저 7).

(7) 우선변제적효력

담보물권자가 목적물의 매각대금으로부터 다른 일반채권자보다 먼저 변제받을 수 있는 권리를 담보물권의 우선변제적효력이라고 한다. 그러나 모든 담보물권에 이러한 우선변제적효력이 인정되어 있는 것은 아니며, 유치권에는 우선변제적효력이 인정되어 있지 않다.

그리고 이러한 담보물권의 우선변제적효력이란 일반채권자의 채권에 대하여 우선한다는 것을 의미하며, 여러 담보물권 상호간의 우선변제순위는 법률이 정하는 바에 따르게 된다. 일반적으로 담보물권의 순위는 다른 물권의 경우와 마찬가지로, 그 성립의 선후에 의하여 결정되게 되나(민 333, 370) 그렇지 않은 경우도 있다. 예컨대 조세우선특권, 선박우선특권, 근로자의 임금우선특권, 주택임차인 또는 상가건물임차인의 우선특권 등의 우선특권에 관하여는 각각의 법률에서 특별한 우선변제의 순위를 정하고 있다.

제 4 물상보증

1. 물상보증의 의의

물상보증이란 제3자가 타인의 채무를 담보하기 위하여, 자신의 특정재산 위에 채권자를 권리자로 하는 담보권을 설정하는 것을 말한다. 그리고 이 경우 담보를 제공하는 제3자를 물상보증인이라고 한다.

물상보증인은 채무자가 채권자에게 부담하고 있는 것과 동일한 내용의 채무를 부담하지 않는다. 따라서 채무자가 채무를 이행하지 않더라도, 채권자는 물상보증인에게는 채무의 이행을 청구하지 못한다. 그러나 한편 물상보증인은 채무자의 채무이행이 없을 경우, 채권자가 자신이 담보로 제공한 특정재산을 매각하여, 그 매각대금으로부터 채권의 변제에 충당하는 것을 용인하여야 하는 의무를 부담한다. 다만 이 경우 채권자가 담보로 제공받은 특정재산의 매각대금으로부터 채권 전액을 변제받지 못하였다 하더라도, 물상보증인의 책임은 그것으로 끝나는 것이지 다른 재산으로 다시 책임을 지지 않는다는 데에 물상보증의 특징이 있다.

참고

채무와 책임

채무란 채권자에 대하여 일정한 행위를 해야 할 채무자의 의무를 말하는데, 그 내용을 의무의 이행과정에 따라 분석해보면 ①채권자에 대한 이행의무 ②채무불이행시의 강제이행조치에 대한 용인의무로 나누어 볼 수 있다. 보통 ①을 협의의 채무라 하고 ②를 책임이라고 하여 구분하되 ①과 ②를 포괄하여 광의의 채무라고 한다.

일반적으로 채무라 함은 협의의 채무에 책임까지를 포함하는 광의의 개념으로 사용되고 있다. 그러나 채무(협의의 채무)와 책임의 법률적 의의가 서로 다른 이상 양자가 분리되는 경우도 있다. 즉 「책임 없는 채무」와 「채무 없는 책임」이 있을 수 있는 것이다. 「책임 없는 채무」에 있어서는, 채무자가 채권자에 대하여 일정한 행위를 임의로 하여야 하는 의무는 부담하고 있으나, 그 이행을 하지 않아도 채권자가 강제이행을 구할 수 없다는 데에 그 특징이 있고, 「채무 없는 책임」에 있어서는,

채권자가 책임을 지는 자에 대하여 일정한 행위를 임의로 해줄 것을 요구할 수는 없으나, 채무자가 그 이행을 하지 않으면 책임을 지기로 한 재산에 대하여, 강제집행절차를 취할 수 있다는 데에 그 특징이 있다. 그리고 「책임 없는 채무」가 발생되는 예로서는, 채권 · 채무의 당사자간에 강제집행을 하지 않는다는 특약을 한 경우와 상속인이 상속의 한정승인을 한 경우 등을 들 수 있고, 「채무 없는 책임」이 발생되는 예로서는, 타인의 채무의 담보로 자신의 재산에 담보권을 설정하는 경우 즉 물상보증을 하는 경우와 담보권이 설정된 재산이 제3자에게 매각되어 소유권이전되는 경우 등을 들 수 있다.[17)]

2. 물상보증 겸 연대보증

물상보증을 서는 것과 연대보증을 서는 것은 전혀 별개의 행위이다. 따라서 제3자는 채권자가 채무자에 대하여 가지는 채권에 관하여 물상보증이나 연대보증 중 어느 하나만을 설 수 있을 뿐만 아니라 양자를 겸하여 설 수도 있다.

제3자가 물상보증만 선 경우에는, 채권자는 채무자의 채무불이행시 담보취득한 특정재산이 현재 누구의 소유에 속하는지에 관계없이 또한 집행권원을 요하지 않고, 바로 그 특정재산에 대한 담보권을 실행하여 그 매각대금으로부터 우선배당을 받아 채권의 만족을 얻을 수 있는 반면, 그 배당금으로 만족을 얻지 못한 부분에 대하여는 제3자에 대하여 더 이상의 책임을 물을 수 없게 된다.

제3자가 연대보증만 선 경우에는, 채권자는 채무자의 채무불이행시 제3자에게 채무의 이행을 청구하고 그에 따른 이행이 없으면, 그의 모든 재산을 대상으로 강제집행을 하여 채권의 만족을 얻을 수 있는 반면, 강제집행의 신청에 집행권원을 요하고 강제집행절차에서의 매각대금으로부터 우선배당을 받을 수 없으며, 제3자가 무자력하면 강제집행 자체를 할 수 없게 된다.

제3자가 물상보증과 연대보증을 겸하여 선 경우에는, 제3자는 채권자에 대하여 두 가지 책임을 모두 부담하는 것이므로, 채권자는 양자의 책임 중 어느 쪽이든 선택하여 물을 수가 있을 뿐만 아니라, 어느 쪽의 책임을 먼저 묻고 그에 의하여 만족을 얻지 못한 부분에 대하여 다른 쪽의 책임을 물을 수도 있다.

그러나 제3자가 물상보증과 연대보증을 겸하여 선 경우라 하더라도, 양자의

17) 곽윤직 채권총론 71 이하 참조.

책임을 따로 따로 중복하여 지는 것은 아니며, 한 쪽의 책임을 다하면 그 범위에서 다른 쪽의 책임도 면하게 된다. 대법원의 판례도 같은 입장이다.

판례1-5

물상보증인 겸 연대보증인의 책임범위

(1) 물상보증인이 근저당권의 채권최고액을 한도로 하여 채무자의 채무를 연대보증한 후 채무자가 최고액 범위내의 채무를 변제하여 위 근저당설정등기가 말소되었다면 연대보증계약은 채무의 소멸로서 당연히 실효되는 것이므로 그 후의 새로운 채무에 대하여는 보증책임이 없다(대판 1975.2.10. 74다1691).

(2) 물상보증과 연대보증의 피담보채무의 중첩성이 인정될 경우, 특히 근저당권이 담보하는 피담보채무와 연대보증계약상의 주채무가 동일한 것으로 보아야 할 경우에 달리 특별한 사정이 없는 한 근저당권의 소멸과 동시에 연대보증계약도 해지되어 장래에 향하여 그 효력을 상실한다고 봄이 상당하므로 연대보증인은 위 해지 이전에 발생한 보증채무에 대하여는 연대보증계약을 해지하였다고 하더라도 면제 등의 특별한 사정이 없는 한 그 책임을 면할 수는 없다(대판 1997.11.14. 97다34808).

(3) ①계속적인 거래관계로부터 장래 발생하는 불특정채무를 보증하는 근보증을 하고 아울러 그 불특정채무를 담보하기 위하여 동일인이 근저당권설정등기를 하여 물상보증도 하였을 경우, 이 근저당권의 피담보채무와 근보증에 의하여 담보되는 주채무가 별개의 채무인가 아니면 그와는 달리 근저당권에 의하여 담보되는 채권이 위 근보증에 의하여도 담보되는 것인가의 문제는 계약 당사자의 의사해석 문제이다.

(4) 채무자의 채권자에 대한 불특정채무를 담보하기 위하여 제3자가 자신의 부동산에 근저당권설정등기를 하고 다음날 위 피담보채무를 한도로 근보증계약을 체결한 경우, 근저당권의 피담보채무와 근보증에 의하여 담보되는 주채무는 별개의 채무가 아니라 동일한 채무로서 채무의 액수는 근저당권의 채권최고액 겸 근보증의 보증한도액에 한정된다(대판 2005.4.29. 2005다3137).

물상보증인으로 하여금 연대보증도 겸하여 서게 하여둔 경우에는 담보권의 실행을 용이하게 하는 부수적인 효과도 생긴다. 즉 물상보증인이 연대보증인의 지위도 겸하고 있는 경우에는, 담보목적물이 고가로 처분되어야 자신의 연대보증채무가 그만큼 가벼워지게 되므로, 담보권의 존재나 실행절차에 대하여 필요 없는 이의를 제기하지 않는 등, 채권자의 담보권실행에 협조적으로 나오게 되는 것이다.

제 2 장
인적담보

제1 보증

제2 지급보증서담보

제3 어음 · 수표 보증

제4 기타 인적담보

제1 보증

1. 보증의 의의와 종류

(1) 보증의 의의

보증이란 주된 채무자가 그의 채무를 이행하지 않는 경우에 이를 이행해야 하는 채무(민 428①)로서, 채권자와 보증인간의 계약만으로 큰 비용을 들이지 않고 신속하게 채권담보의 기능을 하게 할 수 있다는 점에서 금융거래에 널리 이용되고 있다.

[보증의 당사자 관계]

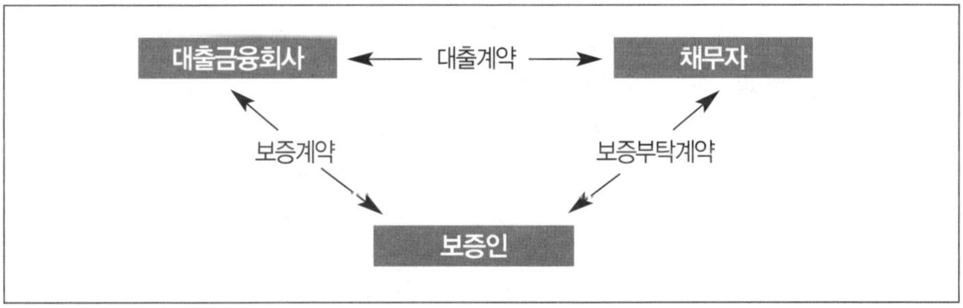

보증을 서는 자는 크게 두 가지 유형으로 분류하여 볼 수 있다. 하나는 금융을 전문으로 하는 금융회사가 보증을 서는 경우이고, 다른 하나는 신용이 양호한 주변의 친척이나 친지가 보증을 서는 경우이다. 전자의 경우는 보증행위가 대가를 받고서 합리적인 판단에 따라 영업적으로 이루어지는 것임에 대하여, 후자의 경우는 보증행위가 대가없이 혈연관계 등을 기초로 비합리적인 판단에 따라 비영업적으로 이루어지는 특징이 있다.

(2) 보증의 종류

가. 보증의 분류

보증은 그 부담하는 채무의 내용 등에 따라 여러 종류로 나누어 볼 수 있으며 이를 표로 나타내어 보면 다음과 같다.

[보증의 분류표]

- 보증의 내용에 따른 분류
  - 일반보증
    - 보통보증
    - 공동보증 : 수인이 동일한 채무를 보증
    - 연대보증 : 주채무자와 연대하여 채무부담
    - 근보증 : 증감변동하는 불특정 · 다수의 채무보증
    - 구상보증 : 보증인의 주채무자에 대한 구상채권을 보증
    - 배상보증 : 주채무자로부터 이행받지 못한 부분만 보증
    - 부보증 : 보증채무를 다시 보증
    - 신원보증 : 피용자의 사용자에 대한 손해배상채무 보증
    - 계약이행보증 : 계약불이행으로 인한 손해배상채무 보증
  - 어음 · 수표보증
- 보증인이 누구인가에 따른 분류
  - 일반인보증
  - 금융회사보증
    - 은행보증
    - 신용보증기금보증
    - 기술보증기금보증
    - 보증보험보증
    - 기타 금융회사보증
  - 국가 · 지방자치단체보증

나. 보통보증

주채무자가 그의 채무를 이행하지 않는 경우에 이를 이행해야 할 채무를 보통보증이라 하며, 가장 기본적인 보증의 유형에 속한다. 보통보증은 주채무에 대한 부종성이 있다는 점과 보증인이 최고의 항변권과 검색의 항변권을 가지고 있다는 점에 그 특징이 있다.

보증채무의 부종성은 주채무의 존재를 전제로 하여서만 보증채무가 성립하고 존속할 수 있다는 보증채무의 본질적인 성질을 말한다. 따라서 주채무가 그 성

립원인의 무효로 처음부터 존재하지 않으면 보증계약도 처음부터 무효가 되고, 주채무가 취소되어 소급하여 존재하지 않게 되면 보증계약도 소급하여 무효로 된다.

최고의 항변권이란 채권자가 보증인에게 보증채무의 이행을 청구한 경우에, 보증인이 주채무자가 변제자력이 있다는 사실 및 그 집행이 용이하다는 것을 증명하여 먼저 주채무자에게 청구할 것을 항변할 수 있는 권리를 말한다. 그리고 검색의 항변권이란 채권자가 주채무자에게 채무의 이행을 최고한 후에 보증인에게 이행청구한 경우에, 보증인이 다시 주채무자에게 변제자력이 있다는 사실과 그 집행이 용이함을 증명하여 먼저 주채무자의 재산에 대하여 집행할 것을 항변할 수 있는 권리를 말한다(민 437).

다. 연대보증

연대보증이란 보증인이 주채무자와 연대하여 채무를 부담함으로써 주채무의 이행을 담보하는 보증채무를 말한다. 연대보증도 보증의 일종으로서 부종성이 있는 점은 보통보증의 경우와 다르지 않다. 그러나 채권자의 청구에 대하여 최고·검색의 항변을 할 수 없는 점과 여러 사람이 공동보증한 경우 각 보증인간에 분별의 이익이 없는 점에서는 보통보증의 경우와 다르다.

연대보증채무는 보증인과 채권자 사이에서 맺어지는 보증계약상의 특별약정으로 성립하는 것이 원칙이나, 그 이외에 법률의 규정에 의하여 성립하는 경우도 있다. 즉 주채무가 주채무자의 상행위로 생긴 때 또는 보증이 상행위인 때에는, 주채무자와 보증인이 각각 별개의 행위로 채무를 부담하였다 하더라도 그 보증채무는 언제나 연대보증이 된다(상 57).

라. 공동보증

공동보증이란 동일한 주채무에 대하여 여러 사람이 보증채무를 부담하는 것을 말한다. 공동보증은 여러 사람이 하나의 계약으로 동시에 하는 수도 있고, 순차로 별개의 계약으로 하는 수도 있다. 그리고 공동보증은 다시 보통공동보증과 연대공동보증으로 구분된다.

보통공동보증에 있어서는 보증인이 채권자에 대하여 최고의 항변권과 검색의 항변권을 가지는 이외에 공동보증인 사이에 분별의 이익이 인정되어 있다는 점에 특징이 있다. 분별의 이익이란 주채무자의 채무액을 각 공동보증인이 보증인의 수로 나누어 그 해당액만 이행하면 되는 이익을 말한다. 예컨대 S에 대한 M의 채무 2천만원에 대하여 A와 B가 보통공동보증을 선 경우 A와 B는 채권자 S에 대하여 각각 1천만원씩의 보증채무만 이행하면 되는 것이다.

따라서 공동보증인 사이에 분별의 이익이 있는 경우에는 여러 명의 보증인을 세우는 것이 채권자에게 불리하게 작용할 수가 있다. 예컨대 앞의 예에서 B가 변제자력이 없다고 할 경우에 만일 변제자력이 있는 A만 보증인으로 하였다면 S는 A에 대하여 2천만원 전액에 대하여 보증채무의 이행을 청구할 수 있을 것인데 B를 공동보증인으로 하는 바람에 A와 B 사이에 분별의 이익이 생겨 A에게 1천만원만 청구할 수 있게 됨으로써 오히려 채권담보에 지장이 초래되는 것이다.

이에 대하여 연대공동보증에 있어서는 보증인이 채권자에 대하여 최고의 항변권과 검색의 항변권을 가지지 않음은 물론이고 공동보증인 사이에 분별의 이익도 인정되어 있지 않다는 점에 특징이 있다. 따라서 연대공동보증에 있어서의 채권자는 보증인 중 누구를 상대로 하여서도 채권 전액에 관하여 바로 보증채무의 이행을 청구할 수 있고, 또한 보증채무 불이행시 바로 보증인의 재산에 강제집행을 할 수 있다. 그 결과 연대공동보증은 보통공동보증보다 강한 채권담보의 기능을 하게 된다.

마. 근보증

(가) 근보증의 의의

근보증이란 개념을 어떻게 정의할 것인가에 관하여는 학자들 사이에 여러 가지의 견해가 주장되고 있으나, 가장 넓게 정의하여 채권자와 채무자 사이의 계속적인 거래관계로부터 발생하는 현재 및 장래의 불특정채무를 주채무로 하는 보증이라고 할 수 있다. 예컨대 당좌대출계약·어음할인계약 등의 금융거래계약, 전기·가스·수도 등 물품의 계속적 공급계약, 임대차계약, 고용계약 등에 기하여, 채무자가 채권자에 대하여 현재 부담하고 있거나 장차 부담하게 될 불특정의 채무를 보증하는 것이 근보증인 것이다.

근보증은 장래의 특정채무에 대한 보증과 마찬가지로 주채무의 현존을 필요로 하지 않는다는 점에서 양자가 일괄해서 논해지는 예가 많으나 양자는 그 성질을 달리한다. 즉 후자에 있어서는 담보되는 채권액이 확정되어 있는 것이지만, 전자에 있어서는 담보되는 채권액이 확정되어 있지 않고 증감·변동한다는 데에 그 특징이 있다. 따라서 후자에 있어서는 주채무가 한번 변제되면 보증채무는 그 범위에서 소멸하고 채무자가 채권자에게 새로운 채무를 부담하게 되더라도 보증채무의 범위가 다시 확대되지 않음에 대하여, 전자에 있어서는 보증채무가 변제에 의하여 일시 감축되더라도 새로운 주채무의 발생이 있으면 다시 확대되게 된다.

참고

보증과 계속적보증

근보증이란 용어와 함께 계속적보증이란 용어가 널리 사용되고 있다. 양자의 상호관계에 관하여는, 동일한 의미의 다른 표현으로 보는 견해가 있는가 하면, 서로 다른 의미를 가지는 것으로 보는 견해도 있다.[1] 양자가 서로 다른 의미를 가지는 것으로 보는 견해는, 계속적보증을 근보증보다 포괄적인 개념으로 보아, 근보증을 계속적보증의 일종에 속하는 것으로 본다. 즉 이 견해는, 계속적보증이란 계속적 채권관계로부터 발생하는 채무 및 손해에 대한 보증을 총칭하는 개념으로서, ① 계속적 거래계약에 해당하는 여신계약, 매매계약, 대리점계약 등으로부터 발생되는 채무의 보증(신용부증) ② 근로자 또는 피용자의 손해배상채무의 보증(신원보증) ③ 임대차계약으로부터 발생되는 임차인의 채무의 보증(임차보증)의 세가지 유형으로 구분하여 볼 수 있는데, 이 중 ① 의 유형이 근보증에 해당한다고 본다.[2]

그러나 근보증이란 용어가 원래 특정채무의 보증에 대응하는 개념으로 사용된 것이고, 이와 같은 대응개념은 계속적 신용거래계약에만 국한되어 적용되는 것이 아니라, 계속적인 근로계약이나 임대차계약에도 공통적으로 적용될 수 있다는 점에서, 계속적 신용거래의 보증만을 근보증에 해당하는 것으로 보고, 계속적 근로계약이나 임대차계약의 보증은 근보증에 해당하지 않는다고 보는 것은, 타당성이 없어 보인다. 즉 근보증이냐 아니냐 하는 것을, 계속적 신용거래로부터 발생하는 불특정한 채무의 보증이냐, 아니면 계속적 근로계약이나 임대차계약으로부터 발생하는 불특정한 채무의 보증이냐에 의하여 구별할 것이 아니라, 계속적인 거래관계로부터 발생하는 불특정한 채무의 보증이냐, 아니면 특정한 채무의 보증이냐에 의하여, 구별하여야 하는 것이다. 이와 같은 관점에서 볼 때, 근보증과 계속적보증은 동일한 의미를 가지는 것으로 보는 것이 타당하다고 생각한다.

---

1) 박병대 계속적보증 12.

2) 김준호 민법강의 788. 김형배 채권총론 533 에서도 계속적보증의 내용을 이와 같이 3가지 유형으로 분류하고 있다. 그러나 근보증과 계속적보증을 구분되는 개념으로 보아야 한다는 것인지 아니면 동일한 개념으로 보아야 한다는 것인지는 불분명하다.

㈏ 근보증의 유형

근보증은 근보증계약의 당사자가 피보증채무의 범위를 어떻게 정하는가에 따라 특정근보증과 한정근보증 포괄근보증으로 분류하여 볼 수 있다.

특정근보증이란 근보증계약을 체결하기 전에 이미 체결되어 있는 특정한 계속적 거래계약(예컨대 ○년 ○월 ○일자 여신거래약정)과 관련하여 채권자와 주채무자 사이에 일정한 기간동안 발생하는 채무를 일정한 한도액 범위에서 보증하는 경우를 말한다. 따라서 특정근보증계약을 체결하는 경우 근보증인은 근보증계약을 체결한 후에 채권자와 주채무자 사이에 동일한 내용의 새로운 계속적 거래계약이 체결되고 또한 그 계속적 거래계약으로부터 발생한 주채무가 비록 근보증거래기간 중에 발생하였고 근보증한도액 범위내의 것이라 할지라도 보증책임을 부담하지 않는다.

한정근보증이란 근보증계약을 체결하기 전에 이미 맺어져 있는 것은 물론이고 근보증계약을 체결한 후에 새로이 맺어지게 되는 것까지를 포함하는 한 종류의 거래(예컨대 어음할인거래)계약 또는 수 종류의 거래(예컨대 어음할인거래, 당좌대출거래)계약과 관련하여 채권자와 주채무자 사이에 일정한 기간동안 발생하는 채무를 일정한 한도액 범위에서 보증하는 경우를 말한다. 한정근보증계약을 체결하는 경우 근보증인은 근보증계약에서 정하고 있는 동일한 종류의 거래계약으로부터 근보증거래기간 중에 발생한 채권이면, 그 채권이 채권자와 주채무자 사이에 근보증계약을 체결하기 전에 체결한 거래계약으로부터 발생한 것이건 근보증계약을 체결한 후에 체결한 거래계약으로부터 발생한 것이건을 묻지 않고 근보증한도액의 범위에서 보증책임을 부담한다. 그러나 근보증계약에서 정하고 있지 않은 다른 종류의 거래계약으로부터 발생한 채권이면, 그 채권이 비록 근보증거래기간 중에 발생하였고 근보증한도액 범위내의 것이라 할지라도 보증책임을 부담하지 않는다.

포괄근보증이란 근보증계약을 체결하기 전에 이미 맺어져 있는 것은 물론이고 근보증계약을 체결한 후에 새로이 맺어지게 되는 것까지를 포함하는 여러 종류의 거래(예컨대 어음대출, 증서대출, 당좌대출..........상호부금거래........외국환거래 기타 여신거래)계약과 관련하여 채권자와 주채무자 사이에 일정한 기간동안 발생하는 채무를 일정한 한도액 범위에서 보증하는 경우를 말한다. 그러나 이는 가장 좁은 의미에서의 포괄근보증이고 넓은 의미에서의 포괄근보증은 채권자와 채무자 사이에 현재 발생해 있거나 장차 발생할 모든 채무에 관하여 거래의 종류나 거래기간 및 금액한도의 제한 없이 모두 보증책임을 부담하는 경우까지를 포함한다. 다만 금융거래에 있어서 거래의 종류나 금액한도를 정하지 아니하고서 채권자와 채무자 사이에 발생하는 모든 채무에 대하여 보증책임을 부담하겠다는 내용의 극단적인 포괄근보증계약을 맺는 경우는 거의 없다.

바. 금융회사보증

물적담보는 특정재산의 교환가치로부터 우선변제권을 보장받음으로써 채권을 담보하는 제도이기 때문에, 그 담보로서의 효력은 담보제공자의 신용이나 자력에 의해서가 아니라, 당해 담보물건의 객관적 가치에 의하여 좌우되게 된다. 이에 대하여 인적담보인 보증의 경우는 주채무자 이외에 동일한 내용의 채무를 부담하는 종된 채무자를 두어서, 주채무자의 채무에 대한 채권을 담보하는 제도이기 때문에, 그 담보로서의 효력은 보증인의 신용과 자력에 의하여 좌우되게 된다. 따라서 보증인을 누구로 하느냐 하는 것은 인적담보의 핵심적 요소로서, 보증인이 신용과 자력을 갖춘 자로서 그 지급의 확실성이 보장되는 경우에는, 물적담보 보다 나은 담보적 효력을 기대할 수 있다. 이 경우는 주채무자의 채무불이행시, 보증인으로부터 바로 채무의 이행을 받음으로써, 물적담보에 있어서와 같은 담보권실행이라는 번거로운 절차를 취할 필요가 없기 때문이다.

보증채무 이행의 확실성을 보장받을 수 있는 자로서는, 국가나 지방자치단체 등의 공공단체와 은행 등의 금융회사 및 신용보증 전문기관으로서의 신용보증기금과 기술보증기금 등을 들 수 있다. 그리고 이 들 보증인과의 보증계약에 있어서도 보증의 일반법리가 그대로 적용되는 것은 당연하다. 그런데 신용보증을 전문으로 하고 있는 신용보증기금과 기술보증기금의 보증에 있어서는, 신용보증기금법과 기술보증기금법에서, 이들 기금의 보증에 관한 특별규정 들을 두어, 다른 보증과는 구별되는 특수한 취급을 하고 있다.

신용보증기금이나 기술보증기금이 행하는 신용보증도 기본적으로는 민사법상의 보증에 속하나, 신용보증기금법과 기술보증기금법은 채권자의 보증채무 이행청구시기와 기금의 보증채무이행범위(신보 29, 신보령 21~23, 기보 36) 및 채권자의 의무(신보 31, 기보 36) 등에 관하여, 민법의 규정과는 다른 특례를 정하고 있으므로 그 범위에서는 일반의 민사보증과는 다른 특수한 보증이라고 할 수 있다.

사. 구상보증

보증인이 채권자에게 변제한 때의, 보증인의 주채무자에 대한 구상채권을 보증하는 것을 구상보증이라 한다. 금융거래에 있어서는 이러한 구상보증계약이 체결되는 경우가 많으며, 그 구체적인 예로서는 금융회사의 대출금에 관하여 보증보험이나 신용보증기금 등이 보증을 서면서, 그 보증채무 이행시의 주채무자에 대한 구상채권 회수를 용이하게 하기 위하여, 다른 제3자와 그 구상채무를 주채무로 하는 보증계약을 체결하는 경우를 들 수 있다.

[구상보증의 당사자 관계]

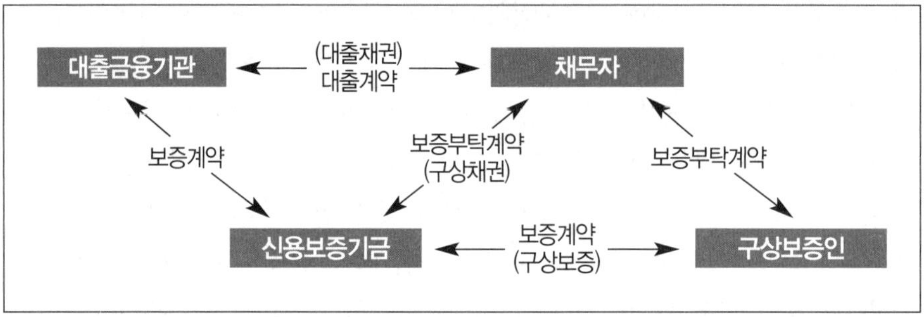

아. 기타 보증

(가) 부보증

보증채무를 다시 보증하는 것을 부보증이라고 한다. 그러나 실제로 이러한 부보증계약이 체결되는 경우는 드물며 금융거래에 있어서도 그 예를 찾아보기 힘들다.

(나) 배상보증

채권자가 주채무자로부터 이행을 받지 못한 부분에 관하여만 보증하는 것을 배상보증이라 한다. 이 배상보증은 채권자가 주채무자로부터 이행받지 못한 부분을 증명하여야 보증채무의 이행을 청구할 수 있다는 점에 그 특징이 있다.

(다) 신원보증

신원보증은 주로 고용계약에 부수하여 체결되는 계약으로 광·협 두 가지 유형이 있다. 협의의 신원보증은 피용자가 장차 고용계약상의 채무불이행이나 불법행위 등으로 인하여 사용자에게 부담할 손해배상채무의 이행을 보증하는 경우이고, 광의의 신원보증은 피용자의 채무불이행이나 불법행위로 인하여 사용자가 받는 손해는 물론이고 피용자의 일신상의 사정(예컨대 질병)으로 인하여, 사용자가 입게 되는 일체의 손해까지 담보하는 경우로서 신원인수라고 부르기도 한다.

구체적인 신원보증계약이 위의 어느 유형에 해당하는가는, 계약당사자의 의사해석으로 결정된다는데 견해가 일치되어 있다. 이에 대하여 당사자의 의사가 명확하지 않은 경우에 관하여는, 협의의 신원보증으로 보아야 한다는 견해와 신원인수로 보아야 한다는 견해 등이 대립되어 있다.[3]

그러나 실무상으로는 양자를 구분하여 볼 실익이 없다. 신원보증관계를 규율하는 신원보증법이 제2조에서 「"신원보증계약"이라 함은 피용자가 업무를 수행하는 과정에서 그의 책임 있는 사유로 사용자에게 손해를 입힌 경우에 그 손해를 배상할 채무를 부담할 것을 약정하는 계약을 말한다」고 규정함으로써 양자를 구분하지 않고 동일하게 다루고 있기 때문이다.[4]

신원보증을 하는 자는 아무런 보수도 받지 않음은 물론이고 단순히 정실이나 의리 등을 바탕으로 마지못하여 하는 것이 보통이다. 반면에 그렇게 이루어진 신원보증계약의 내용에 있어서는, 그 존속기간이나 책임의 한도가 정하여져 있지 않은 경우가 많아, 신원보증인의 책임이 과중하게 되는 것이 일반이다. 이에 신원보증법은 이와 같은 신원보증인의 책임을 완화시킴으로써 신원보증제도의 합리적인 운용을 도모하고자, 신원보증계약의 존속기간, 사용자의 통지의무, 신원보증인의 계약해지권 및 보증책임의 한도결정기준 등을 법정하여 신원보증에 대한 특별한 규율을 하고 있다.

2. 보증인보호와 보증의 규제

(1) 필요성

보증행위도 채무를 부담하는 법률행위라는 점에서 합리적인 판단에 기초하여 이루어져야 하는 것임은 당연하다. 그런데 현실에 있어서는 사회·경제적으로

3) 민법주해[X] 412[강용현].
4) 주석민법[채권총칙(2)] 348(박동섭).

강자의 입장에 있는 채권자의 요구가 있으면 약자인 채무자는 사실상 이를 거절할 수가 없고, 나아가 보증인이 되는 자는 채무자와 혈연이나 학연 또는 지연 등의 관계에 의한 비합리적인 판단에 따라 마지 못해 보증을 하는 경우가 많다.

그런데 보증을 한 후 주채무자의 채무불이행으로 보증채무의 이행이 현실화되면 보증인의 사회생활을 매우 어렵게 할 뿐만 아니라 보증인과 주채무자 사이의 유대관계를 심히 악화시키고 나아가 채권자에 대하여도 보증채무를 이행하지 않으려는 사회적 저항을 유발시켜 사회적 불신을 야기하는 부작용을 초래하게 된다. 특히 1997년 국가경제 위기에 따른 IMF 구제금융 시 보증의 폐해가 심각하게 현실화 되면서 보증을 금지하거나 제한해야 한다는 인식이 높아지게 되었다.

이에 금융계에서는 소비자금융에 대한 보증을 폐지하는 등 보증에 관한 업무의 개선에 노력하였고, 은행법에서는 여신거래와 관련하여 은행이 차주 등에게 부당하게 보증을 요구하는 것을 공정한 금융거래 질서를 해칠 우려가 있는 불공정영업행위로써 금지하는 규정을 두었고(은행 52의2①), 이에 근거하여 은행법 시행령과 은행업감독규정에서는 불공정영업행위로써 금지하는 보증행위의 유형을 구체적으로 규정하는(은행령 24의4①iii, 은감규 88의2①iii) 한편, 금융감독당국에서는 행정지도의 형식으로 기업여신에 대한 연대보증제도의 기본 운용방향을 마련하여 지도대상 금융기관의 내규에 반영하여 시행하도록 한 바 있다.

한편, IMF 구제금융 이후 보증제도에 관한 입법적 개선으로는 2008년 3월 21일 제정되어 2008년 9월 22일 시행된 보증인 보호를 위한 특별법과 2015년 2월 3일 개정되어 2016년 2월 4일 시행된 보증에 관한 개정 민법에서 규정하는 보증인보호의 내용이 있다. 또한 2020년 3월 24일 제정되어 2021년 3월 25일 시행된 금융소비자 보호에 관한 법률에서는 종전에 은행법, 은행법시행령, 은행업감독규정 및 행정지도에 의하여 금지 내지 제한하던 보증에 관한 규제내용을 동법과 그 시행령 및 금융소비자 보호를 위한 감독규정에 종합적이고 체계적이며 보다 구체적으로 규정하였다. 이하에서는 개정 민법과 보증인 보호를 위한 특별법상의 보증인보호 내용 및 금융소비자 보호에 관한 법령에서 규정하는 보증의 규제 내용에 관하여 설명하기로 한다.

(2) 민법에 의한 보증인 보호

가. 보증의 방식

채권자와 주채무자 사이에 체결되는 금전소비대차계약은 서면의 작성 등 특별한 방식을 요하지 않는 불요식계약이다. 따라서 금전소비대차계약은 채권자와 채무자 사이에 금전의 대차에 관한 합의만 있으면 효력이 발생하고, 그 합의가 당사자의 기명날인 또는 서명이 있는 서면으로 작성되어야 효력이 발생하는 것이 아니며, 서면의 작성은 단지 후일의 분쟁에 대비한 입증자료를 확보하기 위한 것일 뿐이다.

그러나 채권자와 보증인 사이의 체결되는 보증계약은 반드시 그 의사가 보증인의 기명날인 또는 서명이 있는 서면으로 표시되어야 효력이 발생하는 요식계약이다(민 428의2①본). 따라서 채권자와 보증인 사이에 보증에 관한 합의가 있었다 하더라도 그러한 합의가 보증인의 기명날인 또는 서명이 있는 서면으로 작성되어 있지 않으면, 보증인은 그 보증계약의 무효를 주장하고 보증채무를 이행하지 않을 수 있는 것이다. 개정 민법이 종래 불요식계약이었던 보증계약을 이와 같이 요식계약으로 변경한 것은 보증인이 되려는 자로 하여금 보다 신중하게 다시 한번 생각하고 보증계약을 체결하게 하려는 것이다.

또한 보증계약을 체결한 후 그 보증계약의 내용을 변경하는 경우에는 그 변경이 보증인에게 불리한 것인 때에 한하여, 그 변경의사가 보증인의 기명날인 또는 서명이 있는 서면으로 표시되어 있어야 그 효력이 발생한다. 즉 보증계약의 변경내용이 보증인에게 유리한 것이면 특별한 방식을 요하지 아니하고 당사자 사이의 합의만으로 그 효력이 생기지만 불리한 것이면 보증인의 기명날인 또는 서명이 있는 서면행위가 있어야만 그 효력이 생기는 것이다.

다만 보증계약이 위와 같은 방식으로 체결되거나 변경되지 않음으로써 무효라 할지라도 보증채무를 이행한 때에는 보증인은 그 이행범위에서 보증계약의 무효를 주장할 수 없다(민 428의2③).

한편 보증의 의사 또는 변경의사는 서면으로 표시되어야 하고 전자적 형태로 표시된 경우에는 효력이 없다(민 428의2①단, 428의2②). 그러나 보증인이 자기의 영업 또는 사업으로 작성한 보증의 의사가 표시된 전자문서는 민법 제428조의2

제1항 단서에도 불구하고 같은 항 본문에 따른 서면으로 보게 된다(전문거기 4②). 따라서 개인 등의 사업자 아닌 자가 전자문서로 보증의사를 표시하는 것은 무효이지만 금융회사 등의 사업자가 그 사업으로 전자문서에 의하여 타인의 채무에 대한 보증의사를 표시하는 것은 유효하다.

나. 근보증시 보증채무의 최고액 서면 특정

보증은 불확정한 다수의 채무에 대해서도 할 수 있다(민 428의3①제1문). 그러나 근보증을 함에 있어서는 그 보증하는 채무의 최고액을 서면으로 특정하여야 하며(민 428의3①제2문), 보증채무의 최고액을 보증인의 기명날인 또는 서명이 있는 서면으로 특정하지 아니한 보증계약은 효력이 없다. 또한 보증채무의 최고액이 전자적 형태로 표시된 경우에도 그 효력이 없다(민 428의3②). 이는 근보증인의 책임범위가 지나치게 확대되는 것을 방지함으로써 보증인을 보호하기 위한 것이다.

다. 채권자가 알고 있는 주채무자의 신용정보제공

채권자는 보증계약을 체결할 때 보증계약의 체결 여부 또는 그 내용에 영향을 미칠 수 있는 주채무자의 채무 관련 신용정보를 보유하고 있거나 알고 있는 경우에는 보증인에게 그 정보를 알려야 한다. 보증계약을 갱신할 때에도 또한 같다(민 436의2①). 이는 채권자가 알고 있는 주채무자에 대한 신용정보를 보증인이 알도록 함으로써 보증계약을 보다 신중하게 하도록 보증인을 보호하려는 것이다.

채권자가 위 의무를 위반하여 보증인에게 손해를 입힌 경우에는 법원은 그 내용과 정도 등을 고려하여 보증채무를 감경하거나 면제할 수 있다(민 436의2④). 이는 채권자로 하여금 보증계약을 체결하거나 갱신할 때에 그가 알고 있는 주채무자의 신용정보를 채무자에게 실효성 있게 제공하도록 유도하기 위한 것이다.

라. 주채무자에 대한 변동사항의 통지

채권자는 보증계약을 체결한 후에 다음 중 어느 하나에 해당하는 사유가 있는 경우에는 지체없이 보증인에게 그 사실을 알려야 한다(민 436의2②).

① 주채무자가 원본, 이자, 위약금, 손해배상 또는 그 밖에 주채무에 종속한 채무를 3개월 이상 이행하지 아니하는 경우
② 주채무자가 이행기에 이행할 수 없음을 미리 안 경우
③ 주채무자의 채무 관련 신용정보에 중대한 변화가 생겼음을 알게 된 경우

또한 채권자는 보증인의 청구가 있으면 주채무의 내용 및 그 이행 여부를 알려야 한다(민 436의2③). 채권자가 위 의무를 위반하여 보증인에게 손해를 입힌 경우에는 법원은 그 내용과 정도 등을 고려하여 보증채무를 감경하거나 면제할 수 있다(민 436의2④).

이는 보증계약체결 후 주채무자의 신용상태에 변화가 있어 보증채무가 현실화할 우려가 있는 경우에 채권자가 이를 보증인에게 미리 알려 보증인이 주채무자에 대한 구상권의 행사에 실효성 있는 도움이 될 수 있도록 하기 위한 것이다.

마. 민법 제436조의 삭제

개정 전 민법 제436조에는 「취소의 원인 있는 채무를 보증한 자가 보증계약 당시에 그 원인 있음을 안 경우에 주채무의 불이행 또는 취소가 있는 때에는 주채무와 동일한 목적의 독립채무를 부담한 것으로 본다」고 규정되어 있었다.

따라서 개정 전 민법 제436조에 의하면 예컨대 채권자 S가 미성년자인 채무자 A와 금전소비대차계약을 체결하고, 아울러 A에 대한 채권에 관하여 보증인 B와 보증계약을 체결한 경우에, 보증인 B가 채권자 S와 보증계약을 체결할 때에 채무자 A가 미성년자인 사실을 알고 있었다면, A가 미성년자임을 이유로 S와의 금전소비대차계약을 취소하거나 S에 대한 채무를 이행하지 않으면, B는 주채무와 동일한 목적의 독립채무를 부담한 것으로 간주하여 S와 A 사이의 금전소비대차계약상의 채무를 이행하여야 하게 된다.

그러나 개정 전 민법 제436조의 규정이 없다면, 위 사례에 있어서 보증인 B는 주채무자 A가 S와의 금전소비대차계약을 취소함으로써 금전소비대차계약이 실효되면 B의 보증채무도 보증채무의 부종성에 따라 실효되어 이행할 필요가 없게 되고, 또한 취소 여부가 확정되지 않는 동안에는 민법 제435조에 따라 S에 대한 보증채무의 이행을 거절할 수 있다. 따라서 개정 전 민법 제436조는 보증인에게 매우 불리한 규정이라고 할 수 있어 개정 민법은 이를 삭제한 것이다.

(3) 보증인보호법에 의한 보증인 보호

가. 보호의 대상이 되는 보증인의 범위

보증인 보호를 위한 특별법(약칭 보증인보호법)은 보증에 관하여 「민법」에 대한 특례를 규정함으로써 아무런 대가 없이 호의(好意)로 이루어지는 보증으로 인한 보증인의 경제적 · 정신적 피해를 방지하고, 금전채무에 대한 합리적인 보증계약 관행을 확립함으로써 신용사회 정착에 이바지함을 목적으로 한다(보보특 1).

따라서 보증인보호법에 의하여 보호를 하고자 하는 보증인은 민법 제429조 제1항에 따른 보증채무(이하"보증채무"라 한다)를 부담하는 자로서 다음에서 정하는 경우를 제외한 자를 말한다(보보특 2ⅰ).

① 「신용보증기금법」 제2조제1호에 따른 기업(이하 "기업"이라 한다)이 영위하는 사업과 관련된 타인의 채무에 대하여 보증채무를 부담하는 경우
② 기업의 대표자, 이사, 무한책임사원, 「국세기본법」 제39조제2항에 따른 과점주주(寡占株主) 또는 기업의 경영을 사실상 지배하는 자가 그 기업의 채무에 대하여 보증채무를 부담하는 경우
③ 기업의 대표자, 이사, 무한책임사원, 「국세기본법」 제39조제2항에 따른 과점주주 또는 기업의 경영을 사실상 지배하는 자의 배우자, 직계 존속 · 비속 등 특수한 관계에 있는 자가 기업과 경제적 이익을 공유하거나 기업의 경영에 직접 · 간접적으로 영향을 미치면서 그 기업의 채무에 대하여 보증채무를 부담하는 경우
④ 채무자와 동업 관계에 있는 자가 동업과 관련한 동업자의 채무를 부담하는 경우
⑤ ①부터 ④까지의 어느 하나에 해당하는 경우로서 기업의 채무에 대하여 그 기업의 채무를 인수한 다른 기업을 위하여 보증채무를 부담하는 경우
⑥ 기업 또는 개인의 신용을 보증하기 위하여 법률에 따라 설치된 기금 또는 그 관리기관이 보증채무를 부담하는 경우

그리고 보증인보호법에 의하여 보호를 요하는 보증인이 체결하는 보증계약이란 그 형식이나 명칭에 관계없이 채무자가 채권자에 대한 금전채무를 이행하지 아니하는 경우에 보증인이 그 채무를 이행하기로 하는 채권자와 보증인 사이의

계약을 말한다(보보특 2ⅱ).

나. 보증인 보호의 일반적 내용

㈎ 보증채무 최고액의 특정

보증계약을 체결할 때에는 보증채무의 최고액(最高額)을 서면으로 특정(特定)하여야 한다. 보증기간을 갱신할 때에도 또한 같다(보보특 4). 여기에서의 보증채무란 특정채무보증에 있어서의 보증채무를 말하는 것으로 보아야 한다. 근보증에 관하여는 보증인보호법 제6조에 별도의 규정이 있기 때문이다.

특정채무보증에 있어서도 보증채무의 최고액을 서면으로 특정하게 한 것은 보증계약체결 당시에 보증인이 보증책임을 지게 되는 특정한 주채무의 금액이 정해지지 아니하고 보증계약체결 후의 장래에 정해지는 경우에는 주채무의 금액이 너무 확대되어 보증인의 보증책임이 과중하게 되는 것을 방지하기 위한 것이다.

보증채무의 최고액(最高額)을 서면으로 특정하지 아니한 경우의 효력이 어떠한가. 이는 근보증에 있어서 보증하는 채무의 최고액을 서면으로 특정하지 아니한 경우 무효로 규정하고 있는(보보특 6②) 것과 달리 아무런 규정을 두고 있지 않아 생기는 문제이다. 이에 관하여는 근보증의 경우와 달리 법문이 이를 무효라고 하지 않고 있다는 이유로 유효로 보아야 한다는 견해가 있을 수 있다. 그러나 이 견해는 서면에 의한 특정을 요하는 법 규정이 전혀 무의미하게 되어 찬성할 수 없다. 따라서 이에 관하여는 「이 법에 위반하는 약정으로서 보증인에게 불리한 것은 효력이 없다」고 규정하고 있는 보증인보호법 제11조의 규정에 따라 무효로 보는 것이 타당하다.

㈏ 채권자의 통지의무

채권자는 주채무자가 원본, 이자 그 밖의 채무를 3개월 이상 이행하지 아니하는 경우 또는 주채무자가 이행기에 이행할 수 없음을 미리 안 경우에는 지체 없이 보증인에게 그 사실을 알려야 한다(보보특 5①). 또한 채권자는 보증인의 청구가 있으면 주채무의 내용 및 그 이행 여부를 보증인에게 알려야 한다(보보특 5③). 채권자가 위와 같이 보증인에게 알려야 할 의무를 위반한 경우에는 보

증인은 그로 인하여 손해를 입은 한도에서 보증채무를 면한다(보보특 5④).[5]

통지의 방법에 대하여는 보증인 보호를 위한 특별법에 아무런 규정이 없으므로 전화, 우편, 핸드폰 문자메시지(SMS), 전자우편(e-mail) 등의 방법 중 어느 것에 의하더라도 무방하다. 다만 추후 통지여부가 문제되는 경우 통지사실을 입증할 수 있는 근거를 남길 필요가 있다. 한편, 보증계약 체결시의 특약에 의하여 또는 보증인의 요청에 따라 통지를 생략할 수 있는지 여부가 문제될 수 있으나 보증인보호법상의 통지의무는 강행규정으로 해석되므로 부정하는 것이 타당하다.

㈐ 근보증에 관한 특칙

보증은 채권자와 주채무자 사이의 특정한 계속적 거래계약이나 그 밖의 일정한 종류의 거래로부터 발생하는 채무 또는 특정한 원인에 기하여 계속적으로 발생하는 채무에 대하여도 할 수 있다(보보특 6①제1문). 이는 현재 금융회사가 여신거래와 관련하여 이용하고 있는 특정근보증과 한정근보증 및 포괄근보증의 유효성을 명문으로 인정한 것이다.[6]

그러나 근보증을 함에 있어서는 그 보증하는 채무의 최고액을 서면으로 특정하여야 하고(보보특 6①제2문), 만일 채무의 최고액을 서면으로 특정하지 아니한 보증계약은 효력이 없다(보보특 6②). 이는 근보증인의 책임범위가 지나치게 확대되는 것을 방지함으로써 보증인을 보호하기 위한 것이다.

㈑ 보증기간

보증기간의 약정이 없는 때에는 그 기간을 3년으로 본다(보보특 7①). 보증기간은 갱신할 수 있다. 이 경우 보증기간의 약정이 없는 때에는 그 기간을 3년으로 본다(보보특 7②). 다만 3년으로 간주되는 보증기간은 보증계약을 체결하거나 갱신하는 때에 채권자가 보증인에게 고지하여야 한다(보보특 7③).

보증기간은 피보증채무의 범위와 관련하여 다음과 같은 4가지 의미를 가지는 것으로 해석되고 있다. 첫째는 주채무가 존재해 있는 기간, 둘째는 주채무를 발

---

5) 보증인보호법 제5조(채권자의 통지의무 등)는 2015년 2월 3일 개정되어 2016년 2월 4일 시행된 개정 민법 제436조의2(채권자의 정보제공의무와 통지의무 등)와 실질적으로 같은 내용이어서 특별법인 보증인보호법에 별도로 규정할 실익은 없다.

6) 다만, 금융소비자 보호에 관한 법률에서는 한정근보증과 포괄근보증의 설정을 불공정영업행위로 금지하고 있는데, 이에 관하여는 뒤에 관련된 곳에서 설명하기로 한다.

생시키는 기간, 셋째는 주채무의 변제기일이 도래하는 기간, 넷째는 주채무를 발생시키는 기간임과 동시에 주채무의 변제기일이 도래하는 기간이라는 것이다.

보증인이 보증책임을 지는 주채무는 첫째의 의미에서 보면 발생의 시기나 변제기일의 도래 여부와 관계없이 기간만료시에 존재하는 것이어야 하고, 둘째의 의미에서 보면 변제기일이 보증기간 중에 도래하는지의 여부에 관계없이 보증기간 중에 발생한 것이어야 하며, 셋째의 의미에서 보면 언제 발생한 것인지에 관계없이 보증기간 중에 변제기일이 도래한 것이어야 하고, 넷째의 의미에서 보면 발생은 물론이고 그 변제기일까지 보증기간 중에 도래한 것이어야 한다.

구체적인 보증계약에 있어서의 보증기간을 위 4가지 의미 중 어느 것으로 보아야 할 것인지는 계약당사자의 의사를 해석하여 결정할 문제이다. 그러나 당사자가 이에 대하여 아무런 정함을 한 바가 없고 또 계약의 전 취지를 미루어 보아도 어느 쪽으로 보아야 할 것인지 불분명한 때에는 첫째의 의미로 보는 것이 타당하다.[7]

(마) 변제기 연장의 통지

보증계약 체결 후 채권자가 보증인의 승낙 없이 채무자에 대하여 변제기를 연장하여 준 경우에는 채권자나 채무자는 보증인에게 그 사실을 알려야 한다. 이 경우 보증인은 즉시 보증채무를 이행할 수 있다(보보특 7④).

특정의 주채무에 관하여 채권자가 주채무자에 대하여 주채무의 변제기를 연장해 줌에 있어서는 보증인의 승낙을 요하지 않는 것이 원칙이다. 주채무의 이행기가 도래한 때에는 보증인은 주채무자에 대하여 미리 구상권을 행사할 수 있는 것이고(민 442①), 이 경우 채권자가 주채무자에게 그 상환기일을 연장하여 주더라도 보증인이 주채무자에 대한 사전구상권을 행사하는데 영향을 미치지 않는다는 점에서(민 442②), 채권자가 보증인의 승낙 없이 주채무자에 대하여 변제기를 연장하여 준 것이 반드시 보증인의 책임을 가중하는 것이라고 할 수 없기 때문이다.[8] 또한 위와 같은 취지에서 채권자가 보증인의 승낙 없이 채무자에 대하여 변제기를 연장하여 주었다 하여 그 사실을 보증인에게 알려 주어야 하는

---

7) 민법주해[X] 387(박병대). 주석민법[채권총칙(2)] 476(지원림).

8) 판례도 「보증계약 체결후 채권자가 보증인의 승낙 없이 주채무자에 대하여 변제기를 연장하여 준 경우, 그것이 반드시 보증인의 책임을 가중하는 것이라고는 할 수 없으므로 원칙적으로 보증채무에 대하여도 그 효력이 미친다(대판 1996.2.23. 95다49141)」고 한다.

의무가 있는 것도 아니다.

그럼에도 보증인보호법에서 이와 같은 규정을 둔 것은 주채무의 변제기가 도래한 경우에 채권자로부터 아무런 통지가 없으면 주채무가 원래의 약정대로 변제되어 소멸함으로써 보증채무가 소멸한 것으로 생각할 여지가 있으므로, 주채무의 변제기가 연장된 사실을 보증인이 알도록 함으로써 보증인으로 하여금 ① 채권자와 주채무자 사이에 이루어진 변제기 연장을 그대로 수용하는 방안 ② 보증인에 대하여 사전구상권을 행사하는 방안 ③ 즉시 보증채무를 이행하고 사후구상권을 행사하는 방안 등 적절한 선택을 할 수 있도록 하기 위한 것이다.

따라서 채권자가 주채무의 변제기를 연장해 준 사실을 보증인에게 통지하지 않음으로써 보증인이 주채무가 소멸되고 아울러 보증채무도 소멸된 것으로 판단하여 주채무자에 대한 구상권의 행사에 지장이 초래된 때에는, 보증인은 채권자에 대하여 그로 인하여 입은 손해의 배상을 청구할 수 있고 나아가 그 손해배상을 청구할 수 있는 범위에서 보증채무가 감축 내지 소멸된 것으로 주장할 수 있다고 보아야 한다.

다. 금융기관이 채권자인 경우의 특칙

㈎ 보증인에 대한 채무자의 채무관련 신용정보 제시

금융기관이 채권자로서 보증계약을 체결할 때에는 신용정보의 이용 및 보호에 관한 법률에 따라 종합신용정보집중기관으로부터 제공받은 채무자의 채무관련 신용정보를 보증인에게 제시하고 그 서면에 보증인의 기명날인이나 서명을 받아야 한다. 보증기간을 갱신할 때에도 또한 같다(보보특 8①). 그리고 여기에서 채무관련 신용정보란 대출정보, 채무보증정보, 연체정보, 대위변제(代位辨濟)·대지급정보(代支給情報) 및 부도정보(不渡情報)를 말한다(보보특 2iv). 이는 채무자가 과다한 채무로 사실상 변제능력이 없음에도 보증인은 이를 알지 못한 채 보증계약을 체결하는 것을 방지하는 한편, 보증인은 채무자의 정확한 신용상태를 확인한 후 보증여부를 결정하게 하기 위한 것이다.

또한 금융기관이 신용정보의 이용 및 보호에 관한 법률에 따라 종합신용정보집중기관으로부터 제공받은 채무자의 채무관련 신용정보를 보증인에게 제시할 때에는 채무자의 동의를 받아야 한다(보보특 8②). 이는 개인의 신용정보가 오용되거나 남용되지 않도록 함으로써 채무자의 사생활의 비밀을 보호하기 위한 것이다.

금융기관이 채권자로서 보증계약을 체결할 때에 보증인에게 채무관련 신용정보를 제시하지 아니한 경우에는 보증인은 금융기관에 대하여 보증계약 체결 당시 채무자의 채무관련 신용정보를 제시하여 줄 것을 요구할 수 있고(보보특 8③), 금융기관이 보증인으로부터 채무관련 신용정보의 제시요구를 받은 날부터 7일 이내에 그 요구에 응하지 아니하는 경우에는 보증인은 그 사실을 안 날부터 1개월 이내에 보증계약의 해지를 통고할 수 있으며, 이 경우 금융기관이 해지통고를 받은 날부터 1개월이 경과하면 보증계약 해지의 효력이 생긴다(보보특 8④).

(나) 보증인에 대한 주채무 이행지체 사실의 통지

채권자로서 보증계약을 체결한 금융기관은 주채무자가 원본, 이자 그 밖의 채무를 1개월 이상 이행하지 아니하는 경우에는 지체 없이 그 사실을 보증인에게 알려야 하며(보보특 5②), 채권자가 이 알려야 할 의무를 위반한 경우에는 보증인은 그로 인하여 손해를 입은 한도에서 채무를 면한다(보보특 5④). 이는 금융기관이 아닌 채권자인 경우 주채무자의 채무이행지체 사실을 보증인에게 통지하여야 하는 의무가 발생하기 위한 주채무 이행지체의 기간 3개월을 1개월로 단축한 것이다(보보특 5① 참조).

(다) 특칙이 적용되는 금융기관의 범위

금융기관 보증계약에 대하여 보증인 보호를 위한 특별법에서 정하고 있는 특칙이 적용되는 경우에 있어서의 금융기관이란 다음에 열거하는 자를 말한다(보보특 2iii).

① 은행법에 따른 인가를 받아 설립된 금융기관(같은 법 제59조에 따라 금융기관으로 보는 자를 포함한다)
② 한국산업은행법에 따라 설립된 한국산업은행
③ 한국수출입은행법에 따라 설립된 한국수출입은행
④ 중소기업은행법에 따라 설립된 중소기업은행
⑤ 자본시장과 금융투자업에 관한 법률에 따른 투자매매업자 · 투자중개업자 · 집합투자업자 · 증권금융회사 · 종합금융회사

⑥ 상호저축은행법에 따른 상호저축은행
⑦ 농업협동조합법에 따른 조합과 농협은행
⑧ 수산업협동조합법에 따른 조합과 수협은행
⑨ 산림조합법에 따른 조합
⑩ 신용협동조합법에 따른 신용협동조합
⑪ 새마을금고법에 따른 금고 및 그 연합회
⑫ 보험업법에 따른 보험회사
⑬ 여신전문금융업법에 따른 여신전문금융회사(같은 법 제3조제3항제1호에 따라 허가를 받거나 등록을 한 자를 포함한다)
⑭ 벤처투자 촉진에 관한 법률에 따른 중소기업창업투자회사 및 벤처투자조합
⑮ 우체국예금 · 보험에 관한 법률에 따른 체신관서
⑯ 중소기업협동조합법에 따른 중소기업협동조합

(4) 금융소비자보호법에 의한 보증의 규제

가. 규제의 내용

(가) 부당한 보증요구의 금지

금융상품판매업자등[9]은 대출성 상품, 그 밖에 금융소비자 보호에 관한 법률 시행령 제3조에서 규정하는 금융상품에 관한 계약체결과 관련하여 우월적 지위를 이용하여 부당하게 보증을 요구함으로써 금융소비자의 권익을 침해하는 다음

9) "금융상품판매업자등"은 금융상품판매업자 또는 금융상품자문업자를 말한다(금소보 2ix). "금융상품판매업자"란 금융상품판매업을 영위하는 자로서 대통령령으로 정하는 금융관계법률(이하 "금융관계법률"이라 한다)에서 금융상품판매업에 해당하는 업무에 대하여 인허가 또는 등록을 하도록 규정한 경우에 해당 법률에 따른 인허가를 받거나 등록을 한 자(금융관계법률에서 금융상품판매업에 해당하는 업무에 대하여 해당 법률에 따른 인허가를 받거나 등록을 하지 아니하여도 그 업무를 영위할 수 있도록 규정한 경우에는 그 업무를 영위하는 자를 포함한다) 및 금융소비자보호법 제12조제1항에 따라 금융상품판매업의 등록을 한 자를 말하며, 다음 각 목에 따라 구분한다(금소보 2iii).
가. 금융상품직접판매업자 : 금융상품판매업자 중 금융상품직접판매업을 영위하는 자
나. 금융상품판매대리·중개업자 : 금융상품판매업자 중 금융상품판매대리·중개업을 영위하는 자
"금융상품자문업자"란 금융상품자문업을 영위하는 자로서 금융관계 법률에서 금융상품자문업에 해당하는 업무에 대하여 인허가 또는 등록을 하도록 규정한 경우에 해당 법률에 따른 인허가를 받거나 등록을 한 자 및 법 제12조제1항에 따라 금융상품자문업의 등록을 한 자를 말한다(금소보 2v).

의 불공정영업행위를 하여서는 아니된다(금소보 20①ii, 금소보령 15④ii).

① 보증이 필요 없음에도 이를 요구하는 행위

② 해당 계약의 체결에 통상적으로 요구되는 일반적인 보증 범위보다 많은 보증을 요구하는 행위

(나) 제3자 연대보증요구의 금지

금융상품판매업자등은 개인에 대한 대출 등 금융소비자 보호에 관한 법률 시행령 제3조에서 규정하는 금융상품에 관한 계약체결과 관련하여 우월적 지위를 이용하여 금융소비자의 권익을 침해하는 제3자의 연대보증을 요구하는 다음의 불공정영업행위를 하여서는 아니된다(금소보 20①iv, 금소보령 15②).

① 개인인 금융소비자와 체결하는 대출성 상품 계약에 제3자의 연대보증을 요구하는 경우. 다만, 다음 각 목의 제3자에 대해서는 연대보증을 요구할 수 있다.

가. 사업자등록증 상 대표자의 지위에서 대출성 상품 계약을 체결하는 경우 해당 사업자등록증에 기재된 다른 대표자

나. 「건축물의 분양에 관한 법률」에 따른 분양대금을 지급하기 위해 대출성 상품 계약을 체결하는 경우 같은 법에 따른 분양사업자 및 해당 건축물의 시공사

② 법인인 금융소비자와 체결하는 대출성 상품 계약에 제3자의 연대보증을 요구하는 경우. 다만, 다음 각 목의 제3자에 대해서는 연대보증을 요구할 수 있다.

가. 해당 법인의 대표이사 또는 무한책임사원

나. 해당 법인에서 가장 많은 지분을 보유한 자

다. 해당 법인의 의결권 있는 발행 주식 총수의 100분의 30(배우자·4촌 이내의 혈족 및 인척이 보유한 의결권 있는 발행 주식을 합산한다)을 초과하여 보유한 자

라. 그 밖에 대출성 상품 계약의 목적·성격 및 대상 등을 고려하여 금융위원회가 정하여 고시한 다음의 자(금소감규 14①)

i) 금융소비자와 같은 기업집단(「독점규제 및 공정거래에 관한 법률」 제2조제2호에 따른 기업집단을 말한다)에 속한 회사

ii) 「자본시장과 금융투자업에 관한 법률」에 따른 프로젝트금융(대출로

한정한다) 또는 이와 유사한 구조의 금융상품에 관한 계약을 체결하는 경우에 그 프로젝트금융의 대상이 되는 사업에 따른 이익을 금융소비자와 공유하는 법인

iii) 「건축물의 분양에 관한 법률」에 따른 분양대금을 지급하기 위해 대출을 받는 경우 같은 법에 따른 분양사업자 및 해당 건축물의 시공사

③ 조합·단체인 금융소비자와 체결하는 대출성 상품 계약에 제3자의 연대보증을 요구하는 경우. 다만, 해당 조합·단체의 대표자에 대해서는 연대보증을 요구할 수 있다.

(다) 한정·포괄 근보증의 금지

금융상품판매업자등은 대출성 상품, 그 밖에 금융소비자 보호에 관한 법률 시행령 제3조에서 규정하는 금융상품에 관한 계약체결과 관련하여 제3자로부터 보증을 취득하는 경우에 다음의 행위를 하여서는 아니된다(금소보 20①, 금소보령 15④iii라, 금소보감 14⑥viii).

① 해당 계약서에 그 보증의 대상이 되는 채무를 특정하지 않는 행위

② 해당 계약서상의 보증이 장래 다른 채무에도 적용된다는 내용으로 계약을 하는 행위

나. 규제의 적용범위

금융상품판매업자등이 부당하게 보증을 요구하는 행위를 할 수 없는 "금융소비자"란 "금융상품"에 관한 계약의 체결 또는 계약체결의 권유를 하거나 청약을 받는 것(이하 "금융상품계약체결등"이라 한다)에 관한 금융상품판매업자등의 거래상 대방인 전문금융소비자 또는 일반금융소비자[10]를 말한다(금소보 2viii). 그리고 "금융상품"이란 다음의 어느 하나에 해당하는 것을 말한다(금소보 2ⅰ, 금소보령 2①).

10) "전문금융소비자"란 "금융상품"에 관한 전문성 또는 소유자산규모 등에 비추어 금융상품 계약에 따른 위험감수능력이 있는 금융소비자로서 금융소비자보호법 제2조제9호 소정의 어느 하나에 해당하는 자를 말하고(금소보 2ix), "일반금융소비자"란 전문금융소비자가 아닌 금융소비자를 말한다(금소보 2x). 다만, 금융상품판매업자등이 부당하게 담보를 요구하는 행위를 할 수 없도록 한 금융소비자보호법의 규정은 "일반금융소비자"와 "전문금융소비자" 모두에 관하여 적용되므로 구분의 실익은 없다.

① 「은행법」에 따른 예금 및 대출
② 「자본시장과 금융투자업에 관한 법률」에 따른 금융투자상품
③ 「보험업법」에 따른 보험상품
④ 「상호저축은행법」에 따른 예금 및 대출
⑤ 「여신전문금융업법」에 따른 신용카드, 시설대여, 연불판매, 할부금융
⑥ 그 밖에 ①부터 ⑤까지의 상품과 유사한 다음의 어느 하나에 해당하는 것(금소보령 2①)
가. 「대부업 등의 등록 및 금융이용자 보호에 관한 법률」 제2조제1호에 따른 대부
나. 「신용협동조합법」에 따른 예탁금, 대출 및 공제
다. 「온라인투자연계금융업 및 이용자 보호에 관한 법률」 제2조제1호에 따른 연계투자(이하 "연계투자"라 한다) 및 연계대출
라. 「자본시장과 금융투자업에 관한 법률」 제9조제4항에 따른 신탁계약(이하 "신탁계약"이라 한다) 및 투자일임계약(이하 "투자일임계약"이라 한다)
마. 「중소기업은행법」에 따른 예금 및 대출
바. 「한국산업은행법」에 따른 예금 및 대출

다. 위반행위의 효력

금융상품판매업자등이 금융소비자보호법 제20조를 위반하여 체결한 보증계약이라도 일단 유효하게 그 효력을 발생한다. 다만, 이 경우 금융소비자는 계약체결에 대한 위반사항을 안 날부터 1년 이내의 기간(이 경우 해당 기간은 계약체결일부터 5년 이내의 범위에 있어야 한다)에 서면 등으로 해당 보증계약의 해지를 요구할 수 있다. 해지를 요구받은 금융상품판매업자등은 요구받은 날부터 10일 이내에 금융소비자에게 수락여부를 통지하여야 하며, 거절할 때에는 거절사유를 함께 통지하여야 한다(금소보 47①, 금소보령 38②). 금융소비자는 금융상품판매업자등이 정당한 사유 없이 해지의 요구를 따르지 않는 경우 해당 계약을 해지할 수 있으며(금소보 47②), 보증계약이 해지된 경우 금융상품판매업자등은 수수료, 위약금 등 계약의 해지와 관련된 비용을 요구할 수 없다(금소보 47③).

라. 위반행위에 따른 제재

금융소비자보호법 제20조를 위반하여 체결한 보증계약에 대하여는 금융위원회가 그 위반행위와 관련된 보증계약으로 얻은 수입 또는 이에 준하는 금액(이하 "수입등"이라 한다)의 100분의 50 이내에서 과징금을 부과할 수 있다. 다만, 위반행위를 한 자가 그 위반행위와 관련된 계약으로 얻은 수입등이 없거나 수입등의 산정이 곤란한 경우로서 대통령령으로 정하는 경우에는 10억원을 초과하지 아니하는 범위에서 과징금을 부과할 수 있다(금소보 57①ii, 58, 금소보령 43①②, 44).

금융소비자보호법 제20조를 위반하여 체결한 보증계약에 대하여는 금융위원회는 금융상품판매업자등에게 1억원 이하의 과태료를 부과·징수한다(금소보 69①iii⑤). 과태료의 부과기준은 금융소비자보호법시행령 제51조 별표4 참조.

3. 보증채무의 성립

(1) 보증계약의 체결

가. 보증계약체결상의 유의사항

금융상품판매업자등이 대출성 상품, 그 밖에 금융소비자 보호에 관한 법률 시행령 제3조에서 규정하는 금융상품과 관련하여 보증계약을 체결함에 있어서는 다음 사항에 유의하여야 한다.

첫째, 채권자와 주채무자 사이에 체결되는 금전소비대차계약은 서면의 작성 등 특별한 방식을 요하지 않는 불요식계약이지만, 채권자와 보증인 사이에 체결되는 보증계약은 요식계약이므로 보증인의 보증의사가 기명날인 또는 서명으로 표시된 보증계약서를 작성하여야 한다.

둘째, 특정채무보증이건 근보증이건 보증채무의 최고액(最高額)을 서면으로 특정(特定)하여 표시한 보증계약서를 작성하여야 한다(보보특 4, 6).

셋째, 「신용정보의 이용 및 보호에 관한 법률」에 따라 종합신용정보집중기관으로부터 제공받은 채무자의 채무관련 신용정보를 채무자의 동의를 받아 보증인에게 제시하고 그 서면에 보증인의 기명날인이나 서명을 받아야 한다(보보특 8①).

금융기관의 경우는 보증계약이 불요식계약인지 요식계약인지의 여부에 관계없이 불특정 다수인을 상대로 하는 계약상의 편의와 후일의 분쟁에 대비한 입증자료의 확보를 위하여 위와 같은 보증계약에 필요한 내용과 유의사항을 모두 반영한 서식인 이른바 약관에 의하여 부합계약의 형식으로 보증계약을 체결하고 있으므로 이하에서는 이들 서식의 유형과 작성상의 유의사항에 대하여 알아보기로 한다.

나. 보증서의 유형

㈎ 통합형과 분리형

통합형 보증서는 주채무를 발생시키는 계약과 보증채무를 발생시키는 계약을 하나의 계약서로 통합하여 체결하게 하는 형식의 보증서를 말한다. 이에 대하여 분리형 보증서는 주채무를 발생시키는 계약과 보증채무를 발생시키는 계약을 각각 별개의 계약으로 체결하게 하는 형식의 보증서를 말한다. 통합형의 경우는 별도의 보증약정서를 두지 아니하고 주채무를 발생시키는 여신거래약정서에 보증에 관한 조항을 함께 두어 하나의 서식으로 주채무에 관한 약정과 보증에 관한 약정을 체결하도록 하는 것인 반면 분리형의 경우는 주채무자와 체결하는 계약서(여신거래약정서)와 보증인과 체결하는 계약서(보증서 또는 근보증서)를 별개의 서식으로 하여 양 계약을 각별로 체결하도록 하는 것이다.

은행의 경우 1996년 11월 채택한 표준서식에서는 소비자금융(가계대출)의 경우는 통합형 서식을 사용하도록 하고 기업금융의 경우는 분리형 서식을 사용하도록 하였다. 그러다 2012년 12월에 개정한 표준서식에서는 소비자금융의 경우도 통합형 서식을 폐지하고 분리형 서식을 사용하도록 하였다. 그러나 현재는 소비자금융의 경우 은행의 여신거래에 보증인을 세우지 않도록 하고 있으므로 보증약정을 할 필요가 없어졌고 그에 따라 보증서 또는 근보증서의 서식도 사용의 필요성이 없어졌다.

㈏ 보증서와 근보증서

보증에 특정채무를 보증채무로 하는 보통보증과 계속적 거래관계로부터 발생하는 현재 및 장래의 불특정채무를 보증채무로 하는 근보증이 있는 것과 마찬가지로 채권자와 보증인 사이의 보증계약을 체결하는 서식에도 보통보증서와 근보증서의 2가지가 있다.

보통보증서는 보증인이 주채무자가 채권자에 대하여 현재 및 장래에 부담하는 특정한 채무를 대상으로 채권자와 보증계약을 체결하는 경우에 사용하는 보증서이고, 근보증서는 보증인이 주채무자와 채권자 사이의 계속적인 거래관계로부터 발생하는 현재 및 장래의 불특정 채무를 대상으로 채권자와 보증계약을 체결하는 경우에 사용하는 보증서이다.

단순히 보증서라고 할 때에는 광협 2가지 의미를 가진다. 광의로는 근보증서까지를 포함하는 보증서의 통칭적인 의미를 가지고 협의로는 근보증서에 대응하는 보통보증서의 의미를 가진다. 현행 은행의 담보약관 서식 중의 보증서는 협의의 보증서인 보통보증서를 의미한다.

(다) 특정근보증서 · 한정근보증서 · 포괄근보증서

근보증의 유형이 특정근보증과 한정근보증 및 포괄근보증의 3가지 유형으로 나뉨에 따라 근보증서의 유형도 특정근보증서와 한정근보증서 및 포괄근보증서의 3가지가 있다. 특정근보증서는 근보증계약을 체결하기 전에 채권자와 주채무자 사이에 체결된 특정한 계속적 거래계약관계로부터 발생하는 주채무를 일정한 한도액의 범위에서 보증하려고 하는 경우에 사용하기 위한 보증서고, 한정근보증서는 근보증계약을 체결하기 전에 채권자와 주채무자 사이에 이미 맺어져 있는 것은 물론이고 근보증계약을 체결한 후에 맺어지게 될 장래의 특정한 종류의 거래계약관계로부터 발생하는 주채무를 일정한 한도액의 범위에서 보증하려고 하는 경우에 사용하기 위한 보증이며, 포괄근보증서는 근보증계약을 체결하기 전o 채권자와 주채무자 사이에 이미 맺어져 있는 것은 물론이고 근보증계약을 체결한 후에 맺어지게 될 장래의 모든 여신거래계약관계로부터 발생하는 주채무를 일정한 한도액의 범위에서 보증하려고 하는 경우에 사용하기 위한 보증서이다.

(라) 은행의 보증서 서식

은행의 경우는 보증서(특정채무보증용)과 근보증서(근보증용)의 2가지 서식을 마련해 두고 근보증서(근보증용)에 특정근보증과 한정근보증 및 포괄근보증의 3가지 유형을 나열해 놓고 근보증서 제1조제1항 2. 피담보채무의 범위를 정하는 내용 본문 박스 안에 특정근보증이라 적어넣고 특정근보증의 박스 안에 특정된 거래약정(예컨대 2024년 1월 24일 여신거래약정서)을 적어 넣으면 특정근보증이 되고, 한정근보증이라 적어 넣고 한정근보증의 박스 안에 거래의 종류(예컨대 당좌대출)이라고 적어 넣으면 한정근보증이 되며, 포괄근보증이라 적어 넣으면 포괄근보증이 된다.[11)]

위와 같은 내용의 보증에 관하여는 과잉보증요구라는 비판이 꾸준히 제기되어 왔고, 이에 금융당국에서는 2012년 5월 1일부터 신규 여신의 경우는 포괄근보증은 할 수 없도록 하고 한정근보증의 경우도 근보증인에게 유리한 예외적인 경우만 할 수 있도록 하는 한편, 기존 여신의 경우는 5년 이내에 단계적으로 신규 여신의 경우와 같이 전환하도록 한 바 있다.

나아가 2020년 3월 24일에는 금융소비자보호에 관한 법률이 새로이 제정되어 2021년 3월 25일부터 시행되었고, 동법과 동법시행령에 근거한 금융소비자보호에 관한 감독규정에서는 ① 해당 계약서에 그 보증의 대상이 되는 채무를 특정

11) 근보증서 서식 제1조제1항 2. 피보증채무의 범위에 관한 내용은 아래와 같다.
은행은 피보증채무의 범위를 달리하는 다음의 세 유형 가운데 어느 하나를 보증인이 선택할 수 있음을 설명하였고, 보증인은 그 가운데에서 [ ] 정한 채무(이자, 지연배상금 기타 부대채무를 포함합니다)를 보증하기로 합니다.

특정근보증

채무자가 은행(본 · 지점)에 대하여 다음 약정서에 의한 거래로 말미암아 현재 및 장래에 부담하는 모든 채무
(아래 약정의 상환기일 또는 거래기간을 보증인의 동의를 받아 연장한 때에는 그 채무 포함)
년 월 일 약정서
년 월 일 약정서

한정근보증

채무자가 채권자(본 · 지점)에 대하여 다음 종류의 거래로 말미암아 현재 및 장래에 부담하는 모든 채무
거래. 거래

포괄근보증

채무자가 채권자(본 · 지점)에 대하여 현재 및 장래에 부담하는 다음 채무
가. 어음대출, 증서대출, 당좌대출, 어음할인, 지급보증, 매출채권거래, 상호부금거래, 사채인수, 유가증권대여, 외국환거래 기타 여신거래로 말미암은 모든 채무
나. 신용카드거래로 말미암은 채무(채무자 이외의 제3자가 담보를 제공한 경우는 제외)
다. 채권자와 제3자와의 위 "가"의 거래에 대한 보증채무
라. 채권자가 제3자와의 위 "가"의 거래로 말미암아 취득한 어음 또는 수표상의 채무

하지 않는 행위 ② 해당 계약서상의 보증이 장래 다른 채무에도 적용된다는 내용으로 계약을 하는 행위를 할 수 없는 것으로 규정하기에 이르렀다(금소보 20①, 금소보령15④iii라, 금소보감 14⑥viii).

그런데 금융소비자보호에 관한 감독규정 제14조 제6항 제8호에서 금지하고 있는 ①②의 내용과 관련하여서는 특정근보증이 허용되고 포괄근보증이 허용되지 않는다는 점에 대해서는 이견이 없지만, 한정근보증이 허용되는지 여부에 관하여는 논란이 있다.

허용되지 않는다는 견해는 은행의 현행 근보증서 서식의 한정근보증에는 그 피보증채무가 「채무자가 채권자(본 · 지점)에 대하여 다음 종류의 거래로 말미암아 부담하는 현재 및 장래에 부담하는 채무」라고 되어 있어, 위 감독규정에서 금지하고 있는 ①②의 내용을 충족하는 것으로 보아야 한다는 점을 들고 있고, 허용된다는 견해는 구체적인 이유는 제시하지 않고 있다.

이에 실무계에서는 금융위원회에 금융소비자보호에 관한 감독규정 제14조 제6항 제8호의 법령해석을 요청하였고, 금융위원회에서는 2024년 8월 29일자로 한정근보증을 할 수 있는 것으로 회신한 바 있다.

그러나 한정근담보 · 한정근보증이 허용된다는 이 금융위원회의 해석은 후일 한정근담보 · 한정근보증의 허용 여부에 관하여 재판상 문제가 되었을 때 법원에서도 동일하게 허용된다고 해석할 것인지에 관하여는 의문이 제기된다. 금융위원회는 「은행법」 및 「보험업법」 등 기존의 개별 금융업법상 '정당한 사유 없이 포괄근담보 또는 포괄근보증을 요구하는 행위를 금지'하던 규정을 「금소법」에서 포괄하여 규정한 취지임을 감안하여 판단할 때 허용된다는 것이지만, 「감독규정」의 문언만을 기준으로 판단할 때에는 허용되지 않는다고 볼 여지가 크기 때문이다.

따라서 이 문제는 「감독규정」 제14조 제6항 제8호를 문언상으로도 한정근담보 · 한정근보증이 허용되도록 개정하여 논란의 소지가 없도록 하여야 할 것으로 본다.

참고

한정근담보 · 한정근보증 허용여부에 대한 금융위원회 회신 내용

「금융소비자 보호에 관한 법률」 제20조 제1항 제2호, 동법 「시행령」 제15조 제4항 제2호 및 「감독규정」 제14조 제6항 제8호에 따르면, 금융상품판매업자등은 대출성 상품 등에 관한 계약체결과 관련하여 담보 또는 보증이 필요 없음에도 이를 요구하거나 해당 계약의 체결에 통상적으로 요구되는 일반적인 담보 또는 보증범위보다 많은 담보 또는 보증을 요구하는 행위를 해서는 아니 됩니다.

또한, 상기 행위에 준하는 것으로서 금융소비자 또는 제3자로부터 담보 또는 보증을 취득하는 계약과 관련하여, 해당 계약서에 그 담보 또는 보증의 대상이 되는 채무를 특정하지 않는 행위, 해당 계약서상의 담보 또는 보증이 장래 다른 채무에도 적용된다는 내용으로 계약을 하는 행위가 금지됩니다. 이는 「은행법」 및 「보험업법」 등 기존의 개별 금융업법상 '정당한 사유 없이 포괄근담보 또는 포괄근보증을 요구하는 행위를 금지'하던 규정을 「금소법」에서 포괄하여 규정한 취지임을 감안하여 판단할 때, 「금융소비자 보호에 관한 감독규정」 제14조 제6항 제8호 규정은 원칙적으로 포괄근담보 또는 포괄근보증을 요구하는 행위를 금지하며, 이 외에 한정근담보 · 한정근보증 · 특정근담보 · 특정근보증은 허용됩니다.

(2) 보증계약의 성립과 관련한 법률문제

가. 보증인에 관한 사항

㈎ 보증인이 될 수 있는 자

권리능력이 있는 자이면 누구든지 보증인이 될 수 있다. 또한 자연인은 물론이고 법인도 보증인이 될 수 있다. 다만 법인의 경우는 자연인에 비하여 보증인이 되는데 다소 제약이 있다. 민법 제34조에서 「법인은 법률의 규정에 좇아 정관으로 정한 목적의 범위 내에서 권리와 의무의 주체가 된다」고 규정하고 있기 때문이다.

법률이 특정의 법인에 대하여 보증을 서는 것을 금지하거나 제한하고 있는 경우, 그 법인과 법률의 규정에 반하는 보증계약을 체결하면 그 보증계약은 무효로 된다. 이와 같은 제한의 대표적인 예로서는, 학교법인이 타인의 채무에 대하여 5천만원 이상(대학 · 산업대학 · 사이버대학 또는 전문대학을 경영하는 학교법인의 경우는 20억원 이상)의 보증을 서려면, 관할청의 허가를 받아야 하는 것을 들 수 있다(사학 28①, 사학령 11⑤iii). 관할청은 사립의 대학 등은 교육부장관, 사립의 고등학교 등은 특별시 · 광역시 · 특별자치시 · 도 및 특별자치도 교육감이다(사학 4).

법인이 타인의 채무에 대하여 보증을 서는 경우, 그 보증이 정관으로 정한 목적에 부합되지 않으면 무효로 되는지에 관하여는, 민법 제34조의 규정내용 중 법인은 「정관으로 정한 목적의 범위내에서 권리와 의무의 주체가 된다」고 하는 부분을 어떻게 해석하는지에 따라 그 결론이 달라지게 된다. 그런데 이 부분의 해석에 관하여는 다음과 같은 두 가지가 문제로 된다.

첫째는 그 적용범위에 관한 것이다. 이에 관하여는 영리법인과 비영리법인 모두에 대해서 적용된다는 견해와 비영리법인에 대해서만 적용되고 회사 등의 영리법인에 대해서는 적용되지 않는다는 견해가 대립되어 있다.[12] 그러나 판례는 영리법인인 회사에 대하여도 정관상의 목적에 의하여 제한된다는 입장을 취하고 있다.[13] 따라서 실무상은 영리법인이건 비영리법인이건, 정관으로 정한 목적을 벗어난 보증계약은 무효라고 보고서, 업무처리하는 것이 안전하다고 할 것이다.

둘째는 「정관으로 정한 목적의 범위내」인지의 여부를 판단하는 기준에 관한 것이다. 이에 관하여는 「목적을 달성하는데 필요한 범위내」라고 보는 견해와 좀 더 너그럽게 「목적달성에 반하지 않는 범위내」라고 보는 견해가 주장되고 있다. 학설로서는 후자의 견해가 다수설이다.[14] 거래의 안전보호라는 면에서 다수설의 견해가 타당하다고 생각한다. 그러나 대법원의 판례는 전자의 견해를 채택하고 있다. 따라서 실무처리상은 전자의 견해를 따를 수밖에 없다.

판례2-1

회사의 권리능력 범위

회사의 권리능력은 회사의 설립 근거가 된 법률과 회사의 정관상의 목적에 의하여 제한되나 그 목적범위 내의 행위라 함은 정관에 명시된 목적 자체에 국한되는 것이 아니라, 그 목적을 수행하는 데 있어 직접, 간접으로 필요한 행위는 모두 포함되고 목적수행에 필요한지의 여부는 행위의 객관적 성질에 따라 판단할 것이고 행위자의 주관적, 구체적 의사에 따라 판단할 것은 아니다(대판 1999.10.8. 98다2488).

(나) 보증인의 능력과 변제자력

한편 당사자 사이의 계약이나 법률의 규정 또는 법원의 명령으로 보증인을 세울 의무가 있는 경우에는, 그 보증인은 행위능력과 변제자력이 있

12) 민법주해[I] 580(홍일표) 참조.
13) 대판 1987.12.8. 86다카1230, 1999.10.8. 98다2488 참조.
14) 곽윤직 민법총칙 208, 권룡우 민법총칙 230, 김준호 민법강의 109.

어야 한다(민 431①). 또한 중도에 보증인의 변제자력이 없게 된 때에는, 채권자는 그 요건을 갖춘 자로 보증인을 바꿀 것을 청구할 수 있다(민 431②). 다만 채권자가 보증인을 지명한 때에는 보증인의 행위능력이나 변제자력 여하를 묻지 않는다(민 431③).

위와 같이 보증인을 세울 의무가 있는 채무자가 자격 있는 보증인을 세우지 않으면, 채무불이행으로 기한의 이익을 상실하게 되고(민 388ii) 나아가 주채무의 발생원인인 계약의 해지나 해제의 원인을 제공하게 된다(민 545 이하 참조). 그러나 이러한 경우에 채무자는 다른 상당한 담보를 제공함으로써 보증인을 세울 의무를 면할 수 있다(민 432).

(다) 이사와 회사간의 거래

주식회사의 이사는 이사회의 승인이 있는 때에 한하여 자기 또는 제3자의 계산으로 회사와 거래를 할 수 있다(상 398). 이를 보통 이사와 회사간의 자기거래행위 또는 이해상반행위라고 부른다.

주식회사가 이사의 채무에 대하여 채권자와 보증계약을 체결하는 행위도 이 자기거래 또는 이해상반행위에 속한다. 따라서 채권자가 이사에 대하여 가지는 채권을 대상으로 주식회사와 보증계약을 체결하는 때에는, 회사로부터 이사회의 사록 부본을 제출받아 이사회의 승인이 있는지 여부를 확인하여야 한다(상 398). 별개 두 회사의 대표이사를 겸하고 있는 자가 어느 일방 회사의 채무에 관하여, 타 회사를 대표하여 연대보증을 하는 경우도 마찬가지이다.

채권자와 주식회사가 이사의 채무에 대하여 이사회의 승인 없이 보증계약을 체결한 경우 그 보증계약의 효력에 관하여는, 이사회의 승인 없음에 대한 채권자의 선의·악의 여하를 불문하고 무효라는 설과 유효라는 설 및 일반적으로는 유효이고 회사가 채권자의 악의를 주장·입증하는 경우에만 무효라는 설이 주장되고 있으나 마지막 설이 통설[15]과 대법원의 판례이다.[16]

또한 합명회사나 합자회사의 무한책임사원은 다른 무한책임사원 과반수의 결의가 있는 때에 한하여, 자기 또는 제3자의 계산으로 회사와 거래를 할 수 있고(상 199,

---

15) 손주찬 상법(상) 845. 정동윤 회사법 444. 정찬형 상법강의(상) 821. 최기원 상법학신론(상) 730.

16) 대판 1984. 12. 11. 84 다가 1591, 대판2003. 1. 24. 2000다 20670 참조

269), 유한회사의 이사는 감사가 있는 때에는 그 승인이, 감사가 없는 때에는 사원총회의 승인이 있는 때에 한하여, 자기 또는 제3자의 계산으로 회사와 거래할 수 있다(상 564③). 그리고 유한책임회사의 업무집행자는 다른 사원 과반수의 결의가 있는 경우에만 자기 또는 제3자의 계산으로 회사와 거래를 할 수 있다(상 287의11).

따라서 합명회사나 합자회사의 무한책임사원에 대한 채권을 대상으로 채권자가 합명회사 또는 합자회사와 보증계약을 체결하거나, 유한회사나 유한책임회사의 이사 또는 업무집행자에 대한 채권을 대상으로 채권자가 유한회사 또는 유한책임회사와 보증계약을 체결하는 경우에는, 합명회사나 합자회사의 경우는 무한책임사원 과반수의 결의 · 유한회사의 경우는 감사 또는 사원총회의 결의 · 유한책임회사의 경우는 다른 사원 과반수의 결의가 있는지 여부를 결의서나 승인서 또는 의사록 등에 의하여 확인하여야 한다.

나. 주채무에 관한 사항

보증채무는 주채무의 이행을 담보하는 채무이므로 보증채무가 성립하려면 주채무가 성립하고 있어야 한다. 따라서 주채무가 그 성립원인의 무효로 존재하지 않는 때에는 보증계약도 무효가 되고, 주채무가 취소되면 보증계약도 소급하여 무효가 된다.

보증은 장래의 채무에 대하여도 할 수 있다(민 428②). 장래의 채무란 장래의 특정한 채무뿐만 아니라 장래의 불특정한 채무도 포함한다. 또한 조건부채무에 대하여도, 민법에 명문의 규정은 없으나 보증을 할 수 있는 것으로 해석되고 있다. 그러나 장래에 발생할지도 모르는 불법행위로 인한 손해배상채무를 미리 보증할 수 있는가에 관하여는, 보증채무의 범위에 대한 합리적인 예측이 불가능하여 보증인에게 가혹한 결과를 가져온다는 이유로 부정해야 할 것으로 해석되고 있다.[17]

다. 보증의 원인관계에 관한 사항

보증계약의 당사자는 보증인과 채권자이다. 따라서 보증계약 자체에 문제가 없는 한, 보증인과 주채무자 사이에 존재하는 보증을 서게 된 원인관계는, 보증계약의 성립에 직접적인 영향을 미치지 않는다. 즉 보증인과 주채무자 사이에

17) 주석민법[채권총칙(2)] 272(김준호), 민법주해[X] 196(박병대).

이루어진 보증의 부탁계약이 무효인 경우에도 보증계약에는 영향이 없고, 주채무자로부터 보증의 부탁을 받지 않고 한 보증계약도 유효하며, 나아가 주채무자의 의사에 반하여 한 보증계약도 유효하다(민 444②).

보증인이 주채무자에 대하여 보증의 의사를 철회하더라도 보증계약의 효력에 영향을 미치지 않는다. 또한 주채무자로부터 사기 또는 강박을 당하여 보증계약을 체결하였다 하더라도, 채권자가 보증계약을 체결할 당시에 그와 같은 사기 또는 강박의 사실을 알았거나 알 수 있었던 것이 아닌 이상, 보증인은 채권자와 체결한 보증계약을 취소하지 못한다(민 110②). 그리고 보증인이 주채무자의 변제자력이나 주채무에 대한 다른 담보의 존재 등에 관하여, 착오를 일으켜 보증계약을 체결한 경우라도, 그와 같은 사항이 보증계약의 전제사항으로 포함되어 있지 않는 한, 보증인은 착오를 이유로 보증계약을 취소할 수 없다(민 109①).[18]

라. 보증계약의 체결에 관한 사항

(가) 약관의 계약편입요건

채권자가 일방적으로 작성한 계약모형에 의하여 보증계약을 체결하는 경우에는, 약관의 규제에 관한 법률에서 정하는 바에 따라 그 계약모형이 보증계약의 내용으로 편입될 수 있도록 다음의 요건을 갖추어야 한다.

첫째, 사업자는 고객[19]이 약관의 내용을 쉽게 알 수 있도록 한글로 작성하고, 표준화·체계화된 용어를 사용하며, 약관의 중요한 내용을 부호, 색채, 굵고 큰 문자 등으로 명확하게 표시하여 알아보기 쉽게 약관을 작성하여야 한다(약규 3①).

둘째, 사업자는 계약을 체결할 때에는 고객에게 약관의 내용을 계약의 종류에 따라 일반적으로 예상되는 방법으로 분명하게 밝히고, 고객이 요구할 경우 그 약관의 사본을 고객에게 내주어 고객이 약관의 내용을 알 수 있게 하여야 한다(약규 3②본).

셋째, 사업자(채권자)는 약관에 정해 있는 중요한 내용을 고객(보증인)이 이해할

18) 주석민법[채권총칙(2)] 271(김준호).
19) "사업자"란 계약의 한쪽 당사자로서 상대 당사자에게 약관을 계약의 내용으로 할 것을 제안하는 자를 말하고(약규 2ii), "고객"이란 계약의 한쪽 당사자로서 사업자로부터 약관을 계약의 내용으로 할 것을 제안 받은 자를 말한다(약규 2iii).

수 있도록 설명하여야 한다. 다만 계약의 성질상 설명이 현저하게 곤란한 경우에는 그러하지 아니하다. 이를 약관의 중요내용설명의무라고 한다(약규 3③). 다만 이 경우 무엇이 보증계약의 중요내용인가를 결정하기란 용이한 것은 아니나, 대체로 보증계약의 유형(특정채무보증, 특정근보증, 한정근보증, 포괄근보증 등), 보증금액 또는 보증한도액, 근보증거래기간 등이 이에 해당하는 것으로 보면 될 것이다.

고객에게 보증계약의 중요내용을 설명해 주고 나아가 그 증거자료를 확보하는 방법으로는, 위와 같은 중요내용을 보증인으로 하여금 선택하게 하여, 보증인이 직접 보증서에 기재토록 하는 것이 가장 바람직하다고 할 것이다. 특히 보증계약의 유형 중 특정근보증이나 한정근보증의 유형을 선택한 경우에는, 보증인의 보증책임을 발생시키는 채권자와 주채무자 사이의 거래계약의 명칭을, 그 근보증서상에 반드시 기재하여 두어야 함을 잊어서는 아니된다. 이 경우 근보증서상에 그 기재를 빠트리면 보증인이 책임지게 되는 주채무의 내용이 불분명하여, 채권자가 그 내용을 증명하지 못할 경우 보증인에게 보증책임을 물을 수 없게 될 우려가 있기 때문이다.

사업자(채권자)가 약관의 계약편입요건을 갖추지 아니하고 계약을 체결한 때에는, 당해 약관을 계약의 내용으로 주장하지 못하게 되는 불이익을 받게 된다(약규 3④). 그리고 이 경우 약관의 계약편입요건을 구비하였는지의 여부에 대한 입증책임은, 약관의 계약편입요건을 정한 법의 취지가 고객의 보호를 위한 것이라는 점에서 사업자에게 있는 것으로 보아야 한다.[20] 따라서 고객이 약관의 계약편입요건 위반을 들어 항변할 경우, 사업자가 그 의무를 이행하였음을 입증하지 못하면 그 약관조항은 계약내용을 구성할 수 없고, 나머지 유효부분만이 계약내용으로 되는 것으로 보아야 한다.

이에 은행거래에 있어서는, 보증계약체결시 보증약정서상에, 보증인으로 하여금 스스로 보증의 주요내용을 기재하도록 하는 한편, 보증서 등의 사본을 수령하였음과 중요내용에 대하여 설명을 들었음을 인정하는 문언을, 자필로 기재하도록 함으로써 계약편입요건을 구비하였음을 증명할 수 있는 자료를 확보하도록 하고 있다.

20) 김형배 채권각론 54.

판례2-2

인터넷에 게시된 약관의 설명의무 면제 여부

사업자가 인터넷을 통하여 약관을 게시하고 그 약관이 적용됨을 전제로 하여 전자거래의 방법으로 고객과 사이에서 재화나 용역 공급 계약을 체결하는 경우에, 법령에서 특별히 설명의무를 면제하고 있다는 등의 특별한 사정이 없는 한, 그것이 비대면 거래라는 사정만으로 약관규제법 제3조 제3항 단서가 적용되어 다른 통상의 경우와 달리 약관의 중요한 내용에 관하여 고객이 이해할 수 있도록 설명할 의무가 면제된다고 볼 수 없다(대판 2013.2.15. 2011다69053).

(나) 대리인과의 보증계약

(ㄱ) 대리권의 확인

보증계약도 보증인의 대리인과 체결할 수 있음은 물론이다. 다만 대리인과 보증계약을 체결하려면 그 대리인이 본인을 대리하여 보증계약을 체결할 수 있는 대리권을 가지고 있어야 한다. 따라서 대리인과 보증계약을 체결하는 채권자로서는, 반드시 그 대리인이 본인을 대리하여 보증계약을 체결할 수 있는 대리권이 있는지 여부를 확인한 후, 그 입증자료를 확보해 두어야 한다. 대리권이 있는지의 여부에 대한 확인과 입증자료의 확보방법은 대리인이라 칭하는 자가 어떠한 유형의 대리인인지에 따라 다르다.

(ㄴ) 법정대리인인 경우

법정대리인과 보증계약을 체결하는 경우의 대리권확인 및 입증자료 확보는, 그 대리권의 근거가 되는 법률이 누구를 대리인으로 정하고 있는지 확인한 후, 본인의 가족관계증명서 등에 의하여 대리인이라 칭하는 자가 그 법률이 규정하는 자에 해당하는지 여부와, 보증계약의 체결이 그 법률이 정하고 있는 대리권의 범위에 속하는지 여부를 확인한 후, 가족관계증명서 등 그 확인자료를 보관해 두는 방식으로 해야 한다. 법정대리에 있어서는 누가 대리인이고 또한 그가 어떠한 내용의 대리권을 가지는지 여부를 모두 법률이 정하고 있기 때문이다.

예컨대 민법은 미성년자의 법정대리인으로 부모인 친권자를 규정하는(민 909, 911) 한편, 친권자가 없거나 친권자가 있어도 권한을 행사할 수 없는 때에는 미성년후견인을 법정대리인으로 한다고 규정하고 있다(민 928). 따라서 보증인이 미성년자로서 그 법정대리인과 보증계약을 체결하는 때에는 먼저 미성년자의 가족관계증명서를 제출받아 친권자 또는 미성년후견인이 누구인지 확인한 후 법정대리인이라 칭하는 자가 그 친권자 또는 미성년후견인에 해당하는지 확인해 보아야 한다. 다음에 친권자 또는 미성년후견인이 미성년자를 대리하여 보증계약을 체결하는 데에 민법상의 제한이 있는지 여부를 확인해 보아야 한다.

그런데 민법은 법정대리인인 친권자와 미성년인 자 사이에 이해상반되는 행위를 함에는 친권자는 법원에 그 자의 특별대리인의 선임을 청구하여야 할 것으로 규정하고 있다(민 921). 그리고 친권자가 금융회사로부터 자금을 차입하면서, 미성년자인 자(子)를 대리하여 금융회사와 자(子)를 보증인으로 한 보증계약을 체결하는 것은, 이해상반행위로 보아야 한다. 따라서 이 경우 금융회사가 미성년자를 자신의 채무에 대한 보증인으로 하려면, 친권자로 하여금 법원에 특별대리인의 선임을 신청하게 하여 그 특별대리인선임심판서 등본을 제출받아 대리권의 존재와 범위를 확인한 후, 그 특별대리인과 보증계약을 체결하여야 한다. 또한 민법은 미성년후견인이 미성년자를 대리하여 보증계약을 체결함에 있어서는 후견감독인의 동의(민 950①iii) 또는 이에 갈음할 법원의 재판(민 950②)을 받아야 할 것으로 규정하고 있다. 따라서 미성년자를 보증인으로 하는 보증계약을 미성년후견인과 체결하는 경우에는 그 후견감독인으로부터 미성년후견인의 보증계약체결에 대한 동의서나 이에 갈음할 법원의 재판서 등본을 제출받아 두어야 한다.

(ㄷ) 임의대리인인 경우

임의대리인과 보증계약을 체결하는 경우의 대리권확인 및 입증자료확보는 본인으로부터 직접 하여야 한다. 임의대리에 있어서는 누가 대리인이고 또한 그가 어떠한 내용의 대리권을 가지는지 여부를 모두 본인이 정하는 것이기 때문이다.

채권자가 임의대리인과 보증계약을 체결하는 경우에, 그 대리인이라 칭하는 자가 본인으로부터 보증계약을 체결할 수 있는 대리권을 수여 받았는지 여부를 확인하는 가장 확실한 방법은, 본인을 직접 만나 보증계약체결을 대리인에게 위임하는 내용의 위임장에 서명[21]을 받아 이를 보관해 두는 것이다.

그러나 단순히 보증계약만을 체결하는 경우라면 본인을 만난 자리에서 바로 본인과 보증계약을 체결하면 될 것이고, 구태여 보증계약체결을 대리인에게 위임하게 하여 대리인과 보증계약을 체결할 필요가 없을 것이다. 따라서 본인을 만나 보증계약체결을 대리인에게 위임하는 위임장을 받는 것은, 본인을 만났을 때에는 아직 보증계약을 체결할 수 없고, 장래 보증계약을 체결할 때에는 본인을 만날 수가 없는 예외적인 경우에 한한다.

그런데 현실의 실무에 있어서는 채권자가 본인을 만나는 일이 없이 ①본인의 인감도장과 인감증명서를 소지하고 온 임의대리인으로 하여금 보증계약서에 본인의 성명을 기재하고, 본인의 인감도장을 날인하게 한 후 본인의 인감증명서를 제출 받는 방법이나 ②임의대리인으로부터 본인의 인감도장이 날인되어 있고 본인의 인감증명서가 첨부된 위임장을 제출 받고, 임의대리인에게 보증계약서에 본인과 대리인의 성명을 함께 기재하게 한 후, 임의대리인의 서명을 받는 방법으로 보증계약을 체결하는 경우도 많다.

위 ①②의 방법으로 보증계약을 체결한 경우에도, 실제로 본인이 대리인에게 보증계약의 체결을 위임하였다면 채권자가 본인에 대하여 보증책임을 묻는데 지장이 없다. 문제는 본인이 보증계약체결을 위임하지 않았음에도 대리인이 본인의 인감도장과 인감증명서를 절취하거나 위조하여, 본인으로부터 보증계약체결의 위임을 받은 것처럼 가장한 경우이다. 따라서 이하에서는 이 경우의 법률관계에 관하여 알아보기로 한다.

보증인이 보증채무의 성립을 부인하면 채권자는 보증채무가 유효하게 성립하였음을 증명하여야 할 책임을 부담한다. 그리고 그 증명은 일반적으로 보증계약서상에 나타나 있는 보증인의 서명필적이 보증인 본인의 것임을 밝히거나 또는 보증계약서상에 찍혀있는 인영이 보증인이 사용하는 인감으로 날인한 것임을 밝히는 방법으로 한다. 또한 대리인에 의한 보증계약체결의 경우도 본인이 대리권의 수여사실을 부인하면 채권자는 대리권의 수여사실을 증명하여야 하는데, 그 증명 또한 위임장에 나타나 있는 본인의 서명필적이나 인영이 본인의 서명필적이거나 또는 본인이 인감으로 날인한 것임을 밝히는 방법으로 한다.

---

21) 서명과 함께 위임장에 인감도장을 날인하게 하고서 인감증명서를 제출받아 두면 후일 보다 확실하고 쉽게 대리권수여의 사실을 증명할 수 있게 되나, 이는 절차상 매우 번거롭다는 점에서 현재의 실무상으로는 생략하는 것이 보통이다. 본인이 직접 서명을 하고서도 나중에 서명하지 않았다고 부인하는 경우는 아주 드물고 또한 부인하더라도 필적감정을 통해서 본인의 서명임을 밝혀낼 수 있는 것이기 때문이다.

따라서 채권자로서는 위 ①의 경우 보증계약서상에 찍혀있는 인영이나 ②의 경우 위임장에 찍혀 있는 인영이, 본인의 인감으로 찍은 것이라는 사실을 증명해야만 본인에게 보증책임을 물을 수가 있고, 이를 증명하지 못하면 보증책임을 물을 수가 없게 된다. 따라서 예컨대 채권자가 보증계약체결시, 임의대리인으로부터 제출받아 보관하고 있는 인감증명서가 위조된 것이라면, 보증채무의 성립을 증명할 수 없고 그에 따라 본인에게 보증책임을 물을 수가 없게 된다.

또한 ①의 경우 보증계약서에 찍혀있는 인영이나 ②의 경우 위임장에 찍혀 있는 인영이 본인의 인감으로 찍은 것이라도, 본인이 직접 찍거나 본인의 허락을 받고서 찍은 것이 아니라 타인이 무단으로 찍은 것이라면, 채권자는 본인에게 보증책임을 묻지 못하게 될 수가 있다. 다만 이 경우에는 보증계약서나 위임장에 찍혀 있는 인영이 본인의 인감으로 찍은 것은 분명하다는 점에서, 일단 본인이 스스로 찍은 것이라는 추정을 받게 되므로, 타인이 찍었다는 사실은 이를 본인이 증명해야만 한다. 즉 본인은 자신의 인감을 자신이 아니라 타인이 무단으로 찍었다는 사실을 증명하지 못하면, 그 보증계약서나 위임장을 자신이 유효하게 작성한 것으로 추정되어, 그 내용에 따른 보증책임을 지게 되는 것이다.

그리고 보증계약서나 위임장에 찍혀 있는 인영이, 타인이 본인의 인감을 무단으로 사용하여 찍은 것임이 증명되었다고 하더라도, 그 타인과 본인 및 채권자 사이에 표현대리의 법률관계가 성립하는 때에는, 그 보증계약은 본인에 대하여도 유효하게 효력을 발생하게 되어, 채권자는 본인에게 보증계약의 내용에 따른 보증책임을 물을 수가 있다. 다만 여기에서 문제가 되는 것은 어떠한 경우에 표현대리의 성립을 인정할 수 있는가 하는 점이다.

표현대리가 성립하려면 그 타인이 ①대리권의 범위를 벗어나서 보증계약을 체결한 경우 ②보증계약을 체결하기 전에는 대리권이 있었으나 보증계약을 체결할 때에는 대리권이 없었던 경우 ③본인이 채권자에게 대리권을 수여하겠다고 하고서 대리권을 수여하지 않은 경우 중 어느 하나에 해당하고, 또한 채권자가 보증계약을 체결하는 대리인에게 대리권이 없다는 사실에 대하여 선의이고 무과실이어야 한다. 이 중 특히 중요한 것은 채권자의 무과실이다. 무과실이라는 것은 채권자가 대리인과 보증계약을 체결할 당시의 제반사정에 비추어 볼 때, 그 대리인에게 대리권이 있다고 믿을 만한 정당한 이유가 있다는 것을 의미한다.

일반적으로 보증계약을 체결하는 대리인이 위 ①②③의 어느 하나에 해당하고, 또 그 대리인이 본인의 인감도장과 인감증명서를 소지하고 있으면, 채권자가 그 대리인에게 보증계약을 체결할 대리권이 있다고 믿을 만한 정당한 이유가 있는 것으로 보아야 한다는 것이 대법원의 판례이다. 그러나 다른 한편, 대법원의 판례는 은행의 경우는 은행의 내규상 연대보증계약체결시 연대보증계약서상에 연대보증인 본인의 서명을 받도록 되어 있음에도 불구하고, 대리인과 연대보증계약을 체결하면서 본인의 의사를 확인하지 않은 경우에는, 그 대리행위가 대리권의 범위내의 것이라고 믿을 만한 정당한 이유가 있는 것이 아니라고 한다.

따라서 적어도 은행의 경우는 임의대리인과의 보증계약은 이를 피하고, 본인을 만나 본인과 직접 보증계약을 체결하는 것이 좋을 것이다. 그리고 이 경우 본인이 원거리에 거주하고 있어 보증계약을 체결하려는 은행 점포에 나오기가 불편하다면, 보증서를 본인과 가까운 거리에 있는 점포로 보내, 그 점포에서 그 점포의 직원으로 하여금 본인 여부를 확인하고 서명을 받도록 하면 될 것이다. 또한 본인이 외국에 거주하고 있고, 그 거주지에 은행의 국외점포가 있으면, 역시 그 점포로 보증서를 보내 그 점포에서 본인의 서명을 받으면 된다. 문제는 본인이 거주하고 있는 외국에 은행의 점포가 없는 경우이다. 그러나 이 때에는 본인으로 하여금, 그 거주지의 대한민국 재외공관(영사관)에 나가, 국내에 있는 대리인에게 보증계약체결을 위임하는 위임장을 작성하여, 그 공관의 공증공무원(총영사 · 영사 · 부영사)의 인증을 받아(재공 25 이하) 국내로 송부하게 한 후, 그 대리인과 보증계약을 체결하면 된다.

㈃ 상업사용인인 경우

상업사용인[22] 중 지배인[23]과 보증계약을 체결하는 경우의 대리권은, 본인인 상인의 등기사항증명서를 제출 받아, 지배인이라 칭하는 자가 상업등기부상의 지배인에 해당하는지 여부와 보증계약이 그 지배인의 영업에 관한 행위인지 여부를 확인한 후, 그 등기사항증명서를 입증자료로서 보관하면 된다. 지배인은 영업주에 갈음하여 본점 또는 지점의 영업에 관한 재판상 또는 재판외의 모든

22) 상업사용인이라 함은 특정한 상인에 종속하여 그 대외적인 영업상의 업무를 보조하는 자로서, 그 대리권의 범위에 따라 지배인과 부분적 포괄대리권을 가지는 사용인 및 물건판매점포의 사용인 3가지로 분류해 볼 수 있다.

23) 개별기업에서는 지배인을 영업부장 · 영업소장 · 지점장 등으로 부르고 있다.

행위를 할 수 있고(상 10, 11①), 또한 이 지배인의 대리권에 대한 제한은 선의의 제3자에게 대항하지 못하도록 되어 있기(상 11③) 때문이다.

상업사용인 중 부분적포괄대리권을 가진 사용인과 물건판매점포의 사용인[24]은 본인인 상인(즉 영업주)을 위하여 보증계약을 체결할 권한이 없다. 따라서 채권자가 이들과 영업주를 대리하여 보증계약을 체결하려면, 영업주 또는 보증계약을 체결할 권한이 있는 지배인으로부터 임의대리권을 수여 받았는지 여부를 확인하고 그 입증자료를 확보하고 있어야 한다. 그리고 이 경우 대리권의 확인방법과 입증자료의 확보방법은 전술한 임의대리인의 경우와 같다. 다만 이와 같은 확인절차를 게을리하여 대리권 없는 사용인과 보증계약을 체결한 경우라도, 영업주가 지배인이 아닌 사용인에 대하여 본점 또는 지점의 본부장, 지점장 그 밖에 지배인으로 인정될 만한 명칭을 사용하게 하였고 또한, 지배인의 영업행위 중에 보증계약이 포함되어 있으며, 채권자가 그 사용인이 지배인으로서의 권한 없음을 알지 못한 경우에는, 그 보증계약은 영업주에 대한 관계에서 유효하게 성립되어, 영업주는 채권자에 대하여 보증책임을 지게 된다(상 14).

4. 보증채무의 내용

(1) 채권자의 권리(보증인의 의무)

가. 특정채무보증의 경우

주채무자가 변제기에 채무를 완제하여 주채무를 소멸시키면 보증채무도 소멸하게 된다. 그러나 만일 주채무자가 변제기에 채무를 변제하지 않으면, 채권자는 보증인에게 보증채무의 이행을 청구할 수 있다. 이 경우 보통보증인은 채권자에게 최고의 항변권과 검색의 항변권을 행사할 수 있으나, 연대보증인은 행사

24) 부분적포괄대리권을 가진 사용인이라 함은 상인으로부터 위임을 받은 영업의 특정한 종류 또는 특정한 사항에 관한 재판외의 모든 행위를 할 권한을 가진 상업사용인을 말하고(상 15), 물건판매점포의 사용인이라 함은 특정한 점포에 있는 물건의 판매에 관한 모든 권한을 가진 상업사용인을 말한다(상 16). 개별기업에서는 보통 전자의 경우를 과장 · 계장 · 주임 · 서기 등으로 부르고 후자의 경우를 사원 · 고원 · 용원 · 점원 등으로 부른다.

할 수 없다. 그런데 금융거래상의 보증은 모두 연대보증이므로 금융회사가 보증채무의 이행을 청구하는 경우, 그 보증인은 최고의 항변권과 검색의 항변권을 행사할 수 없는 것으로 보아야 한다. 다만 금융회사로서는 가급적 보증인에게 피해가 가지 않도록 하는 것이 대고객 서비스 측면에서 바람직하다 할 것이므로, 실무상으로는 먼저 주채무자에게 청구하고 또한 주채무자의 재산에 강제집행을 하더라도 받아낼 수 없는 부분에 한하여, 연대보증인으로부터 보증채무를 이행받는 것이 좋을 것이다.

보증인이 여러 명인 경우 예컨대 A의 S은행에 대한 2천만원의 대출채무에 대하여 B와 C가 공동보증을 선 경우에, S은행이 B와 C에게 2천만원의 보증채무를 이행할 것을 청구할 수 있는지, 아니면 각 자에게 1천만 원씩의 보증채무를 이행할 것을 청구할 수 있는지의 여부도 그 보증이 보통보증인지 연대보증인지에 따라, 보통보증인 때에는 각 자에게 1천만원에 대하여서만 청구할 수 있는 반면, 연대보증인 때에는 각 자에게 2천만원 전액에 대하여 청구할 수 있다. 그러나 금융거래상의 보증은 모두 연대보증이므로, 각 자에게 2천만원 전액에 대하여 청구할 수 있는 것으로 보아야 한다. 다만 이 경우에도, 보증인에 대한 피해를 최소화한다는 취지에서, 다른 보증인에게 변제자력이 없는 등의 부득이한 경우를 제외하고는, 가급적 나누어 청구하도록 하는 것이 좋을 것이다.

나. 근보증의 경우

㈎ 특정채무보증과의 차이

근보증인은 피보증채무가 확정되기 전에 근보증계약으로 정한 거래관계로부터 발생한 주채무를 근보증한도액의 범위에서 변제할 책임이 있다. 즉 근보증인이 부담하는 보증채무는 근보증거래기간 중 보증채무의 내용이 변동하여 특정되지 않는다는 점에서 특정채무보증인이 부담하는 보증채무와 구분된다. 그러나 피보증채무가 확정된 이후에 채권자가 보증인에 대하여 가지는 보증채무이행청구권의 내용은 특정채무보증의 경우와 다르지 않다.

㈏ 근보증계약

근보증인은 근보증계약의 당사자가 근보증계약에서 미리 정하고 있는, 채권자와 주채무자 사이의 거래계약으로부터 발생한 채무를 변제할 의무를 부담한다. 즉 근보증계약의 당사자가 이른바 특정근보증의 형식으로 근보증계약을 체결한 경우에는 그 특정된 거래계약(예컨대 ○년 ○월 ○일자 여신거래약정서)에 의한 거래로부터 발생한 채무만을 변제할 의무를 부담하고, 한정근보증의 형식으로 근보증계약을 체결한 경우에는 그 한정된 거래(예컨대 어음대출거래)로부터 발생한 채무만을 변제할 의무를 부담하며, 포괄근보증의 형식으로 근보증계약을 체결한 경우에는 그 포괄된 여러 거래로부터 발생한 채무를 변제할 의무를 부담한다.

따라서 예컨대 근보증계약에서, 채권자와 주채무자 사이에 체결된 2001년 6월 12일자 여신거래약정서에 의한 거래로부터 발생한 채무를 그 피보증채무로 하였다고 하면, 그 여신거래약정서에 의한 거래가 종료되고 2002년 6월 12일자로 다시 같은 당사자 사이에 동일한 내용의 새로운 여신거래약정이 체결되더라도, 그 근보증인은 그 여신거래약정으로부터 발생한 채무를 변제할 의무를 부담하지 않는다. 또한 근보증계약에서 채권자와 주채무자 사이에 현재 체결되어 있거나 장래 체결할 어음대출거래로부터 발생한 채무를 피보증채무로 하였다고 하면, 채권자와 주채무자 사이에 체결된 어음대출거래인 이상 그것이 언제 체결된 것인지에 관계없이, 그 근보증인은 그 어음대출거래로부터 발생한 모든 채무를 변제할 의무를 부담하나, 어음대출거래가 아닌 다른 거래(예컨대 당좌대출거래 또는 어음할인거래 등)로부터 발생된 채무는 변제할 의무를 부담하지 않는다.

판례2-3

한정근보증의 피보증채무의 범위

(1) 보증의사의 존부는 당사자가 거래에 관여하게 된 동기와 경위, 그 관여 형식 및 내용, 당사자가 그 거래행위에 의하여 달성하려는 목적, 거래의 관행 등을 종합적으로 고찰하여 판단하여야 할 당사자의 의사해석과 사실인정의 문제이지만, 보증은 이를 인정할 특별한 사정이 있을 경우 이루어지므로 보증의사의 존재나 보증범위는 이를 엄격하게 제한하여 인정하여야 하는바, 한정근보증의 경우 피보증채무의 범위란에 특정한 종류의 거래계약을 한정적으로 열거하고 그 거래계약과 관련하여 발생하는 채무를 피보증채무로 하는 것이므로, 피보증채무의 범위란에 일정한 약정에 기한 채무가 기재되어 있는 때에는 그 범위에 속하는 채무만을 피보증채무로 인정하여야 한다.

(2) 보증인이 한정근보증을 할 당시 보증서의 피보증채무 범위란에 '지급보증거래약정서'라고 기재되어 있었는데 나중에 채권자가 그 범위란에 '수출거래약정서'를 추가하여 기재한 경우, 지급보증거래약정과 수출거래약정이 서로 밀접하게 관련되어 있다고 하더라도, 근보증서가 포괄근보증서가 아닌 한정근보증서로서 채무자가 근보증서를 작성할 당시 피보증채무 범위란에 '수출거래약정서'를 기재하지 않았고, 채권자에게 피보증채무 범위를 보충할 권한이 있었다고 인정할 수 없다는 점 등을 이유로, '지급보증거래'에 기한 채무만이 위 한정근보증의 피보증채무라고 본 사례(대판 2006.12.21. 2004다34134).

(다) 피보증채무의 확정

(ㄱ) 확정의 의미

피보증채무의 확정이란 근보증인이 변제할 의무를 부담하는 피보증채무의 원금(원본)이 증감변동하는 것을 멈추고 그 합계액으로 확정되는 것을 말한다. 그리고 이 경우 피보증채무가 확정된다는 것은, 원금이 확정된다는 것이지 약정이자 등의 부수채무까지 확정된다는 것은 아니다. 따라서 근보증인이 변제할 의무를 부담하는, 원금으로부터 발생되는 약정이자·지연배상금 등 부수채무의 경우는, 확정된 이후에 발생하는 것이라도 당연히 피보증채무의 범위에 포함된다. 예컨대 2023년 10월 20일자로 피보증채무가 확정되었다고 하면, 그 이전에 발생된 원금과 이 원금으로부터 발생한 약정이자(확정된 이후에 발생된 것도 포함한다) 등의 부수채무는 피보증채무의 범위에 포함되나, 그 이후에 발생된 원금과 그 원금으로부터 발생된 약정이자 등의 부수채무는 피보증채무의 범위에 포함되지 않는다.

(ㄴ) 확정의 사유

(a) 미리 합의한 확정사유의 발생

근보증계약에서 그 확정사유에 관하여 정하고 있으면, 그 사유의 발생으로 피보증채무의 범위가 확정됨은 계약자유의 원칙상 당연하다고 할 수 있다. 그러나 그 밖에 어떠한 사유로 근보증에 있어서의 피보증채무가 확정되는가에 관하여는 민법에 아무런 규정이 없다. 따라서 이는 해석에 의하여 해결하는 수밖에 없다.

(b) 근보증결산기의 도래

근보증계약에서 결산기를 정하고 있으면 그 결산기가 도래함으로써 피보증채무가 확정하게 된다. 결산기란 근보증거래를 할 수 있는 보증기간의 만료일을 말한다. 보증기간의 의미는 앞에서 설명한 바 있다.[25]

현행 은행의 담보약관 서식 중의 근보증서에서는, 지정형과 자동확정형 및 장래지정형의 3가지 유형을 두고, 근보증계약체결시에 선택하도록 하고 있다.[26]

---

25) 앞에서 설명한 2. 보증에 대한 규제 (2) 보호인 보호 다. 보호의 내용 (마) 보증기간 참조.
26) 부록 은행의 담보약관 서식 중 2. 근보증서 제1조 제1항 4. 근보증결산기 참조.

지정형은 미리 특정한 일자를 기재하여 그 일자가 근보증결산기가 되도록 한 것이다. 자동확정형은 보증약정일로부터 3년이 경과하면 보증인이 서면통지에 의하여 근보증결산기를 지정할 수 있고, 보증약정일로부터 5년이 경과하도록 보증인의 별도 의사표시가 없으면 계약일로부터 5년이 되는 날이 근보증결산기가 되도록 한 것이다. 그리고 장래지정형은 보증약정일로부터 3년이 경과하면, 보증인이 서면통지에 의하여 근보증결산기를 지정할 수 있으나, 지정이 없으면 근보증결산기가 도래하지 않도록 한 것이다.

(c) **근보증계약의 해지**

근보증계약의 해지란 이미 체결된 근보증계약의 효력을 장래에 향하여 소멸시키는 근보증계약 당사자의 상대방에 대한 일방적인 의사표시를 말한다. 근보증계약의 해지는 근보증인이 채권자에 대하여 하는 것이 보통이며, 이 근보증계약의 해지가 있으면 근보증거래가 종료되고 그 시점에서 보증채무의 내용이 확정된다.

근보증계약에서 보증기간을 정하고 있으면 그 기간내에는 근보증계약을 해지할 수 없는 것이 원칙이다. 그러나 당사자가 근보증계약에서 보증기간을 정하고 있다 하더라도 보증계약 성립 후 특별한 사정이 생겨 그 근보증관계를 계속 유지하는 것이 거래관념이나 신의칙에 비추어 합리성이나 타당성에 반하는 때에는 아직 보증기간 내라 할지라도 예외적으로 근보증계약을 해지할 수 있는 것으로 보아야 한다. 대법원판례도 「기간의 정함이 없는 이른바 계속적 보증계약에 있어서는 보증인의 주채무자에 대한 신뢰가 깨지는 등 보증인으로서 보증계약을 해지할 만한 상당한 이유가 있는 경우에 보증인으로 하여금 그 보증계약을 그대로 유지·존속케 한다는 것은 사회통념상 바람직하지 못하므로 그 계약해지로 인하여 상대방인 채권자에게 신의칙상 묵과할 수 없는 손해를 입게 하는 등 특단의 사정이 있는 경우를 제외하고 보증인은 일방적으로 이를 해지할 수 있다고 할 것이고, 이 경우 보증인은 해지 이후에 발생한 채무에 대해서는 보증책임을 부담하지 않는다」고 한다.[27]

은행의 담보약관 서식 중의 근보증서에는 보증기간의 정함이 있는 것으로 볼 수 있는가. 근보증서 제1조 제1항 제4호에서 정하고 있는 근보증결산기 중 「지

27) 대판 2002.2.26. 2000다48265 참조.

정형」과 「자동확정형」을 선택한 경우는 보증기간을 정한 것임에 의문이 없다. 「지정형」의 경우는 지정된 날이 그리고 「자동확정형」의 경우는 계약일로부터 5년이 되는 날이 보증기간의 최종일이 되는 것이기 때문이다.

이에 대하여 「장래지정형」을 선택한 경우는 당사자 사이의 별도 의사표시가 없는 한 보증기간의 최종일이 도래하지 않는다는 점에서 보증기간의 정함이 없는 것으로 보아야 하는지 의문이 들 수 있다. 그러나 근보증서상의 근보증결산기를 「장래지정형」으로 선택하여도 보증기간의 정함이 있는 것으로 보아야 한다. 「장래지정형」 제2문에서 "이 경우 보증약정일로부터 3년이 경과하면 보증인은 서면통지에 의하여 근보증결산기를 지정할 수 있기로 하되, 그 결산기는 통지도달일로부터 14일 이후가 되어야 하며, 이에 미달하는 때에는 통지도달일로부터 14일이 되는 날을 결산기로 합니다"라고 정하고 있으므로 "보증약정일로부터 3년이 지나기 전에는 근보증결산기를 지정할 수 없는" 내용의 보증기간의 정함이 있는 근보증계약으로 보아야 하기 때문이다. 그리고 3년이 지난 후 근보증결산기 지정의 법률적 성질은 근보증계약의 해지로 보아야 한다.

그러면 근보증계약에서 정하고 있는 보증기간 내에 근보증계약을 해지할 수 있는 특별한 사유는 어떠한 경우인가. 이는 주채무자와 보증인의 관계나 보증계약의 원인 내지 동기 등 모든 사정을 고려하여 거래의 관행과 신의성실의 원칙에 따라 개별적으로 판단할 수밖에 없다. 그 예로는 ①지급정지나 부도 등 주채무자의 자산상태가 급격히 악화되거나, 주채무자 또는 보증인에 대하여 파산절차나 회생절차가 개시되는 등 그 지위에 중대한 변화가 생긴 때 ②회사의 임원이나 직원의 지위에 있기 때문에, 회사의 요구로 부득이 회사와 제3자 사이의 계속적인 거래로 인한 회사의 채무에 대하여 보증인이 된 자가, 그 후 퇴사하여 임원이나 직원의 지위를 떠난 때[28] ③어음할인계약의 채권자가 방만하게 어음할인을 하거나, 임대인의 연체차임독촉의 해태로 체납차임이 비정상적으로 증가한 것과 같이, 채권자와 주채무자 사이의 계약관계가 정상적인 과정을 밟지 않게 된 때 등을 들 수 있다.

보증인이 근보증계약을 해지한 경우 그 해지의 효력이 발생하는 시기에 관하여는, 당사자간에 그에 관한 합의가 있으면 그에 따를 것이고, 그러한 합의가

28) 대판 1990.2.27. 89다카1381, 대판 1992.5.26. 92다2332, 대판 1996.10.29. 95다17533, 대판 1998.6.26. 98다11826 등 참조.

없으면 해지통고 후 상당한 유예기간(즉 해지기간)이 경과한 후에 비로소 해지의 효력이 발생하는 것으로 보아야 한다. 보증인의 해지통고 후 바로 해지의 효력이 생긴다고 하면, 보증계약이 존속할 것으로 믿고 계속적인 거래관계를 유지하고 있는 채권자에게, 예측하지 않은 손해를 초래하게 할 우려가 있어 형평의 원칙에 맞지 않기 때문이다. 그리고 이 경우 어느 정도의 기간이 상당한 기간인가는, 획일적으로 그 기준을 정할 수는 없는 것이므로, 각 개의 구체적인 사안마다 개별적인 거래사정을 고려하여, 거래관행과 신의칙에 입각하여 판단하는 수밖에 없다.[29]

다만 이에 관하여는 특별한 사정의 변경으로 인하여 해지를 하는 때에도, 상당한 유예기간이 경과한 후에 해지의 효력이 발생한다고 하면, 특별한 사정의 변경에 의한 해지의 목적 자체를 달성할 수 없을 것이라는 취지에서, 해지가 특별한 사정의 변경으로 인하여 행하여진 때에는, 예외적으로 해지통고 즉시 그 효력이 발생하는 것으로 보아야 한다는 견해가 있다.[30] 그러나 보증계약 자체의 하자가 아닌 한, 보증인 측의 사정으로 채권자가 뜻하지 않은 불이익을 받게 할 수는 없는 것이므로, 특별한 사정의 변경으로 인한 보증계약해지의 경우에도, 채권자가 그 이익을 보호하기 위하여 필요한 조치를 취하는데 필요한 최소한의 기간은 경과하여야, 해지의 효력이 발생한다고 보는 것이 타당하다.[31]

(d) 기타 확정사유

보증기간의 만료나 근보증계약의 해지 이외에도, 당사자간에 근보증거래를 계속할 수 없는 특별한 사정이 발생한 경우에는, 그 근보증거래는 당연히 종료되어 피보증채무가 확정되는 것으로 보아야 한다. 그러나 그러한 근보증거래의 당연종료를 가져오는 특별한 사정이 구체적으로 무엇인가를 결정하는 것은, 그에 관한 명문의 규정이 없는 우리 민법상으로는 용이하지가 않다. 따라서 그것은 근보증거래의 내용과 설정당사자 및 기타 관계인 사이의 이해관계를 종합적으로 고려하여 해석으로 정하는 수밖에 없다.

현재의 금융거래에 있어서, 명시적인 근보증계약의 해지가 없어도 당연히 근보증거래가 종료되는 것으로 보아야 할 사유로는 ①주채무자나 근보증인이 사망

29) 민법주해[X] 399(박병대), 주석민법[채권총칙(2)] 484(지원림).
30) 김형배 채권총론 538. 김광년 계속적보증(민사판례연구 4집 72).
31) 민법주해[X] 399(박병대). 주석민법[채권총칙(2)] 491(지원림).

한 경우 ②채권자가 근보증인에 대하여 근보증인의 책임범위에 속하는 보증채무의 이행을 청구한 경우 등을 들 수 있다. 그리고 회사의 임원이나 직원의 지위에 있기 때문에 회사의 요구로 부득이 회사와 제3자 사이의 계속적인 거래로 인한 회사의 채무에 대하여 보증인이 된 자가, 그 후 퇴사하여 임원이나 직원의 지위를 떠난 경우(위 ⓒ ②의 경우)에 관하여, 대법원의 판례는 근보증인에게 해지권이 발생하는 것으로 보고 있다. 그러나 금융감독원내에 설치된 금융분쟁조정위원회는 여기에서 더 나아가, 보증인의 해지의사표시가 없어도 당연히 해지의 효력이 생기는 것으로 보고 있다.[32]

참고

기업 고용임원이 부담하는 보증채무의 범위

기업의 고용임원으로 재임하고 있었기 때문에 부득이하게 은행의 채무에 대하여 포괄근보증을 하게 된 경우, 고용임원의 보증책임의 범위는 특별한 사정이 없는 한 임원 재임 중에 발생한 채무(신규채무뿐만 아니라 임원취임 이전에 발생하였으나 재임 중에 기업과 은행간의 합의에 따라 채무의 일부상환 등 일정한 조건하에 대환 또는 기한연장된 채무도 포함)에 국한되고, 퇴임 후 신규발생한 채무에 대하여는 보증책임이 없으며, 또한 고용임원 재임 중에 발생한 채무라 하더라고 퇴임후 대환 또는 기한연장이 되지 않은 경우에는 원칙적으로 그 퇴임임원에게 보증책임이 있다고 하겠으나, 퇴임 후 다시 대환 또는 기한연장된 경우에는 대환 또는 기한연장의 배경, 피보증채무의 내용, 당해 은행의 보증제도 운용관행 등 제반사정에 비추어, 당사자의 의사가 퇴임한 고용임원에게는 당해 채무에 대한 보증책임을 지우지 아니할 의도였다는 것이 명시적 또는 묵시적으로 나타난 경우에는 보증책임이 없고, 대환 또는 기한연장 당시의 보증인이었던 재직임원에게 보증책임이 있다고 보는 것이 타당하다(동조전위원회 1991년 제4차 결정 의안번호 제91-9호).

㈑ 보증채무의 최고액

금융기관(보보특 2iii)인 채권자와 주채무자 사이의 특정한 계속적 거래계약이나 그 밖의 일정한 종류의 거래로부터 발생하는 채무 또는 특정한 원인에 기하여 계속적으로 발생하는 채무에 대하여도 보증을 할 수 있지만, 이 경우 그 보증하는 채무의 최고액(보증한도액)을 서면으로 특정하여야 하고, 보증하는 채무의 최고액을 서면으로 특정하지 아니한 보증계약은 효력이 없다(보보특 6). 또한 금융기관이 채권자로서 보증계약을 체결하는 때에는 특정의 주채무를 보증하는 경우에도 보증서에 보증채무의 최고액을 정하여 적어 넣어야 하고, 만일 최고액의

32) 금융분쟁조정사례집[1991년도] 57.

정함이 없이 보증계약을 체결하는 때에는 그 보증계약이 무효인 것으로 보아야 한다(보보특 4, 11).

보증채무의 최고액과 관련하여 특히 문제가 되는 것은, 이 최고한도액(보증한도액)이 주채무의 원금만을 기준으로 한 한도액인지, 아니면 이자·지연손해금 등 부수채무까지를 포함한 한도액인지이다. 이에 관하여는 우선 당사자의 약정이 있으면 그에 따라야 할 것이나, 만일 당사자 사이에 아무런 약정이 없으면 원금은 물론이고 이자·지연손해금 등 부수채무까지를 포함한 것으로 보아야 한다.[33)]

은행의 경우는 보증서와 근보증서상에 보증채무의 최고액을 기재하게 하고 있어 바로 이 금액이 최고액이 되고, 이 최고액에는 원금 이외에 이자·지연손해금 등 부수채무까지 포함되는 것으로 보아야 한다. 은행이 보증인으로부터 받는 보증서와 근보증서에는 이자·지연손해금 등 부수채무가 최고액에 포함되는지의 여부에 대하여 아무런 언급이 되어 있지 않기 때문이다.[34)]

다만 보증채무 자체의 이행지체로 인한 지연배상금은 보증채무의 최고액에 포함되지 않고 별도로 보증인이 이행책임을 지는 것으로 보아야 한다.[35)] 보증채무의 이행지체로 인한 지연배상금까지 보증채무의 최고액에 포함되는 것으로 보면, 보증인의 귀책사유로 보증채무의 이행이 지체되어도 보증인이 이행책임을 면하게 됨으로써 채권자가 부당하게 불이익을 보는 결과가 되어 불합리하기 때문이다.

그리고 계속적 보증책임의 한도액이 있는 경우에는 그 보증한 한도 내의 채무가 잔존하고 있는 이상, 그 잔존채무가 위 한도액 범위 내의 거래로 인하여 발생한 채무이든 또는 그 한도액을 초과한 거래로 인하여 발생한 채무 중 주채무자로부터 일부 변제되고 잔존한 채무이든 불문하고 그 보증한도에서 책임을 진다.[36)]

판례2-4

보증한도액에 포함되는 주채무의 범위

(1) 계속적 보증계약에 있어서 보증한도액이 정해 있는 경우, 그 한도액을 주채무의 원금만을 기준으로 정한 것인지 아니면 주채무에 대한 이자·지연손해금 등 부수채무까지 포함하여 정한 것인지의 여부는 먼저 계약당사자의 의사에 따라서 결정하여야 하나, 특별한 약정이 없으면 그 한도액은 주채무에 대한 이자·지연손해금 등 부수채무까지 포함하여 정한 것으로 보아야 한다(대판1999.3.23. 98다64639).

33) 대판 1999.3.23. 98다64639 참조.
34) 부록 은행의 담보약관 서식 중 2. 근본증서 제1조 제1항 제3호 참조
35) 대판 2014.3.13. 2013다205693 참조.
36) 대판 1995.6.30. 94다40444 참조.

(2) 보증채무는 주채무와는 별개의 채무이기 때문에 보증채무 자체의 이행지체로 인한 지연손해금은 보증한도액과는 별도인바, 이 경우 보증채무의 연체이율에 관하여 특별한 약정이 있으면 그에 따르고 특별한 약정이 없으면 거래행위의 성질에 따라 상법 또는 민법에서 정한 법정이율에 따르는 것이지, 주채무에 관하여 약정된 연체이율이 당연히 여기에 적용되는 것은 아니다(대판 2014.3.13. 2013다205693)

(마) 보증책임의 범위제한

(ㄱ) 신의칙에 의한 제한

근보증에 있어서 보증채무의 한도액이 정해져 있다고 하더라도 지나치게 고액으로 되어 있는 경우에는, 보증인의 책임이 지나치게 과중하게 될 염려가 있으므로, 보증인을 보호하기 위하여 보증책임의 한도를 적정한 수준으로 제한할 필요가 있다. 다만 그 범위는 보증인이 보증계약을 체결하게된 경위, 보증인과 주채무자의 관계, 보증인의 자력, 채권자와 주채무자의 거래형태와 그들의 경제사정, 업계의 관행, 피보증거래의 규모와 주채무의 액수 등, 여러 가지 사정을 종합하여 구체적인 사안마다 개별적으로 판단하는 수밖에 없다.[37]

판례2-5

보증인의 책임을 제한할 수 있는 경우

(1) 계속적 보증계약은 보증책임의 한도액이나 보증기간에 관하여 아무런 정함이 없는 경우에는 보증인은 원칙적으로 변제기에 있는 주채무 전액에 관하여 보증책임을 부담하는 것이나, 그 보증을 하게 된 동기와 목적, 피담보채무의 내용, 거래의 관행 등 제반 사정에 비추어 당사자의 의사가 계약문언과는 달리 일정한 범위의 거래의 보증에 국한시키는 것이었다고 인정할 수 있는 경우에는 그 보증책임의 범위를 당사자의 의사에 따라 제한하여 새겨야 한다(대판 1994.6.24. 94다10337).

(2) ① 일반적으로 계속적 보증계약에 있어서 보증인의 부담으로 돌아갈 주채무의 액수가 보증인이 보증 당시에 예상하였거나 예상할 수 있었던 범위를 훨씬 상회하고, 그 같은 주채무 과다 발생의 원인이 채권자가 주채무자의 자산상태가 현저히 악화된 사실을 익히 알거나 중대한 과실로 알지 못한 탓으로 이를 알지 못하는 보증인에게 아무런 통보나 의사타진도 없이 고의로 거래규모를 확대함에 비롯되는 등 신의칙에 반하는 사정이 인정되는 경우에 한하여 보증인의 책임을 합리적인 범위내로 제한할 수 있다.

37) 민법주해[X] 391(박병대). 주석민법[채권총칙(2)] 494(지원림).

> ② 계속적 보증계약에서 미리 보증한도액이 정하여져 있는 경우에는, 특별한 사정이 없는 한 보증인은 채권자와 주채무자 사이의 거래액 중 보증한도액의 범위내에서 보증책임을 질 것을 예상하였다 할 것이므로, 주채무가 과다하게 발생하였다고 하여 바로 보증책임이 그 예상액을 훨씬 넘어 가중되었다고 보기 어렵다(대판 1995.6.30. 94다40444).

(ㄴ) 보증계약상의 특약에 의한 제한

은행이 기업여신거래에 수반하여 채권자로서 보증계약을 체결하는 경우, 다음의 금융기관 또는 이에 준하는 기관이 보증하는 채무의 범위에 속하는 부분은 피보증채무의 범위에서 제외된다.[38] 이는 기업여신의 경우, 그 여신금액에 대하여 신용이 확실한 금융기관 또는 이에 준하는 기관이 보증을 선 부분에 대하여 다시 타인으로 하여금 일반보증을 서게 하는 것은 부적절할 뿐만 아니라, 대위변제시 보증인 사이에 대위권을 둘러싼 분쟁이 발생할 수 있으므로 이를 방지하기 위한 것이다.

① 은행법에 의한 금융기관 및 특별법에 의한 은행
② 신용보증기금법에 의한 신용보증기금
③ 기술보증기금법에 의한 기술보증기금
④ 한국주택금융공사법에 의한 주택금융신용보증기금
⑤ 보험업법에 의한 보증보험주식회사
⑥ 기타 은행과 협약을 체결하여 보증서를 발급하는 기관

다. 중복보증의 문제

동일한 보증인과 채권자 사이에 여러 개의 보증계약이 체결되어 있는 경우에, 보증인이 부담하게 되는 책임의 범위는 어떻게 결정되는가? 우선 여러 개의 보증계약이 모두 서로 다른 특정의 주채무를 피보증채무로 하는 특정채무보증인 때 또는 장래의 증감·변동하는 불특정의 주채무를 피보증채무로 하는 근보증이 섞여 있더라도 그 중 하나만이 근보증인 때 및 근보증이 여러 개라 하더라도 주채무를 발생시키는 거래의 유형을 서로 달리하는 때에는 각 보증계약의 피보

38) 부록 은행의 담보약관 서식 중 2. 근보증서 제1조 제1항 참조.

증채무가 서로 다르므로 각 보증계약을 대상으로 각각 별개의 보증책임을 정하면 된다.

그러나 여러 개의 근보증이 모두 동일한 거래유형으로부터 발생하는 주채무를 담보하고자 하는 것인 때에는 보증인의 책임범위를 각 보증계약상의 보증한도액을 합한 금액으로 할 것인지 아닌지, 또한 아니라고 하면 각 보증계약상의 보증한도액 중 어느 것으로 할 것인지의 문제가 생긴다. 이것은 당사자의 의사해석의 문제로서 당사자의 의사가 명확한 때에는 그에 따를 것이나, 명확하지 않은 때에는 구체적인 경우마다 각 보증계약의 원인이 되는 사실관계를 기초로 당사자의 의사를 추정하여 합리적으로 결정하는 수밖에 없다.

이에 관하여 은행의 경우는 보증계약체결시 「보증인이 채무자의 채권자에 대한 같은 피담보 채무에 관하여 따로 담보를 제공하고 있거나 보증을 하고 있는 경우에는 별도의 약정이 없는 한 그 담보나 보증은 이 계약에 의하여 변경되지 아니하며, 이 계약에 의한 보증책임과 별개의 것으로 누적적으로 적용됩니다」라는 내용의 특약을 하고 있다.[39] 따라서 예컨대 S은행과 H가 5천만원을 한도로 하는 어음할인거래계약을 체결하고, 아울러 S은행과 H 사이의 어음할인거래로 말미암은 채무를 대상으로, S은행과 A가 근보증한도액을 3천만원으로 하는 한정근보증계약을 체결한 후, 다시 근보증한도액을 4천만원으로 하는 새로운 근보증계약을 체결한 경우에, A가 S은행에 부담하는 보증채무의 한도액은 양 계약의 근보증한도액을 더한 7천만원이 된다. 이는 1차근보증의 보증한도액이, 원금 5천만 원과 이자·지연배상금 등 부수채무를 포괄할 수 없어, 그 한도액을 늘리려는 의미에서 추가로 근보증계약을 체결한 것으로 보아야 하기 때문이다.

그러나 같은 피담보채무를 대상으로 별개의 근보증계약을 체결하였다고 하여, 언제나 각 근보증한도액을 더한 금액이 근보증한도액이 되는 것은 아니다. 예컨대 동일한 대출채권과 관련하여 보증인이, 채무자가 채권자에게 제출하는 대출약정서와 동대출채권의 담보를 위한 근저당권설정계약서 및 보증인이 채권자에게 제출하는 보증서 등에, 중복하여 보증인으로서 서명날인한 경우에는, 특별한 사유가 없는 한 보증의 원인관계를 기초로 주된 보증계약이 무엇인가를 판단하여, 그 보증계약상의 보증한도를 보증채무의 범위로 보아야 한다. 대법원의 판

39) 부록 은행의 담보약관 서식 중 2. 근보증서 제3조 제1항 참조.

례도 동취지로서 보증서상의 보증한도를 보증책임의 한도로 한 것[40]이 있는가 하면, 근저당권의 채권최고액을 보증책임의 한도로 한 것[41]이 있다.

(2) 보증인의 권리(채권자의 의무)

가. 보증인의 권리

㈎ 정보제공청구권

보증인은 채권자에 대하여 민법 제436조의2제3항, 보증인 보호를 위한 특별법 제5조제3항, 제8조제3항에서 규정하는 주채무자의 채무 관련 신용정보 등을 제공하여 줄 것을 청구할 수 있다.[42]

㈏ 부종성에 기한 항변권

㈀ 주채무의 부존재 또는 소멸의 항변

주채무가 그 성립원인의 무효 · 취소로 인하여 존재하지 않게 된 때에는, 보증인은 주채무의 부존재를 이유로 보증채무의 불성립을 주장할 수 있다. 또한 주채무가 변제 · 대물변제 · 공탁 · 상계 · 기타의 원인으로 소멸한 때에는 보증인은 보증채무의 소멸을 주장할 수 있다(민 433①). 그리고 주채무가 시효로 소멸한 때에는 보증인도 그 시효소멸을 원용할 수 있으며, 주채무자가 시효이익을 포기하더라도 보증인은 여전히 시효소멸을 원용할 수 있다(민 433②).

문제는 첫째로 보증인이 주채무에 대한 소멸시효가 완성할 무렵에, 자기의 보증채무에 관하여 채무의 승인을 한 후 주채무의 소멸시효가 완성된 경우에, 주채무의 시효소멸을 원용하여 보증채무의 이행을 거절할 수 있는지와 둘째로 주채무와 보증채무에 대한 소멸시효가 완성된 후에, 보증인이 보증채무의 시효이익을 포기한 후에 주채무의 시효소멸을 원용하여 보증채무의 이행을 거절할 수 있는지이다.

40) 대판 1978.8.31, 79다640, 641 참조.

41) 대판 1983.7.26, 82다카1772 참조. 다만 이 경우는 보증서가 작성되지 않았다.

42) 자세한 내용은 제2장 제1 2.(2) 라, (3) 나.㈏ 다.㈎ 참조.

이에 관하여는 보증채무에 대한 승인이나 시효이익의 포기는, 주채무에 대한 시효원용권의 포기까지 포함한 것으로 보아야 한다고 하여 부정하는 견해와, 보증채무에 대한 승인이나 시효이익의 포기와 주채무에 대한 시효원용권의 포기를 별개의 것으로 보아야 한다고 하여 긍정하는 견해가 있다.[43] 그러나 이 문제는 획일적으로 부정 또는 긍정할 것이 아니라, 보증채무에 대한 승인이나 시효이익의 포기를 할 당시에 보증인이 어떠한 의사를 가지고 있었는지를 추정하여, 구체적인 경우마다 개별적으로 판단하여야 한다.

이와 같은 견지에서 보면 우선 첫째의 경우는 긍정하는 것이 타당하다. 이 경우는 보증채무의 승인 당시에 아직 주채무의 소멸시효가 완성되어 있지 않았다는 점에서, 보증채무의 승인 속에 주채무에 대한 시효원용권의 포기가 포함되어 있다고 볼 수 없기 때문이다. 다음에 둘째의 경우는 보증채무에 대한 시효이익의 포기 당시에, 보증인이 주채무의 소멸시효가 완성되어 있었다는 사실을 알고 있었던 경우와 모르고 있었던 경우로 나누어, 전자인 경우이면 부정하는 것이 타당하고, 후자인 경우이면 긍정하는 타당하다고 할 것이다. 보증채무에 대한 시효이익의 포기 당시에 주채무의 소멸시효가 완성되어 있었음을 보증인이 알았으면서도 보증채무의 시효이익을 포기한 때에는, 주채무와 동일한 목적의 새로운 채무를 부담한 것으로 볼 수 있을 것이기 때문이다.[44]

(ㄴ) 기한유예 또는 동시이행의 항변

채권자가 주채무자에 대하여 기한유예를 한 때에는, 보증인은 그 기한유예의 항변권을 원용하여 보증채무의 이행을 거절할 수 있다. 또한 채권자가 주채무자에 대하여 반대채무를 부담하고 있고, 그 채무가 주채무와 동시이행의 관계에 있는 때에는, 보증인도 주채무자가 가지는 동시이행의 항변권을 원용하여 보증채무의 이행을 거절할 수 있다(민 433).

(ㄷ) 주채무자의 채권에 의한 상계의 항변

보증인은 주채무자의 채권에 의한 상계로 채권자에게 대항할 수 있다(민 434). 따라서 예컨대 S은행이 D를 연대보증인으로 하여 A에게 1천만원의 대출을 한

43) 민법주해[X] 177(박병대).
44) 주석민법[채권총칙(2)] 292(김준호).

후, D에게 보증채무의 이행을 청구한 경우에, A가 S은행에 상계적상에 있는 예금채권을 가지고 있다면, D는 A의 S은행에 대한 예금채권과 대출금채무를 상계함으로써, 상계한 금액만큼의 보증채무이행을 거절할 수 있다.

주채무자가 파산하여 주채무자의 채권자에 대한 반대채권이 파산재단에 귀속한 경우에도, 보증인이 이를 자동채권으로 하여 상계를 할 수 있는지가 문제로 된다. 이에 관하여는 이 보증인의 상계권은 보증인의 고유권리로서, 주채무자에 대하여 파산절차가 개시되었다고 하여, 보증인의 상계권행사가 방해받아야 할 이유가 없다는 점을 논거로 긍정하는 견해와, 이러한 경우에 상계를 인정하게 되면 파산절차에 의하지 아니하고 파산채권을 변제하는 것과 동일한 결과가 되어, 파산의 목적실현에 저해가 된다는 점을 근거로 부정하는 견해가 대립되어 있다.

그러나 부정설에 의하면 채권자에게 상계와 보증인에 대한 청구 중 선택권을 인정하게 되어, 보증인에 대한 관계에서 매우 불합리한 결과를 초래하게 된다. 즉 채권자가 상계를 선택하면 보증인은 보증채무를 면하게 되는 반면, 보증인에 대한 청구를 선택하면, 보증인은 보증채무를 이행한 후 구상채권을 가지고 파산절차에 참가해야 함으로써 상당한 손실을 감수해야 하게 된다. 반면에 긍정설에 의하더라도 파산자의 다른 채권자에게는 특별한 불이익이 생기는 것으로 볼 수 없다. 채권자가 상계권을 행사하면 어차피 그 금액만큼은 파산재단에서 제외되는 것이기 때문이다. 따라서 긍정설이 타당하다고 본다.[45]

㈃ 주채무자의 취소권 등에 기한 항변

주채무자가 채권자에 대하여 취소권 또는 해제권이나 해지권이 있는 동안은, 보증인은 채권자에 대하여 채무의 이행을 거절할 수 있다(민 435). 이는 예컨대 주채무의 발생원인이 되는 계약이, 제한능력자에 의하여 체결된 것이거나, 사기·강박에 의한 것 또는 착오에 의한 것이어서 취소할 수 있는 것이면, 주채무자가 취소권을 행사함으로써 주채무가 발생되지 않고, 그에 따라 보증채무도 발생되지 않을 수가 있는데, 그 취소권행사 여부가 확정되지 않은 상태에서도 보증인이 보증채무를 이행해야 하는 것으로 할 경우, 보증인이 주채무자 보다 무거운 책임을 부담하는 것으로 되어 보증채무의 부종성에 반하고, 또한 보증인이

45) 민법주해[X] 276(박병대).

보증채무를 이행한 후에 주채무의 발생원인이 되는 계약이 취소되는 경우, 채권자와 보증인 사이에 원상회복이라는 번잡한 법률문제를 남기게 되어 불합리하다는 점을 감안한 것이다.

㈐ 보충성에 기한 항변권

보충성에 기한 항변권이란 전술한 바 있는 최고·검색의 항변권을 의미한다. 이 최고·검색의 항변권은 보통보증에 있어서의 보증인에 대해서만 인정되고 연대보증의 경우에는 인정되지 않는다.

나. 채권자의 의무

㈎ 정보제공의무와 통지의무

채권자는 채무자에 대하여 민법 제436조의 2에서 규정하는 정보제공의무와 통지의무[46]를 부담하고, 채권자가 보증인 보호를 위한 특별법 제2조제3호에서 규정하는 금융기관은 보증인 보호를 위한 특별법 제5조, 제7조제3항제5항, 제8조에서 규정하는 정보제공의무와 통지의무 등을 부담한다.[47]

㈏ 대위에의 협력의무(대위변제 후)

보증인은 이른바 「변제할 정당한 이익이 있는 자」이므로 부탁을 받고 보증인이 되었건 또는 부탁없이 보증인이 되었건 묻지 않고, 그 구상권의 범위내에서 종래 채권자가 가지고 있었던 채권 및 담보에 관한 권리를 당연히 대위하여 행사할 수 있게 되는데(민 481, 482), 이러한 보증인의 권리를 대위권이라고 한다. 그리고 여기에서 「채권에 관한 권리」라 함은 이행청구권·손해배상청구권·채권자대위권·채권자취소권 등을 말하고, 「담보에 관한 권리」는 인적담보권과 물적담보권을 포함한다.

채권자는 대위자에 대하여 대위한 권리의 행사를 용이하게 할 의무가 있다. 따라서 채권 전부를 대위변제한 자에 대하여는, 채권자는 채권증서 및 그 점유하는 담보물을 교부하여야 하고(민 484①), 채권의 일부를 대위변제한 자에 대하

46) 자세한 내용은 제2장 제1 2.(2) 다.라. 참조
47) 자세한 내용은 제2장 제1 2.(3) 나.㈏㈒, 다. 참조.

여는, 채권증서에 그 대위의 뜻을 기입하고 또 그가 점유하는 담보물의 보존에 관하여 대위자의 감독을 받아야 한다(민 484②). 그리고 어느 경우나 담보물이 부동산인 때에는 대위의 부기등기에 협력하여야 한다.

보증인이 보증채무의 일부를 변제한 때에는 그 변제한 가액에 비례하여 채권자와 함께 그 권리를 행사할 수 있게 된다(민 483①). 예컨대 10백만원의 저당채권에 관하여 보증인이 5백만원의 대위변제를 한 때에는, 그 5백만원에 관하여 채권자로부터 주채무자에 대한 채권 및 저당권을 대위하여 이전받게 된다. 그런데 이 경우 보증인이 그 이전된 범위에서 독자적으로 대위한 권리를 행사하고, 또 그 권리에 관하여 채권자와 평등한 지위에 서는 것인지가 문제로 된다. 즉 위의 예에서 보증인이 채권자의 의사와는 관계없이 저당권을 실행할 수 있으며, 또 저당부동산의 가액이 10백만원에 미달하는 때에, 채권자와 보증인 사이에 채권액에 비례하여 분배할 것인지가 문제인 것이다. 이에 관하여는 긍정설과 부정설이 대립하고 있다. 그러나 긍정설에 의하면 채권자의 장래의 담보권실행을 불가능하게 하고, 또 담보권의 불가분성에 반하여 채권자의 우선변제권을 해하게 된다. 따라서 채권의 일부를 변제한 보증인은, 대위한 권리가 비록 가분이라고 하더라도 그것을 단독으로 행사하지 못하고, 채권자가 권리를 행사하는 경우에 그 채권자와 함께 그의 권리를 행사할 수 있을 뿐이고, 또한 그 변제의 순위에 있어서도 채권자보다는 후순위인 것으로 보아야 한다.

(다) 담보보존의무(대위변제 전)

민법은 모든 법정대위자를 위하여 채권자에게 담보보존의 의무를 부담시키고 있다. 즉 민법 제481조의 규정에 의하여 대위할 자가 있는 경우에, 채권자의 고의나 과실로 담보가 상실되거나 감소된 때에는, 대위할 자는 그 상실 또는 감소로 말미암아 상환을 받을 수 없게 된 한도에서 그 책임을 면한다(민 485). 예컨대 B가 A로부터 500만원을 빌리면서, 자기 소유인 300만원 상당의 부동산 위에 저당권을 설정하는 동시에 C를 보증인으로 세운 경우, C는 그 채무 전액을 변제할 의무가 있는 것이고, 먼저 저당권을 실행한 다음에 잔액에 대하여만 청구하라고 항변할 수 없다. 그러나 만일 C가 먼저 채무 전액을 변제한다면, A를 대위해서 저당권을 실행하여 300만원을 확실하게 구상할 수 있다. 따라서 C는 이 점을 고려하여 안심하고 보증을 섰다고 할 수 있다. 그런데 A가 C로부터 충분히 변제받을 수 있다고 생각하여 저당권을 포기하고서 C에게 청구하는 경우에는 위와 같은 C의 기대는 어긋나게 된다. 그래서 위와 같은 경우에 C는 저당권의 포기로 대위할 수 없게 된 한도에서 채권자에 대한 책임을 면하게 한 것이다.

5. 보증인과 다른 이해관계인 사이의 법률관계

(1) 보증인과 주채무자간의 법률관계

가. 보증인의 권리(주채무자의 의무)

(가) 보증인의 보수청구권

보증인이 주채무자의 부탁없이 채권자와 보증계약을 체결한 때에는, 보증인이 주채무자에 대하여 보수를 청구할 수 없음은 당연하다. 그리고 보증인이 주채무자의 부탁을 받아 채권자와 보증계약을 체결한 경우라도, 그 부탁계약에서 보수지급에 관한 합의를 한 바가 없으면, 역시 보증인은 주채무자에 대하여 보수를 청구할 수 없다. 주채무자의 부탁을 받아 보증인이 된 자는, 주채무자로부터 보증에 따른 사무처리를 위임받은 수임인의 지위에 있게 되는데, 이 경우의 수임인은 특별한 약정이 없는 한 위임인(즉 주채무자)에 대하여 보수를 청구할 수 없기 때문이다(민 686①). 그러나 보증의 부탁계약에서 보수를 지급할 것으로 약정한 때에는 그 약정내용에 따른 보수의 지급을 청구할 수 있으며, 금융회사가 그 업무로서 지급보증을 하는 때에는 당연히 그에 따른 보수약정이 수반한다. 은행의 경우는 보증에 따른 보수로서 일정한 기간단위(보통은 1년)로 보증료를 받고 있다.[48]

(나) 보증인의 구상권

(ㄱ) 의의

보증인은 채권자에 대한 관계에 있어서는 자기의 채무(보증채무)를 변제하

48) 부록 은행의 담보약관 서식 중 3. 4. 지급보증거래약정서(기업용) 및 (가계용) 제1조 참조.

는 것이지만, 주채무자에 대한 관계에 있어서는 타인의 채무를 변제하는 것이 된다. 따라서 보증인이 자기의 출재로 공동의 면책을 얻은 때에는 당연히 주채무자에 대하여 출재에 따른 상환을 청구할 수 있게 되는데, 이러한 보증인의 주채무자에 대한 권리를 구상권이라 한다. 그러나 그 구상권의 내용은 다음에 보는 바와 같이 채무자와 보증인의 내부적인 법률관계에 따라 상당한 차이가 있다.

(ㄴ) 수탁보증인의 구상권

(a) 면책행위에 기한 구상권

수탁보증인이 과실없이 변제 기타의 출재로 주채무를 소멸케 한 때에는, 주채무자에 대하여 구상권이 생긴다(민 441①). 이 경우 구상권의 범위는 출재로 인하여 소멸된 주채무액과 면책된 날 이후의 법정이자 및 피할 수 없는 비용 기타의 손해배상액이다(민 441②, 425②). 그러나 이 경우 면책된 날 이후의 법정이자 및 피할 수 없는 비용 기타의 손해배상액에 관하여는 이와 다른 약정이 있는 때에는 그 약정에 따른다.

은행의 경우는「은행이 제5조 제3항 또는 제6조 등에 의하여 보증채무를 이행한 때에는 본인은 ①보증채무 이행금액 ②보증채무 이행에 든 비용 ③기타 본인에 대한 권리의 행사나 보전에 든 비용 ④① 내지 ③의 지급금액에 대하여 그 지급일로부터 상환일까지 제1조에서 정하는 지연배상금률과 계산방법에 의하여 산출한 지연배상금에 해당하는 금액을 상환합니다」라는 특약조항[49]을 두고 있다.

한편 보증인이 주채무의 변제기전에 변제를 한 때에는 주채무자가 가지는 기한의 이익을 해하지 못하므로, 그 기한전 변제에 대한 주채무자의 승낙이 없는 한 주채무의 변제기가 도래하기 전에는 구상권을 행사하지 못한다.

(b) 사전구상권

다음과 같은 경우에는 주채무자를 면책하게 하지 않아도 수탁보증인에게 구상권이 생긴다(민 442).

---

49) 부록 은행의 담보약관 서식 중 3. 4. 지급보증거래약정서(기업용) 제8조, (가계용) 제7조 참조.
50) 은행여신거래기본약관(기업용) 및 (가계용) 제7조 참조.

① 보증인이 과실 없이 채권자에게 변제하여야 할 재판을 받은 때.
② 주채무자가 파산선고를 받은 경우에 채권자가 파산재단에 가입하지 않은 때.
③ 채무의 이행기가 불확정하고 그 최장기도 확정할 수 없는 경우에 보증계약 후 5년을 경과한 때.
④ 채무의 이행기가 도래한 때. 다만 보증계약 후에 채권자가 주채무자에게 허여한 기한은 이를 가지고 보증인에게 대항하지 못한다.

그러나 위와 같은 법정된 사유만으로는 보증인의 주채무자에 대한 구상권 확보에 미흡하다고 할 수 있다. 예컨대 주채무자가 어음교환소의 거래정지처분을 받았다거나 도산에 직면하여, 그의 주요 재산이 다른 채권자에 의하여 강제집행을 당하는 등의 처지에 빠졌음에도, 위와 같은 법률이 정한 사전구상사유에 해당하지 않는 한 미리 구상할 수 없다고 하면, 보증채무를 이행한 후 사후구상권을 행사할 때에는, 주채무자가 무자력하게 되어 실효를 거두지 못할 수 있는 것이다.

그래서 은행이 거래처의 채무에 대하여 지급보증을 함에 있어서는, 구상채권의 효과적인 회수에 필요한 범위에서, 별도로 약정에 의한 사전구상권발생에 관한 특약을 하고 있다. 이 약정에 의한 사전구상권발생에 관한 특약[50]은, 당연한 모든 지급보증채무의 사전구상권발생사유, 독촉에 의한 모든 지급보증채무의 사전구상권발생사유, 당연한 당해 지급보증채무의 사전구상권발생사유, 독촉에 의한 당해 지급보증채무의 사전구상권발생사유에 관한 내용으로 구성되어 있다.

당연한 모든 지급보증채무의 사전구상권발생사유에 해당하면, 은행의 청구가 없어도 주채무자는 그 사유가 발생한 때에, 바로 모든 지급보증채무에 대하여 사전구상채무를 이행하여야 하게 되고, 독촉에 의한 모든 지급보증채무의 사전구상권발생사유에 해당하면, 그 해당사유의 해소를 독촉한 후 일정한 기간이 경과함으로써, 모든 지급보증채무에 대한 사전구상채무를 이행하여야 하게 된다. 그리고 당연한 당해 지급보증채무의 사전구상권발생사유와 독촉에 의한 당해 지급보증채무의 사전구상권발생이란, 그 발생사유에 해당하는 지급보증채무에 대하여서만 사전구상권이 발생하고, 그 이외의 다른 지급보증채무에 대하여서는 사전구상권이 발생하지 않는다는 것을 말한다.

판례2-6

사전구상권 행사의 범위

(1) 수탁보증인이 사전구상권을 행사하는 경우 보증인은 자신이 부담할 것이 확정된 채무 전액에 대하여 구상권을 행사할 수 있지만, 면책비용에 대한 법정이자나 채무의 원본에 대한 장래 도래할 이행기까지의 이자 등을 청구하는 것은 사전구상권의 성질상 허용될 수 없다.

(2) 보증인이 보증채무를 이행함에 따라 주채무자가 보증인에 대하여 부담하게 될 구상금채무를 근보증하면서, 면책원금외에 면책일 이후의 법정이자나 피할 수 없는 비용 등까지 담보하기 위하여 근보증한도액을 면책원금에 해당하는 보증인의 보증한도액보다 높은 금액으로 정했다고 하더라도, 보증인이 사전구상권을 행사할 수 있는 금액은 근보증한도액이 아닌 보증인의 보증한도액으로 한정된다(대판 2005.11.25. 2004다66834,66841).

(ㄷ) 부탁없는 보증인의 구상권

주채무자의 부탁없이 그러나 그의 의사에 반하지 않고서 보증인이 된 자가, 변제 기타 자기의 출재로 주채무를 소멸하게 한 때에는, 주채무자는 「그 당시에 이익을 받은 한도」에서 배상하여야 한다(민 444①). 따라서 면책된 날 이후의 법정이자와 손해배상은 포함되지 않는다. 이익의 유무 및 범위를 정하는 표준이 되는 시기는, 면책시 즉 보증인의 출재에 의하여 주채무가 소멸한 때이다.

따라서 이 경우 보증인이 구상권에 기하여 주채무자에게 청구할 수 있는 금액은 출재로 인하여 소멸된 주채무액과 구상청구를 한 날로부터 실제로 지급하는 날까지의 법정이자(지연배상금)에 한정된다. 즉 주채무가 소멸한 때로부터 구상청구를 할 때까지의 법정이자 및 피할 수 없는 비용 기타의 손해배상액은 제외된다.

주채무자의 의사에 반하여 부탁 없이 보증인이 된 자가, 자기의 출재로 주채무를 소멸하게 한 때에는, 주채무자는 「현존이익」의 한도에서 배상하면 된다(민 444②). 이익의 유무와 범위를 정하는 기준시점은, 면책행위를 하는 때가 아니라 구상권을 행사하는 때이다. 현존이익이 있는지의 여부에 대한 입증책임은 주채무자에게 있는 것으로 보아야 한다. 즉 주채무자가 이익이 현존하지 않음을 증명하여야만 그 증명된 범위에서 구상책임을 면하는 것으로 보아야 한다.

보증인이 주채무자에 대하여 현존이익의 구상을 청구하는 경우에, 주채무자가 구상한 날 이전에 상계원인이 있었음을 주장한 때에는, 그 상계로 소멸할 채권은 보증인에게 이전한다(민 444③). 따라서 예컨대 주채무자 A가 채권자 K에 대하여 부담하는 3천만 원의 채무에 대하여 D가 A의 의사에 반하여 보증을 선 후, D가 K에 대한 3천만 원의 보증채무를 이행하고서 A에게 구상청구를 한 경우에, A가 K에 대하여 3천만 원의 반대채권이 있어 상계할 수 있었음을 주장하는 때에는, D는 A에게 구상청구를 할 수 없는 대신에 A의 K에 대한 3천만 원의 채권을 이전받게 된다.

(다) 보증인의 대위권

보증인은 이른바 「변제할 정당한 이익이 있는 자」이므로, 부탁을 받고 보증인이 되었건 또는 부탁없이 보증인이 되었건 묻지 않고 그 구상권의 범위 내에서, 종래 채권자가 가지고 있었던 채권 및 담보에 관한 권리를 당연히 대위하여 행사할 수 있게 되는데(민 481, 482), 이러한 보증인의 권리를 대위권이라고 한다. 보증인이 채권의 일부에 대하여 대위변제한 때에는, 그 변제한 가액에 비례하여 채권자와 함께 그 권리를 행사한다(민 483①). 다만 이 경우 보증인은 대위한 권리가 비록 가분이라고 하더라도 그것을 단독으로 행사하지는 못하며, 채권자가 권리를 행사하는 경우에 그 채권자와 함께 그의 권리를 행사할 수 있을 뿐이고, 또한 이 때에 변제에 관하여는 채권자가 우선한다.[51]

(라) 주채무자의 면책통지의무

(ㄱ) 사전통지의무

주채무자는 보증인에 대하여 구상권이 없으므로 면책행위를 하기 전에 보증인에게 사전통지를 할 의무가 없다.

(ㄴ) 사후통지의무

주채무자가 자기의 행위로 면책하였음을 그 부탁으로 보증인이 된 자에게 통지하지 아니한 경우에, 보증인이 선의로 채권자에게 변제 기타 유상의 면책행위를 한 때에는, 보증인은 자기의 면책행위의 유효를 주장할 수 있다(민 446). 주

51) 자세한 내용은 여신실무법률-여신회수 제1장 참조.

채무자의 부탁으로 보증인이 된 자와 주채무자는 수임인과 위임인의 관계에 서게 되므로, 이중변제 등 보증인에게 손해가 발생하지 않도록 하기 위하여, 주채무자에 대하여 이러한 통지의무를 부과한 것이다. 따라서 부탁 없이 보증인이 된 자에 대하여는 주채무자에게 이러한 통지의무가 없다. 그리고 이 경우 통지의무가 인정되는 면책행위는, 주채무자의 자발적인 변제 이외에, 채권자의 강제집행에 의한 경우도 포함되는 것으로 본다.

은행의 경우는 이와 같은 통지의무를 명확히 하기 위하여 지급보증거래약정시「①본인이 주채무를 이행하였거나 주채무에 관하여 경개·상계·면제·혼동·시효의 완성 등 사유로 그 소멸이 있는 때에는 곧 이를 은행에 통지합니다. ②본인이 채권자로부터 이행청구를 받거나 담보물건이나 시효의 변동 등 은행의 보증채무에 영향을 미칠 사유가 발생한 때에는 지체없이 이를 은행에 통지합니다. ③제1항 제2항에 의한 통지를 게을리함으로써 은행이 채권자의 청구를 받아 보증채무를 이행한 때에는 본인이 그 금액에 대한 상환채무를 지고 곧 이를 갚습니다」는 특약을 해두고 있다.[52)]

나. 주채무자의 권리(보증인의 의무)

(가) 보증인의 면책통지의무

(ㄱ) 사전통지의무

보증인이 주채무자에게 통지하지 아니하고 변제 기타 자기의 출재로 주채무를 소멸하게 한 경우에, 주채무자가 채권자에게 대항할 수 있는 사유가 있었을 때에는 이 사유로 보증인에게 대항할 수 있고, 그 대항사유가 상계인 때에는 상계로 소멸할 채권은 보증인에게 이전된다(민 445①). 이는 보증인이 면책행위를 하기 전에 주채무자로 하여금 채권자에 대항할 수 있는 사유를 주장할 수 있는 기회를 주기 위한 것이다. 따라서 주채무자가 채권자에게 대항할 수 있는 사유가 있었던 경우에, 보증인이 자기의 출재로 주채무를 소멸시키기 전에 주채무자에 대하여 그 출재사실을 통지하지 아니하면, 보증인이 그 면책행위에

52) 부록 은행의 담보약관 서식 중 3. 4. 지급보증거래약정서(기업용) 제5조, (가계용) 제4조 참조.

따른 구상권을 행사함에 있어서 주채무자는 채권자에게 대항할 수 있는 사유로 보증인에게 대항할 수 있다.

그러나 은행에 있어서는, 주채무의 기한도래 전에 채권자에게 보증채무를 이행해야 하는 특수한 경우를 예정하여, 미리 지급보증거래약정시에 「은행이 이 약정에 기해 따로 발급한 지급보증서상의 사전지급요건(어음교환소의 거래정지처분이 있는 때, 파산·개인회생절차개시나 회생절차개시의 신청이 있는 때)에 따라 보증기일 도래전에 보증채무를 이행할 경우에는 본인에게 사전통지를 아니하고 또 주채무의 기한도래여부에 불구하고 할 수 있으며, 이행의 방법·금액은 지급보증서의 조건에 따라 할 수 있기로 합니다」라는 특약[53]을 함으로써, 민법 제445조 제1항에서 규정하는 사전통지의무를 면제하고 있다. 이는 다중을 상대로 하는 은행거래의 특성상, 채권자와 주채무자 사이에 존재하는 항변사유를, 일일이 확인해서 보증채무를 이행해야 하는 불편을 해소하기 위한 것이다. 따라서 주채무자가 채권자에게 특별히 그 지급을 거절할 수 있는 항변사유를 가지고 있는 때에는, 그 내용을 미리 보증인인 은행에 통지해 두어야 하고, 만일 주채무자가 그와 같은 항변사유 있음을 은행에 통지하지 않음으로써 은행이 보증채무를 이행한 때에는, 주채무자는 은행의 구상권행사시 그 항변사유를 가지고 대항하지 못한다.

(ㄴ) 사후통지의무

보증인이 변제 기타 자기의 출재로 면책되었음을 주채무자에게 통지하지 아니한 경우에, 주채무자가 선의로 채권자에게 변제 기타 유상의 면책행위를 한 때에는, 주채무자는 자기의 면책행위의 유효를 주장할 수 있다(민 445②). 이는 보증인의 면책행위 후 이를 알지 못한, 주채무자가 이중으로 채권자에 대하여 변제하게 되는 것을 방지하기 위한 것이다.

보증인이 은행인 경우라도 이 사후통지의무는 면제되어 있지 않다. 지급보증거래약정시 이 사후통지의무까지 면제시키는 특약을 하고 있지는 않기 때문이다. 따라서 보증인이 자기의 출재로 면책행위를 한 후, 이를 주채무자에게 통지하지 않음으로써 이를 알지 못한 주채무자가 이중으로 변제를 한 때에는, 보증인의 구상권행사에 대하여 주채무자는 자신의 변제가 유효함을 이유로 그 구상청구를

53) 부록 은행의 담보약관 서식 중 3. 4 지급보증거래약정서(기업용) 제6조, (가계용) 제5조 참조.

거절할 수 있다.

(ㄷ) 보증인과 주채무자 쌍방의 통지의무해태가 경합하는 경우

(a) 부탁 없는 보증의 경우

주채무자가 선행의 면책행위를 하고 그 사실을 보증인에게 통지하지 아니하였더라도, 그 면책행위는 채권자에 대한 관계에서는 물론이고 보증인에 대한 관계에 있어서도 절대적으로 유효하다. 부탁 없는 보증에 있어서의 주채무자는 자신의 면책행위를 보증인에게 통지할 의무가 없기 때문이다. 따라서 이 경우는 보증인이 이중의 면책행위를 하였다고 하더라도 주채무자에 대하여 구상권을 취득하지 못한다.

이에 대하여 보증인이 선행의 면책행위를 함에 있어서, 주채무자에 대하여 사전 또는 사후의 통지를 하지 않은 경우에, 주채무자는 채권자에게 대항할 수 있는 사유로 대항하거나(민 445①) 또는 자신의 면책행위의 유효를 주장할 수 있다(민 445②).

(b) 부탁 있는 보증의 경우

보증인이 면책행위를 하고서 그 사실을 주채무자에게 통지하지 아니하고 있던 중에, 주채무자가 이중의 면책행위를 하고서 이를 통지하지 않은 경우에는, 주채무자는 자신의 면책행위로서 보증인에게 대항할 수 있는 것으로 보아야 한다. 주채무자는 보증인에 대하여 면책행위에 대한 사전통지의무가 없기 때문에, 보증인의 면책행위가 주채무자의 면책행위보다 먼저 이루어진 이상, 사후통지해태가 보증인의 면책행위에 하등의 영향을 미치는 바가 없는 것이기 때문이다.

이에 대하여 주채무자가 면책행위를 하고도 그 사실을 보증인에게 통지하지 아니하고 있던 중에, 보증인도 사전의 통지를 하지 아니한 채 이중의 면책행위를 한 때에는, 누구의 면책행위를 우선시킬 것인가의 문제가 발생하게 되나, 이에 관하여는 통상의 경우는, 먼저 이루어진 주채무자의 면책행위를 유효로 볼 수밖에 없다고 본다. 이 경우는 보증인의 이중면책행위에 대하여, 보증인과 주채무자 모두에게 귀책사유가 있는 것이어서, 채무소멸의 일반원칙에 따라 먼저 이루어진 행위를 유효로 볼 수밖에 없는 것이기 때문이다. 그러나 보증인이 은행인 경우는 후에 이루어진 보증인의 면책행위를 유효로 보아야 한다. 은행의 경우는 지급보증거래약정서상의 특약으로 보증인의 사전통지의무가 면제되어 있어, 주채무자의 사후통지해태가 보증인의 이중변제에 직접적인 영향을 미친 것으로 보아야 하기 때문이다.

(나) 사전구상청구에 대한 면책 또는 담보제공청구권

보증인이 사전구상권을 행사함에 따라 주채무자가 배상하는 경우에, 주채무자는 자기를 면책하게 하거나 자기에게 담보를 제공할 것을 보증인에게 청구할 수 있다(민 443전).

보증인이 사전구상금을 주채무의 면책을 위하여 사용하여야 함은 수임인으로서의 보증인이 부담하는 당연한 의무이다. 그러나 주채무자가 이 청구권을 이유로 보증인의 사전구상청구를 거절할 수 없음은 물론이다. 즉 이 면책청구권은 사전구상의무를 이행한 후의 보증인에 대한 청구권이라고 할 수 있다.

주채무자가 담보의 제공을 요구한 경우에, 보증인이 담보의 제공을 할 때까지 사전구상을 거절할 수 있는가에 관하여는, 전술한 면책청구의 경우와는 달리 긍정설과 부정설이 대립하나 긍정설이 통설이다.[54] 통설인 긍정설에 의하면 보증인의 담보제공의무는 주채무자의 사전구상의무에 대하여 선이행 내지 동시이행의 관계에 있다는 것이 된다. 담보제공의 취지가 사전구상에 따른 주채무자의 위험부담을 최소화하기 위한 것이라는 점을 고려할 때 긍정설이 타당하다고 생각한다. 담보는 인적담보이든 물적담보이든 무방하다.

(다) 공탁 등에 의한 사전구상의무의 면책

보증인이 사전구상권을 행사하는 경우에, 주채무자는 사전구상금을 지급하는 대신 배상할 금액을 공탁하거나 담보를 제공하거나 보증인을 면책하게 함으로써 그 배상채무를 면할 수 있다(민 443후).

주채무자가 사전구상금을 지급하는 대신 공탁을 한 경우, 보증인이 이를 출급하여 자신의 사전구상권의 변제에 충당할 수 있는가의 문제가 있다. 그러나 이

54) 민법주해[X] 339(박병대). 주석민법[채권총칙(2)] 330(김오섭).

러한 공탁은 사전구상금을 수령한 보증인이, 이를 임의소비한 후 무자력이 되는 경우에 대비하여 주채무자를 보호하기 위한 것이므로, 보증인이 사후구상권을 취득하기까지는 이를 출급할 수 없다고 하는 것이 타당하다.[55)]

사전구상의무를 면하기 위하여 제공하는 담보는, 인적담보이든 물적담보이든 상관없고, 보증인으로부터 사전구상의 청구를 받은 후에 제공된 것이든 그 전에 미리 제공된 것이든 상관없다. 따라서 예컨대 보증의 부탁계약을 체결하면서 구상채권의 담보를 위한 저당권이 설정된 경우에 있어서는, 그 담보가 사전구상의무를 담보하기에 충분한 한 보증인은 사전구상금의 지급을 청구할 수 없는 것으로 보아야 한다. 그런데 이 경우에 있어서도 보증인이 주채무자가 제공한 이 담보를 사전구상권에 기하여 실행할 수 있는지의 문제가 있다. 이에 관하여도 긍정설과 부정설이 대립하고 있으나, 공탁의 경우와 마찬가지 이유에서, 유효하고 충분한 담보가 제공되어 존속하고 있는 이상 부정하여야 할 것으로 생각한다.[56)]

민법 제443조의 규정은 임의규정으로 해석되고 있다. 따라서 보증인의 사전구상권 행사에 대하여, 주채무자가 담보의 제공 또는 주채무자의 면책 등을 청구하지 아니하기로 약정함으로써, 그 청구권을 사전에 포기할 수 있으며,[57)] 또한 구상채권을 위한 충분한 담보가 이미 제공되어 있음에도, 그와 상관없이 일정한 사유가 생기면 사전구상권을 행사할 수 있는 것으로 특약하는 것도 가능하다고 생각한다. 이에 따라 은행의 지급보증거래에 있어서는, 「은행이 사전구상권에 의하여 제1항의 상계를 하는 경우에는, 민법 제443조의 항변권에 불구하고 상계할 수 있는 것으로 하며, 원채무 또는 구상채무에 관하여 담보가 있는 경우에도 상계할 수 있습니다. 이 경우 은행은 상계 후 지체 없이 보증채무를 이행하여야 합니다」라는 특약[58)]을 하고 있다.

55) 민법주해[X] 340(박병대).
56) 민법주해[X] 341(박병대).
57) 대판 1989.1.31, 87다카594 참조.
58) 은행여신거래기본약관(기업용) 및 (가계용) 제10조 제2항 참조.

(2) 보증인과 다른 채무관계인간의 법률관계

가. 보증인과 다른 보증인간의 관계

(가) 보증인의 구상권

(ㄱ) 공동보증인간의 부담부분

동일한 주채무에 관하여 여러 명의 보증인이 있는 경우에는, 그들이 채권자에 대한 관계에 있어서 분별의 이익이 있는지의 여부에 관계없이, 그들 상호간의 내부관계에 있어서는 각자의 고유한 부담부분이 있다. 그리고 이들 공동보증인 상호간의 부담부분은 특약의 존재 등 특별한 사정이 없는 한 균등한 것으로 추정된다(민 439, 408). 따라서 어느 한 보증인이 자기의 부담부분을 넘는 변제를 한 때에는, 그 넘는 부분에 관하여 다른 보증인에게 상환을 청구할 수 있게 되는데, 이를 공동보증인 상호간의 구상권이라고 한다. 이 구상권의 내용은 보증인 상호간에 분별의 이익이 있는지의 여부에 따라 다른 바(민 448), 이하에서 살펴보기로 한다.

(ㄴ) 분별이 이익이 있는 경우의 구상권

보증인 상호간에 분별의 이익이 있는 경우란 전술한 보통의 공동보증을 말한다. 이러한 경우의 보증인이 자기의 부담부분을 넘어서 변제를 한 때에는, 다른 공동보증인에 대하여 다음과 같이 구상권을 행사할 수 있다. 첫째 그 변제가 다른 공동보증인의 부탁을 받은 것인 때에는, 그 부탁계약의 내용에 따라, 구상권을 행사할 수 있게 된다. 둘째 부탁을 받은 것은 아니나 그 의사에 반하지 않은 것이면, 그로 인하여 다른 공동보증인이 이익을 받은 한도에서 구상권을 행사할 수 있게 된다(민 448①, 444①). 셋째 부탁을 받지도 않았고 그 의사에도 반하는 것이면, 그로 인한 이익이 다른 공동보증인에게 현존하는 한도에서 구상할 수 있게 된다(민 448①, 444②).

(ㄷ) 분별의 이익이 없는 경우의 구상권

공동보증인 상호간에 분별의 이익이 없는 경우란, 주채무가 불가분이거나 각 보증인이 상호연대로 또는 주채무자와 연대로 채무를 부담한 경우를 말한다. 금융거래에 있어서의 보증인은 모두 연대보증인에 해당되므로 보증인 상호간에 분별의 이익이 없는 것이 원칙이다.

공동보증인간에 분별의 이익이 없는 경우에, 어느 한 보증인이 자기의 부담부분을 넘은 변제를 한 때에는, 그 넘는 부분에 관하여 다른 공동보증인에게 그 부담부분의 범위에서 구상권을 행사할 수 있다(민 448②, 425①). 그런데 이 경우의 부담부분이 무엇을 의미하는가에 관하여는 「비율」로 보는 견해와 「금액」으로 보는 견해가 대립되어 있다.

예컨대 주채무의 총액 3천만원에 관하여, A · B · C 3인이 평등한 부담비율로 공동보증을 한 후 A가 6백만원의 변제를 하였다고 할 때, 이는 전체 채무금액에 대한 A의 부담금액인 1천만원에 미달하므로, A는 B · C에 대하여 구상권을 취득하지 못한다고 볼 것인지, 아니면 변제액 6백만원에 대한 각 보증인의 부담비율에 상응한 2백만원씩을, B · C에 대하여 구상할 수 있다고 볼 것인지에 관하여, 금액설은 전자의 결론을 취하게 되고, 비율설은 후자의 결론을 취하게 된다. 그러나 민법 제448조가 「부담부분을 넘는」이라고 규정하고 있는 점에 미루어 볼 때 금액설이 타당하다고 생각한다. 또한 금액설이 통설[59]과 판례[60]이다.

판례2-7

수인의 연대보증인 상호간의 구상관계

(1) ① 민법 제482조 제2항 제5호는 동일한 채무에 대하여 인적 무한책임을 지는 보증인과 물적 유한책임을 지는 물상보증인이 여럿 있고 그 중 어느 1인이 먼저 대위변제를 하거나 경매를 통한 채무상환을 함으로써 다른 자에 대하여 채권자의 권리를 대위하게 되는 경우, 먼저 대위변제 등을 한 자가 부당하게 이익을 얻거나 대위가 계속 반복되는 것을 방지하고 대위관계를 공평하게 처리하기 위하여 대위자들 상호간의 대위의 순서와 분담비율을 규정하고 있는바, 위 규정에 의하면, 여러 보증인과 물상보증인 사이에서는 그 중 어느 1인에 의하여 주채무 전액이 상환되었을 것을 전제로 하여 그 주채무 전액에 민법 제482조 제2항 제5호에서 정한 대위비율을 곱하여 산정한 금액이 각자가 대위관계에서 분담하여야 할 부담 부분이다. 그런데 여러 보증인 또는 물상보증인 중 어느 1인이 위와 같은 방식으로 산정되는 자신의 부담 부분에 미달하는 대위변제 등을 한 경우 그 대위변제액 또는 경매에 의한 채무상환액에 위 규정에서 정한 대

59) 민법주해[X] 363(박병대).

60) 대판 1993.5.27. 93다4656, 대판 2010.6.10. 2007다61113,61120 참조.

위비율을 곱하여 산출된 금액만큼 곧바로 다른 자를 상대로 채권자의 권리를 대위할 수 있도록 한다면, 먼저 대위변제 등을 한 자가 부당하게 이익을 얻거나 대위자들 상호간에 대위가 계속 반복되게 되고 대위관계를 공평하게 처리할 수도 없게 되므로, 민법 제482조 제2항 제5호의 규정 취지에 반하는 결과가 생기게 된다. 따라서 보증인과 물상보증인이 여럿 있는 경우 어느 누구라도 위와 같은 방식으로 산정한 각자의 부담 부분을 넘는 대위변제 등을 하지 않으면 다른 보증인과 물상보증인을 상대로 채권자의 권리를 대위할 수 없다.

② 여러 보증인과 물상보증인 사이에서 민법 제482조 제2항 제5호에 의하여 대위관계에서의 부담 부분을 정하는 경우, 당초 성립한 주채무가 주채무자의 변제나 채무 면제 등으로 감소하거나 이자 · 지연손해금이 증가하는 때에는 그 당시 현존하고 있는 보증인이나 물상보증인의 부담 부분도 원칙적으로 그에 상응하여 감소하거나 증가하게 되므로, 보증인이나 물상보증인이 대위변제 등을 할 당시에 이미 주채무자의 변제나 채무면제 등으로 주채무가 감소하거나 이자 · 지연손해금이 증가한 사정이 있다면, 이를 반드시 참작하여 그 대위변제 등 당시를 기준으로 하여 당해 보증인이나 물상보증인의 대위변제액 등이 그의 부담 부분을 초과하는 것인지 여부를 판단하여야 한다(대판 2010.6.10. 2007다61113,61120).

(2) 연대보증인 가운데 한 사람이 채무의 전액이나 자기의 부담부분 이상을 변제하였을 때에는 다른 보증인에 대하여 구상을 할 수 있고 다만 다른 보증인 가운데 이미 자기의 부담부분을 변제한 사람에 대하여는 구상을 할 수 없다(대판 1993.5.27. 93다4656).

(나) 보증인의 대위권

전술한 바와 같이 보증인은 이른바 「변제할 정당한 이익이 있는 자」로서, 그 구상권의 범위내에서 종래 채권자가 가지고 있었던 채권 및 담보에 관한 권리를 당연히 대위하여 행사할 수 있으므로(민 481, 482), 보증인이 자기의 부담부분을 넘어 주채무를 변제하면, 그 구상권의 범위에서 채권자가 다른 보증인에 대하여 가지고 있는 권리(즉 보증채무이행청구권)를 대위하여 행사할 수 있게 된다. 그리고 이 경우 보증인이 다른 보증인에 대하여 가지는 구상권과 대위권은 실체법상 그 발생근거와 권리내용이 다른 것이므로, 별개로 병존하게 되어 청구권이 경합하는 결과가 된다.

나. 보증인과 담보목적물의 제3취득자간의 관계

주채무에 관하여 채권자가 취득하고 있는 저당목적물에 관하여, 제3취득자가 생긴 경우에 보증인이 주채무를 변제한 때에는, 그 저당목적물에 대하여 가진 채권자의 권리를 대위할 수 있으나(민 482②i), 제3취득자는 주채무자의 채무를 변제하여도 보증인에 대하여 가진 채권자의 권리를 대위할 수 없다(민 482②ii).

보증인은 채무자의 재산에 설정된 저당권의 담보력을 신뢰하고 보증인이 되었을 것이지만, 제3취득자는 대상목적물에 대한 저당권의 존재를 감안하여 그 소유권을 취득하였을 것이기 때문이다.

보증인이 제3취득자에 대하여 채권자의 저당권을 대위하려면, 미리 저당권의 등기에 그 대위의 부기를 하여야 한다(민 482②i, 부등 79). 이 등기를 대위의 부기등기라고 한다. 부기등기를 해야 하는 시기에 관하여는 학설이 대립하고 있다. 제1설은 제3취득자의 권리취득의 전후를 불문하고 보증인이 대위변제하기 전이라고 하고, 제2설은 대위변제의 전후를 불문하고 제3취득자의 권리취득전이라고 하며, 제3설(통설)은 대위변제 후 제3취득자가 저당목적물을 취득하기 전이라고 한다. 변제하기도 전에 보증인으로 하여금 대위의 부기등기를 할 것을 요구한다는 것은, 합리적이라고 할 수 없을 뿐만 아니라 거래현실에도 부합하지 않다는 점에서 제3설이 타당하다고 생각한다.[61]

다. 보증인과 물상보증인간의 관계

채권자가 제3자(물상보증인)가 제공한 목적물에 저당권을 취득하고 있는 경우에 보증인이 주채무를 변제한 때에는, 보증인은 그 인원수로 안분한 금액에 관하여, 그 저당목적물에 대하여 가진 채권자의 권리를 대위한다(민 482②v본). 그러나 물상보증인이 여러 사람인 경우에는, 보증인의 부담부분을 제외하고 그 잔액에 대하여 각 재산의 가액에 비례하여 대위하게 된다(민 482②v단).[62]

6. 보증채무의 관리

(1) 주채무의 변동

가. 상환기일의 변경

(가) 상환기일변경의 의의

상환기일의 변경이란 채권자와 채무자 및 보증인이 원래 약정한 주채무의 상

61) 민법주해[XI] 204(이인재). 주석민법[채권총칙(3)] 304(강현중).
62) 기타 자세한 내용은 여신실무법률—여신회수 제1장 변제 해당부분 참조.

환기일을 연장하거나 단축하는 것을 말한다. 채권자와 채무자 및 보증인이 서로 합의하여, 상환기일을 연장하거나 단축할 수 있음은 당연하다. 문제는 채권자와 채무자가 보증인의 동의 없이, 특정한 주채무의 상환기일을 연장하거나 단축하는 경우, 그것이 보증인에게 어떠한 영향을 미치는지이다. 이하에서 상환기일의 단축과 연장으로 구분하여 설명하기로 한다.

㈏ 상환기일의 단축

연대보증인이 있는 대출채무에 관하여 채권자와 채무자가 상환기일을 단축하고자 하는 경우 연대보증인의 동의를 받아야 하는지에 관하여는 연대보증인이 채권자와 어떠한 내용의 보증계약을 체결하였는지에 따라 다르다.

채권자와 연대보증인 사이의 보증계약이 특정채무보증 또는 근보증 중 특정근보증인 때에는, 보증계약을 체결할 당시에 보증채무를 부담하는 주채무가 이미 특정되어 있어, 연대보증인이 이와 다른 주채무에 대해서는 보증채무를 부담하지 않는다. 그리고 특정된 주채무의 상환기일을 단축하는 것은 원래의 약정된 상환기일 이전에 채무의 이행을 해야 하는 것이므로 채무자나 연대보증인에게 불이익한 것이다. 따라서 이 경우 채권자와 채무자가 대출채권의 상환기일을 단축하려는 때에는 그 대출채권에 관하여 연대보증인이 있으면 그의 동의를 받아야만, 단축된 상환기일에 주채무의 이행이 없는 경우 연대보증인에게 보증채무의 이행을 청구할 수 있다. 만일 연대보증인의 동의 없이 주채무의 상환기일을 단축한 때에는 그 단축된 상환기일에 주채무의 이행이 없다고 하여 바로 연대보증인에 대하여 보증채무의 이행을 청구할 수 없고 원래의 상환기일이 도래하여야 비로소 보증채무의 이행을 청구할 수 있는 것으로 보아야 한다.

그러나 채권자와 연대보증인 사이의 보증계약이 근보증 중 한정근보증 또는 포괄근보증인 때에는, 연대보증인이 부담하는 채무가 유동·교체될 수 있으며 그 유동·교체가 근보증거래기간 중에 발생한 때에는 근보증한도액의 범위에서 당연히 보증채무를을 부담한다. 따라서 이 경우는 채권자와 채무자 사이의 상환기일 단축합의에 연대보증인의 동의를 받지 않았다 하더라도 그 단축합의가 근보증거래기간 내에 있은 이상 연대보증인에게도 효력이 미치는 것으로 보아야 한다.

다만 은행의 경우는 현재 자율적으로 소비자를 대상으로 하는 대출에 관하여 연대보증인을 세우지 않는 것을 원칙으로 하고 있다. 그리고 물적담보의 경우는 금융소비자보호법과 금융소비자보호법 시행령 및 금융소비자 보호에 관한 감독 규정에 의하여 담보권의 설정 유형에 관하여 제한이 있다.[63]

㈐ 상환기일의 연장

연대보증인이 있는 대출채무에 관하여 채권자와 채무자가 상환기일을 연장하고자 하는 경우 연대보증인의 동의를 받아야 하는지 문제로 된다. 이 점이 문제로 되는 것은 원래의 상환기일에는 채무자에게 변제자력이 있어 채권자가 상환기일을 연장하지 아니하고 바로 채무자의 재산에 강제집행절차를 취하였더라면 채무의 이행을 받을 수 있었는데, 연장된 상환기일이 도래하는 사이에 채무자의 변제자력이 악화되어 이제는 강제집행절차를 취하여 채무의 이행을 받을 수 없게 된 경우에 연대보증인이 이를 이유로 채권자에 대하여 보증채무의 면책을 주장할 수 있는지에 관하여 의문이 생길 수 있기 때문이다.

이에 관하여는 채무자에 대한 상환기일연장이 연대보증인에게 불이익을 가져오는 것이라면 보증채무의 면책을 주장할 수 있지만 불이익을 가져오는 것이 아니라면 보증채무의 면책을 주장할 수 없는 것으로 보아야 한다. 그런데 연대보증인은 보증채무의 부종성에 따라 채권자가 주채무의 상환기일은 연장해준 것을 이유로 연장된 상한기일까지 채권자의 보증채무 이행청구를 거절할 수 있는 한편 주채무의 상환기일연장에 관계없이 주채무자에 대하여 사전구상권을 행사함으로써 연장된 기간까지 주채무자의 변제자력이 악화되는 것에 미리 대비할 수 있으므로[64] 채권자가 주채무자에게 한 상환기일연장이 보증인에게 유리하게 작용(채권자에게 연장된 상환기일까지 보증채무의 이행을 거절할 수 있다는 점에서)할 뿐 불리하게 작용하지 않는 것으로 볼 수 있다. 따라서 채권자와 채무자가 주채무의 상환기일을 연장하는 경우 연대보

63) 제한의 구체적인 내용은 제2장 3. (1) 나. ㈑ 은행의 보증서 서식 참조.

64) 민법 제442조 제1항은 주채무의 이행기가 도래한 때에는 보증인은 주채무자에 대하여 미리 구상권을 행사할 수 있는 것으로 규정하고 있고(이 경우 보증인의 구상권을 보증채무의 이행 후에 하는 사후구상권과 대비하여 사전구상권이라고 부른다), 나아가 동조 제2항은 주채무의 이행기가 도래한 때에 채권자가 주채무자에게 그 상환기일을 연장하여 주더라도 보증인이 주채무자에 대한 사전구상권을 행사하는데 영향이 없는 것으로 규정하고 있어, 채권자가 주채무의 상환기일을 연장한 것에 관계없이 보증인 스스로 미리 구상권을 행사함으로써 장차 주채무자가 무자력해지는 것에 대비할 수 있다.

증인의 동의를 받지 않아도 되는 것으로 보아야 하고, 이 경우 연대보증인은 채권자가 연장된 주채무의 상환기일 이후에 하는 보증채무의 이행청구를 거절할 수 없는 것으로 보아야 한다. 판례도 같다.

판례2-8

주채무의 상환기일연장시 보증채무의 소멸여부

(1) 보증계약 체결후 채권자가 보증인의 승낙 없이 주채무자에 대하여 변제기를 연장하여 준 경우, 그것이 반드시 보증인의 책임을 가중하는 것이라고는 할 수 없으므로 원칙적으로 보증채무에 대하여도 그 효력이 미친다(대판 1996.2.23. 95다49141).

(2) 채무가 특정되어 있는 확정채무에 대하여 보증한 연대보증인으로서는 자신의 동의 없이 피보증채무의 이행기를 연장해 주었느냐의 여부에 상관없이 그 연대보증채무를 부담한다(대판 1997.4.25. 97다2726).

그러나 은행의 경우는 현행 담보약관 서식 중 근보증서(근보증용) 제1조 제1항 특정근보증의 내용에 보증인의 동의를 받아 주채무의 상환기일을 연장하는 경우에만 연대보증인이 계속 보증채무를 부담하는 것으로 하는 특약내용을 두고 있다. 따라서 은행이 연대보증인과 특정근보증계약을 체결한 때에는 위 판례에 불구하고 주채무의 상환기일을 연장함에 있어서는 위의 특약에 따라 반드시 연대보증인의 동의를 받아야 하고 만일 연대보증인의 동의 없이 주채무의 상환기일을 연장하면 보증채무가 소멸하는 것으로 보아야 한다. 다만 한정근보증계약 또는 포괄근보증계약을 체결한 때에는 한정근보증 또는 포괄근보증의 내용에 위의 특약내용이 들어 있지 않으므로 연대보증인의 동의 없이 주채무의 상환기일을 연장하더라도 보증채무가 소멸하지 않는 것으로 보아야 한다.

그런데 현행 담보약관 서식 중 보증서(특정채무보증용)상에는 연대보증인의 동의를 받아 주채무의 상환기일을 연장하는 경우에만 연대보증인이 계속 보증채무를 부담하는 것으로 한다는 특약내용이 없다. 여기에서 특정채무보증에 있어서는 주채무의 상환기일을 연장하는데 연대보증인의 동의를 받지 않아도 위 판례에 따라 보증채무가 소멸하지 않는 것으로 생각될 수가 있다.

그러나 비록 보증서상에는 이와 같은 특약 내용이 규정되어 있지 않다 하더라도 보증서의 끝부분 "연대보증인이 꼭 알아두어야 할 사항"에 「특정채무보증은 채무자가 은행에 대하여 부담하는 특정된 채무만을 보증하는 것으로 그 채무가 연기·재취급 또는 다른 여신으로 대환된 때에는 보증책임을 지지 않습니다」라고 설명되어 있으므로, 특정채무보증의 경우에도 연대보증인의 동의 없이 주채무의 상환기일을 연장하면 보증채무가 소멸하는 것으로 보아야 한다.

다만 은행의 경우는 소비자를 대상으로 하는 대출에 관하여 현재 연대보증인을 세우지 않는 것을 원칙으로 하고 있으므로 상환기일의 연장에 연대보증인의 동의를 받아야 하는 경우는 거의 발생하지 않는다.

판례2-9

주채무의 상환기일연장에 보증인의 동의를 요하도록 한 약관의 의미

채무가 특정되어 있는 확정채무에 대하여 보증한 연대보증인으로서는 자신의 동의 없이 피보증채무의 이행기를 연장해 주었느냐의 여부에 상관없이 그 연대보증채무를 부담하는 것이 원칙이나(대법원 2002.6.14. 선고 2002다14853 판결 등 참조), 당사자 사이에 연대보증인의 동의 없이 피보증채무의 이행기가 연장된 경우 연대보증인의 보증채무의 소멸 여부 및 그 범위에 관한 특별한 약정이 있다면 그 약정에 따라야 할 것이다. 그리고 약관의 내용은 개개 계약 체결자의 의사나 구체적인 사정을 고려함이 없이 평균적 고객의 이해가능성을 기준으로 하여 객관적 · 획일적으로 해석하여야 하고, 고객보호의 측면에서 약관 내용이 명백하지 못하거나 의심스러운 때에는 고객에게 유리하게, 약관작성자에게 불리하게 제한해석하여야 한다(대법원 2005.10.28. 선고 2005다35226 판결, 2007.2.22. 선고 2006다72093 판결 등 참조).

기록에 의하면, 금융기관의 여신거래에 관한 약관인 이 사건 대출거래약정서의 보증에 관한 조항(이하 '이 사건 약관'이라 한다)은 제1조 제1항에서 '보증인은 채무자의 금융기관에 대한 이 계약에 의한 모든 채무에 대하여 채무자와 연대하여 보증채무를 진다.'고 규정하고, 제5조는 '이 약정에 의한 채무의 상환기일이 보증인의 동의를 받아 연장된 때에는 보증인은 계속하여 제1조의 약정에 따르기로 한다.'고 규정하고 있음을 알 수 있는바, 확정채무에 대하여 보증한 연대보증인으로서는 자신의 동의 없이 피보증채무의 이행기를 연장해 주었느냐의 여부에 상관없이 그 연대보증채무를 부담하는 것이 원칙임에도 불구하고 채권자가 특별히 위와 같은 내용의 약관을 규정한 점, 또 이 사건 약관 제5조의 내용을 반대 해석한다면 확정채무의 보증에 있어서 주채무의 상환기일이 보증인의 동의를 받지 않고 연장된 경우에는 보증채무가 존속하지 않는 것으로 이해될 수 있는 점 등을 고려해 보면, 이 사건 약관 제5조의 의미는 금융기관이 보증인의 동의 없이 주채무의 상환기일을 연장한다면 보증채무는 당초 약정된 상환기일이 경과함으로써 소멸한다는 내용의 특약으로 해석될 여지가 있다고 할 것이다.

그렇다면 원심으로서는 금융기관이 이 사건 약관 제5조를 제정하게 된 경위가 무엇인지, 그리고 이 사건 약관 제5조를 적용하여 취급한 금융기관의 실무 사례는 어떠한지 등에 관하여 더 심리하여 주채무의 상환기일이 보증인의 동의 없이 연장된 경우의 연대보증채무의 소멸 여부에 대하여 판단하였어야 할 것임에도 불구하고, 이 사건 약관 제5조는 보증인이 피보증채무의 상환기일 연장에 동의하지 아니한 때에는 종전 상환기일까지 발생한 채무에 대하여만 보증책임을 부담한다고 판단하여 피고에게 대출원금 잔액의 지급을 명하였으니, 원심판결에는 필요한 심리를 다하지 아니하거나 약관해석에 관한 법리를 오해한 위법이 있고, 이는 판결에 영향을 미쳤다고 할 것이다. 이 점을 지적하는 취지의 피고의 상고이유의 주장은 이유 있다(대판 2007.6.14. 2005다9326)

판례2-10

연대보증기간의 자동연장에 관한 합의의 효력

약관규제법 제9조 제5호는 계속적인 채권관계의 발생을 목적으로 하는 계약에서 그 존속기간을 부당하게 단기 또는 장기로 하거나 묵시의 기간 연장 또는 갱신이 가능하도록 정하여 고객에게 부당하게 불이익을 줄 우려가 있는 조항은 무효로 한다고 규정하고 있는바, 위 연대보증기간 자동연장 조항의 내용을 살펴보면 "이 계약의 효력은 계약 성립일로부터 향후 1년간 지속된다. 계약기간 만료일에 계약 갱신의 통보가 없을 때에는 1년간씩 계속 연장된 것으로 하며 제21조에 의한 연대보증인의 책임도 이에 준한다."고 되어 있어 계약기간 종료시 이의 통지 등에 의해 보증인의 지위에서 벗어날 수 있다는 규정이 없고, 새로운 계약기간을 정하여 계약 갱신의 통지를 하거나, 그것이 없으면 자동적으로 1년 단위로 계약기간이 연장되도록 규정하고 있을 뿐이므로, 이는 계속적인 채권관계의 발생을 목적으로 하는 계약에서 묵시의 기간 연장 또는 갱신이 가능하도록 규정하여 고객인 연대보증인에게 부당하게 불이익을 줄 우려가 있다고 보여지므로 위 연대보증기간 자동연장 조항은 약관규제법 제9조 제5호에 위반되어 무효라고 봄이 상당하다고 할 것이다(대판 1998.1.23. 96다19413).

나. 계속적 거래의 거래기간 변경

(가) 거래기간의 의의

근보증계약과 관련한 계속적 거래의 거래기간에는 2가지가 있다. 하나는 채권자와 근보증인 사이에 체결되는 근보증계약상의 근보증 거래기간이고 다른 하나는 채권자와 주채무자 사이에 체결되는 계속적 거래약정상의 거래기간이다.

은행의 경우는 채권자와 근보증인 사이에 체결되는 근보증계약상의 근보증 거래기간을 근보증서에서 "결산기"로 표시하여 약정하고 있고, 채권자와 주채무자 사이에 체결되는 계속적 거래약정상의 거래기간을 대출거래약정서에서는 "대출기간 만료일" 여신거래약정서에서는 "여신기간 만료일" 그리고 지급보증거래약정서에서는 "지급보증 거래기간"으로 표시하여 약정하고 있다.

(나) 근보증계약상의 근보증 거래기간 변경

채권자와 근보증인 사이에 체결되는 근보증계약상의 근보증 거래기간을 변경하려면 그 근보증계약의 당사자인 근보증인의 동의가 있어야 함은 당연하다.

문제는 채권자와 근보증인 사이에 체결되는 근보증계약상의 근보증 거래기간과 채권자와 주채무자 사이에 체결되는 계속적 거래약정상의 거래기간이 일치되도록 하여 주채무를 발생시키는 계약과 근보증계약을 함께 체결하면서, 특약으로 계약만료일 1개월 전에 별도의 통보가 없으면, 채권자와 주채무자 사이의 계속적 거래계약의 거래기간이 1년씩 자동 연장됨과 아울러 근보증계약상의 근보증 거래기간도 1년씩 자동 연장되도록 채권자와 주채무자 및 근보증인이 미리 합의를 해 둔 경우에, 그 자동 연장된 기간 중에 발생한 주채무에 대하여 근보증인이 보증책임을 부담하는지 여부이다.

이에 관하여는 보증인의 동의가 있었다는 점을 근거로 긍정하는 견해도 있을 수 있다. 그러나 대법원의 판례는 이와 같은 근보증 거래기간의 자동 연장에 관한 특약조항은, 약관의 규제에 관한 법률 제9조 제5호에 위반되어 무효라고 하여, 매 연장시마다 보증인이 따로 동의를 하지 않은 이상, 보증인은 그 연장된 기간 중에 발생한 주채무에 대하여는, 보증책임을 부담하지 않는다고 한다. 따라서 실무상으로는 최초에 정한 근보증 거래기간이 지난 후에 주채무를 발생시키는 때에는 그에 앞서 반드시 근보증 거래기간의 연장에 관하여 근보증인의 동의를 받아두어야만 한다.

(다) 채권자와 주채무자 사이의 계속적 거래기간 변경

(ㄱ) 일반 근보증의 경우

채권자와 주채무자 사이의 계속적 거래기간을 변경하는 경우는 단축하는 경우와 연장하는 경우의 2가지 유형이 있다. 그러나 단축하는 경우는 근보증인에게 불리하지 않으므로 문제될 것이 없고 연장하는 경우만이 문제로 된다.

채권자와 주채무자 사이의 계속적 거래기간을 근보증인의 동의 없이 채권자와 주채무자가 합의하여 연장한 경우에 근보증인의 보증채무에 어떠한 영향을 미치는지에 관하여는 다시 그 연장전에 발생한 주채무에 대한 경우와 연장후에 발생한 주채무에 대한 경우로 나누어 볼 필요가 있다.

연장전의 거래기간 중에 발생한 주채무에 대하여는 거래기간의 연장에 근보증인의 동의가 있었는지 여부에 관계없이 근보증인이 보증채무를 부담하는 것으로 보아야 한다. 이 경우는 거래기간의 연장이 근보증인의 지위에 어떠한 영향을 미친 것이 아니기 때문이다.

이에 대하여 연장후에 발생한 주채무의 경우는 그것이 근보증계약상의 근보증 거래기간이 지나기 전에 발생한 것과 근보증 거래기간이 지난 이후에 발생한 것으로 구분하여 다음과 같이 보아야 한다.

우선 근보증 거래기간이 지나기 전에 발생한 것이면 그 연장에 근보증인이 동의하지 않았다 하더라도 보증책임을 부담하는 것으로 보아야 한다. 이 경우는 채권자와 주채무자가 동일한 내용의 새로운 계속적 거래약정을 체결하고 주채무를 발생시킨 경우에도 근보증인이 보증책임을 부담하는 것이므로 기존의 계속적 거래계약의 거래기간 연장의 경우를 제외시킬 이유가 없기 때문이다.

다음에 근보증 거래기간이 지난 후에 발생한 것이면 근보증인과 그 주채무에 대하여도 보증책임을 진다는 별도의 합의가 있지 않은 이상 근보증인이 보증책임을 부담하지 않는 것으로 보아야 한다. 그리고 이 경우의 근보증인과의 합의는 주채무를 발생시키는 계속적 거래기간의 연장에 대한 것이 아니라 근보증계약상의 근보증 거래기간의 연장에 관한 것이어야 한다.

(ㄴ) 은행이 채권자인 근보증의 경우

(a) 문제의 소재

은행의 경우는 담보약관 서식 중 근보증서를 특정근보증과 한정근보증 및 포괄근보증의 3가지 유형으로 구분하여 근보증계약을 체결하고 있고, 이 중 특정근보증의 유형에 있어서는 근보증서상에 「채무자가 은행(본 · 지점)에 대하여 다음 약정서에 의한 거래로 말미암아 현재 및 장래에 부담하는 모든 채무(아래 약정의 상환기일 또는 거래기간을 보증인의 동의를 받아 연장한 때에는 그 채무 포함)」라는 특약내용을 두고 있어 주채무를 발생시키는 계속적 거래기간의 거래기간을 연장하는데 있어서 근보증인의 동의가 있어야 하는지 여부에 관하여 일반의 근보증계약상의 근보증인과는 다르게 보아야 하는데, 이하에서 특정근보증의 경우와 한정 및 포괄근보증의 경우로 구분하여 설명하기로 한다.

(b) 특정근보증의 경우

특정근보증의 경우는 근보증서상에 근보증인이 보증책임을 부담하는 주채무를 발생시키는 채권자와 주채무자 사이의 거래계약이 구체적으로 특정되어 있으므로(예컨대 ○년 ○월 ○일 대출거래약정서), 그 대출거래약정서상의 계속적 거래기간에 해당하는 "대출기간 만료일"을 변경하는 경우에는 당연히 근보증인의 동의를 받아야 하고 만일 근보증인의 동의를 받지 않았으면 연장된 "거래기간"에 해당하는 연장된 "대출기간 만료일" 중에 발생한 주채무에 대해서는 보증책임을 부담하지 않는 것으로 보아야 한다. 이미 발생되어 있는 주채무의 상환기일을 연장하는 것과는 달리 계속적 거래기간을 연장하는 것은 그 연장기간 중에 발생한 새로운 주채무에 대하여도 보증채무를 부담하게 하는 것이어서 특정근보증의 근보증인을 당초 근보증계약체결시 약정한 내용과 다르게 불이익하게 하는 결과가 되기 때문이다. 따라서 은행의 담보약관 서식 중의 근보증서(특정근보증의 경우에 한함)상에 주채무를 발생시키는 계속적 거래의 "거래기간"을 변경하는 경우 보증인의 동의를 받아야만 근보증인이 계속 보증채무를 부담하는 것으로 정하고 있는 것은 당연한 사항을 주의적으로 정하고 있음에 지나지 않는 것으로 보아야 한다.

또한 특정근보증의 경우는 근보증인의 동의 없이 거래기간을 연장하면 그 연장전의 거래기간 중에 발생한 주채무에 대하여도 근보증인의 보증책임이 소멸하는 것으로 보아야 한다. 그 이유는 은행거래의 실무상 주채무를 발생시키는 계속적 거래계약의 거래기간(예컨대 대출거래계약의 대출기간 만료일)을 연장하지 아니하고 종료시키는 경우에는 바로 그 종료일이 대출금의 상환기일이 되는데, 그 거래기간(대출기간 만료일)을 연장함으로써 연장전에 이미 발생되어 있는 대출금의 상환기일이 연장되는 효과가 발생하게 되어 근보증서(특정근보증의 경우에 한함)상의 특별약정에 따라 그 상환기일의 연장에 근보증인의 동의가 필요한 것이 되기 때문이다.

한편 이상 설명한 바는 근보증서(특정근보증의 경우에 한함)상의 계속적 거래기간에 해당하는 결산기가 도래하지 않은 경우에 한하여 적용되고, 만일 결산기가 이미 도래해 있는 경우라면 주채무를 발생시키는 대출거래약정상의 거래기간에 해당하는 "대출기간 만료일"을 연장함에 있어서 근보증인의 동의를 받는 이외에 채권자와 근보증인이 근보증계약상의 결산기를 연장된 "대출기간 만료일"이후까지 연장하는 합의도 함께 하여 두어야 한다. 근보증계약상의 결산기를 연장하여 두지 않으면 근보증계약상의 결산기가 도래함으로써 그 근보증계약상의 피보증채무가 확정되어 그 이후 발생되는 주채무에 대하여 근보증인이 보증책임을 부담하지 않게 되기 때문이다.

(c) 한정 및 포괄근보증의 경우

은행의 담보약관 서식인 근보증서 중 한정근보증 및 포괄근보증의 2가지 유형에는 특정근보증의 경우와는 달리 "아래 약정의 상환기일 또는 거래기간을 보증인의 동의를 받아 연장한 때에는 그 채무 포함"이라는 특약내용을 정하고 있지 않다.

따라서 은행거래의 경우라도 한정근보증과 포괄근보증의 경우는 일반 근보증의 경우와 동일하다. 그 결과 한정근보증과 포괄근보증의 피보증채무의 범위에 속하는 주채무이면 그 상환기일을 근보증인의 동의 없이 연장하더라도 보증채무가 소멸하지 않는다. 또한 채권자와 주채무자 사이에 체결된 계속적 거래기간에 해당하는 "대출기간 만료일"을 근보증인의 동의 없이 연장하더라도 그 연장된 "대출기간 만료일"이 근보증계약상의 근보증 거래기간에 해당하는 결산기를 지난 경우가 아닌 이상 그 연장된 "대출기간 만료일"전에 발생한 주채무에 대하여 근보증인이 보증채무를 부담한다.

그러나 주채무를 발생시키는 "대출기간 만료일"을 근보증계약상의 결산기 후의 일자로 연장하는 경우에는 근보증 결산기의 도래로 피보증채무가 확정됨으로써 그 이후에 발생한 주채무에 대한 보증책임이 발생되지 않는 것을 방지하기 위하여 그에 앞서 채권자와 근보증인이 근보증계약상의 결산기를 "대출기간 만료일"이후로 연장하는 근보증변경계약을 체결하여야 한다. 그리고 이 근보증변경계약을 체결한 이상 채권자와 주채무자가 근보증인의 동의 없이 "대출기간 만료일"을 연장하는 계약을 체결하였다 하더라도 그 연장된 기간 중에 발생하는 주채무에 대하여 근보증인은 당연히 보증책임을 부담하게 된다.

다. 대환

(가) 대환의 의의

대환이라 신규대출을 하여 기존대출을 상환하는 것을 말한다. 대환의 법률적 성질에 관하여는 대환이 내규상의 제한 등으로 대출채무의 변제기한을 연장할 수 없는 경우에 있어 현실적인 자금의 수수 없이 형식적으로는 신규대출의 형식을 취하나 실질적으로는 기존 채무의 변제기를 연장하기 위한 것이면 신구대출 사이에 동일성이 유지되는 준소비대차로 보아야 하고, 신규대출을 하여 기존대출을 상환하기는 하지만 신구 대출 사이에 대출과목, 대출원금, 이율 및 지연손해금율 등이 서로 달라 동일성이 유지되지 않는 경우는 경개(민 500)로 보는 것이 타당하다.

판례도 「현실적인 자금의 수수 없이 형식적으로만 신규 대출을 하여 기존 채무를 변제하는 이른바 대환은 특별한 사정이 없는 한 형식적으로는 별도의 대출에 해당하나 실질적으로는 기존 채무의 변제기 연장에 불과하므로, 그 법률적 성질은 기존 채무가 여전히 동일성을 유지한 채 존속하는 준소비대차로 보아야 한다」[64]고 하는 한편, 「기존 대출과 신규 대출은 그 대출과목, 대출원금, 이율 및 지연손해금율 등이 서로 다르고, 기존 대출의 이자채무 일부가 신규 대출의 원금으로 변경되기도 하였으며, 그와 같이 대출과목을 변경하게 된 것이 기존 대출금의 대출기한을 연장하기 위하여서는 기존 대출 중의 어음거래약정 또한 연장하여야 하는데 어음거래약정의 경우 1개월 이상을 연장할 수 없었기 때문이라면, 비록 기존 대출금채무의 변제기한을 연장할 목적으로 신규 대출을 하였을 지라도 이러한 경우의 대환은 기존채무를 확정적으로 소멸케 하고 신채무를 성립시키는 계약으로서 양 채무 사이에 동일성이 없는 경개에 해당한다」[65]고 한다.

(나) 연대보증인에 미치는 영향

(ㄱ) 특정채무보증과 특정근보증의 경우

채권자와 연대보증인 사이의 보증계약이 특정채무보증이거나 특정근보증인 때에는 대환의 법률적 성질이 준소비대차인지 경개인지에 따라 준소비대차인 경우는 신구 대출채무 사이에 동일성이 인정되므로 구 대출채무상의 연대보증인이 신 대출채무에 대하여도 보증채무를 지게 되는 반면 경개인 경우는 신구 대출채무 사이에 동일성이 인정되지 않으므로 구 대출채무상의 연대보증인이 신 대출채무에 대하여 보증채무를 부담하지 않는다.

그러나 은행의 경우와 같이 보증서(특정채무보증용)상에 「특정채무보증은 채무자가 은행에 대하여 부담하는 특정된 채무만을 보증하는 것으로 그 채무가 연기 · 재취급 또는 다른 여신으로 대환된 때에는 보증책임을 지지 않습니다」[66]라고 설명되어 있거나, 근보증서 중 특정근보증상에 「채무자가 은행(본 · 지점)에

64) 대판 1991.12.10. 91다24281, 대법원 1998.2.27. 97다16077 참조.

65) 대판 2002.10.11. 2001다7445 참조.

66) 은행의 여신거래약관 중 보증서(특정채무보증용) 연대보증인이 꼭 알아두어야 할 사항 참조.

대하여 다음 약정서에 의한 거래로 말미암아 현재 및 장래에 부담하는 모든 채무(아래 약정의 상환기일 또는 거래기간을 보증인의 동의를 받아 연장한 때에는 그 채무 포함)」[67]이라는 특약을 두고 있는 때에는 신구 대출채무 사이에 동일성이 인정된다 하더라도 동 설명내용에 따라 구 대출채무에 대한 연대보증인이 대환으로 이루어진 신 대출채무에 대하여 보증채무를 부담하지 않는다.

판례도 「현실적인 자금의 수수 없이 형식적으로만 신규 대출을 하여 기존 채무를 변제하는 이른바 대환은 특별한 사정이 없는 한 형식적으로는 별도의 대출에 해당하나 실질적으로는 기존 채무의 변제기 연장에 불과하므로, 그 법률적 성질은 기존 채무가 여전히 동일성을 유지한 채 존속하는 준소비대차로 보아야 하고, 이러한 경우 채권자와 보증인 사이에 사전에 신규 대출 형식에 의한 대환을 하는 경우 보증책임을 면하기로 약정하는 등의 특별한 사정이 없는 한 기존 채무에 대한 보증책임이 존속된다」[68]고 한다.

따라서 은행의 경우와 같이 보증서나 근보증서(특정근보증의 경우에 한함)상에 상환기일의 연장시 보증채무가 소멸하는 내용의 특약이 있는 경우에 상환기일의 연장에 해당하는 대환을 하려면, 반드시 구 대출채무에 대한 연대보증인을 신 대출채무에 대하여 연대보증인으로 입보시키는 절차를 새로이 취하여야 하고, 만일 구 대출채무에 대한 연대보증인의 입보절차 없이 대환을 하게 되면 구 대출채무에 대한 연대보증인은 신 대출채무에 대하여 보증채무를 부담하지 않는다.

또한 은행의 경우와 같이 보증서나 근보증서(특정근보증의 경우에 한함)상에 상환기일의 연장시 보증채무가 소멸하는 내용의 특약을 두고 있지 않은 경우라도 신구 대출 사이에 동일성이 있는 것인지 여부를 구별하기가 쉬운 것이 아니므로 실무상으로는 신구 대출 사이의 동일성을 명확하게 증명할 수 있는 경우가 아니면 대환시 구 대출채무에 대한 연대보증인을 신 대출채무에 대하여 연대보증인으로 입보시키는 절차를 새로이 취해두는 것이 안전하다고 할 수 있다.

(ㄴ) 한정근보증과 포괄근보증의 경우

채권자와 연대보증인 사이의 보증계약이 한정근보증과 포괄근보증인 때에는

---

67) 은행의 여신거래약관 중 근보증서 제1조 제1항 2. 참조.

68) 대판 2012.2.23. 2011다76426 참조.

대환의 법률적 성질이 준소비대차인지 경개인지에 관계없이 대환에 따른 신규대출이 근보증계약에서 정하고 있는 피보증채무의 범위에 속하는 것으로 근보증거래기간 중에 이루어진 것이면 연대보증인은 신규대출채무에 대하여도 보증채무를 부담한다. 한정근보증이나 포괄근보증의 경우는 연대보증인이 보증채무를 부담하는 주채무가 유동·교체될 수 있으며 그 유동·교체가 근보증거래기간 중에 발생한 때에는 근보증한도액의 범위에서 당연히 보증채무를 부담하는 것이기 때문이다.

그러나 채권자와 연대보증인 사이의 보증계약이 한정근보증이나 포괄근보증인 경우라 하더라도 채권자와 채무자 사이의 대환이 근보증계약에서 정하고 있는 피보증채무의 범위에 속하지 아니하거나 근보증거래기간이 종료된 이후에 이루어진 것이면 연대보증인은 대환으로 인한 신규대출채무에 대하여 보증채무를 부담하지 않는다. 따라서 이 경우 채권자로서는 대환에 대하여 연대보증인의 동의를 받을 것이 아니라, 당초 근보증계약에서 정하고 있는 피보증채무의 범위를 변경하거나 근보증거래기간을 연장하는 근보증계약 변경계약을 체결하여야 한다.

라. 주채무의 내용 변경

채권자와 주채무자 사이에 이루어진 주채무의 변경내용 중 보증인에게 유리한 것은 보증채무의 부종성에 따라 보증인에게도 효력이 있다. 예컨대 이자율의 하향조정이나 담보의 추가 또는 주채무의 일부면제 등의 변경은, 보증인에게 유리한 것이므로 보증인에게도 그 효력이 생긴다.

이에 대하여 주채무의 변경내용 중 보증인에게 불리한 것은, 그 변경에 관하여 보증인이 동의하지 않는 한, 보증인에 대하여는 그 효력이 미치지 않는 것이 원칙이다. 특히 채권자가 보증인의 동의 없이 주채무에 붙어 있는 다른 담보나 보증을 해지하는 때에는, 보증인은 보증채무이행 후 그 담보나 보증에 의하여 상환받을 수 있는 범위에서 보증책임을 면하게 된다(민 485).

다만, 보증인에게 불리한 주채무의 변경이라고 하여, 모두 보증인에게 효력이 없는 것으로 하면 거래에 대단히 불편하다. 이에 은행거래에 있어서는 이자 또는 지연배상금의 율·계산방법·지급의 시기 및 방법의 변경에 관한 합리적인 기준을 정하고 그 범위에서 변경된 것이면 그 변경된 바에 따르도록 하되, 만일 변경된 내용에 따르기를 거절하고자 하는 경우에는, 변경 후 최초로 이자를 납입하여야 할 날로부터 1개월 이내에 계약을 해지하고, 변경전의 이자율 등에 따라 바로 상환해야 하는 것으로 하고 있다.[69]

(2) 주채무자의 변동

가. 자연인의 변동

㈎ 사망

㈀ 피보증채무의 확정 여부

특정채무보증의 경우에는 주채무자의 사망에 불구하고 사망 당시 이미 발생되어 있는 보증책임에는 아무런 영향이 없다. 즉 보증인은 주채무자의 상속인이 상속하는 각자의 상속분에 해당하는 주채무에 대하여 여전히 보증책임을 지게 된다.

문제는 주채무자가 사망한 경우에, 근보증에 있어서의 피보증채무가 확정되어 보증인이 확정전에 발생한 주채무에 대하여만 책임을 지는 것인지, 아니면 확정되지 않고 상속인과의 거래관계로부터 발생하는 주채무에 대하여도 책임을 지는 것 인지이다. 이에 관하여는 ①확정된다는 설[70] ②확정되지 않고 보증인에게 해지권이 발생할 뿐이라는 설[71] ③보증의 한도액과 보증기간의 약정이 없는 때에는 확정되고, 있는 때에는 확정되지 않고 보증인에게 해지권이 생긴다는 설[72] ④피보증채무의 성질에 따라, 채권자가 채무자와의 계속적 거래관계를 상속인과의 사이에서도 계속할 의무를 부담하는 등, 주채무자의 사망 이후 상속인에 대

69) 은행여신거래기본약관(기업용) 및 (가계용) 제3조, 부록 은행의 담보약관 서식 중 1. 보증서, 2. 근보증서 참조.
70) 이은영 채권총론 545.
71) 민법주해[X] 176(박병대).
72) 김형배 채권총론 539.

한 피보증채권의 취득을 피할 수 없는 때에는, 근보증관계의 존속을 인정할 것이라는 설[73] 등이 있다.

이론상으로는 ④설이 타당하다고 생각되나, 실무상은 ①설에 따라 확정되는 것으로 보는 것이 안전하다. 따라서 주채무자의 사망 후 그 상속인과 새로운 거래를 함에 있어서는, 근보증인으로부터 상속인과의 거래관계로부터 발생하는 주채무에 대하여도, 계속해서 보증책임을 지겠다는 확약서를 받거나 또는 근보증인과 새로운 보증계약을 체결하여야 할 것이다.

(ㄴ) 상속관계와 보증채무

상속인이 주채무에 관하여 한정승인(민 1028)을 하거나 상속을 포기(민 1041)함으로써, 상속인의 상속채무가 한정되거나 또는 상속채무 자체를 부담하지 않게 되더라도 보증인의 보증책임에는 아무런 영향이 없다. 상속인이 존재하지 않은 경우도 마찬가지이다.

(나) 행위능력의 제한 기타

주채무자에 대하여 성년후견개시 또는 한정후견개시의 심판이 있거나 주채무자가 실종되어 행방불명이라 하더라도 이미 발생되어 있는 보증인의 보증책임에는 영향을 미치지 않는다. 보증이 특정채무보증이건 근보증이건 마찬가지이다. 다만 근보증의 경우는 채권자가 주채무자에 대하여 성년후견개시 또는 한정후견개시의 심판이 있은 사실 또는 주채무자가 실종된 사실을 알게 되면 피보증채무가 확정되어 그 때까지 발생한 주채무에 대해서만 보증책임이 있는 것으로 보아야 한다.

나. 법인의 변동

(가) 법인의 해산

법인이 그 본래의 목적수행을 위한 적극적 활동을 정지하고 청산절차에 들어가는 것을 해산이라고 한다. 법인의 경우는 자연인의 경우와 같이 피상속인의 권리의무를 포괄적으로 승계하는 상속인이 없기 때문에 법인을 계속 존립시킬

73) 秦光昭 "債務者·保證人の 死亡" 手形研究 334. 86. (민법주해[X] 381(박병대)).

필요가 없어 해산하는 때에는 그 법인이 가지고 있는 권리의무를 청산하기 위한 절차가 필요하다.

위와 같은 결과 법인은 해산하더라도 바로 그 인격이 소멸하는 것이 아니라 청산절차를 마칠 때까지 청산에 필요한 범위에서 권리능력을 가진다(민 81, 상 245, 269, 287의45, 542①, 613①). 따라서 주채무자인 법인이 해산하여 청산절차에 들어가더라도 이미 발생되어 있는 보증인의 보증책임에는 영향을 미치지 않는다. 보증이 특정채무보증이건 근보증이건 마찬가지이다. 다만 근보증의 경우는 피보증채무의 확정을 가져와 주채무자인 법인의 해산 전에 발생한 주채무에 대하여서만 보증책임이 있는 것으로 보아야 한다.

(나) 회사의 합병

회사의 합병이란 둘 이상의 회사가 법정절차에 따라서 하나의 회사로 결합하는 행위 즉 합병 당사자인 회사의 일부 또는 전부가 해산하고 그 권리의무가 포괄적으로 존속회사 또는 신설회사에 이전함과 동시에 그 사원이 존속회사 또는 신설회사의 사원이 되는 효과를 가져오는 것을 말한다(상 235, 269, 287의41, 530②, 603). 합병에는 한 회사가 존속하고 다른 회사가 소멸하는 흡수합병과 합병 당사자인 회사가 모두 소멸하고 새로운 회사를 설립하는 신설합병이 있다. 흡수합병에서 존속하는 회사를 존속회사라고 하고, 신설합병에서 설립되는 회사를 신설회사라고 한다. 그리고 신설합병이건 흡수합병이건 합병으로 인하여 법인격이 소멸하는 회사를 소멸회사라고 한다.

채무자인 회사의 합병은 채무자의 책임재산에 변동을 초래하여 채권자의 채권보전에 지장을 초래할 수 있는 것이므로 채권자는 합병에 이의를 제기할 수 있고, 이 이의가 있으면 채무자는 이의 있는 채권자에 대하여 변제 또는 상당한 담보를 제공하거나 이를 목적으로 하여 상당한 재산을 신탁회사에 신탁하여야 한다(상 232, 269, 287의41, 527의5, 603). 그리고 만일 채무자가 이와 같은 채권자보호절차에 위반하여 합병을 한 때에는 채권자는 합병무효의 소를 제기하여 다툴 수 있으므로(상 236, 269, 287의41, 529, 603) 채무자는 합병에 앞서 채권자에게 합병에 대한 동의를 구하는 것이 보통이다. 따라서 이 경우 채권자로서는 합병이 채권보전에 나쁜 영향을 미칠 것으로 판단되면 합병 자체에 반대함으로써 채무자로 하여금 별도의 채권보전대책을 세우거나 합병을 포기하는 것 중 선택하게 할 수 있다.

흡수합병에 있어서의 존속회사 또는 신설합병에 있어서의 신설회사는, 합병으로 인하여 소멸되는 소멸회사의 권리의무를 포괄적으로 승계하므로, 주채무자인 회사가 합병을 하더라도 보증인이 합병 당시까지 발생한 주채무에 대하여 보증책임을 부담한다는 점에 대하여는 이론이 있을 수 없다. 문제는 채권자가 주채무자의 합병에 동의를 하고자 하는 경우에 미리 보증인의 동의를 받아야 하는가 하는 점이다. 즉 주채무자의 합병이 주채무자의 변제자력을 약화시켜 주채무자로부터의 채권변제를 기대하기 어려운 결과를 가져오는 경우에, 채권자가 보증인의 동의 없이 합병에 동의하면 그로 인하여 구상권행사에 지장이 초래되는 범위에서 보증인이 보증채무를 면하게 되는가 하는 점이다. 그러나 이에 관하여는 보증인 또한 합병의 이해당사자로서 채권자와는 별개로 독자적으로 합병에 대하여 반대함으로써 주채무자로 하여금 자신에 대한 별도의 채권보전대책을 세우거나 합병을 포기하는 것 중 선택하게 할 수 있으므로 부정하여야 할 것으로 본다. 다만 실무상으로는 보증인에 대한 피해를 최소화하는 등 건전한 여신채권관리를 위하여 미리 보증인과 상의하여 그 동의를 받아 합병에 대한 동의를 하는 것이 타당하다고 생각한다.

한편 근보증에 있어서는 회사의 합병이 피보증채무의 확정을 가져와 보증인이 합병 전에 발생한 주채무에 대하여서만 책임지는 것인지 아니면, 확정을 가져오지 않고 합병 후 존속회사 또는 신설회사와의 거래관계로부터 발생하는 주채무에 대하여도 책임을 지는 것인지이다. 이에 관하여도 주채무자가 사망한 경우에 있어서와 같이 견해가 갈릴 수 있다. 그러나 영리를 목적으로 하는 회사의 경우는, 자연인의 경우보다 더욱 근보증거래의 계속성이 요구된다 할 것이므로, 합병으로 인하여 피보증채무가 확정되지 않고, 단지 보증인에게 근보증의 해지권이 생기게 될 뿐이라고, 해석하는 것이 타당하다고 생각한다. 다만 실무상으로는 반대의견이 있는 점을 감안하여, 근보증인으로부터 존속회사 또는 신설회사와의 거래관계로부터 발생하는 주채무에 대하여도, 계속해서 보증책임을 지겠다는 확약서를 받아두거나 또는, 근보증인과 새로운 보증계약을 체결한 후 존속회사 또는 신설회사와 거래하는 것이 안전하다고 할 것이다.

(다) 회사의 분할

회사의 분할이란 1개의 회사가 법정절차에 따라 2개 이상의 회사로 나뉘어 분할전 회사의 권리의무가 분할후 회사에 포괄적으로 승계됨과 동시에 분할전 회사의 사원이 분할후 회사의 사원이 되는 효과를 가져오는 것을 말한다(상 530의2, 530의10). 회사의 분할은 주식회사에 한하여 인정되는 것으로 복합적인 사업을 경영하는 대기업에 있어서 특정사업부문의 기능별 전문화, 부진사업이나 적자사업의 분리에 의한 경영의 효율화, 이익분산에 의한 절세, 주주들간의 이해조정 등 다양한 목적을 위하여 활용되고 있다.

회사의 분할은 회사의 합병이 수반되는지의 여부에 따라 합병을 수반하지 않는 단순분할과 합병을 수반하는 분할합병이 있다. 단순분할은 다시 완전분할과 불완전분할로 구분하여 볼 수 있다. 완전분할이란 한 회사가 분할하여 전재산이 2개 이상의 분할후 회사인 신설회사에 현물출자되어 포괄승계되고 분할전 회사는 청산절차 없이 소멸되는 경우로서, 소멸분할 또는 전부분할이라고도 부른다. 이에 대하여 불완전분할은 한 개의 회사를 2개 이상의 회사로 분할하되, 분할전 회사의 일부 재산을 현물출자하여 새로운 회사를 설립하는 한편 분할전 회사가 잔여 재산을 보유한 채 존속함으로써 신설회사와 존속회사가 함께 병존하는 경우로써, 존속분할 또는 일부분할이라고도 부른다. 그리고 분할합병은 다시 분할된 부분이 다른 회사에 흡수되는 흡수분할합병과 분할된 부분이 다른 기존회사 또는 다른 회사의 분할된 부분과 합쳐져 새로운 회사를 설립하는 신설분할합병으로 구분하여 볼 수 있다.

분할로 인하여 설립되는 회사 또는 존속하는 회사는 분할전 회사의 권리와 의무를 분할계획서 또는 분할합병계약서가 정하는 바에 따라 포괄적으로 승계한다(상 530의10). 또한 분할로 인하여 설립되는 회사 또는 존속하는 회사는 분할전 회사의 모든 채무를 원칙적으로 연대하여 변제할 책임이 있다(상 530의9①). 그러나 예외적으로 분할승인에 관한 주주총회의 결의로 분할후 회사가 분할전 회사의 채무 중에서 분할계획서 또는 분할합병계약서에 승계하기로 정한 채무에 대한 책임만을 부담할 것을 정할 수 있는데, 이 경우 분할후 회사는 분할로 인하여 출자받은 재산에 관한 채무만을 부담하고, 분할전 회사는 분할후 회사가 부담하지 아니하는 채무만을 부담한다(상 530의9②③).

단순분할의 경우 신설회사가 분할전의 회사채무에 대하여 연대하여 변제할 책임을 지는 경우에는 채무자의 책임재산에 변동이 없으므로 합병에 있어서와 같은 채권자보호절차를 요하지 않는다. 그러나 단순분할의 경우라도 신설회사가 분할전의 회사채무에 대하여 연대하여 변제할 책임을 지지 않는 경우와 분할합병의 경우는 채무자의 책임재산에 변동을 초래하여 채권자의 채권보전에 지장을 초래할 수 있는 것이므로 채권자는 분할에 이의를 제기할 수 있고, 이 이의가 있으면 채무자는 이의 있는 채권자에 대하여 변제 또는 상당한 담보를 제공하거나 이를 목적으로 하여 상당한 재산을 신탁회사에 신탁하여야 한다(상 530의9④, 530의11②, 527의5). 그리고 만일 채무자가 이와 같은 채권자보호절차에 위반하여 회사의 분할을 한 때에는 채권자는 분할 또는 분할합병 무효의 소를 제기하여 다툴 수 있으므로(상 530의11①, 529) 채무자는 분할에 앞서 채권자에게 분할에 대한 동의를 구하는 것이 보통이다. 따라서 이 경우 채권자로서는 분할이 채권보전에 나쁜 영향을 미칠 것으로 판단되면 분할 자체에 반대함으로써 채무자로 하여금 별도의 채권보전대책을 세우거나 분할을 포기하는 것 중 선택하게 할 수 있다.

회사의 분할이 있다고 해서 주채무의 감축이나 소멸이 초래되는 것은 아니므로 회사의 분할이 있더라도 보증인이 분할 당시까지 발생한 주채무에 대하여 보증책임을 부담한다는 점에 대하여는 이론이 있을 수 없다. 문제는 채권자보호절차를 필요로 하는 회사의 분할에 있어서 채권자가 주채무자인 회사의 분할에 동의를 하고자 하는 경우에 미리 보증인의 동의를 받아야 하는가 하는 점이나, 이에 관하여는 회사합병의 경우에 준하는 것으로 보면 된다.

한편 근보증에 있어서는 회사의 분할이 피보증채무의 확정을 가져와 보증인이 분할 전에 발생한 주채무에 대하여서만 책임지는 것인지 아니면, 확정을 가져오지 않고 분할 후 존속회사 또는 신설회사와의 거래관계로부터 발생하는 주채무에 대하여도 책임을 지는 것인지의 문제가 있으나, 이에 관하여도 회사합병의 경우에 준하는 것으로 보면 된다.

(라) 회사의 조직변경

회사의 조직변경이란 회사가 그 법인격의 동일성을 유지하면서 그 성질이 비슷한 다른 종류의 회사로 그 법률상의 조직을 변경하는 것을 말한다. 조직변경은 변경전의 회사가 소멸하고 변경후 새로운 별개의 회사가 생기는 것이 아니라 법인격이 그대로 유지되는 점에서 합병과 구분된다.

조직변경에는 합명회사를 합자회사로 변경하는 경우(상 242), 합자회사를 합명회사로 변경하는 경우(상 286), 주식회사를 유한책임회사로 변경하는 경우(상 287의43①), 유한책임회사를 주식회사로 변경하는 경우(상 287의43②), 주식회사를 유한회사로 변경하는 경우(상 604) 및 유한회사를 주식회사로 변경하는 경우(상 607)의 6가지가 있다.

합명회사를 합자회사로 변경하는 경우(상 242), 합자회사를 합명회사로 변경하는 경우(상 286) 및 주식회사를 유한책임회사로 변경하는 경우(상 287의43①)에 관하여는 회사의 합병에 있어서와 같은 채권자보호절차를 필요로 하지 않는다. 그러나 유한책임회사를 주식회사로 변경하는 경우(상 287의43②), 주식회사를 유한회사로 변경하는 경우(상 604) 및 유한회사를 주식회사로 변경하는 경우(상 607)에 관하여는 회사의 합병에 있어서와 같은 채권자보호절차를 필요로 한다(상 287의44. 608, 232). 따라서 채권자보호절차를 필요로 하는 조직변경의 경우 채권자의 이의절차와 이의가 있는 경우 주채무자가 취해야 하는 조치 등은 합병의 경우에 준하는 것으로 보면 된다.

회사의 조직변경이 있다고 하여 회사의 법인격이 소멸하는 것이 아니다. 따라서 주채무자인 회사에 조직변경이 있다 하더라도, 보증인이 조직변경 당시까지 발생한 주채무에 대하여, 보증책임을 부담한다는 점에 대하여는 이론이 있을 수 없다. 문제는 채권자보호절차를 필요로 하는 회사의 조직변경에 있어서 채권자가 주채무자인 회사의 조직변경에 동의를 하고자 하는 경우에 미리 보증인의 동의를 받아야 하는가 하는 점이나, 이에 관하여는 회사합병의 경우에 준하는 것으로 보면 된다.

한편 주채무자인 회사의 조직변경이, 근보증에 있어서의 피보증채무의 확정을 가져와, 보증인이 조직변경 전에 발생한 주채무에 대하여서만 책임지는 것인지 아니면, 확정을 가져오지 않고, 조직변경 후 조직변경된 회사와의 거래관계로부터 발생하는 주채무에 대하여도 책임을 지는 것인지이나, 이에 관하여도 회사합병의 경우에 준하는 것으로 보면 된다.

(마) 회사의 자본감소

자본감소라 함은 회사가 보유할 재산액의 기준이 되는 자본을 감소하는 행위 또는 그 행위의 법률효과를 말한다. 합명회사나 합자회사의 경우는 그 사원의 전부 또는 일부가 회사채무에 대하여 무제한의 직접책임을 지므로 자본감소에 관하여 특별한 규제를 하지 않고 있다. 반면에 유한책임회사와 주식회사 및 유한회사의 경우는 그 사원이 회사채무에 대하여 출자금액을 한도로 하는 유한책임을 지므로 자본감소에 관하여 회사의 합병에 준하는 엄격한 채권자보호절차를 밟도록 하는 특별한 규제를 하고 있다(상 287의36②, 439②, 597).

회사의 자본감소가 있다고 하여 회사의 동일성에 변동이 생기는 것이 아니다. 따라서 주채무자인 회사에 자본감소가 있다 하더라도, 보증인이 자본감소 당시까지 발생한 주채무에 대하여, 보증책임을 부담한다는 점에 대하여는 이론이 있을 수 없다. 문제는 채권자보호절차를 필요로 하는 회사의 자본감소에 있어서 채권자가 주채무자인 회사의 자본감소에 동의를 하고자 하는 경우에 미리 보증인의 동의를 받아야 하는가 하는 점이나, 이에 관하여는 회사합병의 경우에 준하는 것으로 보면 된다.

한편 주채무자인 회사의 자본감소가, 근보증에 있어서의 피보증채무의 확정을 가져와, 보증인이 자본감소 전에 발생한 주채무에 대하여서만 책임지는 것인지 아니면, 확정을 가져오지 않고, 자본감소 후 자본감소된 회사와의 거래관계로부터 발생하는 주채무에 대하여도 책임을 지는 것인지이나, 이에 관하여도 회사합병의 경우에 준하는 것으로 보면 된다.

다. 개인기업의 법인전환

개인기업을 법인기업으로 전환시킨다고 해서, 개인기업의 채무가 당연히 법인기업으로 이전되는 것이 아니다. 따라서 개인기업을 법인기업으로 전환시키는 때에는, 개인기업의 채무를 법인기업으로 이전시키는 채무인수가 수반되는 것이 보통이다.

주채무자인 개인기업이 법인기업으로 전환되어, 개인기업의 채무를 법인기업으로 이전시키는 채무인수절차를 취할 때에, 보증인의 보증채무가 어떻게 되는지의 문제가 있다. 우선 종래의 채무자가 채무자의 지위에서 벗어나지 않고, 인수인과 함께 채무자가 되는 중첩적(또는 병존적) 채무인수의 경우에는, 보증채무가 소멸하지 않는다는 점은 당연하다. 그러나 종래의 채무자가 채무자의 지위에서 벗어나고, 인수인인 법인기업만이 채무자가 되는 면책적 채무인수의 경우는, 그 채무인수에 관하여 보증인이 동의하지 않는 한, 보증채무가 소멸하는 것으로 보아야 한다. 주채무자가 누구인가는 보증인에게 대단히 중요한 사항이기 때문이다.

따라서 개인기업인 채무자가 법인기업으로 전환한 후, 개인기업의 채무를 법인기업으로 이전시키는 채무인수 신청을 해온 경우에, 채권자로서는 그 개인과 법인을 공동채무자로 하는 중첩적 채무인수를 하도록 하는 것이 보다 바람직하다 할 것이나, 만일 개인을 채무자에서 벗어나게 해달라고 할 때에는, 법인의 채무변제능력을 검토한 후 채무를 이행받는 데 지장이 없는 것으로 판단되는 경우에 한하여, 보증인의 동의를 받아 그 인수절차를 취하도록 하여야 한다.

라. 자연인 · 법인 공통

(가) 채무인수

채무인수란 특정의 채무를 그 동일성을 유지한 채로 구채무자로부터 인수인인 신채무자에게로 이전하는 것을 목적으로 하는 계약을 말한다. 채무인수에는 구채무자가 채무자의 지위에서 벗어나지 않고 인수인과 함께 채무자가 되는 중첩적(또는 병존적) 채무인수와, 구채무자가 채무자의 지위에서 벗어나고 인수인만이 새로이 채무자가 되는 면책적 채무인수의 두 가지가 있다.

중첩적 채무인수가 있는 경우에는, 구채무자가 채무자의 지위에서 벗어나는 것이 아니므로, 구채무자의 채무를 주채무로 하는 보증인의 채권자에 대한 보증채무에 아무런 영향을 미치지 않는다. 이에 대하여 구채무자가 채무자의 지위에서 벗어나게 되는 면책적 채무인수가 있는 경우에는 그 채무인수에 보증인이 동의하지 않은 한 구채무자의 채무를 주채무로 하는 보증채무는 소멸하며, 인수인의 채무를 주채무로 하여 존속하지 않는다(민 459). 보증채무의 이행 후 구상권을 행사함에 있어서, 주채무자의 변제자력은 보증인에게 매우 중요한 사항이어서, 보증인의 의사에 관계없이 주채무자의 변경을 허용하는 것은 보증인의 권리를 침해하는 것이 되기 때문이다.

따라서 채무자와 인수인 및 채권자의 3면계약으로 면책적 채무인수계약을 체결하거나, 또는 채무자와 인수인의 면책적 채무인수계약에 채권자가 승낙을 함에 있어서는, 그에 앞서 면책적 채무인수에 불구하고 그 인수채무에 대하여, 보증인의 보증책임이 계속 유지된다는 데 대한 보증인의 동의를 받아 두어야 한다. 그리고 만일 보증인의 동의를 받을 수 없는 때에는 보증책임이 소멸하는 것으로 보고, 다른 담보대책을 세운 후에 그 승낙 여부를 결정하여야 한다.

(나) 법정정리절차개시

주채무자에 대한 법원의 개인회생절차개시결정이 있어, 채권자가 채권을 변제받거나 변제를 요구하는 일체의 행위를 할 수 없게 되더라도(개회 60①iii), 보증인에 대하여 보증채권을 변제 받거나 변제를 요구하는 데에 영향을 미치지 않는다. 또한 개인회생절차개시결정 전에 주채무자의 재산에 대하여 한 법원의 강제집행 · 가압류 중지 또는 금지명령(개회 53①ii)이 있었다 하더라도 그 명령은 보증인에 대한 권리행사에 영향을 미치지 않는다. 그리고 개인회생절차에서 주채무자의 채무에 대하여 법원의 면책결정이 있더라도 그 면책은 보증인에 대하여 영향을 미치지 않는다(개회 84③).

주채무자에 대한 법원의 파산선고가 있어, 채권자가 주채무자에 대하여 파산절차에 의하지 않고서는 권리행사를 할 수 없게 되더라도(채회파 424), 보증인에 대하여는 파산절차에 의하지 아니하고 권리행사를 할 수 있다. 또한 파산선고 전에, 법원으로부터 채권자에 대하여 강제집행의 금지나 중지를 명하는 보전처분(채회파 323)이 있더라도, 그 보전처분은 보증인에 대한 권리행사에 영향을 미치지 않는다. 그리고 주채무자에 대한 파산절차에서 채권자가 주채무의 일부나 전부를 면제하더라도, 그 면제는 보증인에 대하여 영향을 미치지 않는다(채회파 567). 따라서 채권자는 파산절차에 의하여 주채무자에 대한 권리행사에 제한을 받게 되더라도, 그에 관계없이 보증인에 대하여는 원래의 내용에 따른 보증채무의 이행을 요구할 수 있다.

주채무자에 대하여 회생절차개시결정이 있어, 채권자가 주채무자에 대하여 회생절차에 의하지 않고서는 권리행사를 할 수 없게 되더라도(채회파 58, 131), 보증인에 대하여는 회생절차에 의하지 아니하고 권리행사를 할 수 있다. 또한 회생절차개시결정전에, 법원으로부터 채권자에 대하여 강제집행의 금지나 중지를 명하는 보전처분(채회파 44)이 있더라도, 그 보전처분은 보증인에 대한 권리행사에 영향을 미치지 않는다. 그리고 주채무자에 대한 회생절차에서 채권자가 주채무의 일부면제를 하거나 기한유예를 하더라도, 그 면제나 기한유예가 보증인에 대하여는 영향을 미치지 않는다(챔회파 250②). 따라서 채권자는 회생절차로 인하여 주채무자에 대한 권리행사에 제한을 받게 되더라도, 그에 관계없이 보증인에 대하여는 원래의 내용에 따른 보증채무의 이행을 요구할 수 있다.

판례2-11

기업개선작업에 따른 주채무의 축소 · 감경이 보증채무에 미치는 영향

채권금융기관들과 재무적 곤경에 처한 주채무자인 기업 사이에 기업의 경영정상화를 도모하고 채권금융기관들의 자산 건전성을 제고하기 위하여 일부 채권을 포기하거나 채무를 면제하는 등

채무조건을 완화하여 주채무를 축소 · 감경하는 내용의 기업개선작업약정을 체결한 경우, 이를 규율하는 기업구조조정촉진법에서 보증채무의 부종성에 관한 예외규정을 두고 있지 아니할 뿐만 아니라, 기업개선작업약정은 법원의 관여 없이 일부 채권자들인 채권금융기관들과 기업 사이의 사적 합의에 의하여 이루어지고 그러한 합의의 내용에 따른 효력을 갖는 것으로서, 법원의 관여하에 전체 채권자들을 대상으로 하여 진행되고 법에서 정해진 바에 따른 효력을 갖는 화의법상의 화의와 동일시할 수 없어 여기에 보증채무의 부종성에 대한 예외를 정한 화의법 제61조, 파산법 제298조 제2항의 규정이 유추적용된다고 할 수도 없으므로, 보증인으로서는 원래의 채무 전액에 대하여 보증채무를 부담한다는 의사표시를 하거나 채권금융기관들과의 사이에 그러한 내용의 약정을 하는 등의 특별한 사정이 없는 한, 보증채무의 부종성에 의하여 기업개선작업약정에 의하여 축소 · 감경된 주채무의 내용에 따라 보증채무를 부담한다(대판 2004.12.23. 2004다46601).

㈐ 기타 주채무자에 관하여 생긴 사유가 보증인에 대하여 미치는 영향

채권자와 주채무자의 사이에서, 주채무자에 관하여 생긴 사유는 모두 보증인에 대하여도 그 효력이 있다.

첫째, 주채무자에 대한 이행의 청구, 기타에 의한 소멸시효의 중단은 보증인에 대하여도 그 효력이 있다(민 440).

둘째, 주채무의 소멸은 그 원인이 무엇이든 이를 묻지 않고 언제나 보증인에 대하여 그 효력이 있다. 그러나 채무가 소멸하는 것이 아니라 책임이 한정되었을 뿐인 때에는, 보증채무의 효력에는 영향을 미치지 않는다.

셋째, 주채무자에 대한 채권이 양도되어서 그 대항요건을 갖춘 때에는, 보증인에 대한 채권도 그에 수반하고 보증인에 대하여도 대항력이 생긴다.

그러나 채권자와 보증인 사이에서 보증인에 관하여 생긴 사유는 원칙적으로 주채무자에 대하여는 영향을 미치지 않는다. 다만 변제 · 대물변제 · 공탁 · 상계와 같이 채권을 만족하게 하는 사유만은 주채무자에 대하여도 생긴다.

(3) 보증채무의 변동

채권자와 보증인 사이의 계약으로 이미 체결한 보증계약의 내용을 변경할 수 있음은 계약자유의 원칙상 당연하다. 그리고 그 변경대상은 특정채무보증에 있어서는 보증채무의 범위(예컨대 원금만으로 하였다가 이자, 지연배상금까지 확대하거나 또는 원금 일부로 축소하는 것)와 보증채무의 이행시기 및 이행방법 등을 들 수 있고, 근보증에 있어서는 근보증거래기간, 근보증한도액, 피보증채무의 범위 및 보증채무의 이행시기 및 이행방법 등을 들 수 있다.

보증계약의 내용을 변경하는 경우, 그 변경내용이 보증인이 책임을 가중시키는 것이면 다른 이해관계인의 동의를 받을 필요 없이, 채권자와 보증인 사이의 계약만으로 하면 된다. 예컨대 S은행의 A에 대한 대출채권 3천만원 중 2천만원에 대하여, D와 H가 연대보증을 선 후에 S은행과 D가 연대보증채무를 2천만원에서 3천만원으로 증액시키는 합의를 하더라도, 다른 연대보증인 H에 대한 연대보증 책임에 영향이 없으므로 S은행이 H의 동의를 받을 필요가 없는 것이다.

이에 대하여 보증계약의 변경내용이 보증인의 책임을 경감시키거나 면제시키는 것이면 다른 이해관계인의 동의를 받을 필요가 있다. 예컨대 앞의 예에서, S은행과 D가 D의 연대보증채무를 2천만원에서 1천만으로 경감시키거나 또는 아예 면제시키는 합의를 하는 때에는, 채권자의 담보보존의무(민 485)에 따라 다른 연대보증인 H도 연대보증채무를 이행한 후, D에게 구상할 수 있는 금액만큼 S은행에 대한 연대보증채무를 면하게 되므로(경감의 경우 5백만원, 면제의 경우는 1천만원), S은행은 H의 동의를 받음으로써 H에 대하여서까지 보증채무의 경감이나 면제효력이 생기는 것을 방지하여야 하는 것이다.

한편 실무에 있어서는 동일한 대출금채무에 대한 여러 명의 연대보증인 중 어느 한 연대보증인이, 대출금을 보증인 수로 나눈 금액만큼 보증채무를 이행하겠으니, 잔여 보증채무를 면제시켜 달라는 제의를 해오는 수가 있는데, 이 경우 채권자의 대응방안이 문제로 된다. 예컨대 S은행의 A에 대한 대출채권 3천만원에 대하여, D와 H가 연대보증을 선 후 A가 대출금상환능력을 상실함으로써, S은행이 연대보증인에게 보증채무의 이행을 청구하는 경우에, D가 1천5백만 원을 상환하는 조건으로 잔여 보증채무의 면제를 제의하는 때에, S은행의 대응방안이 무엇인가 하는 것이다.

원래 연대보증인은 채무 전액에 대하여 보증채무를 이행해야 하는 것이므로, 앞의 예에서 D가 1천5백만원의 보증채무를 이행하더라도, S은행은 다시 D에게 잔여 1천5백만원에 대한 보증채무를 이행할 것을 청구할 수 있음이 원칙이다. 그런데 만일 S은행이 D의 제의를 그대로 받아들인다면, D에게 잔여 1천5백만원에 대한 보증채무의 이행을 청구할 수 없게 되고, 그에 따라 만일 주채무자인 A나 다른 연대보증인인 H가 무자력하다면, S은행은 잔여 1천5백만 원의 대출채권은 회수불능이 되어 버린다.

따라서 앞의 예에서 S은행으로서는 A와 D 및 H의 재산조사를 해 본 후, 잔여 1천5백만원을 A나 H로부터 충분히 상환받을 수 있다고 판단되는 경우와, A나 H로부터 상환받을 수 없다고 판단되지만 D로부터도 D의 자진 상환 이외에 강제집행을 해서 상환받는 것이 사실상 불가능하다고 판단되는 경우, 또는 고객에 대한 정책적인 면에서 여러 연대보증인으로부터 공평하게 나누어 받을 수밖에 없다고 판단되는 경우에는, D의 제의를 받아들이고 그렇지 않은 경우는 거절하여야 할 것으로 본다.

그런데 앞의 예에서 S은행이 D의 제의에 따라 1천5백만원을 받고 D에 대한 잔여 보증채무를 H의 동의 없이 면제시키면, 잔여 대출채권 1천5백만원을 다른 연대보증인 H에게 이행청구할 때, H가 채권자의 담보보존의무를 들어 7백5십만원의 보증채무소멸을 주장할 수 있는 것이 아닌가 하는 의문이 들 수 있다. 그러나 S은행이 D에 대한 보증채무 3천만원 전액을 H에게 면제시키는 경우에도, H가 S은행에 대하여 면하는 보증채무는 1천5백만원에 그치고, 잔여 1천5백만원에 대하여는 여전히 보증채무가 남는 것이므로, D로부터 1천5백만원 이상을 받으면서 보증채무를 면제시키는 한, 그와 같은 염려는 하지 않아도 될 것으로 본다.

(4) 보증인의 변동

가. 자연인의 경우

㈎ 사망

상속인은 상속개시된 때로부터, 피상속인의 재산에 관한 포괄적인 권리의무를 승계하는 것이므로(민 1005), 보증인이 사망한 경우에 그 상속인이 사망한 자가 채권자에게 부담하는 보증채무를, 상속의 일반 법리에 따라 상속하게 되는 것은 당연하다고 할 것이다.

따라서 특정채무보증의 경우에, 그 특정채무에 대한 보증책임이 상속인에게 상속된다는 점에는 의문이 있을 수 없다. 또한 근보증인이 사망한 경우에도, 사망하기 전까지 채권자와 주채무자 사이의 거래관계로부터 발생한 채무에 대한 보증채무가 상속된다는 점도 당연하다. 문제는 근보증인으로서의 지위가 상속인에게 승계되어, 상속인이 근보증인이 사망한 이후에 채권자와 주채무자 사이의 거래관계로부터 발생하는 채무에 대하여서까지 보증채무를 부담하는지 여부이다.

이에 관하여 국내의 학설은 대체로 보증한도액과 보증기간의 제한이 없는 근보증의 경우는 상속성을 부정하는 반면에, 보증한도액이나 보증기간의 제한이 있는 근보증의 경우는 일단 상속성을 긍정하되, 상속인에게 근보증계약을 해지할 수 있는 권한이 생기는 것으로 해석하고 있다.

은행거래에 있어서는 보증한도액을 정해두어야 하므로, 상속성을 긍정할 수 있을 것으로 본다. 대법원의 판례도 같다.

판례2-12

근보증계약의 상속여부

보증한도액이 정해진 계속적 보증계약의 경우 보증인이 사망하였다 하더라도 보증계약이 당연히 종료되는 것은 아니고 특별한 사정이 없는 한 상속인들이 보증인의 지위를 승계한다고 보아야 할 것이나, 보증기간과 보증한도액의 정함이 없는 계속적 보증계약의 경우에는 보증인이 사망하면 보증인의 지위가 상속인에게 상속된다고 할 수 없고 다만, 기왕에 발생된 보증채무만이 상속된다(대판 2001.6.12. 2000다47187, 동취지 대판 1999.6.22. 99다19322, 대판 1998.2.10. 97누5267).

(나) 행위능력변동

보증계약체결 후 보증인의 행위능력이 제한되더라도, 이미 체결한 바 있는 보증계약의 효력에는 영향을 미치지 않는다. 다만 근보증계약에 있어서는, 보증인의 행위능력제한이 피보증채무를 확정시키는 효력이 있는지 또는 근보증계약의 해지사유가 되는지의 여부가 문제로 된다.

다른 사정의 변화 없이 단순히 근보증인의 행위능력이 제한된 것만으로는, 피보증채무가 확정되지 않는 것으로 보아야 한다. 행위능력제한 후에 주채무가 발생했다고 해서 보증인을 특별히 불이익하게 하는 것이 아니고, 또 행위능력제한만으로 바로 근보증의 피보증채무가 확정된다고 하면, 채권자가 알지 못하는 사이에 피보증채무가 확정되는 불합리한 결과가 초래되기 때문이다.

또한 같은 이유에서 근보증인의 행위능력이 제한된 것 자체만으로는, 근보증계약의 해지사유도 되지 않는다고 보는 것이 타당하다. 다만 실무상으로는 행위능력이 제한된 근보증인의 법정대리인이 근보증인의 행위능력제한을 이유로 근보증계약의 해지통보를 해오면, 특별한 사유가 없는 한 근보증계약이 해지된 것으로 보고 업무처리를 하는 것이, 고객관리나 채권보전 면에서 좋을 것으로 생각한다.

근보증인의 행위능력이 제한된 후에, 그 근보증인과 근보증변경계약을 체결하거나 또는 다른 보증인의 보증책임을 면제시키는데 대한 동의를 받고자 하는 등의 경우에는, 그 근보증인의 법정대리인인 후견인과 하여야 한다. 반대로 법정대리인인 후견인과 근보증계약을 체결하다가, 근보증인이 행위능력자가 되거나 행위능력을 회복한 후에, 근보증변경계약을 체결하거나 또는 다른 보증인의 보증책임을 면제시키는데 대한 동의를 받고자 하는 등의 경우에는, 근보증인인 본인과 하여야 한다.

(다) 행방불명

보증인이 행방불명되었다고 하여 보증채무의 효력에 어떠한 영향을 미치는 것은 아니다. 그러나 보증인의 행방을 알 수 없으면, 보증인에게 보증채무의 이행청구를 할 수 없을 뿐만 아니라, 필요한 송달을 할 수 없어 보증인을 상대로 소송을 하거나 강제집행을 하는데, 상당한 지장이 초래된다. 따라서 채권자로서는 주채무자를 통해서 보증인의 소재를 파악해 둘 필요가 있다. 다만 보증인의 소재파악이 되지 않는다 하더라도, 보증인이 강제집행할 수 있는 충분한 재산을 보유하고 있으면, 부재자재산관리인제도(민 22~25)나 공시송달제도(민소 179) 등을 이용해서 보증채무를 이행받을 수 있는 것이므로, 무리하게 주채무자에게 보증인의 교체나 추가담보의 제공을 요구할 필요는 없다.

그러나 보증인의 소재파악이 되지 않을 뿐만 아니라, 보증인의 변제자력도 신통치 않은 것으로 판단되면, 채권자는 주채무자에게 청구하여 보증인을 교체하거나 추가담보를 제공받아둘 필요가 있다. 다만 주채무자에게 이와 같은 청구를 할 수 있으려면, 사전에 이에 관하여 주채무자와 합의가 되어 있어야 한다. 그래서 은행의 경우는 여신거래약관에 보증인의 신용악화시 채권자가 주채무자에 대하여 보증인의 교체를 요구할 수 있다는 내용의 특약조항을 마련하여 두고 있다.[74]

74) 은행여신거래기본약관 (기업용) 제6조 제1항, (가계용) 제6조 참조

㈑ 개명(성명의 변경)

자연인인 보증인이 개명을 하더라도 인격의 동일성에 변동이 생기는 것이 아니므로, 보증인의 채권자에 대한 보증채무에 영향을 미치지 않는다. 따라서 개명(改名)을 하기 전에 보증인으로부터 받아둔 보증서상의 보증인의 성명을 변경된 새로운 성명으로 바꿀 필요는 없다. 또한 보증인의 개명이 근보증거래에 있어서 피보증채무의 확정을 가져오는 것이 아니고, 근보증계약의 해지사유가 되는 것도 아니다.

다만 보증채무의 이행이 없어 채권자가 보증채무이행청구소송을 제기하거나 보증인의 재산에 대하여 강제집행의 신청을 하는 경우에는, 보증인이 개명을 한 사실을 증명하여야 하므로 그 증명자료를 확보해 둘 필요가 있다. 이에 은행의 경우는 여신거래약관에 보증인이 개명을 한 경우, 이를 곧 은행에 서면으로 신고하도록 하는 내용의 특약조항을 마련하여 두고 있다.[75)]

나. 법인의 경우

㈎ 법인의 해산

법인은 해산하더라도 바로 그 인격이 소멸하는 것이 아니라 청산절차를 마칠 때까지 청산에 필요한 범위에서 권리능력을 가진다(민 81, 상 245, 269, 287의45, 542①, 613①). 따라서 보증인인 법인이 해산하여 청산절차에 들어가더라도 이미 발생되어 있는 보증인의 보증책임에는 영향을 미치지 않는다. 다만 근보증의 경우는 채권자가 보증인인 법인의 해산 사실을 안 때에 피보증채무의 확정을 가져와 그 때까지 발생한 주채무에 대하여서만 보증책임이 있는 것으로 보아야 한다.

㈏ 회사의 합병

보증인인 회사가 합병한 때에는 그 보증채무는 존속회사 또는 신설회사가 승계하게 된다. 그러나 보증인의 합병은 보증인의 책임재산에 변동을 초래하여, 채권자의 채권보전에 지장을 초래할 수 있는 것이므로, 채권자는 합병에 이의를 제기할 수 있고, 이 이의가 있으면 보증인은 이의 있는 채권자에 대하여 변제

75) 은행여신거래기본약관 (기업용) 제15조 제2항, (가계용) 제14조 참조

또는 상당한 담보를 제공하거나, 이를 목적으로 하여 상당한 재산을 신탁회사에 신탁하여야 한다(상 232, 269, 287의41, 527의5, 603). 그리고 만일 보증인이 이와 같은 채권자보호절차에 위반하여 합병을 한 때에는, 채권자는 합병무효의 소를 제기하여 다툴 수 있으므로(상 236, 269, 287의41, 529, 603), 보증인은 합병에 앞서 채권자에게 합병에 대한 동의를 구하는 것이 보통이다. 따라서 이 경우 채권자로서는 합병이 채권보전에 나쁜 영향을 미칠 것으로 판단되면 합병 자체에 반대함으로써, 보증인으로 하여금 별도의 채권보전대책을 세우거나 합병을 포기하는 것 중 선택하게 할 수 있다.

한편 보증인인 회사의 합병이 근보증에 있어서 피보증채무의 확정을 가져오는지 여부가 문제로 된다. 즉 보증인인 회사의 합병이 있는 경우, 존속회사나 신설회사는 합병 전에 이미 발생되어 있는 특정한 주채무에 대하여서만 보증책임을 승계하는 것인지 아니면, 이미 발생되어 있는 특정한 보증채무와 함께 근보증인으로서의 지위까지 승계하는 것인지가 문제로 된다. 이에 관하여는 기업거래의 계속성에 비추어 특별한 사유가 없는 한 존속회사나 신설회사가 근보증인으로서의 지위를 그대로 승계하되 존속회사나 신설회사에 근보증거래의 해지권이 발생한다고 보는 것이 타당하다. 그러나 실무상으로는, 근보증인인 회사로부터 합병에 대한 동의요청이 있을 때에, 미리 피보증채무를 확정시킬 것인지의 여부를 정하게 한 후, 그에 관한 확인서를 존속회사나 신설회사로부터 받아두는 것이 좋을 것이다

(다) 회사의 분할

보증인인 회사가 분할한 때에 분할전 회사의 보증채무는 분할로 인하여 설립되는 회사 또는 존속하는 회사가 분할계획서 또는 분할합병계약서가 정하는 바에 따라 포괄적으로 승계한다(상 530의10). 또한 분할로 인하여 설립되는 회사 또는 존속하는 회사는 분할전 회사의 모든 보증채무를 원칙적으로 연대하여 변제할 책임이 있다(상 530의9①). 그러나 예외적으로 분할승인에 관한 주주총회의 결의로 분할후 회사가 분할전 회사의 보증채무 중에서 분할계획서 또는 분할합병계약서에 승계하기로 정한 채무에 대한 책임만을 부담할 것을 정할 수 있는데, 이 경우 분할 후 회사는 분할로 인하여 출자받은 재산에 관한 보증채무만을 부담하고, 분할전 회사는 분할후 회사가 부담하지 아니하는 보증채무만을 부

담한다(상 530의9②③).

단순분할의 경우 신설회사가 분할전 회사의 보증채무에 대하여 연대하여 변제할 책임을 지는 경우에는 보증인의 책임재산에 변동이 없으므로 합병에 있어서와 같은 채권자보호절차를 요하지 않는다. 그러나 단순분할의 경우라도 신설회사가 분할전 회사의 보증채무에 대하여 연대하여 변제할 책임을 지지 않는 경우와 분할합병의 경우는 보증인의 책임재산에 변동을 초래하여 채권자의 채권보전에 지장을 초래할 수 있는 것이므로 채권자는 분할에 이의를 제기할 수 있고, 이 이의가 있으면 보증인은 이의 있는 채권자에 대하여 변제 또는 상당한 담보를 제공하거나 이를 목적으로 하여 상당한 재산을 신탁회사에 신탁하여야 한다(상 530의9④, 530의11②, 527의5). 그리고 만일 보증인이 이와 같은 채권자보호절차에 위반하여 회사의 분할을 한 때에는 채권자는 분할 또는 분할합병 무효의 소를 제기하여 다툴 수 있으므로(상 530의11①, 529) 보증인은 분할에 앞서 채권자에게 분할에 대한 동의를 구하는 것이 보통이다. 따라서 이 경우 채권자로서는 분할이 채권보전에 나쁜 영향을 미칠 것으로 판단되면 분할 자체에 반대함으로써 보증인으로 하여금 별도의 채권보전대책을 세우거나 분할을 포기하는 것 중 선택하게 할 수 있다.

한편 보증인인 회사의 분할이 근보증에 있어서 피보증채무의 확정을 가져오는지 여부가 문제로 되나, 이에 관하여는 합병의 경우에 준하는 것으로 보면 된다.

㈑ 회사의 조직변경

보증인인 합명회사를 합자회사로 변경하는 경우(상 242), 합자회사를 합명회사로 변경하는 경우(상 286) 및 주식회사를 유한책임회사로 변경하는 경우(상 287의43①)에 관하여는 회사의 합병에 있어서와 같은 채권자보호절차를 필요로 하지 않는다. 따라서 이와 같은 경우의 조직변경은 채권자의 동의가 없이 이루어지더라도 채권자가 이의를 제기하지 못한다. 다만 합명회사의 무한책임사원으로서 합자회사로의 조직변경으로 유한책임사원이 된 자는 조직변경의 등기(합명회사의 해산등기 및 합자회사의 설립등기)를 하기 전에 생긴 합명회사의 보증채무에 대하여 조직변경의 등기후 2년 내에는 무한책임사원의 책임을 면하지 못하는 것이므로(상 244), 채권자로서는 조직변경된 합자회사와 그 무한책임사원으로부터는 물론이고 원래는 합명회사의 무한책임사원이었으나 조직변경으로 합자회사의 유한책임사원이 된 자에 대하여도 보증채무의 변제를 구할 수 있다.

그러나 보증인인 유한책임회사를 주식회사로 변경하는 경우(상 287의43②), 주식회사를 유한회사로 변경하는 경우(상 604) 및 유한회사를 주식회사로 변경하는 경우(상 607)에 관하여는 회사의 합병에 있어서와 같은 채권자보호절차를 필요로 한다(상 287의44. 608, 232). 이 경우는 보증인의 책임재산에 변동을 초래하여 채권자의 채권보전에 지장을 초래할 수 있는 것이기 때문이다. 따라서 이 경우 채권자는 조직변경에 이의를 제기할 수 있고, 이 이의가 있으면 보증인은 이의 있는 채권자에 대하여 변제 또는 상당한 담보를 제공하거나 이를 목적으로 하여 상당한 재산을 신탁회사에 신탁하여야 한다(상 232, 269, 287의44, 527의5, 603). 보증인이 이와 같은 채권자보호절차를 위반하여 조직변경을 한 경우에 대하여는 상법에 합병에 있어서와 같은 명문의 규정이 없으나 채권자는 합병무효의 소(상 287의41, 529, 603)에 관한 규정을 준용하여 조직변경무효의 소를 제기하여 다툴 수 있는 것으로 보아야 한다. 이에 따라 조직변경을 하려는 보증인으로서는 사전에 채권자의 동의를 구할 수밖에 없고, 이 동의 요청이 있는 경우 채권자는 조직변경이 채권보전에 나쁜 영향을 미칠 것으로 판단되면 조직변경을 반대함으로써 보증인으로 하여금 별도의 채권보전대책을 세우거나 조직변경을 포기하는 것 중 선택하게 할 수 있다.

한편 근보증인인 회사의 조직변경으로 근보증에 있어서 피보증채무가 확정되는지 여부가 문제로 되나, 이에 관하여는 합병의 경우에 준하는 것으로 보면 된다.

(마) 회사의 자본감소

보증인인 합명회사나 합자회사가 자본감소를 하는 경우에는 채권자보호절차를 요하지 않는다. 합명회사나 합자회사의 무한책임사원은 회사의 보증채무에 대하여 무한책임을 지기 때문이다. 따라서 이와 같은 경우의 자본감소는 채권자의 동의가 없이 이루어지더라도 채권자가 이의를 제기하지 못한다.

그러나 유한책임회사와 주식회사 및 유한회사의 사원은 회사채무에 대하여 출자금액을 한도로 하는 유한책임을 지므로 자본감소에 관하여 회사의 합병에 준하는 엄격한 채권자보호절차를 밟도록 하고 있다(상 287의36②, 439②, 597). 따라서 이 경우 채권자는 자본감소에 이의를 제기할 수 있고, 이 이의가 있으면 보증인은 이의 있는 채권자에 대하여 변제 또는 상당한 담보를 제공하거나 이를 목적으로 하여 상당한 재산을 신탁회사에 신탁하여야 한다(상 287의36②, 439②, 597, 232). 그리고 만일 보증인이 이와 같은 채권자보호절차에 위반하여 자본감소를 한 때에는 채권자는 감자무효의 소를 제기하여 다툴 수 있으므로(상 445, 597) 보증인은 자본감소에 앞서 채권자에게 자본감소에 대한 동의를 구하는 것이 보통이다. 따라서 이 경우 채권자로서는 자본감소가 채권보전에 나쁜 영향을 미칠 것으로 판단되면 자본감소 자체에 반대함으로써 보증인으로 하여금 별도의 채권보전대책을 세우거나 자본감소를 포기하는 것 중 선택하게 할 수 있다.

한편 근보증인인 회사의 자본감소로 근보증에 있어서 피보증채무가 확정되는지 여부가 문제로 되나, 이에 관하여는 합병의 경우에 준하는 것으로 보면 된다.

(바) 법인의 대표자 변경

보증인인 법인의 대표자가 변경되는 경우에도 인격의 동일성에 변동이 생기는 것이 아니다. 따라서 채권자가 변경 전의 대표자와 체결한 보증계약에 영향을 미치지 않으며, 그에 따라 변경 전의 대표자로부터 받아둔 보증서상의 대표자 명칭을 바꾸거나 변경된 대표자와 새로이 보증계약을 체결할 필요는 없다. 또한 대표자변경이 근보증거래에 있어서 피보증채무의 확정을 가져오는 것도 아니고 근보증계약의 해지사유가 되는 것도 아니다.

다만 보증채무의 이행이 없어, 채권자가 보증채무이행청구소송을 제기하거나 보증인의 재산에 대하여 강제집행의 신청을 하는 경우에는, 보증인인 법인의 대표자가 변경된 사실을 증명하여야 하므로, 그 증명자료를 확보해 둘 필요가 있으며, 은행의 경우 여신거래약관에 대표자변경시, 이를 곧 은행에 서면으로 신고하도록 하는 내용의 특약조항을 마련해 두고 있다.[76]

다. 자연인 · 법인 공통

(가) 보증인의 추가 · 면제 · 교체

주채무자나 보증인의 신용 저하 또는 이미 취득한 담보가치 하락 등으로 채권보전에 지장이 초래될 것으로 판단되면, 신용 있는 보증인을 추가하는 등의

76) 은행여신거래기본약관 (기업용) 제16조 제1항 참조.

방법으로, 채권의 담보를 보강할 필요가 있다. 그래서 은행의 경우는, 여신거래계약시 「채무자 또는 보증인의 신용악화 · 담보가치의 감소 등의 사유로 채권보전상 필요하다고 인정된 때에는, 채무자는 은행의 청구에 의하여 곧 은행이 인정하는 담보를 제공하거나 보증인을 세우기로 합니다」는 내용의 특약을 해두고 있다.[77] 그리고 이 특약에 따라 은행이 보증인의 추가를 청구하였으나 채무자가 응하지 않은 때에는, 은행은 그 이행을 서면으로 독촉할 수 있고, 만일 이 독촉에도 불구하고 채무자가 그 통지의 도달일로부터 10일 이상으로 은행이 정한 기간이 경과하도록 이행을 하지 않으면, 채무자는 은행에 대한 당해 채무 전부의 기한의 이익을 상실하여 곧 이를 변제할 의무를 지게 된다.[78] 다만 보증인의 추가는 다른 담보제공자나 보증인에게 불이익한 것이 아니므로, 보증인을 추가하는 계약을 함에 있어서 이들의 동의는 받지 않아도 된다.

한편 어느 보증인이 다른 보증인이나 물적담보 만으로도 채권담보가 충분하다는 점을 이유로, 채권자에게 자신의 보증책임을 면제시켜줄 것을 청구해 오는 경우가 있다. 그러나 이 경우에 채권자가 그 보증인의 보증책임을 면제시켜줌에 있어서는, 반드시 면제되지 않는 다른 보증인과 물상보증인 등 이해관계인의 동의를 받아두어야만 한다. 채권자가 다른 보증인 등 이해관계인의 동의 없이, 어느 한 보증인에 대한 보증책임을 면제하는 때에는, 그 이해관계인이 채권자에 대하여 대위변제를 할 경우, 그 보증인에게 행사할 수 있는 대위권의 범위에서, 채권자에 대한 책임을 면하게 되는 것이기 때문이다(민 485).

또한 실무에 있어서는 어느 보증인을 다른 보증인으로 교체하는 경우도 있다. 이 경우 문제가 되는 것은, 그 교체에 대하여 채권자가 다른 보증인이나 물상보증인 등 이해관계인의 동의를 받아야 하는지 여부이다. 교체되어 보증인이 되는 자의 변제자력이 보증인에서 면제되는 자의 변제자력보다 크다면, 다른 보증인 등의 이해관계인에게 불리한 것이 아니므로, 동의를 받지 않아도 되나, 낮다면 이해관계인에게 불리한 것이므로 동의를 받아야 한다. 은행에 있어서는 이 점을 명백히 하기 위하여, 보증계약시에 「보증인이 동의를 한 때나, 동등한 가치 이상의 담보대체, 동등한 자력 이상의 보증인 교체 또는 일부 변제액에 비

77) 은행여신거래기본약관 (기업용) 제6조 제1항, (가계용) 제6조 참조.
78) 은행여신거래기본약관 (기업용) 제7조 제5항 제1호, (가계용) 제7조 제4항 제1호 참조.

례한 담보나 보증의 해지·해제 등 보증인이 대위변제할 경우의 구상실현에 불리한 영향이 없을 때에는 거래상 필요에 따라 은행은 다른 담보나 보증을 변경 또는 해지·해제할 수 있기로 한다」는 내용의 특약을 해두고 있다.[79] 다만 보증인 교체의 실무상으로는 교체되는 양 보증인의 변제자력에 관하여 이해관계인과 다툼이 생기는 것을 방지하는 차원에서, 가급적이면 양 보증인의 변제자력 여하에 관계없이 교체에 대하여 이해관계인의 동의를 받아두는 것이 좋을 것이다.

그리고 여기에서 한 가지 검토를 요하는 것은, 어느 보증인에 대한 보증책임을 면제하거나 변제자력이 낮은 보증인으로 교체하는 경우에, 그 때마다 개별적으로 다른 보증인이나 물상보증인 등 이해관계인의 동의를 받는 것이 불편하므로, 동의를 받지 않고서도 면제 또는 교체할 수 있도록 하는 특약조항을, 보증계약서나 담보계약서상에 미리 반영해두면 어떠한가 하는 점이다. 그러나 이와 같은 특약조항은 약관의 규제에 관한 법률 제11조 제1호에서 규정하는 「법률의 규정에 의한 고객의 항변권, 상계권 등의 권리를 상당한 이유 없이 배제 또는 제한하는 조항」에 해당되어, 무효로 될 가능성이 크다는 점에서 약관조항으로 미리 반영하기에는 부적절하다고 생각한다.

판례2-13

연대보증인 교체신청에 대한 승인의 효력

금융기관이 특별한 사정도 없이 새로운 연대보증인을 세우기도 전에 기존 연대보증인의 책임을 먼저 면제하여 준다는 것은 이례적인 일임에 비추어 볼 때, 금융기관이 연대보증인을 교체하여 달라는 주채무자의 변경요청을 승인했다 하더라도, 이는 금융기관이 새로운 연대보증계약을 체결할 때에 비로소 기존 연대보증인의 보증책임을 면제해 준다는 의사로 보아야 할 것이지, 새로운 연대보증계약을 체결하기도 전에 먼저 기존 연대보증인의 보증책임부터 면제해 주겠다는 의사로 보기는 어렵고, 따라서 위 승인만으로 기존 연대보증인이 확정적으로 보증책임을 면하게 되었다고 볼 수는 없다(대판 2006.6.27. 2005다50041).

(나) 상호 변경

개인기업이나 법인기업이 상호를 변경하더라도 인격의 동일성에 변동이 생기는 것이 아니므로, 보증인의 채권자에 대한 보증채무에 영향을 미치지 않는다. 따라서 상호변경을 하기 전에 보증인으로부터 받아둔 보증서상의 보증인의 상호

79) 부록 은행의 담보약관 서식 중 1. 보증서 제4조, 2. 근보증서 제44호 참조.

를 변경된 새로운 상호로 바꿀 필요는 없다. 또한 보증인의 상호변경이 근보증거래에 있어서 피보증채무의 확정을 가져오는 것이 아니고 근보증계약의 해지사유가 되는 것도 아니다.

다만 보증채무의 이행이 없어 채권자가 보증채무이행청구소송을 제기하거나 보증인의 재산에 대하여 강제집행의 신청을 하는 경우에는, 보증인이 상호변경을 한 사실을 증명하여야 하므로 그 증명자료를 확보해 둘 필요가 있다. 이에 은행의 경우는 여신거래약관에 보증인이 상호변경을 한 경우, 이를 곧 은행에 서면으로 신고하도록 하는 내용의 특약조항을 마련하여 두고 있다.[80)]

㈐ 법정정리절차개시

보증인에 대하여 개인회생절차개시의 결정이 있은 때에는 보증인이 법원에 제출한 채권자목록에 기재된 채권자가 개인회생채권에 기하여 개인회생재단에 속하는 재산에 대하여 이미 계속 중인 강제집행 · 가압류 또는 가처분은 중지되고, 새로이 강제집행 · 가압류 또는 가처분을 하는 것도 금지된다(채회파 600① ii). 그리고 이 중지 및 금지의 효력은 개인회생절차의 종료시까지 존속한다. 또한 보증인이 보증채무의 이행을 위하여 제공한 담보권의 실행 등을 위한 경매도 변제계획의 인가결정일 또는 개인회생절차 폐지결정의 확정일 중 먼저 도래하는 날까지 중지 또는 금지된다(채회파 600②). 그러나 채권자가 개인회생절차 개시결정 당시에 보증인에 대하여 채무를 부담하는 때에는 개인회생절차에 의하지 아니하고 상계할 수 있다(채회파 587, 416).

보증인에 대한 파산선고가 있으면 채권자는 원칙적으로 파산절차에 의하지 아니하고는 그 권리를 행사할 수 없게 된다(채회파 424). 따라서 이 경우 채권자는 법원에 자기의 채권을 신고한 후, 채무자회생 및 파산에 관한 법률이 정하는 채권확정절차를 거쳐, 파산관재인이 파산자의 재산을 현금화하여 실시하는 배당절차에 따라 배당받는 수밖에 없다. 그러나 파산선고가 있다 하더라도, 채권자가 보증인의 재산에 대하여 질권, 저당권 등의 담보권을 가지고 있는 때에는 파산절차에 의하지 않고 그 담보권을 실행하여 채권의 만족을 구할 수 있다(채회파 411, 412). 또한 채권자가 파산선고 당시에 보증인에 대하여 채무를 부담

80) 은행여신거래기본약관 (기업용) 제15조 제2항, (가계용) 제14조 참조.

하는 때에는 파산절차에 의하지 아니하고 상계할 수 있다(채회파 416).

보증인에 대하여 회생절차개시결정이 있으면 채권자는 보증인의 재산에 대하여 강제집행, 가압류, 가처분, 담보권실행 등을 위한 경매를 할 수 없고, 보증인의 재산에 대하여 이미 행한 강제집행, 가압류, 가처분, 담보권실행 등을 위한 경매절차는 중지한다(채회파 58①②). 따라서 이 경우 채권자는 법원에 자신의 채권과 담보권을 신고하여 회생절차에 참가하는 방법으로 그 권리를 행사하는 수밖에 없다. 다만 회생절차개시 당시에 보증인에 대하여 부담하고 있는 반대채무가 채권의 신고기간 만료 전에 상계적상에 있게 된 때에는 채권의 신고기간 만료 전에 한하여 회생절차에 불구하고 상계할 수 있다(채회파 144①).

제 2 지급보증서담보

1. 의의

물적담보는 특정재산의 교환가치로부터 우선변제권을 보장받음으로써 채권을 담보하는 제도이기 때문에, 그 담보로서의 효력은 담보제공자의 신용이나 자력에 의해서가 아니라 당해 담보물건의 객관적 가치에 의하여 좌우되게 된다. 이에 대하여 인적담보인 보증의 경우는, 주채무자 이외에 동일한 내용의 채무를 부담하는 종된 채무자를 두어서, 주채무자의 채무에 대한 채권을 담보하는 제도이기 때문에, 그 담보로서의 효력은 보증인의 신용과 자력에 의하여 좌우되게 된다.

따라서 보증인을 누구로 하느냐 하는 것은 인적담보의 핵심적 요소로서, 보증인이 신용과 자력을 갖춘 자로서 그 지급의 확실성이 보장되는 경우에는, 물적담보 보다 나은 담보적 효력을 기대할 수 있다. 이 경우에는 주채무자의 채무불이행시 보증인으로부터 바로 채무의 이행을 받음으로써, 물적담보에 있어서와 같은 담보권실행이라는 번거로운 절차를 취할 필요가 없기 때문이다.

보증채무 이행의 확실성을 보장받을 수 있는 자로는, 국가나 지방자치단체 등의 공공단체, 은행 등의 금융회사, 보증을 전문으로 하는 보증보험(주)와 신용보증기금 및 기술보증기금 등을 들 수 있다. 그리고 이들 보증인과의 보증계약에 있어서도 보증의 일반법리가 그대로 적용되는 것은 당연하다. 다만 이 들 보증인은 특수한 목적을 위해서 설립된 법인이라는 점에서, 관련 법률에서 보증의 상대방이나 보증의 내용 및 보증채무의 이행조건 등에 관하여 특별한 제한을 두는 것이 보통이고 또한 이들이 발급한 지급보증서상에도 보증의 내용을 제한하거나 보증채무의 이행에 관하여 특별한 조건을 붙여두는 경우가 있다.

그러나 여기에서 이 들 보증과 관련한 사항을 모두 다룰 수는 없다. 따라서 이하에서는 금융거래에서 많이 이용되고 있는 은행과 보증보험(주) 및 신용보증기금의 지급보증을 대상으로 이들 지급보증이 일반의 보증과 다른 점에 대해서만 설명하기로 한다.

2. 지급보증서담보의 공통적인 특수성

(1) 간접적인 보증계약

은행 등의 지급보증서를 담보로 한 여신에 있어서는 채권자(즉 보증처)와 보증인 사이에 직접적으로 보증계약이 이루어지는 것이 아니라, 채무자를 매개로 한 간접적인 보증계약 즉 채무자가 보증인에게 지급보증을 신청하여 보증인이 채권자에게 지급보증서를 발급하는 방식의 보증계약이 이루어지고 있다. 따라서 지급보증서를 담보로 하는 여신에 있어서 지급보증시를 발급 받은 채권자로서는 그 지급보증서가 해당 보증인이 발급한 진정한 지급보증서인지를 확인할 필요가 있다. 지급보증서에는 종이문서로 된 것과 전자문서로 된 것이 있으므로 이하에서는 양자를 구분하여 그 확인방법에 대하여 알아보기로 한다.

(2) 종이문서로 된 지급보증서의 경우

종이문서로 된 지급보증서의 채권자에 대한 교부는 채무자가 보증인으로부터 교부받아 채권자에게 제출하거나 보증인이 우편 등에 의하여 직접 채권자에게 송부하는 방법으로 이루어진다. 교부받은 지급보증서의 진성성립 여부는 지급보증서가 해당 은행의 대표자 명의로 작성된 것이면 은행의 등기사항증명서와 관할등기소에 신고된 대표자의 인감증명서를 제출받아 지급보증서상에 기재 및 날인되어 있는 대표자의 명의와 인영이 실제와 일치하는지 대조하는 방법으로 하면 된다.

지급보증서가 해당 은행의 지배인인 점포장 명의로 작성된 것이면 관할법원에 그 지배인의 인감신고가 되어 있는지 여부에 따라, 인감신고가 되어 있으면 은행의 등기사항증명서와 신고된 지배인의 인감증명서를 제출받아, 인감신고가 되어 있지 않으면 은행의 등기사항증명서와 관할법원에 신고된 대표자의 인감증명서 이외에 해당 은행의 대표자 명의로 작성된 지배인사용인감확인서를 제출받아, 지급보증서상에 기재 및 날인되어 있는 지배인의 명의와 인영이 실제와 일치하는지 대조하는 방법으로 하면 된다.

다만 위와 같은 확인절차를 매 건별로 하는 것은 매우 번거로운 일이라고 할 수 있다. 따라서 어느 은행이나 또는 어느 은행 점포와 계속적으로 지급보증거래를 하는 관계에 있으면, 처음 지급보증거래를 시작할 때에 이후 다른 건에 대한 지급보증서를 누구의 명의로 어떠한 인감을 사용하여 작성할 것인지에 관하여 미리 합의하여 두는 것이 좋다.

(3) 전자문서로 된 지급보증서의 경우

전자문서로 된 지급보증서 등의 전자문서는 작성자가 송신하여 수신자가 수신함으로써 그 효력을 발생한다. 따라서 송신이 있어도 수신이 없거나 수신이 있어도 송신이 없으면 효력이 없다. 송신 · 수신의 여부와 시기 및 효력에 관하여는 송신자와 수신자가 미리 합의한 바가 있으면 그에 따르고, 미리 합의한 바가 없으면 전자문서 및 전자거래 기본법에서 정하는 다음의 내용에 따른다(전문거기 10).

전자문서는 수신자 또는 그 대리인이 해당 전자문서를 수신할 수 있는 정보처리시스템에 입력한 때에 송신된 것으로 본다(전문거기 6①). 그리고 ①작성자의 대리인에 의하여 송신된 전자문서와 ②자동으로 전자문서를 송신 · 수신하도록 구성된 컴퓨터프로그램이나 그 밖의 전자적 수단에 의하여 송신된 전자문서에 포함된 의사표시는 작성자가 송신한 것으로 본다(전문거기 7①).

그러나 작성자가 수신 확인을 조건으로 전자문서를 송신한 경우 작성자가 수신 확인 통지를 받기 전까지는 그 전자문서는 송신되지 아니한 것으로 본다(전문거기 9①본). 작성자가 수신 확인을 조건으로 명시하지 아니하고 수신 확인 통지를 요구한 경우에 상당한 기간(작성자가 지정한 기간 또는 작성자와 수신자간에 약정한 기간이 있는 경우에는 그 기간을 말한다) 내에 작성자가 수신 확인 통지를 받지 못하였을 때에는 작성자는 그 전자문서의 송신을 철회할 수 있다(전문거기 9②).

전자문서의 수신은 채권자인 수신자가 전자문서를 수신할 정보처리시스템을 지정한 경우는 지정된 정보처리시스템에 입력된 때(전자문서가 지정된 정보처리시스템이 아닌 정보처리시스템에 입력된 경우에는 수신자가 이를 출력한 때)에 수신한 것으로 되고, 수신자가 전자문서를 수신할 정보처리시스템을 지정하지 아니한 경우에는 수신자가 관리하는 정보처리시스템에 입력된 때에 수신한 것으로 된다(전문거기 6②). 수신한 전자문서는 문서마다 독립된 것으로 본다. 다만, 수신자가 작성자와 합의된 확인절차를 따르거나 상당한 주의를 하였더라면 동일한 전자문서가 반복되어 송신된 것임을 알 수 있었을 경우에는 그러하지 아니하다(전문거기 8).

전자문서의 수신자는 ①전자문서가 작성자의 것이었는지를 확인하기 위하여 수신자가 미리 작성자와 합의한 절차를 따른 경우 ②수신된 전자문서가 작성자 또는 그 대리인과의 관계에 의하여 수신자가 그것이 작성자 또는 그 대리인의 의사에 기한 것이라고 믿을 만한 정당한 이유가 있는 자에 의하여 송신된 경우 중 어느 하나에 해당하는 때에는 전자문서에 포함된 의사표시를 작성자의 것으로 보아 행위할 수 있다(전문거기 7②). 그러나 ①수신자가 작성자로부터 전자문서가 작성자의 것이 아님을 통지받고 그에 따라 필요한 조치를 할 상당한 시간이 있었던 경우 ②전자문서가 작성자의 것이 아님을 수신자가 알았던 경우 또는 상당한 주의를 하였거나 작성자와 합의된 절차를 따랐으면 알 수 있었을 경우에는 그러하지 아니하다(전문거기 7③).

3. 은행 지급보증서담보의 특수성

(1) 지급보증의 유형

은행이 거래처의 채무에 대하여 지급보증을 하는 유형으로는, 거래처가 다른 금융회사와의 여신거래에서 발생하는 채무에 대한 지급보증과 거래처가 발행하는 회사채의 상환의무에 대한 지급보증 등으로 분류하여 볼 수 있다.

지급보증을 하는 방법은, 여신거래에서 발생하는 채무에 대한 지급보증의 경우는 거래처로부터 지급보증거래약정서와 지급보증신청서를 제출받은 후 보증처(거래처의 채권자)에 은행 소정의 지급보증서를 발급하는 방법으로 하고,[81] 회사채의 상환의무에 대한 지급보증은 거래처로부터 사채보증약정서를 제출받은 후 거래처

81) 부록 은행의 담보약관 서식 중 3.~8. 지급보증거래약정서(기업용), 지급보증거래약정서(가계용), 지급보증신청서(특정채무보증용), 지급보증신청서(근보증용), 지급보증서(특정채무보증용), 지급보증서(근보증용) 참조.

82) 은행의 담보약관 서식 중 사채보증약정서와 사채보증약정서(전환사채용) 참조.

가 발행하는 회사채에 은행 소정의 지급보증 문언을 기재하는 방법으로 한다.[82]

(2) 지급보증에 따른 법률관계

가. 법률관계 일반

은행이 보증인이라고 해서 보증인으로서의 은행의 권리·의무에 관하여 법률에 특별한 규정이 있는 것은 아니다. 따라서 주채무자가 채무의 이행을 하지 않는 경우의 은행과 보증처, 은행과 주채무자 및 다른 채무관계인 사이의 법률관계 등은 전술한 일반의 보증과 다르지 않다. 다만 은행이 지급보증을 함에 있어서는, 그 거래상의 필요에 의하여 지급보증약정서와 지급보증서 등에, 보증채무의 내용이나 그 이행조건 등에 관한 별도의 특약을 하고 있는데, 그 특약이 적용되는 범위에서는 일반의 보증과 다르다고 할 수 있다. 이하에서는 각 지급보증의 유형별로 실무상 특별히 유의하여야 할 사항에 관하여 알아보기로 한다.

나. 여신채무에 대한 지급보증의 경우

(가) 보증채무의 내용에 관한 특약

은행이 하는 지급보증에도 특정채무보증과 근보증의 두 가지가 있음은 다른 일반 보증의 경우와 같다. 다만 보증채무의 구체적인 내용에 관하여는 일반 보증과 다른 특징이 있는 바, 이를 지급보증서의 내용에 따라 설명하면 다음과 같다.

첫째는, 보증금액의 의미이다. 이 보증금액은 채권자와 주채무자 사이에 발생한 원금과 그 원금으로부터 발생한 이자 및 지연배상금 중 은행이 보증책임을 지는 한도액의 의미를 가진다. 따라서 만일 원금만을 보증금액으로 기재한 경우에는, 이자와 지연배상금에 대하여는 보증책임을 묻지 못하게 될 수 있다. 또한 원금에 일정액을 가산하여 보증금액으로 하였다 하더라도, 이자 및 지연배상금이 늘어 보증금액을 초과하는 경우 그 초과금액에 대하여는 보증책임을 물을 수 없는 것이므로, 보증금액이 초과되기 전에 보증채무의 이행을 청구하여야 한다. 다만 보증채무의 이행청구를 하였으나, 은행이 그 보증채무의 이행을 지체함으로써 생긴 지연배상금은, 보증금액의 범위에 포함되지 않으며 보증금액과 별도로 청구할 수 있다.

둘째는 보증기일의 의미이다. 보증기일은 지급보증서상에 보증채무의 이행청구시기로 「보증채무는 주채무자에게 다음 사유가 있는 경우에 한하여 “보증기일 만료일 전”에 이행청구할 수 있습니다」라고 정하고 있는 것과 보증채무의 이행청구기간으로 「주채무의 “보증기일 경과 후 2개월 이내”에 귀하의 보증채무 이행청구가 없는 때에는 이 보증채무는 소멸하는 것으로 합니다」라고 정하고 있는 것에 비추어 보증채무의 이행기일을 의미하는 것으로 보아야 한다.

셋째는, 지급보증서(근보증용)상에 기재되어 있는 「보증기간 중에 (1) 발생하는 (2) 기한이 도래하는 (3) 발생하고 기한이 도래하는 채무」의 의미이다. 이는 지급보증서를 발급할 때에, 지급보증은행과 채권자가 합의해서, 어느 하나를 선택해서 보증채무의 내용으로 하라는 것이다. 그런데 실무에 있어서는 이 중 어느 것에 대한 선택의 표시를 하지 않고서, 그대로 지급보증서를 발급하는 경우가 있는데, 이 경우에 피보증채무의 내용을 어떻게 볼 것인지가 문제로 된다. 선택의 표시를 하지 않았다고 하더라도, 채권자와 보증인 사이에 어떠한 선택이 있었다는 점을 보증인이 증명할 수 있다면, 선택이 된 것으로 볼 수 있을 것이다. 문제는 그와 같은 증명을 할 수 없는 경우이다. 그러나 이에 관하여는 은행이 발급하는 지급보증서도 약관의 일종에 해당하는 것이므로, 「약관의 뜻이 명백하지 아니한 경우에는 고객에게 유리하게 해석하여야 한다」(약규 5②)는 원칙에 따라, (1)(2)(3)의 유형 모두에 대하여 보증책임이 있는 것으로 보아야 한다. 다만 이 경우라도 지급보증서의 발급일 전에, 이미 위 (1)(2)(3)의 유형에 해당되어 있는 채무에 대하여는 은행이 보증책임을지지 않는다.

넷째는, 지급보증서(근보증용)상에 기재되어 있는 「발생원인 ○년 ○월 ○일 ○○약정서」와 「채무종류」의 의미이다. 이는 은행이 보증책임을 지게 되는 채권자와 주채무자 사이의 거래계약과 채무의 종류를 한정하는 의미를 가진다. 문제는 지급보증서를 발급하면서 이를 기재하지 않은 경우에 은행이 부담하게 되는 보증채무의 범위이다. 아무 것도 기재하지 않았다 하더라도, 채권자와 보증인 사이에 일정한 범위로 보증책임을 한정하는 합의가 있었다는 점을 보증인이 증명할 수 있다면, 그 범위로 한정되는 것으로 보아야 한다. 그러나 보증인이 그와 같은 증명을 할 수 없다면, 보증기간 중에 채권자와 주채무자 사이에 발생하는 모든 채무가, 보증채무의 대상이 되는 것으로 볼 수밖에 없다.

⑷ 보증채무의 이행에 관한 특약

은행의 지급보증에 있어서는, 보증채무 이행에 관하여도 일반 보증과 다른 특징이 있는 바, 이를 지급보증서의 내용에 따라 설명하면 다음과 같다.

첫째, 채권자는 피보증채무가 확정된 때에는, 즉시 은행 소정의 「보증대상채무내용 확인서」를 작성한 후 이를 은행에 서면으로 통지하여야 한다. 그러나 채권자가 이 통지를 게을리하였다고 하여 보증채무가 소멸하는 것은 아니다. 다만 은행이 이 통지를 받지 못함으로써 손해를 본 것이 있으면, 채권자에게 그 배상을 청구할 수는 있을 것이다.

둘째, 채권자가 보증기일 만료 전에 보증인에게 보증채무의 이행을 청구할 수 있는 사유가, 주채무자에 대하여 ①어음교환소의 거래정지처분 있는 때와 ②파산·화의개시나 회사정리절차 개시[83]의 신청이 있은 때로 한정되어 있다. 따라서 이 두 가지 사유 중의 어느 하나에 해당하지 않는 한, 주채무의 기한이익이 상실되어 주채무자가 채권자에게 바로 채무의 이행을 해야 하는 경우에도, 채권자는 보증기일이 도래하기까지는 보증채무의 이행을 청구할 수 없는 것이다.

셋째, 채권자는 보증채무의 이행청구를 보증기일 경과 후 2개월 이내에 하여야 하고, 만일 2개월의 기간이 경과하도록 이행청구를 하지 않으면 보증채무가 소멸하게 된다. 따라서 근보증의 경우 보증기일을 정함에 있어서는 보증인이 보증채무를 지게 되는 주채무가 확정될 때에 그 상환기일이 보증기일보다 장래의 일자가 되지 않도록 유의하여야 한다.

넷째, 채권자가 보증기일 만료일전에 보증채무의 이행청구를 할 수 있게 된 경우에는, 그 시점으로부터 2개월이 경과하기 전까지 보증채무의 이행청구를 해야 하고, 만일 그렇지 않으면 보증채무가 소멸하게 되는지 여부도 문제이다. 그

83) 채무자에 대한 법정정리절차는 원래 파산법상의 파산절차와 화의법상의 화의절차 및 회사정리법상의 회사정리절차의 3종류가 있었다가 2004년 3월 22일 새로이 제정된 개인채무자회생법(2004년 9월 23일부터 시행)에 의하여 개인채무자회생절차가 추가되어 4종류가 되었다. 그리고2005년 3월 31일에는 파산법, 개인채무자회생법, 화의법 및 회사정리법을 통합한 채무자회생 및 파산에 관한 법률(2006년 4월 1일부터 시행)이 제정되어 화의법상의 화의절차와 회사정리법상의 회사정리절차가 회생절차로 통합됨으로써 현재는 파산절차와 개인회생절차 및 회생절차의 3종류로 되었다. 따라서 지급보증서상 채권자가 보증기일 만료 전에 보증인에게 보증채무의 이행을 청구할 수 있는 사유 중 하나로 되어 있는 「파산·화의개시나 회사정리절차 개시의 신청이 있은 때」는 채무자회생 및 파산에 관한 법률이 시행되고 있는 현재에 있어서는 「파산·개인회생절차개시나 회생절차개시의 신청이 있은 때」로 변경하여 사용하고 있다.

러나 이 경우에 채권자는 반드시 보증채무의 이행청구를 해야 하는 것이 아니고, 주채무의 약정상환기일까지 기다려서 이행청구할 수 있는 것이므로 부정하는 것이 타당하다. 따라서 주채무의 약정상환기일 전에 보증채무의 이행을 청구할 수 있는지 여하에 불구하고, 채권자는 그 약정상환기일이 도래한 후 2개월이 경과하기 전까지는, 보증채무의 이행청구를 할 수 있는 것으로 보아야 한다.

다섯째, 주채무의 기한이익이 상실되었음에도 보증인에 대하여는 미리 상환청구를 할 수 없어, 보증기일이 도래한 후에야 보증채무의 이행을 청구하는 경우에, 주채무에 대한 기한이익상실 이후의 약정이자와 지연배상금에 대하여 보증책임을 물을 수 있는지가 문제로 된다. 보증기일 전에 보증채무의 이행청구를 할 수 없다고 하여, 그 때까지의 약정이자와 지연배상금에 대한 보증채무까지 면제되는 것은 아니므로, 당연히 보증책임을 물을 수 있는 것으로 보아야 한다. 다만 지급보증서상에 기재된 보증금액을 넘어 보증채무의 이행을 청구할 수는 없는 것이므로, 보증채무의 이행을 청구할 수 있을 때에 주채무자에 대하여 가지는 채권액 즉 원금과 약정이자 및 지연배상금의 합계액이 보증금액을 초과하는 경우에는, 그 초과금액에 대하여 보증책임을 물을 수 없다.

여섯째, 보증채무의 이행청구를 지급보증서상의 보증기일에 하는 때에는, 어음교환절차에 따라 교환에 회부하는 방법으로 하여야 한다. 이는 보증채무이행에 따른 업무의 간소화를 위한 것이다. 그리고 이와 같은 사무처리가 가능하도록 하기 위하여, 거래처와 지급보증거래약정을 함에 있어서는, 민법 제445조 제1항에 규정되어 있는 보증인의 사전통지의무를 면제하는 특약[84]을 해두고 있다. 그러나 이 특약이 민법 제445조 제2항에 규정되어 있는 사후통지의무까지 면제하는 것은 아니므로, 보증채무를 이행한 후에는 즉시 이를 주채무자에게 통지하여야 한다. 다음에 보증채무의 이행청구를 지급보증서상의 보증기일이 아닌 날에 하는 때에는, 그 사유를 증빙할 수 있는 자료를 첨부하여 지급보증서상에 기재되어 있는 보증채무의 이행장소에서, 직접 지급청구하는 방법으로 하여야 한다. 이 경우 그 이행장소는 지급보증서를 발급한 점포로 기재하는 것이 보통이다.

84) 부록 은행의 담보약관서식 중 4. 지급보증거래약정서(기업용) 제8조 참조.

일곱째 지급보증서상 채권자가 보증기일 만료 전에 보증인에게 보증채무의 이행을 청구할 수 있는 사유 중 하나로 되어 있는 「파산 · 화의개시나 회사정리 절차 개시의 신청이 있은 때」는 채무자회생 및 파산에 관한 법률이 시행되고 있는 현재에 있어서는 「파산 · 개인회생절차개시나 회생절차개시의 신청이 있은 때」로 변경하여 사용하고 있다.

판례2-14

채무이행청구기간 제한약정의 효력

(1) 특정한 채무의 이행을 청구할 수 있는 기간을 제한하고 그 기간을 도과할 경우 채무가 소멸하도록 하는 약정은 민법 또는 상법에 의한 소멸시효기간을 단축하는 약정으로서 특별한 사정이 없는 한 민법 제184조 제2항에 의하여 유효하다.

(2) 채무자가 파산할 경우 채권자의 그 파산자에 대한 채권의 이행청구 등 권리행사는 파산법이 정하는 바에 따라 파산법원에 대한 파산채권신고 등의 방법으로 제한 및 변경되는 것이므로 채권자는 파산법원에 대한 파산채권신고라는 변경된 형태로 그 권리를 행사함으로써 약정에 의한 이행청구기간의 도과 혹은 소멸시효의 완성을 저지할 수 있다(즉, 이 경우 채권자는 파산한 채무자에게 이행청구를 하여야만 자신의 채권을 보전할 수 있는 것은 아니다).

(3) 구 파산법(2005. 3. 31. 법률 제7428호 채무자 회생 및 파산에 관한 법률 부칙 제2조로 폐지) 제209조, 제207조 제2항의 규정이 파산채권의 신고기간에 아무런 제한을 두고 있지 아니한 것은 그 신고시점까지 유효하게 채권을 보유하고 있는 자로 하여금 신고를 통하여 채권을 행사할 수 있도록 하는 것이지, 그 신고시점 이전에 이미 소멸시효 완성 등으로 채권을 상실한 자에게까지 뒤늦게 파산채권 신고를 통하여 소멸한 채권을 부활시켜 주고자 하는 것은 아니다(대판 2006.4.14. 2004다70253).

다. 회사채의 상환의무에 대한 지급보증의 경우

여신채무에 대한 은행의 지급보증이 주채무자를 매개로 하여 채권자와 은행 사이에 이루어지는 보증계약임에 대하여, 회사채의 상환의무에 대한 지급보증은 불특정의 회사채 소지인에 대하여 그 상환의무를 부담하겠다고 하는 은행의 단독행위에 속한다.

회사채는 유가증권에 속한다. 따라서 회사채의 상환의무에 대한 은행의 지급보증책임은, 지급보증을 신청한 회사채 발행인과 어떠한 합의를 하였는지에 관계없이, 회사채권에 기재되어 있는 보증문언에 따라 결정된다.

은행은 회사채 발행인이 회사채의 만기에 지급할 원리금에 대한 보증책임을 부담한다. 그러나 회사채의 권리자는 은행에 대한 보증채무의 이행청구를, 원금에 대하여는 상환기일로부터, 이자에 대하여는 지급기일로부터 3개월 이내에 하여야 하고, 만일 이 기간 내에 이행청구를 하지 않으면 보증채무가 소멸하게 된다. 그리고 전환사채의 경우 전환청구로 전환된 부분의 원리금에 대하여는, 전환청구일로부터 보증채무가 소멸하게 된다.[85]

4. 신용보증기금 보증서담보의 특수성

(1) 신용보증기금보증의 특수성

가. 신용보증기금보증의 법적성질

신용보증기금[86]이 행하는 신용보증은 민·상법상의 보증이 아니라 신용보증기금법이라는 특별법에 의한 보증이라는 점에 특징이 있다. 그러나 신용보증기금법에 의한 신용보증이라도 신용보증기금법에서 특별히 정하고 있는 사항 이외에는 민·상법상의 보증에 관한 법리가 적용된다.

따라서 신용보증기금이 행하는 신용보증도 기본적으로는 민·상법상의 보증에 속한다. 다만 신용보증기금법은 신용보증기금의 효율적인 운용을 위하여 채권자의 보증채무 이행청구시기와 기금의 보증채무이행범위(신보 29, 신보령 21~23) 및 채권자의 의무(신보 31) 등에 관하여 민·상법의 규정과는 다른 특례를 정하고 있고, 나아가 신용보증기금도 신용보증약관에 보증채무의 성립에서 이행에 이르기까지 여러 특약사항을 정하고 있으므로, 이 범위에서 신용보증기금보증은 민·상법상의 보증과 다른 특수한 보증이라고 할 수 있다.

민·상법상의 보증과 다른 특수한 보증으로는 신용보증기금법에 의한 신용보증기금보증 이외에 기술보증기금법에 의한 기술보증기금보증, 한국주택금융공사

85) 은행의 담보약관 서식 중 사채보증약정서 제5조 제5호 및 사채보증약정서(전환사채용) 제5조 제5호 참조.

86) 신용보증기금은 담보능력이 미약한 기업의 채무를 보증하여 기업의 자금융통을 원활히 하고, 신용정보의 효율적인 관리·운용을 통하여 건전한 신용질서를 확립함으로써 균형있는 국민경제의 발전에 기여함을 목적으로 신용보증기금법이라는 특별법에 의하여 설립된 법인이다(신보 1).

법에 의한 주택금융신용보증기금보증 및 농림수산업자신용보증법에 의한 농림수산업자신용보증기금보증 등이 있다. 그러나 이들 신용보증은 각 기금의 운용목적에 따라 보증의 대상을 달리하고 있을 뿐, 보증에 따른 기본적인 법률관계는 신용보증기금보증과 다르지 않다. 즉 이들 신용보증도 당해 법률과 해당 기금이 약관에서 특별히 정하고 있는 사항을 제외하고는 민·상법상의 보증에 관한 법리가 그대로 적용된다. 따라서 여기에서는 지면 관계상 신용보증기금의 신용보증을 대상으로 한 법률관계로 한정하여 설명하기로 한다.

나. 신용보증약관의 적용범위

신용보증기금은 신용보증의 효율적인 운용을 위하여 신용보증거래에 필요한 여러 특약사항을 정한 신용보증약관을 마련하여 이를 신용보증거래의 당사자 사이에 적용하도록 하고 있으며, 이들 신용보증약관 중 금융기관의 여신거래에 적용되는 것으로는 대출보증·제2금융보증용 신용보증약관과 전자상거래대출보증·전자상거래제2금융보증용 신용보증약관 및 지급보증의 보증용 신용보증약관의 3가지가 있다.

대출보증·제2금융보증용 신용보증약관은 ①신용보증기금과 금융기관 간에 체결한 '전자신용보증서 등 운용에 관한 협약'에 의하여 신용보증기금이 전자문서로 송신하는 형식의 신용보증(전자신용보증)과 ②약관을 기재하여 서면으로 발급하는 형식의 신용보증(서면신용보증)의 방식으로 하는 대출보증 또는 제2금융보증에 적용된다(신보약 1). 그리고 전자신용보증의 경우 이 대출보증·제2금융보증용 신용보증약관에서 특별히 정함이 없는 전자문서의 범위, 송·수신방법, 전자문서의 효력 등에 관하여는 신용보증기금과 금융기관 간에 체결한 '전자신용보증서 등 운용에 관한 협약'의 내용이 적용된다(신보약 2).

전자상거래대출보증·전자상거래제2금융보증용 신용보증약관은 신용보증기금과 금융기관 간에 체결한 "전자신용보증서 등 운용에 관한 협약"에 의하여 신용보증기금이 전자문서로서의 전자신용보증서를 송신하는 형식의 전자상거래대출보증 또는 전자상거래제2금융보증에 적용된다(전신보약 1). 그리고 이 전자상거래대출보증·전자상거래제2금융보증용 신용보증약관에서 특별히 정함이 없는 전자문서의 범위, 송·수신방법, 전자문서의 효력 등에 관하여는 신용보증기금과 금융기관 간에 체결한 '전자신용보증서 등 운용에 관한 협약'의 내용이 적용된다(전신보약 2).

지급보증의 보증용 신용보증약관은 ①신용보증기금과 금융기관 간에 체결한 '전자신용보증서 등 운용에 관한 협약'에 의하여 신용보증기금이 전자문서로 송신하는 형식의 신용보증(전자신용보증)과 ②약관을 기재하여 서면으로 발급하는 형식의 신용보증(서면신용보증)의 방식으로 하는 대출보증 또는 제2금융보증에 적용된다(지신보약 1). 그리고 전자신용보증의 경우 이 지급보증의 보증용 신용보증약관에서 특별히 정함이 없는 전자문서의 범위, 송·수신방법, 전자문서의 효력 등에 관하여는 신용보증기금과 금융기관 간에 체결한 '전자신용보증서 등 운용에 관한 협약'의 내용이 적용된다(지신보약 2).

이하에서는 신용보증기금의 신용보증을 받아 여신취급을 하는 금융회사인 채권자의 입장에서 신용보증채무의 성립과 보증부 대출채권의 관리 및 보증채무의 이행청구 등에 관하여 특별히 유의하여야 할 사항을 위 신용보증약관에 따라 설명하기로 한다.

(2) 보증채무의 성립

가. 개설

신용보증기금이 하는 지급보증은 신청인으로부터 신용보증신청을 받아 심사한 후, 신청인과 신용보약정서에 의한 신용보증약정을 체결하고서, 신청인의 채권자에게 소정의 신용보증서를 발급하는 방법으로 이루어진다. 금융회사의 여신채무에 대한 보증의 경우, 신용보증서를 발급받은 채권자로서 유의하여야 할 사항은 다음과 같다.

나. 금융거래확인서의 오류발생 방지

신용보증기금으로부터 신용보증을 받고자 하는 자는 대출을 받고자 하는 금융회사로부터 금융거래확인서를 발급받아 제출하여야 한다. 따라서 신용보증서담보대출을 함에 있어서는 그에 앞서 그 거래처에 대한 금융거래확인서를 작성하게 되는데 그 작성에 오류가 생기지 않도록 유의하여야 한다. 연체사실이 있음에도 이를 없는 것으로 금융거래확인서(종래에는 거래상황확인서)를 작성함으로써 신용보증기금이 보증신청인을 신용 있는 것으로 믿고 신용보증을 한 경우에는, 법률행위의 중요부분에 착오가 있는 것으로써 그 신용보증을 취소할 수 있는 것으로 보아야 하기 때문이다.[87] 그러나 채권자로서는, 신용보증기금이 요청하는 금융거래확인사항에 대하여서만 사실대로 확인해주면 되는 것이지, 거기에서 더 나아가 채권자가 파악하고 있는 주채무자의 신용상태를 적극적으로 고지해줄 의무까지는 없는 것으로 보아야 한다.[88]

판례2-15

1. 신용보증의 취소를 인정한 사례

기업의 실질적 경영주가 '금융기관의 신용정보교환 및 관리규약'에 따라 금융부실거래자로 규제되어 있어서 자기의 이름으로는 금융기관의 대출이나 신용보증기금의 신용보증을 받을 수 없음을 알고 타인의 명의로 사업자등록을 한 후 그의 명의로 신용보증을 신청하고, 신용보증기금은 신청명의인을 보증대상기업의 경영주로 오인하고 그에 대한 신용조사를 하여 그에게 신용불량사유가 없음을 확인한 다음 신용보증을 한 경우, 신용보증기금이 보증대상기업의 실제 경영주가 신청명의인이 아니고 금융부실거래자로 규제되고 있는 자라는 사실을 알았더라면 위 신용보증을 체결하지 아니하였을 것이 분명하고, 신용보증기금은 위 기업의 경영주가 금융기관대출에 있어서 신용 있는 자임을 착각하고 위 신용보증을 하게 된 것으로서 이는 법률행위의 중요부분에 착오가 있는 경우에 해당한다(대판 2005.5.12. 2005다6228).

2. 신용보증의 취소를 인정하지 않은 사례

기술신용보증기금이 신용보증을 할 당시에는 보증대상 기업의 사업장에 대한 가압류 여부는 그 기업의 신용 유무에 관한 심사기준에 포함되지 않았을 뿐만 아니라, 가사 금융기관의 대출규정상 담보물에 가압류명령이 있으면 기존 모든 대출의 기한의 이익을 상실시키는 효력이 있어 신규대출에 대한 기술신용보증기금의 신용보증에 있어서도 이러한 가압류의 존부는 당연히 심사기준이 된다고 하더라도, 보증대상 기업의 사업장에 관한 가압류가 그 피보전권리가 없이 부당하게 발령된 것임이 사후에 밝혀진 점에 비추어 볼 때 기술신용보증기금으로서는 위 신용보증을 할 당시 위 가압류의 존재에 관하여 착오가 있었다고 하여 그로 인하여 무슨 경제적 불이익을 입은 것은 아니라고 할 것이므로, 기술신용보증기금이 위 가압류가 없는 것으로 표시된 금융기관의 기업실태조사서의 기재를 믿고 위 신용보증을 하였다고 하여 그와 같은 착오가 위 신용보증행위의 중요 부분에 관한 것이라고 볼 수 없다(대판 1998.9.22. 98다23706).

87) 대판 1987.7.21. 85다카2339, 대판 1996.7.26. 94다25964 참조.
88) 대판 1998.7.24. 97다35276 참조.

다. 피보증인과 대출신청인의 일치여부 확인

대출신청(또는 지급보증신청)을 한 당사자의 본인 여부 및 그 당사자가 신용보증서상의 피보증인인지 여부를 철저히 확인하여야 한다. 예컨대 D가 A의 주민등록증을 훔쳐 관계서류를 위조하고서, A로 행세하여 신용보증기금으로부터 발급받은 신용보증서를 제출하고서 S은행으로부터 대출을 받아간 경우에는, A에 대한 대출계약이 무효가 되고, 그에 따라 신용보증기금의 S은행에 대한 보증채무도, 보증채무의 부종성에 기하여 성립되지 않는 것이기 때문이다.

판례2-16

신용보증서상의 피보증인에 대한 대출인지의 여부에 대한 확인의무자

은행이 신용보증기금 발행의 신용보증서를 교부받고 대출을 하는 경우, 고객으로부터 대출신청을 받아 대출하는 주체는 은행이므로, 특별한 사정이 없는 한 실제로 대출신청을 한 당사자의 본인 여부 및 그 당사자가 신용보증서상의 피보증인인지 여부는 은행이 이를 조사 · 확인하여야 할 것이고, 신용보증기금이 그 직원으로 하여금 신용보증신청인의 본인 여부를 확인하도록 하는 내부 규정을 두고 있다고 하더라도 이는 신용보증기금이 자신의 이익을 보호하기 위하여 피보증인이 될 신용보증신청인의 신용 등을 조사하기 위한 것이며, 신용보증기금이 은행의 이익을 보호하기 위하여 보증신청 행위자와 그 명의인의 일치 여부를 조사해 줄 의무를 부담한다고 할 수 없다(대판 1999.10.8. 98다37552).

라. 신용보증의 성립요건 충족

(가) 성립요건 특약의 취지

신용보증기금은 신용보증은 물적 담보능력이 미약한 중소기업이 부담하는 채무를 보증하여 기업의 자금융통을 원활히 하고, 신용정보의 효율적 관리 · 운용을 통하여 건전한 신용질서를 확립함으로써 신용사회 구현과 균형 있는 국민경제 발전에 이바지함을 목적으로 한다. 이에 따라 신용보증기금은 신용보증의 효율적인 운용을 위하여 신용보증약관에 신용보증관계의 성립에 필요한 요건을 다음과 같이 정하고 있으며, 이에 위반하여 대출(또는 지급보증)을 실행한 때에는 보증채무의 전부 또는 일부에 대하여 책임을 지지 않는다(신보약 23①iii, 전신보약 24①iv, 지신보약 22①iii).

㈏ 일반 여신의 경우

㈀ 신용보증조건에 부합되는 취급

신용보증기금의 신용보증조건에 부합되게 대출(또는 지급보증)을 취급하여야 한다(신보약 7①ⅰ, 전신보약 8①ⅰ, 지신보약 6①ⅰ). 신용보증조건이란 신용보증서에서 명시한 채권자, 채무자, 보증금액, 보증기한, 보증방법, 대출과목, 보증비율, 보증특약을 말한다(신보약 3ⅱ, 전신보약 3ⅱ, 지신보약 3ⅱ).

신용보증기금이 별도의 보증특약을 정한 경우 그 보증특약은 신용보증약관에 우선하여 적용된다. 만일 채권자가 신용보증기금이 정한 보증특약을 받아들일 수 없는 경우에는 보증부대출을 실행하여서는 아니 된다(신보약 5①, 전신보약 6①, 지신보약 5①). 그러나 이 경우 채권자는 신용보증기금으로부터 보증특약의 변경통지를 받아 대출을 실행할 수 있다(신보약 5②, 전신보약 6②, 지신보약 5②). 그리고 보증특약에서 신용보증 대상채무의 범위를 한정하고 있거나 신보의 보증책임을 제한하는 경우에는 신보의 보증책임은 특약내용대로 축소된다(신보약 5③, 전신보약 6③, 지신보약 5③).

판례2-17

신용보증 약정상의 면책특약의 의미

⑴ 신용보증기금이 발행한 신용보증서에 "본 보증서는 사업자등록증을 교부받은 업체 간에 당해 업체의 사업목적에 부합되고 정상적 영업활동으로 이루어지는 재화 및 용역거래에 수반하여 발행된 상업어음(세금계산서가 첨부된)의 할인에 대하여 보증책임을 진다."라는 특약사항이 있는 경우, 어떤 어음이 사업자등록증을 교부받은 업체 간에 그 업체의 사업목적에 부합되는 정상적인 영업활동으로 이루어지는 재화 및 용역거래에 수반하여 발행된 것인 이상, 이는 위 특약에서 말하는 상업어음에 해당하므로 비록 그 어음의 유통과정에서 어느 배서인에게 그 어음에 대한 분실 등의 사유가 발생하였다고 하더라도 그러한 사정을 모르고 그 어음을 할인하여 준 금융기관에 대하여 신용보증기금이 위 특약사항에 기하여 보증책임을 면하게 된다고 할 수 없다(대판 2003.2.11. 2002다57324).

⑵ 신용보증기금이 발급한 신용보증서에 신용보증 대상이 되는 '대출과목'이 '할인어음'이라고 기재되어 있는 한편, "본 보증서는 사업자등록증을 교부받은 업체 간에 당해 업체의 사업목적에 부합되고 경상적 영업활동으로 이루어지는 재화 및 용역거래에 수반하여 발행된 상업어음(세금계산서가 첨부된)의 할인에 대하여 책임을 진다"라는 내용의 특약사항이 기재되어 있는 경우, 신용보

증서에 기재된 대출과목과 특약사항의 내용, 신용보증기금의 설립 취지, 신용보증이 이루어지는 동기와 경위, 신용보증에 의하여 달성하려는 목적, 신용보증에 의하여 인수되는 위험 및 상업어음할인대출 절차의 엄격성 등을 종합적으로 고려하면, 위 신용보증서의 상업어음할인 특약에 의해 신용보증을 한 당사자의 의사는, 금융기관이 선량한 관리자로서의 주의의무를 다하여 정상적인 업무처리절차에 의해 상업어음인지 여부를 확인하고 상업어음할인의 방식으로 실시한 대출에 대하여 신용보증책임을 진다는 취지로 해석함이 합리적이고, 따라서 금융기관이 상업어음으로서 할인한 어음이 사후에 상업어음이 아님이 드러났다 하여도 그 할인에 의한 대출과정에서 선량한 관리자로서의 주의의무를 다하였다면 그에 대하여는 신용보증기금이 신용보증책임을 부담한다(대전합판 2008.5.23. 2006다36981).

(ㄴ) 신용보증통지일 이후의 대출실행

신용보증기금으로부터의 신용보증통지일 또는 전자신용보증서 송신일 전에 대출(또는 지급보증)을 실행하여서는 아니 된다(신보약 7①ii, 전신보약 8①ii, 지신보약 6①ii). 신용보증통지일이란 전자신용보증의 경우에는 전자신용보증서를 송신한 날을, 서면신용보증의 경우에는 서면신용보증서 앞면에 기재된 발급일을 말한다(신보약 3iv, 지신보약 3iv).

(ㄷ) 신용보증통지일로부터 60일 이내 대출실행

신용보증기금의 신용보증통지일 또는 전자신용보증서 송신일로부터 60일 이내에 대출(또는 지급보증)의 전부 또는 일부가 실행되어야 한다(신보약 7①iii, 전신보약 8①iii, 지신보약 6①iii). 그리고 보증방법이 근보증인 경우 신용보증기금은 신용보증통지일 또는 전자신용보증서 송신일로부터 보증기한 내에 실행된 대출(또는 지급보증)에 대하여만 보증책임을 부담한다(신보약 9, 전신보약 10, 지신보약 8).

(다) 당좌대출 · 종합통장자동대출의 경우

대출과목이 당좌대출 · 종합통장자동대출(대출운용방식이 이와 유사한 대출거래 포함)인 경우에는 위 (나)의 요건충족 여하에 불구하고 아래 각 호의 어느 하나에 해당하는 때에 한하여 신용보증관계가 성립된 것으로 본다(신보약 7②).

① 신용보증통지일 전에 기본대출약정이 체결되어 있지 않는 경우에는 신용보증통지일로부터 60일 이내에 신용보증조건에 부합되게 기본대출약정이 신규로 체결될 것

② 신용보증통지일 전에 이미 기본대출약정이 체결되어 있는 경우에는 아래 각 목의 어느 하나에 해당할 것

i) 신용보증통지일 전에 체결된 대출약정금액 전부가 신보의 보증부대출인 경우에는 신용보증통지일로부터 60일 이내에 신용보증조건에 부합되게 대출의 전부 또는 일부가 실행될 것

ii) 신용보증통지일 전에 체결된 대출약정에 대한 담보로 신보의 신용보증과 다른 담보(채권자의 자체신용 포함)가 함께 있는 경우에는 이 신용보증서에 의한 대출실행일 전일에 대출금 잔액이 기존 신용보증의 신보책임분담부분과 채권자책임분담부분의 합계액 이하인 상태에서 신용보증통지일로부터 60일 이내에 신용보증조건에 부합되게 대출의 전부 또는 일부가 실행될 것

iii) 신용보증통지일 전에 체결된 대출약정에 대한 담보로 신보의 신용보증 없이 다른 담보(채권자의 자체신용 포함)만 있는 경우에는 그 대출약정에 의한 대출금을 이 신용보증서에 의한 대출실행일 전일까지 다 갚아 대출금 잔액이 없는 상태에서 신용보증통지일로부터 60일 이내에 신용보증조건에 부합되게 대출의 전부 또는 일부가 실행될 것

㈑ 특수한 경우

보증방법이 근보증인 기존보증의 보증기한만을 연장하기 위하여 기존 보증금액 이내에서 기존보증과 같은 신용보증조건으로 새로운 보증을 한 경우에는 위 ㈏ 및 ㈐의 요건충족 여하에 불구하고 신용보증조건에 부합되게 대출(또는 지급보증)이 실행되면 그 신용보증서에 의한 신용보증관계가 성립한다. 이 경우 신용보증기금은 기존보증의 보증기한 다음날부터 새로운 보증의 신용보증통지일 전일까지 실행된 대출(또는 지급보증)에 대하여는 보증책임을 부담하지 아니한다(신보약 7③, 전신보약 8③, 지신보약 6③).

판례2-18

1. 60일 내에 주된 채권채무관계가 성립하였는지 여부의 판단기준

신용보증기금법 제28조에서 말하는 통지 후 60일 내에 주된 채권채무관계가 성립하였는지의 여부는 그 신용보증방법이 채권자와 채무자 사이의 계속적 거래관계로 인하여 발생하는 불특정채무를 일정한 보증한도와 기간을 정하여 보증하는 이른바 근보증인 경우에는 일련의 대출 가운데의 일부 또는 전부가 그 기간 내에 이루어졌는지의 여부에 의하여 판단하여야 하고 당해 계속적 거래관계에서 발생한 개별적인 채권채무의 발생 일시만을 기준으로 할 것은 아니다(대판 1994.10.28. 94다17086).

2. 신용보증서상의 대출과목과 부합되지 않은 대출에 대한 보증책임

신용보증약관에 금융기관이 신용보증서 앞면의 기재 내용과 특약사항에 위반하여 대출을 실행하였을 경우에는 신용보증기금은 보증채무 전부에 대하여 책임을 지지 않는다고 규정하고 있고, 신용보증서 앞면에는 보증금액, 피보증인, 보증기한, 보증방법, 대출과목, 특약에 관한 사항을 기재하도록 되어 있는 경우, 신용보증서 앞면에 기재되는 대출과목은 보증인이 우선신용보증을 하기 위하여 기재된 경우와 단순히 신용보증채무의 동일성 여부를 확인하기 위하여 기재된 경우로 구분할 수 있다고 할 것이고, 대출과목이 우선신용보증 대상으로서 기재된 경우에는 금융기관이 신용보증서의 대출과목과 달리하여 대출을 한 때에는 원칙적으로 면책약관이 그대로 적용되어 보증인은 보증책임을 면하되, 보증인이 당초 신용보증을 함에 있어 피보증인이 대출과목을 달리하여 대출을 받은 경우에도 보증인으로부터 그 보증여부나 보증한도 등에 관하여 동일한 조건으로 보증을 받을 수 있었다고 볼 수 있는 사정이 있는 때에는 면책을 규정한 약관에도 불구하고 보증책임을 진다고 볼 것이고, 또한 대출과목이 단순히 보증채무의 동일성 여부를 확인하기 위하여 기재된 경우에는 대출과목이 다르다고 하더라도 보증채무의 동일성이 인정되는 한 보증인은 보증책임을 지고 면책약관은 적용되지 않는다(대판 2001.2.27. 99다23574).

마. 신용보증부실기업에 대한 대출실행 금지

신용보증통지일 또는 전자신용보증서 수신 이후라도 채무자에게 아래 열거하는 어느 하나에 해당하는 사유가 발생한 경우에는 따로 신용보증기금의 서면에 의한 동의가 없는 한, 보증부대출(분할대출 포함) 또는 보증부지급보증을 실행하여서는 아니 된다(신보약 13①, 전신보약 14①, 지신보약 12①).

① 신용보증부실사유(신보약 12①, 전신보약 13①, 지신보약 11①) 중 어느 하나라도 발생한 경우

② 채권자의 보증부대출 취급점에 신보의 다른 신용보증서에 의한 보증부대출 또는 보증부지급보증이 있는 경우, 그 다른 신용보증서 약관에서 정한 신용보증부실사유(2007년1월31일 이전 발급된 신용보증서의 경우에는 신용보증사고사유를

말함) 중 어느 하나라도 발생한 경우

③ 신용보증기금이 채권자에게 채무자를 신용보증부실기업으로 정하여 통지한 경우

④ 보증부대출인 할인어음의 발행인 또는 인수인이 어음교환소로부터 거래정지처분을 받은 사실을 인지한 경우

또한 위에 열거한 어느 하나에 해당하는 채무자에 대하여는 신용보증기금의 서면에 의한 동의가 없는 한 근보증기간 중이더라도 보증부대출 또는 보증부지급보증을 실행하여서는 아니 된다(신보약 13②, 전신보약 14②, 지신보약 12②).

만일 위와 같은 신용보증부실기업에 대한 대출실행 금지 약정에 위반하여 대출실행한 때에는 신용보증기금은 보증채무의 전부 또는 일부에 대하여 책임을 지지 않는다(신보약 23①vii, 전신보약 24①vii, 지신보약 22①vii). 채무자를 신용보증부실기업이 되게 하는 신용보증부실사유는 신용보증약관(대출보증 · 제2금융보증용) 제12조 제1항, 신용보증약관(전자상거래대출보증 · 전자상거래제2금융보증용) 제13조 제1항 및 신용보증약관(지급보증의 보증용) 제11조 제1항에 열거되어 있으며 이에 대하여는 뒤에 자세히 설명한다.

바. 보증금액

보증금액은 채권자의 채무자에 대한 대출예정금액(또는 지급보증예정금액)에 보증비율을 곱한 금액으로 하고, 만일 채권자가 보증서상의 대출예정금액(또는 지급보증예정금액) 이하로 대출(또는 지급보증)하는 경우의 보증금액은 별도의 통지가 없더라도, 보증부대출금액(또는 보증부지급보증금액)에 보증비율을 곱하여 산출한 금액으로 자동 축소된다(신보약 4, 전신보약 5, 지신보약 4).

(3) 보증부 대출채권의 관리

가. 신용보증조건의 변경

채권자는 신용보증기금으로부터 전자문서 또는 서면에 의한 신용보증조건의 변경통지를 받지 아니하고는 대출과목(또는 지급보증과목)의 변경, 채무자의 변경, 개별보증에 있어서의 대출기한 연장(또는 지급보증기한의 연장) 등을 하여서는 아니 되며(신보약 10①, 전신보약 11①, 지신보약 9①), 신용보증기금은 이 변경통지에

부합되도록 보증부대출(또는 보증부지급보증)의 내용이 변경된 경우에만 보증책임을 부담한다(신보약 10②, 전신보약 11②, 지신보약 9②).

특히 보증방법이 개별보증인 경우 채권자는 보증기한을 연장하는 신용보증기금의 신용보증조건변경통지에 의하여 기존대출을 소멸시키면서 그와 동일한 내용의 새로운 대출을 발생시키는 신규대출형식으로 보증부대출의 기한을 연장하여서는 아니 된다(신보약 10③, 전신보약 11③).

판례2-19

변제기한 연기를 위한 신규대출형식의 대환시 보증채무 소멸

보증인은 신용보증기금이 채권자인 은행과 사이에 신용보증계약을 체결하면서 채권자가 신규대출형식에 의한 대환취급을 할 수 없으며 이를 위반한 경우에는 위 신용보증기금은 보증채무의 책임을 면한다고 약정하였다면 은행이 신규로 금원을 대출하여 그 돈으로 기존의 대출금상당액과 상계하여 변제처리한 형식을 취한 이상 이는 위 약관에서 말하는 신규대출 형식에 의한 대환취급을 한 때에 해당하고, 따라서 당초에 대출한 일정액의 채무가 그 변제기한만 연장된 채 그대로 동일성을 유지 존속하고 있는 여부와는 관계없이 위 면책약관에 따라 위 신용보증기금은 신용보증계약에 따른 보증금지급의무를 면한다(대판 1988.9.27. 88다카2080).

나. 신용보증부실사유 등의 통지

(가) 통지사항

채권자는 ①신용보증관계의 성립 ②보증부대출의 전부 또는 일부의 소멸(근보증의 경우에는 보증기한 경과 후에 한함) ③신용보증부실사유의 발생 ④신보에게 통지한 신용보증부실사유의 해소에 해당하는 사유가 발생한 경우에는 그 사실을 신용보증기금에게 통지하여야 한다(신보약 11, 전신보약 12, 지신보약 10).

(나) 통지방법과 통지기한

통지사항의 통지는 전자문서 또는 서면으로 하여야 한다(신보약 11, 12①, 전신보약 12, 13①, 지신보약 10, 11①). 그리고 통지는 위 통지사항 중 ①②④의 경우는 그 사실의 발생 후 지체 없이 하여야 하고, ③의 경우는 다음 표(신용보증부실사유 및 통지기한)에서 정하는 통지기한 내에 신용보증기금에 도달하도록 하여야 한다(신보약 11, 12①본, 전신보약 12, 13①본, 지신보약 10, 11①본).

[보증부지급보증에 관한 신용보증부실사유 및 통지기한]

순번	신용보증부실사유	통지기한
1	보증부지급보증의 대지급이 발생된 때	부실사유 발생일로부터 1개월 이내
2	채권자가 보증부지급보증의 기한의 이익을 상실시킨 때	부실사유 발생일로부터 10일 이내
3	채권자의 보증부지급보증 취급점에서 채무자가 어음교환소로부터 거래정지처분을 받을 사유가 발생한 때	부실사유 발생일의 다음 영업일 이내
4	채권자의 보증부지급보증 취급점에서 채무자가 한국신용정보원의 '신용정보관리규약'에 의한 연체정보, 대위변제·대지급정보, 부도정보, 금융질서문란정보(관련인 제외)의 등록사유가 발생한 때	부실사유 발생일로부터 1개월 이내
5	'채무자회생및파산에관한법률'에 따라 채무자에 대한 회생절차, 파산절차, 개인회생절차 개시의 신청이 있거나 청산에 들어간 때	부실사유 발생 사실을 인지한 날로부터 10일 이내
6	채무자가 신용회복위원회에 신용회복지원을 신청하였거나 절차가 진행 중인 때	부실사유 발생 사실을 인지한 날로부터 10일이내

* 위 순번3의 경우에는 먼저 전화로 통지한 후 지체 없이 전자문서 또는 서면으로 통지하여야 한다.

[보증부대출에 관한 신용보증부실사유 및 통지기한]

순번	신용보증부실사유	통지기한
1	보증부대출의 원금(분할상환금 포함)이 약정기일에 변제되지 아니한 때	부실사유 발생일로부터 1개월 이내
2	보증부대출의 이자가 약정기일에 변제되지 아니한 때	부실사유 발생일로부터 2개월 이내
3	보증부대출의 원금을 1개월 이하의 간격으로 분할하여 변제받기로 한 경우에는 제1호 및 제2호에 불구하고 분할상환원금 또는 이자가 약정기일에 변제되지 아니하고 2월이 경과한 때	부실사유 발생일로부터 1개월 이내
4	채권자가 보증부대출의 기한의 이익을 상실시킨 때	부실사유 발생일로부터 10일 이내
5	채권자의 보증부대출 취급점에서 채무자가 어음교환소로부터 거래정지처분을 받을 사유가 발생한 때	부실사유 발생일의 다음 영업일 이내
6	채권자의 보증부대출 취급점에서 채무자가 전국은행연합회의 '신용정보관리규약'에 의한 연체정보, 대위변제 · 대지급정보, 부도정보, 금융질서문란정보(관련인 제외)의 등록사유가 발생한 때	부실사유 발생일로부터 1월 이내
7	'채무자회생및파산에관한법률'에 따라 채무자에 대한 회생절차, 파산절차, 개인회생절차 개시의 신청이 있거나 청산에 들어간 때	부실사유 발생 사실을 인지한 날로부터 10일 이내
8	채무자가 신용회복위원회에 신용회복지원을 신청하였거나 절차가 진행 중인 때	부실사유 발생 사실을 인지한 날로부터 10일 이내

* 위 순번5의 경우에는 먼저 전화로 통지한 후 지체 없이 전자문서 또는 서면으로 통지하여야 한다.

채권자가 위 표(신용보증부실사유 및 통지기한)에서 정하는 신용보증부실사유 발생사실을 통지하는 경우에는 여 · 수신 계좌조회표 및 담보조회표를 지체 없이 신용보증기금에 우편 또는 FAX로 보내야 한다(신보약 12②, 전신보약 13②, 지신보약 11②).

2개 이상의 신용보증부실사유가 발생한 경우에는 통지기한이 가장 먼저 도래하는 부실사유에 의하여 통지하여야 하며, 이 통지 후에 새로운 부실사유가 발생하더라도 추가로 부실사유 발생통지를 하지 아니한다. 다만, 부실사유가 해소되어 신용보증기금에게 신용보증부실사유 해소통지를 한 후에 새로운 부실사유가 발생된 경우에는 그 사실을 통지하여야 한다(신보약 12③, 전신보약 13③, 지신보약 11③).

신용보증부실사유가 발생한 후 해당 부실사유가 해소된 경우에는 그 신용보증부실사유는 처음부터 발생하지 아니한 것으로 본다. 이 경우에 2개 이상의 신용보증부실사유가 발생하였을 때에는 그 부실사유가 전부 해소되어야 한다(신보약 12④, 전신보약 13④, 지신보약 11④).

판례2-20

1. 채권자가 보증인에게 통지하여야 할 신용보증사고의 범위

채권자인 은행과 보증인인 신용보증기금 사이에 체결된 신용보증약정에 있어 신용보증기금법 제31조 제2항에서 규정한 사유와 동일하게 채권자의 보증인에 대한 통지의무를 규정하였다면 이는 보증인으로 하여금 보증채무의 변제로 인한 구상채권을 미리 확보할 수 있도록 한 취지이므로 채권자가 보증인에게 통지하여야 할 신용보증사고는 채무자가 채권자에 대하여 부담하고 있는 피보증채무에 관하여 기한의 이익을 상실하거나 채무를 이행하지 아니하는 그와 같은 통지사유가 발생한 것을 말하고 특별한 사정이 없는 한 피보증채무 이외의 채무에 관하여 위의 사유가 발생한 경우는 포함되지 아니한다(대판 1988.9.20. 87다카2112, 동취지 대판 1989.9.29. 88다카14663).

2. 신용보증사고기업의 해소요건

신용보증기금이 약관에서 '기금이 채권자에게 채무자를 신용보증사고기업으로 정하여 통지한 때'를 독립된 신용보증사고의 하나로 정하고 있는 경우, 약관상의 '신용보증사고가 발생된 후 당해 사고사유가 해소되어 처음부터 그 신용보증사고가 발생되지 아니한 것'으로 보기 위해서는 신용보증기금이 채권자에게 채무자에 대한 신용보증사고 기업지정을 해제한다거나 장래 보증부대출을 취급하여도 무방하다는 취지의 통지를 하여야 하는 것으로 해석함이 상당하다고 한 사례(대판 2005.10.28. 2005다35226).

(다) 통지의무 위반시의 효력

채권자가 소정의 통지기한까지 신용보증부실사유 발생통지를 하지 않아, 신용보증기금의 채권보전에 장애가 초래된 때에는, 그 범위에서 신용보증기금이 보증채무를 면하게 된다(신보약 23①vi, 전신보약 24①vi, 지신보약 22①vi).

통지의무를 위반하였다고 하여도, 그것이 신용보증기금의 채권보전에 영향을 미친 것이 아니면, 보증채무가 면책되는 것이 아니다. 예컨대 채권자가 신용보증사고의 발생을 통지하지 않았다거나 소정의 기한이 지난 후에 통지하였다 하더라도, 주채무자가 아무런 재산을 보유하고 있지 않아 처음부터 신용보증기금이 구상채권을 확보할 수 없었다거나 또는 주채무자의 재산도피 사실이 없어, 구상채권의 확보에 영향을 미치지 않은 경우에는 신용보증기금이 보증채무를 면할 수 없다.

따라서 채권자가 통지의무를 위반함으로써 신용보증기금이 보증채무를 면하게 되는 것은, 통지의무를 게을리하고 있는 사이에 주채무자가 보유재산을 도피함으로써, 신용보증기금이 채권보전 조치를 취하지 못하여 구상할 수 없게 된 금액, 즉 소정기한 내에 통지를 해주었더라면 채권보전 조치를 취하여 구상할 수 있었을 금액에 한하는 것으로 보아야 한다.

판례2-21

통지의무위반에 따른 보증채무 면책의 요건

(1) 법률행위는 당사자의 내심적 의사에 관계없이 당사자가 그 표시행위에 부여한 객관적 의미를 합리적으로 해석하여야 하며, 특히 당사자 일방이 작성한 약관이 계약의 일부로서 상대방의 법률상 지위에 중대한 영향을 미치게 되는 경우에는 약관의 규제에 관한 법률 제6조 제1항, 제7조 제2호의 규정 취지에 비추어 더욱 엄격하게 해석하여야 한다.

(2) 신용보증기관이 만든 대출보증약관의 면책기준에서 면책의 요건인 '장애'에 관하여 '채권자의 신용보증사고통지 지연에 의하여 신용보증기관이 채권보전조치를 취하기 전에 피보증인 및 신용보증약정서상 연대보증인 소유재산이 소유권이전, 담보권설정(전세권설정 및 등기된 임차권 포함), 가처분, 가등기된 경우'로 정하고 있는 경우, 이는 예시적인 것이 아니라 위와 같은 경우에 한정되는 것으로 보아야 하므로, 여기에서 장애는, 채권자의 신용보증사고 통지가 지연되고 있는 동안 구상권 행사의 대상이 되는 재산이 도피되거나 그 재산에 대하여 보증인에 우선하는 선순위 채권자가 새로 생기는 것을 말하고, 신용보증기관이 기존 권리의 실행절차에 불과한 경매절차에 참여하지 못하는 것은 위 면책기준에서 말하는 장애에 해당하지 않는다.

(3) 신용보증기관의 대출보증약관 중 신용보증사고의 통지를 지연함으로써 채권보전에 장애를 초래한 경우에 보증채무가 면책된다는 조항은, 채권자가 신용보증사고의 통지기한 내에 통지를 하지 아니함으로 인하여 신용보증기관의 채권보전조치에 실질적인 장애를 초래한 경우에 한하여 면책된다는 취지로 해석하여야 한다(대판 2006.9.8. 2006다24131).

다. 신용보증부대출과 관련된 담보의 관리

㈎ 담보의 취득

신용보증기금이 시설자금 대출금에 대하여 지급보증을 하는 때에는, 채권자로 하여금 그 대출금으로 채무자가 취득하는 시설인, 동산 및 부동산을 담보 취득 하도록 하는, 특약을 하는 것이 보통이다. 이 경우 채권자의 담보취득과 신용보증기금의 보증채무와의 관계는 ①담보취득 후 즉시 당해 시설의 감정실시 여부 및 담보평가에 불구하고 보증금액 전액을 해지하도록 하는 경우 ②담보취득 후 담보취득 당시 채권자 내규에 의한 당해 시설의 담보평가액에 담보물건별 융자 최고비율을 곱한 금액 이상의 보증금액을 해지하도록 하는 경우 ③담보취득하여 두고 있다가 신용보증기금의 대위변제가 있으면 그 담보권을 신용보증기금에게 이전시키도록 하는 경우의, 3가지 유형 중 하나로 하고 있다(신용보증서 앞면상의 특약내용 및 신보약 5①, 전신보약5①, 지신보약5① 참조).

위와 같은 특약에 의하여, 채권자는 채무자가 대출금을 그 용도로 정해진 시설의 취득에 제대로 사용하도록 관리하여야 하고, 나아가 그 시설의 담보취득이 가능하게 되면 즉시 담보취득해야 하는 의무를, 신용보증기금에 대하여 부담한다. 따라서 만일 채권자가 대출에 따른 사후관리를 게을리하여, 채무자가 대출금을 용도 외로 사용함으로써, 채권자가 그 대출금으로 취득하게 되어 있는 시설을 담보취득할 수 없게 되었거나, 또는 대출금으로 취득한 시설의 담보취득을 게을리하다가, 채무자가 이를 타에 처분하는 등으로 인하여 담보취득을 할 수 없게 된 때에는, 신용보증기금의 보증채무는, 다음과 같이 그 전부 또는 일부에 대하여 면책되는 것으로 보아야 한다(신보약 23①ⅰ, 전신보약 24①ⅰ, 지신보약 22①ⅰ).

첫째 위 ①의 경우는 보증채무 전액에 대하여 면책된다. 둘째 ②의 경우는 담보취득할 수 없게 된 부분에 상당하는 금액범위에서 보증채무를 면하게 된다. 이 경우 신용보증기금이 면하게 되는 보증채무의 금액은, 담보물의 실가치에 해당하는 금액이 아니라, 담보를 취득할 수 있었을 당시 채권자 내규에 의한 당해 시설의 담보평가액에, 담보물건별 융자최고비율을 곱한 금액이 된다. 셋째 ③의 경우는 그 담보권을 대위하여 구상할 수 없게 된, 실담보가치에 해당하는 금액범위에서 보증채무를 면하게 된다.

그러나 위 ①②③ 어느 경우이든, 채권자가 담보취득에 필요한 일반적인 주의 의무, 즉 이른바 선량한 관리자로서의 주의의무를 다 하였음에도 담보취득할 수 없게 된 때에는, 신용보증기금의 보증채무는 면책되지 않는 것으로 보아야 한다(신보약 5④, 전신보약 5④ 참조).

판례2-22

1. 신용보증기금의 면책을 인정한 사례

(1) ① 신용보증기금과 금융기관 사이에 신용보증을 함에 있어 금융기관이 주담보를 취득하면 신용보증을 우선 해지하기로 특약하고 이러한 특약을 위반하였을 때에는 보증책임의 전부 또는 일부에 대하여 책임을 지지 아니한다는 면책사항을 신용보증서에 기재한 취지는, 우선 일차적으로는 금융기관이 신용보증기금의 신용보증 아래 주채무자에 대출한 시설자금으로 주채무자가 설치한 시설물에 관하여 금융기관이 물적 담보를 취득한 경우에 그 취득한 담보가치 범위에서 신용보증계약을 해지하여 신용보증기금의 신용보증책임을 면하게 한다는 데에 있다.

② 위 ①항의 경우 그 담보가치는 담보물의 감정가격 그 자체가 아니고 이에 금융기관의 대출규정에 따른 담보비율을 적용한 금액이며, 신용보증인에게 주담보의 담보가치에 상당하는 면책을 인정하는 경우 그 담보가치의 평가는 담보를 취득할 수 있었을 당시를 기준으로 할 것이지 그 후 실제로 담보를 취득할 때를 기준으로 하는 것은 아니라고 할 것인 바, 만일 금융기관이 취득한 주담보의 담보가치가 신용보증기금이 보증한 대출원금채무 및 그 종속채무의 범위를 초과한다면, 금융기관으로서는 마땅히 신용보증기금의 신용보증 전부를 해지하여야 하고 설사 금융기관이 신용보증을 해지하지 않는다고 하더라도 신용보증기금은 그 전 범위에서 보증책임을 면한다(대판 1998.3.13. 97다46030).

(2) 신용보증기금이 피보증인의 은행에 대한 시설자금대출금채무를 담보하기 위하여 발급한 신용보증서의 "당해 시설 준공 즉시 은행은 공장저당법에 의한 1순위 근저당권을 설정하여 보증을 우선 해지하여야 한다."라는 특약사항과 신용보증약관상 그 특약 위반시 "담보취득 당시 은행 내규에 의한 당해 시설의 담보평가액에 담보물건별 융자최고비율을 곱한 금액 이상의 보증을 해지하여야 한다."는 면책조항의 취지는, 피보증인이 신용보증기금의 신용보증 아래 은행으로부터 대출받은 시설자금으로 설치한 당해 시설에 관하여 근저당권을 취득한 경우 그 근저당권의 담보가치 범위 내에서 신용보증기금의 보증책임을 면하게 하는 한편, 은행에게 그와 같은 근저당권을 취득할 의무를 부담시키고, 만약 은행의 귀책사유로 인하여 근저당권을 취득하지 못하게 될 경우 신용보증기금의 보증책임을 면하게 하는 데에 있고, 은행이 부담하는 담보취득의무는 당해 시설이 준공된 상태에서 피보증인이 거래정지처분을 받는 등 신용보증사고가 발생하였다고 하여 당연히 소멸하는 것은 아니므로, 피보증인이 거래정지처분을 받은 후라도 은행이 당해 시설에 관하여 근저당권을 취득한 이상, 신용보증기금으로서는 그 담보가치의 범위 내에서 보증책임을 면한다고 봄이 상당하다(대판 1999.9.17. 98다49609).

(3) 금융기관이 당해 시설을 준공하는 즉시 이를 주담보로 취득하여 신용보증기금의 신용보증을 우선 해지하며, 금융기관이 이와 같은 특약사항을 위반하는 경우에는 보증채무의 전부 또는 일부에 대하여 책임을 지지 아니하기로 하는 내용의 담보취득 특약이 있는 신용보증 아래 시설자금

을 대출하는 경우, 그 금융기관으로서는 금융기관여신운용세칙 제4조 제2항의 규정에 따라 그 대출금이 유용되지 않도록 관계 증빙서류뿐만 아니라 직접 현물 또는 시설을 확인하는 방법으로 기성고를 조사하고, 그 정당한 기성고에 대응하여 대출을 실행할 주의의무가 있는 것이고, 이 경우 관계 증빙서류를 확인하는 방법으로 기성고를 조사한다고 함은 증빙서류 등의 내용을 확인함은 물론, 특별한 사정이 없는 한 그 서류가 적법하게 작성된 것인지, 내용이 정확한 것인지 여부를 그 작성 · 발급자 등에게 조회 · 확인함으로써 정당한 기성고를 조사하는 것을 말하는 것이며, 정당한 기성고를 초과하는 대출금액 부분에 대하여는 신용보증기금은 보증책임을 부담하지 않는다(대판 2001.1.19. 99다55489).

2. 신용보증기금의 면책을 인정하지 않은 사례

신용보증기금의 보증하에 은행이 시설자금을 대출함에 있어 은행과 신용보증기금 사이에 은행은 채무자가 대출금에 의해 구입한 시설을 설치하는 즉시 이에 대해 양도담보권을 취득하기로 하되 은행이 이에 위반하였을 때에는 신용보증기금의 보증책임의 전부 또는 일부를 면제하기로 하는 특약을 하고, 이에 따라 은행이 그 시설에 대해 양도담보계약을 체결하였으나 그 시설은 채무자가 은행으로부터 대출받은 자금으로 구입한 시설이 아니라 그 이전에 리스회사로부터 리스를 받은 시설임에도 채무자가 그런 사실을 숨기고 새로 구입하는 시설인 것처럼 은행을 속여 시설자금을 대출받고 양도담보계약을 체결함으로써 결국 은행이 적법한 양도담보권을 취득하지 못한 사안에서 은행으로서는 양도담보권을 취득하지 못하였더라도 관련 서류를 심사하고 현장에 나가 직접 조사까지 마친 점에 비추어 대출금으로 매수할 시설에 대한 양도담보권을 취득함에 있어 선량한 관리자로서의 주의의무를 다하였다고 볼 것이므로 신용보증기금의 면책항변은 인정될 수 없다(대판 1997.9.9. 96다693).

㈏ 담보의 관리

채권자는 취득한 담보를 선량한 관리자의 주의의무를 다하여 다음과 같이 관리하여야 하고, 만일 이에 위반한 때에는 보증채무의 전부 또는 일부에 대하여 책임을 지지 아니한다(신보약 23①viii, 전신보약 24①viii, 지신보약 22①viii).

첫째, 채권자는 신용보증부실사유 발생 전후에 불구하고 신용보증기금이 보전을 요청한 담보를 해지하거나 포기하여서는 아니 된다(신보약 14①, 전신보약 15①, 지신보약 13①).

둘째, 채권자는 채무자에게 신용보증약관에서 정하는 보증부대출의 실행금지(신보약 13①ⅰ~ⅳ, 전신보약 14①ⅰ~ⅲ) 또는 보증부지급보증의 실행금지(지신보약 12①ⅰ~ⅲ)의 어느 하나에 해당하는 사유가 발생한 경우에는 신용보증기금의 동의 없이 아래 각 호의 행위를 하여서는 아니 된다(신보약 14②, 전신보약 15②, 지신보약 13②).

① 보증부대출(또는 보증부지급보증)과 관련된 담보의 전부 또는 일부를 해지하거나 포기하는 행위

② 보증부대출금(또는 보증부지급보증 관련 채권)을 피담보채권에서 제외하고 담보권을 행사하는 행위

③ 신용보증기금과 다른 보증기관이 동일한 대출금(또는 지급보증)에 대하여 함께 보증한 경우에 다른 보증기관의 보증채무의 전부 또는 일부를 면제하는 행위

셋째, 채권자는 보증부대출이 어음할인방식으로 실행된 경우에는 어음만기에 어음요건을 완비하여 지급제시함으로써 그 어음상의 권리가 유효하게 보전되도록 하여야 한다(신보약 14③).

넷째, 채권자는 담보물의 경매, 채무자에 대한 회생, 파산, 개인회생 등의 절차에서 배당요구, 채권신고, 기타 필요한 방법으로 보증부대출채권을 보전하고 행사하여야 하는 한편, 신용보증기금으로부터 채권보전 및 행사에 관한 필요한 조치를 요청받은 때에는 지체 없이 이에 응하여야 한다(신보약 14④⑤, 전신보약 15③④, 지신보약 13③④).

판례2-23

담보의 상실 · 감소에 따른 신용보증기금의 면책범위

(1) 신용보증기금의 업무인 신용보증은 기업이 금융기관에 대하여 부담하고 있는 대출금 채무를 보증하는 것을 그 내용으로 하고 있으므로 이는 성질상 민법상의 보증채무에 해당한다 할 것이고 따라서 신용보증기금은 피보증인인 기업의 채무를 변제할 정당한 이익이 있는 자로서 그 변제로 인하여 당연히 채권자를 대위할 법정대위권이 있는 것이므로 다른 특단의 사정이 없는 한 채권자인 은행이 고의나 과실로 담보를 상실하게 하거나 감소되게 한 때에는 신용보증기금의 대위권을 침해한 것이 되어 신용보증기금은 민법 제485조에 의하여 그 상실 또는 감소로 인하여 상환을 받을 수 없는 한도에서 그 면책주장을 할 수 있다(대판 1987.4.14. 85다카1851).

(2) ① 신용보증기금이 피보증인의 은행에 대한 대출원리금채무를 보증함에 있어 은행과의 사이에서 '은행은 피보증인인 의료재단의 사업장 부지에 1순위 근저당권을 설정한 후 대출하고, 병원건물을 준공한 즉시 건물에 대하여 주담보를 취득하여 본보증을 우선 해지할 것'이라는 보증조건과 은행이 그 보증조건을 위반하였을 때에는 신용보증기금이 보증채무 전부 또는 일부에 대하여 책임을 지지 아니하기로 하는 면책특약이 이루어진 경우, 은행이 위 보증조건에 따라 의료재단의 병원 건물 및 부지에 대하여 대출원리금 채권 전부를 위한 담보권을 취득하였고 그 담보물에 대한 공인 감정기관인 한국감정원의 감정가격에 은행의 대출규정에 따른 담보비율을 적용한 금액이 대출원리금을 초과하였다면, 은행의 합리적인 자체 담보평가에 의

하여 한국감정원의 감정 결과가 부당하게 과대 평가된 것으로 인정되는 등 그 담보물로는 은행의 대출원리금 전액을 담보하지 못한다고 볼 만한 특별한 사정이 없는 한 신용보증기금의 신용보증 전부를 해지하여야 하고, 가사 은행의 자체 담보평가에 의하여 대출원리금 전액을 담보하지 못한다고 인정하여 신용보증을 일부 해지할 수 있는 경우라도, 은행으로서는 신용보증기금이 보증채무를 이행한 경우에 구상권에 대한 물적 담보를 확보하도록 하게 할 의무가 있다.

② 위 ①항과 같은 보증조건하에서 금원을 대출한 은행이 담보물에 대한 공인 감정기관의 감정가격이 은행의 대출규정에 정한 담보비율을 적용한 가액을 초과하여 그 대출원리금 전액에 대한 주담보를 일단 취득하였음에도 불구하고 신용보증을 해지하지 아니하였고, 나아가 그 근저당 채권최고액을 대출원리금에 훨씬 못 미치는 금액으로 임의로 감액하여 변경등기함으로써 신용보증기금이 물적 담보를 확보하지 못하게 하였으므로, 신용보증기금의 보증책임이 전액 면책되었다고 보아야 한다(대판 1996.12.10. 96다37619).

라. 회수금의 변제충당

신용보증기금이 지급보증한 대출금과 지급보증하지 않은 대출금이 병존하는 경우의 변제충당순서에 관하여는 신용보증약관에 특별규정(신보약 15)이 있으므로 그에 따른 변제충당이 이루어져야 한다.

첫째, 변제충당하고자 하는 회수금은 여신형식이 어떤 것인지에 따라 다음과 같이 변제충당하여야 한다.

여신형식이 대출보증 · 제2금융보증인 경우로서 변제충당하고자 하는 회수금이 다음 중 어느 하나에 해당하는 때에는 보증부대출의 변제에 우선 충당하여야 한다(신보약 15①).

① 보증부대출의 변제에 충당할 목적으로 납입된 적금, 부금, 예치금 및 기타 명칭으로 예수한 금전으로부터의 회수금

② 보증부대출이 어음할인, 기타 명칭의 유가증권 할인방식으로 실행된 경우 그 유가증권의 채무자로부터의 추심금

③ 보증부대출이 무역금융인 경우 관련 수출대금. 다만, 수출실적을 기준으로 한 무역금융의 경우에는 신용보증부실사유 발생 후에 입금된 수출대금에 한함.

④ 당해시설 여부에 불구하고 보증특약에 의하여 취득한 담보권 또는 보증부대출만을 피담보채권으로 한 담보권의 실행에 의한 회수금(담보권 해지의 대가로 받은 회수금 포함)

⑤ 보증부대출이 시설자금인 경우 당해시설에 대한 담보권의 실행에 의한 회수금(담보권 해지의 대가로 받은 회수금 포함)

⑥ 보증부대출이 시설자금인 경우 관련 관리자금

⑦ 보증부대출에의 지정변제금

⑧ 기타 당연히 보증부대출의 변제에 우선 충당되어야 할 성질의 회수금

여신형식이 전자상거래대출보증 · 전자상거래제2금융보증인 경우로서 변제충당하고자 하는 회수금이 다음 중 어느 하나에 해당하는 때에는 보증부대출의 변제에 우선 충당하여야 한다(전신보약 16①).

① 보증부대출의 변제에 충당할 목적으로 납입된 적금, 부금, 예치금 및 기타 명칭으로 예수한 금전으로부터의 회수금

② 당해시설 여부에 불구하고 보증특약에 의하여 취득한 담보권 또는 보증부대출만을 피담보채권으로 한 담보권의 실행에 의한 회수금(담보권 해지의 대가로 받은 회수금 포함)

③ 보증부대출이 시설자금인 경우 당해시설에 대한 담보권의 실행에 의한 회수금(담보권 해지의 대가로 받은 회수금 포함)

④ 보증부대출이 시설자금인 경우 관련 관리자금

⑤ 보증부대출에의 지정변제금

⑥ 기타 당연히 보증부대출의 변제에 우선 충당되어야 할 성질의 회수금

여신형식이 지급보증의 보증인 경우로서 변제충당하고자 하는 회수금이 다음 중 어느 하나에 해당하는 때에는 보증부지급보증 관련 채권의 변제에 우선 충당하여야 한다(지신보약 14①).

① 보증부지급보증 관련 채권만을 피담보채권으로 한 담보권의 실행에 의한 회수금

② 보증부지급보증 관련 채권에의 지정변제금

③ 기타 당연히 보증부지급보증 관련 채권의 변제에 우선 충당되어야 할 성질의 회수금

둘째, 변제충당하고자 하는 회수금이 위 ①~⑧이나 ①~⑥ 또는 ①~③의 어느 하나에 해당하지 아니한 때에는, 그 회수금이 신용보증부실사유 발생 이전의 것이면 일반의 변제충당순서에 따라 변제충당하고, 신용보증부실사유 발생 후의 것이면 채무자가 채권자에게 주된 채무자로서 부담하는 채무에 우선 충당할 수

있기로 하되 잔여금에 대하여는 ①보증부대출(또는 보증부지급보증 관련 채권) ②채무자가 제3자를 위하여 부담하는 보증채무와 채무자가 채권자에 대하여 발행인, 배서인 및 인수인으로서 부담하는 어음상의 채무의 순서로 충당하여야 한다(신보약 15②③, 전신보약 16②③, 지신보약 14②③ 참조).

셋째, 신용보증기금이 지급보증한 대출금(또는 지급보증부 관련 채권)의 변제에 우선 충당하여야 하는 회수금 및 그 이외의 회수금으로서 신용보증부실사유 발생 후의 회수금을 신용보증기금과 다른 보증기관이 함께 보증한 대출(또는 지급보증 관련 채권)에 충당할 때에는 다음과 같이 안분하여 충당하여야 한다(신보약 15④, 전신보약 16④, 지신보약 14④).

① 대출금(또는 지급보증 관련 채권) 전체가 신용보증기금과 다른 보증기관이 함께 보증책임을 부담하는 것일 경우에는 신용보증부실사유 발생 당시의 각 보증기관별 보증잔액에 채권자책임분담부분을 합한 금액 비례로 안분하여 충당

② 신용보증기금 또는 다른 보증기관 중 어느 한 보증기관만이 보증책임을 부담하는 대출(또는 지급보증 관련 채권)과 신용보증기금과 다른 보증기관이 함께 보증책임을 부담하는 대출(또는 지급보증 관련 채권)이 공존하는 경우에는 회수금 취득 당시 신용보증기금과 채권자만이 책임을 부담하는 대출금(또는 지급보증 관련 채권), 신용보증기금과 다른 보증기관 및 채권자가 함께 책임을 부담하는 대출금(또는 지급보증 관련 채권), 다른 보증기관과 채권자만이 책임을 부담하는 대출금(또는 지급보증 관련 채권)의 각 잔액 비례로 안분하여 충당

넷째, 위 첫째와 둘째 및 셋째의 회수금을 보증부대출(보증부지급보증 관련 채권)의 변제에 충당하는 경우 신용보증기금과 채권자의 책임분담비율에 따라 비례충당하여야 한다. 다만, 채권자의 책임분담부분에 대하여만 책임을 부담하는 보증인으로부터 신용보증부실사유 발생 후에 회수한 금전은 채권자책임분담부분에 우선 충당할 수 있다(신보약 15⑤, 전신보약 16⑤, 지신보약 14⑤).

(4) 보증채무의 이행청구

가. 이행청구의 시기

(가) 대출보증 · 제2금융보증의 경우(전자상거래 포함)

주채무자가 채무를 이행하지 아니한다고 하여 채권자가 바로 보증채무의 이행을 청구할 수 있는 것이 아니라 다음과 같이 신용보증약관에서 정하고 있는 일정한 기간이 경과한 후에 보증채무의 이행을 청구할 수 있다(신보약 16①, 전신보약 17①).

① 채무자가 약정기일 내에 보증부대출의 원금(분할상환금 포함)을 변제하지 아니하고 3개월이 경과한 때

② 채무자가 약정기일 내에 보증부대출의 이자를 변제하지 아니하고 3개월이 경과한 때

③ 보증부대출이 기한의 이익을 상실하고 3개월이 경과한 때

④ 지급보증의 대지급이 발생된 경우[89]에는 그 대지급 발생일로부터 3개월이 경과한 때

또한 채권자는 신용보증기금의 서면동의가 없는 한 위 신용보증약관에서 정하고 있는 청구가능일 중 가장 빠른 때로부터 3개월 이내에 보증채무이행을 청구하여야 한다(신보약 16②, 전신보약 17②).

그러나 채무자가 파산 · 해산 · 폐업하거나 계속하여 6개월 이상 영업을 하지 아니한 때에는 채권자는 그 사실을 증명하여 위 신용보증약관에서 정하고 있는 일정한 기간이 경과하지 않아도 보증채무의 이행을 청구할 수 있다(신보약 16③, 전신보약 17③).

한편, 보증채무의 이행을 청구하지 아니하고 신용보증약관상의 소정기간이 경과한 경우에 보증채무가 소멸하는 것으로 볼 수 있는지 여부에 대하여는 명확하게 약정되어 있지 않아 의문이나, 특별히 소멸하는 것으로 약정하고 있지 않

89) 예컨대 채무자 A가 K에 대하여 부담하는 채무에 관하여 S은행이 지급보증을 하고, S은행이 K에게 보증채무를 이행할 때 A에 대하여 가지는 구상채권에 관하여 신용보증기금이 다시 지급보증을 한 후, S은행이 K에게 대지급하고 신용보증기금에 보증채무이행을 청구하는 경우가 이에 해당된다.

은 이상 늦게 청구함으로써 신용보증기금이 입은 손해를 배상하여야 하는 것은 별론으로 하고 보증채무 자체는 소멸하지 않는다고 해석하는 것이 타당하다.

(나) 지급보증의 보증의 경우

채권자는 보증부지급보증의 대지급이 발생한 날로부터 3개월이 경과한 때 또는 채무자가 파산·해산·폐업하거나 계속하여 6개월 이상 영업을 하지 아니한 사실을 증명한 때에 신보에게 보증채무이행을 청구할 수 있다(지신보약 15①). 또한 채권자는 신보의 서면동의가 없는 한 '보증부지급보증의 대지급이 발생한 날로부터 3개월이 경과한 때'로부터 3개월 이내에 보증채무이행을 청구하여야 한다(지신보약 15②). 그리고 보증채무의 이행을 청구하지 아니하고 신용보증약관상의 소정기간이 경과한 경우의 효력에 관하여는 대출보증·제2금융보증의 경우와 동일한 것으로 보면 된다.

나. 이행청구의 방법

채권자가 보증채무이행을 청구할 때에는 다음의 서류를 함께 제출하여야 하고(신보약 17①, 전신보약 18①, 지신보약 16①), 만일 서류 중 일부를 덜 갖추어 이행청구한 경우에 신용보증기금은 서면으로 기한을 정하여 서류보완을 요청할 수 있다(신보약 17②, 전신보약 18②, 지신보약16②). 그리고 이행청구하는 보증이 근보증인 경우에는 채권자는 변제받을 대출을 특정하여 청구하여야 한다(신보약 17③, 전신보약 18③, 지신보약16③).

① 보증채무이행청구서
② 서면신용보증서 사본(전자상거래대출보증·전자상거래제2금융보증의 경우는 불필요)
③ 보증부대출(또는 보증부지급보증)에 관한 서류 사본[기존보증 회수 또는 차감의 보증특약이 있는 보증에 대해 이행청구하는 경우에는 기존보증 관련 서류 중 대출금(또는 지급보증)원장·계좌조회표·대출(또는 지급보증)심사서 포함]
④ 보증부지급보증대지급에 관한 서류 사본(지급보증의 보증의 경우에만 필요)
⑤ 보증부대출(또는 보증부지급보증) 관련 유가증권 및 담보에 관한 서류 사본
⑥ 보증채무이행청구서에서 제출하도록 정하고 있는 서류 사본

다. 보증채무의 이행범위

채권자의 신청에 따라 신용보증기금이 이행하게 되는 보증채무액에 대하여는 신용보증약관에 특별규정이 있는 바 그 내용은 다음과 같다.

첫째, 여신형식이 어떤 것인지에 따라 신용보증기금이 이행하여야 하는 보증채무액이 다르다.

여신형식이 대출보증 · 제2금융보증인 경우에는 다음 ①~③의 합계액을 보증채무로 이행한다(신보약 18①).

① 보증부대출잔액에 보증비율을 곱한 금액으로 보증금액을 초과하지 아니하는 원금. 다만, 지급보증의 대지급이 발생한 경우에는 이 대지급금에 보증비율을 곱한 금액으로 보증금액 범위 내의 대지급금

② 위 ①에 의한 이행액에 대하여 보증채무이행일까지의 약정이자율(이자납입기일에 적용되는 이자율로서 연체이자율은 제외)에 의한 미수이자액. 다만, 위 ① 단서의 대지급금에 대하여는 한국증권업협회가 공시한 91일물 양도성예금증서 유통수익률(보증채무이행 전일 종가 기준)에 2%를 가산한 이자율에 의한 미수이자액.

③ 채권자가 보증부대출 채권회수를 위하여 지급한 비용 중 신용보증기금법령이 정한 금액

여신형식이 전자상거래대출보증 · 전자상거래제2금융보증인 경우에는 다음 ①~③의 합계액을 보증채무로 이행한다(전신보약 19①).

① 보증부대출잔액에 보증비율을 곱한 금액으로 보증금액을 초과하지 아니하는 원금

② 위 ①에 의한 이행액에 대하여 보증채무이행일까지의 약정이자율(이자납입기일에 적용되는 이자율로서 연체이자율은 제외)에 의한 미수이자액

③ 채권자가 보증부대출 채권회수를 위하여 지급한 비용 중 신용보증기금법령이 정한 금액

여신형식이 지급보증의 보증인 경우에는 다음 ①~③의 합계액을 보증채무로 이행한다(지신보약 17①).

① 보증부지급보증대지급금 잔액에 보증비율을 곱한 금액으로 보증금액을 초과하지 아니하는 금액

② 제1호에 의한 이행액에 대하여 대지급이 발생된 날로부터 보증채무이행일

까지 한국증권업협회가 공시한 91일물 양도성 예금증서 유통수익률(보증채무이행 전일 종가 기준)에 2%를 가산한 이자율에 의한 미수이자액

③ 채권자가 보증부지급보증 관련 채권회수를 위하여 지급한 비용 중 신용보증기금법령이 정한 금액

둘째, 같은 대출(또는 지급보증)에 대하여 신용보증기금과 다른 보증기관이 함께 보증한 경우로서 각 보증기관별 보증잔액에 채권자책임분담부분을 합한 금액의 합계액이 대출금(또는 지급보증대지급금) 잔액을 초과하는 때에는 위 ①에 불구하고 다음 ①~② 중 어느 하나에 보증비율을 곱한 금액을 이행한다(신보약 18②, 전신보약 19②, 지신보약 17②).

① 대출금(또는 지급보증대지급금) 전체가 신용보증기금과 다른 보증기관이 함께 보증책임을 부담하는 것일 경우에는 신용보증부실사유 발생 당시의 각 보증기관별 보증잔액에 채권자책임분담부분을 합한 금액 비례로 안분하여 신용보증기금과 채권자가 부담하는 금액

② 신용보증기금 또는 다른 보증기관 중 어느 한 보증기관만이 보증책임을 부담하는 대출(또는 지급보증대지급금)과 신용보증기금과 다른 보증기관이 함께 보증책임을 부담하는 대출(또는 지급보증대지급금)이 공존하는 경우에는 다음 ⅰ)과 ⅱ)의 합계액

ⅰ) 신용보증기금과 채권자만이 부담하는 대출(또는 지급보증대지급금)금액

ⅱ) 신용보증기금과 다른 보증기관이 함께 보증책임을 부담하는 대출(또는 지급보증대지급금)에 대하여는 신용보증부실사유 발생 당시의 각 보증기관별 보증잔액에 채권자책임분담부분을 합한 금액에서, 보증채무이행 당시 어느 한 보증기관과 채권자만이 부담하는 대출금액(또는 지급보증대지급금)을 뺀 금액비례로 안분하여 신용보증기금과 채권자가 부담하는 금액

셋째, 신용보증기금은 다음 ①과 ②의 미수이자액에 대하여는 이행의무를 부담하지 않는다(신보약 18③, 전신보약 19③, 지신보약 17③).

① 채권자가 특별한 사유 없이 보증채무이행의 청구기한(신보약 16②, 전신보약 17②, 지신보약 15②)의 경과 후 보증채무이행을 청구한 때는 그 청구기한 종료일 다음날부터 청구일까지 발생한 미수이자액

② 채권자가 서면으로 기한을 정하여 보완 요청받은 서류제출(신보약 17②, 전신보약 18②, 지신보약 16②)을 특별한 사유 없이 지연한 때에는 서면으로

정한 기한의 종료일 다음날부터 서류도착일까지 발생한 미수이자액. 다만, 서면으로 정한 기한 종료일이 보증채무이행의 청구기한 종료일보다 앞선 경우에는 보증채무이행의 청구기한 종료일 다음날부터 서류도착일까지 발생한 미수이자액

③ 위 첫째 중 대출보증 · 제2금융권보증인경우의 ②와 여신형식이 전자상거래 대출보증 · 전자상거래 제2금융권보증인 경우의 ②의 약정이자율이 신보책임분담부분에 적용한 이자율(신용가산이자율 및 자본비용은 제외)과 채권자 책임분담부분에 적용한 이자율을 보증비율에 따라 가중평균하여 계산한 이자율을 초과하는 경우 그 초과된 이자율에 의한 미수이자액

넷째, 채권자가 보증부대출과 상계할 수 있는 예 · 적금 등을 보증채무이행일까지 상계하지 않고 보유하고 있는 경우에는, 신용보증기금은 그 금액에 보증비율을 곱한 금액을 차감하고 이행할 수 있다(신보약 18④, 전신보약 19④, 지신보약 17④).

다섯째, 신용보증기금이 채권자에게 보증채무이행통지를 한 때에는 채권자는 지체 없이 보증채무이행금을 받아야 하며, 채권자가 정당한 이유없이 보증채무이행통지서 접수일로부터 3영업일을 지나서 받는 경우에는 그 지난 기간의 이자는 이행하지 아니한다(신보약 18⑤, 전신보약 19⑤, 지신보약 17⑤).

라. 보증채무의 이행방법

보증채무의 이행장소는 채권자에게 보증채무이행통지를 한 신용보증기금의 영업점이다(신보약 19①, 전신보약 20①, 지신보약 18①). 그리고 채권자는 보증채무를 이행받음과 동시에 다음의 서류 원본을 신용보증기금에게 교부하여야 한다. 다만, 신용보증기금이 보증부대출(또는 보증부지급보증대지급금)의 전액을 변제하지 아니하는 때에는 ③과 ⑤의 서류는 원본 대신 채권자가 인증한 사본을 교부할 수 있다(신보약 19②, 전신보약 20②, 지신보약 18②).

① 대위변제증서

② 서면신용보증서(전자상거래대출보증 · 전자상거래제2금융보증의 경우는 불필요)

③ 보증부대출(또는 지급보증) 관련 채권관계증서(여신거래약정서, 약속어음, 차용금증서, 보증서)

④ 채권자의 인감증명서

⑤ 보증부대출(또는 지급보증) 관련 담보 및 담보관계증서

⑥ 이행 당일의 여 · 수신 계좌조회표

보증채무이행 후에 신용보증기금 또는 채권자가 회수한 회수금은 각자 채권의 변제에 충당한다. 다만, 보증부대출금과 관련된 물적담보로부터 회수한 경우에는 신용보증기금과 채권자의 책임분담비율에 따라 회수금을 정산한다(신보약 21ⅰ, 전신보약 22, 지신보약 20). 그리고 여신형식이 대출보증 · 제2금융보증인 경우에는 할인어음이 지급기일에 정상 결제되거나, 어음발행인이 입금한 사고신고담보금, 지급정지가처분담보금, 위 · 변조신고예수금으로부터 회수한 경우에도 신용보증기금과 채권자의 책임분담비율에 따라 회수금을 정산한다(신보약 21ⅱ).

마. 보증채무의 이행에 따른 채권자의 의무

(가) 구상협조의무

채권자는 신용보증기금의 구상권 보전 및 행사에 적극 협조하여야 하며, 신용보증기금으로부터 이에 필요한 서류의 교부를 요청받은 때에는 지체 없이 응하여야 한다(신보약 22, 전신보약 23, 지신보약 21).

(나) 대위협력의무

(ㄱ) 대위협력의무의 내용

채권자는 신용보증기금으로부터 보증채무를 이행받는 즉시 '보증특약에 의하여 취득한 담보권'과 '여타 보증부대출(또는 보증부지급보증) 관련 담보가액에서 보증부대출(또는 보증부지급보증) 이외의 피담보채권을 차감한 담보여유액'에 보증비율을 곱한 금액에 해당하는 담보권을 신용보증기금에게 이전하여야 한다(신보약 20①제1문, 전신보약 21①제1문, 지신보약 19①제1문).

또한 채권자는 신용보증기금으로부터 보증채무를 이행받는 즉시 신용보증기금에게 신용보증기금이 대위하는 담보물의 점유이전, 대위담보권의 이전등기 등 담보권대위의 대항요건을 구비하게 하여야 하며, 이에 필요한 서류를 제공하여야 한다(신보약 20②, 전신보약 21②, 지신보약 19②).

그밖에 신용보증기금이 보증채무이행을 원인으로 약속어음, 수표, 기타 보증부대출(또는 보증부지급보증) 관련 유가증권상의 권리를 대위하는 경우에는 채권자는 보증채무를 이행받는 즉시 신용보증기금에게 당해 유가증권을 유효한 방법으로 양도하여야 한다(신보약 20④, 전신보약 21③, 지신보약 19③). 그리고 여신형식이 대출보증·제2금융보증인 경우에 보증부대출이 어음할인방식으로 실행된 경우에는 채권자는 보증채무를 이행받는 즉시 신용보증기금에게 당해어음을 배서하여 교부하여야 한다(신보약 20③).

(ㄴ) 대위한 담보권의 실행에 의한 회수금의 변제충당

신용보증기금이 대위한 담보권(미이전분 포함)의 실행에 의한 회수금은 신용보증약관 제15조에서 정하고 있는 변제충당방법에 의하여 정산한다(신보약 20①제2문, 전신보약 21,①제2문 지신보약 19①제2문).

바. 신용보증기금의 변제공탁

채권자와 신용보증기금 사이에 보증채무이행금액에 대하여 다툼이 있는 경우에 채권자는 신용보증기금이 보증채무를 이행하기로 통지한 금액(채권자와 신용보증기금 사이에 다툼이 없는 금액)에 대하여 이를 그 금액 범위 내에서 유효한 변제로 보아 수령하여야 하며, 채권자가 수령을 거부하여 신용보증기금이 그 금액을 변제공탁한 때에는 신용보증기금은 변제공탁한 금액 상당액의 채무를 면하게 된다(신보약 24, 전신보약 25, 지신보약 23).

5. 보증보험증권 담보의 특수성

(1) 보증과 보험의 두 가지 법적성질

보증보험증권 담보는 채무자가 채권자를 피보험자로 하고, 채무불이행을 보험사고로 한 보험계약을 보증보험(주)와 체결하고서, 보증보험(주)로부터 보증보험증권을 발급받아 채권자(피보험자)에게 제공하는 형식의 담보를 말한다.

보증보험이란 문자 그대로 보증과 보험의 두 가지 법률적 성질을 가진다. 채권자의 보증보험(주)에 대한 권리가, 채권자와 보증보험(주) 사이의 보증계약에 기한 것이 아니라, 채무자와 보증보험(주) 사이에 이루어진, 채권자를 피보험자(보험수익자)로 하는, 제3자를 위한 보험계약에 기한 것이라는 점에서는 보험의 성질을 가진다. 그러나 채권자에게 보험금을 지급하게 되는 보험사고가, 손해보험의 일반원리인 우연성에 기한 것이 아니라, 보험계약자의 고의 또는 과실에 의한 채무불이행에 의하여 발생한다는 점에서는 보증의 성질을 가진다.

특히 금융거래에서 발생하는 여신채무에 대한 보증보험의 경우, 보험사고 발생시, 보증보험(주)가 채권자에 대하여 이행하여야 하는 채무의 내용 및 이행 후 채무자에 대하여 가지는 구상권이나 채권자에 대하여 가지는 대위권의 내용은, 일반의 보증에 있어서와 같다고 할 수 있다. 따라서 보증보험증권 담보에 있어서 채권자와 보증보험(주)와의 관계도, 기본적으로는 보증의 법률관계에 있어서와 같다. 이하에서는 각 보증보험증권 담보에 있어서 실무상 특별히 유의하여야 할 사항에 관하여 알아보기로 한다.

판례2-24

보증보험의 법적 성격

(1) 보증보험이란 피보험자와 어떠한 법률관계를 가진 보험계약자(주계약상의 채무자)의 채무불이행으로 인하여 피보험자(주계약상의 채권자)가 입게 될 손해의 전보를 보험자가 인수하는 것을 내용으로 하는 손해보험으로서, 형식적으로는 채무자의 채무불이행을 보험사고로 하는 보험계약이나 실질적으로는 보증의 성격을 가지고 보증계약과 같은 효과를 목적으로 하는 것이므로, 보증보험계약은 주계약 등의 법률관계를 전제로 하고 보험계약자가 주계약에 따른 채무를 이행하지 아니함으로써 피보험자가 입게 되는 손해를 약관의 정하는 바에 따라 그리고 그 보험계약금액의 범위 내에서 보상하는 것이고, 그 성질에 반하지 않는 한 민법의 보증에 관한 규정이 보증보험계약에도 적용된다(대판 2004.12.24. 2004다20265).

(2) 리스이용자의 계약상 채무불이행으로 인한 손해의 보상을 목적으로 한 리스보증보험은 보험금액의 한도 내에서 리스이용자의 채무불이행으로 인한 손해를 담보하는 것으로서 보증에 갈음하는 기능을 가지고 있어 보험자의 보상책임은 본질적으로 보증책임과 같으므로, 그 보증성에 터잡아 보험금을 지급한 리스보증보험의 보험자는 변제자대위의 법리에 따라 피보험자인 리스회사가 리스이용자에 대하여 가지는 채권 및 그 담보에 관한 권리를 대위하여 행사할 수 있다(대판 1997.11.14. 95다11009).

(2) 보증보험증권 담보대출 취급상의 유의사항

가. 소정기간내에 대출실행을 하지 않은 경우

보증보험증권담보대출을 함에 있어서는 보험증권에서 정하고 있는 유효기간 내에 대출을 하여야 한다. 소정의 유효기간 내에 피보험자(채권자)가 대출금을 지급하지 아니하면 보험계약의 효력이 상실되기 때문이다. 유효기간은 보험증권상의 보험기간 개시일로부터 60일인 것이 보통이다(소액대출 보증보험 보통약관 제9조, 개인주택자금 보증보험 보통약관 제8조 제1항, 사업주택자금 보증보험 보통약관 제8조 제1항 등 참조).

나. 본인의 동일성 확인에 오류가 있는 경우

예컨대 D가 A의 주민등록증과 관계서류를 위조하여 A로 행세하고서, S보증보험(주)로부터 발급 받은 보증보험증권을 담보로 H은행으로부터 대출 받아간 경우에 있어서는 다음과 같은 법률문제가 발생하게 된다.

첫째, A와 H은행 사이의 대출계약은 무효이다. H은행이 A명의로 대출해준 것은 A의 의사와는 전혀 관계없이 이루어진 것이기 때문이다. 따라서 H은행은 A에게 대출금의 상환청구를 할 수 없다.

둘째, D와 H은행 사이에 대출계약이 성립된 것으로 볼 수도 없다. H은행으로서는 A와 대출계약을 체결하는 것으로 인식하고 있었지, D와 대출계약을 체결한다는 인식을 가지고 있지 않았기 때문이다. 따라서 H은행은 D에게도 대출금의 상환청구를 할 수 없다. 이 경우 H은행은 대출계약이 무효임에 따라 상환청구할 수 없게된 대출원리금 상당액을 손해액으로 하여 D에게 배상청구할 수 있을 뿐이다.

셋째, S보증보험(주)의 H은행에 대한 보증채무도 성립되지 않는다. S보증보험(주)는 A의 H은행에 대한 대출채무를 보증한 것인데 A의 H은행에 대한 대출채무가 성립되지 않아, 보증채무의 부종성에 따라 S보증보험(주)의 H은행에 대한 보증채무도 성립하지 않는 것으로 보아야 하기 때문이다. 따라서 H은행은 S보증보험(주)에 대하여도 보증채무의 이행을 청구할 수 없다.

넷째, S보증보험(주)가 A와 H은행 사이의 대출계약이 무효이고, 그에 따라 S보증보험(주)의 H은행에 대한 보증채무가 성립하지 않는다는 사실을 알지 못하고서, H은행의 청구에 따라 보증채무를 이행한 때에는, 그 이행금액 전액을 반환청구할 수 있다. 이 경우 H은행은 법률상의 원인 없이 S보증보험(주)의 손실에 기하여 이득을 취한 것이 되기 때문이다.[90]

다. 고지의무와 중요내용설명의무

보증보험(주)가 피보험자인 채권자에 대하여, 채무자와의 거래내역과 신용상태를 거래상황확인서 등에 의하여 조회하는 경우 이에 성실하게 응해야 한다. 만일 보증보험증권의 발급여부를 결정하는데 중요한 내용을, 고의 또는 중대한 과

90) 주) 대판 1995.10.13. 94다55385 참조.

실로 인하여 답하지 않거나 부실하게 답한 경우에는, 보증보험(주)는 상법상의 고지의무위반으로 보험계약을 해지할 수 있고(상 651본) 그에 따른 보험계약의 해지가 있으면, 채권자로서는 채무자의 채무불이행이 있어도 보험금을 청구할 수 없게 되는 것이기 때문이다.

그러나 고지의무의 위반이 있어도, 보증보험(주)가 고지의 대상인 사실을 이미 알았거나 중대한 과실로 알지 못한 경우(상 651단)와 고지의무를 이행하지 못한 것이 보증보험(주)가 보험약관의 명시 · 설명의무를 위반함에 기인한 경우이면, 보증보험(주)는 보험계약을 해지하지 못한다. 반면에 보증보험(주)가 보험약관의 설명의무를 위반하였더라도, 채권자나 그 대리인이 보험약관의 내용을 충분히 잘 알고 있는 경우이면, 보증보험(주)로서는 채권자나 그 대리인에게 약관의 내용을 따로 설명할 필요가 없으므로, 보험계약을 해지함으로써 보험금의 지급의무를 면할 수 있다.

판례2-25

1. 중요한 사항과 중대한 과실의 의미

① 보험계약자나 피보험자가 보험계약 당시에 보험자에게 고지할 의무를 지는 상법 제651조에서 정한 '중요한 사항'이란, 보험자가 보험사고의 발생과 그로 인한 책임부담의 개연율을 측정하여 보험계약의 체결 여부 또는 보험료나 특별한 면책조항의 부가와 같은 보험계약의 내용을 결정하기 위한 표준이 되는 사항으로서, 객관적으로 보험자가 그 사실을 안다면 그 계약을 체결하지 않든가 또는 적어도 동일한 조건으로는 계약을 체결하지 않으리라고 생각되는 사항을 말하고, 어떠한 사실이 이에 해당하는가는 보험의 종류에 따라 달라질 수밖에 없는 사실인정의 문제로서 보험의 기술에 비추어 객관적으로 관찰하여 판단되어야 하고, 최종적으로는 보험의 기술에 정통한 전문가의 감정에 의하여 결정될 수밖에 없다.

② 보험계약에 있어 고지의무 위반이 성립하기 위하여는 고지의무자에게 고의 또는 중대한 과실이 있어야 하고, 여기서 말하는 중대한 과실이란 고지하여야 할 사실은 알고 있었지만 현저한 부주의로 인하여 그 사실의 중요성의 판단을 잘못하거나 그 사실이 고지하여야 할 중요한 사실이라는 것을 알지 못하는 것을 말한다(대판 1996.12.23. 96다27971).

2. 중요내용설명의무위반으로 고지의무를 이행하지 못한 경우

보험자 및 보험계약의 체결 또는 모집에 종사하는 자는 보험계약의 체결에 있어서 보험계약자 또는 피보험자에게 보험약관에 기재되어 있는 보험상품의 내용, 보험료율의 체계 및 보험청약서상 기재 사항의 변동 사항 등 보험계약의 중요한 내용에 대하여 구체적이고 상세한 명시 · 설명의무를 지고 있다고 할 것이어서 보험자가 이러한 보험약관의 명시 · 설명의무에 위반하여 보험계약을 체결한 때에는 그 약관의 내용을 보험계약의 내용으로 주장할 수 없다 할 것이므로, 보험계약자나 그 대리인이 그 약관에 규정된 고지의무를 위반하였다 하더라도 이를 이유로 보험계약을 해지할 수는 없다(대판 1998.4.10. 97다47255).

3. 보험계약자가 보험약관의 내용을 충분히 잘 알고 있는 경우

상법 제638조의3에서 보험자의 약관설명의무를 규정한 것은 보험계약이 성립되는 경우에 각 당사자를 구속하게 될 내용을 미리 알고 보험계약의 청약을 하도록 함으로써 보험계약자의 이익을 보호하자는 데 입법취지가 있고, 보험약관이 계약 당사자에 대하여 구속력을 갖는 것은 보험계약 당사자 사이에 그것을 계약 내용에 포함시키기로 합의하였기 때문이라는 점 등을 종합하여 보면, 보험계약자나 그 대리인이 약관의 내용을 충분히 잘 알고 있는 경우에는 그 약관이 바로 계약 내용이 되어 당사자에 대하여 구속력을 갖는다고 할 것이므로, 보험자로서는 보험계약자 또는 그 대리인에게 약관의 내용을 따로이 설명할 필요가 없다고 보는 것이 상당하다(대판 1998.4.14. 97다39308).

라. 소액대출 보증보험에 있어서의 주계약 변경

소액대출 보증보험의 경우, 채권자가 주계약인 대출계약에 관하여 ①이행기일 ②이행방법 ③기타 보험금 지급에 중대한 영향을 미치는 사항을 변경하고자 하는 때에는 미리 보증보험(주)의 동의를 받아야 한다. 만일 보증보험(주)의 동의를 받지 아니하고 위 사항을 변경한 때에는, 채권자는 그로 인하여 증가된 손해에 대하여는, 보증보험(주)에 지급을 청구하지 못한다(소액대출 보증보험 보통약관 제3조)

제3 어음 · 수표 보증

1. 금융거래와 어음 · 수표 보증

(1) 어음 · 수표 보증의 의의

어음보증이란 타인의 어음채무를 그 타인과 함께 지급하기로 하는 어음행위를 말한다. 어음보증의 대상이 되는 타인의 어음채무 즉 주된 어음채무로는, 약속어음에 있어서는 발행인과 배서인의 어음채무, 환어음에 있어서는 발행인과 배서인 및 인수인의 어음채무를 들 수 있다.

수표보증이란 타인의 수표채무를 그 타인과 함께 지급하기로 하는 수표행위를 말한다. 수표보증의 대상이 되는 타인의 수표채무 즉 주된 수표채무로는, 발행인과 배서인의 수표채무를 들 수 있다. 다만 수표의 지급인은 타인의 수표채무에 대하여 수표보증을 할 수 없다(수표 25②). 지급인의 수표보증을 인정하게 되면, 결과적으로 수표에 대한 인수행위를 인정하는 것이 되어, 수표의 지급증권성에 반하게 되기 때문이다.

현실의 거래에 있어서는, 수표보증은 수표의 지급증권성이란 성질 때문에 거의 이용되지 않고, 어음보증이 주로 이용되고 있다. 금융회사가 여신거래와 관련하여, 어음보증으로 인한 채권을 취득하게 되는 것은, 어음대출에 있어서 주채무자로부터 발행받은 어음에 보증인이 어음보증인으로서 기명날인 또는 서명을 한 경우와, 어음할인에 있어서 할인의뢰인으로부터 배서양도받은 어음에 어음보증인의 기명날인 또는 서명이 있는 경우 등을 들 수 있다. 전자의 경우는 금융회사가 그 보증인에 대하여 민사보증책임과 함께 어음보증책임도 물을 수 있는 반면에, 후자의 경우는 특별한 사정이 없는 한 어음보증책임만을 물을 수 있다는 점에서 차이가 있다.

(2) 숨은 어음·수표 보증

숨은 어음·수표보증이란, 보증의 목적으로 발행·배서·인수 등의 방법을 이용하는 것을 말한다. 이 숨은 어음·수표보증은 보증이라는 것이 외부적으로 드러나, 피보증인의 신용이 저하되는 것을 막기 위하여 이용되는 것이 보통이다. 금융거래에 있어서는 어음대출에 관하여 보증인으로 하여금, 주채무자가 발행한 어음에 보증인으로서 기명날인을 하게 하지 않고, 배서인이나 공동발행인으로서 기명날인 또는 서명하는 경우가 많은데, 바로 이 경우의 보증인의 배서 또는 공동발행이 바로 숨은 어음보증에 해당된다.

숨은 어음·수표 보증을 한 자는 어음·수표 보증인으로서의 책임을 지는 것이 아니라 발행인·배서인·인수인으로서의 책임을 지게 된다. 즉 어음·수표의 보증관계는 당사자간의 내부적인 법률관계로서만 그 효력이 있는 것이다. 그러나 채권자로서는 어음·수표의 보증인으로서의 책임을 묻건, 발행인·배서인·인수인으로서의 책임을 묻건, 어음상의 채무자는 소위 합동책임을 지는 것이기 때문에 실제에 있어서 별 차이가 생기지 않는다.

2. 어음·수표보증의 방식

(1) 보증행위의 장소

어음·수표보증의 표시는 어음·수표 또는 보충지에 하여야 한다(어음 31①, 77③, 수표 26①). 어음·수표는 앞면과 뒷면으로 구성되어 있으며 어느 면에도 보증의 표시를 할 수 있다. 보충지란 어음·수표에 적을 공간이 없는 경우에 어음·수표에 붙이는 지면을 말한다. 붙이는 방법에 관하여는 법정된 것이 없으므로 풀로 붙이는 등 용이하게 떨어져 나가지 않도록 하면 되고 반드시 간인을 하여야 하는 것도 아니다.

배서인을 위한 보증은 어음·수표의 복본이나 등본에도 할 수 있다(어음 67③, 77①③, 64, 수표 48).

복본이란 동일한 내용의 어음·수표채권을 표창하는 여러 통의 어음·수표증권을 말한다. 복본제도의 취지는 어음이나 수표를 원격지에 송부하는 경우에 발생될 수 있는 멸실이나 분실에 대비하고, 원격지에 송부 중인 어음이나 수표를 배서에 의하여 유통시킬 수 있게 하려는 것이다. 그러나 복본제도가 모든 어음 · 수표에 모두 인정되어 있는 것이 아니다. 어음의 경우는 환어음에만 인정되어 있고 약속어음에는 인정되어 있지 않으며, 수표의 경우는 국내에서 발행되고 국내에서 지급할 수표에는 인정되어 있지 않고 단지 한 국가에서 발행하고 다른 국가나 발행국의 해외영토에서 지급할 수표 등 특별한 경우에만 제한적으로 인정되어 있을 뿐이다(수표 48).

등본이란 어음의 원본을 등사한 것으로 그 자체가 어음으로서의 효력을 가지는 것은 아니고 오로지 그 위에 배서와 보증을 할 수 있을 뿐이라는 점에서 복본과 구분된다. 등본제도의 취지는 원본의 멸실이나 분실을 방지하기 위하여 이를 따로 보관하고 등본으로서 유통시키려고 하려는 것이다. 수표에는 지급증권의 특성상 등본제도가 인정되어 있지 않고, 약속어음과 환어음에 대해서만 인정되어 있다.

(2) 보증행위의 방식

가. 정식보증

정식보증이란 보증 또는 이와 동일한 뜻의 문구와 피보증인을 적고, 보증인의 기명날인 또는 서명을 하는 방식으로 하는 보증행위로서(어음 31②④, 77③, 수표 26②④) 완전보증이라고도 한다.

[정식보증의 방식(발행인을 위한 보증)]

장○○을 보증함
박○○ ㊞

약 속 어 음

○○은행 귀하

금일천만원정 ₩10,000,000

위의 금액을 귀하 또는 귀하의 지시인에게 이 약속어음과 상환하여
지급하겠습니다

지급기일 20××년 4월 21일	발 행 일 20××년 1월 21일
지 급 지	발 행 지 서울특별시
지급장소 주식회사 ○○은행	주 소
○○지점	발 행 인 장○○ ㊞

> **당 좌 수 표**
>
> 지 급 지
> 주식회사 ○○은행 ○○ 지점 앞 사2345678
> 금이천만원정 ₩20,000,000
> 이 수표의 금액을 소지인에게 지급하여 주십시오
> 20××년 4월 21일 **장○○을 보증함**
> 발 행 지 서울특별시 **박○○** ㉧
> 발 행 인 장○○ ㉧

나. 약식보증

약식보증이란 피보증인을 표시하지 아니하고 보증의 뜻만 적고, 보증인의 기명날인 또는 서명을 하는 방식으로 하는 보증행위로서, 백지식보증이라고도 한다.

약식보증의 경우 피보증인을 누구로 볼 것인가에 관하여는, 법문에 「보증에는 누구를 위하여 한 것임을 표시하여야 한다. 그 표시가 없는 때에는, 발행인을 위하여 보증한 것으로 본다」(어음 31④, 77③, 수표 26④)고 규정되어 있음을 근거로, 발행인으로 보아야 한다는 것이 통설이나, 기명날인 또는 서명의 위치로 보아 누구를 위한 보증인가를 명확하게 알 수 있는 때에는, 그 자를 피보증인으로 보아야 한다는 반대설이 있다. 즉 이 반대설에 의하면, 위 규정은 어음증권상의 기재내용에 의하여 누구를 위한 보증인지가 분명하지 않은 경우에만 적용된다는 것이 된다.

[약식보증의 방식]

> **보증인 박○○** ㉧ **약 속 어 음**
>
> ○○은행 귀하
> 금일천만원정 ₩10,000,000
> 위의 금액을 귀하 또는 귀하의 지시인에게 이 약속어음과 상환하여
> 지급하겠습니다
> 지급기일 20××년 4월 21일 발 행 일 20××년 1월 21일
> 지 급 지 발 행 지 서울특별시
> 지급장소 주식회사 ○○은행 주 소
> ○○지점 발 행 인 장○○ ㉧

다. 간략약식보증

간략약식보증이란, 어음·수표의 앞면에 단순히 기명날인 또는 서명을 하는 방식으로 하는 보증행위를 말한다. 어음·수표의 뒷면에는 간략약식보증을 할 수 없다. 어음·수표의 뒷면에 단순한 기명날인 또는 서명이 있는 경우에는, 이를 간략약식배서로 보게 되어 있기 때문이다(어음 13②, 77①, 수표 16②).

어음·수표의 앞면에 단순한 기명날인 또는 서명이 있는 경우에 이를 누구를 위한 보증으로 볼 것인가에 관하여는, 그것이 발행인으로서의 기명날인 또는 서명이 아닌 한 발행인을 위한 보증으로 보게 된다(어음 1③④, 77③, 수표 26③④). 그리고 이 경우 어음·수표 앞 표면상의 단순한 기명날인 또는 서명을, 공동발행으로 볼 것인지 아니면 발행인을 위한 보증으로 볼 것인지를 판단하는 기준으로서는, 두 개의 기명날인 또는 서명의 주종을 구별할 수 있으면, 주되는 것은 발행이고 종되는 것은 그 발행인을 위한 보증으로 볼 것이고, 주종을 구별할 수 없으면 공동발행으로 보아야 한다는 것이 통설이다.

(3) 어음·수표 보증시의 기재사항

가. 기재사항의 분류

어음·수표 보증행위도 엄격한 요식행위를 통해서만 성립되는 것임은, 발행이나 배서에 있어서와 다르지 않다. 즉 어음·수표 보증행위를 함에 있어서, 그 행위자가 어음·수표상에 기재할 수 있는 최소한의 사항과 최대한의 사항이 모두 법정되어 있으며, 그에 따라 어음·수표 보증행위자가 어음·수표상에 적는 사항도, 그 효력에 따라 반드시 적어야 하고 적지 아니하면 보증의 효력이 생기지 않는 필요적기재사항, 반드시 적어야 보증의 효력이 생기는 것은 아니나 적으면 적은 내용대로의 효력을 가지는 유익적기재사항, 적어도 적지 아니한 것으로 취급되는 무익적기재사항 및 적으면 보증행위 자체가 무효가 되는 유해적기재사항으로 분류해 볼 수가 있다. 다만 보증행위에 있어서는, 무익적기재사항과 유해적기재사항에 관하여는 특별히 논의되고 있는 것이 없으므로, 이하에서는 필요적기재사항과 유익적기재사항에 관하여만 설명하기로 한다.

나. 필요적기재사항

㈎ 보증문구

보증 또는 이와 같은 뜻이 있는 문구를 표시하여야 한다. 다만 간략약식보증을 하는 때에는 보증문구를 적는 것을 생략할 수 있다. 다만 이 경우 보증문구를 적는 것을 생략할 수 있도록 한 것은, 어음·수표의 앞면에 단순한 기명날인이나 서명이 있는 경우는 어음·수표보증으로 간주하는 특별규정(어음 31③, 77③, 수표 26③)이 있어 보증문구를 적지 않아도 어음·수표보증임을 알 수 있기 때문이지, 어음·수표보증을 함에 있어 어음·수표상에 보증의 뜻이 나타나지 않아도 된다는 것은 물론 아니다.

㈏ 피보증인

어음·수표상의 주된 채무자인 특정의 발행인이나 인수인 또는 배서인 등의 명칭을 적으면 된다. 다만 약식보증에 있어서는 피보증인을 적는 것을 생략할 수 있다. 다만 이 경우 피보증인을 적는 것을 생략할 수 있도록 한 것은, 피보증인을 적지 않은 경우 발행인을 피보증인으로 보도록 하는 특별규정(어음 31④, 77③, 수표 26④)이 있어 피보증인을 적지 않아도 피보증인이 누구인지 알 수 있기 때문이지, 어음·수표보증을 함에 있어 어음·수표상에 피보증인이 누구인지 나타나지 않아도 된다는 것은 물론 아니다.

다. 유익적기재사항

㈎ 조건부보증

발행에 조건을 붙이면 발행 자체가 무효로 되고(어음 1ⅱ, 75ⅱ, 수표 1ⅱ), 배서에 조건을 붙이면 그 조건만 무효로 되는(어음 12①, 77①ⅰ, 수표 15①) 것과 달리, 보증에 조건을 붙인 경우의 효력에 관하여는, 어음법과 수표법에 아무런 규정이 없다. 이에 따라 조건부어음·수표보증에 관하여는 ①보증 자체를 무효로 한다는 견해[91] ②조건부보증으로서 유효하다는 견해[92] ③조건 없는 보증으로서 유효

91) 강위두 상법강의(III) 444.

(즉 조건부배서와 같이 조건만 무효)라는 견해[93] 등이 주장되고 있으나, 대법원의 판례는 ②설의 입장을 취하고 있다. 이 조건부보증 유효설에 의하면 어음 · 수표 보증시 어음 · 수표상에 적은 조건은 유익적 기재사항이라는 것이 된다.

판례2-26

조건부보증의 효력

어음법상 보증의 경우에는 발행 및 배서의 경우와 같이 단순성을 요구하는 명문규정이 없을 뿐만 아니라 주된 채무를 전제로 하는 부수적 채무부담행위인 점에서 보증과 유사한 환어음의 인수에 조건을 붙인 경우에는 일단 인수거절로 보되, 인수인으로 하여금 인수의 문언에 따라 책임을 지도록 함으로써 부단순인수를 인정하고 있음에 비추어 볼 때, 어음보증에 대하여 환어음인수의 경우보다 엄격하게 단순성을 요구함은 균형을 잃은 해석이라고 할 것이고, 또 조건부보증을 유효로 본다고 하여 어음거래의 안정성이 저해되는 것도 아니므로, 조건을 붙인 부단순보증은 그 조건부 보증문언대로 보증인의 책임이 발생한다고 보는 것이 마땅하다(대판 1986.3.11. 85다카1600).

(나) 일부보증

보증인은 어음 · 수표상에 어음 · 수표금액 중의 일부를 적어 보증할 수 있다(어음 30①, 77③, 수표25①). 따라서 어음 · 수표금액 중의 일부를 보증하기 위하여 적는 보증금액은 유익적기재사항이 된다. 이에 대하여 보증인이 별도로 보증금액을 적지 않은 때에는 어음 · 수표금액 전액에 대하여 보증을 한 것으로 보게 된다.[94] 한편 보증인이 어음 · 수표금액을 초과한 금액을 보증금액으로 적은 경우에는 어음금액범위에서만 보증의 효력이 생기는 것으로 보아야 한다. 보증금액이 주채무금액을 초과할 수는 없는 것이기 때문이다. 따라서 이 경우 초과금액 기재는 무익적기재사항이 되는 것이다.

(다) 기타

기타 어음 · 수표 보증시 적을 수 있는 유익적기재사항으로는 ①거절증서작성 면제문언(어음 46①, 77①iv, 수표 42①) ②예비지급인(어음 55①, 77①v) ③보증인의 주소 ④보증일자 등을 들 수 있다.

92) 주석 어음 · 수표법 100(정찬형). 정동윤 어음 · 수표법 441. 정찬형 상법강의(하) 415. 채이식 상법(하) 132.

93) 손주찬 상법(하) 277. 정희철 상법학(하) 297.

94) 주석 어음 · 수표법 102(정찬형). 정동윤 어음 · 수표법 439. 정찬형 상법강의(하) 414.

3. 어음 · 수표 보증의 효력

(1) 보증인의 의무

가. 어음 · 수표 보증채무의 종속성

보증인은 보증된 자(즉 피보증인)와 동일한 내용의 어음 · 수표채무를 부담한다(어음 32①, 77③, 수표 27①). 따라서 예컨대 약속어음의 발행인이 피보증인인 경우는 약속어음의 발행인과 동일한 어음채무를 부담하고, 약속어음의 배서인이 피보증인인 경우는 그 배서인과 동일한 내용의 상환의무를 부담하게 된다.

그러나 위와 같은 어음 · 수표보증인의 어음채무는, 주된 어음 · 수표채무의 존재를 전제로 하는 것이므로, 그 주된 어음 · 수표채무에 종속되는 성질이 있다. 따라서 주된 어음 · 수표채무가 변제 · 대물변제 · 상계 · 면제 · 소멸시효의 완성 등에 의하여 소멸하게 되면, 그에 따라 그 보증채무도 소멸하게 된다.

나. 어음 · 수표 보증채무의 독립성

어음 · 수표보증은 담보된 채무가 그 방식에 하자가 있는 경우 외에는, 어떠한 사유로 인하여 무효가 된 때에도 그 효력이 있다(어음 32②, 77③, 수표 27②). 따라서 어음 · 수표보증행위의 전제가 되는 주된 어음 · 수표행위, 예컨대 발행행위나 배서행위가 위조나 무권대리 또는 제한능력 등으로 인하여 실질적으로 무효이거나 취소됨으로써 소급하여 무효로 된 경우라 하더라도, 그 발행행위나 배서행위에 형식상의 하자가 없는 때에는 보증인은 독립하여 어음 · 수표보증인으로서의 책임을 지게 된다. 예컨대 A가 B의 기명날인을 위조하여, B를 발행인으로 하여 발행한 어음에, C가 B를 피보증인으로 하여 보증인으로서 기명날인을 한 경우에, B를 발행인으로 하여 발행한 어음에 발행으로서의 형식상의 하자가 없으면, 비록 B가 어음발행인으로서 책임을 지지 아니한다 하더라도 C는 어음보증인으로서의 책임을 부담하게 되는 것이다.

다. 어음 · 수표보증채무의 합동성

어음 · 수표보증인은 그 소지인에 대하여, 피보증인인 주된 어음채무자와 합동하여 책임을 진다(어음 47①, 77①iv, 수표 43①). 따라서 그 소지인은 주된 어음

채무자와 그 보증인에 대하여, 동시에 또는 순차로, 어음·수표금의 지급을 청구할 수 있고, 이 경우에 보증인은 이른바 민법상의 보증인이 가지는 최고·검색의 항변(주채무자에 대하여 먼저 지급청구 하라든가 주채무자의 재산에 먼저 집행하라고 하는 항변)을 하지 못하며, 보증인이 여러 명인 때라도 이른바 분별의 이익(인원수로 나누어 지급하는 이익)을 주장하지 못한다.

라. 인적항변의 제한

어음·수표보증인은 피보증인이 어음·수표소지인에 대하여 갖는 인적항변으로서 어음·수표소지인에 대하여 대항할 수 있는가. 이에 관하여는 어음·수표보증의 독립성과 종속성 중 어느 쪽을 중시하느냐에 따라 부정설과 긍정설로 그 결론이 달라지게 되나, 우리나라의 다수설은 어음·수표보증의 독립성을 중시하여 부정설을 취하고 있다.[95]

그런데 부정설에 의하면 그 구체적인 권리행사과정에 있어서 매우 불합리한 결과를 가져오게 된다. 예컨대 A가 S로부터 금원을 차용하고, 그 상환을 위하여 S를 수취인으로 한 어음을 발행하고, 동어음에 C가 A를 피보증인으로 한 어음보증을 한 상황에서, A와 S간의 대출계약이 무효 또는 취소되었다고 할 때, 부정설에 의하면 C는 S의 어음금청구에 대하여 동대출계약이 무효라는 항변을 할 수 없어 어음금의 지급을 하여야 하고, 어음금을 지급한 C는 A에 대하여 구상권을 행사하게 되며, 그 구상채무를 이행한 A는 다시 S에게 그가 받은 이익을 부당이득으로서 반환청구하게 됨으로써, 무익한 청구권의 행사를 반복하게 하는 불합리한 결과를 가져오게 되는 것이다.

위와 같은 무익한 청구권행사의 반복을 막으려면, 당초부터 C가 S의 어음금 지급청구를 거절할 수 있도록 하는 수밖에 없으며, 이러한 목적만을 달성하고자 한다면, 어음·수표보증의 종속성을 중시하여 긍정설을 취하면 된다. 그러나 이 긍정설에 따라 피보증인이 어음·수표소지인에 대하여 가지는 모든 인적항변을 가지고 대항할 수 있는 것으로 하는 것은, 유통성을 생명으로 하는 어음·수표의 성질에 반하게 된다.

여기에서 어음·수표보증의 독립성이라는 기본원칙을 유지하면서, 위와 같은

95) 정동윤 어음·수표법 445. 최기원 어음·수표법 557.

불합리한 결과가 발생하는 것을 방지할 법리적 구성을 요하게 되었는데, 그러한 법리적 구성으로서 우리 대법원이 채택한 것이 권리남용의 법리이다. 즉 위와 같은 경우에 S가 어음·수표 보증의 독립성을 이유로 C에 대하여 어음금의 지급청구를 하는 것은, 신의성실에 반하는 권리남용이 되어 인정되지 않는다는 것이다. 즉 우리 대법원은 어음·수표 보증의 독립성을 부정한 것이 아니라, 어음·수표 소지인의 권리행사가 권리남용에 해당하는 경우에 한하여, 어음·수표금의 지급을 거절할 수 있다는 것이지, 어떠한 경우에도 어음·수표 보증인이 피보증인의 인적항변을 가지고, 어음·수표 소지인에 대하여 대항할 수 있다는 것은 아니다.

판례2-27

어음보증인의 권리남용항변

장래의 채무를 담보하기 위하여 발행된 어음에 발행인을 위하여 어음보증이 되어 있는 약속어음을 수취한 사람은 어음을 발행한 원인관계상의 채무가 존속되어 있지 않기로 확정된 때에는 특별한 사정이 없는 한 그 때부터는 어음발행인에 대해서 뿐만 아니라 어음보증인에 대해서도 어음상의 권리를 행사할 실질적인 이유가 없어졌다 할 것이므로 어음이 자기 수중에 있음을 기화로 하여 어음보증인으로부터 어음금을 받으려고 하는 것은 신의성실의 원칙에 비추어 부당한 것으로서 권리의 남용이라 할 것이고 어음보증인은 수취인에 대하여 어음금의 지급을 거절할 수 있다고 보는 것이 옳다 할 것이고 위 수취인으로부터 배서·양도를 받은 어음소지인이 어음법 제17조 단서의 요건에 해당되는 때에는 어음보증인은 그러한 악의의 소지인에 대하여 권리남용의 항변으로서 대항할 수 있다(대판 1988.8.9. 86다카1858).

참고 **어음보증독립의 원칙과 권리남용의 항변**

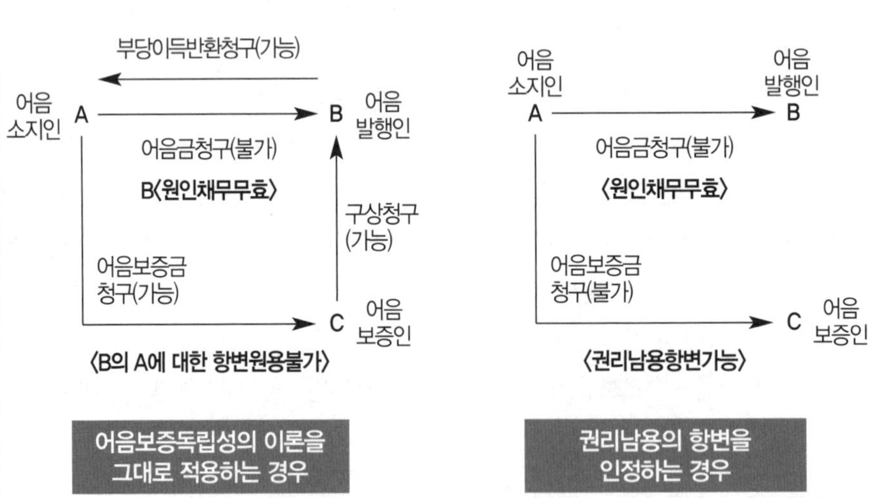

그러면 어음 · 수표소지인의 보증인에 대한 어음 · 수표금지급청구가 권리남용에 해당하는 것은 어떠한 경우인가. 이에 관하여는 피보증인과 어음 · 수표소지인 간의 원인관계의 부존재 · 무효 · 취소의 경우에 한정되며, 그 이외의 경우는 인적항변의 일반법리에 따라야 한다는 것이 일반적이다.[96]

(2) 보증인의 권리

가. 전부보증의 경우

보증인이 어음 · 수표금을 지급한 때에는, 피보증인과 그의 전자(피보증인의 어음 · 수표상 채무자)에 대하여 어음 · 수표상의 권리를 취득한다(어음 32③, 77③, 수표 27③). 이것을 어음 · 수표 보증인의 구상권이라 한다. 이에 따라 피보증인이 발행인인 경우는 발행인 및 인수인에 대하여 구상권을 취득하고, 피보증인이 인수인인 경우는 인수인에 대하여만 구상권을 취득하며, 피보증인이 배서인인 경우는 그 배서인과 그 배서인의 모든 전자에 대하여 구상권을 취득한다.

위와 같은 어음 · 수표보증인의 구상권취득이 어떠한 법률적성질을 가지는가에 대하여는, 법률의 규정에 의한 원시적이고 독립적인 것이라고 하는 원시취득설[97]과 피보증인의 권리를 승계한 것이라고 하는 승계취득설[98]이 대립되어 있다. 양설의 차이는 전설에 의하면 보증인은 어음 · 수표의 점유 없이도 법률의 규정에 따라 당연히 구상권을 취득하게 될 뿐만 아니라, 구상권을 행사함에 있어서도 (다만 이 구상권을 행사하려면 보증인은 어음의 교부를 받아 점유하고 있어야 한다) 어음 · 수표채무자의 전소지인에 대한 인적항변으로 대항받지 않게 되는 반면에, 후설에 의하면 보증채무를 이행하고서 어음을 교부받아 그 점유를 취득하여야 비로소 구상권을 취득하게 될 뿐 아니라, 구상권을 행사함에 있어서도 어음 · 수표채무자의 전소지인에 대한 인적항변으로 대항받게 된다는 데에 있다. 전설이 통설로서 타당하다고 생각한다.

96) 정찬형 상법강의(하) 418 이하 참조.
97) 주석 어음 · 수표법 122(정찬형). 정찬형 상법강의(하) 421. 정희철 상법학(하) 299. 최기원 어음 · 수표법 560.
98) 손주찬 상법(하) 283. 채이식 상법(하) 135.

나. 일부보증의 경우

어음·수표금의 일부를 보증한 자가 그 보증채무를 이행한 경우에는, 그 이행한 부분에 한하여 어음·수표상의 권리를 취득하고, 잔여부분에 대한 권리는 여전히 어음·수표소지인에게 존속한다. 그 결과 일부보증인은 그 채무를 이행하여도 어음·수표를 환수할 수가 없고, 단지 어음·수표소지인에 대하여 그 지급을 한 뜻을 어음·수표상에 기재하고, 영수증을 교부하여 줄 것을 청구할 수밖에 없다(어음 39③, 77①iii, 수표 34③ 유추).

그러나 위와 같은 어음·수표상의 일부지급기재사실과 영수증을 교부받은 것만으로는, 제시증권이고 상환증권인 어음·수표의 성질상, 어음·수표보증인이 피보증인과 그의 전자에 대한 권리를 바로 행사할 수가 없다. 따라서 이 경우 어음·수표보증인은 어떠한 방법으로 자신의 권리를 행사할 수 있을 것인가가 문제로 되는데, 이에 관하여는 다음과 같은 3가지 방식 중의 하나에 의하여 그 권리를 행사할 수 있을 것으로 생각된다.

첫째는 피보증인이 잔여금액을 지급하고 어음·수표를 환수하는 것을 기다려 그 권리를 행사하는 방법이다. 그리고 이 경우 피보증인이 어음·수표를 점유하고 있는 때에는, 보증인은 그 어음·수표를 점유하지 않고서도 그 권리를 행사할 수 있는 것으로 본다. 둘째는 어음금액의 전액을 어음소지인에게 지급하고 어음을 환수한 다음에 그 권리를 행사하는 방법이다. 셋째는 어음·수표소지인에 대하여 어음의 증명등본과 거절증서를 교부받아(어음 51 제2문 유추), 영수증과 함께 이를 근거로 그 권리를 행사하는 방법이다.[99]

4. 어음·수표보증과 민사보증

(1) 어음·수표보증과 민사보증의 차이

어음·수표보증도 타인의 채무에 대하여 그 지급책임을 진다는 점에서는 일반의 민사보증과 다를 바가 없으나 그 밖의 점에서는 여러가지 면에서 민사보증과 다른 바 이를 정리해보면 다음과 같다.

99) 주석 어음·수표법 122(정찬형). 정동윤 어음·수표법 450. 정찬형 상법강의(하) 422. 최기원 어음·수표법 561.

첫째, 민사보증은 계약으로 이루어지는 것이 보통이나, 어음·수표보증은 단독행위로서 이루어진다.

둘째, 민사보증이나 어음·수표보증 모두 서면행위라는 요식행위로서 이루어지나 요식행위의 내용에 있어서 차이가 있다. 민사보증의 경우는 보증인의 보증의사가 보증인의 기명날인 또는 서명이 있는 서면으로 표시되어 있으면 되고(민 428의2①), 그 서면에 적어야 할 내용까지 법률이 정하고 있는 방식에 따라야 하는 것이 아니다. 이에 대하여 어음·수표보증의 경우는 보증인의 보증의사가 보증인의 기명날인 또는 서명이 있는 서면으로 표시되어 있는 이외에 그 서면의 서면에 적어야 할 내용의 최소한과 최대한이 법정되어 있다(어음 2①, 4, 5, 77 등, 수표 2, 5, 8, 37 등)는 점에서 민사보증과 차이가 있다. 또한 민사보증과 어음·수표보증은 법률이 정하고 있는 요식행위에 반하여 무효인 보증채무를 이행한 경우에 보증인이 반환청구를 할 수 있는지 여부에 관하여 차이가 있다. 즉 민사보증의 경우는 보증인이 무효라는 사실을 알았는지 여부에 관계없이 민법 제428조의2 제3항이라는 특별규정에 따라 반환청구를 할 수 없는 반면, 어음·수표보증의 경우는 민사보증에 있어서와 같은 특별규정이 없으므로 부당이득의 일반법리에 따라(민 741, 742) 무효라는 사실을 알고서 이행하였으면 반환청구를 할 수 없지만 알지 못하고서 이행하였으면 반환청구를 할 수 있다.

셋째, 민사보증은 주채무의 실질상의 성립을 요건을 하나, 어음·수표보증은 주채무가 실질상으로 무효이더라도 형식상으로만 유효하면 성립한다(어음 7, 77②, 32②, 77③, 수표 10, 27②).

넷째, 민사보증은 반드시 피보증인을 특정하여야 하고 만일 주채무자가 불분명하면 성립되지 않음에 대하여, 어음·수표보증은 누구를 위한 보증인지 불분명하다고 해서 무효가 되는 것이 아니라, 발행인을 위한 보증으로 보게 된다(어음 31④, 77③, 수표 26④).

다섯째, 민사보증인에게는 최고·검색의 항변권이 인정되어 있으나(민 437), 어음·수표보증보증인에게는 이와 같은 항변권이 인정되어 있지 않다. 다만 민사보증이라도 연대보증인에게는 어음·수표보증인과 마찬가지로 최고·검색의 항변권이 인정되어 있지 않다.

여섯째, 민사보증의 경우는 공동보증인 사이에 분별의 이익이 있으나(민 439), 어음·수표 보증의 경우는 공동보증인 사이에 분별의 이익이 없다(어음 47, 77①,

수표 43). 다만 민사보증이라도 연대보증인에게는 어음·수표보증인과 마찬가지로 공동보증인 사이에 분별의 이익이 없다.

일곱째, 민사보증에 있어서는 채권자가 알고 있는 주채무자의 신용정보를 보증인에게 제공할 의무가 있지만(민 436의2①④, 보보특 2), 어음·수표보증에 있어서는 이러한 신용정보제공의무가 없다. 이는 민사보증이 계약으로 이루어지는 반면, 어음·수표보증은 단독행위로 이루어진다는 점에 기인한다.

여덟째, 민사보증과 어음·수표보증은 채권자가 채무자에 대하여 일정한 통지의무를 부담하는 점에서 같지만 통지의무의 내용에 있어서 차이가 있다. 즉 민사보증의 경우는 채권자가 주채무자의 채무불이행이나 신용정보에 중대한 변화가 발생한 사실 등을 안 경우(민 436의2②, 보보특 5①②④, 7④), 이를 보증인에게 통지하여야 한다. 이에 대하여 어음·수표보증의 경우는 인수거절이나 지급거절이 있으면 채권자는 일정한 기간내에 피보증인에게와 같이 보증인에게도 이를 통지해야 한다(어음 45②⑥, 77①, 수표 41②⑥).

아홉째, 민사보증채무는 그 소멸시효기간이 3년 내지 10년이나(민 162①, 상 64, 민 163i), 어음·수표보증채무는 6월 내지 3년(어음 70, 수표 51)이다. 또한 소멸시효의 중단에 있어서, 전자의 경우는 주채무자에 대한 시효중단이 보증인에게 미친다는 점에(민 440) 이론이 있을 수 없으나, 후자의 경우는 미친다는 견해와 아니 미친다는 견해가 대립되어 있다.

열째, 민사보증채무와 어음·수표보증채무는 그 이행청구소송절차와 강제집행절차를 취하는 데에도 차이가 있다. 즉 채무자의 재산에 대한 강제집행의 전제로서, 집행권원을 획득하기 위하여 민사보증채무의 이행청구소송을 제기하는 경우, 제1심법원의 담당재판부가 청구금액이 2억원 이하인 때에는 지방법원 및 지방법원지원 단독부가 되고, 2억원을 초과하는 때에는 지방법원 및 지방법원지원 합의부(다만 2억원을 초과하더라도 은행 등이 원고인 대여금·구상금·보증금 청구사건 등에 해당하는 때에는 지방법원 및 지방법원지원 단독부)가 된다. 이에 대하여 어음·수표보증채무의 이행청구소송을 제기하는 경우에는, 청구금액에 관계없이, 제1심법원의 담당재판부가 지방법원 및 지방법원지원 단독부가 되어, 신속하고 경제적인 소송절차의 완결을 기대할 수 있는 이점이 있다(법조 7④, 32①의 반대해석, 민사 및 가사소송의 사물관할에 관한 규칙 2). 또한 재판이 확정되기 전에 채권자가 강제집행을 할 수 있는 가집행선고를 붙여주는 조건에 있어서도 민사보증채무와 어음·수표보증채무는 차이가 난다. 즉 지명채권청구소송에 있어서는 법원이 가

집행선고를 함에 있어서 채권자에게 담보를 제공하게 할 수 있으나 어음 · 수표 보증금청구소송에 있어서는 법원이 가집행선고를 함에 있어서 채권자로 하여금 담보를 제공하게 할 수가 없다(민소 213①단). 따라서 어음 · 수표보증금에 있어서는 이러한 담보제공 없이 재판 확정 전에 강제집행을 할 수 있는 이점이 있다.

(2) 어음 · 수표보증과 민사보증과의 관계

어음 · 수표보증은, 민사보증의 이행방법으로 행하여지는 경우가 있는가 하면, 민사보증과는 무관하게 행하여지는 경우도 있다. 예컨대 A의 B에 대한 채권에 관하여, A와 C간에 민사상의 보증계약이 체결되어 있는 상태에서, B를 발행인 A를 수취인으로 하여 발행한 어음에 C가 어음보증을 한 경우는 전자에 해당하나, B가 발행한 어음에 C가 어음보증을 한 후 B가 이를 A에게 교부한 것뿐인 경우는 후자에 해당한다. 어음 · 수표보증이 민사보증의 이행방법으로 행하여지는 경우에는, 보증인이 어음소지인에 대하여 민사보증에 관하여 인정되는 인적항변을 주장할 수 있다는 점에 그 특징이 있다.

참고 **어음보증과 민사보증과의 관계**

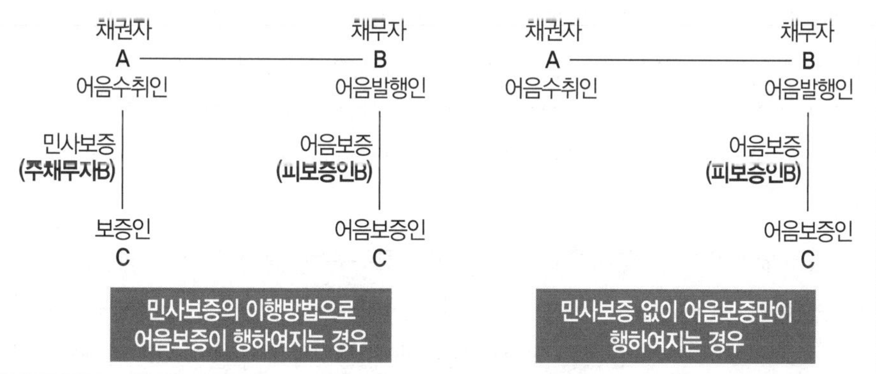

(3) 어음 · 수표보증과 민사보증의 양립

다른 사람이 발행한 어음 · 수표에 보증인으로서 기명날인 또는 서명한 자는, 어음 · 수표의 채권자에 대하여 그 어음 · 수표보증으로 인한 어음 · 수표상의 채무만을 부담하는 것이 원칙이고, 특별히 어음 · 수표의 채권자에 대하여, 자기가 그 어음 · 수표 발행의 원인이 된 채무까지 보증하겠다는 뜻으로, 어음 · 수표 보증을 한 경우에 한하여 그 원인채무에 대한 보증책임을 부담하게 된다.

제 4 기타 인적담보

1. 연대채무

(1) 연대채무의 의의

수인의 채무자가 채무전부를 각자 이행할 의무가 있고, 채무자 1인의 이행으로 다른 채무자도 의무를 면하게 되는 채무를 연대채무라고 한다(민 413).

연대채무의 제도적 의의는 채권의 효력을 강화하는 작용 내지 기능을 가지는 데에 있다. 즉 연대채무에 있어서의 채권자는 경제적 · 실질적으로는 하나의 채권을 가지는데 지나지 않으나, 채무자가 다수 있게 됨으로써 다수의 인적담보를 얻어 채권의 효력을 강화할 수가 있다.

연대채무도 보증채무와 함께 채권담보의 기능을 하게 된다. 다만 보증채무의 경우는 채무자 사이에 주종의 구별이 있는데 대하여, 연대채무의 경우는 각 채무자의 지위가 주종의 구별 없이 독립되어 있다는 점에서 양자는 구별되며, 이 때문에 채권담보의 작용에 있어서는 연대채무가 보증채무보다 강력하다고 할 수 있다.

금융거래에 있어서 연대채무가 이용되는 경우로는, 특정한 생산시설을 타인에게 주문하여 제작하려는 자로부터, 그에 필요한 자금의 대출을 신청받은 금융회사가, 그 주문자와 제작자를 제작이 완료되어 설치되고 아울러 그 시설을 금융회사가 담보취득할 때까지, 연대채무자로 하여 대출하는 경우를 들 수 있다.

예컨대 S은행이 A산업(주)가 B공업(주)에 주문하여 설치하고자 하는 특정한 생산시설의 제작비를 대출하려는 경우에는, 당해 대출금이 그 제작비에 잘 투입되어 그 생산시설이 예정대로 A산업(주)에 설치된 후, S은행에 담보제공 되도록 할 필요가 있다. 그런데 이 경우에 S은행이 주문자인 A산업(주)만을 채무자로 하여두면, B공업(주)의 불성실한 행위로 인하여 부실한 설비가 이루어지거나 적기에 담보취득이 되지 않는 등, 대출채권의 보전에 지장이 초래될 수 있다. S은행이 대상시설의 담보취득시까지, B공업(주)를 A산업(주)에 대한 시설자금대출의 연대채무자로 하는 것은, 바로 이와 같은 B공업(주)의 불성실한 행위를 방지하기 위한 것이다.

그런데 위의 예에 있어서는 S은행이 대상시설에 대한 담보취득을 완료하면 B공업(주)는 채무자의 지위에서 벗어나게 된다. 이에 따라 담보취득한 시설만으로는 충분한 담보가 되지 않고, 또 A산업(주)의 신용상태가 양호하지 않은 경우에는, 당초의 대출계약시 B공업(주)를 담보취득시까지는 연대채무자로서 책임지도록 하고, 담보취득완료 후에는 연대보증인으로서 책임지도록 합의하는 경우도 있다.

(2) 연대채무의 성질

가. 복수의 채무

연대채무는 채무자의 수만큼 다수의 독립한 채무이다. 그리고 각 채무자의 채무는 서로 독립한 것이기 때문에, 그들 사이에는 주채무와 보증채무 사이에서와 같은, 주종의 구분이 없다. 따라서 다음과 같은 결과가 생긴다.

첫째, 연대채무가 한 개의 법률행위에 의하여 발생한 경우에, 채무자 중의 1인에 관하여 법률행위의 무효 또는 취소의 원인이 있더라도, 다른 채무자의 채무의 효력에는 영향을 미치지 않는다(민 415).

둘째, 각 채무자의 채무는 그 태양을 달리할 수 있다. 즉 각 채무자의 채무가 각각 조건이나 기한을 달리할 수 있고, 이행기나 이행지를 달리하는 것도 무방하며, 또한 어떤 채무자의 채무는 이자부이나 다른 채무자의 채무는 무이자라는 것도 무방하다.

셋째, 채무자 중의 어느 1인에 관하여서만 보증채무를 성립시킬 수 있으며(민 447), 채무자 중의 어느 1인에 대한 채권만을 분리해서 양도하는 것도 가능하다.

넷째, 수인의 연대채무자는 각자 채무의 전부를 이행할 의무를 부담한다.

나. 공동목적의 복수채무

각 채무자의 채무는 객관적으로 단일한 목적을 달성하기 위한 여러 개의 수단에 지나지 않는다. 따라서 채무자 중에서 누구라도 채무의 전부를 이행하면 모든 채무자의 채무가 소멸하게 된다. 그리고 각 채무자의 채무는 주관적으로도 공동의 목적에 의하여 연결되어 있다. 따라서 어느 1인의 채무자에 관하여 생긴 사유는 일정한 범위에서 다른 채무자에게도 영향을 미치며(민 416~422), 또한 채무자 상호간에는 부담부분이 있어서, 자기의 출재로 공동의 면책을 가져온 채무자와 다른 채무자와의 사이에는, 구상관계가 생기게 된다(민 424~427).

(3) 연대채무의 성립

연대채무를 성립시키는 가장 주요한 원인은 법률행위이다. 그리고 이 때의 법률행위란 계약인 것이 보통이다. 연대의 특약은 묵시적으로도 할 수 있으며, 특히 당사자가 총채무자의 자력을 종합적으로 고려하였다고 볼 수 있는 특별한 사정이 있는 때에는 연대채무로 추정하여야 한다.

계약으로 연대채무가 발생하는 경우에 그 계약은 1개임을 요하지 않는다. 예컨대 B가 A에 대하여 채무를 부담한 후에 C가 A와의 별개계약으로 B와 연대채무를 부담하는 것으로 하여도 상관없는 것이다. 또한 연대채무가 1개의 법률행위에 의하여 발생한 경우에도, 각 채무는 독립한 별개의 채무이므로, 채무자의 한 사람에 관하여 법률행위의 무효 또는 취소의 원인이 있더라도, 다른 채무자의 채무의 효력에는 영향을 미치지 않는다.

연대채무가 성립하는 또 하나의 원인은 법률의 규정이다. 그러한 규정은 민법(35②, 616, 654, 760, 832 등)에도 있지만 상법(81, 138, 212, 321, 323, 333, 399, 567 등) 기타의 법률에도 많이 있다. 이들 규정은 공동불법행위 또는 공동의 사무나 사업에 관여하는 다수인에게 공동의 책임을 부담하게 하기 위하여 특히 연대책임을 인정한 것이다.

(4) 연대채무의 효력

가. 대외적 효력(채권자의 권리)

(가) 보통의 경우

채권자는 어느 연대채무자에 대하여 또는 동시나 순차로 모든 연대채무자에 대하여 채무의 전부나 일부의 이행을 청구할 수 있다(민 414). 그리고 이러한 이행의 청구는 재판외에서 할 수 있을 뿐만 아니라 재판상으로도 할 수 있다.

예컨대, A에 대하여 B · C · D가 1천만원의 연대채무를 부담하고 있다면, A는 ① B · C · D 가운데 임의의 1인에 대하여 채무의 전부나 일부의 이행을 청구할 수 있음은 물론이며 ② B · C · D 각자에 대하여 동시에 전부나 일부씩(B에게는 5백만원, C에게는 3백만원, D에게는 2백만원 등)의 이행을 청구할 수도 있고 ③ B · C · D에 대하여 순차로 전부나 일부씩을 청구하는 것도 가능하다. 다른 채무자에 대하여 승소나 패소의 판결을 받은 후라도 역시 마찬가지이다.

그러나 어떤 채무자에 대하여 청구하기 전에, 이미 다른 채무자로부터 일부의 변제를 받은 때에는, 잔액에 대하여서만 청구할 수 있다. 또한 어떤 채무자에 대하여 전부의 재판상청구를 한 후, 그 판결 전에 다른 채무자로부터 일부의 변제를 받은 때에도, 잔액에 대하여만 승소판결을 받을 수 있다. 어느 한 채무자의 변제가 있으면 비록 그것이 채무의 일부변제라 하더라도, 그 범위에서 모든 채무자의 채무가 소멸하게 되기 때문이다(민 413).

(나) 파산의 경우

수인의 채무자가 각각 전부의 채무를 이행하여야 할 경우에, 그 채무자의 전원 또는 수인이나 1인이 파산선고를 받은 때에는, 채권자는 파산선고시에 가진 채권의 전액에 관하여, 각 파산재단에 대하여 파산채권자로서 그 권리를 행사할 수 있다(채회파 428).

다만 채권자는 파산선고시에 있어서 가지는 채권의 전액을 가지고, 파산채권자로서 배당에 가입할 수 있는 것이므로, 연대채무자 중 1인의 파산절차가 완료하고 배당변제를 받은 후에, 다른 연대채무자가 파산의 선고를 받은 때에는, 잔액에 관하여만 배당에 가입할 수 있는 것이고 당초의 전액에 관하여는 가입할 수가 없다. 또한 연대채무자 중의 1인으로부터 파산에 의하지 않고 일부변제를 받은 후에, 다른 연대채무자가 파산한 경우에도 잔액을 가지고서만 파산재단에 가입할 수 있다.

나. 연대채무자의 1인에 관하여 생긴 사유의 효력

㈎ 개설

연대채무는 복수의 채무이며 또한 각 채무는 독립성을 가진다. 다만 채권자에게 1개의 만족을 주는 점에서 객관적으로 목적을 공통으로 하고 있다. 따라서 이 공통의 목적을 달성하게 하는 사유, 예컨대 변제가 있는 때에는 그것이 채무자에 의하여 행하여졌는가를 묻지 않고서 모든 채무자를 위하여 효력이 생기나, 그 밖의 사유는 다른 채무자에게 아무런 영향을 미치지 않는 것이 원칙이다.

다만 연대채무에 있어서는 채무자 사이에 긴밀한 주관적 관계가 존재하므로, 어느 채무자에 대하여 생긴 공통의 목적달성 이외의 사유에 관하여도, 어느 정도 다른 채무자에 대한 효력이 인정되어 있다. 그리고 이와 같이 어느 채무자에 대한 관계에서 생긴 사유가, 다른 채무자에 대한 관계에서도 그 효력이 미치는 것을, 연대채무의 절대적 효력이라 하고, 그 채무자에 대한 관계에 있어서만 효력을 미치고, 다른 채무자에 대한 관계에서는 효력을 미치지 않는 것을 연대채무의 상대적 효력이라고 한다.

우리 민법은 절대적 효력 있는 사유를 한정적으로 규정하고(민 416~422), 그 이외에 연대채무자의 한 사람에 관하여 생긴 사유는, 다른 채무자에게 그 효력이 미치지 않는 상대적 효력 있는 사유로 하고 있다(민 423).

㈏ 절대적 효력 있는 사유

㈀ 변제 · 대물변제 · 변제공탁

변제라 함은 채무의 내용인 급부를 실현시켜 채권을 소멸시키는 채무자 또는 기타의 자의 행위를 말하고, 대물변제는 채무자가 부담하고 있는 본래의 급부에 갈음하여 다른 급부를 현실적으로 함으로써 채권을 소멸시키는 채권자와 변제자 사이의 계약을 말하며, 변제공탁이란 변제자가 채무를 면하기 위하여 변제의 목적물을 채무의 이행에 갈음하여 공탁소에 임치하는 것을 말한다. 이 들은 모두 채권자에게 만족을 주는 것이므로 비록 법률에 명문의 규정은 없으나 절대적 효력이 인정되는 것으로 보아야 한다.

(ㄴ) 상계

어느 연대채무자가 채권자에 대하여 채권이 있는 경우에 그 채무자가 상계한 때에는 채권은 모든 연대채무자의 이익을 위하여 소멸한다(민 418①). 따라서 예컨대 A · B · C가 D에게 9백만원의 연대채무를 부담하고, A가 D에 대하여 6백만원의 반대채권을 가지는 경우에, A가 이 6백만원의 채권으로 상계하면 B와 C도 6백만원의 채무를 면하게 되어, 결국 A · B · C가 3백만원의 연대채무를 부담하고 있는 것이 된다.

한편 어느 연대채무자가 채권자에 대하여 반대채권을 가지는 경우에, 그 채무자가 상계하지 않으면 다른 채무자가 그 반대채권을 가지고 상계할 수 있는가의 문제가 있으나, 우리 민법은 그 반대채권을 가지는 채무자의 부담부분(예컨대 앞의 예에서 3백만원)에 관하여, 다른 연대채무자가 상계할 수 있는 것으로 하고 있다(민 418②).

(ㄷ) 채권자지체

어느 연대채무자에 대한 채권자의 지체는 다른 연대채무자에게도 효력이 있다(민 422). 채권자지체란 채무의 이행에 있어 급부의 수령 기타 채권자의 협력을 필요로 하는 경우에, 채무자가 채무의 내용에 따른 제공을 하였음에도 불구하고, 채권자가 그것을 수령하지 않거나 기타의 협력을 하지 않기 때문에 또는 협력을 할 수 없기 때문에 이행이 지연되고 있는 상태에 있는 것을 말한다.

(ㄹ) 이행의 청구

어느 연대채무자에 대한 이행청구는 다른 연대채무자에게도 효력이 있다(민 416). 따라서 이행청구에 따른 이행지체(민 387②), 시효의 중단(민 168i)도 절대적 효력이 있다. 다만 이것은 모든 채무가 모두 이행기에 도달하여 있음을 전제로 하고 있는 것이므로, 연대채무가 각각 그 이행기를 달리하는 경우에 아직 이행기에 있지 않은 채무에 대하여는 효력이 생기지 않는다.

(ㅁ) 경개

어느 연대채무자와 채권자 사이에 채무의 경개가 있는 때에는, 채권은 모든 연대채무자의 이익을 위하여 소멸한다(민 417). 예컨대 D에게 9백만원의 연대채무를 부담하고 있는 A · B · C 중의 A가, D와 9백만원의 금전지급 대신에 특정부동산의 소유권이전채무를 부담하기로 경개계약을 체결하면, B · C도 D에 대한 9백만원의 채무를 면하게 되는 것이다. 경개는 변제와 같이 채권의 만족을 가져오는 것은 아니므로, 상대적 효력에 그치는 것으로 할 수도 있으나, 민법이 이에 절대적 효력을 인정하고 있는 것은, 당사자 사이의 법률관계를 간략하게 처리하려는 것이다.

그러나 경개의 절대적 효력을 인정하고 있는 민법 제417조의 규정은 강행규정이 아니라 임의규정으로 해석되고 있다. 따라서 경개 당사자는 특약에 의하여 절대적 효력을 배제하고 상대적 효력만 생기도록 할 수 있다.[100] 예컨대 D에게 9백만원의 연대채무를 부담하고 있는 A · B · C 중의 A가, D와 금전지급 대신에 특정부동산의 소유권이전채무를 부담하기로 경개계약을 하면서, 그 효력이 D와 A 사이에만 있는 것으로 특약하면, A는 특정부동산의 소유권이전채무를 부담하고, B · C도 여전히 9백만원의 연대채무를 지며, 그 어느 쪽의 채무에 대한 이행이 있으면 다른 쪽 채무도 소멸하게 된다.

(ㅂ) 면제

어느 연대채무자에 대한 채무면제는 그 채무자의 부담부분에 한하여 다른 연대채무자의 이익을 위하여 효력이 있다(민 419). 예컨대 A · B · C가 균등한 부담으로 D에 대하여 9백만원의 연대채무를 부담하는 경우에, 채권자 D가 A에 대하여 그 채무를 면제하면, A는 채무전부에 관하여 면책되고, 그와 동시에 B · C도 A의 부담부분인 3백만원에 관하여 채무를 면하며, 이후에는 B · C가 6백만원에 관하여 연대채무를 부담하게 된다.

그러나 면제의 절대적 효력을 인정하고 있는 민법 제417조의 규정도 강행규정이 아니라 임의규정인 것으로 해석되고 있다.[101] 따라서 채권자인 D는 A에 대해서만 면제의 효력이 생기도록 할 수 있으며, 이 경우에는 A만 채무를 면하게 되고 B · C는 여전히 9백만원의 연대채무를 부담하게 된다. 그리고 D에게 9백

100) 민법주해[X] 104(차한성). 주석민법[채권총칙(2)] 200(강봉수). 곽윤직 채권총론 225. 김형배 채권총론 462.

101) 민법주해[X] 105(차한성). 주석민법[채권총칙(2)] 208(강봉수). 곽윤직 채권총론 226. 김형배 채권총론 464.

만원의 연대채무를 이행한 B · C는 A에게 3백만원의 구상을 할 수 있으며, 그 구상에 응한 A는 다시 D에게 3백만원의 부당이득반환청구를 할 수 있게 된다. 다만 D가 A에 대한 연대채무를 면제할 때, 단지 이행청구만을 하지 아니하겠다는 뜻이었다면, A의 D에 대한 부당이득반환청구권을 성립되지 않는다.

(ㅅ) 혼동

어느 연대채무자와 채권자간에 혼동이 있는 때에는, 그 채무자의 부담부분에 한하여 다른 연대채무자도 의무를 면한다(민 420). 혼동이란 채권과 채무가 동일인에게 귀속하게 되는 것을 말한다. 예컨대 A · B · C가 균등한 부담으로 D에 대하여 9백만원의 연대채무를 부담하고 있는 상황에서, 채권자 D가 사망하고 A가 상속인인 경우에, B · C는 A의 부담부분인 3백만원에 관하여 채무를 면하며, 이후에는 B · C가 6백만원에 관하여 A에 대하여 연대채무를 부담하게 된다.

(ㅇ) 소멸시효의 완성

어느 연대채무자에 대하여 소멸시효가 완성한 때에는 그 부담부분에 한하여 다른 연대채무자도 의무를 면한다(민 421). 각 연대채무는 그 태양을 달리할 수 있고 또는 이행청구 이외의 시효중단사유는 상대적 효력이 있을 뿐이나, 소멸시효완성의 효력에 대하여는 절대적 효력을 인정한 것이다. 예컨대 A · B · C가 균등한 부담으로 D에 대하여 9백만원의 연대채무를 부담하고 있다가, A에 대한 연대채무의 소멸시효가 완성된 경우에, B · C는 A의 부담부분인 3백만원에 관하여 채무를 면하며, 이후에는 B · C가 6백만원에 관하여 A에 대하여 연대채무를 부담하게 된다.

(ㅈ) 계약의 해지 · 해제

당사자의 일방 또는 쌍방이 수인인 경우에는 계약의 해지나 해제는 그 전원으로부터 또는 전원에 대하여 하여야 한다(민 547①). 그러나 해지나 해제의 권리가 당사자 1인에 대하여 소멸한 때에는 다른 당사자에 대하여도 소멸한다(민 547②). 따라서 해지나 해제의 권리가 어느 연대채무자 중의 1인에 대하여 소멸한 때에는 다른 연대채무자에 대하여도 소멸하게 된다.

(다) 상대적 효력 있는 사유

(ㄱ) 시효의 중단 · 정지

청구에 의한 시효의 중단 이외에는 모두 상대적 효력이 생길 뿐이다(민 169). 또한 시효이익의 포기도 상대적 효력을 가진다.

(ㄴ) 채무자의 과실 있는 채무불이행

연대채무자 중의 1인에게 과실이 있거나 또는 그에게 책임 있는 사유로 이행지체 또는 이행불능이 생기더라도, 다른 채무자에게 과실 있는 것으로 되지 않고, 또는 다른 채무자가 불이행의 책임도 지지 않는다. 다만 청구에 의한 지체의 효력은 다른 채무자에게도 생긴다.

(ㄷ) 채권의 양도와 채무의 인수

연대채무자 중의 1인 또는 수인에 대한 채권을 분리하여 양도하여도, 다른 채무자에게 영향을 주는 일은 없고, 또 전원에 대한 채권을 양도한 경우에도, 그 양도의 대항요건은 각 채무자에 대하여 각별로 구비하여야 한다. 그리고 제3자가 어느 연대채무자의 채무를 인수하여도 다른 채무자는 이로 인하여 아무런 영향을 받지 않는다.

(ㄹ) 확정판결

채권자가 연대채무자 중의 1인에 대하여 승소판결을 얻거나 패소판결을 얻어도, 그것은 다른 채무자에 대하여 기판력을 미치지 않는다.

다. 대내적 효력(구상관계)

(가) 구상권

어느 연대채무자가 변제 기타 자기의 출재로 공동면책이 된 때에는 다른 연대채무자의 부담부분에 대하여 구상권을 행사할 수 있다(민 425①). 본래 연대채무는 채권자에 대한 관계에 있어서는 각자 전부를 변제하여야 할 채무이므로, 어느 연대채무자가 채권자에 대하여 전부의 변제를 하였다고 하여도, 그것은 자신의 채무를 이행한 것에 지나지 않는다. 그러나 채무자간의 내부관계에 있어서는, 각자 출재를 분담하여야 할 비율 즉 부담부분이 있어서, 어느 연대채무자가 그의 부담부분을 넘어서 변제하는 것은, 실질적으로는 타인의 채무를 변제하는 것이 되므로, 다른 채무자에 대하여 그 부분의 상환을 요구할 수 있는 것인 바, 바로 이 상환청구권이 구상권인 것이다.

(나) 연대채무자 사이의 부담부분

연대채무자가 내부관계에 있어서 출재를 분담하는 비율이 부담부분이다. 연대채무자 사이의 구상관계는 채무자 사이에 이 부담부분이 있다는 것을 전제로 한다.

각 연대채무자의 부담부분은 당사자 사이의 특약으로 정할 수 있고, 특약이 없으면 보통 실제로 받는 이익의 비율에 따라 결정된다. 그리고 이와 같은 표준으로 결정되지 않을 때에는 각 채무자의 부담부분은 균등한 것으로 취급된다(민 424).

그러나 부담부분이 채권자와의 관계에서 어떤 효력을 가지게 되는 때, 즉 면제나 소멸시효가 절대적 효력을 가지게 되는 때에도, 각 연대채무자 사이의 특약이나 수익의 비율 등의 내부관계로 정해지는 부담부분이, 당연히 채권자에 대하여 효력이 있는 것으로 하면, 채권자가 예측하지 않은 손해를 보게 될 염려가 있다. 따라서 부담부분이 균등하지 않은 때에, 채권자에 대한 관계에서 이를 주장할 수 있는 것은, 채권자가 이를 알 수 있는 경우에 한한다고 보아야 한다.

(다) 구상권의 성립요건

(ㄱ) 변제 기타 출재가 있을 것

출재라 함은 자기의 재산의 감소로 타인의 재산을 증가시키는 것을 말한다. 채무자가 기존의 자기재산을 적극적으로 지출하는 것이 출재의 보통 유형이나, 소극적으로 새로운 채무를 부담하는 것도 출재에 해당한다. 따라서 변제는 물론이고, 대물변제 · 공탁 · 상계 · 경개 및 변제로 볼 수 있는 혼동의 경우도 출재로 보아야 한다. 그러나 면제나 소멸시효의 완성은 비록 부담부분의 범위에서는 채권을 소멸시키는 절대적 효력이 있으나, 이를 출재로 볼 수는 없다.

(ㄴ) 공동면책이 있을 것

연대채무자의 한 사람이 모든 채무자를 위하여 채무를 소멸하게 하거나 또는 감소하게 하였어야 한다. 다만 이 경우 공동면책에 따라 출재자가 다른 연대채무자에 대하여 구상할 수 있는 범위에 관하여는 비율설[102]과 금액설[103]로 견해가 나뉘어 있다.

비율설은 연대채무의 부담부분을 비례적인 부담비율로 보고, 어느 연대채무자의 출재로 그 출재자의 부담금액 이하의 채무에 대한 공동면책이 있었다 하더라도 그 출재자는 각 연대채무자의 부담비율에 따른 금액을 다른 연대채무자에게 구상할 수 있다고 한다. 이에 대하여 금액설은 연대채무의 부담부분을 부담율에 따라 산출한 일정액수로 보고, 그 부담액수를 넘는 공동면책을 얻은 경우에 그 초과금액에 대하여 다른 연대채무자에게 그 부담비율에 따라 구상할 수 있다고 한다.

예컨대, A · B · C가 균등한 부담으로 D에 대하여 9백만원의 연대채무를 부담하고 있다가, A가 D에게 6백만원을 이행한 경우에, 비율설에 의하면 A는 B · C에게 각각 2백만원씩의 구상을 할 수 있는 반면, 금액설에 의하면 자신의 부담부분을 초과한 3백만원에 대하여 B · C에게 그 부담비율에 따라 각각 1백5십만원씩의 구상을 할 수 있게 된다.

금액설은 구상관계를 간단히 처리할 수 있다는 점과 연대채무자간의 구상관계를 연대보증인간의 구상관계와 다르게 할 이유가 없다는 점을 그 논거로 하고, 비율설은 연대채무자간의 공평을 기할 수 있다는 점[104]을 그 논거로 하고 있다. 비율설이 현재의 통설이다. 각 연대채무자는 채권자에 대하여 독립한 주채무를 부담하는 반면, 각 연대보증인은 주채무에 부종하는 종속채무를 부담하고 있다는 점에서, 양자를 반드시 동일하게 취급하여야 하는 것이 아니므로 연대채무자간에 공평을 기할 수 있는 비율설이 타당하다고 생각한다.

---

102) 민법주해[X] 140(차한성). 주석민법[채권총칙(2)] 228(강봉수). 곽윤직 채권총론 231. 김형배 채권총론 473.

103) 김상용 채권총론 364.

104) 즉 위의 예에서, A가 6백만원을 변제할 당시에는 B · C가 변제자력이 있었으나, 그 후 A가 잔여 3백만원을 변제할 때에는 B · C가 변제자력을 상실한 상태라고 할 경우, 비율설에 의하면 A는 B · C로부터 각각 2백만원씩의 구상을 할 수 있게 되나, 금액설에 의하면 1백5십만원만 구상할 수 있게 되어, 채권자에 대하여 독립한 주채무를 부담하는 연대채무자 사이에 불공평한 결과가 발생할 수 있는 것이다.

한편 연대채무에 있어서의 구상권은 언제나 공동면책을 얻은 후에만 발생하고 보증채무에 있어서와 같이 면책이 있기 이전에 미리 구상하지는 못한다.

판례2-28

일부공동면책된 경우 다른 부진정연대채무자에 대하여 구상할 금액

부산시 소속 공무원 갑이 을과 소외인 명의의 인감을 위조행사하는 등의 직무상 불법행위에 의하여 소외인 소유 부동산을 병에게 매도하여 소유권이전등기를 마치고, 병은 소외 은행에 대한 차용금 채무 담보로 근저당권을 설정하고, 소외 은행이 임의경매를 신청하여 이를 경락받아 대출금채권과 경락대금지급 채무와를 대등액에서 상계하였으나, 위 소외인의 소구에 따라 위 소유권이전등기등 일련의 등기의 무효임이 확정되고, 부산시가 국가배상법에 따라 소외 은행의 손해를 배상한 사안에 있어서, 부산시가 소외 은행에 대하여 부진정연대채무자인 갑을 위하여 변제하였으므로 공동면책된 다른 연대채무자인 을에 대하여는 면책범위 내에서 책임부담 부분 비율에 한하여 구상권을 행사할 수 있다(대판 1982.1.19. 80다3075).

㈑ 구상권의 범위

구상권자는 그 출재액과 면책된 날 이후의 법정이자 및 피할 수 없는 비용 기타 손해액을 다른 연대채무자에 대하여 각자의 부담부분의 비율에 따라 구상할 수 있다(민 425).

㈒ 구상권의 제한

어느 연대채무자가 다른 연대채무자에게 통지하지 아니하고, 변제 기타 자기의 출재로 공동면책이 된 경우에, 다른 연대채무자가 채권자에게 대항할 수 있는 사유가 있었을 때에는, 그 부담부분에 한하여 이 사유로 면책행위를 한 연대채무자에게 대항할 수 있고, 그 대항사유가 상계인 때에는 상계로 소멸할 채권은 그 연대채무자에게 이전된다(민 426①).

어느 연대채무자가 변제 기타 자기의 출재로 공동면책 되었음을, 다른 연대채무자에게 통지하지 아니한 경우에, 다른 연대채무자가 선의로 채권자에게 변제 기타 유상의 면책행위를 한 때에는, 그 연대채무자는 자기의 면책행위의 유효를 주장할 수 있다(민 426②).

어느 연대채무자가 사후의 통지를 게을리하고, 다른 연대채무자는 사전의 통지를 게을리한 경우에 관하여는, 민법에 아무런 규정이 없다. 따라서 이 경우는 해석에 의하여 해결할 수밖에 없는데, 이에 관하여는 일반원칙에 따라 제1의 출

재행위만이 유효한 것으로 보는 것이 타당하다.[105)]

(바) 상환무자력자가 있는 경우의 구상권자의 보호

(ㄱ) 무자력자의 부담부분의 분담

연대채무자 중에 상환할 자력이 없는 자가 있는 때에는, 그 채무자의 부담부분은 구상권자 및 다른 자력이 있는 채무자가, 그 부담부분에 비례하여 분담한다. 그러나 구상권자에게 과실이 있는 때에는 다른 연대채무자에 대하여 분담을 청구하지 못한다(민 427①). 상환할 자력이 없다고 하는 것은, 지급불능이나 지급정지 등의 파산원인이 있는 경우 또는 강제집행 기타로 상환채무자의 지급자력 없음이 확정된 경우를 말한다.

(ㄴ) 연대의 면제와 무자력자의 부담부분

어느 연대채무자가 채권자로부터 연대의 면제를 받은 경우에, 다른 채무자 중에 변제의 자력이 없는 자가 있으면, 그 무자력자가 변제할 수 없는 부분에 관하여 연대의 면제를 받은 자가 분담할 부분은 채권자가 부담하게 된다(민 427②).

연대의 면제라 함은 연대채무의 면제와는 달리 채무의 이행 전부를 면제하는 것이 아니라, 다른 채무자와 연대해서 전채무를 이행하는 의무만을 면제하는 것, 즉 채권자가 어느 채무자와의 관계에 있어서 전부 급부의 청구권을 포기하고, 그 채무액을 그의 부담부분의 범위로 한정하는 것을 말한다. 연대의 면제도 채무면제이므로 채권자의 단독행위로 할 수 있다(민 506).

연대의 면제에는 두 가지 유형이 있다. 하나는 모든 채무자에 대하여 연대를 면제하는 경우인데 이를 절대적 연대면제라고 한다. 이 경우에는 연대채무는 분할채무가 되고 구상관계는 생기지 않으며, 부담부분이 영인 채무자는 그 채무를 면하게 된다. 다른 하나는 연대채무자 중의 1인 또는 수인에 대하여 연대를 면제하는 경우로서 이를 상대적 연대면제라고 한다. 이 경우에는 면제를 받은 채무자만이, 그의 부담부분에 대하여 분할채무를 부담하는 것이 되고, 면제를 받지 않은 다른 채무자의 연대채무에는 영향을 미치지 않는다.

---

105) 민법주해[X] 154(차한성). 주석민법[채권총칙(2)] 240(강봉수). 곽윤직 채권총론 234. 김형배 채권총론 477.

(사) 구상권자의 대위권

연대채무자는 변제할 정당한 이익이 있는 자이므로 변제에 의하여 당연히 채권자에 대위한다(민 481). 그러나 그 대위할 수 있는 범위는 각 채무자에 대한 구상권의 범위에 한하게 됨은 물론이다.

2. 부진정연대채무

(1) 부진정연대채무의 의의

부진정연대채무라 함은 연대채무에 있어서와 마찬가지로 수인의 채무자가, 동일한 내용의 급부에 관하여 각각 독립해서 전부를 이행해야 하는 채무를 부담하고, 그 중의 1인 또는 수인이 이행하면, 모든 채무자의 채무가 소멸하게 되는 다수당사자의 채무관계로서, 민법이 규율하는 연대채무에 속하지 않는 것을 말한다.

부진정연대채무가 연대채무와 구별되는 가장 큰 특징은, 연대채무에는 채무자 사이에 공동목적에 의한 주관적인 관련이 있으나, 부진정연대채무에는 그러한 관련이 없다는 점이라 할 수 있으며, 그에 따라 부진정연대채무에 있어서는 첫째 채무자의 한 사람에 관하여 생긴 사유가 다른 채무자에게 영향을 미치지 않으며 둘째 채무자 상호간의 내부관계에 있어서 원칙적으로 구상관계가 생기지 않는다. 그리고 이와 같은 부진정연대채무관계가 성립되는 경우로는, 타인의 건물을 소실한 자의 불법행위에 기한 배상의무와 화재보험회사의 보험금지급의무, 임치물을 부주의로 도난당한 수치인의 채무불이행에 기한 배상의무와 절취자의 불법행위에 기한 배상의무, 피용자의 배상의무와 사용자의 배상의무, 공동불법행위자의 손해배상의무 등을 들 수 있다.

(2) 부진정연대채무의 효력

가. 채권자의 권리

연대채무자에 대한 채권자의 권리와 동일한다.

나. 채무자 중의 1인에 관하여 생긴 사유의 효력

채권을 만족시키는 사유 즉 변제 · 대물변제 · 공탁 · 상계는 절대적 효력이 있다. 부진정연대채무에 있어서도 수개의 채무는 객관적으로 단일한 목적을 가지며, 하나의 채권이 만족되는 경우에는 다른 채권도 그 목적을 달성하여 소멸하기 때문이다. 그러나 연대채무와는 달리 1개의 채무가 전부 만족될 때까지는, 일부면제나 일부배당이 있더라도, 각 채무는 그 독립성을 보유한다. 그리고 위와 같은 채권을 만족시키는 사유 이외의 것은 모두 상대적 효력이 있을 뿐이다.

다. 대내적 효력

부진정연대채무자 사이에는 주관적인 공동관계가 없는 결과, 부담부분이 없으므로 당연히 구상관계가 발생하는 것이 아니고, 그 들 사이에 특별한 법률관계가 있을 때에만 구상관계가 생기게 된다. 예컨대 사용자와 피용자 사이에는 전자가 후자에게 구상할 수 있다고 규정되어 있으나(민 756④), 이것은 부진정연대채무자 상호간에 특별관계가 존재하기 때문이지, 부진정연대에 있어서의 연대 그 자체의 효과는 아닌 것이다. 또한 그러한 특별관계가 없는 경우에도, 각자가 부담하는 채무의 성질상, 어느 채무자만이 종국의 채무자로 인정될 때에는, 다른 자는 이에 대하여 구상권을 행사하는 것과 같은 결과를 가져오게 된다. 예컨대 보험회사는 불법행위자에 대한 채권자의 권리를 취득하며(상 681), 수치물 · 임차물을 도난당한 수치인 · 임차인은 불법행위자에 대한 권리를 대위하게 되는데, 이는 연대채무에 있어서와 같이 공동면책을 위한 출재의 분담이라는 주관적 관련이 있다는 점에 기인하는 것이 아니라, 그 들 채무자 사이에 종국적 채무부담자를 정하는 별개의 법률관계에 기인할 뿐인 것이다.

3. 불가분채무

(1) 불가분채무의 의의

불가분채무라 함은 수인의 채무자가 하나의 급부를 불가분적으로 이행해야 하는 채무를 말하며, 이 경우 불가분적으로 이행해야 하는 급부에는 두 가지가 있다. 하나는 급부의 목적물이 성질상 불가분인 경우이고, 다른 하나는 성질상으로는 가분이지만, 당사자의 의사표시로 분할하여 급부하는 것을 허용하지 않기 때문에, 급부가 불가분으로 되는 경우이다. 전자를 「성질상의 불가분채무」라고 하고 후자를 「의사표시에 의한 불가분채무」라고 부른다.

예컨대 A · B가 공유하는 자동차나 건물을 C에게 매각한 경우, A · B는 자동차나 건물의 인도에 관하여 성질상의 불가분채무를 부담하는 것이 된다. 이와는 달리 A · B가 C에 대하여 10백만원의 금전을 지급할 약속을 한 경우에는, 이 금전지급의무는 가분급부의 성질을 지니고 있으므로, 원칙적으로는 A · B가 각각 5백만원씩을 지급함으로써 각자 그 채무를 면하게 될 것이나(민 408), A · B · C 간의 합의로 A · B 각자가 C에게 10백만원 전부의 지급의무를 부담하는 것으로 하면, A · B는 각자가 C에 대하여 의사표시에 의한 불가분채무를 부담하는 것이 되는 것이다. 이와 같이 성질상의 불가분채무 이외에, 의사표시에 의한 불가분채무를 인정하는 이유는, 단순히 청구나 이행을 편리하게 한다는 점 외에도, 연대채무에 있어서와 마찬가지로 채권의 효력을 확실하게 하는 작용 즉 담보력을 강화하고자 하는 데 있다.

불가분채무와 연대채무는 채무자 각자가 독립해서 전부의 급부를 하여야 할 의무를 부담하는 점에서는 같다. 그러나 이러한 채무 전액에 대한 책임의 근거에는 차이가 있다. 즉 불가분채무에서는 분할급부를 할 수 없다는 급부 그 자체의 성질에 근거가 있는 반면, 연대채무에서는 급부의 가분성에도 불구하고 인정되는 채무의 본질에 그 근거가 있는 것이다. 다만 이러한 설명이 타당할 수 있는 것은 「성질상의 불가분채무」에 한한다. 「의사표시에 의한 불가분채무」에 있어서는 급부의 불가분성은 문제가 되지 않기 때문이다. 그러면 의사표시에 의한 불가분채무와 연대채무는 어떻게 다른 것인가. 양자는 그 본질에 있어서는 차이가 없으며 같다고 생각한다. 다만 대외적 효력에 있어서 절대적 효력이 인정되는 범위에 차이가 있을 뿐이다. 그리고 바로 이 점에서 불가분채무는 연대채무보다도 채권담보로서의 효력이 강력하다고 할 수 있다.

(2) 불가분채무의 효력

가. 대외적 효력(총채무자와 채권자간의 관계)

채권자는 연대채무에 있어서와 마찬가지로 채무자 중의 1인에 대하여 또는 모든 채무자에 대하여 동시나 순차로 전부의 이행을 청구할 수 있다(민 411, 414). 그러나 민법 제411조가 제416조(이행청구의 절대적효력)를 준용하고 있지는 않으므로, 채권자가 어느 채무자에 대하여 한 이행의 청구는 다른 채무자에 대하여 절대적 효력이 없다. 따라서 이행의 청구에 기한 이행지체 · 시효중단 등의 효력은 다른 채무자에 관하여는 생기지 않는다.

채무자 중의 1인이 그의 채무를 이행한 때에는 채권의 목적이 달성되므로 모든 채무자의 채무는 소멸한다. 따라서 채무자 중의 1인의 변제 · 변제의 제공 및 그 효과인 수령지체는 다른 채무자에 대하여서도 절대적 효력이 생긴다(민 411, 422). 그러나 그 이외의 사유에 관하여는 연대채무에 관한 규정(416~421, 423)이 준용되지 않고, 불가분채권에 관한 민법 제410조(1인의 채권자에 생긴 사항의 효력)가 준용되므로(민 411), 상대적 효력을 가지는데 지나지 않는다. 따라서 채권자와 채무자 중의 1인 사이에 경개 또는 면제가 있었던 경우에도, 다른 채무자는 채무의 전부를 이행하여야 하며, 다만 이때 채권자는 면제를 받거나 또는 경개를 한 채무자가 부담하여야 하였을 부분의 가액에 해당하는 이익을, 전부의 변제를 한 채무자에게 상환하여야 한다(민 411, 410①). 그리고 혼동이나 시효의 완성이 있는 경우도 마찬가지인 것으로 보면 된다. 또한 이행의 청구가 상대적 효력을 가지는데 불과하므로 이행의 청구에 기한 이행지체 및 시효중단도 다른 채무자에게는 그 효력이 없다.

나. 대내적 효력(채무자 상호간의 관계)

불가분채무자 상호간의 관계에 관하여는 연대채무에 관한 규정이 준용된다(민 411, 424~427). 따라서 변제를 한 채무자는 다른 채무자에 대하여 그들의 부담부분에 관하여 구상할 수 있다. 그리고 부담부분의 비율은 특별한 사정이 없으면 균등한 것으로 추정된다.

4. 병존적(중첩적) 채무인수

(1) 병존적 채무인수의 의의

제3자가 채무관계에 가입해서 채무자가 되어, 종래의 채무자와 더불어 새로이 동일내용의 채무를 부담하는 계약을 말하며, 중첩적 · 부가적 · 첨가적 · 확보적 채무인수라고도 부른다.

병존적 채무인수를 면책적 채무인수와 비교하여 보면, 후자에 있어서는 채무의 이전이 있으나, 전자에 있어서는 그러한 채무의 이전이 없다는 데에 근본적인 차이가 있다. 따라서 면책적 채무인수에 있어서는 종래의 채무자는 채무를 면하고, 인수인만이 전채무자가 부담하고 있던 것과 동일한 채무를 부담하게 될 뿐이나, 병존적 채무인수에 있어서는 종래의 채무자가 채무를 면함이 없이 채무자 · 인수인이 함께 같은 내용의 채무를 부담하게 된다.

병존적 채무인수는 종래의 채무자에 더하여 새로운 채무자가 더 늘어나게 됨으로써, 일종의 인적담보로서의 기능을 하게 되는데, 바로 이 점 때문에 현실의 거래에 있어서, 면책적 채무인수와 더불어 병존적 채무인수도 많이 이용되고 있다.

(2) 병존적 채무인수의 요건

병존적 채무인수의 대상이 될 수 있는 채무는 인수인에 의하여서도 이행될 수 있는 성질의 것이어야 하고, 일신전속적 · 부대체적 급부를 목적으로 하는 채무이어서는 아니된다. 그리고 병존적 채무인수계약의 당사자로서는 면책적 채무인수에 있어서와 마찬가지로 다음의 3가지 경우를 들 수 있다.

첫째, 채권자 · 채무자 · 인수인의 세 당사자의 계약으로 하는 경우이며 이것이 유효함에는 이론이 있을 수 없다.

둘째, 채권자와 인수인 사이의 계약으로 하는 경우로서 이에 관하여도 그 유효성에는 이론이 없다. 다만 채무자의 의사에 반하여서도 이를 할 수 있는가에 관하여는, 이해관계 없는 제3자가 채무자의 의사에 반하여 채권자와 채무인수를 하는 것을 금하는 민법 제453조 제2항의 규정과 관련하여 다소 의문이 제기될 수 있으나, 채권자 · 인수인간의 계약으로 하는 병존적 채무인수는 채무자의 채무의 담보를 그 목적으로 하는 것이므로, 채무자의 의사에 반하여서도 할 수 있다고 보는 것이 타당하다.

판례2-29

채무자의 의사에 반한 중첩적 채무인수의 효력

중첩적 채무인수는 채권자와 채무인수인과의 합의가 있는 이상 채무자의 의사에 반하여서도 이루어질 수 있다(대판 1988.11.22. 87다카1836).

셋째, 채무자와 인수인 사이의 계약으로 하는 경우이다. 이러한 계약도 일종의 제3자를 위한 계약으로서 유효한 것이며, 다음과 같은 두 가지 유형을 생각해 볼 수 있다. 하나는 인수인·채무자의 계약으로 채권자로 하여금 직접 채권을 취득하게 하는 것이다. 이 때에는 물론 채권자의 수익의 의사표시를 필요로 한다(민 539②). 다른 하나는 인수인이 채무자와의 계약으로 그의 채무의 이행을 인수하기로 하는 것이다. 이 때에는 인수인은 채무자에 대하여 그가 인수한 채무를 변제할 의무를 부담할 뿐이고, 채권자가 그 인수인에 대하여 직접 채권을 취득하지는 않는다. 따라서 이는 이른바 「이행인수」에 해당되고 병존적 채무인수가 되는 것이 아니다.

(3) 병존적 채무인수의 효력

병존적 채무인수가 있으면 종래의 채무자는 그의 채무를 면하지 않고 인수인만이 종래의 채무자의 채무와 병존하는 동일내용의 채무를 부담하는 효과가 생기게 된다. 그리고 이 때에 종래의 채무자와 인수인 사이의 법률관계를, 보증채무관계나 연대채무관계 또는 부진정연대채무관계 중 어느 것으로 볼 것인지는, 계약당사자의 의사를 해석하여 판단하여야 한다.

문제는 계약당사자의 의사해석으로 판단할 수 없는 경우이나, 이에 관하여는 보증채무관계로 보아야 한다는 견해,[106] 연대채무관계로 보아야 한다는 견해,[107] 부진정연대채무관계로 보아야 한다는 견해[108] 및 채무자의 부탁을 받아서 이루어진 경우는 연대채무관계로 보고, 채무자의 부탁없이 이루어진 경우는 부진정연대채무관계로 보아야 한다는 견해[109]가 있다.

채무자와 인수인은 채권자에 대하여 평등한 입장에서 채무를 부담하므로 이를 보증채무관계로 보기는 어렵다. 연대채무에 있어서는 부진정연대채무에 있어서보다 채무자 중의 1인에 관하여 생긴 사유에 절대적 효력을 인정하는 범위가 넓은데, 이는 연대채무자들은 주관적인 공동의 목적을 가지고 상호 연결되어 있다는 점에 그 근거를 두고 있다. 그런데 병존적 채무인수가, 채무자의 부탁을 받아서 이루어진 경우에는, 채무자와 인수인 사이에 이와 같은 주관적인 공동관계가 있다고 할 것이므로 마지막 견해가 타당하다.

---

106) 김기선 한국채권법총론 296.
107) 이은영 채권총론 643. 이태재 채권총론 339.
108) 곽윤직 채권총론 319. 김용한 채권법총론 481.
109) 민법주해[X] 623(민형기). 김형배 채권총론 633.

제 3 장
유체동산 담보

제 1 담보취득일반

1. 대상목적물

일반적으로는 부동산 이외의 물건을 동산이라고 한다(민 99②). 부동산 이외의 물건인 동산은 원칙적으로 유체동산담보의 대상이 된다. 여러 개의 동산이나 장래에 취득할 동산도 목적물의 종류, 보관장소, 수량을 정하거나 그 밖에 이와 유사한 방법으로 특정할 수 있는 것이면 유체동산담보의 대상이 된다(동채담 3②). 그러나 동산이라고 하여 모두 유체동산 담보의 대상이 되는 것은 아니며, 다음의 것을 제외한 동산만이 유체동산 담보의 대상이 된다.

첫째로 등기할 수 있는 선박, 등록자동차, 등록건설기계, 등록소형선박, 등록항공기 및 등록경량항공기는 유체동산담보의 대상이 되지 않는다. 이들은 저당권의 대상이 되는 것이기 때문이다. 그러나 등기할 수 없는 선박이나 등록되지 않은 자동차 · 건설기계 · 소형선박 · 항공기 · 경량항공기는 유체동산 담보의 대상이 된다.

둘째로 전기 기타 관리할 수 있는 자연력은 형체가 없어 담보의 대상으로 할 수 없어 유체동산 담보의 대상이 되지 않는다.

셋째로 유가증권은 유가증권담보의 대상이 되고 유체동산 담보의 대상이 되지 않는다.

넷째로 금전은 그 자체가 가치를 측정하는 일반적 기준이기 때문에 금전채권의 담보로 하는 것이 무의미하다는 점에서 유체동산 담보의 대상이 되지 않는다. 그러나 내국통화가 아닌 외국통화의 경우는, 환율변동에 따라 이해관계가 달라질 수 있으므로, 경우에 따라서는 유체동산 담보의 대상이 될 수 있다.

다섯째로 유체동산이라도 양도 불가능한 물건은 담보의 대상이 되지 않는다(민 331, 동채담 33). 그러나 물건의 성질상 절대적으로 양도성이 없는 것은 매우 드물고, 물건의 성질상은 양도가 가능한 것이나 특별한 목적으로 법에 의하여 그 소지가 금지됨으로써 양도 불가능한 물건으로 되는 것이 보통이다. 위조통화(형 207, 208) 또는 마약류(마약 3, 4) 등의 금제품이나, 양도 및 사권설정이 금지되는 국유문화재(문보 66) 등이 이에 해당된다.

여섯째로 유체동산이라도 법에 의하여 압류가 금지되어 있는 물건(민집 195, 의료 13)도 담보의 대상이 되지 않는다. 그러나 법에 의하여 압류가 금지되어 있는 물건이라고 하여, 모두 담보의 대상이 될 수 없는 것은 아니고, 압류금지의 이유가 목적물을 양도하여서는 아니되는 것이기 때문인 경우에 한한다. 따라서 압류금지의 이유가 단순히 채무자를 보호하기 위한 것인 경우, 예컨대 농부의 농기구, 어부의 어망, 전문직 종사자의 직업에 사용하는 도구, 사회보장 차원에서 지급된 구호물품 등의 경우는 담보의 대상이 된다.[1]

2. 설정할 담보권

(1) 질권

가. 질권의 의의

질권은 채권자가 그의 채권의 담보로서 채무자 또는 제3자(물상보증인)로부터 받은 물건 또는 재산권을 채무의 변제가 있을 때까지 유치함으로써, 채무의 변제를 간접적으로 강제하는 동시에, 변제가 없는 때에는 그 목적물로부터 우선적으로 변제 받는 권리를 말한다(민 329, 345).

나. 질권의 유형

(가) 민사질권과 상사질권

적용법규에 따른 질권의 분류이다. 민사질권이란 민법상의 거래에 의하여 발생한 일반채권을 담보하기 위하여 설정하는 질권을 말하고, 상사질권이란 상법 또는 그 밖의 특별법상의 상행위로 인하여 생긴 채권을 담보하기 위하여 설정하는 질권을 말한다.

금융회사 등이 금융거래 등에서 발생하는 여신채권 등을 담보하기 위하여 설정하는 질권은 상사질권에 해당한다. 상사질권이 민사질권과 다른 특징은 상사

---

1) 곽윤직 물권법 406. 민법주해[VI] 369(양승태).

질권에서는 민사질권에서는 금지되고 있는(민 339) 유질계약[2]이 허용되어 있다는 점이다(상 59).

(나) 특정채무담보형 질권과 근담보형 질권

담보하는 채권의 내용에 따른 분류이다. 특정채무담보형 질권은 담보권설정 당시 채권자와 채무자 사이에 현재 발생되어 있거나 또는 장래발생하게 될 특정채권을 담보하기 위하여 설정하는 질권을 말한다. 이에 대하여 근담보형 질권은 채권자와 채무자 사이의 계속적인 거래관계로부터 발생하는 다수의 불특정 채권을 장래의 결산기에서 일정한 한도액까지 담보하기 위하여 설정하는 질권으로서 일반적으로 근질권이라고 부른다. 민법에 근질권에 관한 명문의 규정은 없지만 설정당사자 사이의 약정으로 근질권을 설정할 수 있다는 점에 대하여는 다툼이 없다.

근담보형 질권은 다시 특정근담보형 질권과 한정근담보형 질권 및 포괄근담보형 질권의 3가지 유형으로 분류해 볼 수 있다. 특정근담보형 질권은 채권자와 채무자 사이에 이미 체결되어 있는 특정의 거래약정[예컨대 ○년 ○월 ○일자 여신거래약정서]으로부터 발생하는 채권을 담보하기 위하여 설정하는 질권이고, 한정근담보형 질권은 채권자와 채무자 사이에 이미 체결되어 있는 거래계약인지의 여하에 관계없이, 특정한 거래의 종류를 한정적으로 열거하여, 그 거래[예컨대 일반자금대출(주택담보) 또는 당좌대출(기타부동산담보) 등]관계로부터 발생하는 채권을 담보하기 위하여 설정하는 질권이며, 포괄근담보형 질권은 채권자와 채무자 사이에 이미 계약이 체결되어 있는 거래인지의 여하에 관계없이, 특정한 종류의 거래를 예시적으로 열거하고, 다시 이들을 포괄하는 거래를 한정적으로 정하여[예컨대 증서대출거래, 당좌대출거래, 어음할인거래, 지급보증거래 .... 기타 여신거래] 그 포괄적인 거래에 속하는 여러 거래관계로부터 발생하는 채권을 담보하기 위하여 설정하는 질권이다.

---

2) 유질계약이란 질권설정자가 질권자에게 채무의 변제에 갈음하여 질물의 소유권을 취득하게 하거나 그 밖에 법률이 정하는 방법에 의하지 아니하고 질물을 처분하게 하는 질권자와 질권설정자 사이의 약정을 말한다. 민법이 유질계약을 금지하고 있는 이유는 경제적으로 궁박한 상태에 있는 채무자가 소액의 채무를 담보하기 위하여 고가의 물품을 담보로 제공하였다가 유질됨으로써 부당하게 손해를 입는 것을 방지하기 위한 것이다. 이에 대하여 상행위의 당사자 사이에는 경제적인 힘의 차등이 일반의 민사관계에 있어서만큼 크지 않고 상호간의 자유경쟁을 존중하는 것이 성질상 더욱 적합하기 때문에 유질계약을 허용하고 있다(민법주해[VI] 395(양승태) 참조).

금융거래에 있어서는 한 번의 근담보형 질권 설정으로 질권설정 후에 질권자와 채무자 사이의 여신거래에서 발생하는 채무까지도 담보할 수 있어 편리한 포괄근담보형 질권이 주로 이용되어 왔으며, 그 유효성에 관하여도 비록 포괄근저당권에 관한 것이기는 하지만 판례가 이를 긍정하여 왔다.[3]

그러나 포괄근담보형 질권이 유효하다 하더라도 금융거래에서 관용 되어온 포괄근질권설정이 과잉담보취득이라는 비판이 꾸준히 제기되어 오자, 금융감독당국에서는 은행법과 은행법시행령 및 은행업감독규정으로 포괄근담보권의 설정을 매우 한정적인 경우로 제한하는 규제를 하여 왔고, 나아가 2020년 3월 24일 제정하여 2021년 3월 25일 시행에 들어간 금융소비자 보호를 위한 법률에 근거한 금융소비자 보호에 관한 감독규정에서는 ① 계약서에 그 담보의 대상이 되는 채무를 특정하지 않는 행위나 ② 계약서상의 담보가 장래 다른 채무에도 적용된다는 내용으로 계약을 하는 행위를 "불공정영업행위"로서 금지하기에 이르렀다(금소보 20①, 금소보령 15④iii라, 금소보감 14⑥viii).

금융소비자보호에 관한 감독규정 제14조 제6항 제8호와 관련하여 포괄근질권의 설정이 금지되고 특정근질권의 설정이 허용되는 점에 대하여는 이론이 있을 수 없다. 그러나 한정근질권의 설정을 할 수 있는지 여부에 관하여는 논란이 있는데, 근보증에 있어서와 마찬가지로 금융위원회에서는 허용되는 것으로 해석한 바 있으며, 보다 근본적으로는 문언상으로도 한정근질권의 설정이 가능하도록 위 감독규정을 개정하는 것이 바람직하다(자세한 내용은 제2장 제1 3. (1) 나. (마) 은행의 보증서 서식 참조).

(다) 동산질권과 부동산질권 및 권리질권

질권의 대상목적물이 무엇인가에 따른 분류이다. 동산을 목적으로 하는 질권을 동산질권이라고 하고 부동산을 목적으로 하는 질권을 부동산질권이라 하며 채권 그밖의 재산권을 목적으로 하는 질권을 권리질권이라고 한다. 현행법은 부동산질권을 인정하고 있지 않으며 동산질권(민 329~344)과 권리질권(민 345~355)만을 인정하고 있다. 그런데 현행법상 동산질권의 경우는 그 설정이 허용되어 있다 하더라도 그 유치적 효력에 따라 점유개정에 의한 설정이 허용되지 않아,

---

3) 대판 2000.3.28. 99다32332 참조.

질권설정자가 질권설정 이후에도 계속 현실적으로 점유하여 사용·수익을 요하는 생산설비 등을 대상으로 하여서는 설정할 수가 없다. 이에 따라 금융거래에 있어서는 동산을 대상으로 하여서는 주로 점유개정에 의한 설정이 가능한 양도담보권을 설정하고, 질권은 질설정자의 현실점유를 요하지 않는 채권이나 유가증권 또는 지식재산권 등을 대상으로 하여 설정하고 있다.

(라) 점유질권과 수익질권

질권의 내용에 따른 분류이다. 점유질권이란 질권자가 단순히 질물을 점유할 수 있을 뿐 사용·수익할 수 없는 질권을 말하고, 수익질권이란 질권자가 질물을 점유할 수 있을 뿐만 아니라 사용·수익까지 할 수 있는 질권을 말한다. 현행법은 점유질권만 인정하고 있을 뿐 수익질권은 인정하고 있지 않다.

다. 질권의 대상목적물

유체동산담보의 대상이 되는 물건은 모두 질권의 대상목적물이 되는 것이 원칙이다. 다만 집합동산 중 장래에 취득할 동산에 대해서는 현재의 시점에서 양도담보권이나 동산담보권을 설정할 수 있지만 질권을 설정할 수는 없는 것으로 보아야 한다. 질권설정자가 장래에 취득할 동산에 대하여 질권자가 현재의 시점에서 유치적 효력을 확보할 수 없는 것이기 때문이다.

(2) 양도담보권

가. 양도담보의 의의

양도담보는 그 형식에 따라 매도담보와 협의의 양도담보로 구분된다. 그런데 매도담보는 환매(還買)의 한 형태 즉, 신용의 수수를 소비대차가 아닌 매매의 형식으로 행하고, 당사자 사이에 따로 채권·채무관계를 남기지 않기 때문에, 일반적으로 양도담보라고 할 때에는 협의의 양도담보만을 의미한다. 특히 채권의 담보를 위하여 이용되고 있는 양도담보는 협의의 양도담보가 일반적이며 매도담보가 이용되는 예는 거의 없다. 따라서 여기에서는 협의의 양도담보에 관하여서만 설명하기로 한다.

양도담보란 채권자가 채권담보의 목적으로 채무자 또는 제3자로부터 특정한 물건이나 재산권의 소유권을 이전받고, 채무불이행시에는 그 목적물로부터 채권의 변제를 받을 수 있는 담보를 말한다. 양도담보는 채권담보의 목적으로, 민법상 규정되어 있는 제한물권인 저당권이나 질권을 설정하지 않고, 소유권 자체를 이전시킨다는 점에 그 특징이 있다. 즉 형식은 소유권이전이나 그 실질은 담보라는 데에 양도담보의 특수성이 있는 것이다.

나. 양도담보의 법률적 구성

양도담보권자가 양도담보물에 대하여 가지는 권리가 무엇인가에 관하여는, 종래부터 소유권이라고 보는 신탁적양도설과 담보권이라고 보는 담보물권설이 대립되어 있었다. 신탁적양도설은 양도담보권자는 제3자에 대한 관계에서는 완전한 소유권자로서의 지위에 있고 다만, 설정자에 대한 관계에서 채무의 변제가 있을 경우 그 소유권을 복귀시켜줄 의무를 부담하는 것일 뿐이라고 한다. 이에 대하여 담보물권설은 양도담보권자는 제3자에 대한 관계에서도 완전한 소유권자로서의 지위를 가지는 것이 아니라, 양도담보권이라는 일종의 담보권을 가질 뿐이고, 따라서 설정자도 제3자에 대하여 소유권에서 이 양도담보권을 공제한 권리를 가지게 된다고 한다.

종래의 통설·판례는 신탁적양도설의 입장에 있었다. 그런데 1983년 12월에 제정된 가등기담보 등에 관한 법률은 제4조 제2항에서 채권자가 담보부동산에 관하여 이미 소유권이전등기를 경료한 경우에는, 청산기간의 경과후 청산금을 채무자에게 지급한 때에 부동산의 소유권을 취득하는 것으로 규정하고 있고, 또 제11조에서 채권자로부터 청산금을 지급받을 때까지 채무자는 그 목적물이 타인에게 처분되었을지라도, 그 취득자가 선의의 제3자가 아닌 한 채권자에게 채무를 변제하여 목적물의 반환을 받을 수 있는 것으로 규정하고 있다. 이 들 규정은 종래의 신탁적양도설의 논리에 반하는 획기적인 입법으로서 동법이 적용되는 목적물에 관하여는 일종의 담보권적 구성을 취하고 있는 것으로 받아들여지고 있다.

이에 따라 동법이 제정된 후로는 부동산과 같이 등기 또는 등록을 공시방법으로 하는 물건이나 재산권에 대한 양도담보의 경우는 담보물권설이 통설이 되었다.[4] 동법의 여러 규정들이 이들 물건이나 재산권에 대한 양도담보권을, 담보물권과 유

---

4) 민법주해[Ⅶ] 309(서정우). 곽윤직 물권법 545, 김상용 물권법 888, 장경학 물권법 900.

사한 내용으로 규율하고 있다는 점에서 이들을 대상으로 하는 양도담보권은 담보물권으로 보는 것이 타당하다.

그런데 가등기담보 등에 관한 법률은 그 적용대상을 등기 또는 등록을 공시방법으로 하는 물건이나 재산권에 대한 양도담보의 경우로만 한정하고 있어, 그 이외에 등기 또는 등록에 의하여 공시되지 않는 물건이나 재산권에 대한 양도담보에 대하여도 동법의 규정을 준용하여야 할 것인지가 문제로 된다. 이에 관하여 학설은 대체로 법률관계의 일원적 구성이라는 점을 강조하여 긍정하는 견해를 취하고 있다.[5]

그러나 등기나 등록을 공시방법으로 하지 않는 재산권의 양도담보에는 다음과 같은 이유에서 가등기담보 등에 관한 법률의 적용되지 않는 것으로 보아야 한다. 첫째는 가등기담보 등에 관한 법률이 명문으로 그 규율대상을 등기나 등록을 공시방법으로 하는 물건이나 재산권을 대상으로 하는 양도담보에 한정하고 있다는 점이다. 둘째는 등기나 등록을 공시방법으로 하는 물건이나 재산권의 경우는 등기부 등의 공부상으로 채권자에게 소유권이 이전되어 있어서, 설정자에게 소유권이 유보된다고 하여도 설정자가 대상목적물을 다시 제3자에게 처분할 수 없으므로 그에 따른 법률관계를 어떻게 구성할 것인지의 문제가 생기지 않으나, 등기나 등록을 공시방법으로 하지 않는 물건이나 재산권의 경우에는 양도담보권 설정을 제3자가 인식할 수 있는 확실한 공시방법이 취해지지 않으므로, 소유권이 채무자에게 유보된다고 하면 설정자는 정당하게 당해 목적물을 다시 제3자에게 처분할 수 있을 것이고, 만일 설정자의 이러한 처분이 있으면 이 제3취득자와 양도담보권자 사이의 권리관계조정을 위한 새로운 법률관계를 구성할 필요가 있는데, 가등기담보 등에 관한 법률은 이러한 새로운 법률관계의 구성을 피한 것으로 보아야 한다는 점이다.[6]

따라서 등기나 등록을 공시방법으로 하지 않는 물건이나 재산권을 대상으로 하는 양도담보는, 가등기담보 등에 관한 법률이 제정되기 전의 판례·통설인 신

---

5) 곽윤직 물권법 546. 김상용 물권법 888. 장경학 물권법 900.

6) 참고로 일본의 경우는 등기나 등록을 공시방법으로 하는 물건이나 재산권을 대상으로 하는 양도담보의 경우도 가등기담보계약에 관한 법률의 규율대상에서 제외되어 있는데, 이는 동법률의 제정시 양도담보에 관하여도 명문의 규정을 두자는 주장이 있었으나 양도담보의 이용실태에 관한 충분한 검토없이 명문의 규정을 두는 것은 거래의 혼란을 가져올 우려가 있다고 하여 채택되지 않은데 기인한다.

탁적양도설에 따라 그 법률적 구성을 하는 것이 타당하다고 본다. 대법원의 판례도 부동산양도담보에 대하여는 담보물권설을 취하는 반면, 동산양도담보에 대하여는 여전히 신탁적양도설의 입장을 취하고 있다.

판례3-1

1. 동산 양도담보권자의 양도담보물에 대한 권리

(1) 동산에 관하여 양도담보계약이 이루어지고 양도담보권자가 점유개정의 방법으로 인도를 받았다면 그 청산절차를 마치기 전이라 하더라도 담보목적물에 대한 사용수익권은 없지만 제3자에 대한 관계에 있어서는 그 물건의 소유자임을 주장하고 그 권리를 행사할 수 있다(대판 1994.8.26. 93다44739).

(2) 동산에 대하여 양도담보권설정계약이 이루어진 경우에 양도담보권자는 양도담보권설정자를 제외한 제3자에 대한 관계에 있어서는 자신이 그 동산의 소유자임을 주장하여 권리를 행사할 수 있다(대판 1999.9.7. 98다47283).

다. 양도담보권의 설정유형

양도담보권도 담보하는 채권의 내용에 따라 특정채무담보형 양도담보권과 근담보형 양도담보권으로 분류할 수 있고 근담보형 양도담보권은 다시 특정근담보형 양도담보권과 한정근담보형 양도담보권 및 포괄근담보형 양도담보권의 3가지로 분류할 수 있음은 질권의 경우와 같다.

근담보형 양도담보권의 설정에 있어서도 금융소비자보호에 관한 감독규정 제14조 제6항 제8호와 관련하여 한정근담보형 양도담보권의 설정을 할 수 있는지 여부는 앞에서 설명한 근질권의 설정에 있어서와 같다.

라. 양도담보권의 대상목적물

유체동산담보의 대상이 되는 물건은 모두 양도담보권의 대상목적물이 된다. 담보권설정자가 장래에 취득할 동산에는 질권을 설정할 수는 없지만 양도담보권은 설정할 수가 있다. 양도담보권은 점유개정의 방식에 의하여 담보권설정자가 현실점유를 하는 동산을 대상으로 하여서도 설정할 수가 있기 때문이다. 또한 양도담보권은 동산담보권을 설정할 수 없는 물건(동채담 3③)에도 설정할 수 있다.

(3) 동산담보권

가. 동산담보권의 의의

동산담보권이란 채무자 또는 제3자가 채무의 담보로 제공한 동산(여러 개의 동산 또는 장래에 발행할 동산을 포함한다)을 대상으로 채권자 앞으로 동산담보등기부에 담보등기를 하였다가 채무불이행시 현금화하여 담보권자가 다른 채권자보다 우선변제 받는 것을 내용으로 하는 담보물권을 말한다(동채담 2ⅱ).

동산담보권제도는 2010년 6월 10일 제정되어 2012년 6월 11일부터 시행된 동산·채권 등의 담보에 관한 법률에 의하여 마련된 새로운 담보제도이다. 동산담보권제도는 질권의 경우 질권의 유치적 효력에 따라 점유개정에 의한 설정이 금지되는 관계로 담보제공자가 현실 점유를 하여야 하는 기계·기구 등의 생산설비를 담보의 목적물로 할 수 없다는 문제점과 양도담보의 경우 점유개정에 의한 설정이 허용되어 기계·기구 등의 생산설비도 담보의 목적물로 할 수는 있으나 점유개정이라는 공시방법의 불명확성과 불완전성으로 인하여 이중양도담보에 따른 분쟁발생이나 선의취득에 따른 담보권소멸 등이 쉽게 발생할 수 있는 문제점을 보완한 것이다.

다만 동산담보권의 대상목적물과 이를 설정할 수 있는 자에 대하여는 동산·채권 등의 담보에 관한 법률에 의하여 제한이 있으므로 이하에서는 이에 관하여 설명하기로 한다.

나. 동산담보권의 설정유형

동산담보권도 담보하는 채권의 내용에 따라 특정채무담보형 동산담보권과 근담보형 동산담보권으로 분류할 수 있고 근담보형 동산담보권은 다시 특정근담보형 동산담보권과 한정근담보형 동산담보권 및 포괄근담보형 동산담보권의 3가지로 분류할 수 있음은 질권이나 양도담보권의 경우와 같다.

동산·채권 등의 담보에 관한 법률도 제5조 제1항에서 「동산담보권은 그 담보할 채무의 최고액만을 정하고 채무의 확정을 장래에 보류하여 설정할 수 있다. 이 경우 그 채무가 확정될 때까지 채무의 소멸 또는 이전은 이미 설정된 동산담보권에 영향을 미치지 아니한다」고 규정하여 명문으로 근담보형 동산담보권의 설정을 인정하고 있다.

근담보형 동산담보권의 설정에 있어서도 금융소비자보호에 관한 감독규정 제14조 제6항 제8호와 관련하여 한정근담보형 동산담보권의 설정을 할 수 있는지 여부는 앞에서 설명한 근질권과 근양도담보권의 설정에 있어서와 같다.

다. 동산담보권의 대상목적물

질권이나 양도담보권의 대상목적물은 원칙적으로 동산담보권의 대상목적물이 된다. 또한 여러 개의 동산(집합동산)이나 장래에 취득할 동산도 동산담보권의 대상목적물로 할 수 있다. 다만 동산담보권을 설정할 수 있는 여러 개의 동산이나 장래에 취득할 동산은 목적물의 종류, 보관장소, 수량을 정하거나 그 밖에 이와 유사한 방법으로 특정할 수 있는 경우이어야 한다(동채담 3②). 그러나 동산이라 하더라도 다음의 경우는 예외적으로 동산담보권의 대상목적물로 할 수 없다(동채담 3③).

첫째는 선박등기법에 따라 등기된 선박, 자동차 등 특정동산 저당법에 따라 등록된 건설기계 · 자동차 · 항공기 · 경량항공기 · 소형선박, 공장 및 광업재단 저당법에 따라 등기된 기업재산, 그 밖에 다른 법률에 따라 등기되거나 등록된 동산이다(동채담 3③ i). 이들 동산의 경우는 해당 법률에 의하여 저당권을 설정할 수 있게 되어 있어 특별히 동산담보권의 대상으로 할 필요가 없기 때문이다.

둘째는 화물상환증, 선하증권, 창고증권이 작성된 동산이다(동채담 3③ii). 화물상환증 등의 증권이 작성되어 있는 동산의 경우는 이들 증권에 의한 담보가 가능하므로 구태여 동산담보권을 별개로 인정할 필요가 적고 또한 화물상환증 등의 경우는 증권의 인도가 해당 동산을 인도한 것과 같은 물권적 효력이 있기 때문에 화물상환증 등이 작성된 동산에 대하여 동산담보권 등기를 허용하면 화물상환증 등의 인도와 동산담보권이 경합할 때 양 권리의 우선관계에 관하여 혼란이 발생할 수 있기 때문이다.

셋째는 무기명채권증서 등 대통령령으로 정하는 증권이다(동채담 3③iii). 무기명채권증서는 채권의 내용이 증권에 화체되어 있어 채권의 성립에 증권의 작성을 필요로 하고 채권의 존속 · 행사 · 양도 · 담보제공에 증권의 소지와 인도를 필요로 하는 특성을 가지고 있다. 따라서 무기명채권증서를 대상으로 동산담보권을 설정할 수 있도록 하면 무기명채권증서 등의 인도와 동산담보권이 경합할 때 양 권리의 우선관계에 관하여 혼란이 발생할 수 있기 때문이다. 그리고 무기명채권증서 이외에 대통령령으로 정하는 증권은 자산유동화에 관한 법률 제2조 제4호에 따른 유동화증권과 자본시장과 금융투자업에 관한 법률 제4조에 따른 증권이다(동채담령 2).

라. 동산담보권을 설정할 수 있는 자

동산담보권을 설정할 수 있는 자는 법인 또는 상업등기법에 따라 상호등기를 한 사람에 한한다(동채담 3①). 다만, 「상업등기법에 따라 상호등기를 한 사람」은 2020년 10월 20일 개정되어 2022년 4월 21일부터 시행되는 동산·채권 등의 담보에 관한 법률에 따라 「부가가치세법에 따라 사업자등록을 한 사람」으로 확대된다(동채담 부1 참조).

따라서 2022년 4월 21일부터는 법인 이외에 「상업등기법에 따라 상호등기를 한 사람」이 아니라 「부가가치세법에 따라 사업자등록을 한 사람」이 동산담보권을 설정할 수 있게 된다.

제 2 질권의 설정과 효력

1. 질권의 설정

(1) 설정방법

유체동산을 대상으로 하는 질권은 질권자와 질권설정자가 질권설정계약을 체결하고, 질권자가 질권설정자로부터 질물(質物)의 인도를 받는 방법으로 설정한다. 저당권이 저당목적물의 저당권자에 대한 인도 없이 저당권설정계약의 체결과 저당권설정계약내용의 등기만으로 설정됨으로써 저당권설정자가 저당권설정후에도 저당목적물을 점유하여 사용·수익할 수 있음에 대하여, 질권은 질권설정자가 질물을 질권자에게 인도하여야 하기 때문에 질권설정후에는 질권설정자가 질물을 사용·수익할 수가 없다는 점에 그 특징이 있다.

(2) 질권설정계약

질권자와 질권설정자가 체결하는 질권설정계약은 크게 특정채무담보형 질권설정계약과 근담보형 근질권설정계약의 2가지로 이루진다. 그리고 금융거래에서 발생하는 여신채권을 담보하기 위하여 체결하는 근질권설정계약은 다시 특정근담보형와 한정근담형 및 포괄근담보형의 3가지로 세분된다. 실무상은 동일한 하나의 근질권설정계약서에 3가지 유형을 병기하여 그 중 하나를 선택하는 방식으로 이용하고 있다.

질권자는 반드시 피담보채권의 채권자이어야 한다. 질권의 채권에 대한 부종성으로 인하여 채권자 아닌 자가 질권만을 취득하는 것은 허용되지 않기 때문이다. 그러나 질권설정자는 피담보채권의 채무자 이외에 제3자라도 무방하다.

(3) 질물의 인도

질물의 인도방식으로는 현실의 인도[7], 간이인도(민 188②)[8], 목적물반환청구권의 양도(민 190)[9] 및 점유개정(민 189)[10]의 4가지 방식이 있으나, 동산질권설정의 요건으로서의 인도에는, 점유개정의 방식에 의한 인도가 금지되어 있다(민 332). 질권자는 질물을 계속 점유함으로써 유치적 효력을 확보할 필요가 있는데 점유개정에 의하면 이와 같은 유치적 효력을 확보할 수 없기 때문이다.

이와 같이 질권의 설정에 관하여, 점유개정을 금지하는 이유에 대하여는, 공시의 원칙을 강화해서 거래의 안전을 보호하려는 데 있다고 보는 견해[11]와 질권의 특질인 목적물의 점유를 설정자로부터 빼앗아서, 그의 사용·수익을 금하는 이른바 유치적 효력을 확보하려는데 있다고 보는 견해[12]가 있으나, 후자의 견해가 다수설이고 타당하다고 본다. 그리고 이 후자의 견해에 의하면, 질권이 성립한 후에 있어서도, 질권자가 질물을 설정자에게 반환할 때에는, 질권의 소멸을 가져오게 된다.

---

7) 현실인도란 질권설정자가 질권설정의 대상목적물 자체를 현실적으로 질권자에게 넘겨주는 것을 말한다. 예컨대 질권설정자인 A가 직접 점유하여 사실상 지배하고 있던 물건을 질권자인 K에게 넘겨주어 K로 하여금 점유하여 사실상 지배하게 하는 경우가 이에 해당한다.

8) 간이인도란 질권자가 다른 사유로 인하여 이미 점유하고 있는 질권설정자의 물건에 질권을 설정받으면서, 당사자 사이의 질권설정 합의만으로 질권자가 질물의 인도를 받은 것으로 보는 것을 말한다. 예컨대 K가 A로부터 빌려서 점유하고 있던 A소유의 물건에 대하여 A로부터 질권을 설정받는 경우가 이에 해당한다. 현실인도만을 인도로 보면, 이 경우 K는 대상목적물을 일단 A에게 반환하였다가 다시 A로부터 인도받아야 하게 되는데, 이는 불필요한 절차의 중복이기 때문에 생략하도록 한 것이다.

9) 목적물반환청구권의 양도란 제3자가 점유하고 있는 질권설정자 소유의 물건에 대하여 질권을 설정하는 경우에 질권자가 질권설정자로부터 제3자에 대한 질물반환청구권을 이전받음으로써 질물의 인도를 받은 것으로 보는 것을 말한다. 예컨대 D가 점유중인 A소유의 물건에 질권을 설정하면서, A가 D에 대하여 가지는 질물반환청구권을 K에게 이전시키되, D로 하여금 질물을 계속 점유하여 사용하게 하는 경우가 이에 해당한다. 이 경우 현실인도가 있어야만 질권설정이 된다고 하면, A는 D로부터 질물을 인도받아 이를 K에게 인도하고, K는 이를 다시 D에게 인도하여야 하는 불필요한 절차의 중복을 가져오게 되므로 이를 생략하도록 한 것이다.

10) 점유개정이란 질권설정자가 현실의 점유를 하고 있는 물건에 질권을 설정하면서, 질권설정자로 하여금 계속 현실의 점유를 하게 하는 합의를 함으로써, 질권자가 질물의 인도를 받은 것으로 하는 것을 말한다. 예컨대 A가 점유하고 있는 물건을 K가 A로부터 질권설정 받으면서, A로 하여금 계속 점유하게 하는 경우가 이에 해당한다. 이 경우 현실인도가 있어야만 질권설정이 된다고 하면, K는 A로부터 일단 질물의 인도를 받은 후 이를 다시 A에게 인도하여 주어야 하게 되는데, 이는 불필요한 절차의 중복이므로 생략할 필요가 있다.

11) 김기선 한국물권법 413.

12) 곽윤직 물권법 405. 이은영 물권법 707. 장경학 물권법 403.

(4) 질권의 선의취득

질권설정자는 자신의 소유에 속하는 유체동산을 대상으로 질권을 설정하여야 한다. 그런데 현실에 있어서는 질권설정자가 자신의 소유가 아닌 타인의 소유에 속하는 유체동산을 질권의 대상목적물로 하여 질권을 설정하는 경우가 있는데, 이 경우 설정된 질권이 유효한 것인지 문제로 된다.

부동산을 대상으로 하는 저당권의 경우는 등기에 공신력이 인정되어 있지 않아 선의취득이 인정되지 않으나 유체동산을 대상으로 하는 질권의 경우는 점유에 공신력이 인정되어 있어 선의취득이 인정된다(민 249, 343). 예컨대 등기부의 기재상으로는 A의 소유로 되어 있으나 그 등기가 무효이어서 실질적으로는 A의 소유가 아님에도, A가 자신의 소유인 것으로 하여 S앞으로 저당권설정등기를 하였고 또한 S도 저당권설정 당시에 저당부동산이 등기부상의 기재내용대로 A의 소유임을 믿었고 또한 믿은데 과실이 없었다고 하더라도, S는 동부동산에 대하여 저당권을 취득할 수 없다. 이에 대하여 B소유의 유체동산을 점유하고 있는 A가 그 유체동산을 자신의 소유인 것처럼 하여 S앞으로 질권을 설정한 경우에 S에 대한 유체동산의 인도가 평온·공연하게 이루어졌고 또한 S가 A로부터 유체동산을 인도받을 당시에 동 유체동산이 A의 소유인 것으로 믿었고 또한 믿은데 대하여 과실이 없었다고 하면, S는 동 유체동산에 대하여 유효하게 질권을 취득하게 된다.

유체동산에 대한 질권의 선의취득이 인정된다고 할 때 다시 문제가 되는 것은 선의취득이 성립되기 위한 요건인 평온·공연과 선의·무과실에 대하여 누가 입증책임을 부담하는가 하는 점이다. 평온·공연에 대하여는 질권의 효력을 부인하는 자가 입증하여야 한다는 데에 견해가 일치되어 있다. 그러나 선의·무과실에 대하여는 질권자가 선의·무과실임을 입증하여야 한다는 견해와 질권의 효력을 부인하는 자가 질권자의 악의 또는 과실을 입증하여야 한다는 견해가 대립하나 대법원의 판례는 전자의 견해를 채택하고 있다.

판례3-2

동산질권 선의취득 요건으로서의 '선의 · 무과실'의 입증책임

동산질권을 선위취득하기 위하여는 질권자가 평온, 공연하게 선의이며 과실없이 질권의 목적동산을 취득하여야 하고, 그 취득자의 선의, 무과실은 동산질권자가 입증하여야 한다(대판 1981.12.22. 80다2910).

한편 질권자가 유체동산에 대하여 질권을 선의취득 하였다 하더라도 그 유체동산이 도품이나 유실물인 때에는 피해자 또는 유실자는 도난 또는 유실한 날로부터 2년내에 그 물건의 반환을 청구할 수 있다(민 250本, 343). 따라서 질권설정의 대상목적물이 도품이나 유실물인 때에는 그 피해자 또는 유실자는 담보채권의 변제가 없이도 대상목적물의 인도를 질권자에게 청구 할 수 있고 질권자가 그 청구에 따라 질물인 유체동산을 피해자 또는 유실자에게 반환하면 질권은 소멸하게 된다.

2. 질권의 효력

(1) 질권의 효력이 미치는 범위

가. 질권에 의하여 담보되는 채권의 범위

(가) 특정채무담보형 질권의 경우

질권은 원본, 이자, 위약금, 질권실행의 비용, 질물보존의 비용 및 채무불이행 또는 질물의 하자로 인한 손해배상의 채권을 담보한다. 그러나 다른 약정이 있는 때에는 그 약정에 의한다(민 334).

저당권의 경우는 채무불이행으로 인한 손해배상 즉 지연배상에 대하여는 원본의 이행기일을 경과한 후의 1년분에 한정하여 담보되는 것으로 하고 있음(민 360단)에 대하여 질권의 경우는 이와 같은 제한을 두지 아니하고 전액 담보되는 것으로 하고 있다는 점에 특징이 있다.

질권실행의 비용이란 경매비용을 제외한 질권실행에 필요한 모든 비용으로 간이변제충당에 있어서의 감정인의 평가비용(민 338②) 등이 이에 해당된다. 그리고 질물보존의 비용이란 질권자가 질물에 관하여 지출한 비용(민 343, 325) 중 질물의 보존을 위해 지출한 비용을 말한다.

(나) 근담보형 근질권의 경우

근질권은 설정당사자가 설정계약으로 정한 담보한도액의 범위에서 원본, 이자,

위약금, 질권실행의 비용, 질물보존의 비용 및 채무불이행 또는 질물의 하자로 인한 손해배상의 채권을 담보한다(민 334본). 담보한도액의 범위를 넘어 담보할 수 없다는 점에서 특정채무담보형 질권의 경우와 구분된다. 그러나 담보한도액의 범위에 포함되는 원본, 이자, 위약금, 질권실행의 비용, 질물보존의 비용 및 채무불이행 또는 질물의 하자로 인한 손해배상의 채권의 내용에 관하여 설정당사자 사이에 다른 약정이 있는 때에는 그 약정에 따른다(민 334단).

근담보형 근질권의 경우는 담보한도액을 약정하도록 되어 있으므로 이 담보한도액의 범위에 포함되는 채권을 어떤 것으로 볼 것인지의 문제가 있다. 그러나 근담보형 근질권을 부동산 등을 대상으로 하는 근담보형 근저당권과 다르게 취급할 이유가 없다는 점에서 설정당사자 사이에 다른 약정이 있지 않은 이상 담보권실행의 비용은 담보한도액을 초과하더라도 담보한도액과 무관하게 담보되는 것으로 보되, 그 밖에 위약금, 담보목적물의 보존비용 및 채무불이행 또는 담보목적물의 흠으로 인한 손해배상의 채권은 담보한도액의 범위에서만 담보되는 것으로 보아야 한다.

근담보형 근질권은 피담보채권이 확정되기 전에 발생한 원금과 그 원금의 부수채권인 약정이자 및 지연배상금만을 담보하고, 피담보채권이 확정된 후에 발생한 원금과 그 원금의 부수채권인 약정이자 및 지연배상금은 담보하지 않는 것으로 보아야 한다. 그리고 이 경우 어떠한 사유로 근담보형 근질권의 피담보채권이 확정되는지는 부동산을 대상으로 하는 근저당권에 준하는 것으로 보면 된다.

나. 질권의 효력이 미치는 목적물의 범위

유체동산질권의 효력은 설정계약에서 다른 약정을 하지 않는 한 질권자에게 인도된 종물에도 미친다(민 100②). 그리고 질권자는 질물에서 생기는 천연과실을 수취하여 다른 채권보다 먼저 자기의 채권의 변제에 충당할 수 있다(민 343, 324②). 또한 질권설정자의 승낙이 있으면 질권자는 질물을 사용하거나 임대할 수 있다. 이 경우 사용이나 임대로 인한 수익(소위 법정과실)은 천연과실에 준하는 것으로 보면 된다(민 343, 324②, 323).

한편 질권은 질물의 멸실·훼손 또는 공용징수로 인하여 질권설정자가 받을 금전 기타의 물건에 대하여도 이를 행사할 수 있다(민 342본). 여기에서 멸실·

훼손이라 함은 물리적인 것에 한하지 않고 법률상 의미에 있어서의 멸실·훼손도 포함되며 그 원인은 사람의 행위에 기인하든 자연력에 기인하든 묻지 않는다. 다만 질권자가 이러한 권리(즉 물상대위권)를 행사하려면 그 금전 또는 물건이 질권설정자에게 지급 또는 인도되기 전에 압류하여야 한다(민 342단). 그런데 이 압류와 관련하여서는 이를 반드시 질권자가 스스로 하여야만 한다는 견해와 압류만 되어 있으면 다른 채권자에 의하여 이루어진 것이라도 무방하다는 견해가 주장되고 있으나 후자의 견해가 통설·판례이다[13].

(2) 질물의 보존과 사용·수익

질권자는 선량한 관리자의 주의로 질물을 점유하여야 하고(민 324①, 343), 만일 질권자가 질물의 점유에 대한 선량한 관리자의 주의의무를 위반한 때에는 질권설정자는 질권의 소멸을 청구할 수 있다(민 324③, 343).

반면에 질권자가 질물에 관하여 비용을 지출한 경우에는 그 비용이 질물의 보존에 꼭 필요한 것이면 질물의 소유자에게 그 전액을 상환청구할 수 있고(민 325①, 343), 꼭 필요한 것은 아니나 그 비용의 지출로 질물의 가액이 상승한 때에는 그 가액의 증가가 현존한 경우에 한하여 소유자의 선택에 따라 그 지출한 금액이나 증가액의 상환을 청구할 수 있다(민 325②, 343).

질권자는 질권설정자의 승낙없이 질물을 사용할 수 없고, 또한 타인에게 대여하거나 담보로 제공하지 못한다. 다만 질물의 보존에 필요한 범위에서는 사용할 수 있다(민 324②, 343). 만일 질권자가 이에 위반하여 사용하거나 타인에게 대여 또는 담보로 제공한 때에는 질권설정자는 질권의 소멸을 청구할 수 있다(민 324③, 343).

13) 자세한 내용은 부동산담보의 해당 부분 참조.

(3) 질권의 침해에 대한 구제

가. 침해의 의의

질권자가 질물에 대하여 가지는 담보로서의 효력을 위법하게 해하는 것을 말한다. 질권의 침해유형으로는 질권의 유효성 침해, 질물에 대한 물리적 침해, 질물에 대한 제3자의 강제집행 등이 있다.

나. 질권의 유효성 침해

질권의 유효성을 침해하는 행위의 예로는 타인의 소유물을 질물로 제공하거나 질권설정 후 질물을 처분하는 행위 등을 들 수 있다. 질권설정자의 소유가 아닌 동산을 질권의 대상으로 한 경우는 질권이 무효로 될 수 있다. 다만 타인의 소유물이 질권의 목적물이 되었다 하더라도 질권자가 질권을 설정받을 당시에 대상목적물이 타인의 소유물이라는 사실에 대하여 선의·무과실이면 질권의 선의취득이 인정되어 구제받을 수는 있다. 또한 질권의 목적물이 제3자에게 처분되어 그 제3자가 선의취득을 하면 질권은 소멸하게 된다. 다만 질물에 대해서는 질권설정자가 대리점유를 할 수 없으므로 질권설정 후 질권설정자의 처분으로 제3자에게 선의취득되어 질권이 침해될 가능성은 크지 않다.

다. 질물에 대한 물리적 침해

질권자는 그 피담보채권 전부를 변제받을 때까지 질물을 유치할 수 있다(민 335본). 따라서 질권설정자나 제3자가 질물의 점유를 침해하여 점유하는 때에는 질권자는 질물을 자신에게 반환할 것을 청구할 수 있다(민 213본). 그러나 제3자가 질물을 점유할 권리가 있어 점유하는 경우 그 제3자는 질권자의 반환청구를 거부할 수 있다(민 213단). 제3자가 질물을 점유할 권리가 있어 점유하는 경우의 예로는 제3자가 질물을 선의취득한 경우를 들 수 있다.

또한 질권자는 질권을 방해하는 자에게 방해의 제거를 청구할 수 있고, 질권을 방해할 우려가 있는 행위를 하는 자에게 방해의 예방이나 손해배상의 담보를 청구할 수 있다(민 214). 질물의 일부에 대한 침해가 있는 경우 잔여 부분의 교환가치만으로도 피담보채권을 만족시킬 수 있다 하더라도 질권자는 그 침해자에 대하여 방해제거 또는 방해예방청구를 할 수 있는 것으로 보아야 한다. 질권의 불가분성에 따라 질권자는 피담보채권의 전부를 변제받을 때까지 질물 전부에 대하여 그 권리를 행사할 수 있는 것이기 때문이다.

라. 질물에 대한 제3자의 강제집행

질물에 대하여 제3자의 강제집행신청으로 집행관이 질물을 압류하려고 하는 경우 질권자는 질권의 유치적 효력에 기하여 집행관에 대한 질물의 인도를 거절할 수 있다. 그러나 반드시 거절하여야 하는 것은 아니고 집행관의 압류를 승낙할 수도 있다. 만일 질권자가 압류를 승낙하여 집행관에게 질물을 인도한 때에는 질권자의 유치적 권리는 소멸하고 그 강제집행절차에서의 매각대금으로부터 자신의 순위에 따른 우선변제받는 권리만 남게 된다.[14)]

질권자는 자기보다 우선권이 있는 채권자에 대해서는 유치적 효력을 가지고 대항하지 못한다(민 335단). 따라서 질권자보다 우선변제권을 가진 채권자의 신청으로 집행관이 질물을 압류하려고 하는 때에는 유치적 효력에 의하여 집행관에 대한 질물의 인도를 거절할 수 없고, 단지 그 강제집행절차에 참가하여 그의 순위에 따른 배당을 받을 수 있을 뿐이다.

국세징수법 제34조는 세무공무원이 질권이 설정된 재산을 압류하고자 할 때에는 그 질권자는 질권의 설정시기 여하에 불구하고 질물을 세무공무원에게 인도하여야 한다고 규정하고 있다. 따라서 질권자는 질권설정자가 조세체납으로 세무공무원이 질물을 압류하려고 하는 때에도 유치적 효력을 가지고 대항하지 못한다. 또한 질권설정자가 체납하고 있는 건강보험료 · 연금보험료 · 고용보험료 및 산재보험료도 국세체납처분의 예에 의하여 징수할 수 있으므로(국건보 70③, 국연 95④, 고산보 28①) 그 징수권자가 압류하고자 할 때에 질권자는 유치적 효력에 의하여 질물의 인도를 거절할 수 없다.

마. 침해에 대한 그 밖의 구제수단

㈎ 손해배상청구권

질권의 침해로 질권자가 채권의 완전한 만족을 얻을 수 없게 된 때에는 질권자는 그 침해자에 대하여 불법행위로 인한 손해배상청구를 할 수 있다(민 750).

---

14) 민법주해[Ⅵ] 379(양승태).

다만 이 경우 질권자는 피담보채권의 변제기에 불구하고 바로 손해배상의 청구를 할 수 있는지의 문제가 있으나 질권의 실행 이전에 손해액을 산정하는 것이 불가능한 것은 아니므로 긍정하는 것이 타당하다.

(나) 즉시변제청구권

채무자가 담보를 손상·감소 또는 멸실하게 한 때에는 기한의 이익을 잃는다(민 388 i). 따라서 이 경우에 질권자는 위와 같은 손해배상청구권을 행사할 수 있는 이외에 즉시 변제를 청구할 수 있고 채무자가 이에 응하지 않으면 질권을 실행할 수 있다.

(다) 담보물보충청구권

질권설정자에게 책임이 있는 사유로 질물의 가액이 현저히 감소된 경우에 질권자는 질권설정자에 대하여 불법행위를 이유로 한 손해배상을 청구하거나 기한이익의 상실에 따른 즉시변제청구 및 질권실행을 할 수 있는 이외에 담보물보충청구권을 행사하여 담보의 보충을 받을 수도 있다.

담보물보충청구권을 행사하는 경우에는 불법행위를 이유로 한 손해배상청구나 기한이익의 상실에 따른 즉시변제청구 및 질권실행은 할 수 없는 것으로 보아야 한다. 그러나 질권설정자가 담보물보충청구에 불응하는 때에 질권자는 그 후속조치로서 질권설정자에 대하여 불법행위를 이유로 한 손해배상을 청구하거나 기한이익의 상실에 따른 즉시변제청구 및 질권실행을 할 수 있다고 할 것이다.

(4) 다른 권리와의 관계

가. 일반채권자와의 관계

질권자는 질권의 목적물로부터 다른 채권자보다 자기채권의 우선변제를 받을 권리가 있다(민 329). 여기에서 다른 채권자란 우선변제권이 없는 일반채권자를 말하고 우선변제권이 있는 채권자 상호간에는 별도로 그 우선변제권을 규정하고 있는 법률의 규정과 그 해석에 의하여 우선변제의 순위가 정해진다. 또한 질권자는 질권의 불가분성에 따라 채권전부의 변제를 받을 때까지 질물 전부에 대하여 그 권리를 행사할 수 있다(민 343, 321).

나. 질권 상호간의 관계

질권은 질권자가 질물의 교환가치만을 파악하는 제한물권에 속하며 질권이 설정되더라도 질물의 소유권은 여전히 질권설정자에게 있다. 따라서 제1순위의 질권이 설정된 질물을 대상으로 제2순위의 질권을 설정할 수 있다. 이 경우 제2순위의 질권설정 요건으로서의 질물의 질권자에 대한 인도는 질권설정자가 제1순위 질권의 소멸시 제1순위 질권자로부터 질물을 반환받을 수 있는 이른바 목적물반환청구권을 제2순위 질권자에게 양도하는 방식으로 하면 된다. 그리고 동일한 동산을 대상으로 여러 질권이 설정된 경우 그 우선순위는 질권설정의 선후에 따른다(민 333).

다. 우선특권과의 관계

㈎ 조세우선특권과의 관계

질물에 관하여 질권설정자가 납부하여야 하는 당해세는 그 법정기일이 언제인지에 관계없이 질권에 의하여 담보되는 채권보다 우선한다. 다만 질물에 관하여 부과될 수 있는 당해세는 상속세와 증여세에 한한다. 당해세는 국세로는 상속세와 증여세 이외에 종합부동산세가 있고(국기 35③), 지방세로는 재산세 · 자동차세 · 지역자원시설세 및 지방교육세가 있지만, 종합부동산세는 부동산만을(종부세 1), 재산세는 토지 · 건축물 · 주택 · 항공기 및 선박만을(지세 105), 자동차세는 등록된 자동차만을(지세 125) 대상으로 부과되고, 지역자원시설세는 특정부동산에 대한 지역자원시설세만 그리고 지방교육세는 재산세와 자동차세에 부가되는 지방교육세만 당해세에 해당(지기 71⑤)되는 것이기 때문이다.

당해세 이외에 질권설정자가 납부하여야 하는 조세와 질권에 의하여 담보되는 채권은 조세의 법정기일과 질권의 설정일자를 비교하여 그 우선순위가 정해진다. 즉 질권이 국세 또는 지방세의 법정기일 전에 설정된 경우는 질권에 의하여 담보되는 채권이 우선하나 그렇지 않은 경우는 조세채권이 우선한다(국기 35①ⅲ, 지기 71①ⅲ). 질권이 법정기일 전에 설정된 사실의 증명은 국세의 경우는 ① 부동산등기부 등본 ② 공증인의 증명 ③ 질권에 대한 증명으로서 세무서장이 인정하는 것 ④ 공문서 또는 금융회사 등의 장부상의 증명으로서 세무서장이 인정하는 것 중의 어느 하나로 하여야 하고(국기령 18②), 지방세의 경우는

① 등기사항증명서 ② 공증인의 증명 ③ 질권에 대한 증명으로서 지방자치단체의 장이 인정하는 것 ④ 금융회사 등의 장부등으로 증명되는 것으로서 지방자치단체의 장이 인정하는 것 ⑤ 그 밖에 공부(公簿)상으로 증명되는 것 중의 어느 하나로 하여야 한다(지기령 50①). 만일 위와 같이 증명한 질권설정일자와 국세 또는 지방세의 법정기일이 동일한 일자인 때에는 국세 또는 지방세가 우선하는 것으로 보아야 한다.

㈏ 근로자 임금채권과의 관계

질권설정자가 고용한 근로자가 최우선변제권을 가지는 임금채권은 질권에 의하여 담보되는 채권보다 우선한다. 그러나 그 이외의 임금채권에 대하여는 질권에 의하여 담보되는 채권이 우선한다. 근로자가 최우선변제권을 가지는 임금채권은 ① 최종 3월분의 임금 ② 재해보상금 ③ 최종 3년간의 퇴직금이다(근기 38②, 근퇴보 12②).

㈐ 건강보험료 채권 등과의 관계

질권설정자가 납부하여야 하는 건강보험료 · 연금보험료 · 고용보험료 및 산재보험료(이하 건강보험료 등이라 한다)와 질권에 의하여 담보되는 채권은 질권의 설정일과 건강보험료 등의 납부기한을 비교하여 그 우선순위가 정해진다. 즉 질권이 건강보험료 등의 납부기한 전에 설정된 사실이 증명되는 경우에는 질권에 의하여 담보되는 채권이 건강보험료 등의 채권에 우선하나, 그렇지 않은 경우는 건강보험료 등의 채권이 질권에 의하여 담보되는 채권에 우선한다(국건보 85, 국연 98, 고산보 30). 질권이 건강보험료 등의 납부기한 전에 설정된 사실의 증명은 질권이 국세 또는 지방세의 법정기일 전에 설정된 사실을 증명하는 방법과 같다. 그리고 질권설정일자가 건강보험료 등의 납부기한과 동일한 일자인 때에는 건강보험료 등의 채권이 우선하는 것으로 보아야 한다.

(5) 질권의 실행

질권실행의 원칙적인 방법은 경매이다(민 338①). 그밖에 질권자가 법원의 허가를 받아 감정인의 평가에 의하여 질물로 직접변제에 충당하는 간이변제충당(민 338②)의 방법과 질권자에게 채무의 변제에 갈음하여 질물의 소유권을 취득하게 하거나, 법률에 정한 방법에 의하지 아니하고 질물을 처분하게 하는 유질계약에 의한 실행의 방법이 있다[15].

(6) 질물 이외의 재산으로부터의 변제

가. 기본원칙

질권자는 질물에 의하여 변제를 받지 못한 부분의 채권에 한하여 채무자의 다른 재산으로부터 변제를 받을 수 있다(민 340①). 이는 질권자로 하여금 질물과는 관계 없이 질권설정자의 다른 재산으로부터 자유롭게 채권의 변제를 받을 수 있는 것으로 할 경우에 초래될 수 있는 불합리한 결과의 발생을 방지하기 위한 것이다.

예컨대 각각 6백만 원 상당의 X와 Y 2개의 동산을 소유하고 있는 A가 동산 X를 대상으로 S와 K에게 각각 6백만 원의 1순위 및 2순위 질권을 설정한 상태에서, 동산 X와 Y가 경매되어 배당할 금액이 각각 6백만 원이고 배당참가채권자가 S와 K 및 R로 그 배당참가채권이 각각 6백만 원이라고 할 때, 제1순위 질권자 S에게 X와 Y의 배당금 중 어느 것으로부터 먼저 배당받을 것인지를 선택할 수 있도록 하면 다음과 같은 불합리한 결과가 발생하게 된다. 즉 S가 동산 X의 배당금으로부터 먼저 배당받는 것을 선택하면 6백만 원 전액을 S가 배당받고 K와 R은 Y의 배당금으로부터 각각 3백만 원씩의 배당을 받게 된다. 반면에 S가 Y의 배당금으로부터 먼저 배당받는 것을 선택하면 Y의 배당금 6백만 원으로부터는 S와 K 및 R이 각각 2백만 원씩 배당받고, X의 배당금 6백만 원으로부터는 S와 K가 그 순위에 따라 각각 4백만 원과 2백만 원씩의 배당을 받게 되어 결과적으로 동산 X와 Y의 배당금으로부터 S와 K 및 R이 6백만 원·4백만 원·2백만 원씩 배당받게 된다. 즉 동산 X의 선순위질권자 S에게 동산 X와 Y의 배당금으로부터의 선택권을 인정하면 S가 어떤 선택을 하느냐에 따라 다른 채권자 K와 R사이의 배당금에 1백만 원의 차이가 발생하게 되는 것이다.

한편 민법 제340조 제1항의 규정이 질물은 물상보증인이나 제3취득자의 소유에 속하는 반면 일반 재산은 채무자의 소유에 속하는 경우에도 적용되는지 문

15) 자세한 내용은 여신실무법률–여신회수 제6장 유체동산에 대한 강제집행 참조.

제로 된다. 그러나 물상보증인이나 질물의 제3취득자는 질권에 의하여 담보되는 채무의 채무자가 아니라는 점에서 부정하는 것이 타당하다.

나. 질물보다 먼저 다른 재산에 관한 배당을 실시하는 경우

질물보다 먼저 다른 재산에 관한 배당을 실시하는 경우에는 질권자는 질권을 실행하지 아니하고서도 그 다른 재산으로부터 배당을 받을 수 있다(민 340②본). 질물로부터 배당을 받을 수 없는 상태에서까지 다른 재산으로부터의 배당을 받을 수 없는 것으로 하면 그 배당이 종료된 후에 질권자가 질물로부터 전부 또는 일부의 채권을 배당받을 수 없게 된 경우 질권자를 해하는 결과가 되기 때문이다. 다만 질물보다 먼저 다른 재산에 관한 배당을 실시함으로써 질권자가 배당요구를 한 경우 다른 채권자는 질권자에게 그 배당금액의 공탁을 청구할 수 있다(민 340②단).

다. 질권자의 일반 재산에 대한 강제경매청구 가능여부

질권자가 질권을 실행하기 전에 채무자의 일반재산을 대상으로 집행권원에 기한 강제경매를 청구하는 경우에 채무자나 일반채권자가 집행에 관한 이의신청(민집 16)으로 다툴 수 있는지 문제로 된다. 이에 관하여는 채무자나 일반채권자가 모두 다툴 수 있다는 견해[16]와 채무자는 제외되고 일반채권자만이 다툴 수 있다는 견해[17]가 대립되어 있다. 그러나 「질권자는 질물에 의하여 변제를 받지 못한 부분의 채권에 한하여 채무자의 다른 재산으로부터 변제를 받을 수 있다」는 민법 제340조 제1항의 규정은 질권자의 선택으로 다른 채권자 사이에 불공평한 결과가 발생하는 방지하기 위한 것이지 채무자를 보호하기 위한 것으로 볼 수 없다는 점에서 후자의 견해가 타당하다.

---

16) 곽윤직 물권법 413. 김용한 물권법 511.

17) 민법주해[Ⅵ] 397(양승태). 이영준 물권법 723. 장경학 물권법 717.

제3 양도담보권의 설정과 효력

1. 양도담보권의 설정

(1) 설정방법

유체동산을 대상으로 하는 양도담보권은 양도담보설정자와 양도담보권자가 양도담보설정계약을 체결하고 양도담보설정자가 대상목적물의 소유권을 양도담보권자에게 이전하는 방법으로 설정한다. 이와 같이 양도담보에 있어서는 대상목적물의 소유권이 양도담보설정자로부터 양도담보권자에게로 이전되는 것을 요하므로, 단순히 채무자가 변제기에 채무를 이행하지 않으면 대상목적물의 소유권을 채권자에게 이전하겠다고 하는 계약은 양도담보가 될 수 없고 대물변제의 예약이 될 뿐이다.

(2) 양도담보권설정계약

양도담보권설정계약은 채권담보의 목적으로 채무자 또는 제3자가 대상목적물의 소유권을 채권자에게 양도하고서, 채무자가 채무를 이행하면 대상목적물의 소유권을 양도담보권설정자에게로 다시 이전하고, 채무를 이행하지 않으면 대상목적물로부터 채무의 변제를 받기로 하는 내용의 채권자와 채무자 또는 제3자 사이의 계약을 말한다.

양도담보권자와 양도담보권설정자가 체결하는 양도담보권설정계약의 유형은 크게 특정채무담보형과 근담보형 양도담보권설정계약의 2가지가 있다. 그리고 금융거래에서 발생하는 여신채권을 담보하기 위하여 체결하는 근담보형 양도담보권설정계약은 다시 특정근담보형과 한정근담보형 및 포괄근담보형 3유형으로 구분된다.

근담보형 양도담보권의 설정에 있어서 금융소비자보호에 관한 감독규정 제14조 제6항 제8호와 관련하여 한정근담보형 양도담보권의 설정을 할 수 있는지 여부는 앞에서 설명한 근질권의 설정에 있어서와 같다.

(3) 양도담보목적물의 소유권이전

양도담보목적물의 소유권이전을 하려면 양도담보설정자와 양도담보권자가 소유권이전의 합의를 하고 그 공시방법으로서 양도담보설정자가 양도담보목적물을 양도담보권자에게 인도하여야 한다.

그런데 민법은 담보물권인 동산질권에 관하여는 목적물의 직접적인 점유를 설정자에게 그대로 두고 담보권자가 간접점유[18]만을 취득하는 소위 점유개정에 의한 인도를 허용하지 않으나, 동산소유권의 이전에는 점유개정에 의한 인도를 허용하고 있으므로(민 332, 189), 소유권이전의 방식을 취하는 동산양도담보의 설정을 위한 인도는 점유개정에 의한 인도도 무방하다.

2. 양도담보권의 효력

(1) 양도담보권의 효력이 미치는 범위

가. 양도담보권에 의하여 담보되는 채권의 범위

(가) 특정채무담보형 양도담보권의 경우

특정채무담보형 양도담보권은 양도담보계약으로 미리 정한 바가 없으면 질권의 경우에 준하여 원본, 이자, 위약금, 양도담보권실행의 비용, 양도담보물 보존의 비용 및 채무불이행 또는 양도담보물의 하자로 인한 손해배상의 채권을 담보하는 것으로 보아야 한다.

채무불이행으로 인한 손해배상 즉 지연배상에 대하여는 저당권의 경우와 같

18) 타인을 통해서 물건에 대한 사실상의 지배를 하는 것을 간접점유라고 한다. 예컨대 고급시계를 소유하고 있는 A가 이를 B에게 빌려주어 B로 하여금 점유하여 사용하게 한 경우에 B의 점유를 직접점유라고 A의 점유를 간접점유라고 한다. 간접점유자도 점유권을 가진다(민 194). 따라서 민법의 점유에 관한 규정은 그 성질상 간접점유에 적용할 수 없는 것을 제외하고는 간접점유에도 적용된다.

이 원본의 이행기일을 경과한 후의 1년분에 한정하여 담보되는 것으로 보아야 하는지 여부에 관하여는 질권의 경우와 마찬가지로 이를 부정하여 제한 없이 담보되는 것으로 보아야 한다. 저당권의 경우는 이를 긍정하는 명문의 규정이 있으나 양도담보권의 경우는 질권의 경우와 마찬가지로 이를 긍정하는 명문의 규정이 없기 때문이다.

(나) 근담보형 양도담보권의 경우

근담보형 양도담보권의 경우도 담보한도액의 범위를 넘어 담보할 수 없다는 점을 제외하고는 특정채무담보형 양도담보권의 경우와 같다. 다만 담보한도액의 범위에 포함되는 원본, 이자, 위약금, 양도담보권실행의 비용, 양도담보물보존의 비용 및 채무불이행 또는 양도담보물의 하자로 인한 손해배상채권의 내용에 관하여는 근질권의 경우와 마찬가지로 설정당사자 사이에 다른 약정이 있는 때에는 그 약정에 따르는 것으로 보아야 한다.

근담보형 양도담보권의 경우는 담보한도액을 약정하도록 되어 있으므로 이 담보한도액의 범위에 포함되는 채권을 어떤 것으로 볼 것인지의 문제가 있다. 그러나 근담보형 양도담보권을 부동산 등을 대상으로 하는 근담보형 근저당권과 다르게 취급할 이유가 없다는 점에서 설정당사자 사이에 다른 약정이 있지 않은 이상 담보권실행의 비용은 담보한도액을 초과하더라도 담보한도액과 무관하게 담보되는 것으로 보되, 그 밖에 위약금, 담보목적물의 보존비용 및 채무불이행 또는 담보목적물의 흠으로 인한 손해배상의 채권은 담보한도액의 범위에서만 담보되는 것으로 보아야 한다.

근담보형 양도담보권은 피담보채권이 확정되기 전에 발생한 원금과 그 원금의 부수채권인 약정이자 및 지연배상금만을 담보하고, 피담보채권이 확정된 후에 발생한 원금과 그 원금의 부수채권인 약정이자 및 지연배상금은 담보하지 않는 것으로 보아야 한다. 그리고 이 경우 어떠한 사유로 근담보형 양도담보권의 피담보채권이 확정되는지는 부동산을 대상으로 하는 근저당권에 준하는 것으로 보면 된다.

나. 양도담보권의 효력이 미치는 목적물의 범위

설정계약에서 달리 정한 바가 없는 한 양도담보권은 양도담보물에 부합된 물건과 종물에도 미친다. 그리고 양도담보물이 멸실·훼손된 경우에는 그 대위물에 대하여 양도담보의 효력이 미치게 된다. 양도담보를 담보적인 측면에서 보면 이는 담보권자의 물상대위로서 이해되겠지만, 양도담보권자는 양도담보물의 소유권을 가지고 있으므로 이를 물상대위로 볼 것이 아니라, 양도담보물의 가치대표물이 당연히 양도담보권자에게 귀속하는 것으로 보아야 한다. 따라서 양도담보권자가 가치대표물에 권리를 행사함에 있어서는, 민법 제342조 후단의 규정 즉 그 지급 또는 인도 전에 압류해야 한다는 규정은 적용되지 않는 것으로 보아야 한다.

양도담보물에 대하여 양도담보설정자가 양도담보권자가 아닌 양도담보설정자를 피보험자로 하여 보험에 가입해둔 상태에서, 양도담보물이 멸실·훼손된 경우의 보험금청구권에 관하여서는 특히 다음과 같은 두 가지의 문제가 있다. 하나는 양도담보설정자가 자신을 피보험자로 하여 체결한 보험계약이 유효한지의 여부이고, 다른 하나는 이를 유효라고 할 때 그 보험금청구권에 대하여 양도담보권자가 물상대위권을 행사할 수 있는지의 여부이다.

전자의 경우 즉 보험계약의 유효성 여부에 관하여는, 양도담보설정자는 담보목적물에 대한 소유권이 없기 때문에 피보험이익을 가질 수 없어 무효라고 주장하는 견해도 있으나, 일반적으로는 양도담보의 실질이 담보라는 측면을 고려하여 유효성을 인정하고 있는데 이 견해가 타당하다. 대법원의 판례도 같다. 다음에 후자의 경우 즉 양도담보권자가 물상대위권을 행사할 수 있는지의 여부에 관하여는, 그러한 보험계약의 유효성을 인정하는 근거를 담보의 실질에서 찾는 이상, 그 보험금청구권에 대하여도 담보권의 통유성에 속하는 물상대위의 원칙이 당연히 적용되는 것으로 보는 것이 타당하다.

판례3-3

양도담보설정자를 피보험자로 한 보험계약의 법률관계

① 동산에 대하여 양도담보를 설정한 경우 채무자는 담보의 목적으로 그 소유의 동산을 채권자에게 양도해 주되 점유개정에 의하여 이를 계속 점유하지만, 채무자가 위 채무를 불이행하면 채권자는 담보목적물인 동산을 사적으로 타에 처분하거나 스스로 취득한 후 정산하는 방법으로 이를 환가하여 우선변제 받음으로써 위 양도담보권을 실행하게 되는데, 채무자가 채권자에게 위 동산의 소유권을 이전하는 이유는 채권자가 양도담보권을 실행할 때까지 스스로 담보물의 가치를 보존할 수 있도록 함으로써 만약 채무자가 채무를 이행하지 않더라도 채권자가 양도받았던 담보물을 환가하여 우선변제 받는 데에 지장이 없도록 하기 위한 것인바, 이와 같이 담보물의 교환가치를 취득하는 것을 목적으로 하는 양도담보권의 성격에 비추어 보면, 양도담보로 제공된 목적물이 멸실, 훼손됨에 따라 양도담보 설정자와 제3자 사이에 교환가치에 대한 배상 또는 보상 등의 법률관계가 발생되는 경우에도 그로 인하여 양도담보 설정자가 받을 금전 기타

물건에 대하여 담보적 효력이 미친다. 따라서 양도담보권자는 양도담보 목적물이 소실되어 양도담보설정자가 보험회사에 대하여 화재보험계약에 따른 보험금청구권을 취득한 경우에도 담보물 가치의 변형물인 위 화재보험금청구권에 대하여 양도담보권에 기한 물상대위권을 행사할 수 있다.

② 동산 양도담보설정자는 담보목적물인 동산의 소유권을 채권자에게 이전해 주지만 이는 채권자의 우선변제권을 확보해 주기 위한 목적에 따른 것으로, 양도담보 설정자는 여전히 그 물건에 대한 사용, 수익권을 가지고 변제기에 이르러서는 채무 전액을 변제하고 소유권을 되돌려 받을 수 있으므로, 그 물건에 대한 보험사고가 발생하는 경우에는 그 물건에 대한 사용 · 수익 등의 권능을 상실하게 될 뿐 아니라 양도담보권자에 대하여는 그 물건으로써 담보되는 채무를 면하지 못하고 나아가 채무를 변제하더라도 그 물건의 소유권을 회복하지 못하는 경제적인 손해를 고스란히 입게 된다. 따라서 양도담보설정자에게 그 목적물에 관하여 체결한 화재보험계약의 피보험이익이 없다고 할 수 없다(대판 2009.11.26. 2006다37106).

(2) 양도담보목적물의 이용관계

가. 목적물의 점유와 이용

목적물의 점유 · 이용을 어떻게 하느냐 하는 것은 양도담보의 요소가 아니다. 따라서 채권자와 설정자 중 누가 목적물을 이용하느냐는 당사자간의 합의에 의하여 자유로 정할 수 있다. 다만 양도담보의 사회적 작용에 비추어 볼 때, 목적물의 점유 · 이용을 채권자에게 맡기는 형태의 것보다는 설정자에게 맡기는 것이 합목적적이라고 할 것이며 실제의 거래에 있어서도 후자의 경우가 압도적으로 많다. 따라서 목적물의 점유 · 이용에 관하여 당사자간에 합의가 되어 있지 않은 경우에는 설정자가 점유 · 이용권을 갖는 것으로 보아야 한다.[19]

나. 이용관계의 법률적구성

등기나 등록을 공시방법으로 하지 않는 물건이나 재산권에 대한 양도담보의 경우는, 양도담보권자가 목적물의 소유권을 설정자로부터 신탁적으로 양도받는 것이므로, 목적물의 이용권도 법률 형식상으로는 양도담보권자에게 있는 것으로 보게 된다. 따라서 이 경우의 목적물의 이용관계는 양도담보권의 설정으로 금융을 제공할 때, 이자부소비대차의 형식을 취하면 사용대차의 형식을 취하고 매매

19) 곽윤직 물권법 550.

대금지급의 형식을 취하면 임대차의 형식을 취하게 된다. 한편 설정자가 목적물을 사용·수익하기 위하여 지출한 비용은 설정자가 부담하는 것으로 보아야 한다. 설정자로서는 피담보채권의 변제로써, 목적물의 소유권 자체를 반환받을 수 있는 권리를 가지고 있는 실질상의 소유자이기 때문이다. 따라서 목적물에 대한 조세·공과나 보험료 등도 모두 설정자의 부담이 되며, 담보권자가 대신 지급한 때에는 그 체당금반환청구권은 그 양도담보권의 피담보채권이 된다.

(3) 양도담보권의 침해에 대한 구제

가. 양도담보권침해의 의의

양도담보권의 침해란 양도담보권자가 담보물적물에 대하여 가지는 담보로서의 효력을 위법하게 해하는 것을 말한다. 양도담보권의 침해유형으로는 담보권의 유효성 침해, 담보목적물에 대한 물리적 침해, 양도담보물에 대한 제3자의 강제집행이 있다.

양도담보권의 유효성을 침해하는 행위의 예로는 타인의 소유물을 담보로 제공하거나 담보제공 후 양도담보물을 이중으로 양도담보로 제공하는 등 처분하는 행위 등을 들 수 있고, 담보목적물에 대한 물리적 침해를 하는 행위의 예로는 담보목적물의 불법점유나 멸실·훼손행위 등을 들 수 있다.

나. 양도담보권의 유효성 침해

양도담보설정자의 소유가 아닌 동산을 양도담보의 대상으로 하여 양도담보권자가 점유개정의 방식으로 양도담보권을 설정 받는 때에는 양도담보권을 취득할 수가 없다. 따라서 이를 방지하려면 양도담보권을 설정할 당시에 대상목적물이 혹시라도 양도담보설정자의 소유가 아닌 것인지 여부를 보다 철저하게 확인하여야 한다.

그리고 양도담보권을 설정한 후에 양도담보설정자가 양도담보물을 이중으로 양도담보로 제공하는 등 처분하여 제3자가 양도담보물을 선의취득하게 되면 그 반사적 효과로 양도담보권이 소멸하게 되는데, 이를 방지하려면 양도담보물의 보관장소에 그 소유관계를 표시하는 팻말을 세우는 등 양도담보물의 관리에도 많은 주의를 기울여야 한다.

다. 양도담보물에 대한 물리적 침해

㈎ 양도담보물 반환청구권

제3자가 양도담보물을 점유하는 경우에 양도담보권자는 양도담보물을 양도담보권설정자에게 반환할 것을 청구할 수 있다(민 213본). 이는 양도담보권자가 가지는 양도담보물에 대한 소유권의 물권적 효력에 기한 당연한 구제수단이라고 할 수 있다. 양도담보설정자에게 반환할 것을 청구하도록 한 것은 양도담보권에 있어서는 양도담보설정자가 양도담보물에 대한 사용 · 수익권을 갖는 것이 일반적인데, 이 경우 양도담보권자가 직접 자신에게 양도담보물을 반환하도록 청구할 수 있는 것으로 하면 양도담보설정자의 권리가 침해될 수 있기 때문이다.

양도담보권자가 양도담보물을 점유할 권원(權原)이 있거나 양도담보설정자가 양도담보물을 반환받을 수 없는 사정이 있는 경우에 양도담보권자는 양도담보물을 점유한 자에 대하여 자신에게 양도담보물을 반환할 것을 청구할 수 있는 것으로 보아야 한다. 양도담보권자가 양도담보물을 점유할 권원(權原)이 있거나 양도담보설정자가 양도담보물을 반환받을 수 없는 사정이 있는 경우로는 양도담보권자가 양도담보권의 실행을 위하여 양도담보설정자에게 양도담보물의 인도를 청구한 이후 또는 양도담보계약에서 양도담보물의 사용 · 수익권을 양도담보권자가 갖기로 한 경우 등을 들 수 있다.

제3자가 양도담보물을 점유할 권리가 있어 점유하는 경우 그 제3자는 양도담보권자의 반환청구를 거부할 수 있다(민 214단). 제3자가 양도담보물을 점유할 권리가 있어 점유하는 경우 예로는 제3자가 양도담보물을 선의취득한 경우를 들 수 있다.

㈏ 방해제거청구권 및 방해예방청구권

양도담보권자는 양도담보권을 방해하는 자에게 방해의 제거를 청구할 수 있고, 양도담보권을 방해할 우려가 있는 행위를 하는 자에게 방해의 예방이나 손해배상의 담보를 청구할 수 있다(민 214). 방해제거청구권 및 방해예방청구권의 대상이 되는 예로는 채무자의 피용자가 양도담보물의 일부나 전부를 무단으로 반출하려고 할 때에 그 반출의 금지나 예방을 청구하는 경우를 들 수 있다.

양도담보물의 일부에 대한 침해가 있는 경우 잔여 부분의 교환가치만으로도 피담보채권을 만족시킬 수 있다 하더라도 양도담보권자는 그 침해자에 대하여 방해제거 또는 방해예방청구를 할 수 있는 것으로 보아야 한다. 양도담보권의 불가분성에 따라 양도담보권자는 피담보채권의 전부를 변제받을 때까지 양도담보물 전부에 대하여 그 권리를 행사할 수 있는 것이기 때문이다.

라. 양도담보설정자의 채권자에 의한 강제집행

㈎ 강제집행의 배제

㈀ 배제수단

양도담보목적물은 양도담보권을 설정한 후에도, 양도담보설정자가 이를 계속하여 점유·사용하는 것이 보통이므로, 양도담보설정자의 일반채권자에 의하여, 강제집행의 대상물로서 압류·매각되는 경우가 적지 않다.

그러나 양도담보물은 그 소유권이 어디까지나 양도담보권자에게 있어, 설정자의 책임재산에 속하지 않으므로 설정자의 다른 채권자에 의한 강제집행의 대상이 될 수 없다. 따라서 양도담보물에 대하여 설정자의 다른 채권자가 강제집행을 할 때에는 양도담보권자로서는 그 강제집행을 배제할 수 있는 것이다. 문제는 바로 이 경우 강제집행의 배제를 위한 법률적 수단이 무엇인가 하는 것이다.

유체동산에 대한 강제집행절차에 있어서 신청채권자가 아닌 채권자가 그 집행절차에 관하여 다투는 방법으로는 세 가지가 있다. 첫째는 집행관에게 압류의 취소를 구하는 것이고, 둘째는 민사집행법 제16조에서 규정하는 바에 따라 집행법원에 집행에 관한 이의를 제기하는 것이며, 셋째는 민사집행법 제48조에서 규정하는 바에 따라 집행법원에 제3자이의의 소를 제기하는 것이다.

㈁ 강제집행의 취소신청

원래 채무자의 소유가 아닌 타인의 소유물에 대하여는 강제집행을 할 수 없는 것이므로, 양도담보권자로서는 일단 집행관에게 양도담보설정자와 체결한 양도담보계약서를 제시하여, 그 집행목적물이 양도담보권자의 소유물임을 주장하고 압류의 취소를 요청해야 한다. 집행관으로서도 집행목적물이 타인의 소유물임이 명백히 증명된 이상 강제집행을 계속 진행시킬 이유가 없는 것이고, 그에 따라 집행관이 압류를 취소한다면 양도담보권자로서의 목적은 달성되는 것이기 때문이다. 그러나 이 방법은 집행관이 이를 받아들이지 않으면 효과를 거둘 수가 없다.

(ㄷ) 집행에 관한 이의신청 여부

집행에 관한 이의라 함은 집행기관이 집행절차법규에 위반하여 강제집행을 하거나 또는 강제집행을 거부하는 경우에 집행당사자나 이해관계인이 집행법원에 그 취소나 변경을 구하는 불복방법을 말한다(민집 16①③ 참조).

집행에 관한 이의는 집행행위의 절차상의 하자, 즉 집행관이 스스로 조사·판단해서 적용해야 하는 집행절차법규의 위반을 이유로 할 때에만 인정되는 것이고, 집행목적물에 대한 소유권의 주장 기타 실체상의 이유를 원인으로 해서는 제기할 수 없다.

또한 집행관은 집행채무자가 점유하고 있는 물건을 일단 그의 소유물로 인정하여 압류할 수 있을 뿐, 집행채무자의 점유하에 있는 집행목적물이 제3자의 양도담보물이기 때문에(즉 집행채무자의 소유물이 아니기 때문에) 집행대상목적물이 될 수 없다는 것을 조사하여 판단할 수가 없다. 따라서 양도담보권자는 양도담보물인 집행목적물에 대하여 양도담보설정자의 다른 채권자가 하는 강제집행을 집행에 관한 이의로써 저지할 수는 없다.

(ㄹ) 제3자이의의 소제기

제3자이의의 소라 함은 제3자가 강제집행의 목적물에 대하여 소유권을 주장하거나, 목적물의 양도 또는 인도를 저지하는 권리를 주장하여 그 강제집행의 배제를 구하는 소송을 말한다. 따라서 집행관이 양도담보권자의 압류취소신청에 불구하고 강제집행을 계속할 때에는, 양도담보권자는 집행의 목적물이 자신의 소유물임을 주장하여, 이 제3자이의의 소를 제기하여 다툴 수밖에 없다. 이 소의 상대방은 집행채권자이고 그 관할법원은 원칙적으로 강제집행을 실시하는 곳을 관할하는 지방법원이다.

그러나 양도담보권자가 집행목적물에 대하여 집행채권자를 상대로 제3자이의의 소를 제기하였다고 하여, 그것만으로 이미 진행되고 있는 강제집행절차가 정지되거나 취소되는 것이 아니다. 그 결과 이 소송의 진행 중에 집행목적물에 대한 강제집행절차가 계속 진행되어 종료되어 버리면, 이 소송은 그 실익이 없어져 더 이상 진행되지 못하고 기각되게 된다. 따라서 양도담보권자가 제3자이의의 소를 제기하여 집행목적물에 대한 강제집행을 다투는 때에는, 그와 함께 그 제소법원에 잠정처분으로서의 강제집행정지 또는 취소명령을 신청한 후, 그 명령이 있으면 신속히 그 명령서의 정본을 집행관에게 제시하여 강제집행의 진행을 정지시켜두어야 한다.

한편 집행채권자를 상대로 하여 제기한 제3자이의의 소에서 양도담보권자가 승소하여 그 판결이 확정된 때에는, 집행목적물에 대한 다른 채권자의 강제집행절차는 확정적으로 실효된다. 그러나 이 경우에 주의할 것은 그렇다고 하여 그 기계·기구의 점유가 바로 양도담보권자에게로 넘어오는 것이 아니라는 것이다. 제3자이의의 소란 오로지 다른 채권자가 양도담보물에 대하여 강제집행을 하는 것을 저지하는 효력만 있는 것이기 때문이다. 따라서 차제에 양도담보권자가 집행목적물인 양도담보물에 대한 양도담보권을 실행하기 위해서 양도담보물의 점유를 취득하고자 하면, 양도담보설정자가 자진해서 양도담보물의 점유를 넘기도록 하거나, 아니면 양도담보물인도청구소송과 그 집행절차를 통해서 강제로 인도받아야만 한다.

㈏ 강제집행에서의 배당참가

양도담보물에 대하여 양도담보설정자의 다른 일반채권자의 신청으로 민사집행법에 의한 유체동산 강제집행절차가 진행 중인 경우에, 양도담보권자가 제3자이의의 소에 의하여 일반채권자가 한 강제집행의 배제를 구하지 아니하고, 배당참가하여 그 매각대금으로부터의 배당참가를 할 수 있는지 문제로 된다.

이에 관하여는 양도담보권자의 양도담보물에 대한 소유자로서의 지위만을 강조하면 부정하게 될 것이나 양도담보권도 그 실질이 채권담보를 위한 것이라는 점에서 긍정하는 것이 타당하다. 대법원판례도 「집행증서를 소지한 동산양도담보권자는 특별한 사정이 없는 한 양도담보권자인 지위에 기초하여 제3자이의의 소에 의하여 목적물건에 대한 양도담보권설정자의 일반채권자가 한 강제집행의 배제를 구할 수 있으나, 그와 같은 방법에 의하지 아니하고 집행증서에 의한 담보목적물에 대한 이중 압류의 방법으로 배당절차에 참가하여 선행한 동산압류에 의하여 압류가 경합된 양도담보권설정자의 일반채권자에 우선하여 배당을 받을 수도 있다(대판 2004.12.24. 선고 2004다45943)」고 함으로써 긍정하고 있다.

판례3-4

집행증서에 의한 양도담보권실행의 방법과 법적성질

① 동산을 목적으로 하는 양도담보설정계약을 체결함과 동시에 채무불이행시 강제집행을 수락하는 공정증서를 작성한 경우, 채무자가 채무를 불이행한 때에는 채권자로서는 위 양도담보권을 실행하기 위하여 담보목적물인 동산을 환가함에 있어서 위 공정증서에 기하지 아니하고 양도담보의 약정내용에 따라 이를 사적으로 타에 처분하거나 스스로 취득한 후 정산하는 방법으로 환가할 수도 있지만 양도담보목적물을 위 공정증서에 기하여 압류하고 강제경매를 실시하는 방법으로 환가할 수도 있고, 실질적으로는 양도담보권자의 담보목적물에 대한 환가를 위한 강제경매는 자기 소유물에 대한 강제집행이라고 볼 수 없는 것이므로 위와 같은 방법의 양도담보권실행을 위한 환가를 허용하여도 동산양도담보의 법리와 모순된다고 할 수도 없다.

② 위 ①의 방법에 의한 경매절차는 제3자가 그 목적물이 양도담보물임을 인식할 수 있었는지에 관계없이 형식상은 강제경매절차에 따르지만 그 실질은 일반채권자의 강제집행절차가 아니라 동산양도담보권 실행을 위한 환가절차라고 할 것이므로 위 환가를 위한 압류절차에 압류를 경합한 양도담보설정자의 다른 채권자는 양도담보권자에 대한 관계에서는 압류경합권자나 배당요구권자로 인정될 수 없고, 따라서 위 환가로 인한 매득금에서 환가비용을 공제한 잔액은 양도담보권자의 채권변제에 전액 충당함이 당연하고 양도담보권자와 압류경합자 사이에 각 채권액에 따라 안분비례로 배당할 것이 아니다(대판 1994.5.13. 선고 93다21910, 같은 취지 대판 2005.2.18. 2004다37430).

㈐ 강제집행이 종료된 경우

(ㄱ) 개설

실무에 있어서는 양도담보물인 유체동산에 대하여, 설정자의 다른 채권자에 의한 강제집행절차가 개시되었음에도, 양도담보권자가 이를 모르고 있었거나 또는 알고 있었다 하더라도 적절한 대응을 하지 않음으로써 계속 매각절차가 진행되고 나아가 양도담보물의 매각이 이루어져, 매수인이 매각대금을 지급하고서 양도담보물을 인도받아 사용하는 한편, 그 매각대금이 집행채권자에게 배당되어 집행채권자의 채권변제에 충당되는 경우가 있다. 이하에서는 이 경우 양도담보권자의 구제수단에 관하여 알아보기로 한다.

(ㄴ) 양도담보물의 반환청구

강제집행에 의한 매각에 있어서는 매각이 적법하게 완결되면, 매각의 목적물이 제3자의 소유물인 때에도, 매수인은 언제나 그 소유권을 취득하게 되는가.

즉 양도담보권자는, 매수인에 대하여는, 비록 그가 매각목적물이 집행채무자(양도담보설정자)의 소유물이 아닌 양도담보권자의 소유물임을 알고서 매수하였다 할지라도, 매각목적물이 집행채무자의 소유물이 아닌 자신의 소유물임을 주장하여, 그 반환을 청구할 수 없는 것인가. 이에 대하여는 매각의 법적성질을 어떻게 파악하는가에 따라 그 결론이 달라지게 된다. 매각의 법적성질에 대하여는 공법설과 사법설의 두 가지 견해가 주장되고 있다.

공법설에 의하면, 매각은 국가기관이 채무자나 목적물의 소유자로부터 소유권을 징수하여, 이를 매수인에게 이전하는 공법상의 처분이기 때문에, 사법인 민법상의 법리가 적용될 여지가 없다고 한다. 그러므로 이 설에 의하면, 매각이 집행절차로서 아무런 하자 없이 완결되는 한, 매수인이 매각목적물의 소유권이 양도담보에 의하여 양도담보권자에게 이전되어 있었음을 알고 있었는가 모르고 있었는가를 불문하고, 양도담보권자는 매수인에 대하여 매각목적물이 자신의 소유에 속함을 주장하여, 그 반환을 청구할 수 없게 된다.

그러나 사법설에 의하면, 매각은 채무자의 의사에 의하지 아니하고 강제적으로 그 소유권을 이전시킨다는 점에서, 국가의 집행권력에 의한 공법상의 처분임에는 틀림없지만, 그에 기하여 매수인이 채무자 소유의 물건을 취득하게 되는 효과는, 민법상의 매매에 해당된다고 본다. 따라서 이 설에 의하면, 매각이 집행절차로서는 아무런 하자가 없다고 하더라도, 민법상의 매매로서는 일단 무효로 되며, 따라서 양도담보권자로서는 매수인에 대하여, 매각목적물이 자신의 소유물임을 주장하여 그 반환을 청구할 수 있게 되고, 다만 이 경우에 매수인은 민법 제249조에서 규정하는 선의취득에 의한 보호를 받을 수 있게 될 뿐이라는 것이 된다.

순이론적인 면에서만 볼 때에, 매각에 있어서의 공신력과 동적안전(動的安全)을 중요시하면 공법설이 타당하다는 결론이 될 것이고, 진실한 권리자의 보호라는 정적안전(靜的安全)을 중요시하면 사법설이 타당하다는 결론이 된다. 그러나 우리 법제상으로는 민법 제578조(경매와 매도인의 담보책임)의 규정에 비추어 사법설의 입장이 타당하다. 또한 사법설이 통설 · 판례이다.

판례3-5

동산경매에 민법의 선의취득에 관한 규정이 적용되는지 여부
채무자 이외의 자의 소유에 속하는 동산을 경매한 경우에도 경매절차에서 그 동산을 경락받아 경락대금을 납부하고 이를 인도받은 경락인은 특별한 사정이 없는 한 소유권을 선의취득한다(대판 1998.3.27. 97다32680).

(ㄷ) 부당이득반환청구

양도담보설정자의 일반채권자가 양도담보물을 강제집행하여 선의의 매수인으로 하여금 그 소유권을 취득하게 하고 그 매각대금을 배당받아 변제에 충당한 경우에는, 그 집행채권자(설정자의 일반채권자)는 법률상의 원인 없이 제3자의 재산으로부터 부당하게 자신의 채권을 변제받은 것이 된다. 따라서 이 경우 양도담보권자는 집행채권자에 대하여 배당받은 금액을 부당이득으로써 반환청구할 수 있다.

집행채권자가 부당이득으로써 반환하여야 할 금액은 그가 선의인가 악의인가에 따라 달라진다(민 748). 즉 집행채권자가 집행목적물을 양도담보물임을 모르고 강제집행한 경우에는 배당받은 이익이 현존하는 한도에서 반환책임을 부담하게 되고, 양도담보물임을 알고서 강제집행한 경우에는 배당받은 금액에 이자를 붙여서 반환하여야 할 뿐만 아니라, 만일 이로 인하여 양도담보권자가 손해를 입은 경우에는 그 손해도 배상하여야 한다.

현존이익의 한도를 결정하는 표준이 되는 시기에 관하여는 반환청구가 있었던 때라는 견해, 반환청구의 소를 제기한 때라는 견해 및 반환할 때이나 소가 제기된 경우에는 그 소의 제기시부터 악의의 이득자로서 책임을 지게 된다는 견해가 주장되고 있으나 실무처리상으로는 마지막의 견해에 따르는 것이 타당하다. 그리고 「이익이 현존하는 한도」라는 것은 이익이 현물 그대로 남아 있든 그 모습을 바꾸어서 남아 있든 이익이 남아 있는 한도에서라는 뜻이다. 예를 들면 배당받은 금액을 타인에게 빌려주었거나 은행에 예금하였거나 생활비에 쓴 경우 등은 이익이 현존하는 경우에 해당된다.

판례3-6

양도담보권자의 부당이득반환청구권

집행채무자의 소유가 아닌 경우에도 강제집행절차에서 그 유체동산을 경락받아 경락대금을 납부하고 이를 인도받은 경락인은 특별한 사정이 없는 한 그 소유권을 선의취득한다 할 것인바, 일반 채권자가 채무자가 제3자에게 양도담보로 제공한 동산에 대하여 강제집행을 신청하여 배당을 받은 경우, 경락으로 인하여 경락인이 그 소유권을 선의취득의 방법으로 취득하고 이에 따라 양도담보권자는 그 소유권을 상실하게 되는 결과 일반 채권자는 채무자 아닌 제3자 소유의 동산에 대한 경락대금을 배당받음으로써 법률상 원인 없이 이득을 얻고 그로 인하여 양도담보권자는 손해를 입었으므로, 양도담보권자에 대하여 이를 부당이득으로서 반환할 의무가 있다(대판 1997.6.27. 96다51332).

㈃ 불법행위로 인한 손해배상청구

불법행위로 인한 손해배상청구의 상대방으로는 집행채권자와 집행관을 생각해 볼 수 있다.

먼저 집행채권자에 관하여는, 그가 강제집행의 목적물이 설정자의 소유물이 아닌, 채권자의 양도담보물임을 알고서 또는 과실에 의하여 모르고서 강제집행의 신청을 한 때에는, 양도담보권자는 그에 대하여 불법행위로 인한 손해배상을 청구할 수 있다(민 750). 이 경우 집행채권자의 고의나 과실에 대한 입증책임은 양도담보권자가 부담한다. 그리고 양도담보권자가 자신의 담보물이, 설정자의 일반채권자에 의하여, 부당하게 강제집행을 당하고 있음을 알았거나 알 수 있었음에도 불구하고, 지체없이 제3자이의의 소나 그 밖의 방법으로 강제집행의 정지 또는 취소를 구하지 않은 경우에는, 그 배상청구에 대하여 집행채권자는 과실상계의 항변을 할 수 있으므로(민 393, 763), 이 점 실무처리상 주의를 요한다. 과실상계라 함은 불법행위로 인한 가해자(즉 집행채권자)의 손해배상책임 및 그 금액을 정함에 있어 피해자(즉 양도담보권자)의 과실이 고려된다는 뜻이다.

다음에 집행기관인 집행관에 관하여는, 그가 비록 강제집행의 목적물이 집행채무자의 소유물이 아닌, 양도담보권자의 소유물임을 알고서 또는 과실에 의하여 알지 못하고서 강제집행을 한 경우에도, 양도담보권자는 그에 대하여 불법행위로 인한 손해배상의 청구를 할 수 없다. 왜냐하면 강제집행기관인 집행관에게는, 강제집행의 신속과 확실을 위하여, 기술적 요구에 기인한 집행법상의 적법성 여하만을, 형식적으로 심사할 수 있는 권한과 의무가 부여되어 있을 뿐, 강제집행 그 자체가 실체법상의 적법한 근거에 기인한 것인지의 여부에 대한 심사권은 부여되어 있지 않기 때문이다.

마. 양도담보권자의 채권자에 의한 강제집행

양도담보권자의 채권자가 양도담보권자에 대한 집행권원에 기하여 양도담보물을 압류한 경우 양도담보설정자는 제3자이의의 소를 제기하여 이를 다툴 수 있는가. 신탁적양도설을 따르는 한 부정하여야 한다. 다만 점유개정에 의한 양도담보권의 설정으로 양도담보설정자가 양도담보물의 현실 점유를 하고 있는 경우에, 양도담보권자의 채권자가 양도담보설정자의 승낙 없이 압류를 하는 때에는, 양도담보설정자는 집행에 관한 이의(민집 16)로써 이를 다툴 수 있다. 따라서 양도담보설정자가 양도담보물을 점유하는 상태에서, 양도담보권자의 채권자가 양도담보권자에 대한 채권을 가지고 양도담보물을 압류하려면, 양도담보권자가 양도담보설정자에 대하여 가지는 동산인도청구권을 압류하는 절차(즉 채권압류절차)를 취하여야 한다.

바. 침해에 대한 그 밖의 구제수단

(가) 손해배상청구권

양도담보권자는 양도담보권을 침해하는 자에 대하여 불법행위로 인한 손해배상청구를 할 수 있다(민 750). 다만 양도담보권은 양도담보물의 소유권이 양도담보권자에게 있다는 점에서 질권의 경우와는 달리 그 침해가 양도담보설정자와 제3자 중 누구에 의하여 이루어진 것인가에 따라 양도담보권자의 손해배상청구권에 차이가 있다.

즉 질권의 경우는 그 침해자가 질권설정자와 제3자 중 누구인지에 관계없이 그 침해로 담보채권의 변제에 지장이 초래되지 않는다면 손해배상청구권이 발생되지 않는 것으로 보아야 한다. 이에 대하여 양도담보권의 경우는 침해자가 양도담보설정자와 제3자 중 누구인가에 따라, 양도담보설정자이면 질권의 경우와 같이 담보채권의 변제에 지장이 초래되는 경우에 한하여 손해배상청구권이 발생하는 반면, 침해자가 제3자이면 담보채권의 변제에 지장이 초래되는지 여부에 관계없이 교환가치의 감소부분에 대하여 바로 손해배상청구권이 발생하는 것으로 보아야 하는 것이다.

(나) 담보물보충청구권

양도담보설정자에게 책임이 있는 사유로 양도담보물의 가액이 현저히 감소된 경우에 양도담보권자는 양도담보권설정자에 대하여 원상회복 또는 상당한 담보의 제공을 청구할 수도 있다.

또한 채무자와 양도담보설정자가 다른 경우에 채무자 또는 양도담보설정자의 책임 있는 사유로 양도담보물의 가액이 현저히 감소된 때에도 양도담보권자는 그 채무자에 대하여 원상회복 또는 상당한 담보의 제공을 청구할 수도 있는 것으로 보아야 한다.

다만, 양도담보권자가 이 담보물보충청구권을 행사하는 경우에는 앞에서 설명한 손해배상청구권이나 뒤에 설명할 즉시변제청구권은 행사할 수 없는 것으로 보아야 한다.

(다) 즉시변제청구권

채무자가 담보를 손상·감소 또는 멸실하게 한 때에는 기한의 이익을 잃는다(민 388 i). 따라서 이 경우에 양도담보권자는 위와 같은 손해청구권을 행사할 수 있는 이외에 즉시 변제를 청구할 수 있고 채무자가 이에 응하지 않으면 양도담보권을 실행할 수 있다. 또한 양도담보권자가 담보물보충청구를 하였으나 충분한 담보의 보충이 이루어지지 않은 때에도 양도담보권자는 채무자에 대하여 기한의 이익을 상실시켜 즉시변제청구를 할 수 있고 채무자가 이에 응하지 않으면 양도담보권을 실행할 수 있다.

(4) 다른 권리와의 관계

가. 양도담보권 상호간의 관계

(가) 양도담보권의 선의취득

양도담보권은 양도담보권자가 양도담보설정자로부터 대상목적물의 소유권을 취득하는 형식의 담보이고 유체동산의 소유권에 관하여는 선의취득이 인정되고 있으므로 일반적으로는 양도담보권의 선의취득도 가능하다고 보아야 한다. 따라서 유효하게 양도담보권을 취득하고 있다 할지라도 그 양도담보물에 대하여 양도담보설정자가 다른 채권자에게 이중으로 양도담보권을 설정한 경우에 그 양도담보권자가 양도담보권을 선의취득하면 선행의 양도담보권은 소멸하는 것으로 보아야 한다.

한편 유체동산에 대한 양도담보권의 선의취득이 양도담보권자가 양도담보물의 점유취득을 점유개정에 의하여 한 것이라도 무방한지 문제로 되나 이에 관하여는 부정하는 것이 통설이다. 또한 대법원의 판례도 「동산의 선의취득에 필요한 점유의 취득은 현실적 인도가 있어야 하고 점유개정에 의한 점유취득 만으로서는 그 요건을 충족할 수 없다(대판 1978.1.17. 77다1872)」 고 판시함으로써 부정하고 있다.

(나) 점유개정에 의한 이중양도담보

(ㄱ) 양도담보물의 소유권취득자

점유개정의 방법으로 양도담보권을 설정한 양도담보물을 대상으로 양도담보설정자가 다른 채권자에게 다시 점유개정의 방법에 의하여 이중으로 양도담보권을 설정한 경우에, 누가 당해 양도담보물건의 소유권을 취득하게 되는지 문제로 된다.

이에 관하여 대법원판례는 처음에는 누구든 먼저 양도담보물의 현실 인도를 받아 점유하고 있는 자가 양도담보물의 소유권을 취득하는 것으로 판시하였고, 나아가 현실 인도를 받을 수 없는 때에는 양도담보설정자를 상대로 양도담보물에 대한 처분금지가처분명령을 받아 이를 먼저 집행한 자가 양도담보물의 소유권을 취득하는 것으로 판시하였다.

그러나 최근에는 이와 달리 먼저 유효하게 양도담보권을 취득한 자가 양도담보물의 소유권을 취득한다고 판시하고 있다. 최근의 대법원판례가 과거의 판례를 변경하는 절차를 취한 것은 아니나 종전 판례와 다른 판시를 한 것은 대단히 바람직한 것이라고 하겠다. 점유개정에 의한 양도담보의 유효성을 인정하는 한 이후 양도담보물을 선의취득한 자 이외의 자에 대하여는, 양도담보권자가 그 소유권을 가지고 대항할 수 있음은 당연한 결과라고 할 것이기 때문이다.

판례3-7

점유개정에 의한 이중 양도담보제공이 있는 경우의 양도담보물의 소유자

(1) 동산소유자가 2중으로 매도하고 각 점유개정의 방법으로 매도인이 점유하는 경우 매수인들 간에 있어서는 후에 현실인도 받은 자만이 소유권을 취득한다(대판 1975.1.28. 74다1564).

(2) 동산의 소유자가 이를 이중으로 양도하고 각 점유개정의 방법으로 양도인이 점유를 계속하는 경우 양수인들 사이에 있어서는 먼저 현실의 인도를 받아 점유를 해온 자가 소유권을 취득한다고 볼 것이나, 양수인 중 한 사람이 처분금지가처분집행을 하고 그 동산의 인도를 명하는 판결을 받은 경우에는 다른 양수인이 위 가처분집행후에 양도인으로부터 그 동산을 현실로 인도받아 점유를 승계하였더라도 그 동산을 선의취득한 것이 아닌 한 이와 같은 양수인은 가처분채권자가 본안소송에서의 승소판결에 따른 채무명의에 터잡아 강제집행을 하는 경우 이를 수인(受忍)하여야 하는 지위에 있으므로 가처분채권자와의 사이에서는 그 동산의 소유권을 취득하였다고 주장할 수 없다(대판 1989.10.24. 88다카26802).

(3) 동산에 대하여 점유개정의 방법으로 이중양도담보를 설정한 경우 원래의 양도담보권자는 뒤의 양도담보권자에 대하여 배타적으로 자기의 담보권을 주장할 수 있으므로, 뒤의 양도담보권자가 양도담보의 목적물을 처분함으로써 원래의 양도담보권자로 하여금 양도담보권을 실행할 수 없도록 하는 행위는, 이중양도담보 설정행위가 횡령죄나 배임죄를 구성하는지 여부나 뒤의 양도담보권자가 이중양도담보 설정행위에 적극적으로 가담하였는지 여부와 관계없이, 원래의 양도담보권자의 양도담보권을 침해하는 위법한 행위이다(대판 2000.6.23. 99다65066).

(ㄴ) 유효한 선 양도담보권취득의 판단기준

동일한 목적물을 대상으로 점유개정에 의한 양도담보가 이중으로 제공된 경우 유효하게 양도담보권을 먼저 취득한 자가 양도담보물의 소유권을 취득한다고 하면, 유효하게 양도담보권을 먼저 취득하였는지의 여부에 대하여 무엇을 기준으로 판단할 것인지 문제로 된다.

이에 관하여는 양도담보취득의 실무상 양도담보계약서에는 확정일자를 받아 두는 것이 일반적이므로 지명채권의 이중양도시 양도통지서나 양도승낙서 상의 확정일자를 기준으로 그 우열을 정하고 있는 민법 제450조의 규정을 유추적용하여 양도담보계약서상의 확정일자를 기준으로 그 우열을 정해야 하지 않을까 하는 생각이 들 수 있다.

그러나 지명채권양도에 있어서는 채권양도계약과 증거서류에 지나지 않은 채권증서의 인도로 채권의 이전이 이루어지는 관계상 제3자 보호를 위하여 민법에 별도로 채권양도의 제3자 대항요건이라는 제도를 두고 있지만(민 450), 동산양도에 있어서는 양도계약과 대상목적물의 인도로 소유권이 이전하게 되는 성질상 제3자 대항요건이라는 제도를 별도로 둘 필요가 없고 또한 민법상으로도 이에 관한 규정이 없다는 점에서, 양도담보계약서상의 확정일자를 기준으로 그 우열을 결정할 수는 없고 실제로 유효하게 양도담보권을 취득한 순서에 따라 그 우열을 결정할 수밖에 없다.

따라서 점유개정에 의한 양도담보가 이중으로 제공된 경우 그 양도담보물의 소유권은 먼저 유효하게 양도담보권을 설정 받았음을 증명하는 자가 취득하는 것으로 보아야 한다. 다만 양도담보계약서상의 확정일자가 빠르면 양도담보권을 먼저 취득한 것으로 추정 받을 수는 있다. 그러나 추정의 효과는 반증을 들어 뒤엎을 수 있으므로 확정일자는 늦지만 먼저 유효하게 양도담보를 설정받은 사실을 입증하면 그가 양도담보물의 소유권을 취득하는 것으로 보아야 한다.

나. 질권과의 관계

양도담보권이 설정된 동산을 대상으로 양도담보권설정자가 질권을 설정한 경우 그 질권은 무효인 것으로 보아야 한다. 타인(양도담보권자)의 소유물을 대상으로 양도담보권설정자가 질권을 설정할 수는 없는 것이 원칙이기 때문이다. 그러나 동산의 점유에는 공신력이 인정되어 있으므로 질권자가 선의취득의 법리(민 249, 343)에 따라 양도담보물에 대한 질권의 선의취득을 할 수는 있다.

이에 대하여 질권이 설정된 동산을 대상으로 질권설정자가 양도담보권을 설정할 수는 있는 것으로 보아야 한다. 질권의 경우는 질권설정자가 질물의 소유권을 그대로 보유하고 있기 때문에 질권이 설정되어 있는 질물을 대상으로 양도담보권이 설정된 것으로 보면 되기 때문이다.

다만 이 경우 양도담보권자가 양도담보권의 선의취득을 이유로 질권의 소멸을 주장할 있는지 문제로 되나, 이에 관하여는 점유개정에 의하여 양도담보권을 설정한 경우에는 선의취득이 인정되지 않으므로 질권의 소멸을 주장할 수 없는 반면 점유개정이 아닌 현실인도 등을 받아 양도담보권을 설정한 경우에는 선의취득의 법리에 따라 질권의 소멸을 주장 할 수 있다고 본다.

다. 우선특권과의 관계

㈎ 조세우선특권과의 관계

양도담보물에 대한 소유권은 양도담보권자에게 있으므로 양도담보설정자가 조세를 체납하고 있다 하더라도 양도담보물로부터는 양도담보설정자의 체납조세를 징수할 수는 없는 것이 원칙이다. 그러나 양도담보권도 그 실질적인 목적이 담보라는 점을 고려하여 세법에서는 다음에 설명하는 바와 같이 양도담보물로부터 양도담보설정권자의 체납조세를 징수할 수 있는 예외를 두고 있다.

우선 양도담보권이 국세나 지방세의 법정기일 전에 설정되어 있으면, 양도담보물로부터 양도담보설정자의 체납조세를 징수할 수 없다(국기 42①단, 지기 75①단). 그러나 양도담보권이 국세나 지방세의 법정기일 이후에 설정되어 있는 때에는, 설정자의 다른 재산에 체납처분을 집행하여도 징수할 금액에 부족한 경우에 한하여, 양도담보권자에게 제2차적인 물적납세의무(양도담보목적물의 가액을 한도로 하여 양도담보권자에게 부과하는 납세의무)를 고지하고 그 납부가 없을 경우에, 비로소 양도담보물로부터 설정자의 체납조세를 징수할 수 있다(국기 42①본, 국징 7, 지기 75①본, 지징 15).

국세나 지방세의 법정기일 전에 양도담보권을 설정한 사실의 증명은, 등기나 등록을 공시방법으로 하는 물건이나 재산권인 경우는, 등기사항증명서나 등록사항증명서로 함에 대하여, 그 이외의 물건이나 재산권인 경우는, 국세의 경우는 ① 부동산등기부 등본 ② 공증인의 증명 ③ 질권에 대한 증명으로서 세무서장이 인정하는 것 ④ 공문서 또는 금융회사 등의 장부상의 증명으로서 세무서장이 인정하는 것 중의 어느 하나로 하여야 하고(국기령 18②유추), 지방세의 경우는 ① 등기사항증명서 ② 공증인의 증명 ③ 질권에 대한 증명으로서 지방자치단체의 장이 인정하는 것 ④ 금융회사 등의 장부등으로 증명되는 것으로서 지방자치단체의 장이 인정하는 것 ⑤ 그 밖에 공부(公簿)상으로 증명되는 것 중의 어느 하나로 하여야 한다(지기령 50①유추).

㈏ 임금우선특권 등과의 관계

최우선변제권을 가지는 임금채권자라 할지라도 양도담보물에 대하여는 양도담보설정자에 대한 임금채권을 행사할 수 없는 것으로 보아야 한다. 유체동산을 대상으로 하는 양도담보의 경우는 양도담보권자가 양도담보물의 완전한 소유권을 취득하는 것이고, 또한 조세채권과는 달리 근로기준법과 근로자퇴직급여보장법에 양도담보물에 대하여도 그 효력이 미친다는 규정이 없기 때문이다.

따라서 임금우선특권자라 하더라도 양도담보설정자에 대한 임금채권을 가지고서는 양도담보물에 대하여 강제집행을 할 수가 없으며, 양도담보권자가 양도담보권을 실행하는 경우에도 배당참가를 할 수 없는 것으로 보아야 한다. 같은 이유에서 국민건강보험료 · 국민연금보험료 · 고용보험료 및 산업재해보상보험료 채권을 가진 자의 경우도 양도담보설정자에 대한 체납보험료 채권을 가지고서는 양도담보물에 대하여 강제집행을 할 수가 없으며, 양도담보권자가 양도담보권을 실행하는 경우에도 배당참가를 할 수 없는 것으로 보아야 한다.

(5) 양도담보권의 실행

가. 사적 실행

㈎ 사적 실행의 방법

양도담보권은 양도담보권자가 양도담보물을 자유로이 처분 또는 평가해서 피담보채권의 변제에 충당하고 잉여가 있으면 이를 양도담보설정자에게 반환하는 방식 즉 사적 실행을 할 수 있다는 점에 그 특징이 있다. 이 경우 양도담보물을 처분할 것인지 아니면 평가할 것인지는 양도담보권의 설정당사자가 양도담보계약으로 정할 수 있으며 그에 관한 특별한 약정이 없으면 양도담보권자가 임의로 선택할 수 있다.

양도담보물의 처분은 그것을 직접 제3자에게 매각하는 것이고, 평가는 가격을 정해서 그것을 확정적으로 양도담보권자에게 귀속시키는 것이다(그 후에 다시 제3자에게 매각하는 것은 물론 자유이다). 전자를 처분정산이라고 하고 후자를 귀속정산이라고 한다. 양도담보권자의 양도담보권실행절차에는 양도담보설정자의 다른 채권자가 배당참가할 수 없다. 따라서 양도담보권자는 양도담보물의 처분대금으로부터 채권의 변제에 충당하고 남는 금액이 있다 하더라도, 이를 다른 채권자에게 배당하여서는 아니되고 설정자에게 반환하여야 한다.

판례3-8

양도담보권실행절차에 다른 채권자가 배당참가할 수 있는지 여부

동산에 대하여 점유개정의 방법으로 양도담보를 일단 설정한 후에는 양도담보권자나 양도담보설정자가 그 동산에 대한 점유를 상실하였다고 하더라도 그 양도담보의 효력에는 아무런 영향이 없다 할 것이고, 양도담보권 실행을 위한 환가절차에 있어서는 환가로 인한 매득금에서 환가비용을 공제한 잔액 전부를 양도담보권자의 채권변제에 우선 충당하여야 하고 양도담보설정자의 다른 채권자들은 양도담보권자에 대한 관계에 있어서 안분배당을 요구할 수 없다(대판 2000.6.23. 99다65066).

㈏ 양도담보물의 인도청구

양도담보물을 양도담보설정자가 점유하여 사용·수익하는 상태에서 양도담보권의 사적 실행을 할 수 없는 것은 아니다. 그러나 양도담보물을 양도담보설정자가 현실 점유하고 있는 상태에서의 사적 실행은 양도담보권자가 매수인에게 목적물은 직접 인도할 수가 없어 그 매각이 용이하지 않다는 한계가 있다.

따라서 양도담보권의 사적 실행을 실효성 있게 할 수 있으려면 그에 앞서 양도담보설정자로부터 양도담보물의 점유를 빼앗아 이를 양도담보권자에게 이전시킬 필요가 있다. 양도담보권자가 양도담보설정자로부터 양도담보물의 현실 점유를 회복하려면, 우선 양도담보설정자가 현실 점유할 수 있는 권리를 소멸시켜야 한다. 그리고 이 경우 양도담보설정자가 현실 점유를 할 수 있는 권리는 그 점유권이 임대차나 사용대차의 형식으로 발생한 것이면(담보물이 기계·기구 등인 경우) 그 임대차나 사용대차를 해지함으로써, 위탁판매계약으로 발생한 것이면(담보물이 설정자의 점포에서 판매되는 상품인 경우) 그 위탁판매계약을 해지함으로써, 또 위탁가공계약으로 발생한 것이면(담보물이 설정자의 공장에서 가공되고 있는 원재료인 경우) 그 위탁가공계약을 해지함으로써 소멸하게 된다.

임대차나 사용대차 등의 계약은 채무자의 채무불이행 등이 있으면, 양도담보권자가 양도담보설정자에 대한 일방적인 의사표시로써 해지할 수 있으며, 이 해지의 의사표시로 양도담보권자는 양도담보설정자에 대하여 소유권에 기한 양도담보물의 인도청구를 할 수 있게 된다. 그리고 이 경우 만일 양도담보설정자가 인도청구에 응하지 않으면, 양도담보권자는 점유이전금지가처분 및 그 가처분집행을 통하여, 양도담보설정자의 임의처분에 따른 제3자의 선의취득을 방지한 후, 인도청구의 소를 제기하여 그 판결의 집행을 함으로써 이를 강제할 수 있다.

나. 경매에 의한 실행

양도담보권자가 양도담보물의 현실 점유를 하고 있는 경우에는 양도담보물을 집행관에게 인도하여 경매절차를 통해서 양도담보권을 실행할 수 있다는 점에 대해서는 의문이 있을 수 없다.

문제는 양도담보설정자가 양도담보물의 현실 점유를 하고 있는 상태에서 양도담보권자가 피담보채권에 대한 집행권원을 가지고 경매절차를 통하여 양도담보권을 실행할 수 있는지이다. 이에 관하여 종래의 대법원판례는 양도담보권자가 미리 양도담보권부 금전소비대차 공정증서를 작성하여 둔 바 있으면, 양도담보권자로부터 집행신청을 받은 집행관이 이 공정증서에 의하여 양도담보설정자로부터 양도담보물의 인도집행을 하고 이어 경매절차를 통하여 양도담보권을 실행하는 것을 긍정하고 있었다.

그러나 이와 같은 대법원판례에 대하여는 양도담보물의 인도에 관한 공정증서는 강제집행으로서의 인도에 관한 집행권원이 될 수 없고, 금전소비대차공정증서에 기한 양도담보물의 인도집행은 일반채권자로서의 강제집행이지 양도담보권실행으로서의 경매절차가 될 수 없어 타당당하지 않다는 비판이 있었다. 이에 2013.5.28. 개정되어 2013.11.29. 시행된 공증인법에서는 「대통령령으로 정하는 동산의 인도 또는 반환을 목적으로 하는 청구에 대하여 강제집행을 승낙하는 취지를 기재한 공정증서를 작성할 수 있다」는 규정(공증 56의3)을 신설하여 양도담보물의 인도에 관한 공정증서를 강제집행으로서의 인도에 관한 집행권원이 될 수 있음을 명문으로 긍정하였다.

따라서 현재에 있어서는 채무불이행시 양도담보물의 인도에 대한 강제집행을 승낙하는 취지를 기재한 공정증서를 미리 작성하여 두면, 양도담보물의 인도청구의 소를 제기함이 없이 바로 이 공정증서에 기한 인도집행을 구하여 양도담보권을 실행할 수 있다.

판례3-9

집행권원에 기한 양도담보물 압류의 성질

동산을 목적으로 하는 유동 집합물 양도담보설정계약을 체결함과 동시에 채무불이행시 강제집행을 수락하는 공정증서를 작성한 경우, 양도담보권자로서는 그 집행증서에 기하지 아니하고 양도담보계약내용에 따라 이를 사적으로 타에 처분하거나 스스로 취득한 후 정산하는 방법으로 현금화할 수도 있지만, 집행증서에 기하여 담보목적물을 압류하고 강제경매를 실시하는 방법으로 현금화할 수도 있는데, 만약 후자의 방식에 의하여 강제경매를 실시하는 경우, 이러한 방법에 의한 경매절차는 형식상은 강제집행이지만, 그 실질은 일반 강제집행절차가 아니라 동산양도담보권의 실행을 위한 환가절차로서 그 압류절차에 압류를 경합한 양도담보설정자의 다른 채권자는 양도담보권자에 대한 관계에서 압류경합권자나 배당요구권자로 인정될 수 없고, 따라서 환가로 인한 매득금에서 환가비용을 공제한 잔액은 양도담보권자의 채권변제에 우선적으로 충당하여야 한다(대판 2005.2.18. 2004다37430).

(6) 양도담보물 이외의 재산으로부터의 변제

양도담보권에 있어서도 양도담보권자가 양도담보물 이외의 채무자의 재산으로부터 양도담보권에 의하여 담보되는 채무의 변제를 받을 수 있는지 문제로 된다. 이에 관하여는 양도담보가 비전형담보인 관계로 민법 등에 특별히 정하고 있는 바가 없다. 그러나 양도담보권이라 하여 다른 일반채권자를 질권의 경우와 달리 취급할 이유가 없으므로 질권의 경우에 준하는 것으로 보는 것이 타당하다.

제 4 동산담보권의 설정과 효력

1. 동산담보권의 설정

(1) 설정방법

유체동산을 대상으로 하는 동산담보권은 담보권설정자와 담보권자가 담보약정을 체결하고 동산담보등기부에 담보등기를 하는 방법으로 설정한다. 질권이나 양도담보권의 경우 담보권설정의 공시방법으로 담보권설정자로부터 담보권자에 대한 담보목적물의 인도를 요하는 반면, 동산담보권의 경우는 담보권설정의 공시방법으로 담보목적물의 인도가 아닌 등기를 요한다는 점에 그 특징이 있다.

(2) 담보약정

담보약정은 양도담보 등 명목을 묻지 아니하고 동산·채권 등의 담보에 관한 법률에 따라 대상목적물을 담보로 제공하기로 하는 담보권자와 담보권설정자 사이의 약정을 말한다(동채담 2 i).

동산담보등기부에 담보등기를 하는 원인계약이 되는 양도담보계약 등의 담보약정은 동산·채권 등의 담보에 관한 법률의 시행일인 2012년 6월 11일 이후에 체결된 것에 한하며, 그 전에 체결된 양도담보계약 등의 담보약정에 의해서는 담보등기를 할 수 없다(동채담 부칙 2).

금융기관의 여신거래에 따른 담보약정을 위한 구체적인 서식은 질권설정계약서나 양도담보계약서의 서식과 마찬가지로 특정채무담보형 동산담보약정서와 근담보형 동산담보약정서로 크게 구분하되 근담보형 동산담보약정서는 하나의 서식에 특정근담보형과 한정근담보형 및 포괄근담보형을 병기하여 선택적으로 사용할 수 있도록 하는 새로운 서식을 마련할 필요가 있다.

(3) 담보등기

가. 담보등기의 의의

담보등기란 동산·채권 등의 담보에 관한 법률에 따라 동산을 담보로 제공하기 위하여 이루어진 등기를 말한다(동채담 2vii). 동산담보권은 담보권설정자와 담보권자 사이의 담보약정만으로 설정되는 것이 아니고 담보약정을 원인으로 하여 동산담보등기부에 담보등기를 하여야만 설정된다. 담보등기는 동산담보권의 설정에만 필요로 하는 것이 아니라 동산담보권의 이전, 변경, 말소 또는 연장을 함에 있어서도 필요로 한다(동채담 38).

나. 담보등기를 위한 조직

㈎ 담보등기의 관할

담보등기에 관한 사무는 대법원장이 지정·고시하는 지방법원, 그 지원 또는 등기소에서 취급한다(동채담 39①). 현행법상 부동산과 선박을 대상으로 하는 등기사무는 법원에서 관장하고, 특정동산에 속하는 건설기계·소형선박·자동차·항공기·경량항공기와 특허권 등 지식재산권을 대상으로 하는 등기사무는 행정관청에서 관장하도록 되어 있어, 동산·채권 등의 담보에 관한 법률의 제정에 있어서 동산담보권의 설정을 위한 담보등기를 법원과 행정관청 중 어느 쪽으로 할 것인지에 관하여 논의가 있었는데, 동산담보권의 설정을 위한 등기시스템의 운영방식이 부동산등기와 유사하기 때문에 부동산등기를 관장하고 있는 법원으로 하여금 등기사무를 관장하도록 하였다.

구체적인 등기사무는 담보권설정자가 법인인 경우에는 그 본점 또는 주된 사무소 소재지, 담보권설정자가 상호등기를 한 사람인 경우에는 그 영업소 소재지를 관할하는 지방법원, 그 지원 또는 등기소에서 관할한다. 그러나 2021.4.21.부터는 담보권설정자가 법인이건 사업자등록을 한 사람이건 모두 대법원장이 지정·고시한 지방법원, 그 지원 또는 등기소 중 담보권설정자의 주소를 관할하는 지방법원, 그 지원 또는 등기소에서 등기사무를 관할한다(동채담 39②, 부1).

대법원장은 어느 등기소의 관할에 속하는 사무를 다른 등기소에 위임할 수 있다(동채담 39③). 이는 등기사무 처리의 편의 등을 위한 것으로 실제로 이에 따른 관할의 위임이 있으면 해당 등기소의 등기사무는 위임받은 등기소만이 처리할 수 있게 된다.

(나) 담보등기부

담보등기부는 전산정보처리조직에 의하여 입력 · 처리된 등기사항에 관한 전산정보자료를 담보권설정자별로 저장한 보조기억장치(자기디스크, 자기테이프, 그 밖에 이와 유사한 방법으로 일정한 등기사항을 기록 · 보존할 수 있는 전자적 정보저장매체를 포함한다)를 말하고, 동산담보등기부와 채권담보등기부로 구분된다(동채담 2viii).

담보등기부는 담보목적물인 동산 또는 채권의 등기사항에 관한 전산정보자료를 전산정보처리조직에 의하여 담보권설정자별로 구분하여 작성한다(동채담 47①). 담보등기부는 담보권설정자를 기준으로 작성하는 인적편성주의를 취하고 있다는 점에서 물적편성주의에 따라 1필의 토지나 1동의 건물 또는 1개의 건설기계 · 소형선박 · 자동차 · 항공기 · 경량항공기를 기준으로 작성하는 부동산등기부 또는 건설기계 등 등록원부와 구별된다.

담보등기부를 인적편성주의에 따라 작성하도록 한 이유는 부동산이나 자동차 등과 달리 담보의 대상이 되는 동산은 동일한 물건이 대단히 많고 그 형태 · 품질 · 가격 등이 각양각색이며 채권도 그 발생원인이나 변제기 등이 천차만별이기 때문에 담보목적물을 기준으로 하는 물적편성주의를 채택하는 경우에는 막대한 수의 등기가 필요하게 되어 등기업무가 복잡하게 될 뿐만 아니라, 담보목적물을 객관적 · 구체적으로 특정하여야 하는데 그 특정이 쉽지 아니하여 오히려 등기제도의 이용을 기피하는 결과를 초래할 수 있기 때문이다.

담보등기부에 기록할 사항은 다음과 같다(동채담 47②).

① 담보권설정자의 상호 또는 명칭 및 다음의 구분에 따른 사항

가. 담보권설정자가 법인인 경우: 본점 또는 주된 사무소 및 법인 등록번호

나. 담보권설정자가 「상업등기법」 제31조에 따라 상호를 등기한 사람인 경우: 성명, 주소, 주민등록번호 및 영업소

〈유의〉 ①은 2022년 4월 21일부터는 ① 담보권설정자의 성명, 주소 및 주민등록번호(법인인 경우에는 상호 또는 명칭, 본점 또는 주된 사무소 및 법인등록번호를 말한다)로 변경되어 적용된다.

② 채무자의 성명과 주소(법인인 경우에는 상호 또는 명칭 및 본점 또는 주된 사무소를 말한다)

③ 담보권자의 성명, 주소 및 주민등록번호(법인인 경우에는 상호 또는 명칭, 본점 또는 주된 사무소 및 법인등록번호를 말한다)

③의2 담보권설정자나 담보권자가 주민등록번호가 없는 재외국민이거나 외국인인 경우에는 부동산등기법 제49조제1항제2호 또는 제4호에 따라 부여받은 부동산등기용등록번호

〈유의〉 ③의2는 2020.10.20. 개정 법률에 신설된 것으로 2021.4.21.부터 적용된다.

④ 담보권설정자나 채무자 또는 담보권자가 외국법인인 경우 국내의 영업소 또는 사무소. 다만, 국내에 영업소 또는 사무소가 없는 경우에는 대법원규칙으로 정하는 사항

⑤ 담보등기의 등기원인 및 그 연월일

⑥ 담보등기의 목적물인 동산, 채권을 특정하는 데 필요한 사항으로서 대법원규칙으로 정한 사항

⑦ 피담보채권액 또는 그 최고액

⑧ 담보목적물에 부합된 물건과 종물에 담보권의 효력이 미치는지 여부에 관한 설정당사자 사이의 특별약정(동채담 10단) 또는 피담보채권의 범위에 관한 설정당사자 사이의 특별약정(동채담 10단)이 있는 경우 그 약정

⑨ 담보권의 존속기간

⑩ 접수번호

⑪ 접수연월일

다. 담보등기의 절차

㈎ 등기신청에 관한 기본원칙

담보등기는 법률에 다른 규정이 없으면 등기권리자와 등기의무자가 공동으로 신청한다(동채담 41①). 이는 부동산등기 등에 있어서와 마찬가지로 등기의무자가 뜻하지 않은 손해를 보는 것을 방지하고 등기의 진정성을 보장하기 위한 것이다.

그러나 등기명의인 표시의 변경 또는 경정(更正)의 등기는 등기명의인 단독으로 신청할 수 있다(동채담 41②). 변경등기란 등기가 이루어진 후에 등기된 사항에 변경이 생겨서 후발적으로 등기부상 기재와 실체관계에 불일치가 생긴 경우에 그 불일치를 바로잡기 위하여 하는 등기를 말하고, 경정등기란 예컨대 등기절차상 신청인 또는 등기관의 잘못으로 등기사항의 일부를 잘못 기재하거나 빠뜨림으로써 처음부터 등기부상의 기재와 실체관계 사이에 불일치가 발생한 경우에 이를 바로잡기 위하여 하는 등기를 말한다. 이와 같은 경우의 등기의 성질상 등기의무자가 존재하지 아니하기 때문에 등기권리자가 단독으로 신청할 수 있도록 한 것이다. 또한 판결에 의한 등기는 승소한 등기권리자 또는 등기의무자 단독으로 신청할 수 있고, 상속이나 그 밖의 포괄승계로 인한 등기도 등기권리자 단독으로 신청할 수 있다(동채담 41③). 상속을 원인으로 하는 권리이전의 등기는 상속등기를 신청하는 시점에 등기의무자인 피상속인이 이미 사망하여 공동신청이 불가능하고, 판결에 의한 등기는 판결절차에서 등기청구권의 존재 여부가 확정되어 등기의 진정성이 보장되어 있기 때문이다.

담보등기는 방문신청과 전자신청의 2가지 방법으로 할 수 있다(동채담 57, 부등 24). 방문신청은 신청인 또는 그 대리인이 등기소에 출석하여 서면으로 신청하는 방법이고, 전자신청은 대법원규칙으로 정하는 바에 따라 전산정보처리조직을 이용하여 신청하는 방법이다. 다만, 방문신청의 경우 대리인이 변호사 또는 법무사[법무법인, 법무법인(유한), 법무조합 또는 법무사합동법인을 포함한다]인 경우에는 대법원규칙으로 정하는 사무원을 등기소에 출석하게 하여 등기를 신청할 수 있다.

(나) 등기신청의 방법

담보등기를 신청할 때에는 대법원규칙으로 정하는 바에 따라 수수료를 내고(동채담 44), 다음의 각 서면 또는 전자문서(이하 "서면 등"이라 한다)를 제출 또는 송신하여야 한다(동채담 43①).

① 대법원규칙으로 정하는 방식에 따른 신청서
② 등기원인을 증명하는 서면 등
③ 등기원인에 대하여 제3자의 허가, 동의 또는 승낙이 필요할 때에는 이를 증명하는 서면 등

④ 대리인이 등기를 신청할 때에는 그 권한을 증명하는 서면 등
⑤ 그 밖에 당사자의 특정 등을 위하여 대법원규칙으로 정하는 서면 등

그리고 담보등기의 신청서에는 다음의 각 사항을 기록하고 신청인이 기명날인하거나 서명 또는 전자서명법 제2조제2호에 따른 전자서명을 하여야 한다(동채담 43②).

① 담보등기부에 기록할 동산채권담보법 제47조제2항제1호부터 제9호까지의 규정에서 정한 사항
② 대리인이 등기를 신청할 경우 대리인의 성명[대리인이 법무법인, 법무법인(유한), 법무조합, 법무사법인 또는 법무사법인(유한)인 경우에는 그 명칭을 말한다], 주소(법인이나 조합인 경우는 본점 또는 주된 사무소를 말한다)
③ 등기권리자와 등기의무자가 공동으로 신청하는 경우 및 승소한 등기의무자가 단독으로 등기를 신청하는 경우에 등기의무자의 등기필정보. 다만, 최초 담보권설정등기의 경우에는 기록하지 아니한다.
④ 등기소의 표시
⑤ 연월일

(다) 등기신청에 따른 후속절차

등기신청은 등기의 목적, 신청인의 성명 또는 명칭, 그 밖에 대법원규칙으로 정하는 등기신청정보가 전산정보처리조직에 전자적으로 기록된 때에 접수된 것으로 보며(동채담 45①), 등기관이 등기를 마친 경우 그 등기는 접수한 때부터 효력을 발생한다(동채담 45②).

등기관은 다음 어느 하나에 해당하는 경우에만 이유를 적은 결정으로써 신청을 각하하여야 한다. 다만, 신청의 잘못된 부분이 보정(補正)될 수 있는 경우에 신청인이 당일 이를 보정하였을 때에는 그러하지 아니하다(동채담 46).

① 사건이 그 등기소의 관할이 아닌 경우
② 사건이 등기할 것이 아닌 경우
③ 권한이 없는 자가 신청한 경우
④ 방문신청의 경우 당사자나 그 대리인이 출석하지 아니한 경우
⑤ 신청서가 대법원규칙으로 정하는 방식에 맞지 아니한 경우
⑥ 신청서에 기록된 사항이 첨부서면과 들어맞지 아니한 경우

⑦ 신청서에 필요한 서면 등을 첨부하지 아니한 경우
⑧ 신청의 내용이 이미 담보등기부에 기록되어 있던 사항과 일치하지 아니한 경우
⑨ 등기신청수수료를 내지 아니하거나 등기신청과 관련하여 다른 법률에 따라 부과된 의무를 이행하지 아니한 경우

2. 동산담보권의 효력

(1) 동산담보권의 효력이 미치는 범위

가. 동산담보권에 의하여 담보되는 채권의 범위

(가) 특정채무담보형 동산담보권의 경우

특정채무담보형 동산담보권은 원본(原本), 이자, 위약금, 담보권실행의 비용, 담보목적물의 보존비용 및 채무불이행 또는 담보목적물의 흠으로 인한 손해배상의 채권을 담보한다. 다만, 설정행위에 다른 약정이 있는 경우에는 그 약정에 따른다(동채담 12).

부동산이나 선박 또는 자동차 등을 대상으로 하는 특정채무담보형 저당권에 의하여 담보되는 채권은 채무불이행으로 인한 손해배상채권 즉 지연배상이 원본의 이행기일을 경과한 후의 1년분으로 한정되어 있음(민 360단, 상 787③, 자특저 12)에 대하여 동산을 대상으로 하는 특정채무담보형 동산담보권에 의하여 담보되는 채권은 설정행위에 다른 약정이 있지 않는 한 채무불이행으로 인한 손해배상채권이라도 원본의 이행기일을 경과한 후의 1년분에 한하지 아니하고 무제한으로 담보된다는 점에 그 특징이 있다.

(나) 근담보형 동산담보권의 경우

근담보형 동산담보권의 경우도 설정행위에 다른 약정이 있지 않는 한 원본(原本), 이자, 위약금, 담보권실행의 비용, 담보목적물의 보존비용 및 채무불이행 또는 담보목적물의 흠으로 인한 손해배상의 채권을 담보하는 점에서 특정채무담보

보형 동산담보권의 경우와 같다.

그런데 근담보형 동산담보권의 경우는 채권최고액을 등기하도록 되어 있으므로 이 채권최고액의 범위에 포함되는 채권을 어떤 것으로 볼 것인지의 문제가 있다. 이에 관하여 동산·채권 등의 담보에 관한 법률 제5조 제2항은 「채무의 이자는 최고액 중에 포함된 것으로 본다」고 규정하고 있어 그 밖의 채권에 해당하는 위약금, 담보권실행의 비용, 담보목적물의 보존비용 및 채무불이행 또는 담보목적물의 흠으로 인한 손해배상의 채권은 채권최고액을 초과하는 것이라도 담보되는지의 여부가 문제로 된다.

그러나 근담보형 동산담보권을 부동산 등을 대상으로 하는 근담보형 근저당권과 다르게 취급할 이유가 없다는 점에서 담보권실행의 비용은 채권최고액을 초과하더라도 채권최고액과 무관하게 담보되는 것으로 보되, 그 밖에 위약금, 담보목적물의 보존비용 및 채무불이행 또는 담보목적물의 흠으로 인한 손해배상의 채권은 채권최고액을 한도로 하여서만 담보되는 것으로 보아야 한다.

근담보형 동산담보권은 피담보채권이 확정되기 전에 발생한 원금과 그 원금의 부수채권인 약정이자 및 지연배상금만을 담보하고, 피담보채권이 확정된 후에 발생한 원금과 그 원금의 부수채권인 약정이자 및 지연배상금은 담보하지 않는 것으로 보아야 한다. 그리고 이 경우 어떠한 사유로 근담보형 동산담보권의 피담보채권이 확정되는지는 부동산을 대상으로 하는 근저당권에 준하는 것으로 보면 된다.

나. 동산담보권의 효력이 미치는 목적물의 범위

㈎ 부합물과 종물

동산담보권의 효력이 미치는 목적물의 범위는 원칙적으로 담보목적물에 대한 담보제공자의 소유권이 미치는 범위와 같다.

따라서 동산담보권의 효력은 담보목적물에 대한 소유권의 효력이 미치는 부합된 물건과 종물(從物)에 미치는 것이 원칙이다(동채담 10①본). 그리고 담보목적물에 부합된 물건과 종물(從物)인 이상 동산담보권의 설정 전에 부합되거나 종물이 된 것은 물론이고 설정 이후에 부합되거나 종물이 된 것 모두에 효력이 미친다.

다만 법률에 다른 규정이 있거나 설정행위에 다른 약정이 있으면 그러하지 아니하다(동채담 10①단). 법률에 다른 규정이 있는 경우로는 「동산과 동산이 부합하여 훼손하지 아니하면 분리할 수 없거나 그 분리에 과다한 비용을 요할 경우에는 그 합성물의 소유권은 주된 동산의 소유자에게 속한다. 부합한 동산의 주종을 구별할 수 없는 때에는 동산의 소유자는 부합당시의 가액의 비율로 합성물을 공유한다」고 규정하고 있는 민법 제257조의 규정을 들 수 있다. 즉 부합한 동산의 주종을 구별할 수 없는 경우의 부합물에는 동산담보권설정자의 소유권이 미치지 않으므로 그 설정자로부터 취득한 동산담보권의 효력도 미치지 않는 것이다. 그리고 동산담보권을 설정할 때에 부합물이나 종물에 동산담보권의 효력이 미치지 않는 것으로 하는 설정당사자 사이의 합의는 이를 담보등기부에 기록하여야 하고(동채담 47②viii), 만일 담보등기부에 기록하지 아니한 때에는 그 합의를 가지고 제3자에 대하여 대항할 수 없는 것으로 보아야 한다.

㈏ 과실

동산담보권의 효력은 담보목적물의 과실에는 미치지 아니하는 것이 원칙이다. 동산담보권에 있어서의 담보권자는 담보목적물의 교환가치만을 지배할 뿐, 담보권설정자가 담보목적물을 계속 점유하여 사용·수익하는 것을 기본으로 하고 있기 때문이다. 그러나 담보목적물에 대한 압류가 있은 후에 또는 담보권자가 담보권을 실행하기 위하여 필요한 경우에 채무자 등(채무자, 담보목적물의 물상보증인(物上保證人), 담보목적물의 제3취득자 ; 동채담 2ix)에게 담보목적물의 인도를 청구(동채담 25②)한 후에 담보권설정 자가 그 담보목적물로부터 수취한 과실(果實) 또는 수취할 수 있는 과실에는 동산담보권의 효력이 미친다(동채담 11). 이는 담보목적물의 소유자가 고의로 담보권실행절차를 지연시켜 과실을 취득하는 폐해를 방지하기 위한 것이다.

㈐ 물상대위물

동산담보권은 담보목적물의 매각, 임대, 멸실, 훼손 또는 공용징수 등으로 인하여 담보권설정자가 받을 금전이나 그 밖의 물건에 대하여도 행사할 수 있다. 이 경우 그 지급 또는 인도 전에 압류하여야 한다(동채담 14).

질권이나 저당권의 경우는 멸실, 훼손 또는 공용징수로 인하여 담보권설정자가 받을 금전이나 그 밖의 물건에 대하여만 행사할 수 있음에 대하여(민 342본,

370), 동산담보권의 경우는 그 이외에 매각에 따른 매매대금과 임대에 따른 보증금 및 차임에 대하여도 행사할 수 있다는 점에서 다르다. 이는 채무자의 파산이 임박하여 채무자나 그 종업원이 담보목적물을 임의로 처분한 경우 등에 있어 동산담보권자가 매매대금 등에 대한 물상대위를 하여 우선권을 보장받을 수 있도록 하기 위한 것이라고 한다.

물상대위를 할 수 있는 것은 담보목적물의 매각, 임대, 멸실, 훼손 또는 공용징수 등으로 인하여 담보권설정자가 「받은」 금전이나 그 밖의 물건이 아니라, 앞으로 「받을」 금전이나 그 밖의 물건 즉 담보권설정자가 제3채무자에 대하여 가지는 「금전이나 그 밖의 물건에 대한 청구권」이다. 따라서 물상대위를 하기 위해서는 제3채무자가 담보권설정자에게 「금전이나 그 밖의 물건」을 지급 또는 인도하기 전에 압류하여야 한다. 그리고 이 경우 압류의 요건과 방법 등에 관하어는 질권과 부동산담보의 해당부분에 준하는 것으로 보면 된다.

(2) 동산담보목적물의 이용관계

동산담보권은 기본적으로 담보권자가 담보목적물의 교환가치만을 지배하는 물권에 속한다. 그러나 그렇다고 하여 담보권자가 담보목적물을 점유하여 사용·수익하는 것이 금지되어 있지는 않다. 따라서 동산담보권에 있어서 담보목적물을 설정자와 담보권자 중 누가 점유하여 사용·수익하는가는 설정계약으로 정할 수 있고, 만일 설정계약에서 특별히 정한 바가 없으면 설정자가 점유하여 사용·수익하는 것으로 보아야 한다.

동산담보권자가 설정계약상의 약정으로 담보목적물을 점유한 경우에는 피담보채권을 전부 변제받을 때까지 담보목적물을 유치할 수 있다(동채담 25①본). 그러나 동산담보권자가 담보목적물을 유치할 수 있는 것은 양수인과 일반채권자 및 후순위담보권자에 한하여 주장할 수 있는 것이고 선순위권리자에게는 대항하지 못한다(동채담 25①단). 따라서 선순위권리자가 경매 등의 방법으로 그 권리를 실행할 때에는 유치적 효력을 주장할 수 없고 그 배당에 참가하여 변제를 받을 수밖에 없다.

동산담보권의 설정계약에서 담보권설정자가 담보목적물을 점유하여 사용·수익하기로 약정한 경우에도 담보권을 실행하기 위하여 필요한 경우에 동산담보권자는 채무자 등(동채담 ix)에게 담보목적물의 인도를 청구할 수 있다(동채담 25②).

동산담보권자가 담보목적물을 점유하는 경우에는 선량한 관리자의 주의로 담보목적물을 관리하여야 한다(동채담 25③). 만일 동산담보권자가 이에 위반하여 담보목적물을 관리하는 경우에는 담보권설정자는 동산담보권의 소멸을 청구할 수 있다고 할 것이다. 또한 담보목적물을 점유하는 경우에 동산담보권자는 담보목적물의 과실을 수취하여 다른 채권자보다 먼저 그 채권의 변제에 충당할 수 있다. 다만, 과실이 금전이 아닌 경우에는 그 과실을 경매하거나 그 과실로써 직접 변제에 충당하거나 그 과실을 매각하여 그 대금으로 변제에 충당할 수 있다(동채담 25④).

(3) 동산담보권의 존속기간

동산담보권의 존속기간은 5년을 초과할 수 없다(동채담 49①단). 동산담보권은 질권이나 양도담보권과는 달리 존속기간이 있다는 점에 그 특징이 있다. 이와 같이 동산담보권의 존속기간을 5년으로 법정한 것은 담보목적물의 유동성 등에 비추어 볼 때 담보권의 존속기간이 장기화되면 거래의 안전을 저해할 수 있다는 점, 담보권의 부종성으로 피담보채권이 소멸되면 담보권도 소멸되는데 피담보채권의 대부분이 상사채권으로 그 소멸시효기간이 5년이라는 점 등을 고려한 것이라고 한다.

그러나 동산담보권의 존속기간은 5년을 초과하지 않는 기간으로 이를 갱신할 수 있다(동채담 49①단). 피담보채권의 소멸시효기간이 5년보다 장기인 경우가 있을 뿐만 아니라 그 진행을 중단시킬 수도 있는 것이고 또한 근담보형의 경우는 기존의 피담보채권이 소멸하고 새로운 피담보채권이 발생할 수도 있는 것이므로 당사자가 합의하여 이를 갱신할 수 있도록 한 것이다. 따라서 동산담보권 존속기간이 만료될 시점에서 여전히 피담보채권이 남아 있다면 그 존속기간이 경과하기 전에 동산담보권을 실행하거나 존속기간을 갱신해 두어야 하며, 만일 이를 게을리하여 존속기간이 경과하면 잔존하는 채권은 무담보채권이 되므로 주의를 요한다.

설정당사자 사이의 합의로 동산담보권의 존속기간을 갱신하려면 그 존속기간이 만료되기 전에 갱신합의와 그에 따른 연장등기를 신청하여야 한다(동채담 49②). 연장등기의 신청은 반드시 존속기간이 만료되기 전에 하여야 하고 존속기간이 만료된 이후에는 할 수 없다는 점에 특히 유의하여야 한다. 다만 연장등기의 신청은 1회에 한정되는 것이 아니고 몇 번이고 할 수 있다. 또한 동산담보권의 연장등기를 신청함에 있어서 후순위권리자 등 이해관계인의 승낙서나 이에 대항할 수 있는 재판의 정본을 첨부할 것을 요하지 않는다.

(4) 동산담보권의 침해에 대한 구제

가. 동산담보권침해의 의의

동산담보권의 침해란 동산담보권자가 담보물적물에 대하여 가지는 담보로서의 효력을 위법하게 해하는 것을 말한다. 동산담보권의 침해유형으로는 담보권의 유효성 침해, 담보목적물에 대한 물리적 침해, 담보등기의 침해의 3가지가 있다.

동산담보권의 유효성을 침해하는 행위로는 타인의 소유물을 담보로 제공하거나 담보제공 후 상호등기(2021.4.21. 부터는 사업자등록)를 말소하여 담보권설정자의 자격을 상실하는 행위 등을 들 수 있고, 담보목적물에 대한 물리적 침해를 하는 행위로는 담보목적물의 불법점유나 멸실·훼손행위 등을 들 수 있으며, 담보등기의 침해행위로는 담보등기의 불법적인 말소나 유해등기의 유지 등을 들 수 있다.

동산담보권의 유효성을 침해하는 행위에 대한 구제수단으로는 각 침해행위에 고유한 구제수단과 공통적인 구제수단이 있으므로 이하에서는 이에 대하여 설명하기로 한다.

나. 동산담보권의 유효성 침해에 대한 구제

㈎ 동산담보권을 설정하려는 자의 명시의무

동산담보권을 설정하려는 자는 담보약정을 할 때 ①담보목적물의 소유 여부 ②담보목적물에 관한 다른 권리의 존재 유무를 상대방에게 명시하여야 한다(동채담 6). 이는 담보목적물이 등기에 의하여 공시된다고 하더라도 인적편성주의를 채택하고 있어 담보권자가 그 소유관계를 파악하기가 쉽지 않은 점을 고려한 것이다.

그러나 담보권설정자가 명시의무를 이행하고 담보등기가 이루어졌다고 하더라도 담보등기에 담보권설정자의 담보목적물에 대한 소유권에 대한 공신력이 인정되는 것은 아니다. 질권의 경우와 달리 동산담보권의 경우는 선의취득을 인정하는 규정이 없기 때문이다. 따라서 담보등기가 이루어졌다 하더라도 담보목적물이 담보권설정자의 소유가 아니면 비록 담보권설정 당시에 담보권자가 선의이고 과실 없이 담보목적물이 담보권설정자의 소유로 알았다고 하더라도 담보권을 취득하지 못한다.

담보권설정자가 명시의무를 위반한 경우에 대하여는 동산·채권 등의 담보에 관한 법률에서 특별한 처벌규정을 두고 있지 않으나, 이 경우 담보권설정자는 형법에서 규정하는 사기죄로 처벌될 수 있을 것으로 본다.

(나) 담보목적물에 대한 현황조사

이상에서 본 바와 같이 담보권자는 담보목적물에 대한 동산담보권의 선의취득을 할 수 없는 반면, 담보권설정자가 담보권설정의 사실을 숨기고 이를 제3자에게 처분한 경우 그 제3자는 민법 제249조부터 제251조까지의 규정에 따라 동산담보권이 설정된 담보목적물에 대한 소유권 또는 질권을 선의취득하게 된다(동채담 32).

이는 동산담보권의 담보적 효력을 떨어뜨려 그 이용을 꺼리게 하는 요인이 된다. 따라서 동산담보권의 이용도를 높이려면 담보권자로 하여금 담보권의 존속기간 동안에 담보목적물의 현황을 관리·감독할 수 있도록 하여 그 담보적 효력을 높여줄 필요가 있다. 이에 동산·채권 등의 담보에 관한 법률은 제17조 제1항에서 동산담보권자에게 담보목적물에 대한 현황조사권을 부여하고 담보권설정자는 정당한 사유 없이 담보권자의 담보목적물에 대한 현황조사 요구를 거부할 수 없도록 하는 한편, 담보목적물의 현황을 조사하기 위하여 약정에 따라 전자적으로 식별할 수 있는 표지를 부착하는 등 필요한 조치를 할 수 있는 것으로 하고 있다.

현황조사의 방법에 대하여 별도의 제한 규정을 두고 있지 않다. 따라서 현황조사는 담보권자가 직접 하거나 전문업체에 위탁하여 할 수 있는 것으로 본다. 또한 현황조사의 사전 조치로써 담보권설정자에게 정기적으로 현황에 대한 보고를 요구할 수 있다고 할 것이다. 그리고 담보권설정자가 현황조사를 거부할 수 있는 정당한 사유로는 현황조사가 담보권설정자에게 막대한 비용부담을 초래하는 경우와 담보권설정자의 영업에 과도한 지장을 초래하는 경우 등을 들 수 있다.

(다) 동산담보권의 존속 보장

담보권설정자의 상호등기(2021.4.21. 부터는 사업자등록)가 말소된 경우에도 이미 설정된 동산담보권의 효력에는 영향을 미치지 아니한다(동채담 4). 법인의 경우에는 청산절차를 거쳐 법인격이 소멸되지 않는 이상 담보권설정자의 자격이 상실될 수가 없으나 상호등기(2021.4.21. 부터는 사업자등록)를 한 사람의 경우는 상호등기(2021.4.21. 부터는 사업자등록)가 말소되면 담보권설정자의 자격이 상실되므로 자격 상실 전에 설정한 동산담보권의 효력이 상실되는 것으로 이해될 수 있어 동산담보권자의 보호를 위하여 그 유효성을 명문으로 인정한 것이다. 다만 이 경우 유효성이 인정되는 것은 상호등기(2021.4.21. 부터는 사업자등록)가 말소되기 전에 이루어진 담보등기에 한한다.

다. 담보목적물의 물리적 침해에 대한 구제

(가) 담보목적물 반환청구권

제3자가 담보목적물을 점유하는 경우에 동산담보권자는 담보목적물을 담보권설정자에게 반환할 것을 청구할 수 있다(동채담 19①). 이는 동산담보권의 담보물권의 물권적 효력에 기한 당연한 구제수단이라고 할 수 있다. 담보권설정자에게 반환할 것을 청구하도록 한 것은 동산담보권에 있어서는 담보권설정자가 담보목적물에 대한 사용·수익권과 처분권을 갖는 것이 일반적인데, 이 경우 담보권자가 직접 자신에게 담보목적물을 반환하도록 청구할 수 있는 것으로 하면 담보권설정자의 권리가 침해될 수 있기 때문이다.

담보권자가 담보목적물을 점유할 권원(權原)이 있거나 담보권설정자가 담보목적물을 반환받을 수 없는 사정이 있는 경우에 담보권자는 담보목적물을 점유한 자에 대하여 자신에게 담보목적물을 반환할 것을 청구할 수 있다(동채담 19②). 담보권자가 담보목적물을 점유할 권원(權原)이 있거나 담보권설정자가 담보목적물을 반환받을 수 없는 사정이 있는 경우로는 담보권자가 동산담보권의 실행을 위하여 담보권설정자에게 담보목적물의 인도를 청구한 이후 또는 담보권설정계약에서 담보목적물의 사용·수익권을 담보권자가 갖기로 한 경우 등을 들 수 있다.

제3자가 담보목적물을 점유할 권리가 있어 점유하는 경우 그 제3자는 담보권자의 반환청구를 거부할 수 있다(동채담 19③). 제3자가 담보목적물을 점유할 권리가 있어 점유하는 경우 예로는 제3자가 담보목적물을 선의취득한 경우를 들 수 있다.

㈏ 방해제거청구권 및 방해예방청구권

동산담보권자는 동산담보권을 방해하는 자에게 방해의 제거를 청구할 수 있고, 동산담보권을 방해할 우려가 있는 행위를 하는 자에게 방해의 예방이나 손해배상의 담보를 청구할 수 있다(동채담 20). 방해제거청구권 및 방해예방청구권의 대상이 되는 예로는 채무자의 피용자가 담보목적물의 일부나 전부를 무단으로 반출하려고 할 때에 그 반출의 금지나 예방을 청구하는 경우를 들 수 있다.

담보목적물의 일부에 대한 침해가 있는 경우 잔여 부분의 교환가치만으로도 피담보채권을 만족시킬 수 있다 하더라도 담보권자는 그 침해자에 대하여 방해제거 또는 방해예방청구를 할 수 있는 것으로 보아야 한다. 담보권의 불가분성에 따라 담보권자는 피담보채권의 전부를 변제받을 때까지 담보목적물 전부에 대하여 그 권리를 행사할 수 있는 것이기 때문이다(동채담 9).

라. 담보등기의 침해에 대한 구제

㈎ 말소된 담보등기의 회복청구

동산담보권의 담보등기가 위조된 등기서류에 의하여 원인 없이 말소된 때에는 동산담보권자는 말소된 담보등기의 회복을 청구할 수 있다. 그러나 담보등기가 말소된 상태에서 담보목적물이 경매되어(동채담 21①, 22) 매수인이 담보목적물의 소유권을 취득한 경우 그 매수인에 대하여는 담보등기의 회복을 청구할 수 없는 것으로 보아야 한다. 담보목적물에 설정되어 있는 동산담보권은 매수인이 담보목적물 소유권을 취득하면 소멸하는 것으로 보아야 하기 때문이다. 다만 이 경우 동산담보권자는 담보등기의 말소로 배당받지 못한 금액에 대하여 말소등기를 한 자를 상대로 한 손해배상청구를 하는 이외에, 배당받은 자를 상대로 그 배당받은 금액의 범위에서 부당이득반환청구를 함으로써 구제받을 수 있다.

동산담보권자가 경매절차에 의하지 아니하고 담보목적물로써 직접 변제에 충당하거나 담보목적물을 매각하여 그 대금을 변제에 충당하는 이른바 동산담보권의 사적실행의 경우(동채담 21②)는 매수인이 소유권을 취득하더라도, 사적실행을 한 동산담보권자보다 후순위의 권리만 소멸할 뿐 선순위의 권리는 소멸하지 아니하고 매수인이 인수하게 된다(동채담 24). 따라서 사적실행을 한 동산담보권자보다 선순위의 동산담보권자는 말소된 등기의 회복청구를 할 수 있지만 후순위의 동산담보권자는 담보등기의 말소로 배당받지 못한 금액에 대하여 말소등기를 한 자를 상대로 한 손해배상청구를 하는 이외에, 배당받은 자를 상대로 그 배당받은 금액의 범위에서 부당이득반환청구를 함으로써 구제받을 수 있다.

(나) 유해등기의 말소청구

피담보채권이 변제되어 이미 소멸된 선순위의 동산담보권이 말소되지 않고 있는 등과 같이 법률상으로는 실효 또는 무효인 등기라도 사실상 동산담보권의 장애가 될 수 있는 등기가 있는 때에는 동산담보권자는 그 등기를 유해등기로서 말소 청구할 수 있다.

그러나 아직 근담보형 동산담보권의 경우 근담보권의 효력이 소멸되어 있지 않은 이상 후순위 담보권자가 피담보채무를 변제하고 민법 제364조에 의하여 선순위 동산담보권의 소멸을 청구하고 그에 따른 말소를 구할 수는 없는 것으로 보아야 한다.[20]

마. 침해에 대한 그 밖의 구제수단

(가) 손해배상청구권

동산담보권자는 동산담보권을 침해하는 자에 대하여 불법행위로 인한 손해배상청구를 할 수 있다(민 750). 그러나 동산담보권자의 이러한 손해배상청구권은 그 침해의 대상이 동산담보권이란 특성에 따라 일반의 불법행위로 인한 손해배상청구권과 다음과 같은 점에서 대비된다.

첫째 손해배상청구권이 발생하려면 목적물의 침해로 동산담보권자가 채권의 완전한 만족을 얻을 수 없게 되어야 한다. 비록 동산담보권의 침해로 그 교환가치가 떨어진다 해도, 채권의 변제를 받는데 지장이 없다고 하면 동산담보권자로서는 손해가 없는 것이기 때문이다.

둘째 담보목적물에 대한 침해가 있을 때에 피담보채권의 변제기에 불구하고

20) 대판 2006.1.26. 2005다17341 참조.

바로 손해배상의 청구를 할 수 있는가의 문제가 있으나 동산담보권의 실행 이전에 손해액을 산정하는 것이 불가능한 것은 아니므로 긍정하는 것이 타당하다.

㈏ 즉시변제청구권

채무자가 담보를 손상·감소 또는 멸실하게 한 때에는 기한의 이익을 잃는다(민 388ⅰ). 따라서 이 경우에 동산담보권자는 위와 같은 여러 청구권을 행사할 수 있는 이외에 즉시 변제를 청구할 수 있고 채무자가 이에 응하지 않으면 동산담보권을 실행할 수 있다.

㈐ 담보물보충청구권

담보권설정자에게 책임이 있는 사유로 담보목적물의 가액이 현저히 감소된 경우에 동산담보권자는 앞에서 설명한 바와 같이 담보권설정자에 대하여 불법행위를 이유로 한 손해배상을 청구하거나 기한이익의 상실에 따른 즉시변제청구 및 담보권실행을 할 수도 있다.

그러나 불법행위를 이유로 한 손해배상을 청구하거나 기한의 이익을 상실시켜 담보권을 실행하는 것은 거래의 중단을 의미하는 것이라는 점에서 담보권자의 입장에서 바람직스럽지 못할 수가 있다. 담보권자의 입장에서는 감소된 담보가치를 회복시켜 거래를 계속할 수 있도록 하는 것이 당초의 거래목적인 이윤추구에 유리할 수 있는 것이기 때문이다.

이에 동산·채권 등의 담보에 관한 법률은 제17조 제2항에서 담보권설정자에게 책임이 있는 사유로 담보목적물의 가액(價額)이 현저히 감소된 경우에는 담보권자는 담보권설정자에게 그 원상회복 또는 적당한 담보의 제공을 청구할 수 있는 것으로 하고 있다. 여기에서 담보목적물의 가액(價額)이 현저히 감소된 경우란 담보목적물의 교환가치가 훼손되어 피담보채권을 완전히 담보할 수 없게 될 염려가 있는 상태를 의미하는 것으로 보아야 한다.

담보권설정자에게 책임이 있는 사유로 담보목적물의 가액이 현저히 감소된 경우에 담보권자는 담보권설정자에 대하여 불법행위를 이유로 한 손해배상을 청구하거나 기한이익의 상실에 따른 즉시변제청구 및 담보권실행을 하는 것과 담보물보충청구권을 행사하여 담보의 보충을 받는 것 중 선택하여 행사할 수 있다. 그리고 담보물보충청구권을 행사하는 경우에는 불법행위를 이유로 한 손해배상청구나 기한이익의 상실에 따른 즉시변제청구 및 담보권실행은 할 수 없는 것으로 보아야 한다. 그러나 담보권설정자가 담보물보충청구에 불응하는 때에 담보권자는 그 후속조치로서 담보권설정자에 대하여 불법행위를 이유로 한 손해배상을 청구하거나 기한이익의 상실에 따른 즉시변제청구 및 담보권실행을 할 수 있다고 할 것이다.

(5) 다른 권리와의 관계

가. 일반채권자와의 관계

동산담보권자는 채무자 또는 제3자가 제공한 담보목적물에 대하여 다른 채권자보다 자기채권을 우선변제받을 권리가 있다(동채담 8). 여기에서 다른 채권자란 우선변제권이 없는 일반채권자를 말하고 우선변제권이 있는 채권자 상호간에는 별도로 그 우선변제권을 규정하고 있는 법률의 규정과 그 해석에 의하여 정하여진다. 또한 동산담보권자는 채권 전부를 변제받을 때까지 담보목적물 전부에 대하여 그 권리를 행사할 수 있다(동채담 9).

우선변제받을 권리가 있는 것은 동산담보권을 실행할 당시에 현존하는 담보목적물에 한정된다. 따라서 동산담보권 실행 후에 담보권자가 피담보채권 중 변제받지 못한 부분이 있고 담보권설정자가 담보등기된 내용과 동일한 동산을 취득하였다 하더라도 그에 대하여는 우선변제권이 인정되지 않는다.

나. 동산담보권 상호간의 관계

동일한 동산을 대상으로 순위를 달리하는 여러 개의 동산담보권을 설정할 수 있다. 동산담보권은 담보권자가 대상목적물의 교환가치만을 파악하는 제한물권에 속하기 때문이다. 동일한 동산을 대상으로 여러 개의 동산담보권이 설정된 경우 그 순위는 담보등기의 순서에 따른다(동채담 7②).

다. 질권 · 양도담보권과의 관계

(가) 우열을 정하는 기준

동산담보권을 설정할 수 있는 담보목적물에 대하여 질권이나 양도담보권을 설정할 수 없는 것이 아니다. 이에 따라 동일한 담보목적물을 대상으로 등기를 공시방법으로 하는 동산담보권과 점유를 공시방법으로 하는 질권이나 양도담보권이 경합할 수 있는데 이 경우 그 우열을 정하는 기준이 무엇인지 문제로 된다.

이에 관하여는 입법과정에서 등기를 공시방법으로 하는 동산담보권이 우선하는 것으로 해야 한다는 의견도 있었으나 동산·채권 등의 담보에 관한 법률은 「동일한 동산에 관하여 담보등기부의 등기와 인도(민법에 규정된 간이인도, 점유개정, 목적물반환청구권의 양도를 포함한다)가 행하여진 경우에 그에 따른 권리 사이의 순위는 법률에 다른 규정이 없으면 그 선후(先後)에 따른다(동채담 7 ③)」고 규정하여 원칙적으로 등기와 점유이전(즉 인도)의 선후에 따르도록 한 바 있다.

질권이나 양도담보권을 설정받은 자가 질물이나 양도담보물을 대상으로 담보등기를 하여 동산담보권을 설정한 경우에 동산담보권의 취득 시점을 질권이나 양도담보권을 취득한 시점인 질물이나 양도담보물의 인도를 받은 시점으로 소급하는 것으로 볼 수 있는지 문제로 되나 이를 긍정하는 명문의 규정이 없다는 점에서 부정하는 것이 타당하다. 즉 이 경우는 질권이나 양도담보권이 소멸하고 담보등기를 한 시점에 새로이 동산담보권을 취득하는 것으로 보아야 한다.

(나) 우열에 따른 효력

(ㄱ) 질권과의 경합

동일한 유체동산을 대상으로 질권과 동산담보권이 경합하는 때에 양 담보권의 효력에 대하여는 다음과 같이 경우를 나누어 보아야 한다. 첫째 질권이 먼저 설정되고 동산담보권이 후에 설정된 경우는 1순위 질권·2순위 동산담보권의 순위로 양자가 병존하는 것으로 보아야 한다. 동산담보권은 등기에 공신력이 인정되어 있지 않아 선의취득이 성립되지 않기 때문이다. 둘째 동산담보권이 먼저 설정되고 후에 질권이 설정된 경우는, 질권자가 질권설정 당시 동산담보권의 존재를 과실 없이 알지 못하였으면 질권의 선의취득이 성립되어 1순위 질권·2순위 동산담보권의 순위로 양자가 병존하고, 질권자가 질권설정 당시 동산담보권의 존재를 알았거나 과실로 알지 못하였으면 질권의 선의취득이 성립될 수 없으므로 1순위 동산담보권·2순위 질권의 순위로 양자가 병존하는 것으로 보아야 한다.

(ㄴ) 양도담보권과의 경합

동일한 유체동산을 대상으로 양도담보권과 동산담보권이 경합하는 때에 양담보권의 효력에 대하여도 다음과 같이 경우를 나누어 보아야 한다. 첫째 양도담보권이 먼저 설정되고 동산담보권이 후에 설정된 경우는 양도담보권이 유효하게 성립된 이상 동산담보권은 무효인 것으로 보아야 한다. 동산담보권은 등기에 공신력이 인정되어 있지 않아 선의취득이 성립되지 않기 때문이다. 둘째 동산담보권이 먼저 설정되고 후에 양도담보권이 점유개정의 방식으로 설정된 때에는 양도담보권의 선의취득이 성립할 수 없으므로 동산담보권의 부담이 있는 양도담보권이 성립된 것으로 보아 양자 모두 유효인 것으로 보아야 한다. 셋째 동산담보권이 먼저 설정되고 후에 양도담보권이 현실점유나 간이인도의 방식으로 설정된 때에는 다시 경우를 나누어, 양도담보권의 설정 당시 양도담보권자가 동산담보권의 존재를 과실 없이 알지 못하였으면 양도담보권이 유효하게 성립된 이상 양도담보권의 선의취득으로 동산담보권이 실효되는 것으로 보아야 하는 반면, 동산담보권의 존재를 알았거나 과실로 알지 못하였으면 양도담보권의 선의취득이 성립될 수 없어 동산담보권의 부담이 있는 양도담보권이 성립된 것으로 보아 양자 모두 유효인 것으로 보아야 한다.

라. 우선특권과의 관계

동산담보권에 의하여 담보되는 채권보다 우선변제 되는 우선특권으로는 다음과 같은 것이 있다.

첫째는 당해세인 조세채권이다. 당해세는 동산담보권에 의하여 담보되는 채권보다 언제나 우선한다. 다만 동산담보권에 의하여 담보되는 채권보다 언제나 우선하는 당해세는 국세 중 증여세와 상속세에 한한다. 그 밖의 당해세에 해당하는 종합부동산세 · 재산세 · 자동차세 · 지역자원시설세 및 지방교육세는 동산담보권의 목적물을 대상으로 하여서는 부과되지 않기 때문이다(자세한 내용은 질권의 해당부분 참조).

둘째는 법정기일이 동산담보권의 등기일자 이전인 당해세 이외의 국세와 지방세이다(국기 35①iii, 지기 71①iii). 만일 동산담보권의 등기일자와 조세의 법정기일이 같은 일자이면 조세가 동산담보권에 의하여 담보되는 채권보다 우선한다.

셋째는 최우선변제권 있는 근로자의 임금채권이다. 최우선변제권 있는 근로자의 임금채권은 ①최종 3월분의 임금 ②재해보상금 ③최종 3년간의 퇴직금이다(근기 38②, 근퇴보 12②, 동채담 부3④⑤).

넷째는 납부기한이 동산담보권의 등기일자 이전인 건강보험료 · 연금보험료 · 고용보험료 및 산재보험료 채권이다(국건보 85, 국연 98, 고산보 30, 동채담 부3②③). 건강보험료 등의 납부기한과 동산담보권의 등기일자가 같은 일자인 때에는 건강보험료 등의 채권이 동산담보권에 의하여 담보되는 채권보다 우선한다.

(6) 동산담보권의 실행

담보권실행의 유형으로는 경매에 의한 실행과 담보권자에 의한 사적 실행 및 설정당사자 사이의 약정에 의한 실행의 3가지가 있다.

경매에 의한 실행은 민사집행법상의 임의경매(담보권실행경매)에 의한 실행을 의미한다. 이에 대하여 담보권자에 의한 사적 실행이란 경매절차에 의하지 아니하고 담보권자가 담보목적물로써 직접 변제에 충당하거나 담보목적물을 매각하여 그 대금을 변제에 충당하는 것을 말한다(동채담 21②). 앞의 방법은 담보목적물을 평가하여 그 가액으로 채권액을 정산하는 것으로 취득정산이라 부르고, 뒤의 방법은 담보목적물을 제3자에게 매각하여 그 대금으로 채권액을 정산하는 것으로 처분정산이라 부른다. 그리고 설정당사자 사이의 약정에 의한 실행이란 설정당사자가 담보권설정계약에서 미리 정한 방식에 의하여 실행하는 것을 말한다.[21]

(7) 동산담보권의 목적물이 아닌 재산으로부터의 변제

동산담보권도 채권담보의 목적으로 설정된다는 점에서 질권의 경우와 다르지 않다. 이에 따라 동산 · 채권 등의 담보에 관한 법률에서도 동산질권에 관한 민법 제340조와 동일한 규정을 두고 있다.

즉 동산담보권자는 담보목적물로부터 변제를 받지 못한 채권이 있는 경우에만 채무자의 다른 재산으로부터 변제를 받을 수 있다(동채담 15①). 그러나 담보목적물보다 먼저 다른 재산을 대상으로 하여 배당이 실시되는 경우에는 동산담보권자는 동산담보권을 실행하지 아니하고서도 그 다른 재산으로부터 배당을 받

21) 자세한 내용은 「여신실무법률-여신회수」 제6장 유체동산에 대한 강제집행 참조.

을 수 있다(동채담 15②본). 다만 이 경우 다른 채권자는 동산담보권자에게 그 배당금액의 공탁을 청구할 수 있다(동채담 15②단).

그런데 동산담보권자가 동산담보권을 실행하기 전에 채무자의 일반재산을 대상으로 집행권원에 기한 강제경매를 청구하는 경우에 질권의 경우에 있어서와 마찬가지로 일반채권자가 집행에 관한 이의신청(민집 16)으로 다툴 수 있는지 문제로 된다. 그러나 질권이 담보목적물의 점유를 공시방법으로 하고 있음에 대하여 동산담보권의 경우는 등기를 공시방법으로 하고 담보목적물의 점유를 담보권설정자가 하는 것이 보통이라는 점에서 부동산 등을 대상으로 하는 저당권의 경우와 마찬가지로 부정하는 것이 타당하다고 본다. 다만 이는 어디까지나 강제경매를 신청하여 진행할 수 있다는 것이고 다른 채권자의 공탁청구가 있으면 동산담보권자가 배당받을 금액을 공탁하였다가 동산담보권의 실행 후 그 동산담보권에 의하여 배당받지 못한 금액에 한하여 배당을 받게 되는 것으로 보아야 한다.

3. 질권과 양도담보권 및 동산담보권의 차이

유체동산을 대상으로 하는 담보권의 설정방법인 질권과 양도담보권 및 동산담보권의 차이점을 요약하여 보면 다음과 같다.

(1) 질권이나 양도담보권을 설정할 수 있는 자에는 제한이 없으나 동산담보권을 설정할 수 있는 자는 법인 또는 상업등기법에 따라 상호등기를 한 사람(2021.4.21. 부터는 부가가치세법에 따라 사업자등록을 한 사람)에 한한다.

(2) 집합동산 중 장래에 취득할 동산에 대해서는 현재의 시점에서 양도담보권이나 동산담보권을 설정할 수 있지만 질권을 설정할 수는 없다. 그리고 ①공장 및 광업재단 저당법에 따라 등기된 기업재산, 그 밖에 다른 법률에 따라 등기되거나 등록된 동산 ②화물상환증, 선하증권, 창고증권이 작성된 동산 ③무기명채권증서, 자산유동화에 관한 법률 제2조 제4호에 따른 유동화증권과 자본시장과 금융투자업에 관한 법률 제4조에 따른 증권을 대상으로 하여서는 동산담보권을 설정할 수 없지만(동채담 3③) 질권이

나 양도담보권을 설정할 수는 있다.

(3) 질권과 양도담보권의 공시방법은 점유이전(인도)임에 대하여 동산담보권의 공시방법은 담보등기이다(동채담 7①).

(4) 질권설정자는 질권자를 대리하여 대상목적물을 점유할 수 없다(민 332). 즉 목적물의 직접적인 점유를 설정자에게 그대로 두고 담보권자가 간접점유만을 취득하는 소위 점유개정에 의한 질권설정은 허용되지 않는다. 이에 대하여 양도담보설정자는 양도담보권자를 대리하여 대상목적물을 점유할 수 있다. 즉 점유개정에 의한 양도담보권의 설정이 허용된다. 그리고 동산담보권의 경우는 대상목적물의 점유가 동산담보권의 성립요건이 아니다. 따라서 담보권을 설정한 후에도, 담보권설정자가 대상목적물을 계속 점유하여 사용·수익할 필요가 있는 물건에 대하여는, 질권을 설정해서는 아니되고 양도담보권이나 동산담보권을 설정해야 한다.

(5) 양도담보권이 설정된 물건의 소유권은 양도담보권자에게 귀속하는 것이므로 양도담보설정자가 양도담보물에 다시 후순위의 양도담보권을 설정할 수가 없을 뿐만 아니라 질권이나 동산담보권도 설정할 수 없다. 이에 대하여 질권과 동산담보권은 대상목적물의 교환가치만을 파악하는 물권이므로, 질권이나 동산담보권이 설정된 물건에 대하여 다시 후순위의 질권이나 동산담보권을 설정하는 것은 물론이고 양도담보권도 설정할 수 있다.

(6) 질권과 양도담보권은 동산의 점유에 공신력이 인정되어 있어 선의취득이 인정되지만 동산담보권은 동산의 등기에는 공신력이 인정되어 있지 않아 선의취득이 인정되지 않는다. 그러나 질권과 양도담보권의 경우도 점유개정에 의한 선의취득은 인정되지 않는다.

(7) 질권설정자는 질물을 점유하여 사용·수익할 수 없으므로, 질권은 질권설정자의 무단처분에 따른 제3자의 선의취득으로 소멸하는 경우가 발생할 수 없다. 이에 대하여 양도담보설정자나 동산담보설정자는 양도담보물을 점유하여 사용·수익할 수 있어, 양도담보권과 동산담보권은 양도담보설정자나 동산담보설정자의 무단처분에 따른 제3자의 선의취득으로 소멸하는 경우가 발생할 수 있다.

(8) 담보권의 침해에 관하여 질권과 양도담보권의 경우는 주로 담보권의 유효성에 관한 침해와 담보물에 대한 물리적 침해가 문제 되는 반면, 동산담

보권의 경우는 담보권의 유효성 침해와 담보물에 대한 물리적 침해 이외에 담보등기의 침해도 문제가 된다.

(9) 질권설정자의 다른 채권자가 질물을 압류하려고 하는 경우, 질권자는 유치적 효력에 기하여 압류를 저지할 수 있다(민 335본, 민집 191). 다만 질권자라도 자기보다 우선권 있는 채권자가 질물을 압류하는 때에는 유치적 효력에 의하여 압류를 저지하지 못한다(민 335단). 이에 대하여 양도담보권자는 양도담보물을 스스로 점유하고 있지 않는 한, 다른 채권자에 의한 양도담보물의 압류를 저지할 수 없고 오로지 제3자이의의 소에 의하여 압류의 배제를 구할 수 있을 뿐이다(민집 48). 그리고 동산담보권자는 자신이 담보목적물을 점유하고 있지 않은 이상 다른 채권자에 의한 담보목적물의 압류를 저지할 수 없고 그 절차에 참가하여 그 순위에 따른 배당을 받을 수 있을 뿐이다.

(10) 질권과 양도담보권은 존속기간이 없으므로 그 존속기간의 만료로 피담보채권과 분리하여 소멸하지 않음에 대하여 동산담보권은 존속기간이 5년을 초과할 수 없도록 되어 있어 그 존속기간 내에 당사자 사이의 갱신합의와 그에 따른 연장등기신청이 없으면 피담보채권과 분리하여 소멸하게 된다(동채담 49).

(11) 질권의 실행은 민사집행법상의 경매를 원칙으로 하고(민 338①) 예외적으로 법원의 허가를 받아 하는 간이변제충당(민 338②)과 유질특약에 의한 사적 실행(민 339, 상 59)의 방법으로 한다. 이에 대하여 양도담보권의 실행은 평가정산 또는 처분정산이라는 사적 실행의 방법을 원칙으로 하고 그 이외에 민사집행법상의 경매에 의하여 할 수 있다. 그리고 동산담보권의 실행은 민사집행법상의 경매(동채담 21①)와 평가정산 또는 처분정산이라는 사적 실행(동채담 21②) 중 선택적으로 할 수 있고 그밖에 설정계약상의 별도 약정으로 정한 방법으로 할 수 있다(동채담 31).

(12) 질권이나 양도담보권의 사적 실행에 있어서는 다른 채권자가 담보목적물에 대한 경매를 신청함으로써 그 절차를 중지시킬 수 없다. 이에 대하여 동산담보권의 실행으로서 하는 사적 실행에 있어서는 다른 채권자의 경매신청으로 경매가 개시되면 동산담보권자는 그 사적 실행의 절차를 중지하여야 하게 된다(동채담 23⑤).

⒀ 질권의 경우는 사적 실행(즉 유질계약에 의한 실행)의 절차와 질권설정자에게 지급할 청산금에 대한 후순위권리자의 권리행사절차가 법정되어 있지 않으나 동산담보권의 경우는 사적 실행의 절차와 동산담보권설정자에게 지급할 청산금에 대한 후순위권리자의 권리행사절차가 법정되어 있다(동채담 21, 23 등). 이에 대하여 양도담보권의 경우는 질권의 경우와 마찬가지로 사적 실행의 절차가 법정되어 있지 않고 후순위담보권자가 존재할 수 없어 그 권리행사절차가 필요하지 않다.

⒁ 질권이나 동산담보권의 실행으로서 하는 경매에 있어서는 다른 채권자가 배당참가를 할 수 있으나 양도담보권의 실행으로서 하는 경매에 있어서는 다른 채권자가 배당참가를 할 수 없다.

⒂ 질권설정자나 동산담보권설정자의 조세체납시 조세징수기관은 담보목적물에 대하여 바로 체납압류를 할 수 있고, 이 경우 담보목적물을 질권자나 동산담보권자가 점유하고 있으면 조세징수기관은 먼저 질권자나 동산담보권자에게 문서로 해당 담보목적물의 인도를 요구하게 되고, 그 요구를 받은 질권자나 동산담보권자는 담보목적물을 조세징수기관에게 인도하고서[22], 그 매각대금으로부터 순위에 따라 교부받을 수밖에 없다(국기 35, 국징 48①②, 지기 71, 지징 44). 이에 대하여 양도담보설정자의 조세체납시 조세징수기관은 양도담보권이 체납조세의법정기일 전에 설정된 것이면 양도담보물에 대하여 체납압류 자체를 할 수 없고, 또한 법정기일 이후에 설정된 것이라도 양도담보설정자의 다른 재산에 체납처분을 하여도 징수하지 못한 조세에 관하여, 양도담보물의 가액범위에서 양도담보권자에게 제2차납세의무를 부과한 후 양도담보권자가 그 납세의무를 이행하지 않는 경우에 비로소 양도담보물의 가액으로부터 체납조세를 징수할 수 있다(국기 42, 국징 7, 지기 75, 지징 16).

⒃ 질권설정자나 동산담보권설정자가 근로자를 고용하고 있는 사용자인 경우 근로자는 최우선변제되는 임금채권을 가지고 담보목적물에 대하여 강제집행절차를 취하여 질권자나 동산담보권자에 우선하여 배당받을 수 있다. 이에 대하여 양도담보물에 대하여는 양도담보설정자에 대한 임금채권을 가지

22) 인도를 요구받은 질권자나 동산담보권자가 해당 담보목적물을 인도하지 아니하는 경우 체납국세는 국세징수법 제35조제2항에 따라 제3자의 주거등에 대한 수색을 통하여 이를 압류할 수 있고(국징 48③), 체납지방세의 경우는 즉시 압류할 수 있다(지징 44②).

고 강제집행절차를 취할 수가 없고, 또 양도담보권자가 양도담보권을 실행하는 경우에도 배당참가를 할 수가 없다.

(17) 질권설정자나 동산담보권설정자가 건강보험료 · 연금보험료 · 고용보험료 · 산재보험료의 납부를 연체하고 있는 경우에, 그 징수권자는 건강보험료 등의 채권을 가지고 담보목적물에 대하여 체납처분을 하여 체납 건강보험료 등을 징수할 수 있고 이 경우 질권설정자나 동산담보권설정자와 건강보험료 등의 징수권자는 그 순위에 따른 배분을 받는다(국건보 85, 국연 98, 고산보 30). 이에 대하여 양도담보물에 대하여는 양도담보설정자에 대한 건강보험료 등의 채권을 가지고 체납처분절차를 취할 수가 없고, 또 양도담보권자가 양도담보권을 실행하는 경우에도 배당참가를 할 수가 없다.

[참고] 질권 · 양도담보권 · 동산담보권의 차이 대비표

구 분	질 권	양도담보권	동산담보권
담보권설정자	제한 없음	제한 없음	법인과 상호등기자(2021.4.21. 부터는 사업자등록자)로 한정
담보의 대상 (1) 장래에 취득할 동산 (2) 주1)의 동산	 설정불가 설정가능	 설정가능 설정가능	 설정가능 설정불가
담보권의 공시방법	점유이전	점유이전	담보등기
점유개정에 의한 설정	설정불가	설정가능	점유이전이 설정요건이 아님
후순위담보권 설정	설정가능	설정불가	설정가능
담보권의 선의취득	가능	점유개정에 의한 취득시 불가능	불가능
설정자의 무단처분에 의한 제3자의 선의취득	불가능	담보권 설정자 점유시 가능	담보권 설정자 점유시 가능
담보권의 존속기간	없음	없음	5년을 초과할 수 없음(단 갱신가능)
담보권의 침해	주로 담보권의 유효성과 담보물에 대한 물리적 침해가 문제됨	주로 담보권의 유효성과 담보물에 대한 물리적 침해가 문제됨	담보권의 유효성과 담보물에 대한 물리적 침해 이외에 담보등기의 침해도 문제됨
설정자의 다른 채권자가 압류할 경우의 대응책	유치적 효력에 의한 인도거부(선순위권자나 조세채권자에 의한 압류시는 인도거부 불가)	제3자 이의의 소에 의한 압류배제(담보권자 점유시는 인도거부 가능)	배당참가만 가능(담보권자 점유시는 인도거부 가능)

구 분	질 권	양도담보권	동산담보권
담보권의 실행방법	① 경매에 의한 실행 ② 간이변제충당에 의한 실행 ③ 유질계약에 의한 실행(사적 실행)	① 처분정산 또는 취득정산의 방법에 의한 사적 실행 ② 경매에 의한 실행	① 경매에 의한 실행 ② 처분정산 또는 취득정산의 방법에 의한 사적 실행 ③별도약정에의한실행
경매개시에 의한 사적 실행의 중지제도	없음	없음	있음
사적 실행절차와 후순위권리자의 권리보호에 관한 법적 규정	없음	없음	있음
경매에 의한 실행시 다른 채권자의 배당참가	가능	불가능	가능
체납조세의 우선징수	가능	원칙적으로 불가능.예외적으로 조세의 법정기일이 양도담보설정일 이전인 경우에 양도담보권자에게 제2차납세의무 부과 후 불이행시만 가능	가능
근로자의 임금우선특권의 최우선배당	가능	불가능	가능
건강보험료 · 연금보험료 · 고용보험료 · 산재보험료의 우선징수	가능	불가능	가능

주1) ①공장 및 광업재단 저당법에 따라 등기된 기업재산, 그 밖에 다른 법률에 따라 등기되거나 등록된 동산 ②화물상환증, 선하증권, 창고증권이 작성된 동산 ③무기명채권증서, 자산유동화에 관한 법률 제2조 제4호에 따른 유동화증권과 자본시장과 금융투자업에 관한 법률 제4조에 따른 증권

제5 각종 유체동산에 대한 담보권의 설정

1. 담보권설정의 유형

담보로 제공되는 유체동산에 설정할 수 있는 담보권으로는 질권과 양도담보권 및 동산담보권이 있고 그 밖에 공장저당권과 공장재단저당권 및 광업재단저당권이 있다. 이 중 공장저당권과 공장재단저당권 및 광업재단저당권은 부동산과 유체동산 등으로 구성한 재단을 대상으로 하여 설정하는 담보권이다. 따라서 순수하게 유체동산만을 대상으로 하는 담보권은 질권과 양도담보권 및 동산담보권이라고 할 수 있다.

담보로 제공되는 물건이 유체동산만인 경우 질권과 양도담보권 및 동산담보권 중 어느 것을 설정할 것인지는 설정당사자가 합의하여 정할 수 있다. 그런데 이들 담보권 중 질권은 채무자의 입장에서 볼 때 담보권설정 후 설정자가 담보목적물을 계속 점유하여 사용·수익하는 것이 불가능하고, 채권자로서도 담보목적물을 점유하여 보관·관리하는 것이 곤란하다는 점에서 금융거래에서 이용하기에 부적합하다.

이에 따라 담보물이 유체동산인 경우에는 종래 점유개정의 방식으로 양도담보권을 설정하는 것이 실무상의 관행이었다. 그러나 점유개정의 방식으로 설정한 양도담보권은 그 공시방법이 불명확하고 담보권의 효력이나 실행방법 등이 법정되어 있지 않아 그 활용도가 크지 않았다. 동산담보권은 2012.6.11.부터 시행된 동산·채권 등의 담보에 관한 법률에 의하여 새로이 마련된 것으로 그 활용도를 높이기 위해 담보권의 내용을 등기에 의하여 공시하도록 하는 한편 담보권의 효력과 그 실행절차를 법정하였다는 점에 특징이 있다.

그러나 등기를 공시방법으로 하는 동산담보제도가 신설되었다고 하여 현실의 금융거래에서 양도담보권의 이용이 사라질 것으로 볼 수는 없다. 양도담보권은 동산담보권에 비하여 담보권의 설정과 실행이 간편하다는 점에서 여전히 그 활용가치가 있기 때문이다. 이하에서는 담보로 제공되는 각종 유체동산에 대한 담보권의 설정과 관리상의 유의사항에 관하여 설명하기로 한다.

2. 기계 · 기구 등의 생산설비

기계 · 기구 등의 생산설비에 대하여는 그것이 설치된 장소인 토지 또는 건물과 함께 일체로서 공장저당(또는 공장재단저당이나 광업재단저당)의 목적물로 할 수 있으며 또한 그것이 일반적인 담보취득의 방식이라 할 수 있다. 그러나 기계 · 기구 등을 토지 또는 건물과 일체로 공장저당권 등의 목적물로 하려면 당해 기계 · 기구 등과 토지 또는 건물이 동일인의 소유에 속하고 있어야 한다.

따라서 기계 · 기구 등의 소유자와 그것이 설치된 장소인 토지 또는 건물의 소유자가 다를 경우에는 이들 목적물 전체를 대상으로 하여 공장저당권을 설정할 수가 없으며, 토지나 건물에 대하여는 일반저당권을 설정하고, 기계 · 기구 등에는 별도로 질권이나 양도담보권 또는 동산담보권을 설정할 수밖에 없다. 그런데 질권의 경우는 점유개정에 의한 설정이 금지되어 있어 질권설정자가 질권설정후 질물을 계속 점유하여 사용 · 수익할 수가 없다. 따라서 담보권을 설정한 후에도 담보권설정자가 담보목적물을 계속 점유하여 사용 · 수익할 수 있으려면, 점유개정에 의한 설정이 가능한 양도담보권이나 등기를 공시방법으로 하는 동산담보권을 설정할 수밖에 없다.

한편 기계 · 기구 등의 소유자와 그것이 설치된 장소인 토지 또는 건물의 소유자가 동일인인 경우라 할지라도, 그것이 일체로서 공장저당의 대상이 될 수 없는 것인 때에는(공광저 2 참조), 이들 목적물 전체를 대상으로 공장저당권을 설정할 수 없는 것이므로, 토지나 건물에 대하여는 일반저당권을 설정하고, 기계 · 기구 등에 대하여는 양도담보권이나 동산담보권을 설정할 수밖에 없다.

기계 · 기구 등의 생산설비를 양도담보권이나 동산담보권을 취득하는 때에는 양도담보권이나 동산담보권을 설정한 후에도 담보물인 기계 · 기구 등의 점유를 양도담보설정자나 동산담보권설정자가 하는 것이 보통이므로 양도담보권이나 동산담보권을 취득하는 자로서는 담보권의 취득과 관리에 있어서 특히 다음과 같은 두 가지의 점에 유의하여야 한다. 첫째는 담보목적물이 양도담보설정자나 동산담보권설정자의 소유물이 아니라 타인의 소유물인 때에는 비록 양도담보권자가 평온·공연하게 선의·무과실로써 양도담보권을 설정받았다고 하더라도 양도담보권이나 동산담보권을 선의취득할 수 없다는 점이다. 양도담보권의 경우는 점유개정에 의한 선의취득이 인정되지 아니하고, 동산담보권의 경우는 등기에 공신력이 인정되어 있지 않기 때문이다. 둘째는 양도담보설정자나 동산담보권설정자가 담보목적물인 사실을 숨기고 여전히 자신이 소유자인 것처럼 하여 담보목적물을 타인에게 처분할 경우 그 타인이 담보목적물을 선의취득함으로써 유효하게 성립한 양도담보권이나 동산담보권이 실효될 수 있다는 점이다.

따라서 기계·기구 등의 생산설비를 대상으로 양도담보권이나 동산담보권을 취득할 때에는 설정시에는 그 기계·기구가 설정자의 소유인지의 여부에 대한 확인을 철저히 하여야 하고, 설정 이후에도 타인에게 선의취득이 되지 않도록 그 관리를 충실히 하여야 한다.

3. 운송중이거나 창고에 임치중인 물건

(1) 개설

운송업자에 의뢰하여 운송 중이거나 창고업자에 임치 중인 유체동산을 대상으로 하여서도 그 소유자가 담보권을 설정할 수 있다. 다만 운송 중이거나 창고에 임치 중인 유체동산은 소유자가 현실 점유를 하고 있지 않다는 점에서 당해 유체동산 자체를 담보로 제공할 수 없다. 따라서 이 경우에는 소유자가 운송업자나 창고업자에 대하여 가지는 운송물반환청구권이나 임치물반환청구권을 대상으로 담보권을 설정하여야 한다.

운송물반환청구권이나 임치물반환청구권을 대상으로 하여서는 질권이나 양도담보권만을 설정할 수 있고 동산담보권이나 채권담보권을 설정할 수가 없다. 화물상환증·선하증권·창고증권이 작성된 동산을 대상으로 하여서는 동산담보권을 설정할 수 없고(동채담 3③ii), 채권담보권은 금전의 지급을 목적으로 하는 지명채권을 대상으로 하여 설정할 수 있을 뿐 물건의 인도청구권을 대상으로 하여서는 설정할 수 없기 때문이다(동채담 34①).

운송물반환청구권이나 임치물반환청구권을 대상으로 질권이나 양도담보권을 설정하는 방법은 운송업자나 창고업자가 운송물반환청구권이나 임치물반환청구권을 증권에 화체한 유가증권으로서의 운송증권이나 창고증권을 발행한 경우와 발행하지 않은 경우가 다르다. 이하에서는 이 2가지 경우를 구분하여 그 담보권설정방법에 대하여 설명하기로 한다.

(2) 운송증권이나 창고증권이 발행되어 있는 경우

가. 운송증권과 창고증권의 의의

화물상환증과 선하증권을 총칭하여 운송증권이라 한다. 그리고 화물상환증이란 육상물건운송계약에 있어서 운송물의 인도청구권을 표창하는 유가증권을 말하고, 선하증권이란 해상물건운송계약에 있어서 운송물의 인도청구권을 표창하는 유가증권을 말한다. 그리고 창고증권이란 창고업자에 대한 임치물반환청구권을 표창하는 유가증권을 말한다.

운송증권이나 창고증권이 발행되어 있는 경우에는 운송 중인 물건이나 임치 중인 물건의 처분이나 인도청구를 이 들 증권에 의해서만 할 수 있고, 또한 이 들 증권의 교부는 운송물이나 임치물 자체를 인도한 것과 동일한 효력이 있다(상 133, 157, 861). 따라서 이러한 운송물이나 임치물에 대한 담보권설정도 이들 증권에 의하여 하게 된다. 그리고 이 경우 질권과 양도담보권의 설정방법은 이 들 운송증권이나 창고증권에 배서를 금지하는 뜻이 기재되어 있는지의 여부에 따라 다르다.

나. 배서가 금지되지 않은 운송증권과 창고증권의 경우

상법은 지시식으로 발행된 것은 물론이고 기명식으로 발행된 것이라도 배서가 금지되지 않은 운송증권이나 창고증권의 양도는 배서에 의하여 양도할 수 있는 것으로 규정하고(상 130본, 157, 861 참조) 있을 뿐, 이 들 증권의 담보권설정방법에 관하여 아무런 규정을 두고 있지 않다. 따라서 이 들 증권에 대한 질권이나 양도담보권의 설정은 당해 권리의 양도에 관한 방식으로 할 수밖에 없다(민 346).

따라서 배서가 금지되지 않은 운송증권이나 창고증권을 대상으로 하여, 질권을 설정하는 경우에는 질권설정계약을 체결하고 당해 증권에 배서하여 이를 질권자에게 교부하는 방식으로 하면 되고, 양도담보권을 설정하는 경우에는 양도담보권설정계약을 체결하고 당해 증권에 배서하여 이를 양도담보권자에게 교부하는 방식으로 하면 된다.

그러나 담보권의 효력면에서는 양도담보권이 질권보다 우월하므로, 실무상으로는 양도담보권을 설정하는 것이 보다 효과적이다. 그리고 운송증권이나 창고증권을 대상으로 양도담보권을 취득할 경우에는, 당해 증권을 점유함으로써 운송증권이나 창고증권에 표창되어 있는 담보목적물을 담보권자가 직접 점유하고 있는 것과 같은 효과가 발생하므로, 다른 유체동산 양도담보에서 보는 바와 같이 설정자의 배신행위에 의하여 담보목적물이 다른 제3자에게 선의취득될 염려가 없어진다.

판례3-10

선적서류 및 수입화물의 양도담보권 취득시기

기한부 신용장의 개설의뢰인이 개설은행과의 수입거래약정시 선적서류 및 수입화물을 수입환어음이나 선적서류의 원금 또는 이의 결제를 위한 대출금 및 이자, 수입과 관련한 비용, 지연배상금 기타 개설은행에 대한 지급채무의 이행을 위한 담보로서 개설은행에 양도하겠고 수입화물대도(貸渡)의 경우에도 같다는 취지로 약정한 경우에는 개설은행은 그 선하증권 취득시에 그 물품의 양도담보권을 취득하고 그 후 그 물품에 대하여 양도담보설정계약을 체결하여도 이는 위 수입거래약정상의 양도담보계약을 구체적으로 확인하는 의미가 있을 뿐이다(대판 1999.9.7. 98다62008).

다. 배서가 금지되어 있는 운송증권과 창고증권의 경우

상법은 기명식으로 발행된 것으로서 배서를 금지하는 뜻이 기재되어 있는 운송증권이나 창고증권은 배서에 의하여 양도할 수 없는 것으로 규정하고 있다(상 130단, 157, 861 참조). 따라서 이와 같은 경우에는 운송증권이나 창고증권을 대상으로 질권이나 양도담보권을 설정할 수는 없고, 이들 운송증권이나 창고증권의 소지인이 그 발행인인 운송업자나 창고업자에 대하여 가지는 운송물 또는 임치물의 반환청구권이라는 지명채권을 대상으로 질권이나 양도담보권을 설정하여야 한다.

구체적인 설정방법을 보면 다음과 같다. 우선 질권설정의 경우는 운송증권이나 창고증권의 소지인인 질권설정자와 질권자가 질권설정계약을 체결하고, 질권자가 질권설정자로부터 운송증권이나 창고증권을 인도받아 점유하는 이외에, 질권설정사실을 확정일자 있는 증서로 운송업자나 창고업자에게 통지하거나 운송업자나 창고업자로부터 질권설정의 승낙서를 받아 그 승낙서에 확정일자를 받는 방법으로 하면 된다. 다음에 양도담보권의 경우는 운송증권이나 창고증권의 소지인인 양도담보권설정자와 양도담보권자가 양도담보계약을 체결하고, 양도담보권자가 양도담보권설정자로부터 운송증권이나 창고증권을 인도받아 점유하는 이외에, 양도사실을 확정일자 있는 증서로 운송업자나 창고업자에게 통지하거나 운송업자나 창고업자로부터 양도승낙서를 받아 그 승낙서에 확정일자를 받아두는 방법으로 하면 된다.

운송업자나 창고업자에 대한 확정일자 있는 증서에 의한 질권 또는 양도담보권 설정사실의 통지는, 질권 또는 양도담보권의 설정자로 하여금 질권 또는 양도담보권의 설정사실을 알리는 통지서를 작성하게 한 후, 그 통지서를 배달증명부내용증명우편으로 운송업자나 창고업자에게 보내거나, 그 통지서를 공증인사무소에 가지고 가서 확정일자를 받아 이를 직접 운송업자나 창고업자에게 교부하고 그 수령증을 받아두는 방법으로 하면 된다. 그 밖에 통지나 승낙의 효력 상의 차이점 등에 관하여는 뒤에 설명하는 지명채권담보 참조.

판례3-11

배서가 금지된 선하증권의 양도방법

선하증권은 기명식으로 발행된 경우에도 법률상 당연한 지시증권으로서 배서에 의하여 이를 양도할 수 있지만, 배서를 금지하는 뜻이 기재된 경우에는 배서에 의해서는 양도할 수 없고, 그러한 경우에는 일반 지명채권양도의 방법에 의하여서만 이를 양도할 수 있다 할 것이다(대판 2001.3.27. 99다17890).

(3) 운송증권이나 창고증권이 발행되어 있지 않은 경우

운송 중이거나 창고에 임치 중이지만 운송증권이나 창고증권이 발행되어 있지 않은 상태에서는 담보제공자가 운송업자나 창고업자에 대하여 가지는 운송물반환청구권이나 임치물반환청구권으로 질권이나 양도담보권을 설정하여야 한다. 그리고 이 경우 설정할 담보권을 질권으로 할 것인지 아니면 양도담보권으로 할 것인지는 설정당사자가 담보권설정계약의 내용으로 정하면 된다.

구체적인 설정방법은 다음과 같다. 우선 질권설정의 경우는 운송물반환청구권자나 임치물반환청구권자인 질권설정자와 질권자가 질권설정계약을 체결하고, 운송계약이나 창고계약의 내용을 증명하는 서면이 있으면 질권자가 질권설정자로부터 이를 인도받아 점유하는(만일 이와 같은 서면이 없으면 질권설정계약만으로 충분하다) 이외에, 질권설정사실을 확정일자 있는 증서로 운송업자나 창고업자에게 통지하거나 운송업자나 창고업자로부터 질권설정의 승낙서를 받아 그 승낙서에 확정일자를 받는 방법으로 하면 된다. 다음에 양도담보권의 경우는 양도담보권설정자와 양도담보권자가 양도담보계약을 체결하고, 운송계약이나 창고계약의 내용을 증명하는 서면이 있으면 양도담보권자가 양도담보권설정자로부터 이를 인도받아 점유하는(만일 이와 같은 서면이 없으면 양도담보권설정계약만으로 충분하다) 이외에, 양도사실을 확정일자 있는 증서로 운송업자나 창고업자에게 통지하거나 운송업자나 창고업자로부터 양도승낙서를 받아 그 승낙서에 확정일자를 받아두는 방법으로 하면 된다.

그 밖에 확정일자 있는 증서에 의한 통지방법 및 통지와 승낙의 효력 상의 차이점 등은 배서가 금지되어 있는 기명식 운송증권과 창고증권이 발행되어 있는 경우의 운송물 또는 임치물에 대한 질권 또는 양도담보권 설정의 경우와 동일한 것으로 보면 된다.

4. 집합동산

(1) 집합동산의 의의

다수의 동산이 집합하여 경제적으로 단일한 가치를 가지고 거래상으로도 일체로 다루어지는 경우 이를 집합동산이라고 한다. 예컨대 특정도서관 내의 장서전부라든가 특정점포 내의 상품 전부 또는 특정공장 내의 원재료 전부 등이 이에 해당된다.

담보대상으로서의 집합동산은 크게 두 가지 유형으로 나누어 볼 수 있다. 하나는 구성물의 내용이 변동되지 않고 일정하게 고정되어 있는 경우이고, 다른 하나는 구성물의 내용이 판매와 구입의 반복에 따른 출입고나 제품화를 위한 가공 등을 통하여 변동하는 경우이다. 전자의 경우를 특정집합동산 후자의 경우를 유동집합동산이라고 할 수 있다.

집합동산을 대상으로 설정할 수 있는 담보권으로는 질권과 양도담보권 및 동산담보권의 3가지가 있다. 그런데 종래의 금융거래에 있어서는 설정자에 의한 대리점유가 금지되어 있는 질권은 담보관리가 복잡하여 거의 이용되지 않았고 주로 양도담보권이 이용되어 왔다. 그러나 2012.6.11.부터 시행된 동산·채권 등의 담보에 관한 법률에 의하여 새로이 동산담보권제도가 마련되었으므로 이후 집합동산을 대상으로 하는 담보권으로는 등기에 의하여 공시할 수 있는 동산담보권도 많이 이용될 것으로 보인다.

(2) 질권 설정

재고상품 등의 집합동산에 질권을 설정하는 경우에는 질권자가 담보물을 어떻게 점유하여 관리할 것인가가 가장 문제로 된다. 이를 위해서 질권자로서는 담보제공자와는 질권설정계약을, 그리고 창고업자와는 담보물의 대리점유와 입출고관리에 관한 위탁계약을 체결하고, 창고업자와 담보제공자간에는 담보제공자의 창고를 창고업자가 빌리는 사용대차계약을 체결하도록 하되, 이를 위 3자간의 3면계약으로 체결하는 방식을 취할 수 있다. 이렇게 하면 질권자는 담보물의 점유 및 관리를 전문적인 창고업자의 관리에 맡기는 이점이 있고, 담보제공자인 채무자는 자신의 공장내에 있는 창고에서 담보물의 입출고를 하는 편의가 있게 된다. 그리고 입출고는 그때그때 마다 질권자의 동의를 얻어 하게 하거나 또는, 일정한 범위를 정하여 위탁해 놓고 보고를 받는 형식으로 약정할 수 있다.

그러나 이러한 방식은 담보제공자를 지나치게 구속할 뿐만 아니라 담보관리가 복잡하고 또 비용도 제법 들게 되기 때문에, 담보제공자의 신용이 아주 좋지 않은 등의 특별한 사정이 없으면 이용하기 곤란할 것으로 생각된다. 또한 현실의 거래에 있어서도 크게 이용되고 있지는 않은 것으로 보인다.

(3) 양도담보권 또는 동산담보권 설정

가. 개설

집합동산을 대상으로 하여 양도담보권을 설정하려면 집합동산에 관한 소유권이전의 합의와 그 공시방법으로서의 점유의 이전(인도)을 필요로 하고, 동산담보권을 설정하려면 동산담보권의 설정에 관한 합의와 담보등기를 필요로 한다(동채담 7①).

집합동산이 특정집합동산인 때에는 양도담보권이나 동산담보권의 설정 후 그 구성물의 변동을 인정하지 않으므로 일반의 유체동산을 대상으로 하는 양도담보권이나 동산담보권의 경우와 다르지 않다. 따라서 이 경우는 비록 집합동산 전체를 일괄하여 양도담보권이나 동산담보권의 대상목적물로 한다고 하더라도 그 구성물의 수만큼의 복수의 양도담보권이나 동산담보권이 설정된 것으로 보면 된다.

이에 대하여 유동집합동산을 대상으로 하는 양도담보권이나 동산담보권의 경우는 담보권의 설정 후 대상목적물의 변동을 인정하므로, 그 집합동산에서 반출되거나 반입되는 물건에 대하여 양도담보권이나 동산담보권이 소멸되거나 취득되는 효력을 인정할 수 있는지 또 인정된다면 그 법률적 근거는 무엇인지의 문제가 생기게 된다. 이하에서는 이 유동집합동산을 대상으로 하는 양도담보권이나 동산담보권의 유효성과 그 설정유형 및 실무상의 유의점에 관하여 설명하기로 한다.

나. 담보권의 유효성

(가) 양도담보권의 경우

유동집합동산을 대상으로 하는 양도담보에 대하여도 그 유효성을 인정하는 데에는 별다른 이견이 없다. 그러나 그 법률적 근거에 관하여는 다음과 같이 견해가 대립되어 있다.

첫째는 유동집합동산에 대한 양도담보에 있어서도, 그 구성물의 수에 해당하는 양도담보권이 성립한다는 것을 전제로, 반출된 물건에 관하여는 해제조건부소유권이전계약의 효력으로서 당연히 양도담보의 목적에서 제외되는 반면, 새로이 반입되는 물건에 관하여는 정지조건부소유권이전계약과 예정된 점유개정(미리 합의한 바에 따라 설정자가 집합동산에 새로운 물건을 반입하면 당연히 양도담보권자가 그 반입물의 간접점유를 취득한다는 합의)의 효력으로서, 반입되는 즉시 그 반입물의 소유권이 설정자로부터 양도담보권자에게 이전하게 된다고 함으로써 그 유효성을 인정한다.

둘째는 유동집합동산도 1개의 물권의 객체가 될 수 있다고 함으로써 집합동산에 대한 양도담보의 유효성을 인정한다. 물건이 집합하여 객관적으로 단일한 경제적 가치를 가지고 거래상 일체로서 다루어지는 경우에는 법적으로도 이를 하나의 물건으로 다루는 것이 타당하며, 따라서 집합동산 자체가 1개의 물권의 객체가 될 수 있고 그 집합동산 위의 물권은 단일물과 마찬가지로 집합동산 자체의 점유개정에 의하여 공시될 수 있다고 한다. 특히 이 설은 집합동산 자체에 1개의 소유권을 인정하여 집합동산을 구성하는 물건을 이 소유권에 포괄시킴으로써 구성물의 변동을 1개의 소유권의 이용관계로 파악한다. 따라서 이 견해에 의하면 집합동산에서 반출되는 물건은 당연히 이 소유권에서 제외되고 새로이 반입되는 물건은 당연히 이 소유권의 내용이 되게 된다.

첫째의 견해는 종래의 전통적인 물권이론을 수정하지 않고 그 범위 내에서 유동집합동산에 대한 양도담보의 유효성을 인정하고 있으나, 조건부소유권이전계약이라든가 예정된 점유개정 등의 논리조작을 하고 있는 점에서 다분히 의제적이라고 할 수 있다. 따라서 유동집합동산의 실체를 그대로 인정하여 이를 하나의 물건으로 취급하고, 이에 하나의 담보권이 성립될 수 있는 것으로 보는 둘째의 견해가 타당하다. 대법원판례도 둘째의 견해를 채택하고 있다.

판례3-12

집합물에 대한 양도담보계약의 효력이 미치는 범위

(1) 그러나 제강회사가 제품생산에 필요하여 반입하는 원자재를 일정기간 계속하여 채권담보의 목적으로 삼으려는 소위 집합물양도담보권설정계약에 있어서는 목적동산의 종류와 수량의 범위가 지정되고 그 소재 장소가 특정되어 있으면 그 전부를 하나의 재산권으로 보아 담보권의 설정이 가능하다고 보아야 할 것이고 그러한 경우 양도담보권자는 담보권설정계약 당시 존재하는 원자재를 점유개정에 의하여 그 점유를 취득하면 제3자에 대하여 그 동산의 소유권(담보권)을 주장할 수 있는 것이고 그 후 새로이 반입되는 개개의 물건에 대하여 그 때마다 점유개정의 표시가 있어야 하는 것은 아니라고 할 것이다(대판 1988.10.25, 85누941).

(2) 집합물에 대하여 양도담보권설정계약이 이루어진 이상 그 집합물을 구성하는 개개의 물건이 변동되고, 양도담보권자가 그 때마다 양도담보권설정자와 별도의 양도담보권설정계약을 맺거나 점유개정의 표시를 하지 아니하였더라도 집합물은 한 개의 물건으로서의 동일성을 잃지 아니하여 양도담보권의 효력은 항상 현재의 집합물에 미친다(대판 1999.9.7. 98다47283).

(나) 동산담보권의 경우

동산담보권을 규율하는 동산 · 채권 등의 담보에 관한 법률에서는 동산담보권의 목적물에 관하여 「여러 개의 동산(장래에 취득할 동산을 포함한다)이더라도 목적물의 종류, 보관장소, 수량을 정하거나 그 밖에 이와 유사한 방법으로 특정할 수 있는 경우에는 이를 목적으로 담보등기를 할 수 있다(동채담 3②)」고 규정함으로써 명문으로 유동집합동산을 대상으로 한 동산담보권의 설정을 인정하고 있다.

다. 담보권의 설정유형

유동집합동산을 대상으로 하는 양도담보권은 당사자의 사정, 거래관행 등에 따라 매우 다양한 형태로 이용되어 왔는데, 이는 2012.6.11.부터 시행된 동산담보권의 경우도 같다고 할 것이다. 현실의 금융거래에 있어서 이용할 수 있는 대표적인 유형을 들어보면 다음과 같다.

첫째는 매각허가제형이다. 채무자의 창고 등 일정한 장소에 보관되어 있는 유동집합동산을 채권자가 일괄하여 담보로 취득하고, 담보권설정자가 이들 담보물을 처분하려면 담보권자의 허가를 받도록 하는 형식이다.

둘째는 매각권위임형이다. 담보취득한 유동집합동산의 일부를 처분시마다 일일이 담보권자의 허가를 얻도록 하는 것은, 담보권설정자의 영업활동을 지나치게 구속하는 것이 되어 불편하므로, 담보권설정자에게 매각권을 위임하여 자유로 처분할 수 있도록 하는 형식이다.

셋째는 매각대금예치형이다. 위 매각허가제형과 매각권위임형의 경우 담보권설정자가 매각한 대금 전부를 담보권자에게 예치시키되, 담보권설정자는 담보권자의 동의가 없으면 환급을 받지 못하며, 또 담보권자는 이를 채무의 변제에 충당할 수 있게 하는 형식이다.

넷째는 위탁가공·판매형이다. 완제품생산을 위하여 가공을 필요로 하는 원재료를 담보로 취득할 경우에 이용할 수 있는 담보형식으로, 원재료를 담보로 취득하되 담보권자가 담보물의 출고·가공 및 판매를 담보권설정자에게 위탁하는 방식을 취한다.

다섯째는 점포 또는 창고의 임차형이다. 채권자가 당해 원재료 상품 등이 수용되어 있는 점포 또는 창고를 빌려(사용대차 또는 임대차) 담보물을 직접 점유하는 형식이다.

그런데 현재 은행의 경우 담보약관 서식으로 마련되어 있는 양도담보계약서 등이 이와 같은 여러 유형의 담보에 필요한 약정내용을 모두 포함하고 있는 것이 아니다. 양도담보계약나 동산담보계약의 내용 자체가 아주 다양한 것이어서 이를 미리 하나의 서식에 포괄적으로 규정해 둘 수가 없기 때문이다. 따라서 실무상으로는 담보목적물의 특성과 담보관리의 중요성 등 제반 사항을 감안하여 표준서식에서 규정하고 있지 않은 내용의 합의가 필요한지의 여부를 검토한 후, 그 필요사항을 서식상의 특약사항란에 반영함으로써 담보관리에 불편이 초래되지 않도록 하여야 한다.

라. 담보권의 설정 및 관리상의 유의점

(가) 설정단계

(ㄱ) 집합물의 특정

물권이라 함은 일정한 물건에 대한 배타적 지배가능성을 의미하기 때문에 목적물이 특정되지 않은 물권은 존재할 수 없으며 이는 집합동산을 대상으로 하는 양도담보권이나 동산담보권의 경우도 마찬가지이다. 그러나 물건의 특정이라는 것은 경제·사회적인 관념이므로 어느 정도의 특정을 요하는지에 관하여는 일률적으로 말할 수 없으며 구체적인 경우에 따라 거래관념에 적합하도록 판단하는 수밖에 없다. 예컨대 X공장 내에 있는 상품의 전부 또는 Y창고 내에 있는 물건 중 일부라는 정도로는 물건이 특정되었다고 할 수 없으며, 구체적으로 담보물건과 동종의 다른 물건이 명확히 구별될 수 있을 정도가 되어야 하고 특히 장소적 관계 등에 의하여 담보물건이 쉽게 파악될 수 있어야 한다. 또한 특정한 저장탱크 속에 있는 원유의 몇%라는 방법으로 목적물을 특정하여 담보로 할 수는 없다. 목적물의 특정은 동종의 다른 물건과 명확히 구별될 수 있을 정도이어야 하는데, 원유와 같은 경우는 담보의 목적으로 된 것과 그 목적이 아닌 것이 혼재되어 있어서 그 구별이 불가능하다. 특히 저장탱크 속의 원유가 유출된 경우 담보의 목적이 된 원유와 아닌 원유 중 어느 쪽의 것이 유출되었는가를 판가름하기 곤란하기 때문이다. 따라서 원유와 같은 물건을 담보로 하려면 일정한 저장용기 전체에 들어 있는 물건 모두를 단위로 하여 목적물을 특정하여야 한다.

실무상으로는 보통 물건의 종류, 소재장소, 양적범위, 물건에의 표시 등에 의하여 목적물을 특정하고, 이와 함께 목적물을 기재한 서류를 징구하여 이를 명확히 하고 있는데, 가장 일반적으로는 창고 등에 의하여 보관장소를 정하고, 이에 입고된 물건은 모두 담보의 목적이 된다고 하여 특정하고 있다. 다만 내용이 끊임없이 변동하는 집합동산을 담보로 하는 경우에는 후에 변동할 집합동산까지 미리 특정할 수 없기 때문에, 먼저 담보권설정계약시에 그 때의 집합동산의 내용을 특정하고, 후에 내용이 변동할 때마다 그에 대한 서류를 징구하는 등의 방법으로 특정하는 수밖에 없을 것이며, 또 시멘트의 원료인 석회 등이 야적된 경우에는 위와 같은 방법으로는 그 특정이 곤란하므로, 소유주를 표시하는 목찰을 달고 울타리를 치는 등 명인방법을 이용하여 목적물을 특정하여야 한다.

(ㄴ) 소유권이 유보된 물건

일반적으로 점포에 있는 상품은 타인에게 그 소유권이 유보되는 경우가 적지만, 공장 내에 비치되어 있는 물건은 소유권이 유보되는 경우가 적지 아니하다. 특히 할부판매제도나 매수대금분할지급계약에 기인한 매매에서는 그 대금의 완제가 있을 때까지 매도인에게 소유권이 유보되는 것이 보통이다. 그런데 담보권설정자의 소유가 아닌 타인의 소유에 속하는 물건에 담보권을 설정할 수 없고 또한 점유개정에 의한 양도담보권이나 동산담보권의 선의취득도 인정되지 않으므로, 담보로 제공하려는 물건은 반드시 담보권설정자에게 그 소유권이 있어야 하며 타인에게 그 목적물의 소유권이 유보되어 있는 것이어서는 아니 된다. 따라서 집합동산을 대상으로 양도담보권이나 동산담보권을 설정할 때에는 반드시 그 목적물의 소유권이 담보권설정자에게 있는지 여부를 세밀히 조사하여야 한다.

(ㄷ) 집합동산의 변동사항에 관한 합의

구성부분의 변동이 예상되는 유동집합동산을 담보로 취득하는 경우에는 담보권설정자가 어떠한 요건을 갖춘 때에 그 구성부분을 변동시킬 수 있는지에 관한 사항과, 그러한 구성부분의 변동이 있어도 집합동산 전체에 대한 양도담보의 효력에는 영향이 없다는 점 및 집합동산의 담보가치존재를 위하여 담보권자가 어느 범위에서 어떠한 방법으로 담보목적물에 대한 관리를 할 수 있는지에 관한 사항 등에 대하여 명확히 합의해 두어야 한다.

(ㄹ) 담보가치의 최저한계 설정

유동집합동산의 경우는 그 구성부분이 반출·반입과정을 통해 변동하는 것을 예정하고 있으므로, 확실한 채권보전을 위해서는 담보권설정계약시 담보가치의 최저한계를 설정하여, 이후의 구성물 반출은 이 최저한계를 하회하지 않는 범위에서만 있어야 하고, 이에 위반한 때에는 담보권을 실행할 수 있다고 하는 특약을 하여 두는 것이 좋다.

(ㅁ) 제조과정 전체에 걸친 담보권설정

원재료·반제품 등의 집합동산을 담보의 목적으로 한 경우, 이것이 화학적·물리적 방법에 의하여 거래관념상 독립한 물건으로 다루어질 정도로 가공·변형되면 가공자의 소유로 되어(민 259), 담보의 목적에서 제외되는 수가 있다. 따라서 이러한 경우에는, 반입 당시의 원재료는 물론이고 그것이 가공·제도되어 새로운 물건이 된 경우 그 물건까지도 담보의 목적이 되는 것으로 합의해 둘 필요가 있는데 이러한 방법에는 2가지가 있다.

첫째는 원재료의 반입시 그 소유권을 담보권자가 취득하여 이를 설정자에게 위탁가공시키고 가공이 종료하면 또 이를 위탁판매시키는 방법이고, 둘째는 반입시부터 제품완성에 이르기까지의 일련의 공정에 있어서의 전 자산을 일괄하여 양도받는 방법이다. 다만 이러한 담보취득방법은 민법 제259조와의 관계상, 원재료보다 가공한 물건이 상당히 고가가 되는 경우 그 소유권이 설정자(가공자)에게 이전하지 않느냐는 의문이 제기될 수 있으나, 민법 제259조는 임의규정이어서 당사자의 특약에 의하여 배제될 수 있으므로 큰 문제는 없다고 본다.

(나) 관리단계

(ㄱ) 사후관리의 중요성

집합동산을 목적으로 하는 담보에 있어서는, 그 목적물이 설정자의 점유 하에 있을 뿐 아니라 기업의 경영활동에 따라 끊임없이 변동하기 때문에, 다른 담보의 경우와는 달리 담보취득 후의 사후관리가 대단히 중요한 의미를 갖는 바 특히 주의할 점을 살펴보면 다음과 같다.

(ㄴ) 공시방법에 관한 유의

점유개정에 의한 목적물의 인도는, 그 사실을 입증하는 것이 어렵고 또 설정자가 점유하고 있는 물건을 불법 처분하는 경우에는 선의취득에 의하여 소유권을 잃을 위험이 크므로, 그 예방수단으로서 그 집합동산이 담보권자의 소유에 속함을 공시하여 계속 유지하여 두어야 한다.

(ㄷ) 물건의 출입고에 관한 유의

목적물의 구성내용이 계속 변동하는 집합동산을 대상으로 하는 담보에 있어서는, 구성물의 반출·반입시마다 이에 대하여 적절한 관리를 행하는 것이 대단히 중요하다. 그리고 구성물에 관한 가장 확실한 관리방법은, 개개의 물건의 출입고시마다 담보권자의 승낙을 얻도록 하고, 이에 관한 보고를 하도록 하는 것이다. 이 보고는 특정한 장소에의 출입고 물건에 대하여 행하여지는 것이라는 점에서 목적물을 특정하는 의의가 매우 크다. 또한 보고를 받는 경우에는 이에 관한 서류(전표 등)를 징구하고 그 명세를 현물과 대조하여야 한다.

다만 실제에 있어서 구성물이 매일 변동한다고 하여, 그 보고까지 매일 받는 것이 비현실적인 경우도 있을 것이므로, 이러한 때에는 일정기간(15일 또는 월) 단위로 보고를 받는 방법을 취할 수도 있다. 그러나 이 경우, 구성물의 변동시와 보고시까지의 사이에 구성물의 변동상황이 달라질 수 있으므로, 이러한 방법은 실무상은 편리하다 할지라도 이론상은 불확실한 것이라 아니할 수 없다. 따라서 원칙적으로는 매일 구성물의 변동상황을 보고받아야 하며, 비록 실무의 편의를 위하여 일정기간마다 보고를 받는 경우에도, 구성물의 변동시와 보고시 사이에 발생할 수 있는 변동상황에 대하여도, 적절한 조치를 강구할 수 있도록 준비하고 있어야 한다.

(ㄹ) 담보물의 상태에 관한 유의

담보가치의 최저한계를 계속적으로 유지하기 위하여 담보물의 하자, 재고상황 등에 항상 주의를 기울여야 하며, 특히 담보권의 실행을 위하여 목적물을 담보권자가 인도받을 필요가 생기는 경우를 대비하여, 담보권자는 언제나 필요한 때에 쉽게 인도가 이루어질 수 있도록 충분히 합의하여 두어야 한다.

(ㅁ) 기업의 현황에 관한 유의

집합동산의 구성물 변동은 기업의 경영활동과 깊은 관계를 가지므로, 그 기업의 현황을 수시로 점검하여 파악해 두는 것도 대단히 중요하다. 특히 원재료 등을 담보로 한 경우는 제조상황뿐만 아니라 판매상황도 주의를 기울일 필요가 있다. 이에 의하여 설정자의 부당한 처분을 어느 정도 방지할 수가 있고 또 담보가치의 유지를 위하여도 도움이 되기 때문이다.

제 4 장

지명채권 담보

제 1 담보취득일반

1. 담보의 대상

채권에는 누가 채권자가 되는가에 따라 특정인이 채권자가 되는 지명채권, 특정인 또는 그가 지시(또는 지명)하는 자가 채권자가 되는 지시채권 및 특정인이 채권자로 지정됨이 없이 증권의 소지인이 바로 채권자가 되는 무기명채권의 3종류가 있다. 그리고 이러한 채권에 의거하여 채무자가 채권자의 청구에 따라 해야 할 행위의 내용으로는 노무의 제공 · 물건의 인도 · 금전의 지급 등을 들 수 있다.

지시채권과 무기명채권은 이른바 증권적채권에 해당하므로 유가증권에 대한 담보취득으로서 다음 장에서 설명하기로 한다. 그리고 지명채권 중 노무의 제공을 목적으로 하는 채권은 양도성이 없어 담보로 할 수 없고 또 물건의 인도를 목적으로 하는 채권은 금융회사의 담보대상으로 함이 부적합하므로 여기에서는 금전의 지급을 목적으로 하는 지명채권만을 그 대상으로 하기로 한다.

금전의 지급을 목적으로 하는 지명채권인 이상 여러 개의 채권(채무자가 특정되었는지 여부를 묻지 아니하고 장래에 발생할 채권을 포함한다)이더라도 채권의 종류, 발생 원인, 발생 연월일을 정하거나 그 밖에 이와 유사한 방법으로 특정할 수 있는 경우에는 이를 지명채권담보의 목적으로 할 수 있다(동채담 34②).

금전의 지급을 목적으로 하는 지명채권은 크게 확정채권과 미확정채권 및 양도할 수 없는 채권으로, 나누어 볼 수 있다. 그리고 확정채권으로는 예금채권 · 임차보증금반환채권 · 특정인에 대한 대여금반환채권 · 납입상품대금채권 · 외상매출채권 · 정액도급의 공사대금채권 등을 들 수 있고, 미확정채권으로서 보험금청구권 등의 장래채권 · 집합채권 등을 들 수 있다.

2. 담보제공의 금지

(1) 양도금지채권

가. 양도금지의 유형

양도가 금지된 지명채권은 담보제공도 금지되는 것으로 보아야 한다. 채권의 양도가 금지되는 경우로는 채권의 성질이 양도를 허용하지 않는 경우와 채권·채무의 당사자가 특약에 의하여 양도를 금지한 경우 및 법률에 의하여 양도가 금지되는 경우의 3가지를 들 수 있다.

나. 성질상의 양도금지

채권의 성질이 양도를 허용하지 않는 경우란, 채권자가 변경되면 채권의 동일성을 잃거나 또는 채권의 목적을 달성할 수 없게 되는 경우를 말한다. 금전채권으로서 성질상의 양도금지채권에 해당하는 것으로는 부양금채권과 종신정기금채권 및 상호계산(상 72 이하)에 산입된 채권 등을 들 수 있다.

종신정기금채권은 민법에서 규정하는 종신정기금계약에 의하여 발생한다. 종신정기금계약이란 당사자 일방(종신정기금채무자)이 자신이나 상대방 또는 제3자가 사망할 때까지 정기로 금전 기타의 물건을 상대방 또는 제3자에게 지급할 것으로 약정함으로써 그 효력이 생기는 계약을 말한다(민 725). 그리고 상호계산이란 상인간 또는 상인과 비상인간에 상시 거래관계가 있는 경우에 일정한 기간의 거래로 인한 채권채무의 총액에 관하여 상계하고 그 잔액을 지급할 것을 약정하는 계약을 말한다(상 72).

장래에 발생할 채권이 성질상의 양도금지채권인지 여부가 문제로 된다. 그러나 이에 관하여는 경우를 나누어 장래에 발생할 채권으로서 양도 시점에서 채권의 내용을 특정할 수 없는 것과 특정할 수 있는 것이라도 가까운 장래에 그 발생가능성이 희박한 것에 대하여는 양도금지채권으로 보되, 양도 시점에서 채권의 특정이 가능하고 가까운 장래에 채권이 발생할 것임을 상당한 정도 기대할 수 있으면 양도할 수 있다고 보는 것이 일반이다. 대법원의 판례도 같다.

판례4-1

1. 장래 발생할 채권의 양도가능성

장래 발생할 채권이라도 현재 그 권리의 특정이 가능하고 가까운 장래에 발생할 것임이 상당한 정도로 기대되는 경우에는 채권양도의 대상이 될 수 있다(대판 1991.6.25. 88다카6358).

2. 채권양도에 있어서 양도채권 특정의 정도

(1) 채권양도에 있어 사회통념상 양도 목적 채권을 다른 채권과 구별하여 그 동일성을 인식할 수 있을 정도이면 그 채권은 특정된 것으로 보아야 할 것이고, 채권양도 당시 양도 목적 채권의 채권액이 확정되어 있지 아니하였다 하더라도 채무의 이행기까지 이를 확정할 수 있는 기준이 설정되어 있다면 그 채권의 양도는 유효한 것으로 보아야 한다(대판 1997.7.25. 95다21624).

(2) 채권양도에 있어서 양도채권이 사회통념상 다른 채권과 구별하여 그 동일성을 인식할 수 있을 정도로 되어 있다면 그 채권은 특정된 것으로 보아야 하고 양도채권의 종류나 금액 등이 구체적으로 적시되어 있어야 하는 것은 아니다(대판 1998.5.29. 96다51110).

근로자의 임금채권이 양도가능한 채권인지의 여부에 대하여는 특별히 법률에 그 양도성을 제한하는 규정이 없다는 이유로 긍정하는 것이 보통이다. 그런데 임금채권의 양수인이 사용자에 대하여 양수받은 임금채권을 직접 지급청구할 수 있는지의 여부에 관하여는, 근로기준법이 임금은 통화로 직접 근로자에게 그 전액을 지급하여야 한다고 규정하는(근기 43①본) 한편 이에 위반하는 경우에는 3년 이하의 징역 또는 3천만원 이하의 벌금에 처하도록 규정하고 있다는(근기 109) 점에서 부정설과 긍정설로 견해가 대립되어 있으나 대법원판례는 부정설을 채택하고 있다.

판례4-2

임금채권의 양도성 유무와 사용자에 대한 양수인의 임금지급청구 가능 여부

(1) ① 근로자의 임금채권은 그 양도를 금지하는 법률의 규정이 없으므로 이를 양도할 수 있다.

② 근로기준법 제36조 제1항(현재는 제43조 제1항)에서 임금직접지급의 원칙을 규정하는 한편 동법 제109조(현재는 112조)에서 그에 위반하는 자는 처벌을 하도록 하는 규정을 두어 그 이행을 강제하고 있는 취지가 임금이 확실하게 근로자 본인의 수중에 들어가게 하여 그의 자유로운 처분에 맡기고 나아가 근로자의 생활을 보호하고자 하는데 있는 점에 비추어 보면 근로자가 그 임금채권을 양도한 경우라 할지라도 그 임금의 지급에 관하여는 같은 원칙이 적용되어 사용자는 직접 근로자에게 임금을 지급하지 아니하면 안되는 것이고 그 결과 비록 양수인이라고 할지라도 스스로 사용자에 대하여 임금의 지급을 청구할 수는 없다(대전합판 1988.12.13. 87다카2803).

다. 특약에 의한 양도금지

성질상 양도가 가능한 채권이라도 당사자가 양도금지특약을 한 경우에는 양도금지채권이 된다. 그러나 당사자는 이 양도금지특약을 가지고 선의의 제3자에게 대항하지 못한다(민 449②단). 따라서 양도금지특약이 있는 채권의 채권자는 채무자에 대한 관계에 있어서는 그 채권을 제3자에게 담보로 제공할 수 없으나, 동 채권을 담보취득한 제3자가 담보취득 당시에 채권자(담보제공자)와 채무자 사이에 양도금지특약이 있었음을 알지 못한 때에는 유효하게 담보취득하게 된다.

문제가 되는 것은 양도금지특약을 가지고 대항할 수 없는 선의의 제3자는 동시에 무과실이어야 하는지이다. 이에 관하여는 무과실이어야 한다는 견해[1]와 무과실이어야 할 필요는 없지만 중대한 과실이 있는 경우는 악의와 동일하게 다루어도 무방할 것이라는 견해[2]가 있다. 그러나 민법이 선의·무과실로 규정하지 않고 선의라고 규정하고 있는 점에 비추어 후자의 견해가 타당하다. 대법원판례도 후자의 견해를 채택하고 있다. 그리고 이 경우 제3자의 악의 또는 중과실에 대한 입증책임은 양도금지특약의 효력을 주장하여 채권양도의 효력을 부인하는 채무자가 부담한다는 것이 통설[3]·판례이다.

판례4-3

양도금지특약 있는 채권양도의 효력

채권양도금지특약에 반하여 채권양도가 이루어진 경우, 그 양수인이 양도금지특약이 있음을 알았거나 중대한 과실로 알지 못하였던 경우에는 채권양도는 효력이 없게 되고, 반대로 양수인이 중대한 과실 없이 양도금지특약의 존재를 알지 못하였다면 채권양도는 유효하게 되어 채무자로서는 양수인에게 양도금지특약을 가지고 그 채무이행을 거절할 수 없게 되어 양수인의 선의, 악의 등에 따라 양수채권의 채권자가 결정되는바, 이와 같이 양도금지의 특약이 붙은 채권이 양도된 경우에 양수인의 악의 또는 중과실에 관한 입증책임은 채무자가 부담하지만, 그러한 경우에도 채무자로서는 양수인의 선의 등의 여부를 알 수 없어 과연 채권이 적법하게 양도된 것인지에 관하여 의문이 제기될 여지가 충분히 있으므로 특별한 사정이 없는 한 민법 제487조 후단의 채권자 불확지를 원인으로 하여 변제공탁을 할 수 있다(대판 2000.12.22. 2000다55904).

1) 곽윤직 채권총론.
2) 김형배 채권총론 578. 이은영 채권총론 615.
3) 민법주해[X] 569(이상훈). 곽윤직 채권총론 292. 김형배 채권총론 578. 이은영 채권총론 615.

라. 법률에 의한 양도금지

성질상 양도가 가능하고 당사자 사이에 양도금지특약이 없다 하더라도, 법률이 양도를 금지하고 있는 채권은 담보제공을 할 수 없다. 담보제공은 담보제공자의 의사에 불구하고 법적절차를 통한 채권의 양도를 통하여 담보채권의 만족을 얻을 수 있는 것이기 때문이다. 법률이 금지하고 있는 유형으로는 단순히 양도만을 금지하고 있는 경우, 양도와 압류를 금지하고 있는 경우 및 양도와 함께 압류 및 담보제공까지 금지하고 있는 경우가 있다.

첫째, 양도만 금지하고 있는 채권으로 약혼해제로 인한 위자료청구권(민 806), 이혼으로 인한 위자료청구권(민 843), 파양(罷養)으로 인한 위자료청구권(민 908), 부양청구권(민 979), 국민기초생활보장법에 의한 수급자의 급여를 받을 권리(동법 36) 등이 있다.

둘째, 양도와 압류를 금지하고 있는 채권으로 근로기준법에 의한 보상을 받을 권리(동법 86), 선원법에 의한 실업수당, 퇴직금, 송환비용, 송환수당, 유기 구제비용 또는 재해보상을 받을 권리(동법 152), 국민건강보험법에 의한 보험급여를 받을 권리(동법 59①), 국가배상법에 따라 생명 · 신체의 침해로 인한 국가배상을 받을 권리(동법 4), 형사보상 및 명예회복에 관한 법률에 의한 보상청구권과 보상금지급청구권(동법 23) 등이 있다.

셋째, 양도와 압류 및 담보제공을 모두 금지하고 있는 채권으로 국민연금법에 의한 급여를 받을 권리(동법 3① x iv, 58①), 각종의 연금법에 의한 급여를 받을 권리(공연 39①, 군연 18①, 사교연 40①), 산업재해보상보험법에 의한 보험급여를 받을 권리(동법 88②), 국가유공자 등 예우 및 지원에 관한 법률에 의하여 보훈급여금을 받을 권리(동법 19①), 사회보장기본법에 의한 사회보장수급권(동법 12), 별정우체국법에 의한 급여를 받을 권리(동법 31①) 등이 있다. 그리고 근로자퇴직급여보장법에 따른 퇴직연금제도(중소기업퇴직연금기금제도를 포함한다)의 급여를 받을 권리도 양도 또는 압류하거나 담보로 제공할 수 없다(근퇴보 7①). 다만 가입자가 주택구입 등 근로자퇴직급여보장법시행령 제2조에서 정하는 사유와 요건을 갖춘 경우에는 동법시행령 제2조에서 정하는 한도에서 퇴직연금제도의 급여를 받을 권리를 담보로 제공할 수 있다(근퇴보 7②).

(2) 압류금지채권

법률에 양도나 담보제공의 금지에 관하여는 아무런 언급이 없고 단지 압류만을 금지하고 있는 채권을 담보제공할 수 있는지 문제로 된다. 먼저 이들 채권으로 어떤 것들이 있는지 보면 아래와 같다.

첫째, 민사집행법에 의하여 압류가 금지되는 채권으로 ① 법령에 규정된 부양료 및 유족부조료 ② 채무자가 구호사업이나 제3자의 도움으로 계속 받는 수입 ③ 병사의 급료 ④ 급료·연금·봉급·상여금·퇴직연금, 그 밖에 이와 비슷한 성질을 가진 급여채권의 2분의 1에 해당하는 금액. 다만, 급여채권의 2분의 1에 해당하는 금액이 월 185만원에 미치지 못하는 경우에는 월 185만원, [월 300만원+{(월급여액/2−300만원)÷2}]의 산식으로 산출한 금액을 초과하는 경우에는 [월 300만원+{(월급여액/2−300만원)÷2}]의 산식으로 산출한 금액(민집시 3, 4) ⑤ 퇴직금 그 밖에 이와 비슷한 성질을 가진 급여채권의 2분의 1에 해당하는 금액 ⑥ 주택임대차보호법 제8조, 같은 법 시행령의 규정에 따라 우선변제를 받을 수 있는 금액 ⑦ 생명, 상해, 질병, 사고 등을 원인으로 채무자가 지급받는 보장성보험의 보험금(해약환급 및 만기환급금을 포함한다)으로서 생계유지, 치료 및 장애 회복에 소요될 것으로 예상되는 비용 등을 고려하여 민사집행법시행령 제6조에서 정한 범위의 금액 ⑧ 채무자의 1월간 생계유지에 필요한 예금(적금·부금·예탁금과 우편대체를 포함한다)으로서 개인별 잔액이 185만원 이하인 금액. 다만, 민사집행법 제195조제3호에 따라 압류하지 못한 금전이 있으면 185만원에서 그 금액을 뺀 금액(민집시 7)이 있다(민집 246①).

둘째, 사회복지사업법에 의하여 압류가 금지되는 채권으로 ① 사회복지사업법 ② 국민기초생활 보장법 ③ 아동복지법 ④ 노인복지법 ⑤ 장애인복지법 ⑥ 한부모가족지원법 ⑦ 영유아보육법 ⑧ 성매매방지 및 피해자보호 등에 관한 법률 ⑨ 정신건강증진 및 정신질환자 복지서비스 지원에 관한 법률 ⑩ 성폭력방지 및 피해자보호 등에 관한 법률 ⑪ 입양특례법 ⑫ 일제하 일본군위안부 피해자에 대한 생활안정지원 및 기념사업 등에 관한 법률 ⑬ 사회복지공동모금회법 ⑭ 장애인·노인·임산부 등의 편의증진 보장에 관한 법률 ⑮ 가정폭력방지 및 피해자보호 등에 관한 법률 ⑯ 농어촌주민의 보건복지증진을 위한 특별법 ⑰ 식품등 기부 활성화에 관한 법률 ⑱ 의료급여법 ⑲ 기초연금법 ⑳ 긴급복지지원법 ㉑ 다문화가족지원법 ㉒ 장애인연금법 ㉓ 장애인활동 지원에 관한 법률 ㉔ 노숙인 등의 복지 및 자립지원에 관한 법률 ㉕ 보호관찰 등에 관한 법률 ㉖ 장애아동 복지지원법 ㉗ 발달장애인 권리보장 및 지원에 관한 법률 ㉘ 청소년복지 지원법 ㉙ 건강가정기본법 ㉚ 북한이탈주민의 보호 및 정착지원에 관한 법률 ㉛ 자살예방 및 생명존중문화 조성을 위한 법률 ㉜ 장애인·노인 등을 위한 보조기기 지원 및 활용촉진에 관한 법률에 따라 지급된 금품과 이를 받을 권리가 있다(사복사 48, 2 i, 사복사령 1의2).

그 밖에 개별 법률에 의하여 압류가 금지되는 채권으로 (1) ① 국민연금법(국연 58②, 국연령 44, 민집령 2) ② 공무원연금법(공연 39①, 민집 195iii, 민집령 2) ③군인연금법(군연 18②, 민집 195iii, 민집령 2) ④사립학교교직원연금법(사교연 40②, 민집 195iii, 민집령 2) ⑤별정우체국법(동법 31②, 민집 195iii, 민집령 2)에 따라 수급권자에게 지급된 급여로서 185만원 이하의 급여. 다만, 민사집행법 제246조제1항제8호에 따라 압류하지 못한 예금(적금·부금·예탁금과 우편대체를 포함하며, 이하 "예금등"이라 한다)이 있으면 185만원에서 그 예금등의 금액을 뺀 금액 (2) 국민연금법에 따라 급여수급전용계좌에 입금된 급여와 이에 관한 채권(동법 58③) (3) 국민건강보험법 제56조의2제1항에 따라 요양비등수급계좌에 입금된 요양비등(동법 59②, 60②) (4) 산업재해보상보험법 제82조제2항에 따라 지정된 보험급여수급계좌에 입금된 금액 전액(동법 88③, 동법시행령 81의2) (5) 국가유공자 등 예우 및 지원에 관한 법률 제17조의2제2항에 따라 입금된 월 보훈급여금 전액(동법 19③, 동법시행령 30의2) 등이 있다.

위와 같이 압류만을 금지하고 있는 채권을 담보로 제공할 수 있는지에 관하여는 이들 채권을 양도할 수 있는지 여부에 따라 양도를 긍정한다면 담보제공도 긍정할 수 있을 것이나 양도를 부정한다면 담보제공을 부정할 수밖에 없다. 압류금지채권의 양도가능성에 대하여는 압류금지채권을 일률적으로 양도가 금지되는 채권이라고 할 수는 없고 각 채권의 특수성을 고려해서 양도성 유무를 판단해야 한다는 견해[4]와 압류가 금지된 채권은 원칙적으로 양도성이 없지만 양도에 의하여 압류금지의 근본취지가 침해되지 아니하는 경우에 한하여 예외적으로 양도를 허용하여야 한다는 견해[5]가 주장되고 있다.

양설 모두 양도성을 획일적으로 부정하거나 긍정하지 않는다는 점에서는 일치하고 있다. 따라서 문제는 어떤 기준으로 양도성을 인정하거나 부정할 것인지이다. 이에 관하여는 압류금지의 취지가 채권자에 대한 사회정책적인 배려에서 나온 것이라면 양도도 금지되는 것으로 보아야 하는 반면, 단순히 채권자의 의사에 의하지 아니하고 채권자로부터 채권을 빼앗는 것을 금하는 것이라면 양도가

4) 곽윤직 채권총론 . 김기선 한국채권법총론 279. 김용한 채권법총론 439.
5) 민법주해[X] 573(이상훈). 주석민법[채권총칙(2)] 548(서민). 김형배 채권총론 580.

허용된다고 보는 것이 타당하다.

대법원판례로는 건설업자가 도급받은 건설공사의 도급금액 중 압류가 금지되어 있는 당해 공사(하도급한 공사를 포함한다)의 근로자에게 지급하여야 할 임금에 상당하는 금액(건산기 88)에 관하여 양도가 가능하다는 판시를 한 것이 있다.

판례4-4

압류금지채권의 양도가 가능하다고 본 사례

구 건설업법(1984.12.31. 법률 제3765호로 개정되기 전의 것) 제36조의8(현재는 건설산업기본법 제88조)의 규정이 노임상당 공사대금의 압류를 금지하는 것을 넘어 그 양도까지 금지하는 취지라고는 볼 수 없다(대판 1990.2.13. 88다카8132).

3. 설정할 담보권

(1) 양도담보권

가. 양도담보권의 의의

지명채권을 대상으로 하는 양도담보는 채권자가 양도담보설정자가 제3자에 대하여 가지는 지명채권을 양도담보설정자로부터 채권담보의 목적으로 양도 받았다가, 채무자의 채무이행이 없으면 양도 받은 지명채권을 행사하여 채권의 만족을 구하고, 채무이행이 있으면 다시 양도담보설정자에게 지명채권을 양도하여 이전시켜 주는 형식의 담보이다.

지명채권을 대상으로 하는 양도담보에 있어서의 양도담보권자는 담보의 대상이 되는 지명채권을 양도담보설정자로부터 신탁적으로 양도받음으로써, 양도받은 지명채권의 채무자나 제3자에 대한 관계에서는 완전한 채권자로서의 지위를 가지고, 단지 양도담보설정자에 대한 관계에서 채무이행이 있으면 다시 채권양도절차를 취하여 채권자의 지위를 회복시켜줄 채무를 부담한다는 점에 특징이 있다.

나. 양도담보권의 설정유형

양도담보권은 담보하는 채권의 내용에 따라 특정채무담보형 양도담보권과 근담보형 양도담보권으로 분류할 수 있고 근담보형 양도담보권은 다시 특정근담보형 양도담보권과 한정근담보형 양도담보권 및 포괄근담보형 양도담보권의 3가지로 분류할 수 있다.

양도담보권자와 양도담보권설정자가 체결하는 양도담보권설정계약의 유형은 크게 특정채무담보형과 근담보형 양도담보권설정계약의 2가지가 있다. 그리고 금융거래에서 발생하는 여신채권을 담보하기 위하여 체결하는 근담보형 양도담보권설정계약은 다시 특정근담보형과 한정근담보형 및 포괄근담보형 3유형으로 구분된다.

금융소비자보호에 관한 감독규정 제14조 제6항 제8호와 관련하여 포괄근담보형 양도담보권의 설정이 금지되고 특정근담보형 양도담보권의 설정이 허용되는 점에 대하여는 이론이 있을 수 없다. 그러나 한정근담보형 양도담보권의 설정을 할 수 있는지 여부에 관하여는 논란이 있는데, 근보증에 있어서와 마찬가지로 금융위원회에서는 허용되는 것으로 해석한 바 있으며, 보다 근본적으로는 문언상으로도 한정근질권의 설정이 가능하도록 위 감독규정을 개정하는 것이 바람직하다(자세한 내용은 제2장 제1 3. (1) 나. (마) 은행의 보증서 서식 참조).

(2) 권리질권

가. 권리질권의 의의

권리질권이란 물권 이외의 재산권을 대상으로 하는 질권을 말한다. 권리질권은 담보의 대상이 유체물이 아닌 채권 그밖의 재산권이라는 데에 특징이 있으며, 특히 지명채권을 대상으로 하는 질권을 지명채권질권이라고 한다.

지명채권질권이란 채권자가 채권담보의 목적으로 질권설정자가 제3자에 대하여 가지는 지명채권에 질권이란 제한물권을 설정 받아 채무자의 채무이행이 없으면 그 질권을 실행하여 채권의 만족을 구하는 형식의 담보를 말한다.

부동산이나 유체동산과 같은 유체물의 경우는 그 객관적 평가액이 담보가치가 되는 반면에 권리질권의 대상이 되는 지명채권의 경우는 질권의 대상인 지명채권의 채무자가 가진 변제능력에 따라 담보로서의 가치가 결정된다. 예를 들면 권리질권의 대상이 되는 지명채권의 채무자가 변제능력이 있는 은행 등이라면 부동산이나 유체동산 보다 높은 담보가치를 가지는 반면에 변제능력이 없는 신용불량자라면 매우 낮은 담보가치를 가지는 것이다.

나. 권리질권의 설정유형

지명채권을 대상으로 하는 권리질권에 있어서도 양도담보권에 있어서와 마찬가지로 담보하려고 하는 채권의 내용에 따라 특정채무담보형 권리질권과 근담보형 권리질권으로 구분하여 볼 수 있고, 근담보형 권리질권은 다시 특정근담보형 권리질권과 한정근담보형 권리질권 및 포괄근담보형 권리질권의 3가지 유형으로 구분하여 볼 수 있다.

근담보형 권리질권의 설정에 있어서도 금융소비자보호에 관한 감독규정 제14조 제6항 제8호와 관련하여 한정근담보형 권리질권의 설정을 할 수 있는지 여부는 앞에서 설명한 근담보형 양도담보권의 설정에 있어서와 같다.

(3) 채권담보권

가. 채권담보권의 의의

채권담보권이란 채권자가 그의 채권의 담보로서 채권담보권설정자가 제3자에 대하여 가지는 지명채권(여러 개의 채권 또는 장래에 발생할 채권을 포함한다)을 대상으로 채권자 앞으로 채권담보등기부에 담보등기를 하였다가 채무불이행시 그 채권담보권을 실행하여 채권의 만족을 구하는 형식의 담보를 말한다(동채담 2iii).

채권담보권제도는 2010년 6월 10일 제정되어 2012년 6월 11일부터 시행된 동산·채권 등의 담보에 관한 법률에 의하여 마련된 새로운 담보제도로, 질권 경우와 달리 확정일자 있는 증서에 의한 통지나 제3채무자의 승낙이 없더라도 채권담보등기부에 담보등기를 함으로써 제3채무자 이외의 제3자에게 대항할 수 있도록 하였고, 제3채무자에 대한 대항요건을 등기사항증명서를 제3채무자에게 건네주는 방법으로 구비한 것으로 보게 하였다는 점에 그 특징이 있다.

나. 채권담보권의 설정유형

채권담보권도 담보하는 채권의 내용에 따라 특정채무담보형 채권담보권과 근담보형 채권담보권으로 분류할 수 있고 근담보형 채권담보권은 다시 특정근담보형 채권담보권과 한정근담보형 채권담보권 및 포괄근담보형 채권담보권의 3가지로 분류할 수 있음은 양도담보권이나 질권의 경우와 같다.

동산·채권 등의 담보에 관한 법률도 제37조에서 근담보형 동산담보권에 관한 규정을 채권담보권에 준용하도록 함으로써 명문으로 근담보형 채권담보권의 설정을 인정하고 있다.

근담보형 채권담보권의 설정에 있어서도 금융소비자보호에 관한 감독규정 제14조 제6항 제8호와 관련하여 한정근담보형 채권담보권의 설정을 할 수 있는지 여부는 앞에서 설명한 근담보형 양도담보권과 권리질권의 설정에 있어서와 같다.

(4) 그 밖의 담보권

지명채권을 대상으로 하여서는 질권이나 양도담보권 또는 채권담보권을 설정하는 것이 보통이나, 그밖에 대리수령권의 위임이나 납입지정 방식에 의하여 사실상으로 담보로서의 기능을 하게 하는 방식이 있다.

대리수령권의 위임에 의한 담보란 채무자가 제3자에 대하여 가지는 채권의 변제수령권을 채권자가 채무자로부터 위임받은 후 채무불이행시 채무자의 대리인으로서 제3자로부터 채권의 변제를 받아 이를 채권의 변제에 충당하는 방식의 담보를 말한다. 그리고 납입지정 방식에 의한 담보란 채무자가 그의 거래처에 대하여 현재 가지고 있거나 장래 가지게 될 채권의 변제를, 채권자인 은행에 개설된 채무자의 특정 예금계좌에 입금시키는 방법으로 하게 하고, 그에 따라 입금된 채무자의 예금에 미리 질권자로서의 지위를 취득해 두는 방식의 담보를 말한다.

제 2 양도담보권의 설정과 효력

1. 양도담보권의 설정

(1) 설정방법

지명채권을 대상으로 하는 양도담보권은 양도담보권자와 양도담보권설정자 사이의 채권양도계약과 양도담보설정자로부터 양도담보권자에게로의 채권증서인도 이외에 채무자와 제3자에 대한 대항요건으로서의 양도담보설정자의 채무자에 대한 확정일자 있는 증서에 의한 양도사실통지 또는 확정일자 있는 증서에 의한 채무자의 채권양도승낙에 의하여 설정한다.

(2) 채권양도계약

지명채권을 대상으로 하여 양도담보권을 설정하려면 양도담보권자와 양도담보권설정자 사이의 채권양도계약이 필요하다. 양도담보권자가 채권담보의 목적으로 양도담보권설정자로부터 지명채권 자체를 신탁적으로 양도받는다는 점에 양도담보권설정의 특징이 있다.

은행의 경우 채권양도계약은 미리 마련해두고 있는 담보약관 서식인 양도담보계약서에 의하여 체결한다. 양도담보계약서는 특정채무담보용과 근담보용 2가지가 있다. 그리고 근담보용 양도담보계약서는 특정근담보형과 한정근담보형 및 포괄근담보형을 하나의 서식에 병기하여 설정당사자가 그 중 하나를 선택하는 방식으로 이용하고 있다.

(3) 채권증서의 인도

지명채권에 관하여 채권증서가 작성되어 있지 않으면 채권증서의 인도는 채권양도의 요건이 아니나, 채권증서가 있으면 양도담보권자가 양도담보권설정자로부터 그 채권증서를 인도받아 점유하는 것이 채권양도의 요건이 된다. 존재하지 않는 채권증서를 인도할 수는 없는 것이기 때문이다. 따라서 채권증서가 없는 경우에는 양도담보권설정 당사자 사이에서는 채권양도계약만으로 채권양도의 효력이 생기게 된다.

그러나 지명채권에 있어서 그 채권증서는 단순한 채권의 증거방법에 지나지 않고 채권의 실체를 좌우하는 것이 아니므로 그 지명채권의 양도에 있어서의 채권증서의 인도는 점유개정의 방법에 의하여 하여도 무방하고 또한 양도담보권 설정 후 채권증서를 일시적으로 반환하여 간접점유를 하더라도 양도담보권의 소멸을 초래하지 않는다. 다만 실무상으로는 양도담보권실행의 편의를 위하여 채권증서를 인도받아 현실점유(직접점유)를 하고 있는 것이 좋다.

(4) 대항요건의 구비

가. 대항요건제도의 필요성

지명채권에 대한 양도담보권설정은 양도담보권자와 양도담보권설정자 사이의 채권양도계약으로 이루어진다. 따라서 양도담보권 설정에 관여하지 않는 채무자나 제3자는 채권양도의 사실을 알지 못하기 때문에 뜻하지 않은 손해를 입을 염려가 있다. 여기에서 민법은 이들 채무자나 제3자를 보호하기 위하여, 이들에 대항하기 위한 특별한 요건을 정하고 있다.

나. 채무자에 대한 대항요건

채무자에 대한 대항요건은 채무자에 대한 채권양도의 통지 또는 채무자의 채권양도 승낙이다(민 450①). 통지는 채권양도의 사실을 알리는 행위이며, 승낙은 채권양도의 사실에 대한 인식을 표명하는 채무자의 행위이다. 채권양도의 내용을 채무자에게 구속시킨다는 점에서는 채무자의 승낙이 훨씬 확실한 수단이라고 할 수 있다. 그러나 채무자는 반드시 채권양도 승낙을 해 주어야 할 의무가 없으므로 채무자와는 관계없이 행할 수 있는 통지가 인정되어 있는 것이다.

통지는 양도담보권설정자인 채권양도인이 채무자에 대하여 해야 한다. 즉 채권양도인만이 유효한 통지를 할 수 있고 양도담보권자인 채권양수인이 하는 통지는 효력이 없으며 또한 채권양수인이 채권양도인을 대위하여 통지하여도 효력이 없으므로 주의를 요한다. 다만 채권양수인이 채권양도인의 사자(使者)로서 또는 채권양도인으로부터 통지의 대리권을 수여받아 채권양도인의 대리인으로서 통지하는 것은 무방하다.[6] 그러나 채권양도가 있기 전에 미리 하는 사전 통지는 채무자로 하여금 양도의 시기를 확정할 수 없는 불안한 상태에 있게 하는 결과가 되어 원칙적으로 허용될 수 없다.[7]

통지가 있으면 채무자는 그 통지를 받을 때까지 채권양도인에 대하여 생긴 사유로써 채권양수인에게 대항할 수 있다(민 451②). 예컨대 변제 기타의 사유로 채권의 전부 또는 일부가 소멸하였다는 항변, 동시이행의 항변 또는 채무불성립·무효·취소의 항변 등을 모두 채권양수인에 대하여 주장할 수 있다. 그러나 채무자가 이의를 보류하지 않은 승낙을 한 때에는 채권양도인에게 대항할 수 있는 사유가 있더라도 그것을 가지고 채권양수인에게 대항하지 못하게 된다(민 451①본).

이의를 보류하지 않은 승낙이라 함은 채무자가 채권양도승낙을 하는 경우에 그 채권의 불성립·성립에 있어서의 하자·채권의 소멸 기타의 어떤 항변을 채권양도인에 대하여 가지고 있음을 보류하지 않고서 행하는 단순승낙을 말한다. 채무자가 채권양도에 대하여 이와 같이 이의를 보류하지 않은 승낙을 하는 때에는 채권양수인은 그 채권에 아무런 항변권이 없는 것으로 신뢰하는 것이 보통이므로, 그와 같은 채권양수인의 신뢰를 보호하고 채권양도의 안전을 보장하기 위하여 이의를 보류하지 않은 승낙에 대하여 특히 항변권상실의 효과를 주고 있는 것이다. 따라서 이러한 경우의 채권양수인은 그러한 항변의 존재에 관하여 선의이어야 항변상실의 효력을 주장할 수 있다고 본다. 그리고 이의를 보류한 승낙은 통지의 효력과 동일하다.

다. 채무자 이외의 제3자에 대한 대항요건

(가) 통상의 경우

양도담보권자인 채권양수인이 채권양수의 효력을 채무자 이외의 제3자에게 대항하려면 통지 또는 승낙을 확정일자 있는 증서로 하여야 한다(민 450②).

확정일자는 지방법원·지방법원지원 및 지방법원등기소 또는 공증인사무소에

6) 대판 1994.12.27. 94다19242
7) 대판 2000.4.11. 2000다2627

비치하는 확정일자부에 의하여 지방법원 · 지방법원지원 및 지방법원등기소 또는 공증인사무소에서 확정일자를 받고자 하는 문서에 부여한다(확정일자부 및 일자인 조제에 관한 규정 참조). 그밖에 공정증서에 기입한 일자 또는 공무소에서 사문서에 어느 사항을 증명하고 기입한 일자는 확정일자로 한다(1958.2.22. 제정, 1960.1.1. 시행 민법 부칙 3④).

따라서 예컨대 A의 B에 대한 5천만 원의 채권을 대상으로 A와 K가 양도담보권설정계약을 체결하는 경우에 B에 대한 통지 또는 B의 승낙을 확정일자 있는 증서로 하는 방법은 ① 양도담보권설정계약상에 B의 승낙을 받거나 별도로 B로부터 승낙서를 받아 이를 지방법원 · 지방법원지원 및 지방법원등기소 또는 공증인사무소에 가지고 가서 그 확정일자부에 의한 확정일자를 부여받는 방법 ② A의 B에 대한 채권을 K에게 양도하는 내용의 A명의로 작성된 양도통지서를 배달증명부 내용증명우편으로 B에게 보내는 방법 ③ A와 K가 양도담보권설정계약을 체결하고 B가 이를 승낙하는 내용의 양도담보계약서를 공정증서로 작성하는 방법의 3가지가 있다.

채권양도의 통지 또는 승낙을 확정일자 있는 증서로써 하게 하는 것은 채권양도의 일자를 명확하게 함으로써, 채권양도인과 채권양수인 및 채무자가 통정하여 채권양도의 일자를 소급시켜 제3자의 권리를 해하는 것을 방지하려는데 그 목적이 있다.

통지나 승낙을 확정일자 없는 증서로 한 경우에 후에 그 증서에 확정일자를 받으면 그 일자로부터 대항력을 취득하게 된다. 그리고 여기에서 제3자에게 대항한다는 것은 동일한 채권에 관하여 서로 양립할 수 없는 법률상의 지위를 취득한 자 상호간에 있어서 즉, 채권의 양수인, 이중양수인, 질권자 및 압류채권자 등과의 사이에서 그 우열을 결정한다는 것을 의미한다. 예컨대 채권의 양도와 이중양도가 경합하는 경우에, 제1의 채권양도에 관하여는 단순한 통지를 하고 제2의 양도에 관하여는 확정일자 있는 증서에 의한 통지를 하였다면, 제2의 양도의 효력이 우선하게 되어 제2의 양수인은 제1의 양수인 및 채무자에 대하여 자기의 채권양수를 주장할 수 있다. 그 결과 제1의 양수인은 채무자에 대하여도 대항할 수 없게 되며 일단 양수하였던 채권을 양수하지 않았던 것으로 보게 된다.

(나) 확정일자와 통지의 도달일자 또는 승낙일자가 다른 경우

채권양수인이 확정일자로부터 제3자에 대한 대항력을 취득하는 것은 채권양도통지서상의 확정일자가 채권양도통지서의 채무자에 대한 도달일보다 장래의 일자인 경우 또는 채권양도승낙서의 확정일자가 채무자의 채권양도승낙일보다 장래의 일자인 경우에 한하고, 채권양도통지서의 확정일자 또는 채권양도승낙서의 확정일자가 그 도달일이나 승낙일보다 과거의 일자인 경우는 그 도달일이나 승낙일로부터 제3자에 대한 대항력을 취득하는 것으로 보아야 한다. 채권양도통지서가 채무자에게 도달하지 않았다거나 채무자가 아직 채권양도승낙을 하지 않은 동안에는 제3자에 대한 대항력 자체가 발생되지 않는 것이기 때문이다.

대법원판례도 「채권이 이중으로 양도된 경우의 양수인 상호간의 우열은 통지 또는 승낙에 붙여진 확정일자의 선후에 의하여 결정할 것이 아니라, 채권양도에 대한 채무자의 인식, 즉 확정일자 있는 양도통지가 채무자에게 도달한 일시 또는 확정일자 있는 승낙의 일시의 선후에 의하여 결정하여야 할 것이고, 이러한 법리는 채권양수인과 동일 채권에 대하여 가압류명령을 집행한 자 사이의 우열을 결정하는 경우에 있어서도 마찬가지이므로, 확정일자 있는 채권양도 통지와 가압류결정 정본의 제3채무자(채권양도의 경우는 채무자)에 대한 도달의 선후에 의하여 그 우열을 결정하여야 한다」고 한다.[8]

(다) 2개 이상의 채권양도통지서 등이 채무자에게 동시에 도달한 경우

동일한 지명채권을 대상으로 한 2개 이상의 확정일자 있는 채권양도통지서나 가압류명령서 또는 압류명령서 등이 채무자에게 동시에 도달한 경우에는 이들 채권양수인이나 가압류채권자 또는 압류채권자 사이에 우열을 가릴 수 없으므로 채권양수와 가압류 및 압류는 모두 유효인 것으로 보아야 한다. 따라서 이 경우 채권양수인이나 가압류채권자 또는 압류채권자는 모두 제3채무자(채권양도의 경우는 채무자)에 대하여 완전한 대항력을 갖추었다고 할 것이므로, 그 전액에 대하여 채권양수금, 압류전부금 또는 추심금의 이행청구를 하고 적법하게 이를 변제받을 수 있고, 제3채무자로서는 이들 중 누구에게라도 그 채무 전액을 변제하면 다른 채권자에 대한 관계에서도 유효하게 면책되는 것이며, 만약 양수채권액과 가압류 또는 압류된 채권액의 합계액이 제3채무자에 대한 채권액을 초과할

8) 대전합판 1994.4.26. 93다24223 참조.

때에는 그들 상호간에는 법률상의 지위가 대등하므로 공평의 원칙상 각 채권액에 안분하여 이를 내부적으로 다시 정산할 의무가 있으며, 이 경우 채권양도 통지와 채권가압류결정 정본이 같은 날 도달되었는데 그 선후관계에 대하여 달리 입증이 없으면 동시에 도달된 것으로 추정한다.[9)]

㈑ 채권의 제3자에 대한 대항요건의 적용범위

민법 제450조 제2항 소정의 지명채권양도의 제3자에 대한 대항요건은 양도된 채권이 존속하는 동안에 그 채권에 관하여 양수인의 지위와 양립할 수 없는 법률상의 지위를 취득한 제3자가 있는 경우에 적용되는 것이므로, 양도된 채권이 이미 변제 등으로 소멸한 경우에는 그 후에 그 채권에 관한 채권압류 및 추심명령이 송달되더라도 그 채권압류 및 추심명령은 존재하지 아니하는 채권에 대한 것으로서 무효이고, 위와 같은 대항요건의 문제는 발생될 여지가 없다.[10)]

2. 양도담보권의 효력

(1) 양도담보권의 효력이 미치는 범위

가. 양도담보권에 의하여 담보되는 채권의 범위

㈎ 특정채무담보형 양도담보권의 경우

특정채무담보형 양도담보권에 의하여 담보되는 채권의 범위는 양도담보권설정계약으로 정한 바에 따른다. 그러나 설정계약으로 달리 정한 바가 없으면 원본, 이자, 위약금, 양도담보권실행의 비용, 담보채권보존의 비용 및 채무불이행 또는 담보채권의 하자로 인한 손해배상의 채권을 담보한다. 채무불이행으로 인한 손해배상 즉 지연배상에 대하여도 원본의 이행기일을 경과한 후의 1년분에 한하지 아니하고 모두 담보한다.

---

9) 대전합판 1994.4.26. 93다24223 참조.

10) 대판 2003.10.24. 2003다37426 참조.

㈏ 근담보형 양도담보권의 경우

근담보형 양도담보권은 피담보채권이 확정되기 전에 발생한 원금과 그 원금의 부수채권인 약정이자 및 지연배상금 등을 설정당사자가 설정계약으로 정한 담보한도액의 범위에서 담보한다. 어떤 경우에 피담보채권이 확정되는지는 부동산을 대상으로 하는 근저당권의 경우에 준한다.

담보한도액의 범위에서 담보되는 채권은 설정계약으로 정한 바가 있으면 그에 따르고, 정한 바가 없으면 원본, 이자, 위약금, 담보채권보존의 비용 및 채무불이행 또는 담보채권의 하자로 인한 손해배상의 채권이다. 그러나 담보권실행의 비용은 설정계약으로 달리 정한 바가 없으면 담보한도액과 무관하게 담보한도액을 초과하더라도 담보한다.

나. 양도담보권의 효력이 미치는 지명채권의 범위

양도담보권에 의하여 담보되는 채권액이 양도담보의 대상이 되는 채권액보다 적은 때에도 양도담보권의 효력은 양도담보의 대상이 되는 채권 전액에 미친다. 또한 양도담보의 효력은 양도담보의 대상이 되는 채권의 이자에도 미친다. 다만 이미 발생되어 지급기일이 도래한 이자의 경우는 설정계약으로 포함시키지 않은 한 양도담보권의 효력이 미치지 않는다.

양도담보의 대상이 되는 채권에 보증인이 있는 때에는 그 보증채권에도 양도담보권의 효력이 미친다. 이 경우 보증인에 대하여 별도로 채권양도의 대항요건을 구비할 필요가 없다.[11] 그러나 양도담보의 대상이 되는 채권에 근저당권이 설정되어 있는 때에는 그 근저당권에 당연히 양도담보권의 효력이 미치는 것은 아니고, 근저당권의 이전등기를 하여야만 양도담보권의 효력이 근저당권에 미치게 된다.

(2) 양도담보권의 채무자에 대한 효력

채무자가 채권양도의 통지를 받거나 채권양도의 승낙을 한 후에는 양도담보의 대상이 되는 채권은 채무자에 대한 관계에서도 양도담보권자에게 이전한다. 따라서 이후 채무자는 양도담보설정자가 양도담보권자로부터 다시 채권양도를 받아 그 대항요건을 갖출 때까지는 양도담보권자를 채권자로 취급하여야 한다.

---

11) 대판 1976.4.13.75다1100 참조.

(3) 양도담보권의 침해에 대한 구제

가. 침해의 의의

지명채권을 대상으로 하는 양도담보권의 침해란 양도담보권자가 담보목적인 지명채권에 대하여 가지는 담보로서의 효력을 위법하게 해하는 것을 말한다. 그런데 지명채권은 유체물이 아닌 추상적인 권리라는 점에서 동산양도담보권의 침해유형에 해당하는 양도담보물에 대한 물리적 침해는 있을 수 없다. 또한 양도담보의 경우 담보의 대상인 지명채권은 양도담보권자에게 이전되는 것이므로 채권양도의 제3자 대항력이 구비된 이후에는 양도담보설정자의 다른 채권자가 양도담보의 목적인 채권을 대상으로 강제집행을 할 수가 없으며 강제집행이 이루어진다 하더라도 채무자는 이를 가지고 양도담보권자에게 대항할 수 없다. 따라서 지명채권을 대상으로 한 양도담보권의 침해는 양도담보권의 유효성침해에 대해서만 논의될 수 있다.

나. 양도담보권의 유효성 침해

지명채권을 대상으로 하는 양도담보권의 유효성 침해는 주로 양도담보권설정자에 의하여 이루어진다. 양도담보권설정자에 의한 양도담보권 유효성 침해의 유형으로는 첫째 양도담보권설정자가 채무자에 대하여 지명채권을 가지고 있지 않으면서 가지고 있는 것으로 하여 양도담보권을 설정하는 경우, 둘째 양도담보권설정자가 양도담보권이 설정된 지명채권을 제3자에게 이중으로 양도하는 등의 처분행위를 하는 경우의 2가지를 들 수 있다.

첫째 유형의 침해는 양도담보권자가 양도담보권설정을 받을 때에 채무자의 승낙을 받음으로써 방지할 수 있다. 즉 지명채권을 대상으로 한 양도담보권설정을 채무자에게 대항하려면 채권양도의 사실을 채무자에게 통지하거나 채무자로부터 채권양도의 승낙을 받도록 되어 있는데(민 450①), 단순히 통지만 하는 경우에는 그 통지를 받을 때까지 채무자가 채권양도인에게 대항할 수 있는 사유를 가지고 채권양수인에게 대항할 수 있는 반면, 채무자가 승낙을 한 경우에는 그 채무자는 승낙에 반하는 주장을 채권양수인에게 할 수 없기 때문이다(민 451).

둘째 유형의 침해는 양도담보권자가 양도담보권을 설정 받을 때에 확정일자 있는 증서로 채무자에 대한 통지를 하거나 채무자로부터의 승낙을 받아둠으로써 방지할 수 있다. 동일한 지명채권을 대상으로 여러 채권양도 등의 권리가 경합하는 경우 그 우선순위는 제3자 대항요건을 먼저 구비한 자가 우선하는 것이기 때문이다(민 450②).

(4) 양도담보권과 다른 권리의 관계

가. 일반채권자에 대한 관계

양도담보의 대상인 지명채권에 대하여는 양도담보권설정자의 일반채권자가 강제집행을 할 수 없다. 양도담보의 대상인 지명채권은 채권양도로 인하여 양도담보권설정자가 아닌 양도담보권자에게 귀속되어 있기 때문이다.

나. 양도담보권 상호간의 관계

동일한 지명채권을 대상으로 이중으로 양도담보권이 설정된 때에는 지명채권양도의 제3자 대항요건을 먼저 구비한 자 즉 확정일자 있는 증서에 의한 채권양도의 채무자에 대한 통지 또는 확정일자 있는 증서에 의한 채무자의 채권양도승낙을 먼저 구비한 자가 양도담보의 대상인 지명채권의 양수인으로서의 지위를 취득한다. 만일 지명채권양도의 제3자 대항요건을 누가 먼저 구비한 것인지 알 수 없는 경우에는 이중의 채권양도 모두 유효한 것으로 되어 이중 양도담보권자가 공동양수인이 되는 것으로 보아야 한다.

다. 다른 우선특권과의 관계

양도담보권자는 담보의 대상이 되는 지명채권의 양수인이라는 점에서 담보담보권설정자의 다른 우선특권자에 대한 관계에 있어서 다음과 같은 법률적 지위를 가진다.

첫째는 조세우선특권과의 관계이다. 양도담보권설정자가 조세체납을 하고 있는 경우 조세징수권자는 양도담보권이 설정되어 있는 지명채권에 대하여는 우선 그 양도담보권이 체납조세의 법정기일 전에 설정된 것이면 체납처분 자체를 할 수 없고, 양도담보권자가 양도담보권을 실행하는 경우에도 교부청구를 할 수가 없다. 또한 그 양도담보권이 체납조세의 법정기일 이후에 설정된 것이라도 양도담보권설정자의 다른 재산에 체납처분을 하여도 징수하지 못한 조세에 관하여, 양도담보권의 대상인 지명채권액의 범위에서 양도담보권자에게 제2차납세의무를 부과한 후 양도담보권자가 그 납세의무를 이행하지 않아야 비로소 체납처분을 할 수 있다(국기 42①본, 국징 7, 지기 75①본, 지징 15).

둘째는 근로자의 최우선변제권 있는 임금우선특권과의 관계이다. 양도담보권설정자가 근로자를 고용하고 있는 사용자인 경우 최우선변제되는 임금채권을 가진 근로자라도 양도담보권의 대상인 지명채권에 대하여는 강제집행절차를 취할 수가 없고 또 양도담보권자가 양도담보권을 실행하는 경우에도 배당참가를 할 수가 없다. 지명채권을 대상으로 하는 양도담보의 경우는 양도담보권자가 지명채권의 완전한 양수인이 되는 것이고, 또한 조세채권과는 달리 근로기준법에 양도담보의 대상인 지명채권에 대하여도 그 효력이 미친다는 규정이 없기 때문이다.

셋째는 건강보험료 · 연금보험료 · 고용보험료 및 산재보험료(이하 건강보험료 등이라 한다)채권과의 관계이다. 양도담보권설정자가 건강보험료 등의 체납을 하고 있어도 양도담보권이 설정된 지명채권에 대하여는 체납처분을 할 수가 없고 또 양도담보권자가 양도담보권을 실행하는 경우에도 교부청구를 할 수가 없다. 지명채권을 대상으로 하는 양도담보의 경우는 양도담보권자가 지명채권의 완전한 양수인이 되는 것이기 때문이다.

(5) 양도담보권의 실행

지명채권을 대상으로 하는 양도담보권은 양도담보권자가 직접 담보채권을 추심하여 변제에 충당할 수 있다. 그 밖에 양도담보권에 의하여 담보되는 채권은 변제기가 도래해 있으나 양도담보의 대상이 되는 지명채권은 아직 변제기가 도래하지 않은 경우에는 동산양도담보에 있어서와 마찬가지로 담보목적물인 지명채권 자체를 임의로 처분 또는 평가해서 피담보채권의 변제에 충당하고 잉여가 있으면 이를 양도담보권설정자에게 반환하는 방식 즉 사적 실행을 할 수 있다.

제3 질권의 설정과 효력

1. 질권의 설정

(1) 설정방법

지명채권을 대상으로 하는 질권은 질권자와 질권설정자 사이의 질권설정계약과 질권설정자로부터 질권자에게로의 채권증서인도 이외에 제3채무자와 제3자에 대한 대항요건으로서의 질권설정자의 제3채무자에 대한 확정일자 있는 증서에 의한 질권설정사실통지 또는 확정일자 있는 증서에 의한 제3채무자의 질권설정 승낙에 의하여 설정한다.

(2) 질권설정계약

지명채권을 대상으로 하여 질권을 설정하려면 질권자와 질권설정자 사이의 질권설정계약이 필요하다. 은행의 경우 질권설정계약은 미리 마련해두고 있는 표준서식인 질권설정계약서에 의하여 체결한다. 질권설정계약서는 특정채무담보용과 근담보용 2가지가 있다. 그리고 근담보용 질권설정계약서는 특정근담보형과 한정근담보형 및 포괄근담보형을 하나의 서식에 병기하여 설정당사자가 그 중 하나를 선택하는 방식으로 이용하고 있다.[12)]

(3) 채권증서의 인도

지명채권에 관하여 채권증서가 작성되어 있지 않으면 채권증서의 인도는 질권설정의 요건이 아니나, 채권증서가 있으면 질권자가 질권설정자로부터 그 채권증서를 인도받아 점유하는 것이 질권설정의 요건이 된다(민 347). 존재하지 않는 채권증서를 인도할 수는 없는 것이기 때문이다. 따라서 채권증서가 없는 경우에

12) 부록 은행의 담보약관 서식 중 10. 근질권설정계약서(근담보용) 참조.

는 질권설정 당사자 사이에서는 질권설정계약만으로 질권설정의 효력이 생기게 된다.[13]

그러나 지명채권에 있어서 그 채권증서는 단순한 채권의 증거방법에 지나지 않고 채권의 실체를 좌우하는 것이 아니므로 그 지명채권을 대상으로 하는 질권설정에 있어서의 채권증서의 인도는 점유개정의 방법에 의하여 하여도 무방하고 또한 질권설정 후 채권증서를 일시적으로 반환하여 간접점유를 하더라도 질권의 소멸을 초래하지 않는다.[14] 다만 실무상으로는 질권실행의 편의를 위하여 채권증서를 인도받아 현실점유(직접점유)를 하고 있는 것이 좋다.

(4) 대항요건의 구비

가. 대항요건제도의 필요성

지명채권을 대상으로 하는 질권설정은 질권자와 질권설정자 사이의 질권설정계약으로 이루어진다. 따라서 질권설정에 관여하지 않는 제3채무자나 제3자는 채권양도의 사실을 알지 못하기 때문에 뜻하지 않은 손해를 입을 염려가 있다. 여기에서 민법은 이들 제3채무자나 제3자를 보호하기 위하여 이들에 대항하기 위한 특별한 요건을 정하고 있다.

나. 제3채무자에 대한 대항요건

제3채무자에 대한 대항요건은 제3채무자에 대한 질권설정의 통지 또는 제3채무자의 질권설정 승낙이다. 통지와 승낙의 의미와 방법 및 효력 등에 관하여는 앞에서 양도담보에 대하여 설명한 내용과 같다(민 349, 450①, 451).

---

13) 민법주해[VI] 425(정동윤), 곽윤직 물권법 426, 이영준 물권법 748, 장경학 물권법 745.

14) 곽윤직 물권법 426, 김용한 물권법 528, 이은영 물권법 705, 장경학 물권법 745. 다만 이에 대하여는 증서의 교부는 현실의 교부에 한하고 따라서 점유개정은 허용되지 않으며, 질권설정계약이 성립된 후 채권증서를 반환하면 질권이 소멸한다고 보는 소수설이 있다(이영준 물권법 748 참조).

다. 제3채무자 이외의 제3자에 대한 대항요건

질권자가 질권설정의 효력을 제3채무자 이외의 제3자에게 대항하려면 통지 또는 승낙을 확정일자 있는 증서로 하여야 한다(민 349①, 450②). 어떠한 경우에 확정일자가 되는지, 확정일자를 요구하는 이유 및 제3자에게 대항한다는 의미는 앞에서 양도담보에 관하여 설명한 바와 같다. 그리고 확정일자와 통지의 도달일자 또는 승낙일자가 다른 경우와 2개 이상의 질권설정통지서 등이 제3채무자에게 동시에 도달한 경우의 우열을 정하는 기준도 앞에서 양도담보에 관하여 설명한 바와 같다.

그리고 질권설정의 제3자에 대한 대항요건은 질권설정된 채권이 존속하는 동안에 그 채권에 관하여 질권과 양립할 수 없는 법률상의 지위를 취득한 제3자가 있는 경우에 적용되는 것이므로, 이미 질권이 실행되어 질권자가 제3채무자로부터 지급을 받은 후에는 위와 같은 질권의 제3자 대항요건은 문제가 되지 않는다.

2. 질권설정의 효력

(1) 질권의 효력이 미치는 범위

가. 질권에 의하여 담보되는 채권의 범위

(가) 특정채무담보형 질권의 경우

특정채무담보형 질권에 의하여 담보되는 채권의 범위는 질권설정계약으로 정한 바에 따른다. 그러나 설정계약으로 달리 정한 바가 없으면 원본, 이자, 위약금, 질권실행의 비용, 질물보존의 비용 및 채무불이행 또는 담보채권의 하자로 인한 손해배상의 채권을 담보한다(민 355, 334). 채무불이행으로 인한 손해배상 즉 지연배상에 대하여도 원본의 이행기일을 경과한 후의 1년분에 한하지 아니하고 모두 담보한다.

(나) 근담보형 질권의 경우

근담보형 질권은 피담보채권이 확정되기 전에 발생한 원금과 그 원금의 부수채권인 약정이자 및 지연배상금 등을 설정당사자가 설정계약으로 정한 담보한도액의 범위에서 담보한다. 어떤 경우에 피담보채권이 확정되는지는 부동산을 대상으로 하는 근저당권의 경우에 준한다.

담보한도액의 범위에서 담보되는 채권은 설정계약으로 정한 바가 있으면 그에 따르고, 정한 바가 없으면 원본, 이자, 위약금, 담보채권보존의 비용 및 채무불이행 또는 담보채권의 하자로 인한 손해배상의 채권이다. 그러나 담보권실행의 비용은 설정계약으로 달리 정한 바가 없으면 담보한도액과 무관하게 담보한도액을 초과하더라도 담보한다.

나. 질권의 효력이 미치는 목적물의 범위

피담보채권액이 입질채권액보다 적은 때에도 질권의 효력은 입질채권의 전부에 미친다.[15] 또한 질권의 효력은 입질채권의 이자에도 미친다. 다만 이미 발생되어 지급기일이 도래한 이자의 경우는, 설정계약으로 포함시키지 않은 한 질권의 효력이 미치지 않는 것으로 보아야 한다.[16]

입질채권에 보증인이 있는 때에는 그 보증채권에도 질권의 효력이 미친다. 이 경우 보증인에 대하여 별도로 질권설정의 대항요건을 구비할 필요가 없음은 앞에서 설명한 바 있다. 그러나 입질채권에 저당권이 설정되어 있는 때에는 그 저당권에 당연히 질권의 효력이 미치는 것은 아니고, 저당권의 등기에 질권의 부기등기를 하여야만 질권의 효력이 저당권에 미치게 된다(민 348).

채권질권에도 물상대위의 규정이 준용된다(민 355, 342). 따라서 질권자는 입질채권의 소멸이나 기타의 침해로 인하여 질권설정자가 받을 금전 기타 물건에 대하여도 질권을 행사할 수 있다.

(2) 제3채무자에 대한 효력

제3채무자가 질권설정의 통지를 받거나 질권설정을 승낙한 후에는 질권설정자에게 입질채권을 변제할 수 없다. 이에 위반한 제3채무자의 변제는 질권설정자에 대한 관계에 있어서는 유효라고 할 수 있으나 질권자에 대한 관계에서는 무

15) 곽윤직 물권법 428. 이영준 물권법 751. 이은영 물권법 707.
16) 민법주해[VI] 443(정동윤).

효이다. 따라서 이 경우 질권자는 입질채권이 계속 존재하는 것으로 하여 제3채무자에게 질권자로서의 변제를 청구할 수 있다.

담보되는 채권의 변제기가 도래하기 전에 입질채권의 변제기가 도래한 때에는 질권자는 제3채무자에 대하여 그 변제금액의 공탁을 청구할 수 있으며 이 경우 질권은 그 공탁금 위에 존재한다(민 353③). 담보되는 채권의 변제기가 도래하지 않은 이상 질권자가 질권을 실행할 수 없는 것이고, 그렇다고 하여 담보되는 채권의 변제기가 도래할 때까지 기다려서 청구하게 하면, 그 때에는 제3채무자의 변제자력이 악화되어 질권실행의 실효를 거둘 수가 없게 될 염려가 있기 때문에 둔 규정이다. 또한 이 경우 제3채무자는 질권자의 청구가 없어도 공탁하여 채무를 면할 수 있는 것으로 보아야 한다.

(3) 질권의 침해에 대한 구제

가. 침해의 의의

지명채권을 대상으로 하는 질권의 침해란 질권자가 담보목적인 지명채권에 대하여 가지는 담보로서의 효력을 위법하게 해하는 것을 말한다. 그런데 지명채권은 유체물이 아닌 추상적인 권리라는 점에서 동산질권의 침해유형에 해당하는 질물에 대한 물리적 침해는 있을 수 없다. 따라서 지명채권질권에 있어서의 질권의 침해는 질권의 유효성침해와 질권의 목적인 지명채권에 대한 질권설정자의 채권자에 의한 강제집행에 대해서만 논의할 수 있다.

나. 질권의 유효성 침해

지명채권을 대상으로 하는 질권의 유효성 침해는 주로 질권설정자에 의하여 이루어진다. 질권설정자에 의한 질권 침해의 유형으로는 첫째 질권설정자가 제3채무자에 대하여 지명채권을 가지고 있지 않으면서 가지고 있는 것으로 하여 질권을 설정하는 경우, 둘째 질권설정자가 질권이 설정된 지명채권을 제3자에게 양도하는 등의 처분행위를 하는 경우, 셋째 질권설정자가 제3채무자에 대하여 가지고 있는 지명채권을 질권설정 후에 소멸시키는 경우의 3가지를 들 수 있다.

첫째 유형의 침해는 질권자가 질권설정을 할 때에 제3채무자의 승낙을 받음으로써 방지할 수 있다. 즉 지명채권을 대상으로 한 질권설정을 제3채무자에게 대항하려면 질권설정 사실을 제3채무자에게 통지하거나 제3채무자로부터 질권설정의 승낙을 받도록 되어 있는데(민 349①), 단순히 통지만 하는 경우에는 그 통지를 받을 때까지 제3채무자가 질권설정자에게 대항할 수 있는 사유를 가지고 질권자에게 대항할 수 있는 반면, 제3채무자가 승낙을 한 경우에는 그 제3채무자는 승낙에 반하는 주장을 질권자에게 할 수 없기 때문이다(민 349②, 451).

둘째 유형의 침해는 질권자가 질권설정을 할 때에 확정일자 있는 증서로 제3채무자에 대한 통지를 하거나 제3채무자로부터의 승낙을 받아둠으로써 방지할 수 있다. 동일한 지명채권을 대상으로 질권 등의 권리가 경합하는 경우 그 우선순위는 제3자 대항요건을 먼저 구비한 자가 우선하는 것이기 때문이다(민 349①, 450②).

셋째 유형의 침해는 질권자만으로서는 방지할 수가 없다. 이에 민법은 제352조에 「질권설정자는 질권자의 동의없이 질권의 목적된 권리를 소멸하게 하거나 질권자의 이익을 해하는 변경을 할 수 없다」고 규정하여 질권자를 보호하고 있다.

민법 제352조의 내용 중 질권의 목적된 권리를 소멸하게 하는 행위란 채권의 추심, 변제의 수령, 면제, 상계 그 밖에 질권이 설정된 채권을 소멸시키는 행위를 말하고, 질권자의 이익을 해하는 변경을 하는 행위란 경개, 기한유예, 이율인하 등을 말한다. 또한 질권설정자는 채권의 추심을 할 수 없으므로 제3채무자를 상대로 이행의 소도 제기하지 못한다. 문제는 입질채권의 소멸시효를 중단시키기 위한 소송도 제기할 수 없는지 이나, 이행의 소는 제기할 수 없지만 확인의 소는 제기할 수 있다고 할 것이다[17].

민법 제352조에 위배하여 질권설정자가 질권자의 동의 없이 채권소멸 등의 행위를 한 경우 그 행위의 효력에 관하여는, 절대적인 무효로서 질권자의 추인(追認)이 있어도 유효로 되지 않는다는 견해[18]와 상대적인 무효로서 질권자의 사전동의나 사후 추인이 있으면 유효로 된다는 견해[19]가 있으나, 질권자의 동의가 있음에도 구태여 이를 무효로 할 필요는 없다 할 것이므로 후자의 견해가 타당 하다.

한편, 제3채무자는 질권설정의 통지나 승낙 이후에 취득한 질권설정자에 대한

17) 곽윤직 물권법 429.
18) 황적인 현대민법론 605.
19) 이영준 물권법 752. 이은영 물권법 710.

반대채권을 가지고 상계함으로써 질권자에게 대항할 수 없다. 그러나 통지 또는 이의를 보류한 승낙이 행하여지기까지 질권설정자에 대하여 생긴 사유, 예컨대 채무의 불성립 · 무효 · 취소 · 동시이행의 항변은 물론이고, 변제 · 면제 · 상계에 의한 채무소멸의 항변으로써 질권자에게 대항할 수 있다.

문제는 질권설정의 통지 또는 이의를 보류한 승낙 당시에 이미 제3채무자가 질권설정자에 대하여 반대채권을 가지고 있었으나 변제기가 도래하지 않았던 경우에, 이후 변제기가 도래하면 상계하여 질권자에게 대항할 수 있는지 여부이다. 이에 관하여는 반대채권의 변제기가 질권설정대상 채권의 변제기보다 먼저 도래하는 경우에 한하여 긍정하는 것이 타당하다고 본다. 왜냐하면 지급금지명령을 송달받을 당시에 이미 제3채무자가 질권설정자에 대하여 반대채권을 가지고 있었으나 변제기가 도래하지 않았던 경우라도, 그 변제기가 지급금지명령을 받은 채권의 변제기보다 먼저 도래하게 되어 있으면 제3채무자는 그 후 변제기 도래시에 상계로써 질권자에게 대항할 수 있다고 보는 것이 대법원의 판례인데, 그 취지는 질권설정의 통지를 받은 경우에도 동일하게 적용하여야 할 것이기 때문이다.

판례4-5

지급금지명령을 받은 채권에 대한 상계요건

가압류명령을 받은 제3채무자가 가압류채무자에 대한 반대채권을 가지고 있는 경우에 상계로써 가압류채권자에게 대항하기 위하여는 가압류의 효력발생 당시에 양 채권이 상계적상에 있거나, 반대채권이 압류 당시 변제기에 이르지 않는 경우에는 피압류 채권인 수동채권의 변제기와 동시에 또는 보다 먼저 변제기에 도달하는 경우이어야 된다(대판 1982.6.22. 82다카200).

다. 질권설정자의 채권자에 의한 강제집행

강제집행을 하는 채권자가 질권자보다 후순위 권리자이면 제3채무자는 선순위 질권의 존재를 이유로 지급을 거절할 수 있고 나아가 지급을 하더라도 그 지급을 가지고 질권자에게 대항할 수 없다. 또한 민사집행법에 의한 집행방법인 법원의 특별현금화명령에 의하여 당해 지명채권이 매각되더라도 이 경우의 매수인은 질권의 부담이 있는 지명채권을 매수하게 되어 질권자가 불이익을 당하는 것이 없으므로 이를 질권의 침해라고 볼 수 없다.

또한 강제집행을 하는 채권자가 질권자보다 선순위 권리자이면 제3채무자는 후순위 질권의 존재를 이유로 선순위 권리자에 대한 지급을 거절할 수 없고, 그에 따라 제3채무자는 선순위 권리자에 대한 지급을 가지고 후순위 질권자에게 대항할 수 있는 것이므로 이는 정당한 권리행사로 질권의 침해라고 볼 수 없다.

(4) 질권과 다른 권리의 관계

가. 일반채권자와의 관계

지명채권 질권자는 질권의 목적인 채권으로부터 다른 채권자보다 자기채권의 우선변제를 받을 권리가 있다(민 355, 329). 여기에서 다른 채권자란 우선변제권이 없는 일반채권자를 말하고 우선변제권이 있는 채권자 상호간에는 별도로 그 우선변제권을 규정하고 있는 법률의 규정과 그 해석에 의하여 우선변제의 순위가 정해진다. 또한 지명채권 질권자는 질권의 불가분성에 따라 채권의 전부 변제를 받을 때까지 담보채권의 전부에 대하여 그 권리를 행사할 수 있다(민 355, 343, 321).

나. 질권 상호간의 관계

동일한 지명채권을 대상으로 순위를 달리하는 여러 개의 질권을 설정할 수 있다. 질권은 질권자가 대상목적물의 교환가치만을 파악하는 제한물권에 속하기 때문이다. 동일한 지명채권을 대상으로 여러 개의 질권이 설정된 경우 그 순위는 질권의 제3자 대항요건 즉 확정일자 있는 증서에 의한 채무자에 대한 통지 또는 확정일자 있는 증서에 의한 채무자의 승낙의 선후에 의한다.

다. 양도담보권과의 관계

동일한 지명채권을 대상으로 하여 질권과 양도담보권이 이중으로 설정된 경우는 질권과 채권양도의 제3자 대항요건을 누가 먼저 구비하였는지에 따라 그 우열이 결정된다. 다만 이 경우 채권양도의 제3자 대항요건이 질권의 제3자 대항요건보다 먼저 구비되었으면 제3채무자에 대한 관계에서 질권은 효력이 없지만 질권의 제3자 대항요건이 채권양도의 제3자 대항요건보다 먼저 구비되었으면 질권이 설정된 지명채권에 양도담보권이 설정된 것으로 되어 질권과 양도담보권 모두 제3채무자에 대한 관계에서 효력이 있다.

라. 우선특권과의 관계

(가) 조세우선특권과의 관계

질권의 목적인 지명채권에 관하여 질권설정자가 납부하여야 하는 당해세는 그 법정기일이 언제인지에 관계없이 질권에 의하여 담보되는 채권보다 우선한다. 다만 지명채권에 관하여 부과될 수 있는 당해세는 상속세와 증여세에 한한다. 당해세는 국세로는 상속세와 증여세 이외에 종합부동산세가 있고(국기 35⑤), 지방세로는 재산세 · 자동차세 · 지역자원시설세 및 지방교육세가 있지만(지기 71⑤), 종합부동산세는 부동산만을(종부세 1), 재산세는 토지 · 건축물 · 주택 · 항공기 및 선박만을 (지세 105), 자동차세는 등록된 자동차만을(지세 125) 대상으로 부과되고, 지역자원시설세는 특정부동산에 대한 지역자원시설세만 그리고 지방교육세는 재산세와 자동차세에 부가되는 지방교육세만 당해세에 해당(지기 71⑤)되는 것이기 때문이다.

당해세 이외에 질권설정자가 납부하여야 하는 조세와 질권에 의하여 담보되는 채권은 조세의 법정기일과 질권의 설정일자를 비교하여 그 우선순위가 정해진다. 즉 질권이 국세 또는 지방세의 법정기일 전에 설정된 경우는 질권에 의하여 담보되는 채권이 우선하나 그렇지 않은 경우는 조세채권이 우선한다(국기 35①iii, 지기 71①iii). 질권이 법정기일 전에 설정된 사실의 증명은 국세의 경우는 ① 부동산등기부 등본 ② 공증인의 증명 ③ 질권에 대한 증명으로서 세무서장이 인정하는 것 ④ 공문서 또는 금융회사 등의 장부상의 증명으로서 세무서장이 인정하는 것 중의 어느 하나로 하여야 하고(국기령 18②유추), 지방세의 경우는 ① 등기사항증명서 ② 공증인의 증명 ③ 질권에 대한 증명으로서 지방자치단체의 장이 인정하는 것 ④ 금융회사 등의 장부등으로 증명되는 것으로서 지방자치단체의 장이 인정하는 것 ⑤ 그 밖에 공부(公簿)상으로 증명되는 것 중의 어느 하나로 하여야 한다(지기령 50①유추). 만일 위와 같이 증명한 질권설정일자와 국세 또는 지방세의 법정기일이 동일한 일자인 때에는 국세 또는 지방세가 우선하는 것으로 보아야 한다.

㈏ 근로자의 임금채권과의 관계

질권설정자가 고용한 근로자가 최우선변제권을 가지는 임금채권은 질권에 의하여 담보되는 채권보다 우선한다. 그러나 그 이외의 임금채권에 대하여는 질권에 의하여 담보되는 채권이 우선한다. 근로자가 최우선변제권을 가지는 임금채권은 ① 최종 3월분의 임금 ② 재해보상금 ③ 최종 3년간의 퇴직금이다(근기 38②, 근퇴보 12②).

㈐ 건강보험료 채권 등과의 관계

질권설정자가 납부하여야 하는 건강보험료·연금보험료·고용보험료 및 산재보험료(이하 건강보험료 등이라 한다)와 질권에 의하여 담보되는 채권은 질권의 설정일과 건강보험료 등의 납부기한을 비교하여 그 우선순위가 정해진다. 즉 질권이 건강보험료 등의 납부기한 전에 설정된 사실이 증명되는 경우에는 질권에 의하여 담보되는 채권이 건강보험료 등의 채권에 우선하나, 그렇지 않은 경우는 건강보험료 등의 채권이 질권에 의하여 담보되는 채권에 우선한다(국건보 85, 국연 98, 고산보 30). 질권이 건강보험료 등의 납부기한 전에 설정된 사실의 증명은 질권이 국세 또는 지방세의 법정기일 전에 설정된 사실을 증명하는 방법과 같다. 그리고 질권설정일자가 건강보험료 등의 납부기한과 동일한 일자인 때에는 건강보험료 등의 채권이 우선하는 것으로 보아야 한다.

(5) 질권의 실행

지명채권질권의 실행은 질권자가 제3채무자에 대하여 직접 청구하는 방법으로 하는 것이 원칙이다(민 353②). 그밖에 질권자는 민사집행법에서 규정하는 집행방법인 채권의 추심명령이나 전부명령 또는 특별현금화 명령절차에 의하여 질권을 실행할 수 있으며(동채담 36③), 유질특약이 있는 경우는 질권자가 변제에 갈음하여 질권의 대상인 채권을 취득하거나, 법률에서 규정하는 방법에 의하지 아니하고 질권의 대상인 채권을 처분하여 담보채권의 변제에 충당하는 이른바 유질계약에 의한 실행의 방법이 있다[20].

20) 자세한 내용은 여신실무법률-여신회수 제7장 지명채권에 대한 강제집행 참조.

(6) 질권의 목적 이외의 재산으로부터의 변제

질권자는 질권의 목적인 지명채권에 의하여 변제를 받지 못한 부분의 채권에 한하여 채무자의 다른 재산으로부터 변제를 받을 수 있다(민 355, 340①). 그러나 질물보다 먼저 다른 재산에 관한 배당을 실시하는 경우에는 질권자는 질권을 실행하지 아니하고서도 그 다른 재산으로부터 배당을 받을 수 있는데 이 경우 다른 채권자는 질권자에게 그 배당금액의 공탁을 청구할 수 있다(민 355, 340②). 그밖에 세부적인 내용은 동산질권의 경우와 같다.

제4 채권담보권의 설정과 효력

1. 채권담보권의 설정

(1) 설정방법

지명채권을 대상으로 하는 채권담보권은 채권담보권자와 채권담보권설정자가 담보약정을 체결하고 제3자에 대한 대항요건으로서 채권담보등기부에 담보등기를 한 후 제3채무자에 대한 대항요건으로서 담보등기에 관한 등기사항증명서를 발급받아 이를 제3채무자에게 건네주는 방법으로 설정한다(동채담 34, 35).

채권담보권을 설정할 수 있는 자는 동산담보권의 경우와 같이 법인 또는 상업등기법에 따라 상호등기를 한 사람(2021.4.21. 부터는 부가가치세법에 따라 사업자등록을 한 사람)에 한한다(동채담 3①)는 점에서 설정자격에 제한이 없는 질권 및 양도담보권의 경우와 구분된다.

(2) 담보약정

담보약정은 양도담보 등 명목을 묻지 아니하고 동산·채권 등의 담보에 관한 법률에 따라 대상목적물을 담보로 제공하기로 하는 담보권자와 담보권설정자 사이의 약정을 말한다(동채담 2ⅰ).

채권담보등기부에 담보등기를 하는 원인계약이 되는 양도담보계약 등의 담보약정은 동산·채권 등의 담보에 관한 법률의 시행일인 2012년 6월 11일 이후에 체결된 것에 한하며, 그 전에 체결된 양도담보계약 등의 담보약정에 의해서는 담보등기를 할 수 없다(동채담 부칙 2).

금융기관의 여신거래에 따른 담보약정을 위한 구체적인 서식은 질권설정계약서나 양도담보계약서의 서식과 마찬가지로 특정채무담보형 채권담보약정서와 근담보형 채권담보약정서로 크게 구분하되 근담보형 채권담보약정서는 하나의 서식에 특정근담보형과 한정근담보형 및 포괄근담보형을 병기하여 선택적으로 사용할 수 있도록 하는 새로운 서식을 마련할 필요가 있다.

(3) 담보등기

담보등기란 동산·채권 등의 담보에 관한 법률에 따라 지명채권을 담보로 제공하기 위하여 이루어진 등기를 말한다(동채담 2vii). 그러나 담보등기는 채권담보권의 성립요건이 아니고 채권담보권을 제3자에게 대항하기 위한 대항요건일 뿐이다(동채담 35①). 즉 동산담보권은 설정당사자 사이의 담보약정이 있어도 담보등기가 없으면 담보권 자체가 성립되지 않는 반면, 채권담보권은 설정당사자 사이의 약정만으로 성립하되 담보등기가 없으면 그 담보권을 가지고 제3자에게 대항할 수 없을 뿐인 것이다.

담보등기는 1개의 지명채권을 대상으로 하여서는 물론이고 여러 개의 채권(채무자가 특정되었는지 여부를 묻지 아니하고 장래에 발생할 채권을 포함한다)이더라도 채권의 종류, 발생원인, 발생 연월일을 정하거나 그 밖에 이와 유사한 방법으로 특정할 수 있는 경우에는 이를 목적으로 하여서 할 수 있다(동채담 34②).

담보로 제공된 지명채권에 채권증서가 있는 경우에도 질권과 양도담보권의 경우와는 달리 채권담보권자에 대한 채권증서의 인도는 채권담보권의 효력과는 무관하다. 동산·채권 등의 담보에 관한 법률에서 질권의 설정에 있어서 채권증서의 질권자에 대한 인도를 요하도록 한 민법 제347조를 준용한다는 규정을 두고 있지 않기 때문이다. 이는 지명채권에 있어서의 채권증서는 단순히 지명채권의 존재와 내용에 대한 증거방법에 지나지 않는다는 점을 고려한 것으로 보인다.

담보등기는 채권담보권의 설정에만 필요로 하는 것이 아니라 채권담보권의 이전, 변경, 말소 또는 연장을 함에 있어서도 필요로 한다(동채담 38). 담보등기를 위한 조직과 담보등기의 절차는 동산담보권의 경우에 준한다.

(4) 채권담보권의 대항요건

가. 제3채무자에 대한 대항요건

채권담보권은 설정당사자 사이에서는 담보약정만으로 성립한다. 그러나 채권담보권의 성립을 제3채무자(즉 담보의 목적인 지명채권의 채무자)에게 대항할 수 있으려면 채권담보권자 또는 채권담보권설정자가 제3채무자에게 채권담보권 설정의 등기사항증명서(발급절차에 대하여는 동채담 52 참조)를 건네주는 방법으로 그 사실을 통지하거나 제3채무자가 이를 승낙하여야 한다(동채담 35②). 질권의 경우는 질권설정자만이 유효한 통지를 할 수 있음에 대하여 채권담보권의 경우는 채권담보권설정자 이외에 채권담보권자도 유효한 통지를 할 수 있다는 점에 특징이 있다. 그밖에 통지나 승낙의 효력은 질권의 경우와 같다(동채담 35④).

나. 제3자에 대한 대항요건

채권담보권의 제3자에 대한 대항요건은 담보등기이다. 즉 담보약정에 따른 채권담보권의 득실변경은 담보등기부에 등기한 때에 지명채권의 채무자(제3채무자) 외의 제3자에게 대항할 수 있다(동채담 35①). 지명채권질권의 제3자 대항요건이 확정일자 있는 증서에 의한 통지 또는 승낙인 점과 다르다.

제3자에 대한 대항요건을 담보등기로 한 결과 채권담보권의 담보등기가 이루어졌지만 이를 제3채무자에게 통지하지 않은 상태에서 제3자가 담보목적물인 지명채권을 대상으로 압류 및 전부명령을 받아 그 지급을 청구한 경우의 법률관계를 어떻게 볼 것인지 문제로 되나 이에 관하여는 다음과 같이 해결하여야 할 것으로 본다.

우선 제3채무자가 통지를 받지 않은 상태에서 압류 및 전부채권자에게 지급을 한 때에는 제3채무자는 그 지급을 가지고 채권담보권자에게 대항할 수 있는 것으로 보아야 한다. 채권담보권자나 채권담보권설정자가 채권담보권의 설정을 제3채무자에게 통지하지 않은 이상 채권담보권자는 채권담보권을 가지고 제3채무자에게 대항할 수 없기 때문이다. 그러나 이 경우 채권담보권자는 압류 및 전부채권자에게 제3채무자로부터 지급받은 금액을 부당이득으로 반환청구할 수는 있다. 담보등기를 한 이상 담보채권자로서는 이를 가지고 압류 및 전부채권자에게 대항할 수 있는 것이어서 이 경우 압류 및 전부채권자는 채권담보권자에 대하여 부당이득을 한 것으로 볼 수 있기 때문이다.

이에 대하여 제3채무자가 지급을 하기 전에 채권담보권자나 채권담보권설정자로부터 채권담보권설정의 통지를 받은 때에는 비록 그 통지를 받기 전에 압류 및 전부명령을 송달받았다 할지라도 압류 및 전부채권자에게 지급을 하여서는 아니되고 채권담보권자에게 지급하여야 할 것으로 본다. 채권담보권자로서는 제3채무자가 압류 및 전부명령을 송달받기 전에 담보등기를 함으로써 그 채권담보권을 가지고 이미 압류 및 전부채권자에게 대항할 수 있는 효력을 확보한 상태이고, 또한 제3채무자의 지급이 이루어지기 전에 제3채무자에 대한 통지를 한 이상 압류 및 전부채권자에 대한 대항력을 제3채무자에게도 주장할 수 있는 것으로 보아야 하기 때문이다.

2. 채권담보권의 효력

(1) 채권담보권의 효력이 미치는 범위

가. 채권담보권에 의하여 담보되는 채권의 범위

㈎ 특정채무담보형 채권담보권의 경우

특정채무담보형 채권담보권에 의하여 담보되는 채권의 범위는 채권담보설정계약으로 정한 바에 따른다. 그러나 설정계약으로 달리 정한 바가 없으면 원본, 이자, 위약금, 담보권실행의 비용, 담보채권 보존의 비용 및 채무불이행 또는 담보채권의 하자로 인한 손해배상의 채권을 담보한다(동채담 37, 12). 채무불이행으로 인한 손해배상 즉 지연배상에 대하여도 원본의 이행기일을 경과한 후의 1년분에 한하지 아니하고 모두 담보한다.

㈏ 근담보형 채권담보권의 경우

근담보형 채권담보권은 피담보채권이 확정되기 전에 발생한 원금과 그 원금의 부수채권인 약정이자 및 지연배상금 등을 설정당사자가 설정계약으로 정한 담보한도액의 범위에서 담보한다. 어떤 경우에 피담보채권이 확정되는지는 부동산을 대상으로 하는 근저당권의 경우에 준한다.

담보한도액의 범위에서 담보되는 채권은 설정계약으로 정한 바가 있으면 그에 따르고, 정한 바가 없으면 원본, 이자, 위약금, 담보채권보존의 비용 및 채무불이행 또는 담보채권의 하자로 인한 손해배상의 채권이다. 그러나 담보권실행의 비용은 설정계약으로 달리 정한 바가 없으면 담보한도액과 무관하게 담보한도액을 초과하더라도 담보한다.

나. 채권담보권의 효력이 미치는 목적물의 범위

피담보채권액이 채권담보권의 목적인 지명채권액보다 적은 때에도 채권담보권의 효력은 지명채권액의 전부에 미친다. 또한 채권담보권의 효력은 채권담보권의 목적인 지명채권의 이자에도 미친다. 다만 이미 발생되어 지급기일이 도래한 이자의 경우는, 설정계약으로 포함시키지 않은 한, 채권담보권의 효력이 미치지 않는 것으로 보아야 한다.

채권담보권의 목적인 지명채권에 보증인이 있는 때에는 그 보증채권에도 채권담보권의 효력이 미친다. 이 경우 보증인에 대하여 별도로 채권담보권설정의 대항요건을 구비할 필요가 없으며, 그 이유는 질권의 경우에 관하여 앞에서 설명한 바와 같다. 그러나 채권담보권의 목적인 지명채권에 저당권이 설정되어 있는 때에는 그 저당권에 당연히 채권담보권의 효력이 미치는 것은 아니고, 저당권의 등기에 채권담보권의 부기등기를 하여야만 채권담보권의 효력이 저당권에 미치게 된다(동채담 37, 민 348).

채권담보권에도 물상대위의 규정이 준용된다(동채담 37, 민 355, 342). 따라서 채권담보권자는 담보채권의 소멸이나 기타의 침해로 인하여 채권담보권설정자가 받을 금전 기타 물건에 대하여도 채권담보권을 행사할 수 있다.

(2) 채권담보권의 제3채무자에 대한 효력

제3채무자가 채권담보권자나 채권담보권설정자로부터 채권담보권의 등기사항증명서를 건네받거나 채권담보권의 설정을 승낙한 후에는 채권담보권설정자에게 담보목적인 지명채권의 변제를 할 수 없다. 이에 위반한 제3채무자의 변제는 채권담보권설정자에 대한 관계에 있어서는 유효라고 할 수 있으나 채권담보권자에 대한 관계에서는 무효이다. 따라서 이 경우 채권담보권자는 채권담보권의 대상이 되는 지명채권이 계속 존재하는 것으로 하여 제3채무자에게 담보권실행으로서의 변제를 청구할 수 있다.

피담보채권의 변제기가 도래하기 전에 담보목적인 지명채권의 변제기가 먼저 도래한 때에는, 채권담보권자는 제3채무자에 대하여 그 변제금액의 공탁을 청구할 수 있으며 이 경우 채권담보권은 그 공탁금 위에 존재한다(동채담 36②). 피담보채권의 변제기가 도래하지 않은 이상 채권담보권자가 채권담보권을 실행할 수 없는 것이고, 그렇다고 하여 피담보채권의 변제기가 도래할 때까지 기다려서 청구하게 하면, 그 때에는 제3채무자의 변제자력이 악화되어 채권담보권실행의 실효를 거둘 수가 없게 될 염려가 있기 때문에 둔 규정이다. 또한 이 경우 제3채무자는 채권담보권자의 청구가 없어도 공탁하여 채무를 면할 수 있는 것으로 보아야 한다.

(3) 채권담보권의 존속기간

채권담보권의 존속기간은 5년을 초과할 수 없다. 다만, 5년을 초과하지 않는 기간으로 이를 갱신할 수 있다(동채담 49①). 그리고 채권담보권의 존속기간을 갱신하려면 그 만료 전에 연장등기를 신청하여야 한다(동채담 49②). 존속기간과 연장등기신청 등의 구체적인 의미는 동산담보권에 관하여 설명한 바와 같다.

(4) 채권담보권의 침해에 대한 구제

가. 침해의 의의

채권담보권의 침해란 채권담보권자가 담보목적인 지명채권에 대하여 가지는 담보로서의 효력을 위법하게 해하는 것을 말한다. 채권담보권의 침해유형으로는 담보목적인 지명채권 자체에 대한 침해와 담보등기의 침해의 2가지를 들 수 있다. 그리고 지명채권 자체에 대한 침해는 질권에서 본 바와 같이 채권담보권의 유효성 침해와 채권담보권의 목적인 지명채권에 대한 제3자의 강제집행으로 구분해 볼 수 있고, 담보등기의 침해는 담보등기가 위조된 등기서류에 의하여 원인 없이 말소된 경우와 피담보채권이 변제되어 이미 소멸된 선순위의 담보권이 말소되지 않고 있는 경우로 구분해 볼 수 있다. 그런데 지명채권에 대한 제3자의 강제집행은 채권담보권의 침해라고 볼 수 없으므로 이하에서는 채권담보권의 유효성 침해와 담보등기의 침해의 2유형에 대하여서만 설명하기로 한다.

나. 채권담보권의 유효성침해

지명채권을 대상으로 하는 채권담보권의 유효성 침해는 주로 설정자에 의하여 이루어진다. 설정자에 의한 채권담보권 침해의 유형으로는 첫째 설정자가 제3채무자에 대하여 지명채권을 가지고 있지 않으면서 가지고 있는 것으로 하여 채권담보권을 설정하는 경우, 둘째 설정자가 채권담보권이 설정된 지명채권을 제3자에게 양도하는 등의 처분행위를 하는 경우, 셋째 설정자가 제3채무자에 대하여 가지고 있는 지명채권을 채권담보권설정 후에 소멸시키는 경우의 3가지를 들 수 있다.

첫째 유형의 침해는 채권담보권자가 채권담보권을 설정할 때에 제3채무자의 승낙을 받음으로써 방지할 수 있다. 즉 지명채권을 대상으로 설정한 채권담보권을 제3채무자에게 대항할 수 있으려면 채권담보설정 사실을 제3채무자에게 통지하거나 제3채무자로부터 채권담보권설정의 승낙을 받도록 되어 있는데(동채담 35②), 단순히 통지만 하는 경우에는 그 통지를 받을 때까지 제3채무자가 채권담보권설정자에게 대항할 수 있는 사유를 가지고 채권담보권자에게 대항할 수 있는 반면, 제3채무자가 승낙을 한 경우에는 그 제3채무자는 승낙에 반하는 주장을 채권담보권자에게 할 수 없기 때문이다(동채담 35④, 민 349②, 451).

둘째 유형의 침해는 채권담보권자가 채권담보권설정의 등기를 함으로써 방지할 수 있다. 동일한 지명채권을 대상으로 채권담보권과 질권 등의 권리가 경합하는 경우 그 우선순위는 담보등기와 질권의 제3자 대항요건을 먼저 구비한 자가 우선하는 것이기 때문이다(동채담 35③, 민 349①, 450②).

셋째 유형의 침해는 채권담보권자만으로서는 방지할 수가 없다. 이에 동산·채권 등의 담보에 관한 법률은 제37조에 「질권설정자는 질권자의 동의없이 질권의 목적된 권리를 소멸하게 하거나 질권자의 이익을 해하는 변경을 할 수 없다」고 규정하고 있는 민법 제352조의 규정을 준용하도록 함으로써 채권담보권자를 보호하고 있다. 이 경우 채권담보권자 보호의 세부적인 내용은 질권의 경우와 같다.

다. 담보등기의 침해

(가) 말소된 담보등기의 회복청구

채권담보권의 담보등기가 위조된 등기서류 등에 의하여 원인 없이 말소된 때에는 채권담보권자는 말소된 담보등기의 회복을 청구할 수 있다. 그러나 담보등기가 위법하게 말소된 상태에서 제3채무자가 위법 말소의 사실을 과실 없이 알지 못하고 담보권설정자나 후순위담보권자 등에게 변제를 한 때에는 담보등기의 회복을 청구할 수 없는 것으로 보아야 한다. 이 경우 제3채무자는 선의지급으로서 면책되고, 그에 따라 채권담보권은 소멸하는 것으로 보아야 하기 때문이다. 다만 이 경우 채권담보권자는 담보등기의 말소로 지급받지 못한 금액에 대하여 말소등기를 한 자를 상대로 불법행위로 인한 손해배상청구를 하는 이외에, 지급받은 담보권설정자나 후순위담보권자 등을 상대로 그 지급받은 금액의 범위에서 부당이득반환청구를 함으로써 구제받을 수 있다.

(나) 유해등기의 말소청구

피담보채권이 변제되어 이미 소멸된 선순위의 채권담보권이 말소되지 않고 있는 등과 같이 법률상으로는 실효 또는 무효인 등기라도 사실상 채권담보권의 장애가 될 수 있는 등기가 있는 때에는 채권담보권자는 그 등기를 유해등기로서 말소 청구할 수 있다.

그러나 아직 근담보형 채권담보권의 경우 근담보권의 효력이 소멸되어 있지 않은 이상 후순위 담보권자가 피담보채무를 변제하고 민법 제364조에 의하여 선순위 채권담보권의 소멸을 청구하고 그에 따른 말소를 구할 수는 없는 것으로 보아야 한다.[21]

(5) 채권담보권과 다른 권리의 관계

가. 일반채권자와의 관계

채권담보권자는 채무자 또는 제3자가 제공한 담보목적인 지명채권으로부터 다

21) 대판 2006.1.26. 2005다17341 참조.

른 채권자보다 자기채권의 우선변제를 받을 권리가 있다(동채담 37, 8). 여기에서 다른 채권자란 우선변제권이 없는 일반채권자를 말하고 우선변제권이 있는 채권자 상호간에는 별도로 그 우선변제권을 규정하고 있는 법률의 규정과 그 해석에 의하여 우선변제의 순위가 정해진다. 또한 채권담보권자는 채권담보권의 불가분성에 따라 채권의 전부 변제를 받을 때까지 담보목적인 지명채권의 전부에 대하여 그 권리를 행사할 수 있다(동채담 37, 9).

나. 채권담보권 상호간의 관계

동일한 지명채권을 대상으로 순위를 달리하는 여러 개의 채권담보권을 설정할 수 있다. 채권담보권은 담보권자가 대상목적물의 교환가치만을 파악하는 제한물권에 속하기 때문이다.

우선변제받을 권리가 있는 것은 채권담보권을 실행할 당시에 현존하는 지명채권에 한정된다. 따라서 채권담보권의 실행 후에 채권담보권자가 피담보채권 중 변제받지 못한 부분이 있고 채권담보권설정자가 담보등기된 내용과 동일한 내용의 지명채권을 취득하였다 하더라도 그에 대하여는 우선변제권이 인정되지 않는다.

동일한 지명채권을 대상으로 여러 개의 채권담보권이 설정된 경우 그 순위는 담보등기의 순서에 따른다(동채담 37, 7②).

다. 질권 · 양도담보권과의 관계

㈎ 우열을 정하는 기준

채권담보권을 설정할 수 있는 지명채권에 대하여 질권이나 양도담보권을 설정할 수 없는 것이 아니다. 따라서 동일한 지명채권을 대상으로 채권담보등기부에의 담보등기에 의하여 성립하는 채권담보권과 확정일자 있는 증서에 의한 제3채무자에 대한 통지 또는 확정일자 있는 증서에 의한 제3채무자의 승낙을 제3자 대항요건으로 하는 질권이나 양도담보권이 경합할 수 있는데, 이 경우의 우열은 담보등기와 확정일자 있는 통지의 도달 또는 확정일자 있는 승낙의 선후에 의하여 정해진다(동채담 35③).

지명채권을 대상으로 질권이나 양도담보권을 설정받은 그 지명채권을 대상으로 담보등기를 하여 채권담보권을 설정한 경우에 채권담보권의 취득 시점을 질권이나 양도담보권을 취득한 시점으로 소급하는 것으로 볼 수 있는지 문제로 되나 이를 긍정하는 명문의 규정이 없다는 점에서 부정하는 것이 타당하다. 즉 이 경우는 질권이나 양도담보권이 소멸하고 담보등기를 한 시점에 새로이 채권담보권을 취득하는 것으로 보아야 한다.

(나) 우열에 따른 효력

(ㄱ) 질권과의 관계

동일한 지명채권을 대상으로 하여 질권과 채권담보권이 이중으로 설정된 경우, 양자는 모두 제한물권이고 지명채권을 대상으로 하는 선의취득이 성립될 수 없다는 점에서 그 순위에 따라 병존하게 된다. 그리고 이 경우 질권과 채권담보권의 순위는 질권의 제3자 대항요건인 확정일자 있는 증서에 의한 질권설정의 제3채무자에 대한 통지 또는 제3채무자의 질권설정승낙과 채권담보권의 제3자 대항요건인 담보등기가 이루어진 순서에 따라 정해진다. 만일 질권설정과 채권담보권설정의 제3자 대항요건을 누가 먼저 구비한 것인지 알 수 없는 경우에는 질권과 채권담보권이 같은 순위가 되는 것으로 보아야 한다.

(ㄴ) 양도담보권과의 관계

동일한 지명채권을 대상으로 하여 양도담보권과 채권담보권이 이중으로 설정된 경우, 양자의 우열은 양도담보권의 제3자 대항요건인 확정일자 있는 증서에 의한 채권양도의 채무자에 대한 통지 또는 채무자의 채권양도승낙과 채권담보권의 제3자 대항요건인 담보등기가 이루어진 순서에 따라 정해진다. 이 경우 채권양도의 제3자 대항요건이 채권담보권의 제3자 대항요건보다 먼저 구비되었으면 채무자에 대한 관계에서 채권담보권은 무효가 되지만 채권담보권의 제3자 대항요건이 채권양도의 제3자 대항요건보다 먼저 구비되었으면 채권담보권이 설정된 지명채권에 양도담보권이 설정된 것으로 되어 채권담보권과 양도담보권 모두 채무자에 대한 관계에서 효력이 있다. 만일 양도담보권설정과 채권담보권설정의 제3자 대항요건을 누가 먼저 구비한 것인지 알 수 없는 경우에는 양도담보권과 채권담보권이 같은 순위가 되는 것으로 보아야 한다. 예컨대 2억 원의 지명채권을 대상으로 양도담보권과 채권담보권이 이중으로 설정되었으나 제3자 대항요건을 누가 먼저 구비한 것인지 알 수 없는 경우라면 1억 원에 대하여는 채무자에 대한 관계에서 양도담보권만이 효력을 가지는 반면 1억 원에 대하여는 채권담보권이 설정된 지명채권에 양도담보권이 설정된 것으로 되어 채권담보권과 양도담보권 모두 채무자에 대한 관계에서 효력이 있는 것으로 보아야 한다.

라. 우선특권과의 관계

㈎ 조세우선특권과의 관계

채권담보권의 목적인 지명채권에 관하여 채권담보권설정자가 납부하여야 하는 당해세는 그 법정기일이 언제인지에 관계없이 채권담보권에 의하여 담보되는 채권보다 우선한다. 다만 지명채권에 관하여 부과될 수 있는 당해세는 상속세와 증여세에 한한다. 당해세는 국세로는 상속세와 증여세 이외에 종합부동산세가 있고(국기 35⑤), 지방세로는 재산세 · 자동차세 · 지역자원시설세 및 지방교육세가 있지만, 종합부동산세는 부동산만을(종부세 1), 재산세는 토지 · 건축물 · 주택 · 항공기 및 선박만을(지세 105), 자동차세는 등록된 자동차만을(지세 124) 대상으로 부과되고, 지역자원시설세는 특정부동산에 대한 지역자원시설세만 그리고 지방교육세는 재산세와 자동차세에 부가되는 지방교육세만 당해세에 해당(지기 71⑤)되는 것이기 때문이다.

당해세 이외에 채권담보권설정자가 납부하여야 하는 조세와 채권담보권에 의하여 담보되는 채권은 조세의 법정기일과 채권담보권의 등기일자를 비교하여 그 우선순위가 정해진다. 즉 채권담보권이 국세 또는 지방세의 법정기일 전에 등기된 경우는 채권담보권에 의하여 담보되는 채권이 우선하나 그렇지 않은 경우는 조세채권이 우선한다(국기 35①iii, 지기 71①iii). 만일 위와 같이 증명한 채권담보권의 등기일자와 국세 또는 지방세의 법정기일이 동일한 일자인 때에는 국세 또는 지방세가 우선하는 것으로 보아야 한다.

㈏ 근로자 임금채권과의 관계

채권담보설정자가 고용한 근로자가 최우선변제권을 가지는 임금채권은 채권담보권에 의하여 담보되는 채권보다 우선한다. 그러나 그 이외의 임금채권에 대하여는 채권담보권에 의하여 담보되는 채권이 우선한다. 근로자가 최우선변제권을 가지는 임금채권은 ①최종 3월분의 임금 ②재해보상금 ③최종 3년간의 퇴직금이다(근기 38②, 근퇴보 12②, 동채담 부3④⑤).

㈐ 건강보험료 채권 등과의 관계

채권담보권설정자가 납부하여야 하는 건강보험료·연금보험료·고용보험료 및 산재보험료(이하 건강보험료 등이라 한다)와 채권담보권에 의하여 담보되는 채권은 채권담보권의 등기일과 건강보험료 등의 납부기한을 비교하여 그 우선순위가 정해진다(국건보 85, 국연 98, 고산보 30, 동채담 2010. 6. 10. 부3②③). 그리고 채권담보권의 등기일자가 건강보험료 등의 납부기한과 동일한 일자인 때에는 건강보험료 등의 채권이 우선하는 것으로 보아야 한다.

(6) 채권담보권의 실행

채권담보권의 실행은 채권담보권자가 피담보채권의 한도에서 채권담보권의 목적이 된 채권을 직접 청구하는 방법으로 하는 것이 원칙이다(동채담 36①). 그밖에 채권담보권자는 민사집행법에서 규정하는 집행방법인 채권의 추심명령이나 전부명령 또는 특별현금화 명령절차에 의하여 채권담보권을 실행할 수 있으며(동채담 36③), 유질특약이 있는 경우는 채권담보권자가 변제에 갈음하여 담보의 대상인 채권을 취득하거나, 법률에서 규정하는 방법에 의하지 아니하고 담보의 대상인 채권을 처분하여 담보채권의 변제에 충당하는 이른바 유질계약에 의한 실행의 방법이 있다[22].

(7) 채권담보권의 목적물이 아닌 재산으로부터의 변제

채권담보권의 목적물이 아닌 재산으로부터의 변제에 관하여는 동산담보권의 목적물이 아닌 재산으로부터의 변제에 관한 동산·채권 등의 담보에 관한 법률 제15조의 규정이 준용된다(동채담 37). 따라서 그 세부적인 내용은 동산담보권의 목적물이 아닌 재산으로부터의 변제에 있어서와 같다.

---

22) 자세한 내용은 여신실무법률 – 여신회수 제7장 지명채권에 대한 강제집행 참조.

3. 질권과 양도담보권 및 채권담보권의 차이

지명채권을 대상으로 하는 담보권의 설정방법인 질권과 양도담보권 및 채권담보권의 차이점을 요약하여 보면 다음과 같다.

(1) 질권이나 양도담보권을 설정할 수 있는 자에는 제한이 없으나 채권담보권을 설정할 수 있는 자는 법인 또는 상업등기법에 따라 상호등기를 한 사람(2021.4.21. 부터는 부가가치세법에 따라 사업자등록을 한 사람)에 한한다.

(2) 지명채권에 채권증서가 있는 경우 질권과 양도담보권에 있어서는 그 채권증서를 담보권자에게 인도하여야(다만 점유개정에 의한 인도도 무방하다) 담보권설정의 효력이 생기는(민 347) 반면, 채권담보권의 경우는 설정당사자 사이의 합의만으로 담보권설정의 효력이 생기고 담보권자에 대한 채권증서의 인도여부는 채권담보권의 효력에 영향을 미치지 않는다.

(3) 담보권설정의 제3채무자(채무자)에 대한 대항요건이 제3채무자(채무자)에 대한 통지 또는 제3채무자(채무자)의 승낙임은 질권과 양도담보권 및 채권담보권 모두 같다. 그러나 통지를 할 수 있는 자가 질권과 양도담보권의 경우는 담보권설정자에 한정되어 있는 반면(민 349①), 채권담보권의 경우 담보권설정자 이외에 담보권자도 포함되어 있다(동채담 35②). 그리고 통지의 방법에 관하여 질권과 양도담보권의 경우는 아무런 제한이 없는 반면 채권담보권의 경우는 제3채무자(채무자)에게 등기사항증명서를 건네주는 방법으로 하도록 되어 있다(동채담 35②).

(4) 담보권설정의 제3자에 대한 대항요건이 질권과 양도담보권의 경우는 확정일자 있는 증서에 의한 제3채무자(채무자)에 대한 통지 또는 확정일자 있는 제3채무자(채무자)의 승낙(민 349①, 450②)인 반면, 채권담보권은 채권담보등기부에의 담보등기이다(동채담 35①).

(5) 양도담보권이 설정된 지명채권은 양도담보권자에게 귀속하는 것이므로 양도담보물을 대상으로 양도담보설정자가 후순위의 양도담보권을 설정할 수가 없을 뿐만 아니라 질권이나 채권담보권도 설정할 수 없다. 이에 대하여 질권과 채권담보권은 대상목적물의 교환가치만을 파악하는 물권이기 때문에, 질권이나 채권담보권이 설정된 지명채권에 대하여 다시 후순위의 질권이나 채담보권을 설정하는 것은 물론이고 양도담보권도 설정할 수 있다.

(6) 질권과 양도담보권은 존속기간이 없으므로 그 존속기간의 만료로 피담보채권과 분리하여 소멸하지 않음에 대하여 채권담보권은 존속기간이 5년을 초과할 수 없도록 되어 있어 그 존속기간 내에 당사자 사이의 갱신합의와 그에 따른 연장등기신청이 없으면 피담보채권과 분리하여 소멸하게 된다(동채담 49).

(7) 담보권의 침해에 관하여 질권과 양도담보권의 경우는 주로 담보권의 유효성에 관한 침해만 문제가 되는 반면, 채권담보권의 경우는 담보권의 유효성 침해 이외에 담보등기의 침해도 문제가 된다.

(8) 담보권의 실행에 있어서 담보권자가 제3채무자에 대하여 직접 청구를 할 수 있음은 질권이나 채권담보권 및 양도담보권이 모두 같다. 그러나 담보목적인 지명채권의 변제기가 피담보채권의 변제기보다 먼저 이른 경우에 질권자나 채권담보권자는 제3채무자에게 공탁을 청구할 수 있을 뿐인(민 353③, 동채담 36②) 반면, 양도담보권자는 바로 지급청구할 수 있다.

(9) 질권설정자나 채권담보권설정자의 조세체납시 조세징수기관은 담보목적인 지명채권을 대상으로 바로 체납처분을 할 수 있고, 이 경우 질권자나 채권담보권자는 그 체납처분절차에 참가하여 순위에 따른 교부를 받을 수밖에 없다(국기 35①iii, 국징 76①iii, 지기 71①iii, 지징 81①iii). 이에 대하여 양도담보설정자의 조세체납시 조세징수기관은 양도담보권이 체납조세의 법정기일 전에 설정된 것이면 담보목적인 지명채권을 대상으로 체납처분을 할 수 없고, 또한 법정기일 이후에 설정된 것이라도 양도담보설정자의 다른 재산에 체납처분을 하여도 징수하지 못한 조세에 관하여, 양도담보물의 가액범위에서 양도담보권자에게 제2차납세의무를 부과한 후 양도담보권자가 그 납세의무를 이행하지 않는 경우에 비로소 그 지명채권을 대상으로 체납처분을 하여 체납조세를 징수할 수 있다(국기 42①본, 국징 7, 지기 75①본, 지징 15).

(10) 질권설정자나 채권담보권설정자가 근로자를 고용하고 있는 사용자인 경우 근로자는 최우선변제되는 임금채권을 가지고 담보목적인 지명채권을 대상으로 강제집행절차를 취하여 질권자나 채권담보권자에 우선하여 배당받을 수 있다. 이에 대하여 양도담보권이 설정된 지명채권 대하여는 양도담보설정자에 대한 임금채권을 가지고 강제집행절차를 취할 수가 없고, 또 양도담보권자가 양도담보권을 실행하는 경우에도 배당참가를 할 수가 없다.

(11) 질권설정자나 채권담보권설정자가 건강보험료 · 연금보험료 · 고용보험료 · 산재보험료의 납부를 연체하고 있는 경우에, 그 징수권자는 건강보험료 등의 채권을 가지고 담보목적인 지명채권을 대상으로 체납처분을 하여 체납 건강보험료 등을 징수할 수 있고 이 경우 질권설정자나 채권담보권설정자와 건강보험료 등의 징수권자는 그 순위에 따른 배분을 받는다(국건보 85, 국연 98, 고산보 30). 이에 대하여 양도담보권이 설정되어 있는 지명채권을 대상으로 하여서는 양도담보설정자에 대한 건강보험료 등의 채권을 가지고 체납처분절차를 취할 수가 없고, 또 양도담보권자가 양도담보권을 실행하는 경우에도 배당참가를 할 수가 없다.

구 분	질 권	양도담보권	채권담보권
담보권설정자	제한 없음	제한 없음	법인과 상호등기자(2021.4.21. 부터는 사업자등록자)로 한정
담보권자에 대한 채권증서의 인도 필요성	필요(다만 점유개정도 무방)	필요(다만 점유개정도 무방)	불필요
담보권설정을 제3채무자(채무자)에게 통지할 수 있는 자	질권설정자	양도담보권설정자	채권담보권설정자, 채권담보권자
담보권설정의 제3채무자에 대한 통지방법	제한 없음	제한 없음	등기사항증명서를 건네주는 방법
담보권설정의 제3자에 대한 대항요건	확정일자 있는 증서에 의한 제3채무자에 대한 통지 또는3채무자의 승낙	확정일자 있는 증서에 의한 채무자에 대한 통지 또는채무자의 승낙	채권담보등기부에의 담보등기
후순위담보권의 설정	가능	불가능	가능
담보권의 존속기간	없음	없음	5년을 초과할 수 없음(단 갱신가능)
담보권의 침해	주로 담보권의 유효성 침해가 문제됨	주로 담보권의 유효성 침해가 문제됨	담보권의 유효성 침해 이외에 담보등기의 침해도 문제됨
담보목적인 지명채권의 변제기가 피담보채권의 변제기보다 먼저 이른 경우	공탁청구만 가능	지급청구도 가능	공탁청구만 가능

구 분	질 권	양도담보권	채권담보권
체납조세의 우선징수	가능	원칙적으로 불가능. 예외적으로 조세의 법정기일이 양도담보설정일 이전인 경우에 양도담보권자에게 제2차납세의무 부과 후 불이행시만 가능	가능
근로자의 임금우선특권의 최우선배당	가능	불가능	가능
건강보험료 · 연금보험료 · 고용보험료 · 산재보험료의 우선징수	가능	불가능	가능

제5 그 밖의 담보권의 설정과 효력

1. 대리수령권의 설정

(1) 의의

대리수령권이란 제3자가 채권자를 대리하여 채무의 이행을 청구하고 그에 따라 채무자가 채무의 이행을 하면 이를 수령할 수 있는 권리를 말한다. 양도가 금지되어 있는 채권은 질권이나 양도담보권 및 채권담보권을 설정할 수가 없다. 따라서 양도금지채권을 담보로 할 필요성이 있는 경우에는 대리수령권을 설정받아 사실상으로 담보의 기능을 하게 할 수가 있다.

대리수령권의 설정은 채권자와 채무자간의 추심위임계약과 이에 대한 제3채무자의 승낙이라는 형식으로 한다. 즉 채무자가 자기의 거래처(제3채무자)에 대하여 가지는 채권에 대한 이행청구권 및 변제수령권을 채권자에게 위임한다는 뜻의 문서를 작성하고, 이에 채권자와 채무자가 연서하여 제3채무자의 승낙을 구하면 제3채무자가 이를 승낙한다는 뜻의 문언을 기재하고 서명날인하는 형식에 의하여 한다.

대리수령권의 설정에 의한 담보취득은 담보권자의 입장에서 볼 때 그 담보적 효력이 질권이나 양도담보권 및 채권담보권보다 현저히 약하므로 주담보(정규담보)로 이용하기 보다는 부담보(평가외담보)로 이용하는 것이 적절하다. 또한 담보취득과 관리에도 많은 유의가 필요하다. 이하에서는 대리수령에 따른 법률관계가 어떠한지 그리고 그에 따른 실무적인 유의사항은 무엇인지 설명하기로 한다.

(2) 대리수령의 법률관계

가. 채권자와 채무자간

채권자와 채무자 사이에는 위임에 관한 법률관계가 발생되고, 채권자는 채무자가 제3채무자에 대하여 가지는 채권에 대한 추심권한(대리권)을 가지게 된다. 그런데 이러한 대리권을 위임자인 채무자의 일방적인 의사표시로써 소멸시킬 수 있는지에 관하여는 문제가 있다. 그러나 여기에서의 대리권은 대리인(채권자)의 이익을 위하여 즉 담보의 목적으로 수여된 것이기 때문에, 그 성질상 대리권수여자(채무자)가 일방적으로 그 수권행위를 철회할 수 없는 것으로 보는 것이 타당하다. 다만 실무상으로는 이러한 의문의 여지가 없도록 당초의 추심위임계약에서 그 철회나 변경을 할 수 없도록 특약하여 두는 것이 안전하다.

나. 채권자와 제3채무자간

(가) 제3채무자에 대한 채권자의 직접청구권 유무

대리수령에 의해 채권자(수임자)는 채무자의 대리인으로서 당해 목적채권의 변제를 수령할 권한을 가진다. 따라서 제3채무자가 채권자에게 변제하면 변제로서의 유효한 효력을 가지게 된다.

그런데 이러한 대리수령계약에 있어서도 채권질권에 있어서와 같이 채권자가 제3채무자에 대하여 직접 청구할 수 있는 권리(민 353①)를 가지는지의 여부가 문제된다. 즉 제3채무자가 임의로 이행을 하지 않을 경우 채권자는 채무자의 대리인으로서가 아니라 직접 자기의 이름으로써 청구를 하거나 강제집행을 할 수 있는지 여부가 문제로 되는 것이다. 그러나 채권질권에 있어서 채권자가 가지는 직접청구권은 명문의 법률 규정에 의하여 채권자에게 특별히 인정된 권리라는 점에서, 그러한 명문의 규정이 없는 대리수령에 있어서는 제3채무자로부터 미리 그러한 뜻을 명시하여 승낙을 받아 두지 않은 이상 불가능하다고 보아야 한다.

(나) 제3채무자의 손해배상의무

제3채무자가 채권자에게 지급을 하지 않고 채무자 또는 제3자(채무자가 이중으로 추심위임을 한 경우 등)에게 지급을 한 경우, 채권자는 제3채무자에 대하여 어떠한 책임을 물을 수 있는지도 문제이다. 채권자가 제3채무자로부터 추심위임계약의 승낙을 받을 때 미리 그에 반한 지급에 대한 손해배상의 특약을 받아 둔 경우에는 그러한 특약의 내용에 따라 제3채무자가 책임을 지게 될 것임에는 의문이 없다.

문제는 그러한 특약이 없이 단순히 제3자채무자로부터 추심위임계약에 따른 채권자에 대한 지급승낙만을 받아둔 경우이다. 그러나 이 경우라도 추심위임계약이 단순한 추심위임에 지나지 않는 것이 아니라 사실상의 담보목적으로 이루어진 것임을 제3채무자가 알고 있다면 손해배상책임을 긍정하여야 할 것으로 생각된다. 사실상의 담보목적임을 제3채무자가 알고 있는 경우라면 대리수령계약서(위임장)상의 제3채무자의 승낙을 단순히 채권자의 대리수령만을 승낙한다는 뜻으로는 볼 수 없고, 대리수령에 의거 채권자가 얻게 될 이익을 승인하고 정당한 이유가 없이는 이러한 이익을 침해하지 않겠다는 뜻도 포함되어 있다고 해석해야 할 것이고, 제3채무자로서는 이와 같은 승낙의 취지에 반하여 채권자의 이익을 침해해서는 안될 의무가 있다고 보는 것이 타당하기 때문이다.

(다) 제3채무자의 상계

채권자와 제3채무자간에 특별한 반대특약이 없는 한, 제3채무자의 채권자에 대한 지급승낙이 제3채무자의 상계권 포기까지를 포함하는 것이라고는 볼 수 없는 것이므로, 채권자의 추심권은 제3채무자의 상계에 의하여 제한을 받는다고 할 것이다. 따라서 이에 관하여도 채권자로서는 미리 제3채무자로부터 채권자의 지급청구에 대하여 상계권을 행사하지 않을 것으로 하는 합의를 받아둘 필요가 있다.

다. 채권자와 제3자간

대리수령은 채권질권이나 양도담보의 경우와는 달리 제3자에 대한 대항요건을 갖출 법적근거가 없기 때문에 그 담보적효력은 채권자와 채무자 및 제3채무자 사이에서만 미치고 그 이외의 제3자에 대해서는 미치지 않는다. 따라서 대리수령의 수임자인 채권자는 당해 채권의 양수인이나 질권자 또는 압류채권자에 대하여 당해 채권이 자기에게 귀속한다거나 우선변제권이 있다는 것을 주장하지 못한다. 그리고 바로 이 점이 대리수령권에 의한 채권담보의 한계라고 할 수 있다.

라. 대리수령권의 실행

대리수령권의 실행은 채권자가 제3채무자로부터 수령한 금전에 관하여 채무자에게 부담하는 인도의무와 채무자가 채권자에게 부담하는 채무를 대등액에서 상계하는 방법으로 하는 것이 원칙이다. 물론 당사자 사이에 특약이 있으면 채권자가 제3채무자로부터 수령한 금전을 상계하지 않고 채무자에 대한 채권의 변제에 충당하는 것도 가능하다.

(3) 실무상의 유의점

이상 살펴본 바에 의하면 대리수령권의 설정에 의한 담보의 실효성은 제3채무자에 대하여 어느 정도의 구속력을 가할 수 있는지에 달려 있다고 할 수 있다. 따라서 대리수령권의 설정에 관한 제3채무자의 승낙을 받음에 있어서는, 가급적으로 채무자 등 다른 자에의 지급금지, 손해배상, 상계금지 등에 관한 특약을 함께 받아 두는 것이 유리하다. 그러나 거래의 실제에 있어서는 채권자가 요구한다고 해서 제3채무자가 반드시 그에 그대로 응한다고 볼 수는 없을 것이므로 현실적인 여건에 따라 적절하게 대응하는 수밖에 없다.

2. 납입지정 방식에 의한 담보

(1) 의의

납입지정 방식에 의한 담보란 채무자가 그의 거래처에 대하여 현재 가지고 있거나 장래 가지게 될 채권의 변제를 채권자인 금융회사에 개설된 채무자의 특정 예금계좌에 입금시키는 방법으로 하게 하고, 그에 따라 입금되는 채무자의 예금에 미리 담보권자로서의 지위를 취득해 둠으로써 채권보전을 하려고 하는 담보 방법을 말한다.

납입지정 자체는 질권이나 양도담보권 등과 같은 독자적인 담보권이 아니고, 질권 등의 독자적인 담보권을 설정하는 경우에 그 담보의 실효성을 확보하기 위하여 부가되는 보조적인 수단일 뿐이다. 그리고 납입지정을 부가하여 설정하는 담보권으로는 질권과 양도담보권 또는 채권담보권 어느 것이든 무방하다. 그러나 실무에 있어서는 채권자인 금융회사 자신이 제3채무자라는 점에서 절차적으로 간편한 질권을 설정하는 것이 적절하다고 본다. 양도담보권의 경우는 금융회사 자신이 예금주가 되는 것이 부적합하고, 채권담보권은 채권담보등기부에 담보등기를 하여야 하는 불편이 따르기 때문이다. 이하에서는 납입지정의 방식과 법률관계를 분석하여 그에 따른 실무적인 유의사항이 무엇인지 설명하기로 한다.

(2) 납입지정의 방식

질권의 설정에 부가되는 납입지정은 다음과 같은 2가지의 문서를 이용하여 할 수 있다.

첫째는 납입지정의뢰서이다. 이 의뢰서는 제3채무자가 채무자에게 지급할 채무 금액을, 채권자인 금융회사에 개설된 채무자명의의 특정예금계좌에 납입해 줄 것을 채무자가 제3채무자 앞으로 의뢰하는 문서이다. 이 의뢰서에는 다음과 같은 내용 즉 ①이 납입금은 금융회사와의 특약에 의해 금융회사에 대한 채무자의 차입금 등의 변제에 충당된다는 점 ②이러한 의뢰는 금융회사와 채무자 쌍방의 동의가 없는 한 변경할 수 없다는 점 ③제3채무자는 이 납입방법 이외의 방법으로 지급을 해서는 아니 되며, 이에 반한 지급을 가지고 채권자에게 대항할 수 없다는 점 ④이러한 지급방법을 제3채무자가 승낙한다는 점 등을 기재하고 각 당사자가 서명날인하도록 한다.

둘째는 납입지정각서이다. 이것은 채무자가 금융회사에 부담하는 모든 채무의 변제를 담보하기 위하여 채권자인 금융회사에 제출하는 문서이다. 이 문서에는 ①제3채무자로부터 지급받을 모든 채권에 대하여는 금융회사에 개설한 채무자명의의 특정 예금계좌에 납입하도록 하겠다는 점 ②채무자가 제3채무자로부터 수령할 채권이 확정될 때에는 이를 금융회사에 통지하겠다는 점 ③금융회사의 승낙 없이는 납입지정의 해지나 변경을 하지 않겠다는 점 ④채무자는 납입지정 이외의 방법으로는 제3채무자로부터 대금을 수령하지 않겠다는 점 ⑤납입된 예금에 대하여는 자동으로 금융회사 앞으로 질권이 설정되며, 채권전액 변제시까지 반환청구를 하지 않겠다는 점 등을 기재하도록 한다.

(3) 납입지정의 법률관계

가. 채권자와 채무자간

채무자는 채권자와의 합의로 정한 납입지정의뢰서를 제3채무자에게 보낼 의무를 부담한다. 그런데 이러한 납입지정의뢰를 채무자의 일방적인 의사표시로써 변경하거나 소멸시킬 수 있는지의 여부가 문제로 된다. 그러나 여기에서의 납입지정의뢰는 채권자의 이익을 위하여 즉 담보의 목적으로 수여된 것이기 때문에 그 성질상 채무자가 일방적으로 변경하거나 취소할 수 없는 것으로 보아야 한다. 그리고 제3채무자가 납입지정의뢰의 내용에 따라 지정된 계좌에 입금을 하면 채권자는 납입지정각서의 내용에 따라 그 입금액에 대하여 질권을 취득하게 된다.

나. 채권자와 제3채무자간

㈎ 제3채무자에 대한 채권자의 입금청구권 유무

납입지정의뢰에 따른 제3채무자의 입금이 없을 때에 채권자가 직접 제3채무자에 대하여 입금할 것을 청구할 수 있는지 여부가 문제로 된다. 그러나 납입지정의뢰가 있었고 제3채무자가 이를 승낙하였다고 하여 채무자의 제3채무자에 대한 채권이 채권자에게 이전되는 것은 아니므로 채권자가 제3채무자에 대하여 직접 입금을 청구할 수는 없다고 본다. 즉 제3채무자가 지정된 계좌에 입금을 하지 않는 것만으로는 채권자로서는 제3채무자에 대하여 어떠한 청구도 할 수 없는 것이다.

㈏ 제3채무자의 손해배상의무

제3채무자가 납입지정의뢰서에서 지정한 계좌에 입금을 하지 않고 직접 채무자에게 지급하거나 채무자가 지정한 다른 금융회사의 계좌에 입금한 경우 채권자가 제3채무자에 대하여 그로 인한 손해배상책임을 물을 수 있는가. 채권자와 채무자가 연서하여 보낸 납입지정의뢰서를 제3채무자가 단순히 수령하였을 뿐인 경우는 손해배상책임을 물을 수 없는 것으로 보아야 한다. 그러나 제3채무자가 납입지정의뢰서를 수령한 후 이에 승낙을 한 때에는 손해배상책임을 물을 수 있는 것으로 보아야 한다. 납입지정의뢰에 대한 제3채무자의 승낙은 납입지정에 의거 채권자가 얻게 될 이익을 승인하고 정당한 이유가 없이는 이러한 이익을 침해하지 않겠다는 뜻도 포함되어 있다고 해석해야 할 것이고, 따라서 제3채무자로서는 이와 같은 승낙의 취지에 반하여 채권자의 이익을 침해해서는 안될 의무가 있다고 보는 것이 타당하기 때문이다.

(다) 제3채무자의 상계

채권자와 제3채무자간에 특별한 반대특약이 없는 한, 제3채무자의 채권자에 대한 납입지정승낙이 제3채무자의 상계권 포기까지를 포함하는 것이라고는 볼 수 없다. 따라서 지정계좌의 입금에 따른 채권자의 이익은 제3채무자의 상계에 의하여 제한을 받을 수밖에 없다.

다. 채권자와 제3자간

(가) 제3채무자의 입금 전

납입지정은 채권질권이나 양도담보의 경우와는 달리 제3자에 대한 대항요건을 갖출 법적근거가 없기 때문에 그 담보적효력은 채권자와 채무자 및 제3채무자 사이에서만 미치고 그 이외의 제3자에 대하여는 미치지 않는다. 따라서 채권자는 납입지정된 채권의 양수인이나 질권자 또는 압류채권자에 대하여 당해 채권이 자기에게 귀속한다거나 우선변제권이 있다는 것을 주장하지 못한다. 바로 이 점은 납입지정에 의한 채권담보의 한계라고 할 수 있다.

(나) 제3채무자의 입금 후

납입지정에 따라 제3채무자가 지정된 계좌에 입금을 한 후 채무자가 이 입금액을 제3자에게 양도하거나 질권 또는 채권담보권을 설정한 경우 또는 제3자가 압류를 한 경우는 채권자가 양수 등을 한 제3자에 대하여 선행의 질권을 가지고 대항할 수 있는 것으로 보아야 한다. 양도 또는 압류의 경우는 선행의 질권이 설정된 상태로 양도 또는 압류한 것으로 보아야 하고, 질권 또는 채권담보권은 그 순위에 따라 병존하는 것으로 보아야 하기 때문이다.

(4) 실무상의 유의점

이상 살펴본 바에 의하면 납입지정이 부가된 질권의 담보로서의 실효성은 제3채무자의 변제능력과 제3채무자에 대한 구속력의 정도에 달려 있다고 할 수 있다. 따라서 납입지정이 부가된 질권을 설정받음에 있어서는 제3채무자의 변제능력을 감안하여 그 담보가치를 평가하여야 하고, 나아가 납입지정에 관한 제3채무자의 승낙을 받음에 있어서는 가급적으로 채무자 등 다른 자에의 지급금지, 손해배상, 상계금지 등에 관한 특약을 함께 받아 두는 것이 필요하다. 그러나 거래의 실제에 있어서는 채권자가 요구한다고 해서 제3채무자가 반드시 그에 그대로 응한다고 볼 수는 없을 것이므로 현실적인 여건에 따라 적절하게 대응하는 수밖에 없다.

제 6 각종 지명채권에 대한 담보권의 설정

1. 담보권설정의 유형

담보로 제공되는 지명채권을 대상으로 설정할 수 있는 담보권으로는 질권과 양도담보권 및 채권담보권이 있고 그밖에 대리수령권의 위임이나 납입지정 방식 등이 있으나 종래의 실무상은 질권과 양도담보권이 주로 이용되어 왔다. 그리고 지명채권의 경우는 유체동산의 경우와는 달리 담보권설정자가 담보목적의 사용·수익을 요하는 것이 아니라는 점에서 질권도 양도담보권과 함께 널리 이용되어 왔다. 채권담보권은 2012.6.11.부터 시행된 동산·채권 등의 담보에 관한 법률에 의하여 새로이 마련된 것으로 그 활용도를 높이기 위해 담보권의 내용을 채권담보등기부에 등기할 수 있도록 하는 한편 담보권의 효력과 그 실행절차를 법정하였 다는 점에 특징이 있다.

각종의 지명채권을 대상으로 위 여러 담보권의 유형 중 어느 것을 설정할 것인지는 담보권설정자와 담보권자가 합의하여 정하면 된다. 금융거래 등의 실무에 있어서는 담보로 제공되는 지명채권이 무엇인가에 따라 보다 유용하게 사용될 수 있는 담보권이 있을 것이므로 이하에서는 실제로 거래계에서 담보로 제공되고 있는 여러 지명채권을 대상으로 그에 설정할 적절한 담보권의 유형과 담보권설정의 방법 및 관리상의 유의사항에 관하여 설명하기로 한다.

2. 금융회사에 대한 예금

(1) 예금의 의의

예금이란 경제적으로는 은행 등의 금융회사가 고객으로부터 금전의 보관·운용을 위탁받은 자금을 말한다. 금전의 보관·운용을 위탁을 한 고객은 예금주로서 금융회사에 대하여 예금계약의 내용에 따른 반환청구권을 가진다.

현재 금융회사 취급하는 각종의 예금은 크게 입출금이 자유로운 예금, 적립식 예금, 거치식 예금 및 별단예금으로 분류해 볼 수 있다. 입출금이 자유로운 예금이란 그 반환기한을 정하고 있지 않아서 영업시간 내이면 언제든지 자유로이 입·출금을 할 수 있는 예금으로 보통예금·저축예금·당좌예금 등이 이에 해당하고, 적립식 예금이란 거래처가 일정한 기간 동안에 정기나 부정적으로 미리 정한 특정액 또는 불특정액을 입급하면 금융회사가 일정한 지급기일에 그 입금 총액에 일정한 금액을 더하여 지급하기로 하는 예금으로 정기적금·상호부금 등이 이에 해당하며, 거치식 예금이란 일정한 예치기간이 있어 그 기간이 경과하기까지는 원칙적으로 출금을 할 수 없는 예금으로서 정기예금이 이에 해당한다. 그리고 별단예금이란 각종의 금융거래에 수반하여 발생하는 미결제예금이나 미정리예금 그밖에 다른 예금종목으로 처리하기 곤란한 일시적인 보관금을 처리하기 위한 목적을 가지는 예금을 말한다.

예금주가 금융회사에 대하여 가지는 위와 같은 예금은 예금청구권을 누가 갖는가에 따라 지명채권과 무기명채권으로 구분된다. 지명채권에 속하는 예금은 예금주가 특정되어 있어 그 특정인에게만 지급해야 하는 예금이고, 무기명채권에 속하는 예금은 예금주가 특정되어 있지 않고 예금증서의 정당한 소지인에게 지급해야 하는 예금을 말한다. 지명채권에 속하는 예금에 관하여도 예금증서가 발행되어 교부되기는 하지만 이는 예금내용을 증명하는 증거서류에 지나지 않는다.

예금 중 별단예금은 특별한 목적으로 예치되는 예금이어서 담보로 하기 적합하지 않으며 실무에서도 담보로 취득하는 예가 거의 없다. 그리고 입출금이 자유로운 예금도 예금거래약관상의 특약으로 질권설정이 금지되어 있다(예거기약 12②). 따라서 예금으로서 담보의 대상이 되는 것은 적립식 예금과 거치식 예금인 것이 보통이다.

예금을 대상으로 하는 담보권은 금융거래의 실무상 주로 질권이 설정된다. 양도담보권을 설정할 수 없는 것은 아니지만 금융회사가 바로 예금주의 지위에 들어가는 것이 부적합하고, 또한 금융회사의 예금은 지급의 확실성이 보장되어 있으며, 예금의 존부도 질권설정 과정에서 금융회사의 승낙을 받음으로써 확실히 할 수 있다는 점에서, 구태여 채권담보등기부에 담보등기를 하여야 하는 불편이 따르는 채권담보권을 설정하여야 할 이유가 없기 때문이다.

그런데 같은 예금이라도 지명채권에 속하는 예금인지 무기명채권에 속하는 예금인지 그리고 타행예금인지 자행예금인지에 따라 담보권설정의 방법과 효력에 있어서 다소 차이가 있다. 또한 본인 명의의 예금이 아닌 타인명의의 예금이나 가공명의의 예금이 담보로 제공되는 수도 있다. 이하에서는 이들 담보로 제공되는 여러 예금을 대상으로 하는 담보권의 설정방법과 효력 상의 유의사항에 관하여 설명하기로 한다.

질권을 설정하는 경우(물론 양도담보권과 채권담보권을 설정할 수도 있으며 이 경우는 질권에 준하는 것으로 보면 된다)로 한정하여 그 설정방법과 효력 상의 차이점에 관하여 설명하기로 한다.

(2) 통상의 예금

정기예금 등의 거치식 예금과 적금 등의 적립식 예금으로 지명채권에 속하며 담보로 제공되는 대부분의 예금이 이에 해당한다. 담보권은 주로 질권이 이용된다. 물론 양도담보권과 채권담보권을 설정할 수도 있으며 이 경우는 질권에 준하는 것으로 보면 된다.

금융회사의 예금을 대상으로 질권 등의 담보권을 설정함에 있어서 담보권설정의 제3채무자에 대한 대항요건구비는 반드시 제3채무자인 금융회사에 통지하고 그 승낙을 받는 방법으로 해야 한다는 점에 유의하여야 한다. 이는 통상의 지명채권을 대상으로 담보권을 설정함에 있어서 담보권설정의 제3채무자에 대항요건구비를 제3채무자에 대한 통지와 제3채무자의 승낙 중 어느 방법으로도 할 수 있는 점과 다르다. 그 이유는 다음과 같다.

금융회사와 예금주 사이에 체결되는 예금계약에는 예금주가 예금을 양도하거나 질권설정하는 경우 사전에 금융회사에 통지하고 그 승낙을 받아야 하는 것으로 되어 있다. 예컨데 금융회사의 수신거래표준약관 중 예금거래기본약관 제12조에 제1항에는 “거래처가 예금을 양도하거나 질권설정하려면 사전에 금융회사에 통지하고 동의를 받아야 한다”고 규정되어 있다. 물론 이와 같은 특약은 금융회사와 예금주 사이에 이루어진 것으로 이를 담보로 제공받는 자가 그러한 특약의 존재를 알지 못하고 담보권을 설정받은 때에는 적용될 수 없다(민 449② 단). 그러나 담보취득하는 금융회사가 이와 같은 특약이 있음을 몰랐다고 주장할 수 없는 것이므로, 채3채무자인 금융회사에 대하여 담보권설정의 대항요건을 구비함에 있어서는 통지만으로는 아니되고 반드시 그 통지에 이어 제3채무자인 금융회사의 승낙을 받아야 하는 것이다.

또한 금융회사에 대한 예금을 대상으로 담보권을 설정 받음에 있어서는 그 담보권설정에 관하여 제3채무자인 금융회사로부터 이의를 보류하지 않는 승낙을 받은 후 즉시 그 승낙서에 확정일자를 받아두어야 한다. 이의를 보류한 승낙을 받은 경우에는 나중에 담보권실행으로서 예금의 지급을 청구할 때에 그 이의에 따른 대항을 받게 되고, 확정일자를 받아두지 않으면 질권의 대상인 예금을 대상으로 이중양수인이나 집행채권자와 경합하게 되는 경우 그들에게 대항할 수 없게 되기 때문이다.

그리고 예금을 담보로 취득함에 있어서는 담보제공자가 예금주 본인임을 확인한 후 서명을 받거나 인감증명법에 의한 인감을 날인 받는 이외에 예치 금융회사에 신고한 예금거래용 인감을 함께 날인 받아두는 것이 좋다. 본인의 서명이나 인감증명법에 의한 인감을 날인 받는 것은 예금거래용인감과 예금통장을 습득하거나 절취한 무권리자로부터 예금의 담보취득이 이루어지는 것을 방지하는데 도움이 되고, 예금거래용신고인감을 날인 받는 것은 만일 담보권설정 받은 예금이 타인명의나 가공명의의 예금으로서 담보제공자의 예금이 아닌 것으로 판명된다 할지라도, 담보권자로서는 진정한 예금주의 승낙 하에 담보제공이 이루어진 것으로 추정 받는데 도움이 되기 때문이다.

판례4-6

이의의 유보 없는 질권설정 승낙의 효력

① 민법 제451조 제1항은 채무자의 승낙이라는 사실에 공신력을 주어 양수인을 보호하고 거래의 안전을 꾀하기 위한 규정으로서, 이 경우 양도인에게 대항할 수 있는 사유로서 양수인에게 대항하지 못하는 사유는 협의의 항변권에 한하지 아니하고 넓게 채권의 성립, 존속, 행사를 저지하거나 배척하는 사유를 포함하고, 이는 지명채권에 대한 질권 설정의 경우에도 같다.

② 은행 지점의 지점장 대리가 허위의 정기예금통장을 만들어 가공의 정기예금에 대한 질권 설정승낙의뢰서에 질권 설정에 대하여 아무런 이의를 유보하지 아니하고 승낙한다는 뜻을 기재하고 은행의 대리 약인을 찍은 질권설정승낙서를 교부한 경우, 은행은 그 질권자에게 그 정기예금채권에 대한 질권 설정에 이의를 유보하지 아니한 승낙을 하였으므로 그 정기예금채권의 부존재를 이유로 질권자에게 대항할 수 없다(대판 1997.5.30. 96다22648).

(3) 무기명정기예금

정기예금거래에서 예금증서가 무기명으로 발행되는 형식으로는 ①무기명정기예금증서를 발행하는 경우 ②양도성정기예금증서를 발행하는 경우 ③일반정기예금증서를 발행하되 예금주의 성명란을 「무기명」으로 표기하여 발행하는 경우의 3가지가 있다. 그러나 이 중 실질적인 의미에서 무기명채권의 성질을 가지는 것은 ①과 ②의 경우로 국한되며, ③의 경우는 지명채권에 속하는 것으로 보아야 한다. ①과 ②의 경우는 예금은행에서 거래용 인감과 주소·성명을 신고 받지 않고, 단순히 증서의 소지인에게 그 증서와 상환으로만 예금을 지급하도록 되어 있는 반면, ③의 경우는 예금증서상에만 무기명으로 기재하고 있을 뿐 실제에 있어서 예금은행에서 거래용인감 등의 신고를 받아 예금주를 특정하고 있기 때문이다.

③의 경우는 지명채권에 속하므로 그에 대한 질권설정은 앞에서 설명한 통상의 지명채권에 속하는 예금에 대한 질권설정방식과 동일한 방식으로 하면 된다. 그러나 ①과 ②의 경우는 증권적채권의 일종인 무기명채권에 속하므로, 그에 대한 담보권설정은 다음 장에서 설명하는 유가증권에 대한 담보권설정방식과 동일하게 질권설정계약 또는 양도담보설정계약을 체결하고, 채권자가 설정자로부터 당해 예금증서를 인도받아 점유하는 방식으로 하여야 한다. 다만 실무상으로는 질권보다는 양도담보권이 담보권자에게 더 유리하므로 무기명정기예금을 대상으로 하여서는 양도담보권을 설정하는 것이 좋을 것이다. 그러나 무기명정기예금을 대상으로 채권담보권을 설정할 수는 없다. 무기명채권증서를 대상으로 하여서는 채권담보권을 설정할 수 없게 되어 있기 때문이다(동채담 3③iii).

(4) 비실명 예금

가. 비실명 예금의 예금주

㈎ 비실명예금의 의의

금융회사에 거래자의 실지명의로 되어 있는 예금을 실명예금이라 하는 반면, 거래자의 실지명의로 되어 있지 않은 모든 예금을 비실명예금이라고 한다. 금융실명거래 및 비밀보장에 관한 법률에 의하여 금융실명제가 시행되고 있는 현재에 있어서는 비실명 예금은 할 수 없는 것이 원칙이다.

그러나 금융실명제가 시행되고 있다 하여 실명에 의하지 않은 예금이 발생할 수 없는 것은 아니다. 출연자가 금융기관 직원과의 합의하거나 금융회사의 직원을 기망하는 방법으로 실명에 의하지 않은 예금계약을 할 수 있는 것이기 때문이다. 이에 따라 금융실명제가 시행된 이후에도 여전히 현실의 금융거래에 있어서는 금융회사가 아는 상태에서 또는 모르는 상태에서 실명에 의하지 않은 예금계약이 이루어지고 있다.

비실명예금은 크게 타인명의예금과 가공명의예금으로 분류하여 볼 수 있다. 타인명의의 예금이란 실재하는 다른 사람의 명의로 한 예금계약에 있어서 명의자와 출연자나 행위자가 다른 경우의 예금을 말한다. 가공명의예금이란 실재하는 자의 실명이 아닌 가명(假名)을 명의자로 하여 하는 예금이나, 실재하지 아니하는 허무인을 명의자로 하여 하는 예금을 말한다.

가명이란 실재하는 자가 사용하는 성명으로서 가족관계의 등록 등에 관한 법률에 의하여 가족관계등록부에 등록되어 있는 성명 이외의 성명으로서, 예를 들면 필명, 예명, 아호, 별명, 세례명, 출가명, 변성명 등을 말한다. 허무인은 광의와 협의의 두 가지 의미가 있다. 광의의 허무인은 사망한 자까지를 포함하는 개념이고 협의의 허무인은 사망한 자를 제외한 개념이다. 사망한 자의 경우 사망신고가 되지 않은 상태에서는 이를 알지 못하는 금융기관에 의하여 실존하는 자로 취급될 수 있으나 예금계약체결시 이미 사망하였다면 실존하지 않는 자이므로 넓은 의미에서 허무인으로 보아야 한다. 그러나 협의의 허무인은 이 세상에 존재한 적이 없는 자임에 대하여 광의의 허무인에 해당하는 사망한 자는 예금계약체결 전에는 이 세상에 존재하고 있었으나 예금계약체결 당시에는 이 세상에 존재하지 않은 자라는 점에서 구분된다.

(나) 비실명예금의 발생유형

(ㄱ) 타인명의 예금의 경우

타인명의예금은 다음과 같은 4가지의 유형으로는 이루어질 수 있다.

첫째는 출연자와 명의자가 같고 행위자(예금계약체결행위자를 말한다. 이하 같다)가 다른 경우이다. 예를 들면 A(출연자)의 부탁을 받은 B(행위자)가 금융회사 S와 A의 명의로 예금계약을 체결하고 A의 자금을 입금하는 경우[23]가 이에 해당한다.

둘째는 행위자와 명의자가 같고 출연자가 다른 경우이다. 예를 들면 A(출연자)의 부탁을 받은 B(행위자 겸 명의자)가 금융회사 S와 B의 명의로 예금계약을 체결하고 A의 자금을 입금하는 경우가 이에 해당한다.

셋째는 출연자와 행위자가 같고 명의자가 다른 경우이다. 예를 들면 A(출연자 겸 행위자)가 금융회사 S와 B의 명의로 예금계약을 체결하고 A의 자금을 입금하는 경우가 이에 해당한다. 그리고 이 경우는 다시 A가 금융회사 S와 B를 명의자로 하여 예금계약을 체결함에 있어서 B의 승낙을 받은 경우(명의차용의 경우)와 받지 않은 경우(명의도용의 경우 명의도용은 명의모용이라고도 한다)의 2가지 유형으로 나누어 볼 수 있다.

넷째는 출연자와 행위자 및 명의자가 모두 다른 경우이다. 예를 들면 A(출연자)의 부탁을 받은 B(행위자)가 금융회사 S와 C의 명의로 예금계약을 체결하고 A의 자금을 입금하는 경우가 이에 해당한다. 그리고 이 경우도 다시 B가 C를 명의자로 하여 예금계약을 체결함에 있어서 C의 승낙을 받은 경우(명의차용의 경우)와 받지 않은 경우(명의도용의 경우)[24]의 2가지 유형으로 나누어 볼 수 있음은 셋째의 경우와 같다.

---

23) 이런 경우 A와 B가 명의자와 특별한 가족관계이면 S는 증빙서류에 의하여 그 가족관계를 확인하고 양 자의 실명확인을 한 후 B의 명의로 예금계약을 체결하고, A와 B가 특별한 가족관계가 아니면 S는 B가 A에게 B의 명의로 예금계약을 체결할 것을 위임하는 인감증명서를 첨부한 위임장을 제출받고서 양 자의 실명확인을 한 후 B의 명의로 예금계약을 체결하고 있다. 특별한 가족관계란 명의자와 출연자가 ①배우자 ②직계존비속 ③외조부모 ④외손자 ⑤배우자 부모(사위, 며느리 포함)의 관계에 있는 경우를 말한다[금융실명거래 업무해설(전국은행연합회 수신전문위원회, 2008.10), 11면]. 그리고 가족관계의 확인은 ①주민등록등본 ②제적등본, 가족관계증명서 ③의료보호증(지자체가 발급하고 가족관계가 표시된 의료보호증에 한함) ④가족관계가 표시된 구 의료보험증 중의 하나로 하면 된다(앞의 금융실명거래 업무해설, 11면).

(ㄴ) 가공명의 예금의 경우

가공명의의 예금은 다음과 같은 2가지 유형으로 이루어질 수 있다.

첫째는 출연자가 직접 가명이나 허무인의 명의로 예금계약을 체결하는 경우이다. 예컨대 A(출연자)가 금융회사 S와 자신의 실명이 아닌 가명이나 허무인의 명의로 예금계약을 체결하고 자신의 자금을 입금하는 경우가 이에 해당한다.

둘째는 출연자의 부탁을 받은 행위자가 가명이나 허무인의 명의로 예금계약을 체결하는 경우이다. 예컨대 B(행위자)가 A(출연자)의 부탁을 받아 금융회사 S와 가명이나 허무인의 명의로 예금계약을 체결하고 A의 자금을 입금하는 경우가 이에 해당한다.

(다) 비실명예금계약의 유효성

실명에 의하지 않은 예금계약의 효력에 대하여는 그 유효성을 긍정하는 것이 종래의 통설이다. 다만 소수설은 금융회사와 통모하여 이루어진 비실명예금계약의 경우에 한하여 이를 무효로 보아야 한다고 하나, 이는 이 예금계약이 비실명예금계약이라는 이유보다는 당사자들이 고의적으로 재산을 은닉하여 탈세를 하고 금융실명법과 예금자보호법을 잠탈하기 위하여 탈법행위를 한 결과라고도 볼 수 있다는 점에서 유효설과 반드시 반대되는 것이라고 할 수 없다. 즉 유효설에 의하더라도 이와 같은 예금계약에 대하여는 민법 제103조에서 규정하는 반사회질서의 법률행위로서 무효화할 수 있는 것이다. 또한 판례도 유효라는 것을 당연한 전제로 이 경우의 예금주를 누구로 볼 것인지에 대하여 판단하고 있다.[25] 비실명예금계약을 유효로 보면 다음에는 비실명예금의 예금주를 누구로 보아야 하는지 문제로 되는데, 이하에서 타인명의 예금과 가공명의 예금으로 나누어 설명하기로 한다.

---

24) 명의모용의 경우는 명의차용의 경우보다 발생가능성이 훨씬 적다. 명의모용의 타인명의 예금계약은 출연자와 명의자가 특별한 가족관계(주7 참조)인 경우(이 때에는 출연자가 주민등록등본이나 가족관계증명서에 의하여 명의자의 승낙이 없어도 명의자의 명의로 예금계약을 체결하는 것이 가능하다), 출연자가 명의자의 위임장 등을 위조하여 금융기관을 기망하는 경우 또는 금융기관이 명의모용을 묵인하는 경우에만 가능하기 때문이다.

25) 대판합판 2009.3.19. 2008다45828 참조.

(라) 타인명의예금의 예금주

(ㄱ) 예금주 판단의 기준

타인명의의 예금계약이 체결된 경우에 그 예금주를 누구로 볼 것인가에 관하여는 금융실명제가 실시된 이후에도 학설상 여러 견해가 주장되고 있었으나 판례는 2009.3.19. 대법원전원합의체의 판결을 전후해서 2단계를 거쳐 변화되어 왔다. 즉 2009.3.19. 전의 판례에서는 원칙적으로 명의자를 예금주로 보아야 하고, 「계약당사자가 명의자가 아닌 출연자 또는 행위자에게 예금반환채권을 귀속시키기로 하는 명시적 또는 묵시적 약정을 한 경우」에는 예외적으로 출연자 또는 행위자를 예금주로 보아야 한다고 하였으나, 2009.3.19. 판례에서는 출연자 또는 행위자를 예금주로 보아야 하는 예외를 더욱 좁게 인정하여 「계약당사자가 명의자가 아닌 출연자 또는 행위자에게 예금반환채권을 귀속시키기로 하는 명시적 약정을 한 경우」만 출연자 또는 행위자를 예금주로 보아야 한다고 하였다.

판례4-7

타인명의예금의 예금주 판단기준

(1) 2009년 3월 19일 전

금융실명거래및비밀보장에관한법률 제3조 제1항에 따라 금융기관은 거래자의 실지 명의에 의하여 금융거래를 하여야 하므로, 원칙적으로 예금명의자를 예금주로 보아야 하지만, 특별한 사징으로 예금의 출연자와 금융기곤 사이에 예금멍의인이 아닌 출연지에게 예금반흰체권을 귀속시키기로 하는 명시적 또는 묵시적 약정이 있는 경우에는 그 출연자를 예금주로 하는 금융거래계약이 성립된다(대판 2005.6.24. 2005다17877).

(2) 2009년 3월 19일 이후

금융실명거래 및 비밀보장에 관한 법률에 따라 실명확인 절차를 거쳐 예금계약을 체결하고 그 실명확인 사실이 예금계약서 등에 명확히 기재되어 있는 경우에는, 일반적으로 그 예금계약서에 예금주로 기재된 예금명의자나 그를 대리한 행위자 및 금융기관의 의사는 예금명의자를 예금계약의 당사자로 보려는 것이라고 해석하는 것이 경험법칙에 합당하고, 예금계약의 당사자에 관한 법률관계를 명확히 할 수 있어 합리적이다. 그리고 이와 같은 예금계약 당사자의 해석에 관한 법리는, 예금명의자 본인이 금융기관에 출석하여 예금계약을 체결한 경우나 예금명의자의 위임에 의하여 자금 출연자 등의 제3자(이하 '출연자 등'이라 한다)가 대리인으로서 예금계약을 체결한 경우 모두 마찬가지로 적용된다고 보아야 한다. 따라서 본인인 예금명의자의 의사에 따라 예금명의자의 실명확인 절차가 이루어지고 예금명의자를 예금주로 하여 예금계약서를 작성하였음에도 불구하고, 예금명의자가 아닌 출연자 등을 예금계약의 당사자라고 볼 수 있으려면, 금융기관과 출연자 등과 사이에서 실명확인 절차를 거쳐 서면으로 이루어진 예금명의자와의 예금계약을 부정하여 예금명의자의 예금반환청구권을 배제하고 출연자 등과 예금계약을 체결하여 출연자 등에게 예금반환청구권을 귀속시키겠다는 명확한 의사의 합치가 있는 극히 예외적인 경우로 제한되어야 한다. 그리고 이러한 의사의 합치는 금융실명거래 및 비밀보장에 관한 법률에 따라 실명확인 절차를 거쳐 작성된 예금계약서 등의 증명력을 번복하기에 충분할 정도의 명확한 증명력을 가진 구체적이고 객관적인 증거에 의하여 매우 엄격하게 인정하여야 한다(대전합판 2009.3.19. 2008다45828).

(ㄴ) 각 유형의 예금주 판단

앞에서 본 타인명의 예금의 여러 유형에 2009.3.19일의 대법원판례를 적용하여 그 예금주가 누구인지를 판단하여 보면 다음과 같다.

첫째의 유형 즉 출연자와 명의자가 같고 행위자가 다른 경우는 행위자가 출연자를 대리하여 출연자의 명의로 예금계약을 체결한 것으로 보아야 하므로 명의자를 예금주로 보아야 한다.

둘째의 유형 즉 행위자와 명의자가 같고 출연자가 다른 경우, 예컨대 A(출연자)의 부탁을 받은 B(행위자 겸 명의자)가 금융회사 S와 B의 명의로 예금계약을 체결하고 A의 자금을 입금한 경우는 B와 S 사이에 A(출연자)를 예금주로 하기로 하는 명시적인 합의가 있은 때에 한하여 예외적으로 A를 예금주로 보아야 하고 그 이외의 경우는 모두 B(명의자)를 예금주로 보아야 한다.

셋째의 유형 즉 출연자와 행위자가 같고 명의자가 다른 경우 예컨대 A(출연자 겸 행위자)가 금융회사 S와 B의 명의로 예금계약을 체결하고 A의 자금을 입금하는 경우는 A와 S 사이에 A(출연자)를 예금주로 하기로 하는 명시적인 합의가 있은 때에 한하여 예외적으로 A를 예금주로 보아야 하고 그 이외의 경우는 모두 B(명의자)를 예금주로 보아야 한다.

넷째의 유형 즉 출연자와 행위자 및 명의자가 모두 다른 경우 예컨대 A(출연자)의 부탁을 받은 B(행위자)가 금융회사 S와 C의 명의로 예금계약을 체결하고 A의 자금을 입금하는 경우는 B와 S 사이에 A(출연자) 또는 B(행위자)를 예금주로 하기로 하는 명시적인 합의가 있은 때에 한하여 예외적으로 A 또는 B를 예금주로 보아야 하고 그 이외의 경우는 모두 C(명의자)를 예금주로 보아야 한다.

㈒ 가공명의 예금의 예금주

첫째의 유형 즉 출연자가 직접 가명이나 허무인의 명의로 예금계약을 체결하는 경우, 예컨대 A(출연자)가 금융기관 S와 자신의 실명이 아닌 가명이나 허무인의 명의로 예금계약을 체결하고 자신의 자금을 입금하는 경우는, 금융회사 S와 A(출연자)를 예금주로 하기로 하는 명시적인 약정이 없다 하더라도 예금통장이나 신고인감 및 비밀번호를 소지하고서 당해 예금을 사실상으로 지배하는 자인 A(출연자)를 예금주로 보아야 한다. 이 경우는 명의자가 실재하는 인물이 아니어서 예금주가 될 수 없기 때문이다.

둘째의 유형 즉 출연자의 부탁을 받은 행위자가 가명이나 허무인의 명의로 예금계약을 체결하는 경우, 예컨대 B(행위자)가 A(출연자)의 부탁을 받아 금융회사 S와 가명이나 허무인의 명의로 예금계약을 체결하고 A의 자금을 입금하는 경우는, A와 B 중 누구를 예금주로 할 것인지 금융회사 S와 명시적인 합의가 있으면 그 자를 예금주로 보아야 하고, 그러한 명시적인 합의가 없으면 A와 B 중 예금통장이나 신고인감 및 비밀번호를 소지하고서 당해 예금을 사실상으로 지배하는 자를 예금주로 보아야 한다. 이 경우도 명의자가 실재하는 인물이 아니어서 예금주가 될 수 없기 때문이다.

나. 타인명의 예금의 담보

㈎ 개설

타인명의 예금도 유효한 예금으로 인정되는 이상 이를 대상으로 담보권을 설정할 수 있음은 물론이다. 또한 타인명의 예금을 대상으로 질권이나 양도담보권 또는 채권담보권 중 어느 것이든 설정할 수 있다는 점, 그러나 실무상은 질권이 주로 설정되고 있으며 새로이 채권담보권제도가 신설되었다 하더라도 향후 여전히 질권이 주로 설정될 것이라는 점은 통상의 예금의 경우와 다르지 않다.

타인명의 예금의 경우는 명의자와 출연자 및 행위자의 일부 또는 전부가 서로 다르다는 점에서 이를 담보로 취득함에 있어서 다음과 같은 여러 문제가 발생하게 된다.

첫째, 명의자가 예금주로 인정되는 경우에 있어서는 ①명의자가 예금의 담보제공을 함에 있어서 출연자 동의가 필요한지 ②명의자가 출연자의 동의 없이 담보제공한 경우 담보권자가 그 담보취득을 가지고 제3채무자인 금융회사에 대항할 수 있는지 ③출연자가 예금의 담보제공을 할 수 있는지 할 수 있다면 어떻게 하여야 하는지 문제로 된다.

둘째, 출연자가 예금주로 인정되는 경우에 있어서는 ①출연자가 예금의 담보제공을 하려면 어떻게 하여야 하는지 ②명의자가 예금의 담보제공을 한 경우에 그 효력이 어떠한지 문제로 된다.

셋째, 행위자가 예금주로 인정되는 경우에 있어서는 ①행위자가 예금의 담보제공을 하려면 어떻게 하여야 하는지 ②행위자가 예금의 담보제공을 함에 있어서 출연자 동의가 필요한지 ③행위자가 출연자의 동의 없이 담보제공한 경우 담보권자가 그 담보취득을 가지고 금융회사에 대항할 수 있는지 ④명의자가 예금의 담보제공을 한 경우에 그 효력이 어떠한지 ⑤출연자가 예금의 담보제공을 할 수 있는지 할 수 있다면 어떻게 하여야 하는지 문제로 된다.

(나) 명의자가 예금주인 경우

(ㄱ) 명의자의 담보제공

출연자와 명의자가 다른 예금에 있어서 명의자가 예금주로 인정되는 경우 명의자가 예금의 담보제공을 하려면 출연자와의 내부관계(명의신탁관계)에 있어서는 출연자의 동의를 받아야 한다.

그러나 예금을 담보로 취득을 하는 제3자로서는 명의자가 출연자의 동의 없이 담보제공한 경우라도 그 담보취득을 가지고 출연자에게 대항할 수 있는 것으로 보아야 한다. 또한 이 경우 예금의 담보취득자는 대상예금에 관하여 출연자와 명의자 사이에 명의신탁약정이 있다는 사실을 알고 있었다 하더라도 무방하다. 출연자가 명의자에 대하여 가지는 예금반환청구권이나 예금주명의변경청구권은 당사자 사이의 채권적청구권에 지나지 않기 때문이다. 다만 명의자(담보제공자)의 배신행위에 제3자(담보취득자)가 적극 가담한 경우 그 담보취득행위는 선량한 풍속 기타 사회질서에 위반되는 법률행위(민 103)에 해당하여 무효라 할 것이므로 제3자는 그 담보취득을 가지고 출연자에게 대항할 수 없는 것으로 보아야 한다.

그런데 금융회사의 예금거래약관에는 입출금이 자유로운 예금에 관하여는 담보제공을 할 수 없도록 하고(예거기약 12②), 그 밖의 예금에 관하여는 담보제공에 금융회사의 사전 승낙을 받도록 하는 특약조항이 있는데(예거기약 12①), 여기에서 다음과 같은 2가지 점이 문제로 된다.

첫째 위 특약에 따라 명의자가 제3자에게 예금의 담보제공을 하면서 금융회사의 승낙을 요구하는 경우 출연자와 명의자 사이의 명의신탁약정을 알게 된 금융회사가 그 명의신탁약정을 이유로 명의자의 승낙청구를 거절할 수 있는지 문제로 된다. 이에 관하여는 출연자와 명의자 사이의 명의신탁약정이 선량한 풍속 기타 사회질서 위반으로 무효인 경우라면 몰라도 유효로 인정되는 경우라면 이를 거절할 수 있다고 보는 것이 타당하다. 또한 명의자의 담보제공은 출연자와의 합의에 의한 것이 아니면 출연자에 대한 배신행위가 되는 것이 보통일 것이므로 동의해야 할 특별한 사유가 없는 한 거절하는 것이 합리적인 업무처리라고 본다. 다만 그렇다고 하여 명의자의 승낙청구에 대하여 출연자가 금융회사에 거절을 청구할 수 있는 권리를 가지는 것으로 볼 수는 없다. 실명거래를 하지 않은 출연자에게 이러한 권리를 인정하는 것은 금융실명제의 취지에 반하는 것이기 때문이다.

둘째 명의자가 입출금이 자유로운 예금을 대상으로 예금의 담보제공 금지에 위반하여 담보제공 하거나 또는 그 밖의 예금을 대상으로 금융회사의 승낙을 받지 아니하고 제3자에게 담보제공하고 그 통지를 해온 경우 금융회사가 대상예금이 제3자에게 담보제공된 것으로 인정하여야 하는가 하는 점이다. 이에 관하여는 제3자인 담보취득자가 담보취득시에 금융회사의 예금약관에 담보제공금지나 금융회사의 승낙을 요하는 내용이 있다는 사실을 알지 못하였다면 금융회사는 담보취득의 효력을 인정하여야 한다. 민법 제449조 제2항에는 「채권은 당사자가 반대의 의사를 표시한 경우에는 양도하지 못한다. 그러나 그 의사표시로써 선의의 제3자에게 대항하지 못한다」고 규정되어 있기 때문이다.

그런데 이 경우 담보취득자가 담보취득시에 금융회사의 예금약관에 담보제공금지나 금융회사의 승낙을 요하는 내용이 있다는 사실을 알았는지의 여부에 대한 입증책임을 누가 부담하는지의 문제가 있는데, 이에 관하여 대법원은 「은행거래에서 발생하는 채권인 예금채권에 관한 법률관계는 일반거래약관에 의하여 규율되어 은행은 일반거래약관인 예금거래기본약관에 각종의 예금채권에 대하여 그 양도를 제한하는 내용의 규정을 둠으로써 예금채권의 양도를 제한하고 있는 사실은 적어도 은행거래의 경험이 있는 자에 대하여는 널리 알려진 사항에 속한다 할 것이므로, 은행거래의 경험이 있는 자가 예금채권을 양수한 경우 특별한 사정이 없는 한 예금채권에 대하여 양도제한의 특약이 있음을 알았다고 할 것이고, 그렇지 않다 하더라도 알지 못한 데에 중대한 과실이 있다고 보아야 한다」고 판시함으로써 담보취득자가 알지 못하였다고 하는 사실을 입증하여야 할 것으로 하고 있다.[26)]

따라서 실제에 있어서 담보제공의 금지나 담보제공에 금융회사의 동의를 요하는 특약에 반하여 예금을 담보제공 받은 제3자가, 그러한 특약의 존재를 알지 못하였다고 주장·입증하여 금융회사에게 담보취득을 가지고 대항할 수 있는 경우는 많지 않을 것으로 본다.

(ㄴ) 출연자의 담보제공

출연자와 명의자가 다른 예금에 있어서 명의자가 예금주로 인정되는 경우 출연자는 예금주가 아닐 뿐만 아니라 금융회사의 예금원장상 예금주로 기재되어 있지 않다는 점에서 예금 자체를 담보제공할 수는 없다. 다만 출연자가 명의자에 대하여 가지는 예금반환청구권이나 예금주명의변경청구권은 출연자가 가지는 재산권에 속하는 것이므로 이를 담보제공할 수는 있으나 이는 예금의 담보제공이 아니다. 따라서 금융회사에 명의자의 명의로 예치되어 있는 예금을 제3자가 출연자로부터 담보취득하려면 그에 앞서 그 예금주명의를 명의자에서 출연자의 실명으로 변경하는 절차를 선행시켜야 하고, 그 이후는 통상의 예금을 담보취득하는 경우와 같다.

(다) 출연자가 예금주인 경우

(ㄱ) 출연자의 담보제공

출연자와 명의자가 다른 예금에 있어서 출연자가 예금주로 인정되는 경우라도 그 상태에서는 금융회사의 예금원장에 명의자가 예금주로 기재되어 있어서 출연자로서는 바로 담보제공을 할 수가 없다. 따라서 이와 같은 예금을 제3자나 금융회사가 출연자로부터 담보취득 하려면 그에 앞서 그 예금주명의를 명의자에서 출연자의 실명으로 변경하는 절차를 선행시켜야 하며 그 이후는 통상의 예금을

26) 대판 2003.12.12. 선고 2003다44370 참조.

담보취득하는 경우와 같다.

한편 출연자가 자신이 소지하고 있는 예금증서와 신고인감 및 알고 있는 예금거래용 비밀번호에 의하여 명의자의 명의로 담보제공하고 금융회사에 승낙을 구하는 경우 금융회사가 이에 응할 수 있는지 문제로 된다. 그러나 금융회사가 이에 응하는 것은 예금계약시 실명거래를 위반한 것에 이어 담보제공시 또 다시 실명거래를 위반하는 것이 되므로 응해서는 아니 된다. 다만 금융회사가 이에 응한 경우 제3자나 금융회사의 담보취득 자체는 유효한 것으로 보아야 한다. 이 경우 제3자나 금융회사는 동 예금의 진정한 권리자로부터 담보취득한 것이고 또한 실명거래에 위반하였다고 하여 그것만으로 사법상의 효력이 부정되는 것이 아니기 때문이다.

(ㄴ) 명의자의 담보제공

출연자와 명의자가 다른 예금에 있어서 출연자가 예금주로 인정되는 경우 명의자는 비록 금융회사의 예금원장상으로는 예금주로 기재되어 있다 할지라도 예금주가 아니므로 예금의 담보제공을 할 수 없다.

그런데 금융회사의 예금원장상으로는 명의자가 예금주로 기재되어 있다는 점에서 명의자가 이를 제3자에게 담보제공하고 이를 금융회사에 통지하여 올 수 있는데 이 경우 제3자가 출연자나 금융회사에 대하여 그 담보취득을 가지고 대항할 수 있는지 문제로 된다.

그러나 명의자는 금융회사에 대한 관계에서 예금주가 아니므로 금융회사에 제3자에 대한 담보제공의 승낙을 청구할 수가 없고 또한 담보제공자로서 담보제공의 통지를 할 수 있는 권리도 없다. 또한 2009.3.19. 이후는 금융회사와의 명시적인 약정이 있는 경우에 한하여 예금주 명의에 불구하고 출연자가 예금주로 인정될 수 있다는 점에서 금융회사가 명의자를 예금주로 잘못 알고 담보제공에 동의를 해주거나 담보제공의 통지를 유효한 것으로 받아들였다 하더라도 그 효력을 인정받을 수 없다.

따라서 이와 같은 경우에 문제가 되는 것은 제3자가 출연자의 예금임을 알지 못하고서 명의자로부터 예금을 담보제공 받고 명의자가 그 담보제공사실을 금융회사에 통지하였을 때, 제3자가 그 담보취득의 효력을 출연자와 금융회사에 대항할 수 있는가 하는 점이라고 할 수 있다.

이에 관하여는 다음의 2가지 면에서 검토를 요한다. 첫째는 금융회사의 예금원장에 기재되어 있는 명의자를 진정한 예금주라고 믿은 제3자를 보호하여야 하지 않은가 하는 점이고, 둘째는 금융회사의 예금거래약관에는 예금주가 제3자에게 예금을 양도하거나 담보로 제공하려면 금융회사의 사전 승낙을 받도록 되어 있으므로 금융회사가 출연자를 예금주로 하기로 한 합의로 인하여 명의자가 담보제공에 대한 금융회사의 승낙을 받을 수 없어 제3자로서도 담보취득의 효력을 출연자와 금융회사에 대항할 수 없지 않은가 하는 점이다.

먼저 첫째의 문제에 관하여서 보면, 출연자가 금융회사와의 합의하에 명의자를 예금주로 하여 체결한 타인명의의 예금계약은 그 명의자에 대한 관계에 있어서는 통정허위표시로서 무효라 할 것이지만, 통정허위표시의 무효는 선의의 제3자에게 대항할 수 없는 것이고(민 108) 또한 이 경우 제3자의 선의는 추정되는 것으로 보아야 할 것이므로, 이 점만을 보면 출연자나 금융회사가 제3자가 타인명의의 예금임을 알고서도 담보취득하였다는 사실을 주장·입증하지 않는 한 제3자는 담보취득의 효력을 출연자와 금융회사에 대항할 수 있는 것으로 보아야 한다.

다음에 둘째의 문제에 관하여서 보면, 제3자가 담보취득을 할 때에 예금의 담보제공에 금융회사의 사전 승낙이 있어야 한다는 예금거래약관상의 내용을 알고 있었다면 담보취득의 효력을 출연자와 금융회사에 대항할 수 없는 반면, 알지 못하였고 또 알지 못한데 중대한 과실이 없었다면 담보취득의 효력을 출연자와 금융회사에 대항할 수 있는 것으로 보아야 한다. 그런데 대법원판례는 「은행거래의 경험이 있는 자가 예금채권을 양수한 경우 특별한 사정이 없는 한 예금채권에 대하여 양도제한의 특약이 있음을 알았다고 할 것이고, 그렇지 않다 하더라도 알지 못한 데에 중대한 과실이 있다」고 한다.[27] 따라서 이 대법원판례에 의하면 제3자가 담보취득의 효력을 출연자와 금융회사에 대항할 수 있으려면, 담보취득을 할 때에 담보제공에 금융회사의 사전 승낙을 요하는 것으로 되어 있는 예금거래약관상의 내용을 중대한 과실 없이 알지 못하였다는 사실을 스스로 주장·입증하여야 한다는 것이 된다.

이상을 요약하면 출연자가 예금주로 인정되는 예금을 명의자로부터 담보취득한 제3자가 그 담보취득의 효력을 출연자와 금융회사에 대항할 수 있으려면, 담보취득을 할 때에 ①명의자가 진정한 예금주가 아니라는 사실에 선의이었어야

27) 대판 2003.12.12. 2003다44370 참조.

하고 또한 ②예금거래약관상 예금의 담보취득에 금융회사의 사전 승낙이 있어야 한다는 사실에 대하여 선의·무중과실이었어야 한다. 그리고 담보취득자인 제3자의 입장에서 볼 때 ①의 경우는 선의의 추정효력이 있어 스스로 주장·입증할 필요가 없으나 ②의 경우는 선의·무중과실의 추정효력이 없어 반드시 스스로 주장·입증하여야 한다는 것이 된다.

㈑ 행위자가 예금주인 경우

(ㄱ) 행위자의 담보제공

출연자와 명의자 및 행위자가 모두 다른 예금에 있어서 행위자가 예금주로 인정되는 경우라도 그 상태에서는 금융회사의 예금원장상 명의자가 예금주로 기재되어 있어서 행위자로서는 바로 담보제공을 할 수가 없다. 따라서 이와 같은 예금을 제3자가 행위자로부터 담보취득하려면 그에 앞서 금융회사에 청구하여 그 예금주명의를 명의자에서 행위자로 변경하는 절차를 선행시켜야 하며 그 이후는 통상의 예금을 담보취득하는 경우와 같다.

행위자가 예금주명의를 명의자에서 자신의 실명으로 변경하여 담보로 제공함에 있어서는 출연자와의 관계에 있어서 그 동의를 요하는 것으로 보아야 한다. 출연자와의 내부관계에 있어서 행위자와 출연자는 수임인과 위임인의 지위에 있는 것으로 보아야 하기 때문이다.

그리고 이 경우 행위자가 출연자의 동의를 받음이 없이 예금주명의를 명의자에서 자신의 실명으로 변경하여 제3자에게 담보로 제공한 경우, 그 제3자가 담보취득을 가지고 출연자에게 대항할 수 있는지 여부와 금융회사와의 법률관계 등에 대하여는 출연자와 명의자가 다른 예금으로서 명의자가 예금주로 인정되는 예금을 그 명의자가 출연자의 동의를 받음이 없이 담보로 제공한 경우와 같다.

(ㄴ) 명의자의 담보제공

출연자와 명의자 및 행위자가 모두 다른 예금에 있어서 행위자가 예금주로 인정되는 경우 명의자는 비록 금융회사의 예금원장상으로는 예금주로 기재되어 있다 할지라도 예금주가 아니므로 예금의 담보제공을 할 수 없다.

그러나 금융회사의 예금원장상으로는 명의자가 예금주로 기재되어 있다는 점에서 명의자가 이를 제3자에게 담보제공하고 이를 금융회사에 통지하여 올 수 있는데 이 경우 제3자가 행위자나 금융회사에 대하여 그 담보취득을 가지고 대항할 수 있는지 문제로 되는데, 이에 관하여는 출연자와 명의자가 다른 예금으로서 명의자가 예금주로 인정되는 예금을 그 명의자가 담보로 제공한 경우와 같다.

(ㄹ) 출연자의 담보제공

출연자와 명의자 및 행위자가 모두 다른 예금에 있어서 행위자가 예금주로 인정되는 경우 출연자는 예금주가 아닐 뿐만 아니라 금융회사의 예금원장상 예금주로 기재되어 있지 않다는 점에서 예금 자체를 담보제공할 수는 없다. 다만 이 경우 출연자는 행위자와 명의자에 대하여 예금반환청구권을 가지는 것으로 보아야 하는데, 이 청구권은 출연자가 가지는 재산권에 속하는 것이므로 이를 담보로 제공할 수 있다. 그러나 이는 예금의 담보제공이 아니다. 따라서 행위자의 예금으로 인정되는 타인명의의 예금을 제3자가 그 출연자로부터 담보로 취득하려면 그에 앞서 그 예금주명의를 명의자에서 출연자의 실명으로 변경하는 절차를 선행시켜야 한다.

다. 가공명의 예금의 담보

가공명의예금 중 첫째의 유형 즉 출연자가 직접 가명이나 허무인의 명의로 예금계약을 체결한 경우는 실재하지 않는 명의자가 예금을 담보로 제공한다는 것 자체가 있을 수 없는 것이 원칙이다. 따라서 이 경우는 그 예금의 사실상의 지배자인 출연자로부터 담보제공을 받아야 한다. 다만 이 경우 출연자로부터 담보제공을 받으려면 그에 앞서 그 예금주명의를 가명이나 허무인 명의에서 출연자의 실명으로 변경하는 절차를 선행시켜야 하며 그 이후는 통상의 예금을 담보취득하는 경우와 같다.

그러나 허무인 중 사망한 자는 예금계약체결 전에는 실존하였던 인물이라는 점에서 그의 상속인이 해당 예금을 상속받은 예금으로 하여 담보로 제공하는 경우가 있을 수 있는데, 이 경우 제3자가 출연자(또는 행위자)의 예금임을 알지 못하고서 상속인으로부터 예금을 담보로 제공받고 상속인이 그 담보제공 사실을 금융회사에 통지하였을 때, 제3자가 그 담보취득의 효력을 출연자(또는 행위자)와 금융회사에 대항할 수 있는지 문제로 되나, 이에 관하여는 출연자와 명의자가 다른 예금 중 금융회사와의 명시적인 합의가 있어 출연자를 예금주로 보아야 하는 예금을 명의자로부터 담보취득하는 경우와 같다.

가공명의의 예금 중 둘째의 유형 즉 출연자의 부탁을 받은 행위자가 가명이나 허무인의 명의로 예금계약을 체결하는 경우도 그 명의자로부터는 담보제공을 받을 수 없는 것이 원칙이다. 다만 명의자가 허무인으로서 사망한 자인 경우는 예외적으로 그 상속인으로부터 담보제공을 받을 수 있는 점 및 그 담보취득의 효력에 대하여는 첫째의 유형에 관하여 설명한 바와 같다. 따라서 이 경우는 먼저 그 예금주가 출연자와 행위자 중 누구인지 판별한 후, 그 예금주명의를 가명이나 허무인 명의에서 출연자 또는 행위자의 실명으로 변경하는 절차를 선행시켜야 하고 그 이후는 통상의 예금을 담보취득하는 경우와 같다.

(5) 자행예금

가. 담보로서의 특성

자행예금이란 담보로 제공되는 예금이 채무자(또는 제3자)가 채권자에게 예치하고 있는 예금인 경우를 말한다. 자행예금을 담보로 취득하는 경우의 특징은 채권자와 제3채무자가 같다는 점이다. 자행예금을 대상으로 설정하는 담보권은 채권자와 제3채무자가 같을 뿐만 아니라 금융회사라는 점에서 질권이 적절하고 양도담보권이나 채권담보권을 설정할 필요성은 거의 없다.

자행예금을 대상으로 하는 질권의 설정에 있어서도 채권자와 예금주 사이에 질권설정계약의 체결과 예금증서의 인도가 필요한 것임은 말할 나위가 없다. 그러나 통상의 지명채권을 대상으로 질권을 설정하는 경우에 갖추어야 하는 제3채무자에 대한 대항요건과 제3자에 대한 대항요건을 그대로 구비하여야 하는지에 관하여는 채권자가 질권자 겸 제3채무자라는 점에서 문제가 된다.

우선 제3채무자에 대한 대항요건인 질권설정사실의 제3채무자에 대한 통지나 질권설정사실에 대한 제3채무자의 승낙은 별도로 구비할 것을 요하지 않으며 이에 대하여는 다툼이 없다. 질권설정계약 자체에 질권설정에 대한 제3채무자의 승낙이 포함되어 있는 것으로 보아야 하기 때문이다. 그러나 질권설정의 제3자에 대한 대항요건을 별도로 구비할 필요가 있는지 여부에 대하여는 필요설과 불요설로 견해가 갈려 있는데 이에 관하여는 다음 항에서 별도로 설명하기로 한다.

그리고 자행예금에 대한 담보취득의 실무에 있어서는 질권설정시에 예금증서나 예금청구서상에 예금주의 영수인을 미리 날인하게 하여 받아 두고 있으나, 이는 질권설정의 효력과는 관계가 없는 것으로 단지 대리환급절차를 통한 변제충당의 편의를 위한 별도의 특약일 뿐이다.

나. 제3자대항요건의 구비요부

㈎ 불요설

이 견해는 금융회사가 자행예금을 담보로 취득하는 때에는 제3자에 대한 대항요건을 구비할 필요가 없다고 한다. 그리고 그 이유로는 질권자가 질권설정의 대항요건을 구비하지 않은 상태에서, 채무자가 담보예금을 다른 제3자에게 처분(양도 또는 질권설정)하거나 또는 채무자의 다른 채권자가 담보예금을 압류함으로써, 질권을 가지고 그 양수인(또는 다른 질권자)이나 압류채권자에게 대항할 수 없는 경우라 할지라도, 금융회사로서는 질권의 행사가 아닌 예금채무와 대출채권에 대한 상계권의 행사로 그에 대항할 수 있다는 점을 들고 있다.

㈏ 필요설

이 견해는 금융회사가 자행예금을 담보로 취득하는 경우에도 제3자에 대한 대항요건을 구비해 두어야 한다고 한다. 그리고 그 이유로는 첫째 예금채무와 대출채권을 상계할 수 있는 요건이 갖추어지지 않은 상태에서 채무자가 담보예금을 제3자에게 양도하고 그 사실을 확정일자 있는 증서로 통지하여 오면 금융회사로서는 상계로써 그 양수인에게 대항할 수 없게 된다는 점, 둘째 예금채무와 대출채권을 상계할 수 있는 요건이 갖추어져 있는 상태라 하더라도 아직 금융회사의 상계효력이 발생하기 전에(즉 금융회사의 상계의사표시가 예금주에게 도달하기 전에), 예금채권이 제3자에게 양도되어 양도인인 예금주로부터의 확정일자 있는 증서에 의한 양도통지와 함께 그 양수인의 금융회사에 대한 채무와 양수예금과의 상계통지가 먼저 금융회사에 도달하게 되면 상계로써 그 양수인에게 대항할 수 없게 되어, 질권의 효력을 주장할 수밖에 없게 되는데 이 경우의 우선순위는 제3자 대항요건을 누가 먼저 갖추어 두었느냐에 따라 결정되는 것이라는 점을 들고 있다.

(다) 결론

(ㄱ) 원칙

예금계약에 있어서는 예금거래약관상에 양도나 질권설정에 금융회사의 승낙을 받아야 할 것으로 하는 특약이 있어, 금융회사의 상계가 필요한 경우에는 양도 승낙을 거절하여 양수의 효력이 발생하지 않도록 함으로써 이에 대응하면 될 것이므로 불요설이 타당하다고 본다.

그런데 이에 관하여는 필요설의 입장에서 예금의 양도나 질권설정에 금융회사의 승낙을 받도록 한 약관에 위반한 양도라도 할지라도 양수인이 양수 당시 그러한 특약이 있었음을 알지 못한 경우에는 양수의 효력을 주장할 수 있다는 점(민 449②)을 들어 반론을 주장할 수 있다. 그러나 이러한 반론도 다음과 같은 이유에서 타당하지 않다.

대법원판례는 「은행거래의 경험이 있는 자가 예금채권을 양수한 경우 특별한 사정이 없는 한 예금채권에 대하여 양도제한의 특약이 있음을 알았다고 할 것이고, 그렇지 않다 하더라도 알지 못한 데에 중대한 과실이 있다고 보아야 한다」고 판시한다.[28] 이 판례는 은행거래의 경험이 있는 자의 경우는 금융회사가 예금양도의 승낙을 거절하는 경우에 예금양도에 금융회사의 승낙이 필요하다는 특약을 몰랐다고 하여 그 유효성을 거의 주장할 수 없다고 하였다는 점에 큰 의미가 있다.

특히 필요설이 예로 든 사례에 있어서와 같이 질권자인 금융회사에 대출채무가 있는 자가 질권설정자의 금융회사에 대한 예금채권을 양수하여 그 양수한 예금채권과 자신의 금융회사에 대출채무를 상계할 정도의 수준에 있는 자가 은행거래의 경험이 없는 자로서 예금양도에 금융회사의 승낙이 필요하다는 특약의 존재를 중대한 과실 없이 몰랐던 것으로 인정되는 경우는 거의 없을 것으로 보아야 한다.

또한 필요설이 예로 든 사례가 현실적으로 발생하는 경우는 거의 없을 것으로 보이고 또한 발생한다 하더라도 예금약관상의 특약과 상계권의 행사로 충분히 대항할 수 있다는 점에서 자행예금을 대상으로 하여 질권을 설정함에 있어서는 원칙적으로 제3자 대항요건은 이를 구비할 필요가 없다고 보는 것이 타당하다.

28) 대판 2003.12.12. 2003다44370 참조.

(ㄴ) 예외

자행예금을 대상으로 질권을 설정하는 경우에도 다음과 같은 경우는 예외적으로 제3자 대항요건을 구비하여야 한다.

첫째는 자행예금의 예금주가 채무자가 아니고 제3자인 경우로서 그 제3자가 물상보증인으로서의 지위에만 있을 경우이다. 이 경우는 질권설정자가 채무자가 아니어서 상계를 할 수 없기 때문이다. 그러나 담보제공자인 제3자가 채무자의 채무에 대하여 물상보증 겸 연대보증을 하는 경우에는 그 예금채무를 연대보증 채권과 상계할 수 있으므로 제3자 대항요건의 구비를 하지 않아도 된다.

이와 같은 이유에서 은행의 경우 여신거래와 관련하여 제3자인 담보제공자에게 연대보증을 요구하는 행위는 불공정영업행위로서 금지되지만, 제3자가 해당 은행에 예치되어 있는 예금·적금 또는 금전신탁수익권을 담보로 제공하고 연대보증의 책임을 담보제공 범위내로 제한하는 경우에는 불공정영업행위로 보지 않아 금지되지 않는다(은행령 24의4①iv, 은감규 88의2②).

둘째는 자행예금을 대상으로 하여 설정한 질권이 근담보형으로서 채권자와 채무자 사이의 계속적 거래관계로부터 발생하는 당좌대출 등의 한도거래로부터 발생하는 채권을 담보하는 경우이다. 이 경우 제3자 대항요건을 구비하여 두지 않으면 질권설정자의 다른 채권자가 질권의 대상인 자행예금을 압류(또는 가압류. 이하같다)하는 경우 압류 전에 발생한 대출채권에 의한 상계로서는 압류채권자에게 대항할 수 있지만, 압류 이후에 발생한 대출채권에 의한 상계로서는 압류채권자에게 대항할 수 없어(민 498), 압류 이후 대출거래를 할 수 없는 반면, 제3자 대항요건을 구비하여 두면 근질권의 효력에 의하여 담보한도액의 범위에서 압류 이후에도 계속적으로 대출거래를 하고 그 대출채권으로 압류채권자에게 대항할 수 있기 때문이다.

그러나 근질권의 대상인 자행예금이 담보제공자의 다른 채권자에 의하여 압류되면 한도거래를 정지시키고 추가대출을 하지 않을 것으로 할 때에는 제3자 대항요건을 구비할 필요가 없다. 이 경우는 압류 전에 발생한 대출채권은 상계로 압류채권자에게 대항할 수 있고 압류 이후에는 한도거래를 정지시켜 담보할 채권이 발생되지 않기 때문이다. 실제의 실무에 있어서는 근질권의 대상인 자행예금이 담보제공자의 다른 채권자에 의하여 압류된 경우에는 한도거래를 정지시키고 추가대출을 하지 않는 것이 보통일 것이므로 제3자 대항요건을 구비해 두어야 할 경우는 많지 않을 것으로 생각된다.

그리고 위의 경우 제3자대항요건 구비는 별도의 통지서나 승낙서를 작성할 필요 없이 질권설정계약서 자체에 확정일자를 받아두는 방식으로 하면 된다. 자행예금을 대상으로 하는 질권설정에 있어서는 질권자가 제3채무자라는 점에서 질권설정계약 자체에 제3채무자의 승낙이 포함되어 있기 때문이다.

3. 저당권부채권

(1) 담보권설정의 가능성

저당권에 의하여 담보되고 있는 채권을 저당권부채권이라고 한다. 저당권부채권은 그 변제가 저당권에 의하여 보장되어 있는 점에서 담보로서의 적격성을 가진 것으로 볼 수 있으며, 그 담보가치는 그 저당목적물의 가치와 담보되는 채권액을 기준으로 결정하면 된다.

저당권부채권에 있어서의 저당권은 보통저당권과 근저당권을 모두 포함한다. 담보할 채권이 장래에 발생할 여러 개의 채권이라도 채권의 종류, 발생 원인, 발생 연월일을 정하거나 그 밖에 이와 유사한 방법으로 특정할 수 있으면 이를 담보의 목적으로 할 수 있는 것이기 때문이다(동채담 34②).

그러나 근저당권에 의하여 담보되는 채권 중 한정근담보형이나 포괄근담보형 근저당권에 의하여 담보되는 채권은 근저당권거래의 존속 중에는 이를 근저당권과 함께 담보로 제공할 수 없는 것으로 보아야 한다. 근저당권자가 근저당거래의 존속 중에 그 근저당권에 의하여 담보되는 일부의 채권에 대해서만 질권 또는 채권담보권을 설정하거나 양도하여 이를 그 근저당권에 의하여 담보하게 할 수가 없는 것인데(판례), 한정근담보형이나 포괄근담보형 근저당권의 경우 그 피담보채권이 확정되기 전에 채권의 종류, 발생 원인, 발생 연월일에 의하여 미리 특정한 채권을 대상으로 근저당권부담보권을 설정하면, 이는 근저당거래의 존속 중에 일부의 채권만을 당해 근저당권과 함께 담보의 대상으로 한 결과가 되어 담보로서의 효력을 인정받을 수 없는 것이기 때문이다.

따라서 근저당거래의 존속 중에 당해 근저당권에 의하여 담보되는 채권을 그 근저당권과 함께 담보로 제공할 수 있는 것은 특정근담보형 근저당권에 한하고,

한정근담보형이나 포괄근담보형 근저당권의 경우는 그 피담보채권이 확정된 후라야 그 담보되는 채권 전부 또는 일부와 확정근저당권을 함께 담보로 제공할 수 있게 되는 것으로 보아야 한다.

(2) 담보권설정의 방법

가. 개설

저당권(근저당권을 포함한다)부채권을 담보로 취득하는 방법으로는 질권을 설정하는 방법과 양도담보권을 설정하는 방법 및 채권담보권을 설정하는 방법의 3가지가 있으며 이들 중 어느 방법으로 할 것인지는 설정당사자가 선택하여 정하면 된다.

그러나 실무상으로는 우선특권자 즉 담보권설정자의 조세채권자나 근로자 또는 건강보험료 등의 채권자와의 관계를 고려할 때 질권이나 채권담보권보다는 양도담보권을 설정하는 것이 채권자에게 유리하다. 그리고 양도담보권은 담보목적물을 양도담보권자에게 양도하는 방식으로 하므로 이하에서는 이 저당권부채권의 양도 및 그 양도와 관련된 특수문제에 대하여 설명하기로 한다.

나. 저당권부채권의 양도

저당권을 그 피담보채권과 함께 양도하는 것을 저당권부채권의 양도라고 한다. 이 저당권부채권의 양도는 저당권의 양도와 채권의 양도가 결합되어 행하여진다는 데에 그 특징이 있다. 따라서 그 양도에는 다음과 같은 요건을 구비하여야 한다.

첫째 저당권부채권의 양도는 저당권의 양도를 포함하므로 그 양도의 효력을 발생시키려면, 부동산물권변동의 일반원칙에 따라 당사자가 저당권양도계약을 체결하고 이를 원인으로 하여 양수인에게 그 저당권의 이전등기를 하여야 한다(민 186).

둘째 저당권부채권의 양도는 채권의 양도를 포함하므로 채권양도의 대항요건도 구비하여야 한다(민 449~452). 즉 저당권부채권양도의 효력은 당사자 사이에서는 양도계약만으로 그 효력이 생기지만, 이를 채무자에게 대항하려면 양도인이 양도사실을 채무자에게 통지하거나 채무자가 이를 승낙하여야 하고, 채무자 이외의 제3자에게 양도사실을 대항하려면 그 통지나 승낙을 확정일자 있는 증서로 하여야 한다. 다만 이 채권양도의 대항요건 구비는 저당권이전의 등기가 있은 후에 하더라도 무방하다.

다. 저당권부채권의 양도와 관련한 특수문제

(가) 양도의 요건 중 어느 하나를 결한 경우

(ㄱ) 저당권의 이전등기를 하지 않은 경우

채권양도의 대항요건은 구비하였지만 저당권의 이전등기를 하지 않은 경우 먼저 채권양도만 그 효력이 발생하는 것으로 볼 수 있는지 문제로 된다. 이에 관하여는 민법 제361조에 저당권을 피담보채권과 분리하여 양도할 수 없다고 규정하고 있으므로 처음부터 저당권과 분리하여 채권만을 양도하기로 하지 않은 이상, 채권양도만 그 효력을 발생한다고 볼 수는 없고 저당권의 이전등기가 있어야 비로소 채권양도도 저당권이전의 효력과 함께 그 효력을 발생하는 것으로 보아야 한다.

(ㄴ) 채권양도의 대항요건을 구비하지 않은 경우

저당권의 이전등기는 하였지만 채권양도의 대항요건을 구비하지 않은 경우의 법률관계도 문제이나 이에 관하여는 다음과 같이 보아야 한다.

우선 채무자에 대한 대항요건을 구비하지 않은 때에는 그 양도를 가지고 채무자에게 대항하지 못한다. 따라서 양수인에게 저당권의 이전등기가 되었다 하더라도 채권양도의 채무자에 대한 대항요건을 구비하고 있지 않은 사이에, 채무자가 양도인에게 채무의 변제를 하면 채권은 소멸하고 그에 따라 저당권도 소멸하게 된다.

다음에 채권양도의 제3자에 대한 대항요건을 구비하지 않고 있는 사이에 피담보채권이 이중으로 양도되어, 제2의 양수인이 먼저 채권양도의 대항요건을 구비하면 제1의 채권양도는 제2의 양수인에 대한 관계에서 그 효력을 상실하게 되고, 그에 따라 제1의 양수인은 저당권도 취득할 수 없게 된다.

또한 채권양도의 대항요건을 구비하고 있지 않으면 채무자의 양도인에 대한 변제 또는 양도인의 이중 양도가 없다고 하더라도, 양수인은 채권의 취득 내지 저당권의 취득을 채무자나 저당권설정자 등의 제3자에게 대항할 수 없기 때문에 양수채무의 변제가 없더라도 저당권을 실행할 수가 없게 된다.

㈏ 이의를 보류하지 않은 승낙이 있은 경우

저당권에 의하여 담보되는 채권으로서 그 피담보채권이 변제 등에 의하여 이미 소멸되었음에도 이를 양도하여 양도인이 양수인에게 저당권의 이전등기를 하고 채무자가 그 채권양도에 관하여 이의를 보류하지 않은 승낙을 한 경우, 채무자는 양도인에 대하여 대항할 수 있는 사유(즉 변제 등에 의한 양도채권의 소멸)가 있어도 이를 가지고 양수인에게 대항하지 못한다(민 451①본).

따라서 이 경우 채무자는 변제 등에 의한 채권의 소멸이나 당초부터 채권이 성립하지 않았다는 등의 항변을 할 수 없게 되고, 양수인은 유효하게 승낙내용에 따른 채권을 취득하게 된다. 다만, 이 때에 채권자가 채권의 소멸이나 불성립 등에 관하여 선의이어야 함은 명문의 규정은 없지만 당연한 것으로 보아야 한다.

그러면 이 경우 양수된 채권에 붙어 있던 저당권의 효력은 어떻게 되는가. 이에 관하여는 등기에 공신력이 인정되어 있지 않아 양수 전에 피담보채권이 소멸해 있었다면 그로써 저당권은 이미 소멸되어 있는 것이므로, 비록 양수인이 유효하게 채권을 취득하더라도 그것을 담보하는 것으로 되어 있었던 저당권은 되살아나지 않고 양수인은 저당권 없는 채권을 취득할 뿐인 것으로 보아야 한다.

㈐ 일부양도의 경우

저당권에 의하여 담보되는 채권의 일부에 관하여 양도가 있은 경우도 앞에서 설명한 저당권부채권의 양도에 관한 설명이 그대로 타당함은 물론이다. 이 경우 저당권은 그 불가분성으로 인하여 양 채권자가 그 채권액을 지분으로 하여 준공유하는 것으로 보아야 한다. 그러나 한정근담보형이나 포괄근담보형 근저당권에 의하여 담보되는 채권 중 일부를 그 피담보채권의 확정 전에 당해 근저당권과 함께 양도할 수 없음은 이미 앞에서 설명한 바와 같다.

라. 질권 또는 채권담보권의 설정

저당권에 의하여 담보되는 채권을 대상으로 그 저당권과 함께 질권이나 채권담보권을 설정할 수 있음은 물론이다. 이 경우도 저당권과 채권이 결합되어 담보의 목적이 되는 점에서 저당권부채권의 양도와 같다.

따라서 저당권부채권을 대상으로 하는 질권이나 채권담보권의 설정에 있어서도 저당권부채권의 양도에 있어서와 마찬가지로, 질권이나 채권담보권 설정의 일반요건을 갖추는 이외에, 저당권에 대한 질권이나 채권담보권 설정의 부기등기절차를 취해야 그 효력이 생기게 된다.

그밖에 저당권에 질권이나 채권담보권의 부기등기가 이루어지지 않은 경우의 효력 및 채권에 대한 질권이나 채권담보권 설정의 대항요건과 관련된 여러 문제에 관하여는 앞에서 설명한 저당권부채권양도의 경우에 준하는 것으로 보면 된다. 다만 양도와 다른 질권이나 채권담보권 설정이라는 데에서 특별하게 논의될 수 있는 점에 관하여 살펴보면 다음과 같다.

저당권부채권에 대한 질권이나 채권담보권의 효과로서 질권자나 채권담보권자는 채권을 취득하는 것이 아니라 그 추심권만을 취득하며 또한 제3채무자가 추심에 응하지 않는 경우에는 그 추심채권을 담보하는 저당권을 실행할 수 있다. 그리고 이 경우 질권이나 채권담보권 설정자는 비록 그 저당권에 의하여 담보되는 채권액이 질권이나 채권담보권에 의하여 담보되는 채권액을 초과하더라도 그 차액에 대하여는 추심할 권한을 가지지 못한다. 질권이나 채권담보권은 그 불가분성에 의하여 담보채권 전액에 미치는 것이기 때문이다. 그리고 질권이나 채권담보권설정자는 질권이나 채권담보권이 존재하는 한 그 저당권을 처분하거나 실행할 권한도 가지지 못한다.

4. 임차보증금반환청구권

(1) 의의

임차보증금은 주로 부동산을 대상으로 하는 임대차에 있어서 차임지급의 한 방법으로 또는 임차인에 대한 차임지급청구권이나 기타 임대차계약상의 채무불이행으로 인한 손해배상청구권을 담보하기 위하여 임차인 또는 제3자가 임대인에게 교부하는 금전을 말한다.

임차보증금은 보증금계약에 의하여 수수된다. 그리고 보증금계약은 임대차계약과는 별개의 계약으로 임대차계약에 종된 계약이다. 그러나 보증금계약을 반드시 임대차계약과 동시에 체결하여야 하는 것은 아니고 임대차계약을 체결한 이후에 차임지급방법의 변경과 함께 체결할 수도 있다.

(2) 담보제공의 가능여부

임대차계약이 종료하면 임차인은 임대인에 대하여 보증금반환청구권을 가지게 된다. 임대차계약에 의하여 임차인이 가지는 임차권 자체는 전세권과는 달리 이를 담보의 대상으로 할 수 없으나, 임대차계약의 종료시 임차인이 임대인에 대하여 가지는 보증금반환청구권은 담보의 대상으로 할 수 있다.

그런데 최우선변제권이 인정되어 있는 주택임차인의 소액보증금 중 일정액에 대하여는 민사집행법상 압류가 금지되어 있는데(민집 246①vi) 이 압류가 금지되어 있는 소액보증금을 대상으로 하여서도 담보제공이 가능한 것인지 문제로 된다. 이에 관하여는 이 경우의 압류금지의 취지를 임차인에 대한 사회정책적인 배려로 보아야 할 것인지 아니면 임차인의 의사에 의하지 아니하고 임차인으로부터 보증금반환청구권을 빼앗는 것을 금하려는 것으로 보아야 할 것인지에 따라 그 결론이 달라지게 된다. 즉 전자의 경우로 보면 소액보증금 중 일정액은 압류 이외에 양도도 금지되는 것으로 보아야 하고 그에 따라 담보제공을 할 수 없다는 것이 되고, 후자의 경우로 보면 압류금지에 불구하고 양도는 금지되지 아니하며 그에 따라 담보제공을 할 수 있다는 것이 된다.

그러나 소액보증금 중 일정액에 대하여 압류가 금지되어 있다고 하여 양도까지 금지된다고 보는 것은 주택임차인이 보증금반환청구권을 제3자에게 양도하는 방법으로 보증금을 회수할 수 있는 기회를 박탈하는 것이 되어 오히려 주택임차인에게 불이익을 초래하게 되어 불합리하다. 따라서 주택임차인의 소액보증금 중 일정액에 대하여는 압류만이 금지될 뿐 양도나 담보제공은 금지되지 않는 것으로 보는 것이 타당하다.

(3) 담보권의 설정방법

임차보증금반환청구권을 대상으로 하는 담보권설정의 방식으로는 질권과 양도담보권 및 채권담보권이 있으며 이 중 어느 것을 설정할 것인지는 설정당사자가 합의하여 선택하면 된다. 다만 채권자로서는 채권담보의 효력면에서 양도담보권이 질권이나 채권담보권보다는 우월하므로 양도담보권을 설정하는 것이 유리하다. 각 담보권의 구체적인 설정방식은 일반의 지명채권에 관하여 앞에서 이미 설명한 바와 같다.

(4) 담보권의 효력

앞에서 설명한 지명채권에 대한 양도담보권이나 질권 또는 채권담보권의 효력과 대체로 같다. 특별히 유의할 점에 대하여서만 설명하면 다음과 같다.

첫째, 담보제공자인 임차인의 채무불이행으로 담보권자인 채권자가 임대인으로부터 임차보증금을 직접 지급받아 담보채권의 변제에 충당하려면, 임차인으로 하여금 임차부동산을 임대인에게 명도하도록 하여야 한다. 임차부동산의 명도가 없으면 임대인은 임차보증금의 반환을 거절할 수 있는 것이기 때문이다.

둘째, 임차인이 임차부동산을 임대인에게 명도하였다 하더라도 임차인이 임대인에게 임차부동산을 명도할 때까지, 연체차임이 있거나 기타 임대차와 관련한 손해배상채무가 있는 때에는 임대인은 그 연체차임과 손해배상액을 보증금으로부터 충당할 수가 있다. 임차보증금은 임차인의 임대인에 대한 차임채무 기타 임대차와 관련한 손해배상채무를 담보하는 것이기 때문이다.

따라서 임차보증금반환청구권을 담보로 취득함에 있어서는 위와 같은 사항을 고려하여 임차인이 임차부동산을 명도할 때에 임대인으로부터 반환받을 수 있는 금액을 산출한 후, 다시 그 산출금액의 반환가능성까지를 종합적으로 고려하여 그 담보가치를 평가하여야 한다.

(5) 채권적전세

전세권설정계약을 체결하고 전세금을 지급하였으면서도 전세권설정등기를 하지 않은 경우를 채권적전세라고 한다. 채권적전세의 법률적 성질에 관하여는 임대차의 일종으로 보는 데에 학설이 일치되어 있다.[29] 따라서 채권적전세에 있어서 전세권자가 전세권설정자에 대하여 가지는 전세금반환청구권에 대하여도 양도담보권이나 질권 또는 채권담보권을 설정할 수 있으며, 그 설정대상과 설정방법 및 효력에 대하여는 임차보증금에 준하는 것으로 보면 된다.

이에 대하여 전세권설정등기를 한 물권적전세의 경우는 전세권의 존속 중에는 전세권이란 용익물권 자체를 대상으로 저당권을 설정할 수는 있을 뿐 전세권자가 전세계약의 종료시에 전세권설정자에 대하여 가지는 전세금반환청구권만을 대상으로 양도담보권이나 질권 또는 채권담보권을 설정할 수는 없다. 전세권도 담보물권의 부종성에 따라 그 담보하는 전세금반환채권과 분리하여 양도할 수 없고 또한 반대로 전세금반환채권만을 전세권과 분리하여 양도할 수 없는 것이기 때문이다.

그러나 전세권의 존속기간이 만료되거나 전세계약이 해지된 때에는 전세권이란 용익물권을 대상으로 하여서는 저당권을 설정할 수 없는 것으로 보아야 한다. 전세권의 존속기간이 만료되거나 전세계약이 해지된 때에는 그 전세권은 용익권으로서의 성질이 없어지고 전세금반환채권을 담보하는 담보물권으로서의 성질만 가지게 되기 때문이다. 따라서 이때에는 담보물권으로서 성질을 가지는 전세권이 붙어 있는 전세금반환채권을 대상으로 양도담보권이나 질권 또는 채권담보권을 설정해야 한다. 그리고 이 경우 양도담보권을 설정함에 있어서는 전세권이전의 부기등기를 하여야 하고 질권 또는 채권담보권을 설정함에 있어서는 그 전세권에 질권이나 채권담보권 설정의 부기등기를 하여야 한다.

또한 전세권의 존속기간이 만료되거나 전세계약이 해지되기 전이라도 전세권자가 전세권설정자에 대하여 가지는 전세금반환청구권에 대하여 전세권의 소멸을 조건으로 양도담보권이나 질권 또는 채권담보권을 설정할 수 있는 것으로 보아야 한다. 이 경우는 전세권과 분리하여 전세금반환청구권만을 담보의 대상으로 하는 것이 아니라 전세권의 소멸 후에 용익권으로서의 성질이 없어지고

---

29) 민법주해[XV] 66(민일영). 주석민법[채권각칙(3)] 407(고상룡). 곽윤직 채권각론 272. 김형배 채권각론 474.

담보물권으로서의 성질만을 가지는 전세금반환청구권을 대상으로 하는 것이어서 담보물권의 부종성에 반하는 것이 아니기 때문이다.

그리고 전세권자가 물권적전세권자로서의 지위를 포기한 때에는 전세금반환청구권만을 대상으로 양도담보권이나 질권 또는 채권담보권을 설정할 수 있으며, 이때에는 전세권이전이나 질권 또는 채권담보권 설정의 부기등기를 요하지 않는다. 이 경우는 그 성질이 채권적전세권으로 전환되는 것이기 때문이다.

5. 미확정채권

(1) 장래채권

보험수익자의 보험금청구권이나 주주의 이익배당청구권 또는 잔여재산분배청구권 등과 같이 일정한 사실관계에 따라 장래에 발생할 채권을 장래채권이라고 한다. 장래채권은 기한부채권과는 다르다. 즉 기한부채권이라 함은 특정의 청구권이 현재의 시점에서 이미 발생되어 있으나, 아직 변제기가 도래해 있지 않은 채권을 말하는데 대하여, 장래채권은 현재의 시점에서는 특정의 청구권 자체가 발생되어 있지 않다는 점에서 양자는 구별된다.

장래채권을 대상으로 아직 발생하지 않은 시점에서 담보제공하는 것이 가능한지 문제로 된다. 장래채권이라도 보험금청구권과 같이 현재 그 권리의 특정이 가능하고 가까운 장래에 발생할 것임이 상당한 정도로 기대되는 경우는 담보제공이 가능하다는 점에 이론이 없으며 그 담보취득방식도 확정채권의 경우와 다르지 않다. 그러나 장래에 발생할 불특정의 다수의 채권에 관하여는 논의가 있는 바, 이에 대하여는 집합채권의 담보취득방법으로 다음에서 살펴보기로 한다.

(2) 집합채권

가. 집합채권의 의의

특정인이 다른 특정인에 대하여 현재 가지고 있거나 장래에 취득하게 될 일정범위의 채권을 일괄하여 집합채권이라 한다. 집합채권을 담보로 취득하는 방법에는 2가지가 있다. 첫째는 먼저 채권자와 채무자가 당해 집합채권을 담보로 제공하겠다는 합의만을 해 두고, 후에 그러한 채권이 현실적으로 발생할 때마다 담보로 취득하는 것이고, 둘째는 채권이 현실적으로 발생하기 이전의 시점에서 미리 담보로 취득하는 것이다. 그러나 집합채권담보라 함은 보통 둘째의 경우만을 의미한다. 첫째의 경우는 일반채권의 담보 취득방법과 다르지 않아 특별히 논의의 대상으로 할 필요가 없기 때문이다.

집합채권담보는 담보의 대상을 일반의 채권담보와는 달리 하나의 특정채권으로만 하지 않고 여러 개의 채권을 포괄하고 있으며, 또한 그 대상채권으로 현재의 채권과 협의의 장래채권(채권발생에 관하여 기초적 법률관계가 존재하는 경우)은 물론이고, 영업상의 거래에 의하여 향후 취득할 것이 예상되는 광의의 장래채권까지도 포함한다. 집합채권담보는 장래의 채권에 대하여도 그 발생 이전의 담보계약에 의하여 그 효력을 미치게 함으로써, 그러한 채권이 현실적으로 발생할 때에 다시 담보취득의 절차를 취하지 않고서도 대상채권의 발생 즉시 담보권의 효력이 미치도록 하는 점에 그 특징이 있다.

나. 담보의 대상이 되는 집합채권의 요건

㈎ 대상채권의 발생가능성

담보의 대상으로 할 수 있는 집합채권은 담보권설정 당시에 발생가능한 것이어야 하는지 문제로 된다. 이에 관하여는 대법원의 판례가 장래채권으로서 양도할 수 있으려면 「가까운 장래에 발생할 것임이 상당한 정도로 기대되는 경우」이어야 한다고 판시하고 있는 점에 비추어 긍정하여야 할 것으로 본다. 다만 이 경우 담보의 대상으로 하고자 하는 장래채권을 어떠한 기준에 따라 발생가능한 것으로 판단할 것인지는 획일적으로 말할 수가 없고 개개의 사안에 대하여 사회통념에 따라 결정할 수밖에 없다.

㈏ 대상채권의 특정성

담보의 대상이 되는 집합채권은 구체적으로 특정되어 있어야 하며, 이러한 특정성이 결여되어 있는 집합채권을 대상으로 하는 담보권은 그 효력을 인정받을 수가 없다. 어느 정도의 특정을 요하는지는 종래에는 법률에 아무런 규정이 없었으나, 2012.6.11. 시행된 동산·채권 등의 담보에 관한 법률 제34조 제2항에서는 「채권의 종류, 발생 원인, 발생 연월일을 정하거나 그 밖에 이와 유사한 방법으로 특정할 수 있는」 것으로 규정하고 있으므로 이 기준에 따라 특정여부를 판단하면 될 것으로 본다.

그런데 집합채권의 특정 여부와 관련하여서는 담보권설정시에 제3채무자와 채권의 발생기간이 반드시 정해져 있어야 하는지의 문제가 있다. 특히 제3채무자의 경우는 제3채무자의 특정이 없는 상태에서는 제3자 대항요건을 구비할 수 없다는 점에서 제기된다. 그러나 담보대상채권의 특정과 제3채무자에 대한 대항요건은 별개의 문제라 할 것이므로 담보권설정 당시에 반드시 제3채무자가 특정되어 있어야 하는 것은 아니라고 보아야 한다. 제3채무자가 특정되어 있어야 그에 대한 대항요건을 구비할 수 있는 것은 당연하지만 담보권설정의 시점에서 제3채무자가 특정되어 있지 않아도 그 이후에 제3채무자가 특정되면 그 때 대항요건을 구비하면 될 것이기 때문이다. 또한 채권발생의 기간도 담보채권의 범위를 특정하는데 반드시 필요한 것이 아니다. 채권의 발생원인이 특정되어 있는 이상 그 발생기간을 무기한으로 했다고 해서 담보대상채권의 식별이 불가능한 것은 아니기 때문이다.

다. 집합채권의 담보취득방법

집합채권을 대상으로 하는 담보권설정의 방식으로도 질권과 양도담보권 및 채권담보권이 있으며 이 중 어느 것을 설정할 것인지는 설정당사자가 합의하여 선택하면 된다. 다만 채권자로서는 채권담보의 효력 면에서 양도담보권이 질권이나 채권담보권보다는 우월하므로 양도담보권을 설정하는 것이 유리하다. 각 담보권의 구체적인 설정방식은 일반의 지명채권에 관하여 앞에서 이미 설명한 바와 같다.

다만 집합채권담보가 다른 지명채권담보의 경우와 다른 것은 시기를 달리하여 차례로 발생할 일련의 장래채권을 담보취득함에 있어서 행한 한 번의 대항요건(제3채무자 및 제3자)구비로 그 후 증감변동되는 채권 전부에 대하여 대항요건을 갖추게 된다는 것이며 바로 이점이 집합채권담보의 가장 큰 특징이라고 할 수 있다.

그런데 집합채권에 관하여는, 유동집합동산에서와 같이 이를 1개의 담보물로 보는 판례가 아직 없다는 점에서, 실무상으로는 집합채권 전체에 대하여 채권담보취득의 대항요건을 구비하는 이외에, 새로이 집합채권으로 들어오는 개별채권에 대하여도 각별로 대항요건을 구비하여야 하지 않는가 하는 의문이 들 수 있다. 그러나 유동집합동산을 1개의 담보물로 보는 이상 집합채권을 1개의 담보물로 보지 않을 이유가 없으므로 그와 같은 실무처리는 불필요한 절차의 중복으로 타당하지 않다고 본다.

제 5 장

유가증권 등 담보

제 1 담보취득 일반

1. 유가증권의 개념

(1) 전통적 의미의 유가증권

전통적 의미의 유가증권이란 재산적 가치가 있는 사권(私權)이 표창된 서면으로서 그 권리의 발생·행사·이전의 전부 또는 일부를 증권에 의하여 하게 되는 것을 말한다. 주식, 국공채, 사채(社債), 어음, 수표, 창고증권, 운송증권 등이 이에 해당된다.

유가증권은 재산적 가치가 있는 사권을 증권에 화체(化體)시켜 두었다는 점에 그 특징이 있다. 그 이유는 추상적인 권리를 유형화하여 그 존재와 내용을 명확히 함으로써 권리의 유통과 행사 등을 간편하게 하기 위한 것이다. 유가증권과 구별하여야 할 것으로 증거증권과 면책증권이 있다.

증거증권이란 권리의 존부나 내용을 증명하는 증거자료가 되는 서면으로서 금전소비대차약정서, 매매계약서, 임대차계약서 등이 이에 해당한다. 증거증권은 권리의 존부나 내용에 다툼이 있을 때 이를 증명해주는 기능을 할 뿐, 그 증권의 작성으로 권리가 발생하는 것이 아니고 또한 증권상의 권리행사나 이전에 반드시 증권의 소지를 요하는 것이 아니라는 점에서 유가증권과 구별된다.

면책증권은 증권의 소지인에게 의무를 이행하면 무권리자에 대한 이행이라도 채무자에게 악의 또는 중과실이 없는 한 면책의 효력을 발생시키는 증표로서 물품보관증, 철도수하물상환증 등이 이에 해당한다. 면책증권도 그 증권의 작성으로 권리가 발생하는 것이 아니고 또한 증권상의 권리행사나 이전에 반드시 증권의 소지를 요하는 것이 아니라는 점에서 유가증권과 구별된다.

또한 유가증권은 금권(金券)과도 구별된다. 금권이란 권리를 증권에 표창한 것이 아니라 증권 그 자체가 법률상 특별한 재산적 가치를 가지는 것이라는 점에 그 특징이 있다. 예컨대 은행권, 우표, 수입인지 등이 금권에 해당된다.

(2) 자본시장과 금융투자업에 관한 법률상의 증권

자본시장과 금융투자업에 관한 법률에서는 전통적인 의미의 유가증권이라는 용어 대신에 증권이라는 용어를 사용하여, 그 의미를 전통적인 의미의 유가증권보다 넓게 정의하여 「내국인 또는 외국인이 발행한 금융투자상품으로서 투자자가 취득과 동시에 지급한 금전등 외에 어떠한 명목으로든지 추가로 지급의무(투자자가 기초자산에 대한 매매를 성립시킬 수 있는 권리를 행사하게 됨으로써 부담하게 되는 지급의무를 제외한다)를 부담하지 아니하는 것을 말한다」고 규정하고 있다(자시금투 4①본).

이는 자본시장에서 거래되는 금융투자상품의 종류를 이른바 전통적 의미의 유가증권 이외에 합자회사나 합자조합 등의 출자지분, 신탁회사 신탁수익권 등 비유가증권으로 그 범위를 확대하고 다양화함으로써 자본시장에서의 금융혁신과 공정한 경쟁을 촉진하고 투자자를 보호하며 금융투자업을 건전하게 육성함으로써 자본시장의 공정성·신뢰성 및 효율성을 도모하려는데 있다.

2. 유가증권의 유형

(1) 전통적 의미의 유가증권의 유형

전통적 의미의 유가증권은 증권상에 채권자의 표시를 어떻게 하고 있는지에 따라 기명식 유가증권과 지시식 유가증권 및 무기명식 유가증권으로 분류하여 볼 수 있다. 기명식 유가증권이란 증권상에 특정인이 채권자로 지정되어 있는 유가증권이고, 지시식 유가증권이란 증권상에 특정인이 권리자로 지정되어 있으나 그 권리자가 지시하는 자도 권리자가 되는 유가증권이며, 무기명식 유가증권이란 증권상에 권리자를 지정하지 않고 증권의 정당한 소지인을 권리자로 하는 유가증권이다.

무기명식 유가증권과 지시식 유가증권은 그 양도방법이 배서 · 교부 또는 교부로 이루어진다는 점에서 당연히 유가증권 담보의 대상이 된다. 이에 대하여 기명식 유가증권은 배서 · 교부 또는 교부라는 유가증권의 양도방식으로 양도할 수 없고, 지명채권의 양도에 관한 방식과 효력만으로 양도할 수 있으므로 유가증권 담보의 대상이 되지 않는 것이 원칙이다.

그러나 기명식 유가증권에 해당하나 법률상 당연한 지시증권으로서의 효력을 가지는 어음(어음 11①)·수표(수표 14①)·화물상환증(상 130본)·창고증권(상 157)·선하증권(상 861) 등의 경우는 배서·교부 또는 교부라는 유가증권의 양도방식으로 양도할 수 있으므로 유가증권 담보의 대상이 된다. 다만 이와 같은 기명식 유가증권이라도 배서가 금지되어 있는 것은 지명채권의 양도에 관한 방식과 효력만으로 양도할 수 있으므로(어음 11②, 수표 14②, 상 130단, 157, 861) 유가증권 담보의 대상이 되지 않는다.

(2) 자본시장과 금융투자업에 관한 법률상의 증권의 유형

자본시장과 금융투자업에 관한 법률에서는 앞에서 설명한 바와 같이 전통적인 유가증권의 범위를 확대하여 증권의 의미를 새로이 정의하고, 그 증권의 유형을 ① 채무증권 ② 지분증권 ③ 수익증권 ④ 투자계약증권 ⑤ 파생결합증권 ⑥증권예탁증권의 6개로 분류하여 그 의미를 아래와 같이 정의하고 있다.

채무증권이란 국채증권, 지방채증권, 특수채증권(법률에 의하여 직접 설립된 법인이 발행한 채권을 말한다), 사채권(상법 제469조 제2항 제3호에 따른 사채의 경우에는 제7항제1호에 해당하는 것으로 한정한다), 기업어음증권(기업이 사업에 필요한 자금을 조달하기 위하여 발행한 약속어음으로서 대통령령으로 정하는 요건을 갖춘 것을 말한다), 그 밖에 이와 유사(類似)한 것으로서 지급청구권이 표시된 것을 말한다(자시금투 4③).

지분증권이란 주권, 신주인수권이 표시된 것, 법률에 의하여 직접 설립된 법인이 발행한 출자증권, 상법에 따른 합자회사·유한책임회사·유한회사·합자조합·익명조합의 출자지분, 그 밖에 이와 유사한 것으로서 출자지분 또는 출자지분을 취득할 권리가 표시된 것을 말한다(자시금투 4④).

수익증권이란 금전신탁계약에 의한 수익권이 표시된 신탁업자가 발행한 수익증권(자시금투 110), 투자신탁의 수익권을 균등하게 분할하여 투자신탁을 설정한 집합투자업자가 발행한 수익증권(자시금투 189), 그 밖에 이와 유사한 것으로서 신탁의 수익권이 표시된 것을 말한다(자시금투 4⑤).

투자계약증권이란 특정 투자자가 그 투자자와 타인(다른 투자자를 포함한다) 간의 공동사업에 현재 또는 장래의 특정(特定) 시점에 금전, 그 밖의 재산적 가치가 있는 것을 투자하고 주로 타인이 수행한 공동사업의 결과에 따른 손익을 귀속 받는 계약상의 권리가 표시된 것을 말한다(자시금투 4⑥).

파생결합증권이란 기초자산의 가격·이자율·지표·단위 또는 이를 기초로 하는 지수 등의 변동과 연계하여 미리 정하여진 방법에 따라 지급하거나 회수하는 현재 또는 장래의 특정(特定) 시점에 금전, 그 밖의 재산적 가치가 있는 것이 결정되는 권리가 표시된 것을 말한다. 다만, 자본시장과 금융투자업에 관한 법률 제4조 제7항 제1호부터 제5호의 어느 하나에 해당하는 것은 제외한다(자시금투 4⑦).

증권예탁증권이란 이상의 ① 채무증권 ② 지분증권 ③ 수익증권 ④ 투자계약증권 ⑤ 파생결합증권을 예탁받은 자가 그 증권이 발행된 국가 외의 국가에서 발행한 것으로서 그 예탁 받은 증권에 관련된 권리가 표시된 것을 말한다(자시금투 4⑧).

3. 설정할 담보권

이상의 담보목적물에 설정할 담보권의 유형은 질권과 양도담보권 및 동산담보권 또는 채권담보권이다. 그러나 동산의 인도청구권이 표창된 화물상환증과 선하증권 및 창고증권을 대상으로 하여서는 질권과 양도담보권만을 설정할 수 있고 동산담보권을 설정할 수 없다(동채담 3③ii). 또한 무기명채권증서 등 대통령령으로 정하는 증권을 대상으로 하여서도 질권과 양도담보권만을 설정할 수 있고 동산담보권 또는 채권담보권을 설정할 수 없다(동채담 3③iii, 34). 대통령령으로 정하는 증권은 자산유동화에 관한 법률 제2조 제4호에 따른 유동화증권 (동채담령 2ii)과 자본시장과 금융투자업에 관한 법률 제4조에 따른 증권이다(동채담령 2iii).

따라서 주식·사채 등의 전자등록에 관한 법률에 따라 전자등록된 주식등(주사전등 2i), 자본시장과 금융투자업에 관한 법률에 따라 한국예탁결제원에 예탁된 증권등(자시금투 308②) 및 그밖의 유가증권을 대상으로 하여서는 동산·채권 등의 담보에 관한 법률에서 규정하는 동산담보권 또는 채권담보권을 설정할 수 없고, 질권이나 양도담보권만을 설정할 수 있는 것으로 보아야 한다.

은행의 경우 질권 또는 양도담보권을 설정하기 위하여 질권설정계약 또는 양도담보계약을 체결함에 있어서는 미리 마련해두고 있는 담보약관 서식인 질권설정계약서 또는 양도담보계약서를 이용하고 있다. 질권설정계약서 또는 양도담보계약서는 특정채무담보용과 근담보용 2가지가 있다. 그리고 근담보용 질권설정계약서 또는 양도담보계약서는 특정근담보형과 한정근담보형 및 포괄근담보형을 하나의 서식에 병기하여 설정당사자가 그 중 하나를 선택하는 방식으로 이용하고 있다.

근담보형 질권 또는 양도담보권의 3유형 중 금융소비자보호에 관한 감독규정 제14조 제6항 제8호와 관련하여 포괄근담보형 질권 또는 양도담보권의 설정이 금지되고 특정근담보형 질권 또는 양도담보권의 설정이 허용되는 점에 대하여는 이론이 있을 수 없다. 그러나 한정근담보형 질권 또는 양도담보권의 설정을 할 수 있는지 여부에 관하여는 논란이 있는데, 근보증에 있어서와 마찬가지로 금융위원회에서는 허용되는 것으로 해석한 바 있으나, 보다 근본적으로는 문언상으로도 한정근담보형 질권 또는 양도담보권의 설정이 가능하도록 위 감독규정을 개정하는 것이 바람직하다(자세한 내용은 제2장 제1 3. (1) 나. ㈒ 은행의 보증서 서식 참조).

4. 담보권설정의 방법

전통적인 의미의 유가증권을 담보로 취득하는 방법은 무기명식 유가증권의 경우는 설정당사자가 담보권설정계약을 체결하고, 대상 유가증권 실물을 담보권설정자가 담보권자에 인도하는 방법으로 하고, 지시식 유가증권이나 기명식 유가증권의 경우는 설정당사자가 담보권설정계약을 체결하고 담보권설정자가 대상 유가증권 실물에 배서 · 교부하고 담보권자에게 교부하고 주주명부 등 담보권설정자가 관리하는 명부에 등록하는 방법 또는 담보권설정자가 대상 유가증권 실물을 담보권자에게 교부하는 하는 방법으로 하는 것이었다.

그런데 오늘날에 있어서는 전통적인 의미의 유가증권이라도 현물을 발행함이 없이 특정한 장부에 등록하는 방법으로 유가증권에 표시된 권리를 보유할 수 있는 제도가 만들어졌고, 그에 따라 특정한 장부에 등록하는 방법으로 보유하는 권리를 대상으로 하는 담보권은 해당 장부에 등록하는 방법으로 취득할 수 있게 되었다. 국채법에 의한 등록국채를 국채등록부에 등록하는 방법으로 담보취득 하는 것과 공사채등록법[1]에 의한 등록공사채를 공사채등록부에 등록하는 방법으로 담보취득 하는 것이 이에 해당된다.

또한 자본시장과 금융투자업에 관한 법률에서는 주식 등 한국예탁결제원이 정하는 증권을 대상으로, 증권의 소유자가 그 소유증권을 증권회사 등에 예탁하고, 증권회사 등은 이를 다시 모아서 중앙기관인 한국예탁결제원에 예탁하는 동시에, 증권소유자(투자자)는 증권회사 등(예탁자)의 투자자계좌부에, 증권회사 등은 한국예탁결제원의 예탁자계좌부에 각각 자기계좌를 개설하여, 유가증권의 이전이나 담보권의 설정을 현실인도 없이 투자자계좌부 또는 예탁자계좌부에 대체 또는 질권설정 기재를 하는 방법으로 할 수 있도록 하였다. 나아가 2019년 9월 16일부터는 주식 · 사채 등의 전자등록에 관한 법률이 시행되어, 주식 · 사채 등(이하 줄여서 주식등 이라 한다)을 실물증권의 발행 · 교부 없이 전자적인 방식으로 특정한 장부에 등록함으로써 그 권리내용을 인정하고 권리의 이전·담보설정 및 행사가 이루어지도록 하는 전자증권제도[2]가 마련되었다.

그러나 전통적인 의미의 유가증권이라고 해서 모두 주식 · 사채 등의 전자등록에 관한 법률에 따라 전자등록을 하거나 한국예탁결제원에 예탁하여야 하는 것이 아니고, 또한 전통적인 의미의 유가증권이 아니라도 주식 · 사채 등의 전자등록에 관한 법률에 따라 전자등록을 하거나 한국예탁결제원에 예탁할 수 있는 것이 있다.

따라서 이하에서는 주식·사채 등의 전자등록에 관한 법률에 따른 전자등록 주식등 담보와 자본시장과 금융투자업에 관한 법률에 따른 예탁된 증권등 담보 및 그 밖의 유가증권 담보로 구분하여 순차로 설명하기로 한다.

---

1) 공사채등록법에 따른 등록제도가 2019년 9월 16일 시행된 주식 · 사채 등의 전자등록에 관한 법률에 따른 전자등록제도에 흡수됨으로써 공사채등록법은 2019년 9월 16일자로 폐지되었다.

2) 전자증권제도를 도입하면 실물증권 발행비용을 절감할 수 있고 실물증권의 보관 · 관리에 따른 위험요소가 제거되며 조세회피 및 자금세탁 등 음성적 거래의 원천적 차단을 통해 증권거래 및 보유실명제를 도입하는 효과가 발생함은 물론 발행 · 유통정보의 신속한 제공을 통해 투자자 보호 및 공정거래 질서 확립에 크게 기여할 것으로 예상된다는 것이 주식 · 사채 등의 전자등록에 관한 법률의 제정이유로 되어 있다.

제2 전자등록 주식등 담보

1. 전자등록할 수 있는 주식등의 범위

전자등록할 수 있는 주식등이란 전자등록에 관한 법률에 따라 전자등록기관의 발행인계좌부나 계좌관리기관의 고객계좌부에 전자등록할 수 있는 다음의 어느 하나에 해당하는 것을 말한다(주사전등 2ⅰ).

① 주식
② 사채(「신탁법」에 따른 신탁사채 및 「자본시장과 금융투자업에 관한 법률」에 따른 조건부자본증권을 포함한다)
③ 국채
④ 지방채
⑤ 법률에 따라 직접 설립된 법인이 발행하는 채무증권에 표시되어야 할 권리
⑥ 신주인수권증서 또는 신주인수권증권에 표시되어야 할 권리
⑦ 「신탁법」에 따른 수익자가 취득하는 수익권(受益權)
⑧ 「자본시장과 금융투자업에 관한 법률」에 따른 투자신탁의 수익권
⑨ 「이중상환청구권부 채권 발행에 관한 법률」에 따른 이중상환청구권부 채권
⑩ 「한국주택금융공사법」에 따른 주택저당증권 또는 학자금대출증권에 표시되어야 할 권리
⑪ 「자산유동화에 관한 법률」에 따른 유동화증권에 표시될 수 있거나 표시되어야 할 권리
⑫ 「자본시장과 금융투자업에 관한 법률」에 따른 파생결합증권에 표시될 수 있거나 표시되어야 할 권리로서 대통령령으로 정하는 권리
⑬ 「자본시장과 금융투자업에 관한 법률」에 따른 증권예탁증권에 표시될 수 있거나 표시되어야 할 권리로서 대통령령으로 정하는 권리
⑭ 외국법인등(「자본시장과 금융투자업에 관한 법률」 제9조제16항에 따른 외국법인등

을 말한다. 이하 같다)이 국내에서 발행하는 증권(證券) 또는 증서(證書)에 표시될 수 있거나 표시되어야 할 권리로서 가목부터 타목까지의 어느 하나에 해당하는 권리

⑮ ①부터 ⑭까지의 규정에 따른 권리와 비슷한 권리로서 그 권리의 발생·변경·소멸이 전자등록계좌부에 전자등록되는 데에 적합한 것으로서 대통령령으로 정하는 권리

⑫에서 "대통령령으로 정하는 권리"란 ㉠「자본시장과 금융투자업에 관한 법률시행령」 제4조의3제1호에 따른 증권 또는 증서에 표시된 권리 ㉡그 밖에 ㉠에 따른 권리와 유사한 것으로서 금융위원회가 정하여 고시하는 권리를 말하고, ⑬에서 "대통령령으로 정하는 권리"란 「자본시장과 금융투자업에 관한 법률」 제4조제8항에 따른 증권예탁증권 중 국내에서 발행되는 것에 표시될 수 있거나 표시되어야 할 권리를 말하며, ⑮에서 "대통령령으로 정하는 권리"란 ㉠양도성 예금증서에 표시될 수 있거나 표시되어야 할 권리 ㉡「은행법」, 「금융지주회사법」 및 보험업법에 따른 조건부자본증권에 표시되어야 할 권리 ㉢그 밖에 해당 권리의 유통가능성 및 대체가능성 등을 고려하여 금융위원회가 정하여 고시하는 권리를 말한다(주사전등령 2).

2. 전자등록을 위한 제도적 장치

(1) 전자등록기관

전자등록기관이란 주식등의 전자등록에 관한 제도의 운영을 위하여 주식·사채 등의 전자등록에 관한 법률 제5조제1항에 따라 허가를 받은 자(주사전등 2vi)로서, 그 기본업무는 아래와 같다(주사전등 14①). 현재 한국예탁결제원이 전자등록기관으로 되어 있다.

① 주식등의 전자등록에 관한 업무
② 발행인관리계좌, 고객관리계좌 및 계좌관리기관등 자기계좌의 개설, 폐지 및 관리에 관한 업무

③ 발행인관리계좌부, 고객관리계좌부 및 계좌관리기관등 자기계좌부의 작성 및 관리에 관한 업무
④ 외국 전자등록기관(외국 법령에 따라 외국에서 전자등록기관의 업무에 상당하는 업무를 하는 자를 말한다. 이하 같다)과의 약정에 따라 설정한 계좌를 통하여 하는 주식등의 전자등록에 관한 업무
⑤ 주식·사채 등의 전자등록에 관한 법률 제37조에 따른 소유자명세의 작성에 관한 업무
⑥ 전자등록 주식등에 대한 권리 행사의 대행에 관한 업무
⑦ 주식등의 전자등록 및 관리를 위한 정보통신망의 운영에 관한 업무
⑧ 전자등록 주식등의 발행 내용의 공개에 관한 업무
⑨ 그 밖에 금융위원회로부터 승인을 받은 업무

(2) 계좌관리기관

계좌관리기관이란 다음의 어느 하나에 해당하는 자로서 전자등록 주식등의 권리자가 되려는 자가 개설한 고객계좌를 관리하는 자를 말한다(주사전등 2vii 주사전등 11).

① 「자본시장과 금융투자업에 관한 법률」에 따른 금융투자업자로서 다음 중 어느 하나에 해당하는 자
  i) 증권에 관한 투자매매업자 또는 투자중개업자
  ii) 신탁업자(집합투자재산을 보관·관리하는 신탁업자로 한정한다)
② 다음 중 어느 하나에 해당하는 자
  i) 「은행법」에 따라 인가를 받아 설립된 은행(같은 법 제59조에 따라 은행으로 보는 자를 포함한다)
  ii) 「은행법」 제5조에서 은행으로 보는 신용사업 부문
  iii) 「농업협동조합법」에 따른 농협은행
  iv) 「한국산업은행법」에 따른 한국산업은행
  v) 「중소기업은행법」에 따른 중소기업은행
③ 「한국은행법」에 따른 한국은행(이하 "한국은행"이라 한다)

④ 「보험업법」에 따른 보험회사
⑤ 외국 전자등록기관
⑥ 명의개서대행회사(「자본시장과 금융투자업에 관한 법률」에 따른 명의개서대행회사를 말하며, 주식·사채 등의 전자등록에 관한 법률 제29조에 따라 개설된 특별계좌를 관리하는 경우만 해당한다)
⑦ 법령에 따른 업무를 하기 위하여 고객계좌를 관리할 필요가 있는 자로서 다음 중 어느 하나에 해당하는 자(주사전등령 11①).
  i) 「한국자산관리공사의 설립에 관한 법률」에 따른 한국자산관리공사
  ii) 「예금자보호법」 제36조의3제1항에 따른 정리금융회사
  iii) 「조세특례제한법 시행령」 제72조제1항에 따른 보상채권을 같은 조 제3항에 따라 사업시행자를 계좌관리기관으로 하여 보유하는 경우 해당 사업시행자
  iv) 그 밖에 다른 법령에 따른 업무를 하기 위해 법 제22조제1항에 따른 고객계좌(이하 "고객계좌"라 한다)를 관리할 필요가 있는 자로서 금융위원회가 계좌관리기관으로 지정하여 고시하는 자
⑧ 그 밖에 업무의 성격 등을 고려하여 정하는 다음 중 어느 하나에 해당하는 자(주사전등령 11②).
  i) 「자본시장과 금융투자업에 관한 법률」에 따른 증권금융회사 및 종합금융회사
  ii) 「여신전문금융업법」에 따른 여신전문금융회사
  iii) 「한국수출입은행법」에 따른 한국수출입은행
  iv) 「상호저축은행법」에 따른 상호저축은행과 상호저축은행중앙회
  v) 「수산업협동조합법」에 따른 수산업협동조합, 수산업협동조합중앙회 및 수협은행
  vi) 「농업협동조합법」에 따른 농업협동조합과 농업협동조합중앙회
  vii) 「신용협동조합법」에 따른 신용협동조합과 신용협동조합중앙회
  viii) 「새마을금고법」에 따른 새마을금고와 새마을금고중앙회
  ix) 「우체국 예금·보험에 관한 법률」에 따른 체신관서
  x) 전자등록기관
  xi) 그 밖에 업무의 성격 등을 고려하여 금융위원회가 계좌관리기관으로 지정하여 고시하는 자

(3) 각종 계좌와 장부

가. 발행인관리계좌와 발행인관리계좌부

발행인관리계좌란 다음의 어느 하나에 해당하는 자가 전자등록기관에 개설하는 계좌를 말한다(주사전등 21①, 주사전등령 12①②).

① 주식등을 전자등록의 방법으로 새로 발행하려는 자

② 이미 주권(株券), 그 밖에 다음 중 어느 하나에 해당하는 증권 또는 증서(이하 "주권등"이라 한다)가 발행된 주식등의 권리자에게 전자등록의 방법으로 주식등을 보유하게 하거나 취득하게 하려는 자(주사전등령 12①).

i) 법 제2조제1호나목부터 마목까지 또는 카목에 해당하는 권리가 표시된 증권 또는 증서[「자본시장과 금융투자업에 관한 법률」 제8조의2제4항제1호에 따른 증권시장(이하 "증권시장"이라 한다)에 상장하지 않은 것에 한정하되, 종전의 「공사채등록법」(법률 제14096호로 폐지되기 전의 것을 말한다) 제3조에 따른 등록기관에 등록하여 사채권을 발행하지 않은 것을 포함한다]

ii) 법 제2조제1호사목의 권리가 표시된 기명식(記名式) 증권 또는 증서

③ 그 밖에 ① 및 ②에 준하는 자로서 다음 중의 어느 하나에 해당하는 외국법인등(법 제2조제1호하목에 따른 외국법인등을 말한다, 이하 이 항에서 같다)(주사전등령 12②).

i) 국내에서 주권(株券)을 새로 발행하려는 외국법인등

ii) 이미 국내에서 주권을 발행한 자로서 해당 주권의 권리자에게 전자등록의 방법으로 주식을 보유하게 하거나 취득하게 하려는 외국법인등

발행인관리계좌부는 발행인관리계좌가 개설된 경우에 전자등록기관이 소정사항을 기록하여 발행인별로 작성하여 관리하는 장부를 말한다(주사전등 21②~⑥, 주사전등력 12③).

나. 고객계좌와 고객계좌부

고객계좌란 전자등록 주식등의 권리자가 되려는 자가 계좌관리기관에 개설하는 계좌를 말한다(주사전등 22①). 그리고 고객계좌부란 고객계좌가 개설된 경우

계좌관리기관이 소정사항을 전자등록하여 권리자별로 작성하여 관리하는 장부를 말한다(주사전등 22②, 주사전등령 14).

다. 고객관리계좌와 고객관리계좌부

고객관리계좌란 계좌관리기관이 고객계좌부에 전자등록된 전자등록 주식등의 총수량 또는 총금액을 관리하기 위하여 전자등록기관에 개설하는 계좌를 말한다(주사전등 22③). 그리고 고객관리계좌부란 고객관리계좌가 개설된 경우 전자등록기관이 소정사항을 기록하여 계좌관리기관별로 작성하여 관리하는 장부를 말한다(주사전등 22④, 주사전등령 15).

라. 계좌관리기관등자기계좌와 계좌관리기관등자기계좌부

계좌관리기관등자기계좌란 (1) 계좌관리기관 (2) 법률에 따라 설립된 기금 (3) 그 밖에 전자등록기관에 주식등을 전자등록할 필요가 있는 자로서 ① 법률에 따라 설립된 기금을 관리·운용하는 법인 또는 ② 개인, 법인 또는 단체로서 주식등의 보유 규모, 보유 목적 및 해당 주식등의 종류 등을 고려하여 금융위원회가 정하여 고시하는 자(이하 "계좌관리기관등"이라 한다)가 전자등록 주식등의 권리자가 되려는 경우에는 전자등록기관에 개설하는 계좌를 말한다(주사전등 23①, 주사전등령 16). 그리고 계좌관리기관등자기계좌부란 계좌관리기관등자기계좌가 개설된 경우 전자등록기관이 소정사항을 전자등록하여 작성·관리하는 장부를 말한다(주사전등 23②, 주사전등령 17).

마. 전자등록계좌부

전자등록계좌부란 주식등에 관한 권리의 발생·변경·소멸에 대한 정보를 전자적 방식으로 편성한 장부로서 위 (나)의 고객계좌부와 (라)의 계좌관리기관등자기계좌부를 말한다(주사전등 2iii).

3. 전자등록

(1) 전자등록의 의미와 효력

전자등록이란 주식등의 종류, 종목, 금액, 권리자 및 권리 내용 등 주식등에 관한 권리의 발생 · 변경 · 소멸에 관한 정보를 전자등록계좌부에 전자적 방식으로 기재하는 것을 말하고(주사전등 2ii), 이 전자등록계좌부에 전자적 방식으로 기재하여 전자등록된 주식등을 전자등록 주식등이라 한다(주사전등 2iv).

전자등록계좌부에 전자등록된 자는 해당 전자등록 주식등에 대하여 전자등록된 권리를 적법하게 가지는 것으로 추정한다(주사전등 35①). 그리고 선의(善意)로 중대한 과실 없이 전자등록계좌부의 권리 내용을 신뢰하고 소유자 또는 질권자로 전자등록된 자는 해당 전자등록 주식등에 대한 권리를 적법하게 취득한다(주사전등 35⑤).

발행인은 전자등록 주식등에 대해서는 증권 또는 증서를 발행해서는 아니 되며(주사전등 36①), 이를 위반하여 증권 또는 증서를 발행한 자는 3년 이하의 징역 또는 5천만원 이하의 벌금에 처해진다(주사전등 73③iv). 또한 이에 위반하여 발행된 증권 또는 증서는 효력이 없다(주사전등 36①②).

이미 주권등이 발행된 주식등이 신규 전자등록된 경우 그 전자등록 주식등에 대한 주권등은 기준일부터 그 효력을 잃는다. 다만, 기준일 당시 「민사소송법」에 따른 공시최고절차가 계속 중이었던 주권등은 그 주권등에 대한 제권판결의 확정, 그 밖에 이와 비슷한 사유가 발생한 날부터 효력을 잃는다(주사전등 36③).

(2) 의무적 전자등록신청

다음의 어느 하나에 해당하는 주식등(주사전등 2 i 의 어느 하나에 해당하는 것)에 대해서는 새로이 발행하려는 것이건 이미 주권등[3]이 발행된 것이건 모두 발행인이 전자등록기관에 전자등록을 신청하여야 한다(주사전등 25①단, 주사전등령 18①).

① 「자본시장과 금융투자업에 관한 법률」 제8조의2제4항제1호에 따른 증권시장에 상장하는 주식등

② 「자본시장과 금융투자업에 관한 법률」에 따른 투자신탁의 수익권 또는 투

자회사의 주식

③ 그 밖에 권리자 보호 및 건전한 거래질서의 유지를 위하여 신규 전자등록의 신청을 하도록 할 필요가 있는 주식등으로서 다음의 어느 하나에 해당하는 것을 말한다(주사전등령 18①)

i) 법 제2조제1호나목의 주식등 중 다음의 어느 하나에 해당하는 주식등

가. 「자본시장과 금융투자업에 관한 법률」에 따른 조건부자본증권에 표시되어야 할 권리

나. 「상법」 제469조제2항제3호의 사채(발행인이 「자본시장과 금융투자업에 관한 법률」에 따른 투자매매업자인 경우로 한정한다)

ii) 법 제2조제1호차목·타목 또는 파목의 권리

iii) 「은행법」, 「금융지주회사법」 및 「보험업법」에 따른 조건부자본증권에 표시되어야 할 권리

iv) 그 밖에 주식등의 발행 및 유통 구조, 주식등에 대한 권리자의 권리행사 내용과 방법 등을 고려하여 신규 전자등록 신청을 해야 할 필요가 있는 주식등으로서 금융위원회가 정하여 고시하는 권리

이상과 같이 의무적으로 전자등록을 신청하여야 함에도 이에 위반하여 전자등록기관에 신규 전자등록을 신청하지 아니하면 5천만원 이하의 과태료 부과처분을 받게 된다(주사전등 75①iii).

(3) 선택적 전자등록신청

발행인이 의무적으로 전자등록신청을 하여야 하는 위에서 열거한 이외의 주식등의 발행인은 주식·사채 등의 전자등록에 관한 법률이 제정되기 전의 개별

3) 주권등이란 주권(株券), 그밖에 다음의 어느 하나에 해당하는 증권 또는 증서를 말한다.
① 위 전자등록할 수 있는 주식등의 범위에서 열거한 ②~⑤ 또는 ⑪에 해당하는 권리가 표시된 증권 또는 증서[「자본시장과 금융투자업에 관한 법률」 제8조의2제4항제1호에 따른 증권시장(이하 "증권시장"이라 한다)에 상장하지 않은 것에 한정하되, 종전의 「공사채등록법」(법률 제14096호로 폐지되기 전의 것을 말한다) 제3조에 따른 등록기관에 등록하여 사채권을 발행하지 않은 것을 포함한다]
② 「신탁법」에 따른 수익자가 취득하는 수익권(受益權)의 권리가 표시된 기명식(記名式) 증권 또는 증서

법률에서 정하고 있는 방법과 동법에서 규정하는 전자등록기관에 전자등록을 신청하는 방법 중 선택하여 주식등을 발행할 수 있다. 또한 이미 주권등이 발행된 주식등에 관하여도 그 발행인은 전자등록기관에 전자등록을 신청하는 방법으로 권리자에게 주식등을 보유하게 하거나 취득하게 할 수 있다(주사전등 25①본).

(4) 전자등록의 절차

주식등의 전자등록은 발행인이나 권리자[4]의 신청 또는 관공서의 촉탁에 따라 한다. 다만, 주식·사채 등의 전자등록에 관한 법률에 다른 규정이 있는 경우에는 전자등록기관 또는 계좌관리기관이 직권으로 할 수 있다(주사전등 25①). 또한 주식등의 전자등록은 동법에 다른 규정이 없으면 발행인이나 권리자 단독으로 신청한다(주사전등 25②). 그리고 관공서의 촉탁에 따라 전자등록을 하는 경우에 대해서는 신청에 따른 전자등록에 관한 규정을 준용한다(주사전등 25③). 그밖에 전자등록의 신청방법과 신청 이후의 절차 등에 관하여는 주식·사채 등의 전자등록에 관한 법률 제24조 내지 제36조 참조.

4. 담보권의 설정

(1) 질권의 설정

전자등록 주식등을 대상으로 한 질권의 설정은 질권설정자와 질권자가 질권설정계약을 체결하고, 대상 전자등록 주식등이 전자등록된 전자등록기관 또는 계좌관리기관에 질권설정의 전자등록을 신청하면(주사전등 31①), 전자등록신청을 받은 전자등록기관 또는 계좌관리기관이 지체 없이 해당 전자등록 주식등이 질물(質物)이라는 사실과 질권자를 질권설정자의 전자등록계좌부에 전자등록하는 방법으로 한다(주사전등 31②).

질권설정을 위한 전자등록신청은 질권설정자가 다음의 각 사항을 구체적으로

4) 권리자란 전자등록 주식등의 소유자 또는 질권자, 그 밖에 전자등록 주식등에 이해관계가 있는 자로서 대통령령으로 정하는 자를 말한다.

밝혀 하는 것이 원칙이다. 다만, 질권설정자가 동의한 경우에는 질권자가 질권설정자의 동의서를 첨부하여 질권 설정의 전자등록을 신청할 수 있다(주사전등 31③, 주사전등령 26①③).

① 해당 전자등록 주식등의 종류, 종목 및 종목별 수량 또는 금액
② 질권설정자 및 질권자의 성명 또는 명칭
③ 그 밖에 전자등록 주식등의 질권 설정의 전자등록에 필요한 사항으로서 전자등록업무규정으로 정하는 사항

전자등록 주식등을 질권의 목적으로 하는 경우에는 위의 절차에 따른 질권 설정의 전자등록을 하여야 입질의 효력이 발생한다. 이 경우 상법 제340조 제1항에 따른 주식의 등록질(登錄質)의 경우 질권자의 성명을 주권에 기재하는 것에 대해서는 그 성명을 전자등록계좌부에 전자등록하는 것으로 갈음한다(주사전등 35③). 그리고 선의(善意)로 중대한 과실 없이 전자등록계좌부의 권리 내용을 신뢰하고 질권자로 전자등록된 자는 해당 전자등록 주식등에 대한 질권을 적법하게 취득한다(주사전등 35⑤).

(2) 양도담보권의 설정

전자등록 주식등을 대상으로 한 양도담보권의 설정은 양도담보권설정자와 양도담보권자가 양도담보권설정계약을 체결하고, 해당 전자등록 주식등이 전자등록된 전자등록기관 또는 계좌관리기관에 계좌간 대체의 전자등록을 신청하면(주사전등 30①), 전자등록 신청을 받은 전자등록기관 또는 계좌관리기관이 지체 없이 전자등록계좌부에 해당 전자등록 주식등의 계좌간 대체의 전자등록을 하는 방법으로 한다(주사전등 30②).

전자등록 주식등을 양도하려는 자(이하 이 조에서 "양도인"이라 한다)는 다음의 각 사항을 구체적으로 밝혀 해당 전자등록 주식등이 전자등록된 전자등록기관 또는 계좌관리기관에 계좌간 대체의 전자등록을 신청해야 한다. 다만, 양도인이 동의한 경우에는 전자등록 주식등을 양도받으려는 자(이하 이 조에서 "양수인"이라 한다)가 양도인의 동의서를 첨부하여 계좌간 대체의 전자등록을 신청할 수 있다(주사전등령 25②).

① 계좌간 대체의 대상이 되는 전자등록 주식등의 종류, 종목 및 종목별 수량 또는 금액
② 양도인 및 양수인의 성명 또는 명칭
③ 그 밖에 전자등록 주식등의 계좌간 대체의 전자등록에 필요한 사항으로서 전자등록업무규정으로 정하는 사항

전자등록 주식등을 양도하는 경우에는 위의 절차에 따른 계좌간 대체의 전자등록을 하여야 그 효력이 발생한다(주사전등 35②). 선의(善意)로 중대한 과실 없이 전자등록계좌부의 권리 내용을 신뢰하고 소유자로 전자등록된 자는 해당 전자등록 주식등에 대한 소유권을 적법하게 취득한다(주사전등 35⑤).

제3 예탁된 증권등 담보

1. 예탁 대상증권

한국예탁결제원에 예탁할 수 있는 증권등은 증권, 그 밖에 대통령령으로 정하는 것으로서 한국예탁결제원이 지정한 것으로 한다(자시금투 294①, 308②).

증권이란 내국인 또는 외국인이 발행한 금융투자상품으로서 투자자가 취득과 동시에 지급한 금전등 외에 어떠한 명목으로든지 추가로 지급의무(투자자가 기초자산에 대한 매매를 성립시킬 수 있는 권리를 행사하게 됨으로써 부담하게 되는 지급의무를 제외한다)를 부담하지 아니하는 것을 말한다(자시금투 4①본). 그리고 대통령령으로 정하는 것이란 다음의 어느 하나에 해당하는 것을 말한다(자시금투령 310, 금융투자업규정 8-2).

① 원화로 표시된 양도성 예금증서
② 어음(자본시장과 금융투자업에 관한 법률 제4조제3항에 따른 기업어음증권을 제외한다)
③ 그 밖에 증권과 유사하고 집중예탁과 계좌 간 대체에 적합한 것으로서 예탁결제원이 따로 정하는 것
④ 한국거래소가 개설한 금 현물시장(조세특례제한법 제126조의7에 따른 금 현물시장을 말한다)에서 거래되는 금지금

그러나 증권등에 표시될 수 있거나 표시되어야 할 권리가 「주식ㆍ사채 등의 전자등록에 관한 법률」에 따라 전자등록된 경우 그 증권등에 대해서는 예탁 대상증권에서 제외된다(자시금투 308①). 전자등록된 증권등의 경우는 주식ㆍ사채 등의 전자등록에 관한 법률」에 따라 양도 또는 담보권설정 등을 하여야 하기 때문이다.

2. 예탁을 위한 제도적 장치

(1) 한국예탁결제원 등

가. 한국예탁결제원

한국예탁결제원은 증권등의 집중예탁과 계좌 간 대체, 매매거래에 따른 결제 업무 및 유통의 원활을 위하여 자본시장과 금융투자업에 관한 법률에 따라 설립된 법인이다(자시금투 294). 한국예탁결제원은 정관으로 정하는 바에 따라 다음의 각 업무를 기본업무로서 행한다(자시금투 296①).

① 증권등의 집중예탁업무

② 증권등의 계좌 간 대체업무

③ 증권시장 밖에서의 증권등의 매매거래(다자간매매체결회사에서의 증권의 매매거래는 제외한다)에 따른 증권등의 인도와 대금의 지급에 관한 업무

④ 예탁결제원과 유사한 업무를 영위하는 외국 법인(이하 "외국예탁결제기관"이라 한다)과의 계좌설정을 통한 증권등의 예탁, 계좌 간 대체 및 매매거래에 따른 증권등의 인도와 대금의 지급에 관한 업무

나. 예탁자와 투자자

예탁자는 증권등을 예탁하고자 예탁결제원에 계좌를 개설한 자를 말하고, 투자자란 예탁자에게 투자자계좌를 개설하여 증권등을 소유하는 자를 말한다(자시금투 309①②).

예탁자는 자기가 소유하고 있는 증권등과 투자자로부터 예탁받은 증권등을 투자자의 동의를 얻어 예탁결제원에 예탁할 수 있다(자시금투 309②).

(2) 예탁계좌부와 투자자계좌부

가. 예탁자계좌부

예탁자계좌부는 한국예탁결제원이 증권등을 예탁하고자 하는 자로부터 증권등을 예탁받을 수 있도록 작성·비치하는 계좌이다. 한국예탁결제원은 소정사항을 기재하여 예탁자계좌부를 작성·비치하되, 예탁자의 자기소유분과 투자자 예탁분

이 구분될 수 있도록 하여야 한다(자시금투 309③).

나. 투자자계좌부

투자자계좌부란 예탁자가 투자자로부터 증권등을 예탁받기 위하여 작성·비치하는 계좌이다. 예탁자가 투자자로부터 증권등을 예탁받아 투자자계좌부에 기재한 때에는 해당 증권등이 투자자 예탁분이라는 것을 밝혀 지체 없이 예탁결제원에 예탁하여야 하고, 해당 증권등을 예탁결제원에 예탁하기 전까지는 이를 자기소유분과 구분하여 보관하여야 한다(자시금투 310②③). 그리고 위와 같이 투자자계좌부에 기재된 증권등은 그 기재를 한 때에 예탁결제원에 예탁된 것으로 본다(자시금투 310④).

다. 계좌부기재의 효력

투자자계좌부와 예탁자계좌부에 기재된 자는 각각 그 증권등을 점유하는 것으로 본다(자시금투 311①). 투자자계좌부 또는 예탁자계좌부에 증권등의 양도를 목적으로 계좌 간 대체의 기재를 하거나 질권설정을 목적으로 질물(質物)인 뜻과 질권자를 기재한 경우에는 증권등의 교부가 있었던 것으로 본다(자시금투 311②).

예탁자의 투자자와 예탁자는 각각 투자자계좌부와 예탁자계좌부에 기재된 증권등의 종류·종목 및 수량에 따라 예탁증권등에 대한 공유지분을 가지는 것으로 추정한다(자시금투 312①). 예탁자의 투자자나 그 질권자는 예탁자에 대하여, 예탁자는 예탁결제원에 대하여 언제든지 공유지분에 해당하는 예탁증권등의 반환을 청구할 수 있다. 이 경우 질권의 목적으로 되어 있는 예탁증권등에 대하여는 질권자의 동의가 있어야 한다(자시금투 312②).

3. 담보권의 설정

(1) 질권의 설정

예탁 증권등을 대상으로 하는 질권의 설정은 질권설정자와 질권자가 질권설정계약을 체결하고, 질권설정자가 예탁자인 때에는 한국예탁결제원에 그리고 투자자인 때에는 예탁자에게 질권설정신청을 하여, 한국예탁결제원 또는 예탁자가 예탁자계좌부 또는 투자자계좌부에 대상 증권등이 질물(質物)인 뜻과 질권자를 기재하는 방법으로 한다(자시금투 311②).

(2) 양도담보권의 설정

예탁 증권등을 대상으로 하는 양도담보권의 설정은 양도담보권설정자와 양도담보권자가 양도담보권설정계약을 체결하고, 양도담보권설정자가 예탁자인 때에는 한국예탁결제원에 그리고 투자자인 때에는 예탁자에게 대상 증권등의 양도를 신청하여, 한국예탁결제원 또는 예탁자가 예탁자계좌부 또는 투자자계좌부에 양도인과 양수인 사이의 계좌간 대체를 기재하는 방법으로 한다(자시금투 311②).

제 4 그 밖의 유가증권 담보

1. 그 밖의 유가증권의 범위

그 밖의 유가증권의 범위에 속하는 것으로는 (1) 주식 · 사채 등의 전자등록에 관한 법률에 따라 전자등록할 수 있는 주식등에서 ① 실제로 전자등록한 주식등과 ② 자본시장과 금융투자업에 관한 법률에 따라 한국예탁결제원에 예탁한 증권등을 제외한 것 중 유가증권에 속하는 것과 (2) 주식 · 사채 등의 전자등록에 관한 법률에 따라 전자등록을 하거나 자본시장과 금융투자업에 관한 법률에 따라 한국예탁결제원에 예탁할 수 있는 증권등이 아닌 유가증권을 들 수 있다.

위 (1)의 유가증권에 속하는 대표적인 것으로는 주식, 국채, 지방채 · 특수채 · 사채, 어음을 들 수 있고, (2)의 유가증권에 속하는 대표적인 것으로는 창고증권 · 운송증권 · 선하증권, 수표 등을 들 수 있다. 그리고 이 유가증권과 관련하여서는 유가증권으로 볼 수 있는지 여부가 문제되는 것이 있다. 이하에서 이들 유가증권의 담보취득에 관하여 순차로 설명하기로 한다. 다만, 위 유가증권 중 창고증권 · 운송증권 · 선하증권의 담보취득에 관하여는 본서 제3장 제5 3. 「운송중이거나 창고에 보관중인 물건」의 내용과 중복을 피하여 그 설명을 생략하기로 한다.

2. 주식

(1) 담보로서의 주식

가. 주식의 의의와 유형

주식에는 기명주식과 무기명주식이 있다. 기명주식은 주주의 성명이 주권과 주주명부에 표시되는 주식을 말하고, 무기명주식은 주주의 성명이 주권과 주주명부에 표시되지 않는 주식을 말한다. 그런데 무기명주식 제도는, 발행 사례가 없어 기업의 자본조달에 기여하지 못하고, 소유자 파악이 곤란하여 양도세 회피 등 과세 사각지대의 발생 우려가 있으며, 조세 및 기업 소유구조의 투명성 결여로 인한 국가의 대외 신인도를 저하시키는 원인이 되는 등으로 더 이상 유지할 실익이 없다는 사유로 2014년 5월 20일 개정되어 시행된 상법에서 폐지된 바 있어 현재는 기명주식만 발행할 수 있다.

나. 주식을 담보로 취득하는 형태

주식을 담보로 하는 형태로는 두 가지가 있다. 하나는 정규담보로 하여 그 가액을 평가하여, 이를 주담보로 취득하는 경우이고, 다른 하나는 평가외담보로 하여 부담보로 취득하는 경우이다. 그런데 주식의 시가는 발행회사의 자산상태 · 경영상황 · 장래성 등과 일반적인 경기변동에 따라 민감하게 좌우되어 부동산이나 동산에 비하여 훨씬 유동적이고 불안정하다. 따라서 주식을 주담보로 취득할 경우에는 그것이 비록 증권시장에 상장된 것이라 할지라도, 그 담보가액을 담보취득 당시의 주식시가를 기준으로 하여 결정할 것이 아니라, 최소한 과거 3~6개월간의 평균시가를 기준으로 하여 결정하는 등 특별한 주의를 기울일 필요가 있다.

한편 주식을 부담보로 취득하는 목적은 주식의 교환가치로부터 우선변제를 받고자 하는데 있다기 보다는, 회사의 건전한 경영과 성실한 주주권의 행사를 기대하면서 후일 기업관리의 필요가 있을 때 직접 경영에 참여할 수 있는 수단을 확보하려는데 있으므로, 이 경우에는 담보취득 당시의 그 주식에 대한 담보가치 판단이 그렇게 중요한 사항은 아니다.

주식에 대하여는 일정한 공익목적을 달성하기 위하여 법률에 의하여 그 담보취득이 제한되는 경우가 있다. 그리고 담보권설정의 대상이 되는 주식은 크게 3가지 유형으로 분류해 볼 수 있다. 첫째는 주식 · 사채 등의 전자등록에 관한 법률에 따라 전자등록된 것이고, 둘째는 자본시장과 금융투자업에 관한 법률에 따라 한국예탁결제원에 예탁된 주식이고, 셋째는 첫째와 둘째의 주식을 제외한 주식을 말한다.

그런데 담보권설정의 대상이 되는 주식 중 첫째와 둘째의 것은 앞에서 이미 설명한 바 있다. 따라서 이하에서는 주식에 대한 담보취득의 제한과 첫째와 둘째의 주식을 제외한 셋째의 주식에 대한 담보취득에 대해서만 설명하기로 한다.

(2) 주식에 대한 담보취득의 제한

가. 은행법상의 제한

직접대출에 관한 것이건 간접대출에 관한 것이건 은행은 대출과 관련하여서 자기주식을 담보로 취득할 수 없다(은행 38iv). 은행이란 은행업을 규칙적·조직적으로 경영하는 한국은행 외의 모든 법인을 말하며(은행 2①ii), 은행업이란 예금을 받거나 유가증권 또는 그 밖의 채무증서를 발행하여 불특정 다수인으로부터 채무를 부담함으로써 조달한 자금을 대출하는 것을 업(業)으로 하는 것을 말한다(은행 2①i). 구체적으로 어느 것이 여기에서의 은행에 해당되는지는 은행법 제3조 내지 제7조에서 규정하고 있다. 다만 위와 같은 자기주식의 담보취득금지에 관한 규정은 한국산업은행과 한국수출입은행에는 적용되지 않는다(한산은 2의2①, 수은 2③).

나. 상법상의 제한

㈎ 자기주식의 질권취득 제한

회사는 발행주식 총수의 20분의 1을 초과하여 자기주식을 질권의 목적으로 받지 못한다(상 341의3본). 이는 자기주식 취득의 한도(상 341)를 초과하는 탈법행위로 이용되는 것을 방지하는 한편, 회사의 자산상태가 악화되는 경우에 담보가치의 하락으로 회사에 이중의 손해가 발생하는 것을 최소화시키기 위한 것이다.

그러나 ①회사의 합병 또는 다른 회사의 영업 전부의 양수로 인한 경우 ②회사의 권리를 실행함에 있어서 그 목적을 달성하기 위하여 필요한 경우에는 제한 없이 자기주식의 담보취득이 인정된다(상 341의3단). ②의 경우에 해당하는 예로서는 담보제공의무(민 432)가 있는 채무자가 자기주식 이외에 다른 담보를 가지고 있지 않은 때나, 무담보채권을 가지고 있는 회사가 채무자의 자력이 악화되어 담보를 확보하고자 할 때 채무자가 자기주식 이외에 다른 재산이 없거나 부족한 때를 들 수 있다.[5]

㈏ 제한위반의 효력

자기주식의 질권취득 제한에 위배하여 자기주식을 질권의 목적으로 취득한 경우, 그 초과부분에 대한 질권의 효력에 관하여는, 무효설[6]과 유효설[7] 및 원칙적으로는 무효이지만 선의의 질권설정자에 대하여는 무효를 주장할 수 없다고 하는 상대적무효설[8]이 대립되어 있다. 무효설은 이를 유효로 하면 자기주식취득금지규정의 탈법수단으로 악용될 수 있다는 점을 그 논거로 하고 있고, 유효설은 상법은 자기주식의 질취 자체는 허용하면서 수량적 제한만을 가하고 있고 이를 무효로 하면 회사의 이익으로 되지 아니하다는 점을 그 논거로 하고 있으며, 상대적유효설은 선의의 질권설정자 보호를 그 논거로 하고 있다. 무효설이 타당하다고 생각한다.

㈐ 제한의 적용범위

자기주식의 질권취득을 제한한 상법 규정이, 자회사가 모회사의 주식을 담보로 취득하는 경우에도 적용되는지 문제로 된다. 이에 관하여는 긍정설[9]과 부정설[10] 및 모회사가 자회사의 발행주식을 전부 소유하고 있는 경우에 한하여 적용된다는 부분적긍정설[11]이 대립되어 있다. 이를 부정할 경우에는 모회사가 자회사를 통하여 자기주식취득 제한을 회피하는 수단으로 활용할 수 있다는 점에서 긍정하는 것이 타당하다고 생각한다.

다. 회사의 정관에 의한 제한

---

5) 최기원 상법학신론(상) 629.
6) 서돈각 · 정완용 상법강의(상) 377. 이기수 회사법학 414. 최기원 상법학신론(상) 630.
7) 손주찬 상법(하) 738. 정동윤 회사법 285. 정찬형 상법강의(상) 686. 채이식 상법강의(상) 6598) 정희철 · 정찬형 상법원론(상) 641(정희철).
9) 이철송 회사법강의 326. 최기원 상법학신론(상) 629.
10) 정동윤 회사법 284. 정찬형 상법강의(상) 687.
11) 손주찬 상법(상) 718.

주식의 양도는 정관의 정하는 바에 따라 이사회의 승인을 얻도록 할 수 있으며(상 335①단), 이에 위반하여 이사회의 승인을 얻지 아니한 주식의 양도는 회사에 대하여 효력이 없다(상 335②). 여기에서 이러한 주식을 담보로 제공함에 있어서도 이사회의 승인이 필요한지 여부가 문제로 된다.

우선 질권의 설정은 양도가 아니므로 이사회의 승인을 요하지 않는 것으로 보아야 한다. 그러나 질권의 실행에 따라 주식을 매수한 자는, 주식의 양수인으로서 회사에 대하여 그 주식의 종류와 수를 기재한 서면으로 청구하여, 그 취득의 승인을 받아야 한다(상 335의7①). 그러면 회사는 양수인의 승인청구가 있은 날로부터 1월 이내에, 양수인에게 그 승인여부를 서면으로 통지하여야 하고, 회사가 이 기간내에 양수인에게 거부의 통지를 하지 아니하면, 주식의 양수를 승인한 것으로 된다(상 335의7②, 335②③). 그리고 양수인이 회사로부터 양도승인 거부통지를 받은 때에는, 그 통지를 받은 날로부터 20일 이내에, 회사에 대하여 양도의 상대방의 지정 또는 그 주식의 매수를 청구할 수 있다(상 335의7②, 335④). 이 경우 상대방과의 양수주식 처분절차와 회사에 대한 주식매수청구절차에 관하여는 상법 제335조의3 내지 335조의6 참조.

다음에 양도담보권을 설정하는 경우에, 이사회의 승인을 요하는지에 관하여는, 양도담보가 담보주식의 소유권을 이전한다는 점에서, 양도담보설정시에 이사회의 승인을 받아야 한다고 보는 견해도 있을 수 있으나, 양도담보도 담보라는 측면에서, 질권에 있어서와 같이 설정단계에서는 이사회의 승인을 요하지 않고, 담보권의 실행에 의하여 주식을 취득한 자가, 양수인으로서 이사회의 승인을 요하는 것으로 보는 것이 타당하다고 생각한다.[12]

(3) 주권이 발행된 주식

가. 질권설정에 의한 담보취득

㈎ 기명주식의 등록질권

기명주식에 대한 질권은 등록질권의 형식으로 설정하는 것이 원칙이다. 등록

12) 정동윤 회사법 234. 최기원 상법학신론(상) 595.

질권은 질권자와 질권설정자가 질권설정계약을 체결하고 질권설정자가 대상주권을 질권자에게 교부하는 이외에 질권설정자가 회사에 청구하여 질권자의 성명과 주소를 주주명부에 덧붙여 쓰고 질권자의 성명을 주권(株券)에 적는 방법으로 설정한다(상 338①, 340①).

회사에 대한 질권의 등록청구는 질권설정자만이 할 수 있고 질권자는 할 수 없다. 회사는 정당한 사유 없이 질권의 등록을 거절할 수 없으나, 주주명부의 폐쇄기간(상 354) 중에는 그 등록이나 말소를 거절할 수 있다. 상법 제340조 제1항은 등록질권의 설정에 질권자의 성명을 주권에 적도록 규정하고 있으나, 이는 등록질권의 성립요건이 아니라는 것이 통설이다[13]. 따라서 주권에 질권자의 성명을 적지 않아도 주주명부에만 질권자의 성명과 주소를 적으면 등록질권의 효력이 생긴다.

(나) 기명주식의 약식질권

기명주식에 대한 약실질권의 설정은 질권자와 질권설정자가 질권설정에 관한 계약을 체결하고 질권설정자가 대상주권을 질권자에게 교부하는 방법으로 한다(상 338①).

(다) 질권설정의 효력

(ㄱ) 일반적 효력

주식에 대한 질권설정의 효력은 유체동산에 대한 질권설정의 효력과 대체로 같다. 그러나 유체동산에 대한 질권은 대상 유체동산의 계속 점유가 질권의 존속요건임에 대하여, 주식에 대한 질권은 대상 주식의 계속 점유가 질권의 제3자 대항요건이라는 점에 그 특징이 있다. 그리고 여기에서의 제3자란 동일 주식에 대하여 이중으로 주식을 양수한 자와 압류채권자 이외에, 회사도 포함되는 것으로 해석되고 있다[14]. 그리고 주식에 대한 질권의 효력은 주식이라는 특성상

13) 손주찬 상법(상) 739. 정동윤 회사법 286. 정찬형 상법강의(상) 690. 최기원 상법학신론(상) 631.

14) 정동윤 회사법 286. 최기원 상법학신론(상) 631.

그 효력이 미치는 대상목적물의 범위에 관하여 특수한 면이 있으므로 이하에서는 이 점에 관하여 자세히 살펴보기로 한다.

(ㄴ) 이익배당 또는 이자배당 청구권

주식에 대한 질권의 효력이 이익배당이나 이자배당 청구권에도 미치는가. 기명주식의 등록질에 관하여는 상법 제340조 제1항에서 「기명주식의 등록질권자는 회사로부터 이익이나 이자의 배당을 받아 다른 채권자에 우선하여 자기채권의 변제에 충당할 수 있다」고 규정하고 있어 이를 긍정하는데 이론이 없다.

그런데 기명주식의 약식질권에 대하여는 부정설[15]과 긍정설[16]로 견해가 나뉘어 있다. 부정설은 ① 약식질권의 설정은 회사와 무관하게 이루어지므로 주식 자체의 재산적 가치만이 담보의 목적으로 되는 것으로 보아야 한다는 점 ② 등록질제도가 있음에도 불구하고 약식질의 방법을 택한 경우는 그 권리를 행사할 의사가 없는 것으로 보아야 한다는 점 ③ 상법 제340조 제1항의 반대해석상 이를 부정하여야 한다는 점 등을 그 논거로 하고 있고, 긍정설은 ① 이익배당금은 질권의 목적에서 생기는 과실이고 질권자가 질권의 목적에서 생기는 과실을 수취하는 것은 당연하다는 점 ② 긍정설은 약식질의 경우에는 왜 주식의 재산적 가치만이 담보의 목적이 되는지 이유가 분명하지 않다는 점 ③ 질권자의 실질적 권리는 주주명부의 기재 유무에 따라 좌우될 수 없다는 점 등을 그 논거로 하고 있다. 긍정설이 타당하다고 생각한다. 다만 실무적으로는 긍정설에 따라 이익이나 이자의 배당금에 담보의 효력이 미치는 것으로 담보가치를 평가하여 여신취급 하였다가 담보권을 실행할 때에 아니 미치는 것으로 되면, 채권의 회수액이 적어져 무담보채권으로 남는 금액이 커질 것이므로 부정설에 따라 아니 미치는 것으로 담보가치를 평가하여 여신취급하는 것이 안전하다고 할 것이다.

이익배당 또는 이자배당 청구권에 질권의 효력이 미치는 경우 아직 질권에 의하여 담보되는 채권의 변제기가 도래하지 않았으면, 질권자는 회사에 대하여 배당금의 공탁을 청구할 수 있고 이에 따라 배당금의 공탁이 이루어지면 질권은 그 공탁금 위에 존재하게 된다(상 340②, 민 353③).

한편 주식에 대한 질권의 효력이 주식배당시의 배당주식에도 미치는지 문제

15) 손주찬 상법(상) 741. 이태노, 이철송 회사법강의 337. 정찬형 상법강의(상) 689.
16) 정동윤 회사법 290. 정희철, 정찬형 상법원론(상) 644(정희철). 채이식 상법강의(상) 673. 최기원 상법학신론 634.

로 된다. 이에 관하여도 기명주식의 등록질권에 관하여는 상법에서 명문의 규정으로 이를 긍정하고 있다(상 462의2④, 340③). 그러나 기명주식의 약식질권에 관하여는 주식배당의 본질[17]을 이익배당으로 볼 것인지 아니면 주식분할로 볼 것인지에 따라 그 결론이 달라진다. 주식배당을 이익배당으로 보면 전술한 이익배당의 경우와 동일한 것으로 보면 된다. 이에 대하여 주식배당을 주식분할로 보면 약식질권의 효력은 당연히 그 배당주식에 미치게 된다. 주식배당의 경우는 그에 따라 회사 자산이나 주주의 주식보유비율에 변화가 생기지 않는다는 점에서 그 본질을 주식분할로 보는 것이 타당하고, 또한 그에 따라 약식질권의 효력도 당연히 배당주식에 미친다고 보는 것이 타당하다고 생각한다.

(ㄷ) 잔여재산분배청구권

회사의 해산 및 청산시 주주가 받는 잔여재산분배청구권에 대하여도 기명주식의 등록질권은 그 효력이 미친다(상 340①). 그리고 이 잔여재산분배청구권은 주식의 변형물 내지 대위물이라고 할 것이므로 기명주식의 약식질권의 경우도 그 효력이 미치는 것으로 보아야 한다는데 이론이 없다.[18]

(ㄹ) 신주인수권

유상증자시 주주가 가지는 신주인수권에 대하여 질권의 효력이 미치는지의 여부에 대하여는 기명주식의 등록질권에 관하여도 상법에 아무런 규정이 없다. 이에 따라 이에 관하여는 기명주식의 등록질에 관하여도 긍정설[19]과 부정설[20]로 견해가 대립되어 있다.

긍정설은 신주의 발행에 의하여 구주의 가치가 하락함으로써 생기는 담보가치의 하락으로부터 질권자를 보호하여야 한다는 점을 주요 논거로 하고 있고, 부정설은 신주인수권의 행사에는 주금납입의 의무가 따르는 것이어서 이를 주주에게 강요할 수 없다는 점과 주가의 하락은 회사가 제3자에게 신주인수권을 부

17) 주식배당의 본질에 관한 자세한 내용은 정동윤 회사법 631 이하 참조.
18) 이태노 · 이철송 회사법강의 338. 정동윤 회사법 290. 정찬형 상법강의(상) 689. 최기원 상법학신론(상) 635.
19) 정동윤 회사법 291. 채이식 상법강의(상) 673. 이기수 회사법학 416.
20) 이태노 · 이철송 회사법강의 338. 정찬형 상법강의(상) 689. 최기원 상법학신론(상) 636.

여하는 경우에도 예상되는 것이라는 점 등을 주요 논거로 하고 있다. 부정설이 타당하다고 생각한다.

(ㅁ) 물상대위권

질권자는 질권의 대상인 주식의 소각 · 병합 · 분할 또는 전환, 준비금의 자본전입에 의한 무상주발행, 신주발행의 무효, 회사의 합병 · 조직변경으로 인하여 종전의 주주가 받을 금전이나 주식에 대하여도, 종전의 주식을 목적으로 한 질권을 행사할 수 있다(상 339, 461⑥, 432③, 530④, 601①). 또한 주주가 주식매수청구권을 행사한 경우(상 374의2①, 522의3)도 같다.

질권자가 물상대위권을 행사하기 위하여 회사가 대위목적물을 질권설정자에게 지급 또는 교부 전에 압류해야 하는가. 기명주식의 등록질권에 관하여는, 질권자가 회사의 주주명부에 등록되어 있다는 점과 상법 제340조 제3항에 「질권자는 회사에 대하여 물상대위의 대상인 주식에 대한 주권의 교부를 청구할 수 있다」고 규정되어 있다는 점에서, 압류를 요하지 않는다는 데에 견해가 일치되어 있다.[21]

이에 대하여 기명주식의 약식질권에 관하여는 질권의 설정이 회사와 관계없이 이루어진 것이므로 압류를 요한다는 견해[22]와 주식의 소각 · 병합 · 분할 · 전환 및 매수청구와 같이 금전의 지급 또는 주권의 교부를 받기 위하여 종래의 주권을 제출하여야 하는 때에는 압류를 요하지 않고, 이익배당 · 주식배당 · 준비금의 자본전입에 의한 신주의 무상교부와 같이 주권을 그대로 두고 주주명부상의 주주에게 회사가 직접 목적물을 지급 또는 교부하는 때에는 압류를 요한다는 견해[23]가 대립되어 있다. 법리적으로는 후자의 견해가 타당하다고 생각하나, 실무적으로는 전자의 견해에 따라 처리하는 것이 안전하다고 할 것이다.

한편 회사가 지급할 것이 금전으로서 그 지급기가 질권에 의하여 담보되는 채권의 변제기 전에 도래한 때에는, 질권자는 회사로 하여금 그 금액을 공탁하게 할 수 있고 이 경우에 질권은 그 공탁금 위에 존재하게 된다(상 340②, 민353③).

---

21) 손주찬 상법(상) 741. 정동윤 회사법 288. 정찬형 상법강의(상) 690. 최기원 상법학신론(상) 633.
22) 손주찬 상법(상) 741. 정찬형 상법강의(상) 689. 최기원 상법학신론(상) 633.
23) 이철송 회사법강의 339. 정동윤 회사법 289.

나. 양도담보권설정에 의한 담보취득

일반적으로 양도담보란 담보의 목적으로 담보제공자가 목적물의 소유권을 담보제공자에게 이전하는 경우를 말하므로, 주식의 양도담보도 당해 주식의 소유권을 담보권자에게 이전하는 방식으로 하여야 한다.

따라서 주식에 대한 양도담보권의 설정은 설정당사자가 양도담보설정계약을 체결하고, 담보권자가 당해 주식을 설정자로부터 교부받아 점유하는 방식으로 하면 된다(상 336). 다만 기명주식에 있어서 담보권자가 당해 주식의 소유권 취득을 회사에 대항하려면 그 주식의 소유권 취득자인 담보권자의 성명과 주소를 주주명부에 기재하여야 한다(상 337①).

그 밖에 주식에 대한 양도담보권의 효력이 미치는 목적물의 범위는 전술한 질권의 경우와 동일하고, 주식에 대한 질권과 양도담보권의 차이는 유체동산에 대한 질권과 양도담보권의 차이와 동일하다.

다. 처분승낙서에 의한 담보취득

처분승낙서에 의한 담보취득은 채권자가 담보목적물의 소유자로부터 「기일에 채무변제가 없으면 당해 담보목적물을 임의처분하여 그 대금으로 채무변제에 충당하여도 이의가 없다」는 내용의 처분승낙서를 받고 당해 주식을 설정자로부터 인도받아 점유하는 방식으로 한다.

그러나 이 방식은 주식에 대한 독자적인 담보취득방법이라기 보다는 질권 설정시 그와 함께 이루어지는 부차적인 담보취득방법이라는 점에 그 특색이 있다. 즉 주식에 대하여 단순히 질권만 설정할 경우에는 그 담보권실행을 민사집행법에서 규정하는 경매라는 법정절차를 통해서 할 수밖에 없으나, 그와 함께 이 처분승낙서까지 받아 두면 경매라는 법정절차에 의하지 않고 임의처분할 수도 있게 되어 담보권실행에 있어서 편리하다는 이점이 있다.

(4) 주권불소지 신고된 주식

기명주식의 경우에 주주는 정관에 다른 정함이 있는 경우을 제외하고는 회사에 대하여 주권의 소지를 하지 아니하겠다는 뜻을 신고할 수 있다. 주권의 불소지신고를 할 때에 이미 발행된 주권이 있는 때에는 이를 회사에 제출하여야 한다. 그리고 이러한 주권의 불소지신고가 있으면 회사는 지체없이 주권을 발행하지 아니한다는 뜻을 주주명부와 그 복본에 기재하고 그 사실을 주주에게 통지하여야 한다(상 358의 2①②).

그러면 위와 같이 주권의 불소지신고가 된 주식에 대하여도 그 양도나 담보권설정이 가능한 것인가. 이에 관하여는 다음과 같은 두 가지 견해가 있을 수 있다. 첫째는 주식의 양도나 담보제공에는 주권의 교부가 필요하다는 점(상 336①, 338①)을 근거로 이를 부정하는 견해이고, 둘째는 주주명부에 의하여 양도 또는 담보제공을 공시할 수 있다는 점을 근거로 이를 긍정하는 견해이다. 이를 긍정한다고 하여 특별히 거래의 안전을 해하는 등의 결과를 초래하는 것은 아니므로, 거래의 편의를 위하여서는 긍정하는 견해가 타당할 것으로도 생각된다.

그러나 주권의 교부 없이 주주명부상의 기재만으로 양도 또는 담보제공의 효력이 발생하려면 법률에 그에 관한 특별한 규정이 있어야 할 것인데, 상법 제358조의 2는 단순히 주주가 주권을 소지하지 않을 수 있음을 규정하고 있을 뿐 불소지시의 양도나 담보설정의 방법까지 규정하고 있는 것은 아니므로 부정하는 견해가 옳다고 본다.

한편 주권불소지가 신고된 주식의 양도나 담보설정에 관하여는 민법 제189조(점유개정)나 제190조(목적물반환청구권의 양도)에 의하여, 주주명부에 양도 또는 담보권설정의 기재를 함으로써 주권의 교부가 있는 것으로 볼 수 있지 않을까 하는 의문이 있을 수 있다. 그러나 이것은 실제로 주권이 발행되어 있을 경우에나 적용될 수 있는 것이지, 불소지신고로 주권의 발행 자체가 없는 경우에는 적용의 여지가 없는 것으로 보아야 한다.

따라서 주권의 불소지신고를 한 주주가, 자신의 주식을 담보로 제공하고자 할 때에는 우선 상법 제358조의 2 제4항에 의하여 회사에 주권의 발행을 청구하게 한 후 그 주권에 대하여 전술한 기명주식의 담보취득절차를 취하도록 하여야 한다.

(5) 권리주

권리주란 주식의 인수로 인한 권리 즉 주식을 인수하였으나 회사가 성립하기 전 또는 신주발행의 효력이 발생하기 전의 주식인수인의 지위를 말한다. 이에 대하여 주권발행전의 주식이란 회사가 성립하였거나 신주발행의 효력이 발생하였으나 아직 주권이 발행되기 전의 주주의 지위를 말한다.

주식의 인수로 인한 권리(즉 권리주)의 양도는 회사에 대하여 효력이 없다(상 319, 425①). 이는 주주로 될 의사가 없이 주식을 인수한 자가 회사성립 전 또는 신주발행의 효력이 발생하기 전에 이를 매각하여 투기를 꾀하는 것을 방지하고 또 설립절차나 신주발행절차가 번잡하여지는 것을 방지하기 위한 것이다. 회사의 동의가 있어도 권리주의 양도를 할 수 없는 것인가. 이에 관하여는 긍정설[24]과 부정설[25]로 견해가 대립되어 있으나, 부정설이 통설 · 판례이다. 따라서 권리주 그 자체는 질권이나 양도담보권의 대상으로 할 수 없는 것으로 보아야 한다.

그런데 자본시장과 금융투자업에 관한 법률에서는 「주권, 신주인수권이 표시된 것」을 매매거래 등의 대상이 되는 금융투자상품 중 지분증권의 일종으로 규정하고 있다(자시금투 4④). 또한 대법원판례도 「상법 제416조 제5호에 의하면, 회사의 정관 또는 이사회의 결의로 주주가 가지는 신주인수권을 양도할 수 있는 것에 관한 사항을 결정하도록 되어있는바, 신주인수권의 양도성을 제한할 필요성은 주로 회사측의 신주발행사무의 편의를 위한 것에서 비롯된 것으로 볼 수 있고, 또 상법이 주권발행 전 주식의 양도는 회사에 대하여 효력이 없다고 엄격하게 규정한 것과는 달리 신주인수권의 양도에 대하여는 정관이나 이사회의 결의를 통하여 자유롭게 결정할 수 있도록 한 점에 비추어 보면, 회사가 정관이나 이사회의 결의로 신주인수권의 양도에 관한 사항을 결정하지 아니하였다 하여 신주인수권의 양도가 전혀 허용되지 아니하는 것은 아니고, 회사가 그와 같은 양도를 승낙한 경우에는 회사에 대하여도 그 효력이 있다」고 판시하고 있다.[26]

따라서 회사 성립 전 또는 신주발행의 효력이 발생하기 전의 권리주라도, 회사가 정관 또는 이사회의 결의로 주주가 가지는 신주인수권을 양도할 수 있도록 한 경우에는 이를 대상으로 질권 또는 양도담보권을 설정할 수 있는 것으로 보아야 하는데, 자본시장과 금융투자업에 관한 법률 제4조 제4항에서 규

24) 정희철 · 정찬형 상법원론(상) 609(정희철).
25) 정동윤 회사법 241. 정찬형 상법강의(상) 641. 최기원 상법학신론(상) 601.
26) 대판 1995.5.23. 94다36421 참조.

정하는 「주권, 신주인수권이 표시된 것」은 회사가 정관 또는 이사회의 결의로 주주가 가지는 신주인수권을 양도할 수 있도록 한 경우에 해당하는 것으로 보아야 한다.

(6) 주권발행 전의 주식

가. 주권발행 전 주식의 의의

주권발행 전의 주식이란 회사설립시에는 설립등기를 마친 날로부터 주권을 발행할 때까지, 그리고 신주발행시에는 신주발행의 효력이 발생하는 신주의 주금 납입기일의 다음 날로부터 주권을 발행할 때까지의 주식을 말한다.

주권발행의 효력발생시기에 관하여는 회사가 주권을 작성하여 이를 주주에게 교부한 때라는 교부시설과 회사가 주권을 작성한 때라는 작성시설 및 회사가 주권을 작성하여 자기의 의사로 누군가에게 교부한 때라는 발행시설이 있으나 교부시설이 우리나라의 통설[27] · 판례이다.

판례5-1

주권발행의 효력발생시기

상법 제355조의 주권발행은 동법 제356조 소정의 형식을 구비한 문서를 작성하여 이를 주주에게 교부하는 것을 말하고 위 문서가 주주에게 교부된 때에 비로소 주권으로서의 효력을 발생하는 것이므로 회사가 주주권을 표창하는 문서를 작성하여 이를 주주가 아닌 제3자에게 교부하여 주었다 할지라도 위 문서는 아직 회사의 주권으로서의 효력을 가지지 못한다(대판 1987.5.26. 86다카982,983).

나. 주권발행 전 주식의 담보가능성

양도할 수 없는 물건이나 재산권은 담보의 목적으로 하지 못하므로(민 331, 355) 주권이 발행되기 전의 주식도 이를 담보의 목적으로 할 수 있기 위해서는 우선 그 양도성이 인정되어야 한다. 이에 관하여 상법 제335조 제2항에는 「주권발행 전에 한 주식의 양도는 회사에 대하여 효력이 없다.[28] 그러나 회사 성립 후 또는 신주의 납입기일 후 6월이 경과한 때에는 그러하지 아니하다」고 규정되

27) 정동윤 회사법 214, 최기원 상법학신론(상) 578.

어 있다.

따라서 회사성립 후 또는 신주의 납입기일 후 6월이 경과한 후에는 주권발행 전에도 유효하게 주식을 양도할 수 있으나, 그 이전의 주식양도는 회사에 대하여 효력이 없다고 할 것이며, 주권발행 전의 주식담보도, 그러한 범위에서만 가능하다고 하겠다. 문제는 6월이 경과되기 전에 주권발행 없는 상태에서 한 주식양도가, 6월이 경과하도록 주권이 발행되지 않을 경우, 그 하자가 치유되어 유효로 되는 것인지 여부이다.

이에 관하여는 긍정설[29]과 부정설[30]로 견해가 대립되어 있다. 긍정설은 6월이 경과되기 전에 양도한 경우라도 6월이 경과하도록 주권을 발행하지 않은 때에는, 6월이 경과한 후 양도절차만 반복하면 될 것인데 구태여 양도당사자를 번거롭게 할 필요가 없다는 점과 이렇게 해석하는 것이 개정상법 부칙 제6조[31]의 취지에 부합된다는 점을 그 논거로 하고 있다. 이에 대하여 부정설은 이를 긍정하면 회사가 언제 주권을 발행하느냐에 따라 주식양도의 효력이 좌우됨으로써 법률관계의 불안정을 초래하게 될 것이고, 또한 주권 없는 주식의 양도가 조장될 우려가 있다는 점을 그 논거로 하고 있다. 긍정설이 다수설로서 타당하다고 생각한다.

다. 주권발행 전 주식의 담보취득방법

주권발행 전의 주식을 담보로 하는 법적형식으로도 질권을 설정하는 경우와 양도담보권을 설정하는 경우의 두 가지를 생각할 수 있다. 우선 주권발행 전 주식의 양도담보권설정은, 양도담보계약을 체결하고 당해 주식을 양도담보권자에게 양도하는 방식으로 하여야 한다. 그런데 상법은 주권발행 전의 주식양도의 효력은 인정하면서도 그 양도방법에 관하여는 아무런 규정을 두고 있지 않다.

---

28) 회사에 대하여 효력이 없다는 것은 당사자간에서는 주식양도 또는 담보제공의 효력을 주장할 수 있으나 회사에 대하여는 그 효력이 없다는 것이고 또 효력이 없다는 것은 회사에 대하여 대항하지 못할 뿐만 아니라 회사도 이를 승인하지 못한다는 뜻이다.

29) 이철송 회사법강의 307. 정동윤 회사법 243. 정찬형 상법강의(상) 644.

30) 최기원 상법학신론(상) 602.

31) 주권발행전의 주식양도를 허용한 개정상법 제335조 제3항(개정당시는 제2항이었음) 단서의 규정은 동개정상법의 시행전에 주권의 발행없이 이루어진 주식의 양도에 관하여도 이를 적용하도록 되어 있다(1984.4.10. 개정상법 부칙 제6조 참조).

따라서 그 양도는 당사자간의 의사표시만으로 이루어진다고 보아야 하며, 다만 주식청약서나 주금납입영수증이 있으면 이것과 양도증서의 교부에 의하여 하면 된다는 것이 통설이다.

그러나 이상의 방법만으로는 주권발행전의 주식에 대한 양도방법이 완전하게 취하여진 것이 아니다. 왜냐하면 당사자간의 의사표시만으로 이루어진 주식의 양도는 우선 향후 주식을 발행하여 주주에게 교부할 의무가 있는 회사가, 실제로 주식을 발행하여 이를 교부할 때에 그 양도사실을 알지 못하고 종전주주(양도인 또는 양도담보설정자)에게 주권을 교부하여, 종전주주가 그 주식을 선의의 제3자에게 양도하여 버리면 신주주(양수인 또는 양도담보권자)는 당해 주식에 대한 권리를 상실하게 될 것이고, 또 주권발행 전 주식 자체의 이중양도가 있을 경우에는 이중 양수자 상호간에 누가 진정한 권리자인가의 여부에 관한 객관적인 표준이 마련되어 있지 않아 분쟁이 발생할 소지가 크기 때문이다. 또한 주식청약서나 주금납입영수증이 있어 양수자가 이를 교부받는다고 하여도 이것을 주권과 동일시할 수 있는 유가증권으로 볼 수 없는 것이므로, 회사가 동청약서나 영수증소지자를 당연히 진정한 권리자로 취급하게 할 아무런 근거도 없다. 따라서 주권발행 전의 주식양도가 있었다는 사실에 대한 입증은 일반 원칙에 따라 그것을 주장하는 측에서 하여야만 한다.

그러므로 주권발행 전의 주식을 양도담보로 취득하는 경우에는, 주권의 발행회사에 대하여 주권을 발행할 때에 그 주권을 양도담보권자에게 직접 교부하도록 하는 의무를 부여해 놓는 동시에, 이를 제3자에게 대항할 수 있는 별개의 조치를 취해두어야 한다. 그리고 그러한 조치로서는 민법 제450조에 규정되어 있는, 지명채권양도의 대항요건을 구비하는 방식을 취하면 될 것으로 본다. 주권발행 전의 주주는 당해 회사에 대하여 주권의 교부를 받을 권리가 있는데, 이는 주주가 회사에 대하여 가지는 채권(청구권)으로 볼 수 있을 것이기 때문이다.

즉 주권발행 전의 주식을 양도담보로 취득하려는 자는 양도담보설정계약서(또는 담보제공증서)를 징구하고, 주식청약서 및 주금납입영수증을 교부받는 외에 양도담보설정자와 연서로 당해 주식이 양도담보로 제공되어 있으므로, 실제로 주권이 발행되면 양도담보권자에게 동주권을 교부하겠다는 내용의 승낙서를 회사로부터 받은 다음 그 승낙서에 확정일자를 받아 두어야 한다. 그리고 이 경우 승낙서를 받을 수 없는 때에는 양도담보설정자로 하여금 당해 주식을 양도담보로 제공하였으므로 실제로 주권이 발행될 경우 동 주권을 교부받을 자가 양도담보권자라는 사실을 알리는 확정일자부통지서를 작성하게 하여, 동 통지서를 회사에 제출하고 그 수령증을 받아 두어야 한다(만일 회사가 그 수령을 거부할 때에는 이를 내용증명우편으로 발송하도록 한다).

다음에 주권발행 전의 주식에 대한 질권설정방식을 보면 다음과 같다. 상법은 주권발행 전의 주식에 대한 양도방식은 물론이고 질권설정방식에 관하여도 아무런 규정을 두고 있지 않다. 그런데 민법 제346조는 「권리질권의 설정은 법률에 다른 규정이 없으면 그 권리의 양도에 관한 방법에 의하여야 한다」고 규정하고 있으므로, 주권발행 전의 주식에 대한 질권설정도 동 주식의 양도방식으로 하면 된다. 즉 질권설정계약서(또는 담보제공증서)를 징구하고, 주식청약서나 주금납입영수증을 교부받는 외에, 양도담보를 설정하는 경우에 있어서와 동일한 내용의 대항요건을 갖추어 두어야 한다.

판례5-2

1. 주권발행전 주식의 양도방법

주권발행 전에 한 주식의 양도도 회사성립 후 또는 신주의 납입기일 후 6월이 경과한 때에는 회사에 대하여 효력이 있는 것으로서, 이 경우 주식의 양도는 지명채권의 양도에 관한 일반원칙에 따라 당사자의 의사표시만으로 효력이 발생하는 것이고, 상법 제337조 제1항에 규정된 주주명부상의 명의개서는 주식을 취득한 자가 회사에 대한 관계에서주주의 권리를 행사하기 위한 대항요건에 지나지 않고, 회사 이외의 제3자에 대한 관계에서의 대항요건은 아니므로, 회사성립 후 또는 신주의 납입기일 후 6월이 경과하도록 회사가 주권을 발행하지 아니한 경우 그 주식을 취득한 자는 특별한 사정이 없는 한 상대방의 협력을 받을 필요 없이 단독으로 자신이 주식을 취득한 사실을 증명함으로써 회사에 대하여 그 명의개서를 청구할 수 있는 것이고, 이 경우에 명의개서의 청구에 소정 서류의 제출을 요한다고 하는 정관의 규정이 있다 하더라도, 이는 주식의 취득이 적법하게 이루어진 것임을 회사로 하여금 간이명료하게 알 수 있게 하는 방법을 정한 것에 불과하여 주식을 취득한 자가 그 취득사실을 증명한 이상 회사는 위와 같은 서류가 갖추어지지 아니하였다는 이유로 명의개서를 거부할 수는 없다(대판 1995.3.24. 94다47728).

2. 주권발행전 주식에 대한 질권설정방법

주권발행 전의 주식에 대한 양도도 인정되고, 주권발행 전 주식의 담보제공을 금하는 법률규정도 없으므로 주권발행 전 주식에 대한 질권설정도 가능하다고 할 것이지만, 상법 제338조 제1항은 기명주식을 질권의 목적으로 하는 때에는 주권을 교부하여야 한다고 규정하고 있으나, 이는 주권이 발행된 기명주식의 경우에 해당하는 규정이라고 해석함이 상당하므로,

주권발행 전의 주식 입질에 관하여는 상법 제338조 제1항의 규정이 아니라 권리질권설정의 일반원칙인 민법 제346조로 돌아가 그 권리의 양도방법에 의하여 질권을 설정할 수 있다고 보아야 한다(대판 2000.8.16. 99그1).

3. 국채

(1) 국채의 의의와 종류

국채란 정부가 국채법과 다른 법률에 따라 공공목적에 필요한 자금의 확보등을 위하여 발행하는 채권(債券)(국채 2 i)으로 그 발행 유형은 다음과 같다(국채 4 ①).

① 공공자금관리기금법 제2조에 따른 공공자금관리기금의 부담으로 발행하는 다음의 국채
  가. 국고채권(매입자격을 제한하지 아니하고 발행하는 국채)
  나. 개인투자용국채(매입자격을 개인으로 제한하여 발행하는 국채)

② 다른 법률에 특별한 규정이 있는 경우 그 법률에 따라 회계, 다른 기금 또는 특별 계정의 부담으로 발행하는 국채

국고채권 및 개인투자용국채의 종목은 재정 수요와 국채시장의 상황 등을 고려하여 국고채권 및 개인투자용국채의 상환기한별 또는 종류별로 기획재정부장관이 정한다(국채 4②).

(2) 국채의 발행

국채는 국회의 의결을 받아 기획재정부장관이 발행한다(국채 5①). 외국에서 원화 또는 외국통화로 표시하는 국채를 발행하거나 국내에서 외국통화로 표시하는 국채를 발행할 때에는 따로 국회의 의결을 받아야 한다(국채 6).

국채는 공개시장에서 발행하는 것을 원칙으로 하지만, 개인투자용국채의 경우는 기획재정부장관이 사전에 공고한 이자율로 발행할 수 있다(국채 5②③). 또한 기획재정부장관은 국채법 제13조 또는 다른 법률에 따라 특정인으로 하여금 국

채를 매입(買入)하게 하거나 특정인에게 현금을 지급하는 대신 국채를 발행할 수 있다. 이 경우 그 국채의 이자율은 그 발행목적에 부합하는 범위에서 상환기한과 발행 당시의 시장금리를 고려하여 적정 수준으로 정하여야 한다(국채 5④). 국채 발행의 방법과 구체적인 조건과 범위 등에 필요한 사항은 국채법 시행규칙과 기획재정부장관이 고시하는 국고채권의 발행 및 국고채전문딜러 운영에 관한 규정에서 정하는 바에 따른다(국채 5⑥⑦).

다른 법률에 특별한 규정이 있어 그 법률에 따라 회계, 다른 기금 또는 특별 계정의 부담으로 발행하는 국채는 그 다른 법률에 따라 회계, 다른 기금 또는 특별 계정을 관리하는 중앙행정기관의 장이 국채법시행령 제2조에 따라 기획재정부장관에게 그 발행을 요청하여야 한다(국채 5⑤). 국채 발행의 구체적인 조건과 범위 등에 필요한 사항은 기획재정부장관이 고시하는 국고채권의 발행 및 국고채전문딜러 운영에 관한 규정에서 정하는 바에 따른다(국채 5⑦).

기획재정부장관은 국채의 유동성 조절 등을 위하여 필요한 경우에는 3년 이내의 범위에서 일정한 기간을 정하여 같은 종목으로 취급할 수 있도록 이자율과 상환기한 등이 같은 국고채권을 그 일정한 기간 동안 통합하여 발행할 수 있다(국채 7①). 또한 기획재정부장관은 국채시장의 안정적 관리 등을 위하여 필요하다고 인정하는 경우에는 통합하여 발행한 국고채권에 대하여 그 일정한 기간이 끝난 후에도 해당 국고채권을 다시 발행할 수 있다. 이 경우 국고채권의 발행·재발행의 조건과 범위 등에 필요한 사항은 기획재정부장관이 고시하는 국고채권의 발행 및 국고채전문딜러 운영에 관한 규정에서 정하는 바에 따른다(국채 7②).

(3) 국채의 등록

국채법 제5조에 따라 발행된 국채는 증권(證券)을 발행하지 아니하고 전산정보처리조직을 이용하여 국채등록부(개인투자용국채의 경우에는 「주식·사채 등의 전자등록에 관한 법률」 제2조제3호에 따른 전자등록계좌부를 말한다)에 전자적인 방식으로 기명식 또는 무기명식으로 다음의 구분에 따라 해당 장부에 전자적인 방식으로 등록한다(국채 8①본, 국채령 13②).

① 개인투자용국채를 제외한 국채 : 다음의 구분에 따른 국채등록부

가. 증권을 발행하지 않은 국채를 등록하는 경우: 갑종 국채등록부
나. 기명증권으로 발행한 국채를 등록하는 경우: 을종 국채등록부
② 개인투자용국채 : 「주식 · 사채 등의 전자등록에 관한 법률」 제2조제3호에 따른 전자등록계좌부(이하 "전자등록계좌부"라 한다)로서 다음의 장부
가. 「주식 · 사채 등의 전자등록에 관한 법률」 제22조제2항에 따라 같은 법 제2조제7호의 계좌관리기관(이하 "계좌관리기관"이라 한다)이 작성하는 고객계좌부
나. 「주식 · 사채 등의 전자등록에 관한 법률」 제23조제2항에 따라 전자등록기관이 작성하는 계좌관리기관등 자기계좌부

국채증권의 소유자는 기명국채증권을 무기명식으로, 무기명국채증권을 기명식으로 전환하여 줄 것을 청구할 수 있다. 다만, ① 기명식 또는 무기명식으로 한정하도록 한 국채증권과 ② 개인투자용국채증권(국채 4① i 나.의 개인투자용국채의 증권)은 전환청구를 할 수 없다(국채령 6). 국채는 현물증권을 발행하지 않는 것이 원칙이고 다만, 전시 · 사변이나 이에 준하는 국가 비상사태 등의 경우에는 기명식 또는 무기명식 증권을 발행할 수 있을 뿐이다(국채 8①단).

(4) 국채의 발행 및 등록 사무처리

국고채권의 발행과 국채 원금의 상환 등 국채에 관한 사무는 기획재정부령으로 정하는 바에 따라 한국은행(개인투자용국채의 발행과 원금의 상환 등에 관한 사무의 경우에는 전자등록기관을 말한다)이 처리한다(국채 15①).

한국은행 또는 전자등록기관이 처리하는 국채에 관한 사무 중 국채 발행에 따라 수입되는 자금과 국채 원금의 상환 및 이자 지급을 위한 자금 등의 출납과 보관에 관하여는 「국고금 관리법」 제36조제4항 및 제5항을 준용한다(국채 15②).

국채의 발행에 따른 등록과 등록의 말소 업무를 수행하는 기관은 「한국은행법」에 따른 한국은행(이하 "한국은행"이라 한다)으로 한다. 다만, 개인투자용국채의 등록과 등록의 말소 업무를 수행하는 기관은 「주식 · 사채 등의 전자등록에 관한 법률」 제5조에 따른 허가를 받은 전자등록기관(이하 "전자등록기관"이라 한다)으로 한다(국채 8①). 그리고 국채의 등록, 등록 사항의 변경 및 등록의 말소와 증권

의 발행 등에 필요한 사항은 국채법시행령에서 정하는 바에 따른다.

국채의 등록사무는 국채사무처리기관의 본점(주된 사무소 기타 이에 준하는 사무소를 포함한다. 이하 같다)에서 처리한다. 다만, 국채사무처리기관의 장이 필요하다고 인정하는 경우에는 그 사무의 전부 또는 일부를 국채사무처리기관의 지점(분사무소 기타 이에 준하는 사무소를 포함한다. 이하 같다)에서 처리하게 할 수 있다(국채령 13①).

(5) 국채의 담보취득

가. 담보취득의 대상

국채의 유형 중 개인투자용국채는 타인에게 이전[상속, 유증(遺贈) 및 강제집행의 경우는 제외한다]하거나 질권 등 담보권의 목적으로 할 수 없으므로(국채 9③) 개인투자용국채를 제외한 국채만을 담보로 취득할 수 있다. 따라서 담보로 취득할 수 있는 국채는 국채증권이 발행되지 아니하고 한국은행의 국채등록부에 등록된 등록국채와 국채증권이 발행된 현물국채로 구분해 볼 수 있다.

나. 담보취득의 방법

(가) 등록국채의 경우

등록국채를 대상으로 하는 담보권설정은 설정당사자가 등록국채를 대상으로 질권설정계약 또는 양도담보계약을 체결하고 질권설정등록청구서 또는 권리이전등록청구서에 당사자 쌍방이 기명날인한 후 이를 한국은행에 제출하여 국채등록부에 질권설정등록 또는 권리이전등록을 하고 질권설정등록통지서 또는 권리이전등록통지서를 교부받는 방법으로 한다(국채령 17①, 국채규 23).

만일 등록국채를 대상으로 질권설정계약 또는 권리이전계약을 하고 그 질권설정 또는 권리이전 사실을 국채등록부에 등록하지 않으면 질권설정 또는 권리이전을 정부나 그 밖의 제3자에게 대항할 수 없는 불이익을 받게 된다(국채 9①). 이는 설정당사자 사이의 계약만으로는 당해 국채의 채무자인 정부나 그밖의 제3자가 이를 알 수 없는 것이므로 이들을 보호하기 위한 것이다.

㈏ 현물국채의 경우

무기명식 현물국채를 대상으로 하는 담보권설정은 설정당사자가 질권설정계약 또는 양도담보계약을 체결하고 담보권자가 담보권설정자로부터 당해 국채증권을 교부받아 점유하는 방법으로 하면 된다.

기명식 현물국채를 대상으로 하는 담보권설정은 설정당사자가 질권설정계약 또는 양도담보계약을 체결하고 담보권자가 담보권설정자로부터 당해 국채증권을 교부받아 점유하면 된다. 여기까지는 무기명식 현물국채의 경우와 다르지 않다. 다만 이 경우는 그 질권 설정 사실 또는 이전 사실을 을종국채등록부에 등록하지 아니하면 정부나 그 밖의 제3자에게 대항할 수 없다(국채 9①). 이는 기명식 현물국채가 발행되어 있고 또한 을종국채등록부에 채권자가 기재되어 있다는 점을 고려한 것으로 무기명식 국채의 경우와 다른 점이다.

그러나 현행 국채법상 현물국채는 전시·사변이나 이에 준하는 국가 비상사태 등의 경우가 아니면 발행하지 않으므로(국채 8①단) 실무에 있어서 현물국채를 담보로 취득하는 경우는 거의 없을 것으로 보인다.

4. 지방채·특수채·사채

(1) 담보로서의 지방채·특수채·사채

지방채란 지방자치단체가 공유재산의 조성 등 소관 재정투자사업과 그에 직접적으로 수반되는 경비의 충당 등에 필요한 자금을 타인으로부터 조달하기 위하여 지방재정법 등의 법률이 정하는 바에 따라 지방채증권(地方債證券)을 발행함으로써 부담하는 채무를 말한다. 특수채란 한국산업은행이나 중소기업은행 등 특별법에 따라 설립된 법인이 필요한 자금을 타인으로부터 조달하기 위하여 한국산업은행법, 중소기업은행 또는 한국토지주택공사 등 특별법이 정하는 바에 따라 산업금융채권, 중소기업은행채권, 공사채권 등 특수채권(特殊債券)을 발행함으로써 부담하는 채무를 말한다. 그리고 사채란 주식회사가 필요한 자금을 타인으로부터 조달하기 위하여 상법 등의 법률이 정하는 바에 따라 채권(債券)을 발행함으로써 부담하는 채무를 말한다.

지방채 · 특수채 · 사채는 유가증권으로서 무기명식 또는 기명식으로 발행한다 (지재 12①, 지재령 13①ix, 한산은 23①, 한산은령 12, 한토공 10⑤, 한토공령 16, 중기은 36의2, 중기은령 18, 상 478 등). 채권자는 증권을 기명식 또는 무기명식으로 한정한 경우를 제외하고는 기명식의 증권을 무기명식으로, 무기명식의 증권을 기명식으로 할 것을 당해 발행인에게 요구할 수 있다(지재령 20, 중기은령 18, 상 480 등).

지방자치단체가 지방채증권을 발행하는 때에는 지방채증권원부를 작성 · 비치하여야 한다(지재령 21). 또한 특별법에 따라 법인이 채권을 발행하는 경우에도 소정의 장부를 작성 · 비치하여야 한다. 즉 한국산업은행이 발행하는 산업금융채권의 경우는 산업금융채권원부(한산은령 20), 중소기업은행이 발행하는 중소기업은행채권의 경우는 중소기업금융채권원부(중기은령 26), 한국토지주택공사가 발행하는 공사채의 경우는 공사채원부(原簿)(한토공령 24)를 작성하여 주된 사무소에 비치하여야 한다. 그리고 상법상의 주식회사가 발행하는 사채권(社債券)의 경우는 사채원부를 작성하여 비치하여야 한다(상 488).

(2) 지방채 · 특수채 · 사채의 담보취득

지방채 · 특수채 · 사채는 주식 · 사채 등의 전자등록에 관한 법률에 따라 전자등록을 할 수 있으며(주사전등 2 i 다, 25), 그 등록절차와 효력은 주식의 경우와 같다. 따라서 담보권설정의 대상이 되는 지방채 · 특수채 · 사채는 크게 2가지 유형으로 분류해 볼 수 있다. 첫째는 주식 · 사채 등의 전자등록에 관한 법률에 따라 전자등록된 지방채 · 특수채 · 사채이고[32], 둘째는 증권 현물이 발행된 지방채 · 특수채 · 사채이다.

그런데 담보권설정의 대상이 되는 첫째 유형의 지방채 · 특수채 · 사채를 대상으로 하는 담보취득 앞에서 이미 설명한 전자등록된 주식에 있어서의 주식을 지방채 · 특수채 · 사채로 바꾸어 생각하면 된다. 따라서 이하에서는 둘째 유형인

32) 지방채 · 특수채 · 사채는 주식 · 사채 등의 전자등록에 관한 법률이 시행된 2019년 9월 16일 전까지는 공사채등록법(1970.1.1. 제정되어 2019.9.16. 주식 · 사채 등의 전자등록에 관한 법률이 시행됨으로써 동 일자로 폐지됨)에 따라 금융위원회에 등록된 공사채등록기관이 비치 · 관리하는 공사채등록부에 등록을 할 수 있었고, 이 등록공사채를 대상으로 하는 담보권설정은 설정당사자가 등록공사채를 대상으로 질권설정계약 또는 양도담보계약을 체결하고, 공사채등록기관에 질권설정등록 또는 이전등록을 청구하여 공사채등록부에 질권설정등록 또는 이전등록을 하는 방법으로 하였었다(공사등 4②, 공사등령 5).

증권 현물이 발행된 지방채 · 특수채 · 사채를 대상으로 하는 담보취득에 대해서만 설명하기로 한다.

증권 현물이 발행된 무기명식 지방채 · 특수채 · 사채 증권을 대상으로 하는 담보권설정은 설정당사자가 질권설정계약 또는 양도담보계약을 체결하고 담보권자가 담보권설정자로부터 당해 지방채 · 특수채 · 사채 증권을 교부받아 점유하는 방법으로 하면 된다.

증권 현물이 발행된 기명식 지방채 · 특수채 · 사채를 대상으로 하는 담보권설정은 설정당사자가 질권설정계약 또는 양도담보계약을 체결하고 담보권자가 담보권설정자로부터 당해 지방채 · 특수채 · 사채 증권을 교부받아 점유하는 방법으로 하면 된다. 여기까지는 증권 현물이 발행된 무기명식 지방채 · 특수채 · 사채의 경우와 다르지 않다. 다만 담보권자의 성명과 주소를 지방채증권원부, 산업금융채권원부, 공사채원부, 중소기업금융채권원부, 사채원부 등에 기재하고 그 성명을 채권에 기재하지 아니하면 채권의 발행자 기타 제3자에 대항하지 못한다(지재 12②, 상 479①, 한산은령 22, 23①, 한토공령 25, 중기은령 28, 29, 상 479① 등). 이는 기명식 지방채 · 특수채 · 사채 증권이 발행되어 있고 또한 지방채증권원부 등에 채권자가 기재되어 있다는 점을 고려한 것으로 무기명식 지방채 · 특수채 · 사채의 경우와 다른 점이다.

5. 어음 · 수표

(1) 담보로서의 어음 · 수표

어음이란 약속어음과 환어음을 통칭하는 개념이다. 약속어음이란 발행인이 증권 상에 기재되어 있는 수취인(지급을 받을 자)이나 그 수취인이 지시하는 자에게 일정한 금액을 일정한 날(만기) 지급할 것을 무조건으로 약속하는 유가증권이고(어음 75), 환어음이란 발행인이 증권 상에 기재되어 있는 수취인(지급을 받을 자)이나 그 수취인이 지시하는 자에게 일정한 금액을 일정한 날(만기) 지급하여 줄 것을 제3자(지급인)에게 무조건으로 위탁하는 유가증권이다(어음 1). 약속어음은 일반의 거래관계에서 발생하는 금전채무의 이행수단으로 주로 이용되고 있으며, 환어음은 격지자간의 거래관계에서 발생하는 금전채무를 결제하는 수단으로 주로 이용되고 있다. 이점에 있어서 어음은 신용증권으로서의 성질을 가진다.

수표란 발행인이 증권 상에 기재되어 있는 수취인(지급을 받을 자) 또는 증권의 소지인에게 일정한 금액을 지급하여 줄 것을 제3자(지급인)에게 무조건으로 위탁하는 유가증권이다(수표 1). 수표는 발행인이 수표상의 금액을 수취인(또는 소지인)에게 지급할 것을 제3자(지급인)에게 위탁하는 지급위탁증권이라는 점에 특징이 있으며, 발행인과 수취인(또는 소지인) 및 지급인의 3당사자 관계를 기본으로 하고 있다. 바로 이점에 있어서 수표는 환어음과 유사하고 약속어음과 구분된다. 그러나 어음이 발행인에게 만기까지의 신용을 주는 신용증권임에 대하여 수표는 만기라는 것이 없고 제시하면 언제나 지급하여야 하는 지급증권(즉 일람출급증권)이라는 점에서 환어음과도 구분된다. 또한 수표의 지급인은 은행만이 될 수 있다는 점에서(수표 3) 그러한 제한이 없는 환어음과 구분된다.

담보취득의 대상이 되는 어음에는 (1) 현물로 발행되어 유통되고 있는 종이어음과 (2) 전자어음의 발행 및 유통에 관한 법률에 따라 발행된 전자어음 (3) 자본시장과 금융투자업에 관한 법률에 따라 한국예탁결제원에 예탁된 종이어음(자시금투령 310, 금융투자업규정 8-2, 4-15① i)의 3가지 유형이 있다. 이들 어음 중 (3)의 한국예탁결제원에 예탁된 종이어음에 대하여는 본장 제3 한국예탁결제원에 예탁된 증권등에서 설명한 바 있다. 따라서 이하에서는 먼저 (1) 현물로 발행되어 유통되고 있는 종이어음과 종이수표 (2) 전자어음의 담보취득에 대하여 설명하고, 아울러 모든 어음·수표에 공통적으로 적용되는 어음·수표의 담보로서의 효용성에 대하여 알아보기로 한다.

(2) 종이 어음·수표의 담보취득

채권자가 현물로 발행된 종이 어음 또는 수표를 담보로 제공받는 형태로는 두 가지가 있다. 하나는 채권자가 직접 채무자로부터 어음 또는 수표를 발행받는 경우이고, 다른 하나는 채무자가 다른 제3자로부터 발행 또는 배서 받은 어음 또는 수표를 채무자로부터 질권설정배서 또는 양도배서 받는 경우이다.

배서는 피배서인을 명시하고 배서문구를 기재한 후 배서인이 기명날인하는 방식으로 하는 것이 원칙이며, 그 장소는 어음의 경우는 어음의 앞면과 뒷면 및 보충지와 등본 상에 할 수 있고, 수표의 경우는 수표의 앞면과 뒷면 및 보충지에 할 수 있다. 그리고 배서할 때에 배서문언 이외에 아무런 기재가 없으면 양도배서가 되고, 그 이외에 「담보하기 위하여」라든가 「입질목적으로」 등의 문구를 기재하면 질권설정배서가 된다.

(3) 전자어음의 담보취득

가. 담보로서의 전자어음

전자어음이란 전자문서로 작성되고 전자어음의 발행 및 유통에 관한 법률에 따라 전자어음관리기관인 금융결제원에 등록된 약속어음을 말한다(전어 2ii, 5①). 그리고 전자문서란 전자문서 및 전자거래기본법에 따라 정보처리시스템에 의하여 전자적 형태로 작성, 송신·수신 또는 저장된 정보를 말하고(전어 2i, 전문거기 2i), 정보처리시스템이란 전자문서의 작성·변환, 송신·수신 또는 저장을 위하여 이용되는 정보처리능력을 가진 전자적 장치 또는 체계를 말한다(전문거기 2ii).

전자어음이 종래부터 이용되어 오던 종이어음과 구별되는 특징은 ① 약속어음에 한하여 인정되는 점(전어 1) ② 약속어음의 발행·배서·보증 등의 어음행위가 모두 전자적 방식으로 이루어지는 점(전어 1, 6③, 7③, 8②, 9, 12, 13). ③ 전자어음을 발행과 수취·배서·보증 등의 이용을 하려는 자는 전자어음의 관리기관인 금융결제원에 전자어음의 이용자등록으로서 발행인등록과 수취인등록을 하여야 하는 점(전어 ii,vii, 5①, 전어약 7~9) ④ 주식회사의 외부감사에 관한 법률 제2조에 따른 외부감사대상 주식회사 및 직전 사업연도 말의 자산총액이 5억 원 이상인 법인사업자는 약속어음을 발행할 경우 반드시 종이어음이 아닌 전자어음을 발행하여야 하는 점(전어 6의2, 전어령 8의2). ⑤ 백지어음 형식의 전자어음발행이 금지되는 점(전어 6⑥) ⑥ 전자어음의 발행시 반드시 지급을 청구할 금융기관으로 은행법에 따른 은행 및 은행법 제32조에 따른 당좌예금을 취급하는 은행을 기재하여야 하는 점(전어 6①ii, 2vi, 전어령 2) ⑦ 만기가 발행일로부터 일정기간을 초과할 수 없는 점(전어 6⑤, 부칙) ⑧ 총 배서횟수가 20회를 초과할 수 없도록 되어 있는 점(전어 7⑤) ⑨ 전자어음을 발행받아 최초로 배서하는 자에 한하여 총 5회 미만으로 어음금을 분할하여 그 일부에 관하여 각각 배서할 수 있도록 되어 있는 점(전어 7의2①) ⑩ 종이어음에 적용되는 상환증권성과 어음대금의 일부지급 유효에 관한 규정(어음 39①~③)의 적용이 배제되어 있는 점(전어 11) ⑪소지인이 만기에 별도의 지급제시를 하지 않더라도 관리기관이 운영하는 정보처리조직에 의하여 전자어음의 만기일 이전에 자동으로 지급제시 되도록 하고 있는 점(전어 9①단, 전어세 24①) 등이다.

전자어음의 이용에 따른 이점으로는 이용자의 입장에서는 ① 어음분실이나 위·변조를 방지할 수 있다는 점 ② 발행 등의 어음행위가 편리하고 조회가 용이하다는 점 ③ 어음의 보관·관리 및 유통·교환비용을 절감할 수 있다는 점 ④ 법정기간(예컨대 하도급거래 공정화에 관한 법률 제13조 제5항에서 규정하는 어음의 만기 등)초과어음을 근절할 수 있다는 점 등을 들 수 있고, 기업의 입장에서는 ① 실물어음의 발행·유통·관리비용 및 인력을 절감할 수 있다는 점 ② 편리한 자금조달 수단으로 활용 가능하다는 점 ③ 전자상거래에 적합한 지급결제수단을 확보할 수 있다는 점 ④ 기업회계의 투명성을 제고할 수 있다는 점 등을 들 수 있다.

나. 전자어음거래를 위한 제도적 장치

㈎ 전자어음관리기관

전자어음을 이용할 수 있게 하려면 전자문서에 해당하는 전자어음의 작성, 송신·수신 또는 저장을 위하여 이용되는 정보처리능력을 가진 전자적 장치 또는 제계인 정보처리시스템을 구비하고 이를 관리하는 전자어음관리기관이 있어야 한다.

전자어음관리기관은 ① 전자어음을 관리하는 시스템의 구축 및 운영 ② 전자어음의 발행, 유통, 결제 및 부도 등록관리 ③ 기타 전자어음법령에서 정하는 관리기관의 역할 등의 업무를 수행한다(전어세 4①). 전자어음관리기관은 법무부장관이 지정하도록 되어 있으며(전어 3①), 현재 금융결제원이 전자어음관리기관으로 지정되어 있다.

㈏ 참가은행

참가은행이란 전자어음의 발행 및 유통에 관한 법률, 동 시행령 및 동 시행규칙(줄여서 전자어음법령이라 한다)에 의거 전자적으로 약속어음을 발행·유통하고 어음상의 권리를 행사할 수 있도록 하는 업무인 전자어음업무에 참가하는 기관을 말한다(전어규 1, 2). 전자어음업무에 참가할 수 있는 기관은 금융결제원 정관에 의한 사원, 준사원 및 특별참가기관이다(전어규 3).

전자어음업무를 수행함에 있어 참가은행의 역할은 ① 전자어음 이용자와의 약정 체결 및 관리기관 앞 전송 ② 전자어음서비스 제공 및 전자어음행위 정보의 관리기관 앞 전송 ③ 지급제시된 전자어음의 지급, 부도 처리 및 관리기관 앞 전송 ④ 기타 전자어음법령에서 정하는 금융기관의 역할 등이다(전어세 4②).

(다) 이용자

전자어음의 이용자란 전자어음거래를 위하여 전자어음관리기관에 등록하고 전자어음관리기관의 시스템을 이용하여 전자어음거래를 하는 자를 말한다(전어 2vii). 따라서 전자어음의 발행 · 수취 · 배서 등 전자어음거래를 하려는 자는 먼저 금융결제원에 전자어음 이용자로 등록하여야 한다.

전자어음 이용자는 발행인과 수취인으로 구분된다(전어령 5, 6). 발행인은 은행에 당좌계좌를 보유한 법인 및 개인사업자만이 될 수 있고 금융결제원에 발행인 등록을 함으로써 발행 · 수취 · 보증 · 배서 등의 어음행위를 할 수 있다. 수취인은 법인 · 개인사업자 · 개인 누구든 될 수 있으며 금융결제원에 수취인 등록을 함으로써 수취 · 보증 · 배서 등의 어음행위를 할 수 있다.

전자어음의 이용자등록은 ① 이용자와 참가은행 사이의 전자어음이용약정 체결(전어세 12)과 ② 참가은행의 금융결제원에 대한 전자어음이용약정 등록에 의하여 이루어진다(전어세 13①②, 전어약 6①③). 전자어음 이용약정 등록 시간은 은행 영업일 08:00부터 22:00까지이다(전어세 13③). 이용자는 언제든지 거래은행을 통하여 이용자에서 탈퇴할 수 있으며, 즉시 탈퇴 처리됨을 원칙으로 한다(전어약 7③).

(라) 전자어음에 대한 규율

전자어음은 전자문서로 작성되어 발행 · 유통 · 행사 및 결제되는 기업 간 결제수단이라는 점에서 종이어음과 다르므로 그 다른 점에 관하여 적용할 특별한 법령 등이 필요하다. 전자어음에 적용할 특별한 법령으로는 전자어음의 발행 및 유통에 관한 법률과 동 시행령 및 시행규칙이 있다. 그밖에 전자어음에 관하여는 전자어음관리기관인 금융결제원에서 정한 전자어음업무규약과 동 시행세칙 및 전자어음이용약관이 적용된다.

그러나 전자어음도 어음의 일종이므로 전자어음에 특수한 사항 이외에는 어음에 관한 일반법인 어음법이 적용되고(전어 4), 그밖에 금융결제원의 어음교환기구인 어음교환소가 정한 어음교환업무규약과 동 시행세칙 및 전자어음 이용자와 거래은행 사이의 약정·약관이 적용된다(전어약 1).

다. 담보취득의 방법

㈎ 담보취득의 2가지 유형

채권자가 전자어음을 담보로 제공받는 형태로는 두 가지가 있다. 하나는 채권자가 직접 채무자로부터 전자어음을 발행 받는 경우이고, 다른 하나는 채무자가 다른 제3자로부터 발행 또는 배서 받은 전자어음을 채무자로부터 질권설정배서 또는 양도배서 받는 경우이다.

㈏ 채무자로부터 발행받는 방법

전자어음의 발행은 거래은행 인터넷뱅킹시스템상의 전자어음 어음발행 화면에서 ① 어음요건과 수취인정보 및 부가요건을 입력하고 「회원여부 확인」키를 클릭, 회원여부를 확인하고서 「승인요청 및 발행」키를 클릭한 후 ② 보안코드를 입력하고 「발행」키를 클릭하여 공인인증서 암호 화면이 나오면 그 암호를 입력하고 「확인」키를 클릭하는 방법으로 한다.

전자어음의 발행이 있으면 발행인의 거래은행은 발행인이 공인전자서명한 전자어음발행 요청내역을 금융결제원으로 전송한다(전어세 16①). 발행인의 거래은행으로부터 전송 받은 금융결제원은 발행인의 거래정지여부를 확인하고 계좌번호 등 수취인 정보를 수취인의 거래은행으로부터 확인하여 발행내역을 전자어음원장에 등록하고 등록결과를 발행인의 거래은행과 수취인의 거래은행으로 전송한다(전어세 16②). 금융결제원으로부터 전송받은 수취인의 거래은행은 금융결제원으로부터 전송 받은 발행내역을 은행 홈페이지에 게시하여 수취인이 조회할 수 있도록 한다(전어세 16③).

(다) 채무자로부터 질권설정배서 또는 양도배서 받는 방법

전자어음의 배서는 거래은행 인터넷뱅킹 시스템상의 전자어음·받을어음·조회 및 상세조회 화면에서 ① 배서할 어음을 선택하여 ② 피배서인을 입력하고 「회원여부 확인」키를 클릭, 회원여부 확인한 후 부가요건을 입력하고 「신청」키를 클릭하여 ③ 보안코드를 입력하고 「배서」키를 클릭, 공인인증서 암호 화면이 나오면 그 암호를 입력하고 「확인」키를 클릭하는 방법으로 한다.

배서인의 거래은행은 배서인이 공인전자서명한 전자어음 배서 요청내역을 금융결제원으로 전송한다(전어세 18①). 배서인의 거래은행으로부터 전송 받은 금융결제원은 계좌번호 등 피배서인 정보를 피배서인의 거래은행으로부터 확인하여 배서내역을 전자어음원장에 등록하고 등록결과를 배서인의 거래은행과 피배서인의 거래은행으로 전송한다(전어세 18②). 피배서인의 거래은행은 금융결제원으로부터 전송 받은 배서내역을 은행 홈페이지에 게시하여 피배서인이 조회할 수 있도록 한다(전어세 18③).

그리고 위의 경우 배서의 내용에 「담보하기 위하여」나 「입질(入質)하기 위하여」 또는 「그 밖에 질권(質權) 설정을 표시하는 문구」가 있으면 그 피배서인은 질권자가 되고, 그러한 문구 없는 단순배서이면 양도배서가 되어 그 피배서인은 양도담보권자가 된다(전어 4, 어음 19①, 77 i).

(4) 어음·수표의 담보로서의 효용성

가. 어음·수표의 담보적 기능

채권자가 직접 채무자로부터 어음 또는 수표를 발행받는 경우는 채권자가 채무자에 대하여 금전소비대차상의 채권 또는 지급보증에 다른 구상채권 등의 원인관계 채권 이외에, 어음법 또는 수표법에서 규정하는 어음채권 또는 수표채권을 가진다는 데에 그 의미가 있다.

한편 채무자가 다른 제3자로부터 발행 또는 배서 받은 어음 또는 수표를 채무자로부터 질권설정배서 또는 양도배서 받는 경우는, 채무자 이외에 어음 또는 수표의 발행인·배서인 등에 대하여도 어음채권 또는 수표채권을 가짐으로써 이들이 채권자에게 인적담보의 역할을 하는 점에 그 의의가 있다.

그리고 어음 또는 수표 채권자는 다른 일반채권자보다 그 채권의 행사에 있어서, 다음과 같은 이점을 기대할 수 있다는 점에서 간접적으로 채권담보의 기능을 수행하기도 한다.

나. 어음 · 수표의 담보취득에 따른 이점

㈎ 권리양도의 간편성

일반의 지명채권을 양도하려면 당사자 사이의 채권양도계약 외에 민법 제450조에서 규정하는 지명채권양도의 대항요건을 갖추어야 함에 대하여, 어음 또는 수표채권의 양도는 어음 또는 수표에 배서하여 교부하거나 또는 단순히 어음 또는 수표를 교부함으로써 할 수 있어 그 양도방법이 간편하다.

㈏ 채권의 강제집행상의 이점

㈀ 채무이행청구소송상

채무자의 재산에 대한 강제집행의 전제로서 집행권원을 획득하기 위하여 금전채권의 이행청구소송을 제기하는 경우에 담당재판부는 청구금액이 5억원 이하이면 지방법원 및 지방법원지원 단독부, 5억원을 초과하면 지방법원 및 지방법원지원 합의부가 되는 것이 기본이다(법조 7④, 32①ⅱ, 민사소송의 사물관할에 관한 규칙 2본).

다만, 5억원을 초과하더라도 ①은행 · 농업협동조합 · 수산업협동조합 · 축산업협동조합 · 산림조합 · 신용협동조합 · 신용보증기금 · 기술신용보증기금 · 지역신용보증재단 · 새마을금고 · 상호저축은행 · 종합금융회사 · 시설대여회사 · 보험회사 · 신탁회사 · 증권회사 · 신용카드회사 · 할부금융회사 또는 신기술사업금융회사가 원고인 대여금 · 구상금 · 보증금 청구사건이거나 ②단독판사가 심판할 것으로 합의부가 결정한 사건은 지방법원 및 지방법원지원 단독부가 담당재판부가 된다(법조 7④, 32①ⅱ, 민사소송의 사물관할에 관한 규칙 2단ⅱ,ⅳ).

이에 대하여 어음 또는 수표채권의 이행청구소송을 제기하는 경우에는 청구금액에 관계없이 제1심법원의 담당재판부가 지방법원 및 지방법원지원 단독부가 되어 신속하고 경제적인 소송절차의 완결을 기대할 수 있다(법조 7④, 32①ⅱ, 민사소송의 사물관할에 관한 규칙 2단ⅰ).

(ㄴ) 가집행선고절차상

반드시 재판이 확정되어야만 강제집행을 할 수 있는 것으로 하면 채무자가 강제집행을 당하는 것을 늦추기 위하여 상소권을 남용하는 문제가 발생하게 된다. 그래서 민사집행법은 재판이 확정되기 전에도 채권자가 강제집행을 할 수 있는 가집행선고제도를 마련하여, 모든 재산권의 청구에 관한 판결에는 상당한 이유가 없는 한 당사자의 신청유무를 불문하고, 법원이 직권으로 가집행선고를 붙여주도록 하고 있으며 여기까지는 일반 금전채권이나 어음 또는 수표채권 사이에 차이가 없다.

그러나 일반 금전채권의 청구에 관한 판결에는 가집행담보금을 제공하게 하고 가집행의 선고를 할 수 있음에 대하여(민소 213①본), 어음금 또는 수표금의 청구에 관한 판결에는 담보를 제공하게 하지 아니하고 가집행의 선고를 하여야 한다(민소 213①단). 따라서 어음금 또는 수표금 채권을 가진 자는 판결의 확정전에 가집행담보금의 제공 없이 채무자의 재산에 강제집행을 할 수 있다.

(ㄷ) 부도제재에 따른 이점

담보로서 은행을 지급담당자로 하여 발행한 어음(이른바 당좌어음 또는 은행도어음)이나 은행을 지급인으로 하여 발행한 수표(이른바 당좌수표)를 받은 경우, 그 어음 또는 수표가 부도되면 발행인은 어음교환업무규약시행세칙에서 정하는 바에 따라 어음교환소로부터 당좌거래의 정지처분을 받게 된다(동 세칙 89). 또한 어음교환소로부터 거래정지처분을 받은 자는, 신용정보관리규약에 의하여 어음·수표부도거래처로 등록되어(동 규약 5① 별표 1 신용정보관리기준 7) 부도정보 참조), 금융회사로부터 신용공여를 받는데 막대한 지장을 초래하게 된다. 따라서 당좌어음이나 당좌수표를 소지한 채권자는 채무자의 임의이행시 그렇지 않은 다른 일반채권자보다 먼저 변제받을 수 있는 기대를 가질 수 있다.

(ㄹ) 부정수표단속법상의 형사처벌에 따른 이점

당좌수표가 부도되면 그 발행인은 상기 부도제재 이외에도 부정수표단속법에 의하여 5년 이하의 징역이나 수표금액의 10배 이하에 해당하는 벌금형을 받게 되므로, 당좌수표를 소지한 채권자는 채무자의 임의이행시 다른 일반채권자나 어음채권자보다 먼저 변제받을 수 있는 기대를 가질 수 있다.

6. 유가증권담보의 대상여부가 문제되는 것

(1) 예금증서

은행 등이 거래처에 대하여 교부하는 예금증서는 예금채권의 존부와 내용에 관한 증거증권 내지 그 소지인에 대한 예금지급으로 면책효력이 발생하는 면책증권으로서의 성질을 가질 뿐 유가증권이 아닌 것이 원칙이다. 따라서 예금증서는 원칙적으로 유가증권 담보의 대상이 아니다.

그러나 무기명식으로 발행되는 양도성예금증서는 예금채권을 증권에 표창하여 동 예금채권의 이전 및 행사에 증권의 소지를 요하도록 하고 있으므로 무기명식 유가증권에 해당하여 유가증권 담보의 대상이 된다. 다만 예금은행에서 거래용인감 등의 신고를 받아 예금주를 특정하되 예금증서상 예금주의 성명만을 공란으로 하는 것은 무기명식으로 발행되는 양도성예금증서가 아니라는 점 주의를 요한다.

(2) 상품권

특정인(발행인 또는 발행인과 가맹계약을 맺은 자)으로부터 일정한 수량의 물품 또는 일정한 내용의 용역을 제공받을 수 있는 청구권을 화체하여 발행한 증권을 상품권이라고 한다.

상품권상에 기재된 청구권의 이전은 상품권에 의하여 하여야 하고, 상품권상의 채무자(발행인 또는 발행인과 가맹계약을 맺은 자)는 상품권이 소지인에 대하여 상품권과 교환으로 채무를 이행하게 되어 있다는 점에서 상품권은 유가증권에 해당한다.

상품권도 기명식과 지시식 및 무기명식으로 발행할 수 있으며, 이 중 기명식으로 발행한 것은 유가증권 담보의 대상이 되지 않으나, 지시식과 무기명식으로 발행한 것은 유가증권 담보의 대상이 된다.

(3) 승차권(승선권)

승차권(승선권)이 유가증권인지의 여부에 대하여는, 승차권제도가 집단적인 운송관계를 처리하기 위한 기술적 제도로서 유통을 목적으로 하는 것이 아니라는 이유로 유가증권성을 부인하는 견해도 있으나, 통설은 유가증권의 목적이 언제나 원활한 유통에만 있는 것이 아니라는 이유로 운송청구권을 표창하는 유가증권으로서의 성질을 긍정하고 있다.

승차권(승선권)도 기명식과 지시식 및 무기명식으로 발행할 수 있으며, 이 중 기명식으로 발행한 것은 유가증권 담보의 대상이 되지 않으나, 지시식과 무기명식으로 발행한 것은 유가증권 담보의 대상이 된다. 그러나 실제로 승차권을 담보로 하는 경우는 많지 않을 것이다.

(4) 보험증권

보험증권이란 보험계약이 성립한 후에 그 보험계약의 내용을 증명하기 위하여 보험자가 보험계약자에게 발행하는 증권을 말한다. 보험증권 중 인보험증권은 보험계약의 성질상 유통을 위하여 지시식이나 무기명식으로 발행할 수가 없고 또한 그러한 형식으로 발행하였다 하더라도 유가증권이 아닌 증거증권으로 보아야 한다는 것이 통설이다. 따라서 인보험증권은 유가증권 담보의 대상이 아니다. 또한 물건보험증권도 기명식으로 발행된 것은 유가증권 담보의 대상이 될 수 없다.

이에 대하여 화물상환증 · 선하증권 · 창고증권에 부수하여 지시식 또는 무기명식으로 발행된 물건보험증권은 보험금청구권을 표창한 유가증권으로서 유가증권 담보의 대상이 된다.

(5) 선불카드

선불카드란 신용카드업자가 대금을 미리 받고 이에 상당하는 금액을 기록(전자 또는 자기적 방법에 의한 기록을 말한다)하여 발행한 증표로서 선불카드소지자의 제시에 따라 신용카드가맹점이 그 기록된 금액의 범위내에서 물품 또는 용역을 제공할 수 있게 한 증표를 말한다(여금 2viii). 공중전화카드가 그 대표적인 예에 속한다.

선불카드의 유가증권성 여부에 대하여는 긍정하는 것이 일반적인 견해이다.

그리고 선불카드도 기명식과 지시식 및 무기명식으로 발행할 수 있으나 무기명식으로 발행하는 것이 보통이며, 지시식과 무기명식으로 발행된 선불카드는 유가증권 담보의 대상이 된다.

(6) 신용카드 · 직불카드

신용카드란 이를 제시함으로써 반복하여 신용카드가맹점에서 물품의 구입 또는 용역의 제공을 받을 수 있는 증표로서 여신전문금융업법 제3조제1항의 규정에 의하여 신용카드업의 허가를 받은 자가 발행한 것을 말하고(여금 2iii), 직불카드란 직불카드회원과 신용카드가맹점간에 전자 또는 자기적 방법에 의하여 금융거래계좌에 이체하는 등의 방법으로 물품 또는 용역의 제공과 그 대가의 지급을 동시에 이행할 수 있도록 신용카드업자가 발행한 증표를 말한다(여금 2vi).

신용카드는 권리 또는 재산권을 표창하는 증권이 아니라 단지 회원자격을 증명하는 증거증권에 지나지 않는다는 것이 통설이다. 따라서 신용카드는 유가증권의 담보의 대상이 아니다. 직불카드도 신용카드에 준한다.

제 6 장
지식재산권 등 담보

제 1 지식재산권 담보

1. 의의

지식재산권이란 법령 또는 조약 등에 따라 인정되거나 보호되는 지식재산에 관한 권리를 말한다(지재기 3iii). 그리고 지식재산이란 인간의 창조적 활동 또는 경험 등에 의하여 창출되거나 발견된 지식 · 정보 · 기술, 사상이나 감정의 표현, 영업이나 물건의 표시, 생물의 품종이나 유전자원(遺傳資源), 그 밖에 무형적인 것으로서 재산적 가치가 실현될 수 있는 것을 말한다(지재기 3 i).

종래 유체물에 대한 배타적 지배권인 물권을 유체재산권이라 함에 대하여, 인간의 지적활동의 성과로 얻어진 정신적 · 무형적 재화에 대한 배타적 지배권을 무체재산권이라 칭하였다. 그런데 근래에는 무체재산권이라는 용어 대신에 지적재산권 또는 지식재산권이라는 용어를 혼용하여 왔으며, 2011.5.19. 제정되어 2011.7.20.부터 시행된 지식재산기본법에서는 지식재산권이라는 용어로 통일하여 사용하도록 법정하기에 이르렀다.

지식재산권을 유형별로 분류해보면 학문이나 예술에 관한 정신적 창작물을 대상으로 하는 것과, 산업이나 영업에 관한 기술적 창작물을 대상으로 하는 것의 두 가지로 대별해 볼 수 있으며, 보통 전자를 저작권이라 하고 후자를 공업소유권 또는 산업재산권이라 부른다. 지식재산권 중 현행법상 담보의 대상으로 할 수 있는 것으로는, 산업재산권에 속하는 것으로서 특허권 · 실용신안권 · 디자인권 · 상표권 · 서비스표권 및 반도체집적회로의 배치설계권을 들 수 있고, 저작권에 속하는 것으로서 저작권 · 출판권 · 저작인접권 · 데이터베이스제작자의 권리 · 영상제작자의 권리 · 컴퓨터프로그램저작권 및 컴퓨터프로그램 배타적발행권을 들 수 있다.

2. 산업재산권

(1) 담보의 대상목적물

가. 특허권

(가) 의의

특허권이란 특허발명을 일정기간 동안 독점하여 실시할 수 있는 권리를 말한다(특허 88, 94). 특허발명이란 특허를 받은 발명을 말하고(특허 2ii), 발명이란 자연법칙을 이용한 기술적 사상의 창작으로서 고도한 것을 말한다(특허 2 i).

특허를 받을 수 있는 발명은 산업상 이용할 수 있는 발명으로서 특허법 제29조 내지 제32조의 요건을 충족하는 것이어야 한다. 특허권은 특허법에서 정하는 소정의 절차를 거쳐 특허청에 비치된 특허원부에 설정등록을 함으로써 발생하게 된다(특허 87).

특허권의 존속기간은 특허권을 설정등록한 날부터 특허출원일 후 20년이 되는 날까지로 한다(특허 88①). 다만, 정당한 권리자의 특허출원이 특허법 제34조 또는 제35조에 따라 특허된 경우에는 위 특허권의 존속기간은 무권리자의 특허출원일의 다음 날부터 기산한다(특허 88②). 그리고 특허발명을 실시하기 위하여 다른 법령에 따라 허가를 받거나 등록 등을 하여야 하고, 그 허가 또는 등록 등(이하 "허가등"이라 한다)을 위하여 필요한 유효성·안전성 등의 시험으로 인하여 장기간이 소요되는 대통령령으로 정하는 발명인 경우에는 그 실시할 수 없었던 기간에 대하여 5년의 기간까지 그 특허권의 존속기간을 한 차례만 연장할 수 있다(특허 89①). 이 경우 허가등을 받은 자에게 책임 있는 사유로 소요된 기간은 제1항의 "실시할 수 없었던 기간"에 포함되지 아니한다(특허 89②).

특허권자는 그 발명특허(특허를 받은 발명을 말한다 : 특허 2ii)를 스스로 실시하여 수익할 수 있음은 물론 타인으로 하여금 실시하게 하고 사용료를 받을 수도 있다. 발명특허를 실시한다는 것은 ① 물건의 발명인 경우에는 그 물건을 생산·사용·양도·대여 또는 수입하거나 그 물건의 양도 또는 대여의 청약(양도 또는 대여를 위한 전시를 포함한다)을 하는 행위를 말하고 ② 방법의 발명인 경우에는 그 방법을 사용하는 행위를 말하며 ③ 물건을 생산하는 방법의 발명인 경우에는 ②의 행위 외에 그 방법에 의하여 생산한 물건을 사용·양도·대여 또는 수입하거나 그 물건의 양도 또는 대여의 청약을 하는 행위를 말한다(특허 2iii).

타인으로 하여금 실시하게 하는 방법으로는 전용실시권을 설정하는 경우(특허 100)와 통상실시권을 설정하는 경우(특허 102)의 2가지가 있다. 전용실시권이란 타인의 특허권을 독점적으로 사용할 수 있는 권리를 말한다. 따라서 특허권에 관하여 전용실시권을 설정하였을 때에는 특허법 제100조제2항에 따라 전용실시권자가 그 특허발명을 실시할 권리를 독점하는 범위에서 특허권자의 특허실시권이 제한된다(특허 94①단서). 이에 대하여 통상실시권이란 타인의 특허권을 특허권자나 특허권의 전용실시권자의 허락이나 법률의 규정 또는 설정행위 등에 의하여 정하여진 시간적·장소적·내용적 제약의 범위 안에서 사용할 수 있는 권리를 말한다(특허 102②).

(나) 유형

(ㄱ) 특허권

특허원부에 등록된 특허권은 양도·상속 등 그 권리를 타인에게 이전할 수 있다(특허 99①, 101①iii). 다만 특허권이 공유인 경우에는 각 공유자는 다른 공유자 모두의 동의를 받아야만 그 지분을 양도하거나 그 지분을 목적으로 하는 질권을 설정할 수 있다(특허 99②).

특허등록 전의 특허를 받을 수 있는 권리는 양도·상속 등 타인에게 이전할 수 있으나(특허 37①), 질권의 목적으로 할 수는 없다(특허 37②). 그리고 특허를 받을 수 있는 권리가 공유인 경우에는 각 공유자는 다른 공유자 모두의 동의를 받아야만 그 지분을 양도할 수 있다(특허 37③).

판례6-1

특허권의 지분에 대한 질권설정 가능여부

특허권을 공유하는 경우에 각 공유자는 다른 공유자의 동의를 얻지 아니하면 그 지분을 양도하거나 그 지분을 목적으로 하는 질권을 설정할 수 없고, 그 특허권에 대하여 전용실시권을 설정하거나 통상실시권을 허락할 수 없는 등 특허권의 공유관계는 합유에 준하는 성질을 가진다(대판 1999.3.26. 97다41295).

(ㄴ) 특허권의 전용실시권

특허권자는 그 특허권에 대하여 타인에게 전용실시권을 설정할 수 있다(특허 100①). 다만 특허권이 공유인 경우에는 각 공유자는 다른 공유자 모두의 동의를 받아야만 그 특허권에 대하여 전용실시권을 설정하거나 통상실시권을 허락할 수 있다(특허 99④).

특허권의 전용실시권은 당사자 사이의 설정행위와 특허원부에의 등록이 있어야 효력을 발생한다(특허 101①ii). 전용실시권을 설정 받은 전용실시권자는 그 설정행위로 정한 범위에서 그 특허발명을 업으로서 실시할 권리를 독점한다(특허 100②).

특허권의 전용실시권자는 ① 전용실시권을 실시사업(實施事業)과 함께 이전하는 경우 ② 상속이나 그 밖의 일반승계의 경우를 제외하고는 특허권자의 동의를 받아야만 전용실시권을 이전할 수 있다(특허 100③).

특허권의 전용실시권자는 특허권자의 동의를 받아야만 그 전용실시권을 목적으로 하는 질권을 설정할 수 있다(특허 100④). 특허권의 전용실시권이 공유인 경우에는 각 공유자는 특허권자 및 다른 공유자 모두의 동의를 받아야만 그 지분을 양도하거나 그 지분을 목적으로 하는 질권을 설정할 수 있다(특허 100⑤, 99②).

(ㄷ) 특허권의 통상실시권

특허권자는 그 특허권에 대하여 타인에게 통상실시권을 허락할 수 있다(특허 102①). 또한 특허권의 전용실시권자도 특허권자의 동의를 얻으면 통상실시권을 허락할 수 있다(특허 100④). 다만 특허권이나 특허권의 전용실시권이 공유인 경우에는 각 공유자는 다른 공유자 모두의 동의를 받아야만 그 특허권의 통상실시권을 허락할 수 있다(특허 100⑤, 99④). 특허권의 통상실시권자는 특허법에 따라 또는 설정행위로 정한 범위에서 특허발명을 업으로서 실시할 수 있는 권리를 가진다(특허 102②).

특허권의 통상실시권을 특허원부에 등록한 경우에는 그 등록 후에 특허권 또는 전용실시권을 취득한 자에 대해서도 그 효력이 발생한다(특허 118①). 즉 특허권의 통상실시권은 전용실시권과는 달리 특허원부에의 등록 없이 당사자 사이의 설정행위만으로 그 효력이 발생하지만, 등록을 하지 않으면 이후 특허권 또는 전용실시권을 취득하여 등록한 자에게 그 효력을 주장할 수 없게 된다.

특허청장의 재정(특허 107)에 따른 통상실시권은 실시사업과 함께 이전하는 경우에만 이전할 수 있고(특허 102③), 특허심판원의 심판에 의한 통상실시권(특허 138)은 그 통상실시권자의 해당 특허권과 함께 이전되고 해당 특허권이 소멸되면 함께 소멸된다(특허 102④).

특허청장의 재정에 따른 통상실시권과 특허심판원의 심판에 의한 통상실시권 외의 특허권의 통상실시권은 실시사업과 함께 이전하는 경우 또는 상속이나 그 밖의 일반승계의 경우를 제외하고는 특허권자(전용실시권에 관한 통상실시권의 경우에는 특허권자 및 전용실시권자)의 동의를 받아야만 이전할 수 있다(특허 102⑤).

특허청장의 재정에 따른 통상실시권과 특허심판원의 심판에 의한 통상실시권 외의 특허권의 통상실시권은 특허권자(전용실시권에 관한 통상실시권의 경우에는 특허권자 및 전용실시권자)의 동의를 받아야만 그 통상실시권을 목적으로 하는 질권을 설정할 수 있다(특허 102⑥). 그리고 통상실시권이 공유인 경우에는 각 공유자는 특허권자(전용실시권에 관한 통상실시권의 경우에는 특허권자 및 전용실시권자) 및 다른 공유자 모두의 동의를 받아야만 그 지분을 양도하거나 그 지분을 목적으로 하는 질권을 설정할 수 있다(특허 102⑦, 99②).

나. 실용신안권

(가) 의의

실용신안권이란 등록실용신안을 일정기간 동안 독점하여 실시할 수 있는 권리를 말한다(실용 22, 23). 등록실용신안이란 실용신안등록을 받은 고안을 말하고(실용 2ii), 고안이란 자연법칙을 이용한 기술적 사상의 창작을 말한다(실용 2 i).

실용신안등록을 받을 수 있는 고안은 산업상 이용할 수 있는 물품의 형상·구조 또는 조합에 관한 고안으로서 실용신안법 제4조 내지 제6조에서 규정하는 요건을 충족하는 것이어야 한다. 실용신안권은 실용신안법에서 정하는 소정의 절차를 거쳐 특허청에 비치된 실용신안등록원부에 설정등록을 함으로써 발생한다(실용 21①).

실용신안권의 존속기간은 실용신안권을 설정등록한 날부터 실용신안등록출원일 후 10년이 되는 날까지로 한다(실용 22①). 다만, 정당한 권리자의 실용신안등록출원이 실용신안법 제11조에 따라 준용되는 특허법 제34조 또는 제35조에 따라 실용신안등록된 경우에는 위 실용신안권의 존속기간은 무권리자의 실용신안등록 출원일의 다음 날부터 기산한다(실용 22②). 그리고 실용신안등록출원에 대하여 실용신안등록출원일부터 4년 또는 출원심사의 청구일부터 3년 중 늦은 날보다 지연되어 실용신안권의 설정등록이 이루어지는 경우에는 그 지연된 기간만큼 해당 실용신안권의 존속기간을 연장할 수 있다(실용 22의2①).

실용신안권자는 등록실용신안을 스스로 실시하여 수익할 수 있음은 물론이고 타인으로 하여금 실시하게 하고 사용료를 받을 수도 있다. 등록실용신안을 실시한다는 것은 고안에 관한 물품을 생산·사용·양도·대여 또는 수입하거나 그 물품의 양도 또는 대여의 청약(양도 또는 대여를 위한 전시를 포함한다)을 하는 행위를 말한다(실용 2iii).

타인으로 하여금 실시하게 하는 방법으로는 전용실시권을 설정하는 경우(실용 28, 특허 100)와 통상실시권을 설정하는 경우(실용 28, 특허 102)의 2가지가 있다.

전용실시권이란 타인의 실용신안권을 독점적으로 사용할 수 있는 권리를 말한다. 따라서 실용신안권에 관하여 전용실시권을 설정하였을 때에는 전용실시권자가 그 실용신안을 실시할 권리를 독점하는 범위에서 실용신안권자의 실용신안실시권이 제한된다(실용 28, 특허 100②, 94단서). 이에 대하여 통상실시권이란 타인의 실용신안권을 실용신안권자나 실용신안권의 전용실시권자의 허락이나 법률의 규정 또는 설정행위 등에 의하여 정하여진 시간적·장소적·내용적 제약의 범위 안에서 사용할 수 있는 권리를 말한다(실용 28, 특허 102②).

(나) 유형

(ㄱ) 실용신안권

실용신안등록원부에 등록된 실용신안권은 양도·상속 등 그 권리를 타인에게 이전할 수 있다(실용 28, 특허 99①, 101①iii). 다만 실용신안권이 공유인 경우에는 각 공유자는 다른 공유자 모두의 동의를 받아야만 그 지분을 양도하거나 그 지분을 목적으로 하는 질권을 설정할 수 있다(실용 28, 특허 99②).

실용신안등록 전의 실용신안등록을 받을 수 있는 권리는 양도·상속 등 타인에게 이전할 수 있으나(실용 28, 특허 37①), 질권의 목적으로 할 수는 없다(실용 28, 특허 37②). 그리고 실용신안등록을 받을 수 있는 권리가 공유인 경우에는 각 공유자는 다른 공유자 모두의 동의를 받아야만 그 지분을 양도할 수 있다(실용 28, 특허 37③).

(ㄴ) 실용신안권의 전용실시권

실용신안권자는 그 실용신안권에 대하여 타인에게 전용실시권을 설정할 수 있다(실용 28, 특허 100①). 다만 실용신안권이 공유인 경우에는 각 공유자는 다른 공유자 모두의 동의를 받아야만 그 실용신안권에 대하여 전용실시권을 설정하거나 통상실시권을 허락할 수 있다(실용 28, 특허 99④).

실용신안권의 전용실시권은 당사자 사이의 설정행위와 실용신안등록원부에의 등록이 있어야 효력을 발생한다(실용 28, 특허 101①ii). 전용실시권을 설정 받은 전용실시권자는 그 설정행위로 정한 범위에서 그 실용신안을 업으로서 실시할 권리를 독점한다(실용 28, 특허 100②).

실용신안권의 전용실시권자는 ① 전용실시권을 실시사업(實施事業)과 함께 이전하는 경우 ② 상속이나 그 밖의 일반승계의 경우를 제외하고는 실용신안권자의 동의를 받아야만 전용실시권을 이전할 수 있다(실용 28, 특허 100③).

실용신안권의 전용실시권자는 실용신안권자의 동의를 받아야만 그 전용실시권을 목적으로 하는 질권을 설정하거나 통상실시권을 허락할 수 있다(실용 28, 특허 100④). 또한 실용신안권의 전용실시권이 공유인 경우에는 각 공유자는 실용신안권자 및 다른 공유자 모두의 동의를 받아야만 그 지분을 양도하거나 그 지분을 목적으로 하는 질권을 설정할 수 있다(실용 28, 특허 100⑤, 99②).

(ㄷ) 실용신안권의 통상실시권

실용신안권자는 그 실용신안권에 대하여 타인에게 통상실시권을 허락할 수 있다(실용 28, 특허 102①). 또한 실용신안권의 전용실시권자도 실용신안권자의 동의를 얻으면 통상실시권을 허락할 수 있다(실용 28, 특허 100④). 다만 실용신안권이나 실용신안권의 전용실시권이 공유인 경우에는 각 공유자는 다른 공유자 모두의 동의를 받아야만 그 실용신안권의 통상실시권을 허락할 수 있다(실용 28, 특허 100⑤, 99④). 실용신안권의 통상실시권자는 실용신안법에 따라 또는 설정행위로 정한 범위에서 실용신안을 업으로서 실시할 수 있는 권리를 가진다(실용 28, 특허 102②).

실용신안권의 통상실시권을 실용신안등록원부에 등록한 경우에는 그 등록 후에 실용신안권 또는 전용실시권을 취득한 자에 대해서도 그 효력이 발생한다(실용 28, 특허 118①). 즉 실용신안권의 통상실시권은 전용실시권과는 달리 실용신안등록원부에의 등록 없이 당사자 사이의 설정행위만으로 그 효력이 발생하지만, 등록을 하지 않으면 이후 실용신안권 또는 전용실시권을 취득하여 등록한 자에게 그 효력을 주장할 수 없게 된다.

특허청장의 재정(실용 28, 특허 107)에 따른 통상실시권은 실시사업과 함께 이전하는 경우에만 이전할 수 있고(실용 28, 특허 102③), 특허심판원의 심판에 의한 통상실시권(실용 28, 특허 138)은 그 통상실시권자의 해당 실용신안권과 함께 이전되고 해당 실용신안권이 소멸되면 함께 소멸된다(실용 28, 특허 102④).

특허청장의 재정에 따른 통상실시권과 특허심판원의 심판에 의한 통상실시권 외의 실용신안권의 통상실시권은 실시사업과 함께 이전하는 경우 또는 상속이나 그 밖의 일반승계의 경우를 제외하고는 실용신안권자(전용실시권에 관한 통상실시권의 경우에는 실용신안권자 및 전용실시권자)의 동의를 받아야만 이전할 수 있다(실용 28, 특허 102⑤).

특허청장의 재정에 따른 통상실시권과 특허심판원의 심판에 의한 통상실시권 외의 실용신안권의 통상실시권은 실용신안권자(전용실시권에 관한 통상실시권의 경우에는 실용신안권자 및 전용실시권자)의 동의를 받아야만 그 통상실시권을 목적으로 하는 질권을 설정할 수 있다(실용 28, 특허 102⑥). 그리고 통상실시권이 공유인 경우에는 각 공유자는 실용신안권자(전용실시권에 관한 통상실시권의 경우에는 실용신안권자 및 전용실시권자) 및 다른 공유자 모두의 동의를 받아야만 그 지분을 양도하거나 그 지분을 목적으로 하는 질권을 설정할 수 있다(실용 28, 특허 102⑦, 99②).

다. 디자인권

㈎ 의의

디자인권이란 등록디자인을 일정기간 동안 독점하여 실시할 수 있는 권리를 말한다(디보 91, 92). 디자인이란 물품[물품의 부분, 글자체 및 화상(畵像)을 포함한다. 이하 같다]의 형상·모양·색채 또는 이들을 결합한 것으로서 시각을 통하여 미감(美感)을 일으키게 하는 것을 말하고(디보 91, 92), 등록디자인이란 디자인등록을 받은 디자인을 말한다(디보 2iii).

글자체란 기록이나 표시 또는 인쇄 등에 사용하기 위하여 공통적인 특징을 가진 형태로 만들어진 한 벌의 글자꼴(숫자, 문장부호 및 기호 등의 형태를 포함한다)을 말하고(디보 2ii), 화상이란 디지털 기술 또는 전자적 방식으로 표현되는 도형 · 기호 등[기기(器機)의 조작에 이용되거나 기능이 발휘되는 것에 한정하고, 화상의 부분을 포함한다]을 말한다(디보 2ii의2).

디자인등록을 받을 수 있는 디자인은 공업상 이용할 수 있는 디자인으로서 디자인보호법 제33조 내지 제36조에서 규정하는 요건을 충족하는 것이어야 한다. 디자인권은 디자인보호법에서 정하는 소정의 절차를 거쳐 특허청에 비치된 디자인등록원부에 설정등록을 함으로써 발생한다(디보 90①).

디자인권은 설정등록한 날부터 발생하여 디자인등록출원일 후 20년이 되는 날까지 존속한다. 다만, 디자인보호법 제35조에 따라 관련디자인으로 등록된 디자인권의 존속기간 만료일은 그 기본디자인의 디자인권 존속기간 만료일로 한다(디보 91①). 그리고 정당한 권리자의 디자인등록출원이 디자인보호법 제44조 및 제45조에 따라 디자인권이 설정등록된 경우에는 위 디자인권 존속기간은 무권리자의 디자인등록출원일 다음 날부터 기산한다(디보 91②).

디자인권자는 등록디자인을 스스로 실시하여 수익할 수 있음은 물론이고 타인으로 하여금 실시하게 하고 사용료를 받을 수도 있다. 실시한다는 것은 ① 디자인의 대상이 물품(화상은 제외한다)인 경우는 그 물품을 생산 · 사용 · 양도 · 대여 · 수출 또는 수입하거나 그 물품을 양도 또는 대여하기 위하여 청약(양도나 대여를 위한 전시를 포함한다. 이하 같다)하는 행위를 말하고 ② 디자인의 대상이 화상인 경우는 그 화상을 생산 · 사용 또는 전기통신회선을 통한 방법으로 제공하거나 그 화상을 전기통신회선을 통한 방법으로 제공하기 위하여 청약(전기통신회선을 통한 방법으로 제공하기 위한 전시를 포함한다. 이하 같다)하는 행위 또는 그 화상을 저장한 매체를 양도 · 대여 · 수출 · 수입하거나 그 화상을 저장한 매체를 양도 · 대여하기 위하여 청약(양도나 대여를 위한 전시를 포함한다. 이하 같다)하는 행위를 말한다(디보 2vii).

타인으로 하여금 실시하게 하는 방법으로는 전용실시권을 설정하는 경우(디보 97)와 통상실시권을 설정하는 경우(디보 99)의 2가지가 있다.

(나) 유형

(ㄱ) 디자인권

디자인등록원부에 등록된 디자인권은 양도·상속 등 그 권리를 타인에게 이전할 수 있다(디보 96①본). 다만, 기본디자인의 디자인권과 관련디자인의 디자인권은 같은 자에게 함께 이전하여야 한다(디보 96①단). 복수디자인등록된 디자인권은 각 디자인권마다 분리하여 이전할 수 있다(디보 96⑤). 기본디자인의 디자인권이 취소, 포기 또는 무효심결 등으로 소멸한 경우 그 기본디자인에 관한 2 이상의 관련디자인의 디자인권을 이전하려면 같은 자에게 함께 이전하여야 한다(디보 96⑥). 디자인권이 공유인 경우에 각 공유자는 다른 공유자의 동의를 받지 아니하면 그 지분을 이전하거나 그 지분을 목적으로 하는 질권을 설정할 수 없다(디보 96②).

디자인등록을 받을 수 있는 권리는 이전할 수 있는(디보 54①본) 반면, 질권의 목적으로 할 수는 없다(디보 54②). 다만, 기본디자인등록을 받을 수 있는 권리와 관련디자인등록을 받을 수 있는 권리는 함께 이전하여야 한다(디보 54①단). 디자인등록을 받을 수 있는 권리가 공유인 경우에는 각 공유자는 다른 공유자 모두의 동의를 받지 아니하면 그 지분을 양도할 수 없다(디보 54③).

(ㄴ) 디자인권의 전용실시권

디자인권자는 그 디자인권에 대하여 타인에게 전용실시권을 설정할 수 있다. 다만, 기본디자인의 디자인권과 관련디자인의 디자인권에 대한 전용실시권은 같은 자에게 동시에 설정하여야 한다(디보 97①). 디자인권이 공유인 경우에는 각 공유자는 다른 공유자의 동의를 받지 아니하면 그 디자인권에 대하여 전용실시권을 설정할 수 없다(디보 96④).

디자인권의 전용실시권은 당사자 사이의 설정행위와 디자인등록원부에의 설정등록에 의하여 그 효력이 발생한다(디보 97①, 98①ii). 전용실시권을 설정 받은 전용실시권자는 그 설정행위로 정한 범위에서 그 등록디자인 또는 이와 유사한 디자인을 업으로서 실시할 권리를 독점한다(디보 97②). 디자인권의 전용실시권이 공유인 경우에는 각 공유자는 계약으로 특별히 약정한 경우를 제외하고는 다른 공유자의 동의를 받지 아니하고 그 등록디자인 또는 이와 유사한 디자인을 단독으로 실시할 수 있다(디보 97⑤, 96②).

디자인권의 전용실시권자는 실시사업(實施事業)과 같이 이전하는 경우 또는 상속이나 그 밖의 일반승계의 경우를 제외하고는 디자인권자의 동의를 받지 아니하면 그 전용실시권을 이전할 수 없다(디보 97③). 전용실시권자는 디자인권자의 동의를 받지 아니하면 그 전용실시권을 목적으로 하는 질권을 설정할 수 없다(디보 97④). 디자인권의 전용실시권이 공유인 경우에 각 공유자는 디자인권자 및 다른 공유자의 동의를 받지 아니하면 그 지분을 이전하거나 그 지분을 목적으로 하는 질권을 설정할 수 없다(디보 97⑤, 96②).

(ㄷ) 디자인권의 통상실시권

디자인권자는 그 디자인권에 대하여 타인에게 통상실시권을 허락할 수 있다(디보 99①). 디자인권의 전용실시권자도 디자인권자의 동의를 얻어 통상실시권을 허락할 수 있다(디보 97④). 디자인권이나 디자인권의 전용실시권이 공유인 경우에 각 공유자는 다른 공유자의 동의를 받지 아니하면 그 디자인권이나 디자인권의 전용실시권에 대하여 통상실시권을 허락할 수 없다(디보 96④, 97⑤).

디자인권의 통상실시권은 디자인권자나 디자인권의 전용실시권자의 허락에 의한 통상실시권 이외에 선사용에 따른 통상실시권(디보 100), 선출원에 따른 통상실시권(디보 101), 무효심판청구 등록 전의 실시에 의한 통상실시권(디보 102) 및 디자인권 등의 존속기간 만료 후의 통상실시권(디보 103)이 있다.

디자인권의 통상실시권자는 디자인보호법에 따라 또는 설정행위로 정한 범위에서 그 등록디자인 또는 이와 유사한 디자인을 업으로서 실시할 수 있는 권리를 가진다(디보 99②). 디자인권의 통상실시권이 공유인 경우에는 각 공유자는 계약으로 특별히 약정한 경우를 제외하고는 다른 공유자의 동의를 받지 아니하고 그 등록디자인 또는 이와 유사한 디자인을 단독으로 실시할 수 있다(디보 99⑥, 96③). 특허심판원의 심판에 의한 통상실시권(디보 123)은 그 통상실시권자의 해당 디자인권·전용실시권 또는 통상실시권과 함께 이전되고 해당 디자인권·전용실시권 또는 통상실시권이 소멸되면 함께 소멸된다(디보 99③).

디자인권의 통상실시권을 디자인등록원부에 등록한 경우에는 그 등록 후에 디자인권 또는 전용실시권을 취득한 자에 대하여도 그 효력이 발생한다(디보 104①). 즉 통상실시권은 전용실시권과 달리 디자인등록원부에의 등록 없이 당사자 사이의 설정행위만으로 그 효력을 발생하지만, 등록을 하지 않으면 이후 디자인권이나 전용실시권 또는 통상실시권을 취득하여 등록한 자에게 대항할 수 없게 된다.

특허심판원의 심판에 의한 통상실시권(디보 123) 외의 통상실시권은 실시사업과 같이 이전하는 경우 또는 상속이나 그 밖의 일반승계의 경우를 제외하고는 디자인권자(전용실시권자로부터 통상실시권을 허락받은 경우에는 디자인권자 및 전용실시권자)의 동의를 받지 아니하면 이전할 수 없다(디보 99④). 또한 특허심판원의 심판에 의한 통상실시권(디보 123) 외의 통상실시권은 디자인권자(전용실시권자로부터 통상실시권을 허락받은 경우에는 디자인권자 및 전용실시권자)의 동의를 받지 아니하면 그 통상실시권을 목적으로 하는 질권을 설정할 수 없다(디보 99⑤). 디자인권의 통상실시권이 공유인 경우에 각 공유자는 디자인권자(전용실시권에 관한 통상실시권의 경우에는 디자인권자 및 전용실시권자) 및 다른 공유자의 동의를 받지 아니하면 그 지분을 이전하거나 그 지분을 목적으로 하는 질권을 설정할 수 없다(디보 99⑥, 96②).

라. 상표권

㈎ 의의

상표권이란 지정상품에 관하여 그 등록상표를 일정기간 동안 독점하여 사용할 수 있는 권리를 말한다(상표 83, 89). 등록상표란 상표등록을 받은 상표를 말하고(상표 2①x), 상표란 자기의 상품(지리적 표시가 사용되는 상품의 경우를 제외하고는 서비스 또는 서비스의 제공에 관련된 물건을 포함한다)과 타인의 상품을 식별하기 위하여 사용하는 표장(標章)을 말한다(상표 2①i).

국내에서 상표를 사용하는 자 또는 사용하려는 자는 자기의 상표를 등록받을 수 있다. 다만, 특허청 직원과 특허심판원 직원은 상속 또는 유증(遺贈)의 경우를 제외하고는 재직 중에 상표를 등록받을 수 없다(상표 3①). 상표등록을 받을 수 있는 상표는 상표법 제33조와 제34조에서 규정하는 요건을 충족하는 것이어야 한다. 상표권은 상표법에서 정하는 소정의 절차를 거쳐 특허청에 비치된 상표원부에 설정등록을 함으로써 발생한다(상표 82①).

상표권의 존속기간은 상표권의 설정등록이 있는 날부터 10년이며, 존속기간갱신등록신청에 의하여 10년씩 갱신할 수 있다(상표 83①②). 그러나 ① 상표법 제72조제3항 또는 제74조에 따른 납부기간 내에 상표등록료(제72조제1항 각 호 외의 부분 후단에 따라 상표등록료를 분할납부하는 경우로서 2회차 상표등록료를 말한다)를 내지 아니한 경우 ② 상표법 제76조제1항에 따라 상표등록료의 보전을 명한 경우로서 그 보전기간 내에 보전하지 아니한 경우 ③ 상표법 제77조제1항에 해당하는 경우로서 그 해당 기간 내에 상표등록료를 내지 아니하거나 보전하지 아니한 경우에는 상표권의 설정등록일 또는 존속기간갱신등록일부터 5년이 지나면 상표권이 소멸한다(상표 83③).

상표권자는 상표를 스스로 사용할 수 있음은 물론이고 타인으로 하여금 사용하게 하고 사용료를 받을 수도 있다. 상표를 사용한다는 것은 ① 상품 또는 상품의 포장에 상표를 표시하는 행위 ② 상품 또는 상품의 포장에 상표를 표시한 것을 양도·인도하거나 전기통신회선을 통하여 제공하는 행위 또는 이를 목적으로 전시하거나 수출·수입하는 행위 ③ 상품에 관한 광고·정가표(定價表)·거래서류, 그 밖의 수단에 상표를 표시하고 전시하거나 널리 알리는 행위의 어느 하나에 해당하는 행위를 말한다(상표 2①xi). 그리고 상표를 표시하는 행위에는 ① 표장의 형상이나 소리 또는 냄새로 상표를 표시하는 행위 ② 전기통신회선을 통하여 제공되는 정보에 전자적 방법으로 표시하는 행위의 어느 하나의 방법으로 표시하는 행위가 포함된다(상표 2②).

상표권을 타인으로 하여금 사용하게 하는 방법으로는 전용사용권을 설정하는 경우(상표 95)와 통상사용권을 설정하는 경우(상표 97)의 2가지가 있다. 전용사용권이란 타인의 상표권을 독점적으로 사용할 수 있는 권리를 말하고, 통상사용권이란 타인의 상표권을 상표권자나 상표권의 전용사용권자의 허락이나 법률의 규정 또는 설정행위 등에 의하여 정하여진 시간적·장소적·내용적 제약의 범위 안에서 사용할 수 있는 권리(상표 97②)를 말한다.

(나) 유형

(ㄱ) 상표권

상표원부에 등록된 상표권은 그 지정상품마다 분할하여 이전할 수 있다. 이 경우 유사한 지정상품은 함께 이전하여야 한다(상표 93①, 96①ii). 상표권이 공유인 경우에는 각 공유자는 다른 공유자 모두의 동의를 받지 아니하면 그 지분을 양도하거나 그 지분을 목적으로 하는 질권을 설정할 수 없다(상표 93②).

상표등록 전의 상표등록출원은 그 지정상품마다 분할하여 이전할 수 있다. 이 경우 유사한 지정상품은 함께 이전하여야 한다(상표 48②). 상표등록출원이 공유인 경우에는 각 공유자는 다른 공유자 전원의 동의를 받지 아니하면 그 지분을 양도할 수 없다(상표 48④).

상표등록 전의 상표등록출원에 질권을 설정할 수 있는지에 대하여는 상표법에 아무런 규정이 없어 문제이나, 등록 전의 다른 산업재산권(특허권, 실용신안권, 디자인권)과 달리 취급할 이유가 없다는 점에서 부정하는 것이 타당하다.

(ㄴ) 상표권의 전용사용권

상표권자는 그 상표권에 관하여 타인에게 전용사용권을 설정할 수 있다(상표 95①). 상표권이 공유인 경우에는 각 공유자는 다른 공유자 모두의 동의를 받지 아니하면 그 상표권에 대하여 전용사용권을 설정할 수 없다(상표 97⑤, 93③). 전용사용권의 설정을 받은 전용사용권자는 그 설정행위로 정한 범위에서 지정상품에 관하여 등록상표를 사용할 권리를 독점한다(상표 95③).

상표권의 전용사용권은 상표원부에의 등록 없이 당사자 사이의 설정행위만으로 그 효력이 발생하지만 등록을 하지 않으면 이후 상표권 또는 전용사용권을 취득하여 등록한 자에게 대항할 수 없게 된다(상표 100① i). 전용사용권을 등록한 경우에는 그 등록 후에 상표권을 취득한 자에 대해서도 그 효력이 발생한다(상표 100②).

상표권의 전용사용권자는 상속이나 그 밖의 일반승계의 경우를 제외하고는 상표권자의 동의를 받지 아니하면 그 전용사용권을 이전할 수 없다(상표 95⑤). 또한 전용사용권자는 상표권자의 동의를 받지 아니하면 그 전용사용권을 목적으로 하는 질권을 설정할 수 없다(상표 95⑥). 전용사용권이 공유인 경우에는 각 공유자는 상표권자 및 다른 공유자 모두의 동의를 받지 아니하면 그 지분을 양도하거나 그 지분을 목적으로 하는 질권을 설정할 수 없다(상표 95⑦, 93②).

(ㄷ) 상표권의 통상사용권

상표권자는 그 상표권에 관하여 타인에게 통상사용권을 설정할 수 있다(상표

97①). 상표권의 전용사용권자도 상표권자의 동의를 얻으면 그 전용사용권을 목적으로 하는 통상사용권을 설정할 수 있다(상표 95⑥). 상표권이 공유인 경우에는 각 공유자는 다른 공유자 모두의 동의를 받지 아니하면 그 상표권에 대하여 통상사용권을 설정할 수 없다(상표 93③). 또한 전용사용권이 공유인 경우에는 각 공유자는 상표권자 및 다른 공유자 모두의 동의를 받지 아니하면 그 전용사용권에 대하여 통상사용권을 설정할 수 없다(상표 95⑦, 93③). 통상사용권의 설정을 받은 통상사용권자는 그 설정행위로 정한 범위에서 지정상품에 관하여 등록상표를 사용할 권리를 가진다(상표 97②).

상표권의 통상사용권은 상표원부에의 등록 없이 당사자 사이의 설정행위만으로 그 효력이 발생하지만 등록을 하지 않으면 이후 상표권이나 전용사용권 또는 통상사용권을 취득하여 등록한 자에게 대항할 수 없게 된다(상표 100①ⅰ). 통상사용권을 등록한 경우에는 그 등록 후에 상표권 또는 전용사용권을 취득한 자에 대해서도 그 효력이 발생한다(상표 100②).

상표권의 통상사용권은 상속이나 그 밖의 일반승계의 경우를 제외하고는 상표권자(전용사용권에 관한 통상사용권의 경우에는 상표권자 및 전용사용권자를 말한다)의 동의를 받지 아니하면 이전할 수 없다(상표 97③). 또한 통상사용권은 상표권자(전용사용권에 관한 통상사용권의 경우에는 상표권자 및 전용사용권자를 말한다)의 동의를 받지 아니하면 그 통상사용권을 목적으로 하는 질권을 설정할 수 없다. 그리고 통상사용권이 공유인 경우에는 각 공유자는 상표권자(전용사용권에 관한 통상사용권의 경우에는 상표권자 및 전용사용권자) 및 다른 공유자 모두의 동의를 받지 아니하면 그 지분을 양도하거나 그 지분을 목적으로 하는 질권을 설정할 수 없다(상표 95⑦, 93②).

마. 표장권

표장권이란 표장에 관한 권리를 일정기간 동안 독점하여 사용할 수 있는 권리를 말한다(상표 2③④, 83, 89). 그리고 표장이란 기호, 문자, 도형, 소리, 냄새, 입체적 형상, 홀로그램·동작 또는 색채 등으로서 그 구성이나 표현방식에 상관없이 상품의 출처(出處)를 나타내기 위하여 사용하는 모든 표시를 말한다(상표 2ⅱ).

표장에는 단체표장, 지리적 표시 단체표장, 증명표장, 지리적 표시 증명표장,

업무표장이 있다. 단체표장이란 상품을 생산·제조·가공·판매하거나 서비스를 제공하는 자가 공동으로 설립한 법인이 직접 사용하거나 그 소속 단체원에게 사용하게 하기 위한 표장을 말하고(상표 2iii), 지리적 표시 단체표장이란 지리적 표시를 사용할 수 있는 상품을 생산·제조 또는 가공하는 자가 공동으로 설립한 법인이 직접 사용하거나 그 소속 단체원에게 사용하게 하기 위한 표장을 말하며(상표 2iv), 증명표장이란 상품의 품질, 원산지, 생산방법 또는 그 밖의 특성을 증명하고 관리하는 것을 업(業)으로 하는 자가 타인의 상품에 대하여 그 상품이 품질, 원산지, 생산방법 또는 그 밖의 특성을 충족한다는 것을 증명하는 데 사용하는 표장을 말한다(상표 vii). 그리고 지리적 표시 증명표장이란 지리적 표시를 증명하는 것을 업으로 하는 자가 타인의 상품에 대하여 그 상품이 정해진 지리적 특성을 충족한다는 것을 증명하는 데 사용하는 표장을 말하고(상표 2viii), 업무표장이란 영리를 목적으로 하지 아니하는 업무를 하는 자가 그 업무를 나타내기 위하여 사용하는 표장을 말한다(상표 2ix).

단체표장·증명표장 또는 업무표장에 관하여는 상표법에서 특별히 규정한 것을 제외하고는 상표에 관한 규정을 적용하고(상표 2③), 지리적 표시 증명표장에 관하여는 상표법에서 특별히 규정한 것을 제외하고는 지리적 표시 단체표장에 관한 규정을 적용한다(상표 2④).

업무표장권, 단체표장권 또는 증명표장권을 목적으로 하는 질권은 설정할 수 없다(상표 93⑧). 또한 업무표장권은 양도할 수 없는 것이 원칙이고(상표 93④본), 단체표장권과 증명표장권도 이전할 수 없는 것이 원칙이다(상표 93⑥본⑦본). 다만 예외적으로 업무표장권은 그 업무와 함께 양도하는 것이 가능하고(상표 93④단), 단체표장권은 법인의 합병의 경우 특허청장의 허가를 받아 이전할 수 있으며(상표 93⑥단), 증명표장권은 해당 증명표장에 대하여 상표법 제3조제3항에 따라 등록받을 수 있는 자에게 그 업무와 함께 이전할 경우에는 특허청장의 허가를 받아 이전할 수 있다(상표 93⑦단).

바. 반도체집적회로의 배치설계권

(가) 의의

반도체집적회로의 배치설계권에 있어서의 반도체집적회로란 반도체 재료 또는 절연(絕緣) 재료의 표면이나 반도체 재료의 내부에 한 개 이상의 능동소자(能動素子)를 포함한 회로소자(回路素子)들과 그들을 연결하는 도선(導線)이 분리될 수 없는 상태로 동시에 형성되어 전자회로의 기능을 가지도록 제조된 중간 및 최종 단계의 제품을 말하고(반집배설 2ⅰ), 배치설계란 반도체집적회로를 제조하기 위하여 여러 가지 회로소자 및 그들을 연결하는 도선을 평면적 또는 입체적으로 배치한 설계를 말하며(반집배설 2ⅱ), 배치설계권이란 배치설계를 소정의 절차에 따라 특허청장에게 설정등록함으로써 발생하는 권리를 말한다(반집배설 2ⅴ). 배치설계권의 존속기간은 설정등록일부터 10년이다(반집배설 7①). 또한 배치설계권의 존속기간은 영리를 목적으로 그 배치설계를 최초로 이용한 날부터 10년 또는 그 배치설계의 창작일부터 15년을 초과할 수 없다(반집배설 7②).

배치설계권은 창작성이 있는 배치설계를 반도체집적회로의 배치설계에 관한 법률에서 정하는 소정의 절차를 거쳐 특허청에 비치된 배치설계 등록원부에 설정등록함으로써 발생한다(반집배설 6). 창작이란 배치설계 제작자의 지적(知的) 노력의 결과로 통상적이 아닌 배치설계를 제작하는 행위를 말한다. 이 경우 통상적인 배치설계 요소의 조합으로 구성된 경우라도 전체적으로 볼 때 통상적이 아닌 배치설계를 제작하는 행위는 창작으로 본다(반집배설 2ⅲ).

배치설계권자(배치설계권의 설정등록을 한 자 및 그로부터 권리를 승계한 자)는 설정등록된 배치설계를 스스로 영리를 목적으로 이용할 수 있음은 물론이고 타인으로 하여금 이용하게 할 수도 있다. 배치설계를 이용한다는 것은 ① 배치설계를 복제하는 행위 ② 배치설계에 따라 반도체집적회로를 제조하는 행위 ③ 배치설계, 배치설계에 따라 제조된 반도체집적회로 또는 반도체집적회로를 사용하여 제조된 물품(이하 "반도체집적회로등"이라 한다)을 양도·대여하거나 전시(양도·대여를 위한 경우로 한정한다) 또는 수입하는 행위를 하는 것을 말한다(반집배설 2ⅳ).

타인으로 하여금 이용하게 하는 방법으로는 전용이용권을 설정하는 경우(반집배설 11)와 통상이용권을 설정하는 경우(반집배설 12)의 2가지가 있다.

(나) 유형

(ㄱ) 배치설계권

배치설계 등록원부에 등록된 배치설계권은 그 자체로서 양도 및 질권의 대상목적물이 된다(반집배설 10①, 16①). 다만 배치설계권이 공유인 경우에 각 공유자는 다른 공유자의 동의 없이 그 지분을 양도하거나 그 지분을 목적으로 하는 질권을 설정할 수 없다(반집배설 10③).

(ㄴ) 전용이용권

배치설계권자는 다른 사람에게 그 배치설계를 독점적으로 이용할 수 있는 권리인 전용이용권을 설정할 수 있다(반집배설 11①). 전용이용권은 당사자 사이의 설정계약만으로 성립하지만 이를 특허청장에게 등록을 하지 아니하면 제3자에게 대항할 수 없다(반집배설 23①ii).

전용이용권을 설정 받은 자는 그 설정행위로 정한 범위에서 영리를 목적으로 그 배치설계를 이용할 권리를 독점한다(반집배설 11②). 전용이용권자는 ①배치설계를 이용하는 사업과 같이 이전하는 경우 ②상속이나 그 밖의 일반승계의 경우 ③배치설계권자의 동의를 받은 경우 중 어느 하나에 해당하는 경우에만 그 전용이용권을 이전할 수 있다(반집배설 11③).

전용이용권자는 배치설계권자의 동의 없이 그 전용이용권을 목적으로 하는 질권을 설정할 수 없다(반집배설 11④). 또한 전용이용권이 공유인 경우 각 공유자는 배치설계권자 및 다른 공유자의 동의 없이 그 지분을 양도하거나 그 지분을 목적으로 하는 질권을 설정할 수 없다(반집배설 11⑥, 10③).

(ㄷ) 통상이용권

배치설계권자 또는 전용이용권자는 다른 사람에게 그 배치설계를 이용할 수 있는 권리인 통상이용권을 설정할 수 있다. 다만, 전용이용권자가 통상이용권을 설정하는 경우에는 배치설계권자의 동의가 있어야 한다(반집배설 12①). 통상이용권은 당사자 사이의 설정계약만으로 성립하지만 이를 특허청장에게 등록을 하지 아니하면 제3자에게 대항할 수 없다(반집배설 23①iii).

통상이용권을 설정 받은 자는 그 설정행위로 정한 범위에서 영리를 목적으로 그 배치설계를 이용할 수 있는 권리를 가진다(반집배설 12②). 통상이용권자는 ① 배치설계를 이용하는 사업과 같이 이전하는 경우 ② 상속이나 그 밖의 일반승계의 경우 ③ 배치설계권자(전용이용권자가 설정한 통상이용권인 경우에는 배치설계권자 및 전용이용권자를 말한다)의 동의를 받은 경우 중 어느 하나에 해당하는 경우에만 그 통상이용권을 이전할 수 있다(반집배설 12③).

통상이용권자는 배치설계권자 및 전용이용권자의 동의 없이 그 통상이용권을 목적으로 하는 질권을 설정할 수 없다(반집배설 12④). 또한 통상이용권이 공유인 경우 각 공유자는 배치설계권자(전용사용권에 관한 통상사용권의 경우에는 배치설계권자 및 전용이용권자) 및 다른 공유자의 동의 없이 그 지분을 양도하거나 그 지분을 목적으로 하는 질권을 설정할 수 없다(반집배설 12⑤, 10③).

(2) 담보권의 설정과 효력

가. 질권

(가) 설정방법

당사자가 특허권 등을 대상으로 질권설정계약을 체결하고 특허청에 비치된 특허원부 등에 질권설정등록을 하는 방법으로 설정한다. 질권설정계약의 유형과 그 구체적인 내용은 지명채권을 대상으로 하는 질권설정계약의 경우와 같다. 그리고 질권설정에 있어서 질권설정등록이 어떠한 법률적 의미를 가지는지에 관하여는 질권설정의 효력(성립)요건으로 되어 있는 경우와 제3자에 대한 대항요건으로 되어 있는 경우로 나뉘어 있다.

질권설정등록이 질권설정의 효력요건인 경우와 대항요건인 경우의 차이는, 전자의 경우는 질권설정등록이 없으면 제3자에 대해서는 물론이고 설정당사자 사이에도 질권설정의 효력이 생기지 않으나, 후자의 경우는 질권설정등록이 없더라도 설정당사자 사이에는 질권설정의 효력이 생기고 제3자에 대해서만 질권설정의 효력을 주장할 수 없다는 점에 있다.

질권설정등록이 질권설정의 효력(성립)요건으로 되어 있는 경우는 ① 특허권과 특허권의 전용실시권(특허 101①iii) ② 실용신안권과 실용신안권의 전용실시권(실용 28, 특허 101①iii) ③ 디자인권과 디자인권의 전용실시권(디보 98①iii) ④ 상표권(상표 96①iii)을 대상으로 하는 질권설정이다.

질권설정등록이 질권설정의 제3자에 대한 대항요건으로 되어 있는 경우는 ① 특허권의 통상실시권(특허 118③) ② 실용신안권의 통상실시권(실용 28, 특허 118③) ③ 디자인권의 통상실시권(디보 104③) ④ 상표권의 전용사용권과 통상사용권(상표 100①ii) ⑤반도체집적회로의 배치설계권과 전용이용권 및 통상이용권(반집배설 23①iv)을 대상으로 하는 질권설정이다.

2개 이상의 지식재산권을 특허원부, 저작권등록부 등 그 지식재산권을 등록하는 공적(公的) 장부에 공동담보로 등록할 수 있다(동채담 58①). 다만 2개 이상의 지식재산권을 공동담보로 등록하려면 담보의 목적이 되는 지식재산권은 그 등록부를 관장하는 기관이 동일하여야 하고, 지식재산권의 종류와 대상을 정하거나 그 밖에 이와 유사한 방법으로 특정할 수 있어야 한다(동채담 58②). 이는 지식재산권을 대상으로 하는 민법상의 질권에 공동담보에 관한 규정이 없는 점을 보완하여 공동담보권을 설정할 수 있도록 그 근거를 마련한 것이다.

(나) 효력

특허권 등 산업재산권을 대상으로 하는 질권의 효력은 대체로 동산·채권 등의 담보에 관한 법률상의 동산담보권의 효력에 준한다(동채담 61). 산업재산권에 대한 질권의 효력으로서 특수한 점은 다음과 같다. 첫째로 ① 특허권이나 특허권의 전용실시권 또는 통상실시권 ② 실용신안권이나 실용신안원의 전용실시권 또는 통상실시권 ③ 디자인권이나 디자인권의 전용실시권 또는 통상실시권 ④ 상표권이나 상표권의 전용사용권 또는 통상사용권 ⑤ 반도체집적회로의 배치설계권이나 전용이용권 또는 통상이용권(이하 특허권 등이라 한다)에 대한 질권은 원칙적으로 질권의 작용적 특질이라고 할 수 있는 유치적 효력 즉 목적물의 점유를 이용자로부터 빼앗는 효력이 없다는 점에서 저당권과 유사한 성질을 가지고 있다. 즉 특허권 등을 목적으로 하는 질권을 설정한 때에는 질권자는 계약으로 특별히 정한 경우를 제외하고는 당해 ① 특허발명 ② 등록실용신안 ③ 등록디자인 ④ 등록상표 ⑤ 반도체집적회로의 배치설계를 실시(사용)하지 못한다(특허 121, 실용 28, 디보 108, 상표 104, 반집배설 16②).

둘째로 특허권 등의 질권자는 ① 특허법에 따른 보상금이나 특허발명의 실시 ② 실용신안법에 의한 보상금 또는 등록실용신안의 실시 ③ 디자인보호법에 의한 보상금 또는 등록디자인의 실시 ④ 상표법에 의한 상표권의 사용 ⑤ 상표법에 의한 서비스표권의 사용에 대하여 받을 대가나 물건에 대해서도 이를 행사할 수 있다. 다만, 그 지급 또는 인도 전에 압류하여야 한다(특허 123, 실용 28, 디보 109, 상표 105, 2③).

셋째로 질권의 실행은 민사집행법상의 그 밖의 재산권에 대한 집행방법에 의하여 한다(민 354, 민집 251). 다만 특허권자(또는 실용신안권자나 디자인권자)는 특허권(또는 실용신안권이나 디자인권)을 목적으로 하는 질권설정 이전에 그 특허발명(또는 등록실용신안이나 등록디자인 또는 이와 유사한 디자인)을 실시하고 있는 경우에는 그 특허권(또는 실용신안권이나 디자인권)이 경매등에 의하여 이전되더라도 그 특허발명(또는 등록실용안권이나 디자인권)에 대하여 통상실시권을 가진다. 이 경우 특허권자(또는 실용신안권자나 디자인권자)는 경매등에 의하여 특허권(또는 실용신안권이나 디자인권)을 이전받은 자에게 상당한 대가를 지급하여야 한다(특허 122, 실용 28, 디보 110). 그러나 상표권에 관하여는 상표법에 그리고 반도체집적회로의 배치설계권에 대하여는 반도체집적회로의 배치설계에 관한 법률에 이와 같은 특칙을 두고 있지 않다.

넷째로 2개 이상의 특허권 등 지식재산권을 공동담보로 등록한 경우 그 담보권의 득실변경은 그 등록을 한 때에 그 지식재산권에 대한 질권의 득실변경을 등록한 것과 동일한 효력이 생긴다(동채담 59①). 이는 민법상의 권리질권에 공동담보에 관한 규정이 없어 그 근거를 마련함과 아울러 지식재산권에 관하여는 특허법 등의 개별 법률에서 등록의 효력을 달리 정하고 있어 그 개별 법률과의 충돌을 일으키지 않도록 하기 위한 것이다. 그리고 동일한 지식재산권에 관하여 동산·채권 등의 담보에 관한 법률에 따른 공동담보권 등록과 그 지식재산권을 규율하는 개별 법률에 따른 질권 등록이 이루어진 경우에 그 순위는 법률에 다른 규정이 없으면 그 선후에 따른다(동채담 59②).

다섯째로 특허권 등 지식재산권을 대상으로 하여서도 근질권을 설정할 수 있다(동채담 61, 5). 이는 민법상 권리질권에 근담보권에 관한 규정이 없어 그 근거를 마련해준 것이다. 그리고 근질권에 있어서도 금융거래의 실무상은 다른 담보권의 경우와 마찬가지로 특정근질권과 한정근질권 및 포괄근질권의 3가지 유형 중 선택하여 설정할 수 있음은 물론이다.

여섯째로 질권설정자는 질권자의 동의없이 질권의 목적된 권리를 소멸하게 하거나 질권자의 이익을 해하는 변경을 할 수 없다(동채담 61, 민 352).

나. 양도담보권·가등록담보권

특허권 등은 양도가 가능하므로(특허 99①, 101①ⅰ, ⅱ, 118③, 실용 28, 디보 96

①, 98①ⅰ,ⅱ, 104③, 상표 93①, 96①ⅰ, 100①ⅰ, 2③, 반집배설 10①), 당연히 이를 소유권이전형식에 의한 담보인 양도담보의 목적으로 할 수 있다. 또한 특허권 등은 등록을 공시방법으로 하는 권리에 해당되므로(특허 85, 실용 18, 디보 88, 상표 80, 반집배설 6, 23) 가등록담보의 목적으로 할 수도 있다(가담 18).

특허권 등을 대상으로 하는 양도담보권은 설정당사자가 양도담보계약을 체결하고 특허원부 등에 특허권 등의 이전등록을 하는 방법으로 설정하고, 가등록담보권은 설정당사자가 가등록담보계약을 체결하고 특허원부 등에 특허권 등의 이전의 가등록을 하는 방법으로 설정한다. 이 경우 이전등록이나 가등록이 어떠한 법률적 의미를 가지는지에 관하여는 양도담보권이나 가등록담보권의 효력(성립)요건으로 되어 있는 경우와 제3자에 대한 대항요건으로 되어 있는 경우로 나뉘어 있다.

이전등록이나 가등록이 양도담보권이나 가등록담보권의 효력(성립)요건으로 되어 있는 경우는 ① 특허권과 특허권의 전용실시권(특허 101①ⅰ,ⅱ) ② 실용신안권과 실용신안권의 전용실시권(실용 28, 특허 101①ⅰ,ⅱ) ③ 디자인권과 디자인권의 전용실시권(디보 98①ⅰ,ⅱ) ④ 상표권(상표 96①ⅰ) ⑤ 반도체집적회로의 배치설계권과 전용이용권 및 통상이용권(반집배설 23①ⅰ~ⅲ)을 대상으로 하는 양도담보권이나 가등록담보권의 설정이다.

이전등록이나 가등록이 양도담보권이나 가등록담보권의 제3자에 대한 대항요건으로 되어 있는 경우는 ① 특허권의 통상실시권(특허 118③) ② 실용신안권의 통상실시권(실용 28, 특허 118③) ③ 디자인권의 통상실시권(디보 104③) ④ 상표권의 전용사용권과 통상사용권(상표 100①ⅰ)을 대상으로 하는 양도담보권이나 가등록담보권의 설정이다.

업무표장권, 단체표장권 또는 증명표장권은 양도할 수 없는 것이 원칙이므로(상표 93④본⑥본⑦본) 이에 양도담보권이나 가등록담보권을 설정할 수 없는 것이 원칙이다. 다만, 업무표장권을 그 업무와 함께 양도하는 것은(상표 93④단)은 가능하므로 업무표장권을 그 업무와 함께 양도담보권이나 가등록담보권의 대상으로 할 수 있다고 본다. 이에 대하여 단체표장권은 법인의 합병의 경우에 특허청장의 허가를 받아 이전하는 것만 가능하고(상표 93⑥단), 증명표장권은 상표법 제3조제3항에 따라 등록받을 수 있는 자에게 그 업무와 함께 이전할 경우에 특허청장의 허가를 받아 이전할 수 있는 것이므로(상표 93⑦단), 이에 양도담보담보권이나 가등록담보권을 설정할 수 없는 것으로 보아야 한다.

특허권 등을 대상으로 하여 설정한 양도담보권이나 가등록담보권의 효력은 부동산을 대상으로 하는 양도담보권이나 가등기담보권의 효력과 같다(가담 1, 18본).

다. 재단저당권

재단저당권이란 토지, 건물, 광업권, 기계·기구 그 밖의 공장 공용물, 자동차 등 등기나 등록이 가능한 동산, 지상권·전세권, 임차권, 지식재산권 등으로 구성된 기업재산의 전부 또는 일부를 대상으로 한 저당권을 말한다.

재단저당권을 설정할 수 있도록 하고 있는 기업경영에 필요한 위와 같은 물건이나 권리는 서로 유기적인 관련 하에 결합되어 있어, 이를 개개의 물건이나 권리로 분해하여 각별로 담보의 대상으로 하게 하는 것보다는 그 전부 또는 일부를 하나의 재단으로 묶어, 일괄하여 담보의 대상으로 하게 하는 것이 더 높은 담보가치를 인정받을 수 있어 기업금융을 원활하게 할 수 있다.

현행법상 지식재산권을 포함한 재단저당권에 대하여는 공장 및 광업재단 저당법이 규율하고 있으며 동법에서 인정하고 있는 재단저당권은 크게 공장재단저당권과 광업재단저당권으로 구분해 볼 수 있고, 공장재단저당권은 다시 공장저당권과 공장재단저당권으로 구분해 볼 수 있으며, 공장저당권은 다시 공장토지저당권과 공장건물저당권으로 구분해 볼 수 있다.

3. 저작권

(1) 담보의 대상목적물

가. 저작권

저작권이란 인간의 사상 또는 감정을 표현한 창작물인 저작물(저작 2 i)을 창작한 자인 저작자(저작 2ii)의 권리를 말한다. 저작권은 저작물을 창작한 때부터 발생하며 어떠한 절차나 형식의 이행을 필요로 하지 아니하며(저작 10②), 저작인격권과 저작재산권으로 분류된다(저작 10①).

저작인격권은 ① 저작물을 공표하거나 공표하지 아니할 것을 결정할 권리인 공표권(저작 11) ② 저작물의 원본이나 그 복제물에 또는 저작물의 공표 매체에 그의 실명 또는 이명을 표시할 권리인 성명표시권(저작 12) ③ 저작물의 내용·형식 및 제호의 동일성을 유지할 권리인 동일성유지권(저작 13)으로 구성되어 있다. 이에 대하여 저작재산권은 ① 저작물을 복제할 권리인 복제권(저작 16) ② 저작물을 공연할 권리인 공연권(저작 17) ③ 저작물을 공중송신할 권리인 공중송신권(저작 18) ④ 미술저작물 등의 원본이나 그 복제물을 전시할 권리인 전시권(저작 19) ⑤ 저작물의 원본이나 그 복제물을 배포할 권리인 배포권(저작 20) ⑥ 상업적 목적으로 공표된 음반이나 상업적 목적으로 공표된 프로그램을 영리를 목적으로 대여할 권리인 대여권(저작 21) ⑦ 저작물을 원저작물로 하는 2차적저작물을 작성하여 이용할 권리인 2차적저작물작성권(저작 22)으로 구성되어 있다.

저작자는 ① 저작자의 실명·이명(공표 당시에 이명을 사용한 경우에 한한다)·국적·주소 또는 거소 ② 저작물의 제호·종류·창작연월일 ③ 공표의 여부 및 맨 처음 공표된 국가·공표연월일 ④ 2차적저작물의 경우 원저작물의 제호 및 저작자 ⑤ 저작물이 공표된 경우에는 그 저작물이 공표된 매체에 관한 정보 ⑥ 등록권리자가 2명 이상인 경우 각자의 지분에 관한 사항을 저작권등록부에 등록할 수 있다(저작 53①, 저작령 24). 또한 저작자가 사망한 경우에는 저작자의 특별한 의사표시가 없는 때에는 그의 유언으로 지정한 자 또는 상속인이 위 각 사항을 등록을 할 수 있다(저작 53②). 그리고 저작권등록부에 저작자로 실명이 등록된 자는 그 등록저작물의 저작자로, 창작연월일 또는 맨 처음의 공표연월일이 등록된 저작물은 등록된 연월일에 창작 또는 맨 처음 공표된 것으로 추정한다. 다만, 저작물을 창작한 때부터 1년이 지난 후에 창작연월일을 등록한 경우에는 등록된 연월일에 창작된 것으로 추정하지 아니한다(저작 53③).

저작재산권은 원칙적으로 저작자가 생존하는 동안과 사망한 후 70년간 존속한다(저작 39①). 공동저작물의 저작재산권은 맨 마지막으로 사망한 저작자가 사망한 후 70년간 존속한다(저작 39②). 그밖에 무명 또는 이명 저작물의 보호기간 등에 대하여는 저작권법 제40조~제44조 참조.

저작인격권은 저작자의 일신에 전속하므로(저작 14) 이를 양도하거나 질권의 목적으로 할 수 없다. 이에 대하여 저작재산권은 저작자의 재산권에 속하므로 그 전부 또는 일부를 양도할 수 있고(저작 45), 질권의 목적으로 할 수 있다(저작 54). 다만 공동저작물의 저작재산권은 그 저작재산권자 전원의 합의에 의하지 아니하고는 이를 행사할 수 없으며, 다른 저작재산권자의 동의가 없으면 그 지분을 양도하거나 질권의 목적으로 할 수 없다. 이 경우 각 저작재산권자는 신의에 반하여 합의의 성립을 방해하거나 동의를 거부할 수 없다(저작 48①).

나. 배타적발행권

배타적발행권이란 저작물을 배타적으로 발행하거나 복제·전송할 권리를 말한다. 복제란 인쇄·사진촬영·복사·녹음·녹화 그 밖의 방법으로 일시적 또는 영구적으로 유형물에 고정하거나 다시 제작하는 것을 말하며, 건축물의 경우에는 그 건축을 위한 모형 또는 설계도서에 따라 이를 시공하는 것을 포함한다(저작 2xxii). 전송이란 공중송신 중 공중의 구성원이 개별적으로 선택한 시간과 장소에서 접근할 수 있도록 저작물, 실연·음반·방송 또는 데이터베이스를 이용에 제공하는 것을 말하며, 그에 따라 이루어지는 송신을 포함한다(저작 2x).

저작물을 발행하거나 복제·전송할 권리를 가진 자는 그 저작물을 발행하거나 복제·전송에 이용하고자 하는 자에 대하여 배타적발행권(저작권법 제63조에 따른 출판권은 제외)을 설정할 수 있다(저작 57①). 저작재산권자는 그 저작물에 대하여 발행하거나 복제·전송의 방법 및 조건이 중첩되지 않는 범위 내에서 새로운 배타적발행권을 설정할 수 있다(저작 57②).

배타적발행권을 설정 받은 자인 배타적발행권자는 그 설정행위에서 정하는 바에 따라 그 배타적발행권의 목적인 저작물을 발행하거나 복제·전송의 방법으로 이용할 권리를 가진다(저작 57③). 저작재산권자는 그 저작물의 복제권·배포권·전송권을 목적으로 하는 질권이 설정되어 있는 경우에는 그 질권자의 허락이 있어야 배타적발행권을 설정할 수 있다(저작 57④). 배포란 저작물, 실연·음반·방송 또는 데이터베이스의 원본 또는 그 복제물을 공중에게 대가를 받거나 받지 아니하고 양도 또는 대여하는 것을 말한다(저작 2xxiii).

배타적발행권자는 저작재산권자의 동의 없이 배타적발행권을 양도하거나 또는 질권의 목적으로 할 수 없다(저작 62①).

다. 출판권

출판권이란 저작물을 인쇄 그 밖에 이와 유사한 방법으로 문서 또는 도화로 발행할 수 있는 권리를 말한다. 저작물을 복제·배포할 권리를 가진 자인 복제권자는 저작물을 인쇄 그 밖에 이와 유사한 방법으로 문서 또는 도화로 발행하고자 하는 자에 대하여 출판권을 설정할 수 있다(저작 63①).

출판권을 설정 받은 자인 출판권자는 그 설정행위에서 정하는 바에 따라 그 출판권의 목적인 저작물을 원작 그대로 출판할 권리를 가진다(저작 63②). 복제권자는 그 저작물의 복제권을 목적으로 하는 질권이 설정되어 있는 경우에는 그 질권자의 허락이 있어야 출판권을 설정할 수 있다(저작 63③).

출판권자는 복제권자의 동의 없이 출판권을 양도하거나 또는 질권의 목적으로 할 수 없다(저작 63의2, 62①).

라. 저작인접권

저작인접권이란 저작권에 인접하여 보호되는 권리로서 ① 실연자(實演者)의 권리 ② 음반제작자의 권리 ③ 방송사업자의 권리를 포괄하는 개념이다.

실연자는 저작물을 연기 · 무용 · 연주 · 가창 · 구연 · 낭독 그 밖의 예능적 방법으로 표현하거나 저작물이 아닌 것을 이와 유사한 방법으로 표현하는 실연을 하는 자를 말하며, 실연을 지휘, 연출 또는 감독하는 자를 포함한다(저작 2iv). 실연자가 가지는 권리로는 인격권으로서의 ① 성명표시권(저작 66) ② 동일성유지권(저작 67)과 재산권으로서의 ① 복제권(저작 69) ② 배포권(저작 70) ③ 대여권(저작 71) ④ 공연권(저작 72) ⑤ 방송권(저작 73) ⑥ 전송권(저작 74) ⑦ 방송사업자 등에 대한 보상청구권(저작 75~76의2)이 있다.

음반제작자는 음반을 최초로 제작하는 데 있어 전체적으로 기획하고 책임을 지는 자를 말한다(저작 2vi). 음반은 음(음성 · 음향을 말한다. 이하 같다)이 유형물에 고정된 것(음을 디지털화한 것을 포함한다)을 말한다. 다만, 음이 영상과 함께 고정된 것을 제외한다(저작 2v). 음반제작자의 권리로는 ① 복제권(저작 78) ② 배포권(저작 79) ③ 대여권(저작 80) ④ 전송권(저작 81) ⑤ 방송사업자 등에 대한 보상청구권(저작 82~83의2)이 있다.

방송사업자는 방송을 업으로 하는 자를 말한다(저작 2ix). 방송은 공중송신 중 공중이 동시에 수신하게 할 목적으로 음 · 영상 또는 음과 영상 등을 송신하는 것을 말한다(저작 2viii). 방송사업자의 권리로는 ①복제권(저작 84) ②동시중계권(저작 85) ③공연권(저작 85의2)이 있다.

저작인접권자는 ① 저작인접권자의 실명 · 이명(공표 당시에 이명을 사용한 경우에 한한다) · 국적 · 주소 또는 거소 ② 저작인접물의 제호 · 종류 · 창작연월일 ③ 공표의 여부 및 맨 처음 공표된 국가 · 공표연월일 ④ 2차적저작인접물의 경우 원저작인접물의 제호 및 저작인접권자 ⑤ 저작인접물이 공표된 경우에는 그 저작인접물이 공표된 매체에 관한 정보 ⑥ 등록권리자가 2명 이상인 경우 각자의 지분에 관한 사항을 저작인접권등록부에 등록할 수 있다(저작 90, 53①, 저작령 24). 또한 저작인접권자가 사망한 경우 저작인접권자의 특별한 의사표시가 없는 때에는 그의 유언으로 지정한 자 또는 상속인이 위 각 사항을 등록할 수 있다(저작 90, 53②). 그리고 저작인접권등록부에 저작인접권자로 실명이 등록된 자는 그 등록저작인접물의 저작인접권자로, 창작연월일 또는 맨 처음의 공표연월일이 등록된 저작인접물은 등록된 연월일에 창작 또는 맨 처음 공표된 것으로 추정한다. 다만, 저작인접물을 창작한 때부터 1년이 경과한 후에 창작연월일을 등록한 경우에는 등록된 연월일에 창작된 것으로 추정하지 아니한다(저작 90, 53③).

저작인접권 중 실연자의 인격권은 실연자의 일신에 전속하므로(저작 68) 이를 양도하거나 질권의 목적으로 할 수 없다. 그러나 그 밖의 저작인접재산권은 저작인접권자의 재산권에 속하므로 그 전부 또는 일부를 양도할 수 있고(저작 88, 45), 질권의 목적으로 할 수 있다(저작 90, 54).

저작인접재산권의 권리행사 방법에는 저작권법에 공동실연자에 관한 특별규정이 있다. 즉 2인 이상이 공동으로 합창 · 합주 또는 연극등을 실연하는 경우에 이 절에 규정된 실연자의 권리(실연자의 인격권은 제외한다)는 공동으로 실연하는 자가 선출하는 대표자가 이를 행사한다. 다만, 대표자의 선출이 없는 경우에는 지휘자 또는 연출자 등이 이를 행사한다(저작 77①). 그리고 위와 같이 실연자의 권리를 행사하는 경우에 독창 또는 독주가 함께 실연된 때에는 독창자 또는 독주자의 동의를 얻어야 한다(저작 77②).

마. 데이터베이스제작자의 권리

데이터베이스제작자란 데이터베이스의 제작 또는 그 소재의 갱신 · 검증 또는 보충에 인적 또는 물적으로 상당한 투자를 한 자를 말한다(저작 2xx). 데이터베이스는 소재를 체계적으로 배열 또는 구성한 편집물로서 개별적으로 그 소재에 접근하거나 그 소재를 검색할 수 있도록 한 것을 말한다(저작 2xix). 데이터베이스제작자는 그의 데이터베이스의 전부 또는 상당한 부분을 복제 · 배포 · 방송 또는 전송할 권리를 가진다(저작 93①).

데이터베이스제작자는 ①데이터베이스제작자의 실명 · 이명(공표 당시에 이명을 사용한 경우에 한한다) · 국적 · 주소 또는 거소 ②데이터베이스의 제호 · 종류 · 창작연월일 ③공표의 여부 및 맨 처음 공표된 국가 · 공표연월일 ④2차적데이터베이스의 경우 원데이터베이스의 제호 및 데이터베이스제작자 ⑤데이터베이스가 공표된 경우에는 그 데이터베이스가 공표된 매체에 관한 정보 ⑥등록권리자가 2명 이상인 경우 각자의 지분에 관한 사항을 데이터베이스제작자권리등록부에 등록할 수 있다(저작 98, 53①, 저작령 24). 또한 데이터베이스제작자가 사망한 경우 데이터베이스제작자의 특별한 의사표시가 없는 때에는 그의 유언으로 지정한 자 또는 상속인이 위 각 사항을 등록할 수 있다(저작 98, 53②). 그리고 데이터베이스제작자권리등록부에 데이터베이스제작자로 실명이 등록된 자는 그 등록데이터베이스의 데이터베이스제작자로, 창작연월일 또는 맨 처음의 공표연월일이 등록된 데이터베이스는 등록된 연월일에 창작 또는 맨 처음 공표된 것으로 추정한다. 다만, 데이터베이스를 창작한 때부터 1년이 경과한 후에 창작연월일을 등록한 경우에는 등록된 연월일에 창작된 것으로 추정하지 아니한다(저작 98, 53③).

데이터베이스제작자의 권리는 데이터베이스제작자의 재산권에 속하므로 그 전부 또는 일부를 양도할 수 있고(저작 96, 45), 질권의 목적으로 할 수 있다(저작 98, 54).

바. 영상제작자의 권리

영상제작자란 영상저작물의 제작에 있어 그 전체를 기획하고 책임을 지는 자를 말한다(저작 2 xiv). 영상저작물은 연속적인 영상(음의 수반여부는 가리지 아니한다)이 수록된 창작물로서 그 영상을 기계 또는 전자장치에 의하여 재생하여 볼 수 있거나 보고 들을 수 있는 것을 말한다(저작 2 xiii).

저작재산권자는 저작물의 영상화를 다른 사람에게 허락할 수 있으며, 저작재산권자가 저작물의 영상화를 다른 사람에게 허락한 경우에 특약이 없는 때에는 ①영상저작물을 제작하기 위하여 저작물을 각색하는 것 ②공개상영을 목적으로 한 영상저작물을 공개상영하는 것 ③방송을 목적으로 한 영상저작물을 방송하는 것 ④전송을 목적으로 한 영상저작물을 전송하는 것 ⑤영상저작물을 그 본래의 목적으로 복제 · 배포하는 것 ⑥영상저작물의 번역물을 그 영상저작물과 같은 방법으로 이용하는 것을 포함하여 허락한 것으로 추정한다(저작 99).

영상제작자와 영상저작물의 제작에 협력할 것을 약정한 자가 그 영상저작물에 대하여 저작권을 취득한 경우 특약이 없는 한 그 영상저작물의 이용을 위하여 필요한 권리는 영상제작자가 이를 양도 받은 것으로 추정한다(저작 100①). 또한 영상제작자와 영상저작물의 제작에 협력할 것을 약정한 실연자의 그 영상저작물의 이용에 관한 복제권(저작 69), 배포권(저작 70), 방송권(저작 73) 및 전송권(저작 74)은 특약이 없는 한 영상제작자가 이를 양도 받은 것으로 추정한다(저작 100③). 영상저작물은 저작물의 일종이므로(저작 4①vii) 영상저작물에 대한 영상제작자의 권리는 저작권등록부에 등록할 수 있으며 그 등록의 효력은 저작권의 경우와 같다.

영상저작물의 제작에 협력할 것을 약정한 자로부터 영상제작자가 양도 받는 영상저작물의 이용을 위하여 필요한 권리는 영상저작물을 복제·배포·공개상영·방송·전송 그 밖의 방법으로 이용할 권리로 하며, 이를 양도하거나 질권의 목적으로 할 수 있다(저작 101①). 실연자로부터 영상제작자가 양도 받는 권리는 그 영상저작물을 복제·배포·방송 또는 전송할 권리로 하며, 이를 양도하거나 질권의 목적으로 할 수 있다(저작 101②).

사. 컴퓨터프로그램 저작권

컴퓨터프로그램 저작권이란 컴퓨터프로그램 저작권자가 컴퓨터프로그램 저작물에 대하여 가지는 권리를 말한다. 컴퓨터프로그램저작물은 특정한 결과를 얻기 위하여 컴퓨터 등 정보처리능력을 가진 장치 내에서 직접 또는 간접으로 사용되는 일련의 지시·명령으로 표현된 창작물을 말한다(저작 2xvi).

컴퓨터프로그램 저작물도 저작물 중의 하나에 속한다(저작 4①ix). 따라서 컴퓨터프로그램 저작권도 컴퓨터프로그램 저작인격권과 컴퓨터프로그램 저작재산권으로 분류할 수 있으며 각 권리의 구성내용은 앞에서 설명한 저작권의 구성내용과 같다. 또한 컴퓨터프로그램 저작권을 프로그램등록부에 등록할 수 있으며 그 등록의 효력도 저작권의 경우와 같다.

컴퓨터프로그램 저작인격권은 저작자의 일신에 전속하므로(저작 14) 이를 양도하거나 질권의 목적으로 할 수 없다. 반면에 컴퓨터프로그램 저작재산권은 저작자의 재산권에 속하므로 그 전부 또는 일부를 양도할 수 있고(저작 45), 질권의 목적으로 할 수 있다(저작 54). 다만 공동컴퓨터프로그램 저작물의 컴퓨터프로그램 저작재산권은 그 컴퓨터프로그램 저작재산권자 전원의 합의에 의하지 아니하고는 이를 행사할 수 없으며, 다른 컴퓨터프로그램 저작재산권자의 동의가 없으면 그 지분을 양도하거나 질권의 목적으로 할 수 없다. 이 경우 각 컴퓨터프로그램 저작재산권자는 신의에 반하여 합의의 성립을 방해하거나 동의를 거부할 수 없다(저작 48①).

(2) 담보권의 설정과 효력

가. 질권

(가) 설정방법

저작재산권 등을 대상으로 하는 질권은 질권설정계약을 체결하고 저작권등록부, 저작인접권등록부, 데이터베이스제작자권리등록부, 프로그램등록부에 질권설정등록을 하는 방법으로 설정한다. 질권설정계약의 유형과 그 구체적인 내용은 지명채권을 대상으로 하는 질권설정계약의 경우와 같다. 그리고 이 경우 저작권등록부 등에의 등록은 질권의 성립요건이 아니고 제3자에 대한 대항요건이다(저작 54iii, 63③, 90, 98).

2개 이상의 저작재산권 등 지식재산권을 저작권등록부 등 그 지식재산권을 등록하는 공적(公的) 장부에 공동담보로 등록할 수 있다(동채담 58①). 다만 2개 이상의 지식재산권을 공동담보로 등록하려면 담보의 목적이 되는 지식재산권은 그 등록부를 관장하는 기관이 동일하여야 하고, 지식재산권의 종류와 대상을 정하거나 그 밖에 이와 유사한 방법으로 특정할 수 있어야 한다(동채담 58②).

(나) 효력

저작재산권 등을 대상으로 하는 질권의 효력은 대체로 동산·채권 등의 담보에 관한 법률상의 동산담보권의 효력에 준한다(동채담 61). 저작재산권 등에 대한 질권의 효력으로서 특수한 점은 다음과 같다.

첫째로 질권의 목적으로 된 저작재산권은 설정행위에 특약이 없는 한 저작재산권자가 이를 행사한다(저작 47②).

둘째로 저작재산권 등을 목적으로 하는 질권은 그 저작재산권 등의 양도 또는 그 저작물의 이용에 따라 저작재산권자가 받을 금전 그 밖의 물건(출판권 및 프로그램배타적발행권 설정의 대가를 포함한다)에 대하여도 행사할 수 있다. 다만, 이들의 지급 또는 인도 전에 이를 압류하여야 한다(저작 47①, 88, 96).

셋째로 질권의 실행은 민사집행법상의 그 밖의 재산권에 대한 집행방법에 의하여 한다(민 354, 민집 251).

넷째로 2개 이상의 저작재산권 등 지식재산권을 공동담보로 등록한 경우 그 담보권의 득실변경은 그 등록을 한 때에 그 지식재산권 등에 대한 질권의 득실변경을 등록한 것과 동일한 효력이 생긴다(동채담 59①). 그리고 동일한 지식재산권 등에 관하여 동산·채권 등의 담보에 관한 법률에 따른 공동담보권 등록과 그 지식재산권을 규율하는 개별 법률에 따른 질권 등록이 이루어진 경우에 그 순위는 법률에 다른 규정이 없으면 그 선후에 따른다(동채담 59②).

다섯째로 저작재산권 등 지식재산권을 대상으로 하여서도 근질권을 설정할 수 있다(동채담 61, 5). 이는 민법상 권리질권에 근담보권에 관한 규정이 없어 그 근거를 마련해준 것이다. 그리고 근질권에 있어서도 금융거래의 실무상은 다른 담보권의 경우와 마찬가지로 특정근질권과 한정근질권 및 포괄근질권의 3가지 유형 중 선택하여 설정할 수 있음은 물론이다.

여섯째로 질권설정자는 질권자의 동의없이 질권의 목적된 권리를 소멸하게 하거나 질권자의 이익을 해하는 변경을 할 수 없다(동채담 61, 민 352).

나. 양도담보권·가등록담보권

저작재산권 등은 양도가 가능하므로(저작 45①, 63①, 88, 96) 양도담보권이나 가등록담보권의 목적으로 할 수 있다.

저작재산권 등을 대상으로 하는 양도담보권은 설정당사자가 양도담보계약을 체결하고 저작권등록부 등에 저작재산권 등의 이전등록을 하는 방법으로 설정하고, 가등록담보권은 설정당사자가 가등록담보계약을 체결하고 저작권등록부 등에 저작재산권 이전의 가등록을 하는 방법으로 설정한다. 이 경우 이전등록이나 가등록은 양도담보권이나 가등록담보권의 효력(성립)요건이 아니고 제3자에 대한 대항요건이다(저작 54 i, 63③, 90, 98).

저작재산권 등을 대상으로 하여 설정한 양도담보권이나 가등록담보권의 효력은 부동산을 대상으로 하는 양도담보권이나 가등기담보권의 효력과 같다(가담 1, 18본).

제 2 각종 인적 · 물적 시설의 이용권 담보

1. 의의

소득수준이 높아짐에 따라 건강을 돌보고 여가를 즐길 시간적인 여유가 생기게 되고 이에 따라, 이를 위한 인적 · 물적 시설(대표적인 예로는 골프장, 체력단련장 등의 체육시설과 휴양 콘도미니엄 등의 관광사업시설을 들 수 있다)을 마련하여 반대급부를 받고 사람들로 하여금 이들 시설을 이용하도록 하는 사업자와 반대급부를 지급하고 이들 시설을 이용하는 이용자가 생기게 되었다.

체육시설이나 관광사업시설의 이용권 또한 이용권자의 재산권에 속한다는 점에서 이들 이용권을 담보의 대상으로 할 수 있는지 여부와 담보로 할 수 있다고 할 때 그 담보권의 설정방법이 무엇인지 문제로 된다.

특정의 골프장이나 휴양콘도미니엄 등 체육시설이나 관광사업시설을 이용할 수 있는 권리는 크게 그 시설 운영조직의 구성원으로서 가지는 이용권과 회원으로서 가지는 이용권의 2가지 유형으로 분류해 볼 수 있다.

그런데 이 중 운영조직의 구성원으로서 가지는 이용권은 그 구성원의 지위에 수반되는 것이므로 그 구성권의 지위인 사원권을 담보로 하는 이외에 이용권만을 분리하여 담보로 할 수가 없다. 예컨대 운영조직이 주식회사 등의 영리회사이면 주주로서의 지위 등 그 사원권을 담보의 대상으로 하여야 하므로 별도로 논의할 실익이 없다. 또한 비영리법인이면 그 사원권의 양도나 상속이 금지되어 있으므로(민 56) 담보의 대상으로 할 수 없다.

따라서 여기에서 특별히 논의가 필요한 것은 체육시설이나 관광사업시설 운영조직의 회원으로서 가지는 이용권을 대상으로 하는 담보라고 할 수 있다.

2. 체육시설 회원권

(1) 의의

체육시설 회원권이란 문화체육관광부에 등록한 체육시설업자가 설치 · 경영하는 체육시설업의 회원이 가지는 포괄적인 권리 · 의무관계를 말한다.

체육시설이란 체육 활동에 지속적으로 이용되는 시설(정보처리 기술이나 기계장치를 이용한 가상의 운동경기 환경에서 실제 운동경기를 하는 것처럼 체험하는 시설을 포함한다. 다만, 「게임산업진흥에 관한 법률」 제2조제1호에 따른 게임물은 제외한다)과 그 부대시설을 말한다(체설이 2 i). 그리고 체육시설업이란 영리를 목적으로 체육시설을 설치 · 경영하거나 체육시설을 이용한 교습행위를 제공하는 업(業)을 말하고(체설이 2ii), 체육시설업자란 체육시설법 제19조제1항 · 제2항 또는 제20조에 따라 체육시설업을 등록하거나 신고한 자를 말하며다(체설이 2iii), 회원이란 체육시설업의 시설 또는 그 시설을 이용한 교습행위를 일반이용자보다 우선적으로 이용하거나 유리한 조건으로 이용하기로 체육시설업자(체육시설법 제12조에 따른 사업계획 승인을 받은 자를 포함한다)와 약정한 자를 말한다(체설이 2iv).

체육시설업은 크게 등록 체육시설업과 신고 체육시설업으로 구분되며, 등록 체육시설업은 다시 골프장업, 스키장업, 자동차 경주장업으로 구분되고, 신고 체육시설업은 요트장업, 조정장업, 카누장업, 빙상장업, 승마장업, 종합 체육시설업, 수영장업, 체육도장업, 골프 연습장업, 체력단련장업, 당구장업, 썰매장업, 무도학원업, 무도장업으로 구분된다(체설이 10①). 그리고 체육시설의 종류로는 다음과 같은 것이 있다(체설이 3, 체설이령 2).

[참고] 체육시설의 종류(체설이령 별표 1)

구 분	체육시설종류
운동종목	골프장, 골프연습장, 궁도장, 게이트볼장, 농구장, 당구장, 라켓볼장, 럭비풋볼장, 롤러스케이트장, 배구장, 배드민턴장, 벨로드롬, 볼링장, 봅슬레이장, 빙상장, 사격장, 세팍타크로장, 수상스키장, 수영장, 무도학원, 무도장, 스쿼시장, 스키장, 승마장, 썰매장, 씨름장, 아이스하키장, 야구장, 양궁장, 역도장, 에어로빅장, 요트장, 육상장, 자동차경주장, 조정장, 체력단련장, 체육도장, 체조장, 축구장, 카누장, 탁구장, 테니스장, 펜싱장, 하키장, 핸드볼장, 그 밖에 국내 또는 국제적으로 치러지는 운동 종목의 시설로서 문화체육관광부장관이 정하는 것
시설형태	운동장, 체육관, 종합 체육시설, 가상체험 체육시설

(2) 회원모집의 절차

체육시설업자 또는 사업계획의 승인을 받은 자는 회원을 모집할 수 있으며, 회원을 모집하려면 회원 모집을 시작하는 날 15일 전까지 특별시장 · 광역시장 · 특별자치시장 · 도지사 · 특별자치도지사, 시장 · 군수 또는 구청장에게 회원모집계획서를 작성 · 제출하여야 한다(체설이 17①).

체육시설의 회원을 모집하려는 자가 대통령령(체설이령 18)으로 정하는 관광사업시설과 통합하여 회원을 모집하기 위하여 회원모집계획서를 제출한 경우에는 「관광진흥법」 제20조에도 불구하고 이 법에 따른 회원 모집으로 본다(체설이 17②). 체육시설 회원의 종류, 회원의 수, 모집 시기, 모집 방법, 모집 절차 및 회원모집계획서의 작성 · 제출 등에 관하여 필요한 사항은 대통령령(체육시설법시행령 17)으로 정한다(체설이 17③).

(3) 회원권자의 보호

체육시설업자는 체육시설업의 종류에 따라 문화체육관광부령으로 정하는 시설기준에 맞는 시설을 설치하고 유지 · 관리하여야 한다(체설이 11①). 또한 회원을 모집한 체육시설업자 또는 사업계획의 승인을 받은 자는 회원자격의 양도(讓渡) · 양수(讓受), 입회금액의 반환, 회원증의 확인 · 발급 및 회원 대표기구의 구성 · 역할 등에서 회원의 권익 보호를 위하여 다음의 사항을 지켜야 한다(체설이 18, 체설이령 19).

⑴ 회원자격의 양도 · 양수 : 회원이 그 자격을 다른 사람에게 양도하려는 경우에는 양수하려는 자가 회원의 자격제한 기준에 해당하는 경우(즉 구체적인 자격제한 기준을 미리 약관에 명시한 경우 : 체설이령 17ⅱ다) 외에는 이를 제한하여서는 아니 되며, 회원자격을 양수하는 자로부터 회원자격의 양도 · 양수에 따른 일체의 비용을 징수하는 경우 그 금액은 실비(實費)를 기준으로 한 금액이어야 한다.

⑵ 입회금액(회원으로 최초 가입하는 자가 회원자격을 부여받는 대가로 회원을 모집하는 자에게 지불하는 모든 금액을 말하되, 회원으로 최초 가입하는 자가 회원에 가입할 때 법률에 따라 설치된 기금에 기부한 금액은 제외한다)의 반환 : 회원의 탈퇴 또는 탈퇴자에 대한 입회금액의 반환시기 등에 관하여는 회원을 모집한 자와 회원 간의 약정에 따르되, 회원으로 가입한 이후 회원 권익에 관한 약정이 변경되는 경우에는 기존 회원은 탈퇴할 수 있으며, 탈퇴자가 입회금의 반환을 요구하는 경우에는 지체 없이 이를 반환하여야 한다.

⑶ 회원자격의 존속기한을 정한 회원(이하 "연회원"이라 한다)에 대한 입회금액의 반환 : 연회원이 회원자격의 존속기한이 끝나 입회금의 반환을 요구하는 경우에는 요구한 날부터 10일 이내에 반환하여야 한다. 다만, 입회금의 반환 여부 등에 관한 약정이 있는 경우에는 그 약정에 따른다.

⑷ 회원증의 확인 · 발급 : 회원이 입회한 날부터 30일 이내에 회원증을 작성하여 문화체육관광부령으로 정하는 바에 따라 회원에게 확인 · 발급하여야 한다. 회원자격을 양수한 회원의 경우에도 또한 같다.

⑸ 회원 대표기구 : 회원이 회원을 대표하는 운영위원회를 구성할 것을 요구하는 경우 회원 10명 이상으로 구성하게 하여야 하고, 회원의 권익에 관한 사항은 그 운영위원회와 미리 협의하여야 한다.

체육시설업자가 사망하거나 그 영업을 양도한 때 또는 법인인 체육시설업자가 합병한 때에는 그 상속인, 영업을 양수한 자 또는 합병 후 존속하는 법인이나 합병(合倂)에 따라 설립되는 법인은 그 체육시설업의 등록 또는 신고에 따른 권리 · 의무(회원을 모집한 경우에는 그 체육시설업자와 회원 간에 약정한 사항을 포함한다)를 승계한다(체설이 27①). 또한 다음 중의 어느 하나에 해당하는 절차에 따라 문화체육관광부령으로 정하는 체육시설업의 시설 기준에 따른 필수시설을 인수한 자도 그 체육시설업의 등록 또는 신고에 따른 권리 · 의무를 승계한다(체설이 27②).

① 민사집행법에 따른 경매

② 채무자 회생 및 파산에 관한 법률에 의한 환가(換價)
③ 국세징수법 · 관세법 또는 지방세징수법에 따른 압류 재산의 매각
④ 그 밖에 위 ①부터 ③까지의 규정에 준하는 절차

(4) 담보권의 설정

가. 담보의 대상

체육시설 회원권을 담보로 하는 경우 그 담보의 대상에는 두 가지가 있다. 하나는 회원권 자체이고, 다른 하나는 회원 탈퇴시 체육시설업자에 대하여 가지는 입회금반환청구권이다.

이 중 어느 것을 선택하여 담보로 할 것인지는 설정당사자가 합의하여 정하면 된다. 그러나 회원가입약정에 담보제공이 금지되어 있으면, 그 담보권을 가지고 체육시설업자에게 대항하지 못한다. 또한 체육시설업자가 탈퇴하는 회원에게 입회금을 반환하지 않는 것으로 약정하고 있는 경우에는, 입회금반환청구권을 대상으로 하는 담보권은 이를 설정할 수 없다.

따라서 체육시설 회원권을 담보의 대상으로 함에 있어서는, 미리 그 회원가입약정의 내용을 입수하여, 회원권의 담보제공이나 양도 또는 회원탈퇴시의 입회금반환청구에 특별한 제한이 있는지 여부 등을 확인한 후, 그 내용을 담보취득 여부의 결정과 담보가치의 판단에 고려하여야 한다.

나. 담보권설정의 방법

㈎ 회원권 자체에 대한 담보권설정

회원권 자체에 담보권을 설정하는 방법으로는 질권을 설정하는 것과 양도담보권을 설정하는 방법을 생각해 볼 수 있으며, 그 차이점은 유체동산에 대한 질권과 양도담보권의 차이점에 준하는 것으로 보면 된다.

담보권설정의 방법은 회원가입계약상 회원권의 양도가 어느 정도 보장되어 있는지에 따라 다르다. 회원자격과 양도에 아무런 제한이 없어 양도통지만으로 체육시설업자에게 양도사실을 대항할 수 있는 경우이면, 당사자가 질권설정계약 또는 양도담보계약을 체결하고, 담보권자가 설정자로부터 회원가입약정서와 체육

시설업자가 발급한 회원증(회원증 발급전인 경우는 입회금지급영수증)을 인도받아 점유하는 한편, 질권설정 또는 양도의 사실을 확정일자 있는 증서로 체육시설업자에게 통지하는 방법으로 하면 된다.

이에 대하여 회원가입계약상 회원자격에 제한을 두고 소정의 절차에 따라 심사를 받아 승인을 받은 자만이 회원이 될 수 있도록 되어 있는 경우이면, 당사자가 질권설정계약 또는 양도담보계약을 체결하고, 담보권자가 설정자로부터 회원가입약정서와 체육시설업자가 발급한 회원증(회원증 발급전인 경우는 입회금지급영수증)을 인도받아 점유하는 한편, 질권설정 또는 양도의 사실을 체육시설업자에게 통지하는 것만으로는 부족하고, 질권설정 또는 양도 사실에 대하여 체육시설업자의 승낙을 받아 그 승낙서에 확정일자를 받아 두어야 한다.

소정의 절차에 따른 승인을 받은 자만이 회원이 될 수 있도록 되어 있는 경우, 회원권의 양수인이 그 심사를 받아 승인을 얻지 못한 단계에서는, 그 회원권의 양도양수계약은 계약당사자 사이에서만 효력이 있을 뿐, 체육시설업자나 제3자에 대한 관계에서는 양수인이 아직 회원으로서의 지위를 취득하지 못한다. 따라서 소정의 절차에 따른 승인이 있기 전에 양도인의 다른 채권자가 회원권을 압류하거나 가압류하면, 양수인은 그 후 승인을 받는다 하더라도 압류채권자나 가압류채권자에게 회원권의 취득을 가지고 대항할 수 없게 된다.

채무자가 채무를 이행하지 않는 경우의 담보권실행은, 회원권 자체를 경매 또는 임의처분 하거나, 설정자를 대위하여 회원권가입계약을 해지하고 체육시설업자에게 입회금반환청구를 하여, 그 환가대금이나 추심금으로부터 담보채권의 우선변제를 받는 방법으로 하면 된다.

판례6-2

1. 회원권의 취득시기

(1) 골프장소유자에게 골프회원권 명의변경절차이행을 청구하기 위하여는 그 골프장의 회원임을 전제로 하며, 비록 골프회원권을 경락받았다고 하여도 골프장소유자에 대한 관계에서는 당연히 회원으로서의 자격을 취득하는 것이 아니고 그 소유자가 이에 동의한다거나 또는 그와 전회원과의 관계에서 회원권의 자유로운 양도가 사전에 약정되어 있어 이에 대한 동의가 있었다고 볼 수 있는 특별한 사정이 있는 경우에 한하여 경락인이 경락에 의하여 회원으로서의 자격을 취득한다(대판 1988.6.16. 88가합1724).

(2) ① 피고회사에 의하여 운영되는 컨트리클럽의 골프개인회원권은 입회희망자가 피고회사 이사회의 입회승인을 얻어 입회금을 납입함으로써 취득하게 되며 재산적 가치를 갖는 계약상의

지위로서 자유로이 양도할 수 있으나 그 회칙상 회원자격심사위원회의 심의와 이사회의 승인을 얻은 후 소정의 수수료를 납부하도록 되어 있다면, 그 회원권의 양수인이 위 이사회의 승인을 얻지 못한 단계에서는 그 회원권 양도양수계약은 계약당사자 사이에서만 효력이 있을 뿐 피고회사나 제3자에 대한 관계에서는 양수인이 아직 회원으로서의 지위를 취득하지 못하여 여전히 양도인이 회원권자라고 할 수밖에 없고, 그 양도인의 채권자는 양도인이 보유하는 회원권이나 또는 회원으로서의 지위에서 피고회사에 대하여 가지는 입회금반환청구권을 가압류할 수 있을 것이며 그 가압류 후에는 그 회원권의 양수인이 피고회사 이사회의 승인을 얻어 회원의 지위를 취득하였더라도 위 가압류채권자에 대해서는 그 회원권 취득의 효력을 주장할 수 없다.

② 골프회원권은 민사소송법 제584조 소정의 강제집행방법에 의한 집행대상이 되지만 회원이 퇴회할 때 행사할 수 있는 정지조건부 채권인 예치금반환청구권에 대하여 압류 및 전부명령을 받는 방법으로 집행할 수도 있다.

③ 골프클럽회원의 회원가입계약 해지권이 일신전속적인 권리가 아니고 그 해지(탈퇴)에 특별한 제약이 없는 것인 이상, 입회금반환청구권은 비록 입회금반환사유가 발생할 것을 정지조건으로 하는 채권이라 할지라도 그에 대한 압류 및 전부명령이 제3자인 골프장운영회사에게 송달된 때에 채권자가 집행법원을 통하여 제3자에게 채무자를 대위하여 회원가입계약 해지권을 행사한 것이라고 볼 수 있으므로 입회금반환 사유는 그 송달시에 이미 발생하였다고 볼 것이다(대판 1989.11.10. 88다카19606).

2. 입회승인의 거부 또는 취소 가능 여부

회원제골프장업자가 법령에 따라 미리 약관에서 명시하지도 아니한 회원자격요건을 내세워 입회신청자의 입회승인을 거부할 수 없을 뿐 아니라, 그와 같은 사유를 들어 사후에 입회승인의 의사표시를 취소할 수 없으며, 비록 입회신청자가 입회신청시 입회승인의 거부 내지 취소사유가 될 수 없는 사유에 관하여 기망하였다 하더라도 회원제골프장업자는 이를 이유로 입회승인을 취소할 수 없다(대판 1997.3.11. 96다41595).

(나) 입회금반환청구권에 대한 담보설정

회원권의 양도가 금지되어 있거나, 금지되어 있지 않더라도 회원가입계약에 따라 회원으로부터 제명되어 있거나 가입계약이 해지된 상태에서는 회원권을 대상으로 하는 담보권은 설정할 수가 없다. 따라서 이 경우에는 회원탈퇴시 회원이 체육시설업자에 대하여 가지는 입회금반환청구권을 대상으로 담보권을 설정하여야 한다. 그리고 이 경우 담보권설정의 방법과 효력은 앞에서 설명한 지명채권에 대한 담보권설정의 경우와 같다.

3. 관광사업시설 회원권 또는 공유권

(1) 의의

관광사업시설 회원권 또는 공유권이란 문화체육관광부에 등록 또는 신고를 하거나 문화체육관광부로부터 허가 또는 지정을 받은 관광사업자가 운영하는 관광사업시설의 회원이나 공유자가 가지는 포괄적인 권리 · 의무관계를 말한다.

관광사업이란 관광객을 위하여 운송 · 숙박 · 음식 · 운동 · 오락 · 휴양 또는 용역을 제공하거나 그 밖에 관광에 딸린 시설을 갖추어 이를 이용하게 하는 업(業)을 말하고(관진 2ⅰ), "관광사업자"란 관광사업을 경영하기 위하여 등록 · 허가 또는 지정(이하 "등록등"이라 한다)을 받거나 신고를 한 자를 말한다(관진 2ⅱ). 그리고 회원이란 관광사업의 시설을 일반 이용자보다 우선적으로 이용하거나 유리한 조건으로 이용하기로 해당 관광사업자(관광진흥법 제15조 제1항 및 제2항에 따른 사업계획의 승인을 받은 자를 포함한다)와 약정한 자를 말하고(관진 2ⅳ), 공유자란 단독 소유나 공유(共有)의 형식으로 관광사업의 일부 시설을 관광사업자(관광진흥법 제15조 제1항 및 제2항에 따른 사업계획의 승인을 받은 자를 포함한다)로부터 분양받은 자를 말한다(관진 2ⅴ).

관광사업은 다음과 같이 분류할 수 있다(관진 3, 동법시행령 2).

[참고] 관광사업의 종류

대분류	세분류
여행업	일반여행업, 국외여행업, 국내여행업
관광숙박업	호텔업(관광호텔업, 수상관광호텔업, 한국전통호텔업, 가족호텔업, 호스텔업, 소형호텔업, 의료관광호텔업), 휴양 콘도미니엄업
관광객 이용시설업	전문휴양업, 종합휴양업(제1종 종합휴양업, 제2종 종합휴양업), 야영장업(일반야영장법, 자동차야영장업), 관광유람선업(일반관광유람선업, 크루즈업), 관광공연장업, 외국인관광 도시민박업
국제회의업	국제회의시설업, 국제회의기획업
카지노업	
유원시설업(遊園施設業)	종합유원시설업, 일반유원시설업, 기타유원시설업
관광 편의시설업	관광유흥음식점업, 관광극장유흥업, 외국인전용 유흥음식점업, 관광식당업, 관광순환버스업, 관광사진업, 여객자동차터미널시설업, 관광펜션업, 관광궤도업, 한옥체험업, 관광면세업

(2) 회원을 모집할 수 있는 관광사업자

관광사업을 경영하는 자 중 회원을 모집할 수 있는 자는 관광숙박업 중 휴양 콘도미니엄업 및 호텔업과 관광객 이용시설업 중 제2종 종합휴양업을 등록한 자 또는 그 사업계획의 승인을 받은 자에 한한다(관진 20①, 관진령 23①). 그리고 이 중 휴양 콘도미니엄업 및 호텔업의 등록을 받은 자 또는 그 사업계획의 승인을 얻은 자가 체육시설의 설치 · 이용에 관한 법률 제12조에 따라 골프장의 사업계획을 승인받은 경우에는 관광숙박시설과 해당 골프장을 연계하여 분양하거나 회원을 모집할 수 있다(관진 20②ii, 관진령 23②).

호텔업이란 관광객의 숙박에 적합한 시설을 갖추어 이를 관광객에게 제공하거나 숙박에 딸리는 음식 · 운동 · 오락 · 휴양 · 공연 또는 연수에 적합한 시설 등을 함께 갖추어 이를 이용하게 하는 업을 말하고(관진 3①ii가). 휴양 콘도미니엄업이란 관광객의 숙박과 취사에 적합한 시설을 갖추어 이를 그 시설의 회원이나 공유자, 그 밖의 관광객에게 제공하거나 숙박에 딸리는 음식 · 운동 · 오락 · 휴양 · 공연 또는 연수에 적합한 시설 등을 함께 갖추어 이를 이용하게 하는 업을 말하며(관진 3①ii나), 제2종 종합휴양업이란 관광객의 휴양이나 여가 선용을 위하여 관광숙박업의 등록에 필요한 시설과 제1종 종합휴양업의 등록에 필요한 전문휴양시설 중 두 종류 이상의 시설 또는 전문휴양시설 중 한 종류 이상의 시설 및 종합유원시설업의 시설을 함께 갖추어 관광객에게 이용하게 하는 업(관진령 2①iii나(2))을 말한다.

(3) 회원권자의 보호

문화체육관광부장관은 관광숙박시설 및 야영장 이용자의 편의를 돕고, 관광숙박시설 · 야영장 및 서비스의 수준을 효율적으로 유지 · 관리하기 위하여 관광숙박업자 및 야영장업자의 신청을 받아 관광숙박업 및 야영장업에 대한 등급을 정할 수 있다. 다만, 관광진흥법 제4조제1항에 따라 호텔업 등록을 한 자 중 관광호텔업, 수상관광호텔업, 한국전통호텔업, 소형호텔업 또는 의료관광호텔업의 등록을 한 자는 등급결정을 신청하여야 한다(관진 19①, 관진령 22①).

분양 또는 회원 모집을 하려는 자는 대통령령(관진령 24)으로 정하는 분양 또는 회원 모집의 기준 및 절차에 따라 분양 또는 회원 모집을 하여야 한다(관진 20④). 그리고 분양 또는 회원모집을 하려는 자가 사용하는 약관에는 공유자 또는 회원의 권익을 보호하기 위하여 다음 사항을 포함시키고 이를 지켜야 한다(관진 20③⑤, 관진령 26).

(1) 공유지분 또는 회원자격의 양도·양수 : 공유지분 또는 회원자격의 양도·양수를 제한하지 아니할 것. 다만, 제24조 제1항 제3호에 따라 휴양 콘도미니엄의 객실을 분양받은 자가 해당 객실을 법인이 아닌 내국인(출입국관리법 시행령 별표 1 제27호 차목에 따라 법무부장관이 정하여 고시한 투자지역에 위치하지 아니한 휴양 콘도미니엄의 경우 법인이 아닌 외국인을 포함한다)에게 양도하려는 경우에는 양수인이 같은 호 각 목 외의 부분 본문에 따른 분양기준에 적합하도록 하여야 한다.

(2) 시설의 이용 : 공유자 또는 회원이 이용하지 아니하는 객실만을 공유자 또는 회원이 아닌 자에게 이용하게 할 것. 이 경우 객실이용계획을 수립하여 제6호에 따른 공유자·회원의 대표기구와 미리 협의하여야 하며, 객실이용명세서를 작성하여 공유자·회원의 대표기구에 알려야 한다.

(3) 시설의 유지·관리에 필요한 비용의 징수

① 해당 시설을 선량한 관리자로서의 주의의무를 다하여 관리하되, 시설의 유지·관리에 드는 비용 외의 비용을 징수하지 아니할 것

② 시설의 유지·관리에 드는 비용의 징수에 관한 사항을 변경하려는 경우에는 공유자·회원의 대표기구와 협의하고, 그 협의 결과를 공유자 및 회원에게 공개할 것

③ 시설의 유지·관리에 드는 비용 징수금의 사용명세를 매년 공유자·회원의 대표기구에 공개할 것

(4) 회원의 입회금(회원자격을 부여받은 대가로 회원을 모집하는 자에게 지불하는 비용을 말한다)의 반환 : 회원의 입회기간 및 입회금의 반환은 관광사업자 또는 사업계획승인을 받은 자와 회원 간에 체결한 계약에 따르되, 회원의 입회기간이 끝나 입회금을 반환하여야 하는 경우에는 입회금 반환을 요구받은 날부터 10일 이내에 반환할 것

(5) 회원증의 발급 및 확인 : 문화체육관광부령으로 정하는 바에 따라 공유자나 회원에게 해당 시설의 공유자나 회원임을 증명하는 회원증을 문화체육관광부령으로 정하는 기관으로부터 확인받아 발급할 것

(6) 공유자·회원의 대표기구의 구성 및 운영

① 20명 이상의 공유자 · 회원으로 대표기구를 구성할 것. 이 경우 그 분양 또는 회원모집을 한 자와 그 대표자 및 임직원은 대표기구에 참여할 수 없다.

② 가목에 따라 대표기구를 구성하는 경우(결원을 충원하는 경우를 포함한다)에는 그 공유자 · 회원 모두를 대상으로 전자우편 또는 휴대전화 문자메세지로 통지하거나 해당 사업자의 인터넷 홈페이지에 게시하는 등의 방법으로 그 사실을 알리고 대표기구의 구성원을 추천받거나 신청받도록 할 것

③ 공유자 · 회원의 권익에 관한 사항[(3)②에 관한 사항은 제외한다]은 대표기구와 협의할 것

④ 휴양 콘도미니엄업에 대한 특례

㉮ ①에도 불구하고 한 개의 법인이 복수의 휴양 콘도미니엄업을 등록한경우에는 그 법인이 등록한 휴양 콘도미니엄업의 전부 또는 일부를 대상으로 대표기구를 통합하여 구성할 수 있도록 하되, 통합하여 구성된 대표기구(이하 "통합 대표기구"라 한다)에는 각각의 등록된 휴양 콘도미니엄업 시설의 공유자 및 회원이 다음의 기준에 따라 포함되도록 할 것

㉠공유자와 회원이 모두 있는 등록된 휴양 콘도미니엄업의 경우: 공유자 및 회원 각각 1명 이상

㉡공유자 또는 회원만 있는 등록된 휴양 콘도미니엄업의 경우: 공유자 또는 회원 1명 이상

㉯㉮에 따라 통합 대표기구를 구성한 경우에도 특정 휴양 콘도미니엄업 시설의 공유자 · 회원의 권익에 관한 사항으로서 통합 대표기구의 구성원 10명 이상 또는 해당 휴양 콘도미니엄업 시설의 공유자 · 회원 10명 이상이 요청하는 경우에는 해당 휴양 콘도미니엄업 시설의 공유자 · 회원 20명 이상으로 그 휴양 콘도미니엄업의 해당 안건만을 협의하기 위한 대표기구를 구성하여 해당 안건에 관하여 통합 대표기구를 대신하여 협의하도록 할 것

(7) 그 밖의 공유자 · 회원의 권익 보호에 관한 사항 : 분양 또는 회원모집계약서에 사업계획의 승인번호 · 일자(관광사업으로 등록된 경우에는 등록번호 · 일자), 시설물의 현황 · 소재지, 연간 이용일수 및 회원의 입회기간을 명시할 것

(4) 담보권의 설정

관광사업시설 회원권을 담보로 하는 경우 그 담보의 대상에는 회원권 자체와 회원 탈퇴시 그 관광사업자에 대하여 가지는 입회금반환청구권의 2가지가 있음은 체육시설 회원권의 경우와 같다. 또한 이들을 대상으로 하는 담보권의 설정방법과 효력도 체육시설 회원권의 경우와 같다.

관광사업시설 공유권은 관광사업시설물인 건축물을 집합건물의 소유 및 관리에 관한 법률에 의하여 여러 개의 구분건물로 소유권보존등기한 후, 각 구분건물과 대지권을 수인(數人)의 회원에게 공동소유로 이전등기 하여주는 것이 보통이다. 따라서 이 경우에는 관광사업시설 회원권자가 가지는 구분건물의 소유지분과 대지권을 대상으로 근저당권(또는 가등기담보권)을 설정하는 방법으로 담보권을 설정하여야 한다.

제 3 회사의 사원권 담보

1. 유한회사의 지분

유한회사란 2인 이상 50인 이하의 사원으로 구성된 소규모의 물적회사를 말한다. 유한회사의 사원은 회사에 대한 출자의무(상 553)와 전보의무(상 550, 551, 593, 605)만 부담할 뿐, 회사채무에 대하여 회사채권자에게 변제책임을 부담하지 않는다.

유한회사의 지분이란 유한회사의 사원이 회사에 대하여 가지는 법률상의 지위를 말한다. 유한회사의 각 사원은 그 출자좌수에 따라 지분을 가지고(상 554), 출자 1좌의 금액은 100원 이상으로 균일하게 하여야 하며(상 546), 이익의 배당은 정관에 다른 정함이 있는 경우 외에는 각 사원의 출자좌수에 따라 하여야 한다(상 580). 그리고 유한회사 사원의 지분에 관하여는 주식과는 달리 지시식 또는 무기명식의 증권을 발행하지 못한다(상 555). 다만 기명식의 지분증권을 발행할 수는 있으나, 이것은 유가증권이 아니고 단순한 증거증권에 지나지 않는다.

유한회사의 사원은 그 지분의 전부 또는 일부를 대상으로 다른 사원의 동의 없이 자유로 질권을 설정할 수 있다(상 559, 556본). 다만 유한회사는 정관으로 지분의 질권설정을 제한할 수 있으므로(상 559, 556단), 그 제한이 있는지 여부를 확인하여 만약 제한이 있으면 그 제한요건을 충족시켜야 한다.

유한회사의 지분에 대한 질권설정은 당사자가 질권설정계약을 체결하고, 질권설정자로부터 출자금납입영수증(또는 지분증권 등)을 인도받아 점유하는 한편, 질권설정의 사실을 유한회사 또는 제3자에게 대항하기 위한 요건으로서 사원명부에 질권자의 성명, 주소와 그 목적이 되는 출자좌수를 기재하는(상법 559②, 557) 방법으로 하여야 한다.

유한회사의 지분을 대상으로 사원명부에 질권자의 성명, 주소와 그 목적이 되는 출자좌수를 기재한 경우에는 질권자는 회사로부터 이익배당, 잔여재산의 분배를 받아 다른 채권자에 우선하여 자기채권의 변제에 충당할 수 있다. 또한 지분의 소각, 병합, 분할 또는 전환이 있는 때에는 이로 인하여 종전의 사원이 받을 금전이나 지분에 대하여도 종전의 지분을 목적으로 한 질권을 행사할 수 있다(상 560①, 340①, 339). 그리고 채권의 변제기가 질권자의 채권의 변제기보다 먼저 도래한 때에는 질권자는 제3채무자에 대하여 그 변제금액의 공탁을 청구할 수 있다. 이 경우에 질권은 그 공탁금에 존재한다(상 560②, 340②, 민 353③).

유한회사의 사원은 그 지분의 전부 또는 일부를 다른 사원의 동의 없이 자유로 양도할 수 있으므로(상 556본), 유한회사 사원의 지분을 대상으로 양도담보권을 설정할 수도 있다. 다만 유한회사는 정관으로 사원의 지분의 양도를 제한할 수 있으므로(상 556단), 그 제한이 있는지 여부를 확인하여 만약 제한이 있으면 그 제한요건을 충족시켜야 한다.

유한회사의 지분에 대한 양도담보권의 설정은 당사자가 양도담보계약을 체결하고, 설정자로부터 출자금납입영수증(또는 지분증권 등)을 인도받아 점유하는 한편, 지분이전의 사실을 유한회사 또는 제3자에게 대항하기 위한 요건으로서 사원명부에 취득자의 성명, 주소와 그 목적이 되는 출자좌수를 기재하는(상 557) 방법으로 하여야 한다.

2. 합명회사의 지분

합명회사란 2인 이상의 무한책임사원으로 구성되는 가족적 결합의 인적회사를 말한다. 합명회사의 무한책임사원은 각 자가 회사를 대표하고 업무를 집행할 수 있는(상 200, 207) 반면, 회사채무에 대하여 회사채권자에게 직접 · 연대 · 무한의 변제책임을 진다(상 212).

합명회사 사원의 지분에는 두 가지 의미가 있다. 첫째는 사원이 회사에 대하여 가지는 각종 권리 · 의무의 기초가 되는 사원권으로서의 의미이다. 지분의 양도(상 197)라고 할 때의 지분은 바로 이 의미를 말한다. 둘째는 회사가 해산하거나 사원이 퇴사하는 경우에 사원이 회사에 대하여 청구하거나 지급해야 하는 금전적인 액수로서의 의미이다

합명회사의 지분에 대하여 질권을 설정할 수 있는지에 대하여는 상법에 아무

런 규정이 없다. 그러나 이에 대하여도 질권을 설정할 수 있다는 데에는 이론이 없으며 판례도 마찬가지이다. 그런데 합명회사의 지분에 질권을 설정하는 경우, 다른 사원의 동의가 있어야 하는지 여부에 관하여는, 다른 사원 전원의 동의를 요한다는 견해와 동의를 요하지 않는다는 견해가 대립되어 있으나, 합명회사 지분의 양도에 다른 사원의 동의를 요하도록 하고 있는 상법 제197조의 취지에 비추어, 전자의 견해가 타당하다고 생각한다.

합명회사 지분에 대한 질권설정은 당사자간에 질권설정계약을 체결하고, 질권설정에 대한 다른 사원 전원의 동의서를 제출받음과 함께 질권설정자로부터 출자금납입영수증이나 출자증서 등을 인도받아 점유하는 한편, 질권설정의 사실을 회사에 통지하는 방법으로 하면 될 것으로 본다.

합명회사 지분에 대한 질권의 효력이 미치는 범위에 관하여는, 인적회사인 합명회사의 성질상 합명회사 지분의 첫째 의미인 사원권에는 미치지 아니하고, 둘째의 의미인 회사에 대한 금전청구권에 한정된다고 보는 것이 타당하다. 따라서 채무자의 채무불이행시에도 질권자가 질권의 대상인 합명회사 지분 자체를 경매 등에 의하여 처분할 수는 없고, 단지 이익배당청구권이나 사원탈퇴시의 지분환급청구권 및 회사해산시의 잔여재산분배청구권에 대하여, 회사에 직접청구(민 353)하거나 민사집행법상의 집행방법(민 354)을 취하여 채권의 만족을 구하는 수밖에 없다.

합명회사의 사원은 다른 사원의 동의를 얻으면 그 지분의 전부 또는 일부를 타인에게 양도할 수 있으므로(상 197), 다른 사원 전원의 동의가 있으면 그 지분을 대상으로 양도담보권도 설정할 수 있다. 그러나 합명회사 사원의 지분을 대상으로 양도담보권을 설정하면 양도담보권자가 직접 합명회사의 사원의 지위를 취득하여 그 권리의무(특히 회사채무에 대한 무한책임)을 부담하게 된다는 점에서 채권담보로서는 적합하지 않다고 본다.

판례6-3

합자회사 무한책임사원이 가진 지분의 담보제공 가능여부

합자회사의 무한책임사원이 채권담보를 위하여 동 회사에 대하여 가진 지분을 양도한 경우에 위 지분양수인은 대외적으로 그 지분권자임을 주장할 수 있는 지위에 있다(대판 1968.10.29. 68다1088. 동취지 1971.10.25. 71다1931).

3. 합자회사의 지분

합자회사는 무한책임사원과 유한책임사원으로 구성되는(상 268) 인적회사이다. 합자회사의 무한책임사원은 합명회사의 사원과 같다(상 269, 273). 그리고 유한책임사원은 회사채무에 대하여 회사채권자에게 직접 변제책임을 지는 점은 무한책임사원과 같으나, 그 책임범위가 그 출자가액에서 이미 이행한 부분을 공제한 가액을 한도로 한다(상 279)는 점에서 무한책임사원과 다르다. 유한책임사원은 회사의 대표권과 업무집행권이 없고(상 278), 업무감시권만(상 277)을 가진다.

합자회사의 지분에는 무한책임사원의 지분과 유한책임사원의 지분이 있다. 무한책임사원의 지분에 관하여는, 질권설정에 유한책임사원을 포함한 모든 사원의 동의를 요한다는 점을 제외하고는 합명회사의 지분에 대한 경우와 동일하다.

문제는 유한책임사원의 지분에 대한 담보권설정이다. 그러나 무한책임사원에 대한 질권설정을 인정하는 이상, 유한책임사원에 대한 질권설정을 부정할 이유가 없다는 점에서, 긍정하는 것이 타당하다. 다만 질권설정에 무한책임사원의 동의만 있으면 되고, 유한책임사원의 동의는 없어도 된다고 본다. 그밖에는 무한책임사원의 지분에 대한 질권설정의 경우와 동일하다.

유한책임사원은 무한책임사원 전원의 동의가 있으면 그 지분의 전부 또는 일부를 타인에게 양도할 수 있으므로(지분의 양도에 따라 정관을 변경하여야 할 경우에도 같다)(상 276), 무한책임사원 전원의 동의가 있으면 그 지분을 대상으로 양도담보권도 설정할 수 있다. 그리고 무한책임사원과 달리 유한책임사원은 출자가액을 한도로 하는 유한책임을 지므로 이미 출자가 이루어진 경우에는 회사채무에 대하여 더 이상 책임을 질 일이 없어 그 지분을 여신채권의 양도담보로 할 수 있다고 본다.

유한책임사원의 지분에 대한 양도담보권의 설정은 당사자가 무한책임사원 전원의 동의를 받아 양도담보계약을 체결하고 그 사실을 회사에 통지하는 방법으로 하면 된다. 그리고 이 경우 양도담보권의 취득을 제3자에게도 대항할 수 있도록 지분 양도·양수에 따른 사원의 성명·주민등록번호 및 주소의 변경등기를 하여야 한다(상 269, 180 i, 179iii, 183, 37).

4. 유한책임회사의 지분

유한책임회사는 합명회사와 주식회사의 성질을 혼합한 회사의 형태로 사원 상호간의 대내적 관계에 있어서는 민법상 조합의 성격을 가지고 대외적 관계에 있어서는 주식회사의 성격을 가지는 회사를 말한다.

유한책임회사는 원칙적으로 합명회사의 성격을 가지지만 사원의 대외적 책임이 상법에 다른 규정이 있는 경우 외에는 그 출자금액을 한도로 하는(상 287의7) 점에서 주식회사와 유사하다. 그밖에 유한책임회사가 주식회사와 유사한 점으로는 자본금의 액을 정관에 기재하고 등기하도록 한 점(상 287의3, 287의5), 1인회사[1]의 설립 및 존속을 인정하는 점(상 287의2, 287의38ⅱ), 사원이 아닌 자를 업무집행자로 정할 수 있는 점(상 287의12①), 사원이 회사에 대하여 업무집행자의 책임을 추궁하는 소의 제기를 청구할 수 있는 점(상 287의 22), 유한책임회사를 주식회사로, 주식회사를 유한책임회사로 조직변경할 수 있는 점(상 287의 43) 등을 들 수 있다.

유한책임회사 사원의 지분을 대상으로 질권을 설정할 수 있는지에 관하여는 상법에 규정이 없으나 합명회사 사원의 지분을 대상으로 하는 질권설정에 있어서와 같이 긍정하는 것이 타당하다. 그리고 그 질권설정의 방법과 효력 또한 합명회사의 경우와 같다.

유한책임회사 사원은 업무를 집행하는 사원이면 다른 사원 전원의 동의를 받아, 그리고 업무를 집행하는 사원이 아니면 업무를 집행하는 사원 전원(업무를 집행하는 사원이 없는 경우에는 사원 전원)의 동의를 받아 그 지분의 전부 또는 일부를 타인에게 양도할 수 있으므로(상 287의8①②), 사원 전원 또는 업무집행사원 전원의 동의가 있으면 그 지분을 대상으로 양도담보권도 설정할 수도 있다. 다만 유한책임회사는 정관으로 사원의 지분의 양도에 관하여 상법의 규정과 달리 정할 수 있으므로(상 287의8③), 정관을 확인하여 달리 정하고 있는지 여부를 확인하여 만일 달리 정한 바가 있으면 그 달리 정한 바를 충족시켜야 한다.

---

1) 상법은 제178조에는 「합명회사의 설립에는 2인 이상의 사원이 공동으로 정관을 작성하여야 한다」고 규정되어 있는 반면 상법 제287조의2에는 「유한책임회사를 설립할 때에는 사원은 정관을 작성하여야 한다」고 규정되어 있어 1인 유한책임회사의 설립이 가능한 것으로 해석된다.

유한책임회사 사원의 지분을 대상으로 하는 양도담보권의 설정은 당사자가 사원 전원 또는 업무집행사원 전원의 동의를 받아 양도담보계약을 체결하고 그 사실을 회사에 통지하는 방법하면 된다. 그리고 합자회사와 달리 유한책임회사의 경우는 사원의 성명·주민등록번호 및 주소가 등기사항이 아니므로(상 287의5) 양도담보권설정에 따른 변경등기는 요하지 않는다.

부 록 a supplement

은행의 담보약관 서식

1. 보증서(특정채무보증용)

은행은 채무자 · 보증인에게 이 약정서상의 중요한 내용을 설명하여야 하며, 은행여신거래기본약관과 이 약정서의 사본을 교부하여야 합니다.

			부점장

특정채무보증

보 증 서

★ 연대보증은 재산상 손실을 가져올 수도 있는 중요한 법률행위이므로 미리 뒷면 "연대보증인이 꼭 알아두어야 할 사항"과 보증서의 내용을 잘 읽은 후 신중한 판단을 하시고,

★ 굵은 선 ☐ 으로 표시된 란(당사자란 및 보증서 끝부분)은 보증인이 반드시 자필로 기재하시기 바랍니다.

주식회사 ㅇㅇ은행 앞 년 월 일

연대보증인 (인)
주 소

연대보증인(이하"보증인"이라 합니다)은 채무자가 주식회사 ㅇㅇ은행(이하"은행"이라 합니다)에 대한 제1조에서 정하는 채무에 대하여 채무자와 연대하여 보증채무를 지며, 보증채무의 이행에 관하여도 은행여신거래기본약관 및 채무자가 은행에 제출한 다음 제1조 표시 약정서의 각 조항이 적용됨을 승인하고, 이 보증서 각 조항을 확약합니다.

제1조 (보증채무의 내용)

① 보증인은 아래의 피보증채무에 대하여 보증채무를 부담합니다
보증채무의 표시 :

거 래 약 정	년 월 일자 약정서
금 액	금 원
상 환 기 일	년 월 일
이자율, 지급시기	연 %
지 연 배 상 금	상환기일에 지급하지 아니한 때 또는 기한의 이익을 상실한 때에는 지급하여야 할 금액에 대하여 곧 연 %의 율로 1년을 365일로보고 1일단위로 계산한 지체일수에 해당하는 지연배상금을 지급한다.
보증한도액	

② 다음의 금융기관 또는 이에 준하는 기관이 보증하는 채무의 범위에 속하는 부분은 제1항의 피보증채무의 범위에서 제외합니다.

1. 은행법에 의한 금융기관 및 특별법에 의한 은행
2. 신용보증기금법에의한 신용보증기금
3. 신기술사업금융지권에 관한 법률에 의한 기술신용보증기금
4. 보험업법에 의한 보증보험주식회사
5. 근로자의 주거안정과 목돈마련지원에 관한 법률에 의한 주택금융신용보증기금
6. 기타 은행과 협약을 체결하여 보증서를 발급한 기관

제2조 (상계의 제한)

보증인은 주채무의 기일도래 전 또는 여신거래기본약관 제7조에 의한 기한의 이익상실(기업자금의 경우 제9조에 의한 할인어음의 환매청구사유 발생 포함)에 따라 보증채무를 이행하여야 할 상태에 도달하기 전에는, 채무자의 은행에 대한 예금 기타의 채권에 의한 주채무와의 상계로써 은행에 대항하지 않습니다.

제3조 (다른 담보 · 보증약정과의 관계)

① 보증인이 채무자의 은행에 대한 같은 피담보채무에 관하여 따로 담보를 제공하고 있거나 보증을 하고 있는 경우에는 별도의 약정이 없는 한 그 담보나 보증은 이 보증약정에 의하여 변경되지 아니하며 이 약정에 의한 보증책임과 별개의 것으로 누적적으로 적용됩니다.

② 담보가치의 하락 등을 대비한 은행의 청구에 의하여 같은 피담보채무에 관하여 담보제공과 동시에 같은 금액으로 연대보증을 한 경우, 그 중 어느 하나의 일부 또는 전부를 이행한 때에는 전항에 불구하고 그 이행한 범위내에서 다른 책임도 면합니다.

제4조 (담보 등의 변경 · 해지 · 해제)

보증인이 동의를 한때나, 동등한 가치 이상의 담보대체, 동등한 자력 이상의 보증인 교체 또는 일부 변제액에 비례한 담보나 보증의 해지 · 해제 등 보증인이 대위변제할 경우의 구상실현에 불리한 영향이 없다고 판단될 때에는, 거래상 필요에 따라, 은행은 다른 담보나 보증을 변경 또는 해지 · 해제할 수 있기로 합니다.

제5조 특약사항

보증인 : (인)

※보증인은 다음 사항을 읽고 본인의 의사를 사실에 근거하여 자필로 기재하여 주십시오.
(기재예시 : 1. 수령함, 2. 3. 들었음)

1. 은행여신거래기본약관과 이 계약서 사본을 확실히 수령하였습니까?	
2. 위 약관과 계약서의 중요한 내용에 대하여 설명을 들었습니까?	
3. 채무자의 부채현황, 연체유무 및 신용불량 정보 등의 내용에 대하여설명을 들었습니까	

상담자	직위 :	성명 : 인

연대보증인이 꼭 알아두어야 할 사항

연대보증이란

- **은행(채권자)에 대하여 채무자와 동일한 내용의 채무를 부담하는 행위입니다.**
- 따라서 연대보증인은 채무자가 채무를 갚지 않을 경우 이를 대신 갚아야 하므로 그만큼 재산상의 손실을 가져올 수 있는 위험을 부담하게 됩니다.
- 한편, 연대보증은 보통의 보증과 달리 최고 · 검색의 항변권 및 분별의 이익이 없

으며 또한 채권자는 어느 연대보증인에 대해서도 주채무의 전액을 청구 할 수 있는 제도입니다.

■ 용 어 해 설

※ 최고의 항변권 : 채권자가 보증인에게 채무의 이행을 청구한 경우에 보증인은 먼저 주채무자가 자력이 있다는 사실 및 그 집행이 용이하다는 것을 증명하여 먼저 주채무자에게 청구할 것을 항변할 수 있는 권리로서 보통보증에서만 인정되는 권리 입니다.

※ 검색의 항변권 : 채권자가 보증인에게 채무의 이행을 청구한 경우에 보증인은 주채무자에게 변제자력이 있다는 사실 및 집행이 용이함을 증명하여 먼저 주채무자에게 집행하라고 그 청구권을 거절할 수 있는 권리로서 보통보증에서만 인정되는 권리 입니다.

※ 분별의 이익 : 보통의 공동보증에 있어서 각 보증인이 채무에 대하여 보증인의 수에 따라 균등비율로 분할하여 그 책임을 분담하는 이익을 말하나, 연대보증에서는 인정되지 않습니다.

연대보증 종류에 따른 책임범위

- 「특정채무보증」은 채무자가 은행에 대하여 부담하는 특정된 채무만을 보증하는 것으로, 그 채무가 연기 · 재취급 또는 다른 여신으로 대환된 때에는 보증책임을지지 않습니다.
- 「근보증」은 채무자와 은행 사이에 이미 맺어져 있거나 앞으로 맺게 될 거래계약으로부터 현재 발생되어 있거나 앞으로 발생할 채무를 보증한도액의 범위내에서 보증하게 되는 것으로 세가지 유형이 있으며, 각 유형에 따른 책임범위는 다음과 같습니다.

- 「특정 근보증」

  특정된 거래계약(예 :   년   월   일자 여신거래약정서)으로부터 계속적으로 발생하는 채무를 보증하며, 그 채무가 기한 연기된 때에도 보증합니다. 그러나 재취급 또는 다른 여신으로 대환된 때에는 보증하지 않습니다.
- 「한정 근보증」

  특정한 종류의 거래(예 : 당좌대출거래)에 대하여 이미 맺어져 있거나 앞으로 맺게 될 거래 계약으로부터 현재 발생되어 있거나 앞으로 발생하게 될 채무를 모두 보증하며, 그 채무의 연기나 재취급은 물론 같은 종류로 대환된 때에도 보증합니다. 그러나 다른 종류의 여신으로 대환된 때에는 보증하지 않습니다.

2. 근보증서(근보증용)

은행은 근보증인에게 이 약정서상의 중요한 내용을 설명하여야 하며, 은행여신거래기본약관과 이 약정서를 교부하여야 합니다.

			부점장

근보증

근 보 증 서

★ 연대보증은 재산상 손실을 가져올 수도 있는 중요한 법률행위이므로 미리 뒷면"연대보증인이 꼭 알아 두어야 할 사항"과 보증서의 내용을 잘 읽은 후 신중한 판단을 하시고,

★ 굵은 선 [ ] 으로 표시된 란(당사자란 및 보증서 끝부분)은 보증인이 반드시 자필로 기재하시기 바랍니다.

주식회사 ○○은행 앞 년 월 일

연대보증인 (인)
주 소

연대보증인(이하"보증인"이라 합니다)은 채무자가 ○○은행(이하"은행"이라 합니다)에 대하여 현재 및 장래에 부담하는 제1조에서 정하는 범위의 모든 채무에 대하여 채무자와 연대하여 보증채무를 지며, 보증채무의 이행에 관하여도 은행여신거래기본약관 및 채무자가 따로 은행에 제출한 다음의 피보증채무에 관한 거래약정서의 각 조항이 적용됨을 승인하고, 아래 각 조항을 확약합니다.

제1조 보증채무의 내용

① 보증인은 아래의 내용에 따라서 보증채무를 부담합니다.

1. 채무자

성명 :
주소 :

2. 피보증채무의 범위

은행은 피보증채무의 범위를 달리하는 다음의 세 유형 가운데 어느 하나를 보증인

이 선택할 수 있음을 설명하였고, 보증인은 그 가운데 [   ] 에서 정한 채무(이자, 지연배상금 기타 부대채무를 포함합니다)를 보증하기로 합니다.

특정근보증

채무자가 은행(본 · 지점)에 대하여 다음 약정서에 의한 거래로 말미암아 현재 및 장래에 부담하는 모든 채무(아래 약정의 상환기일 또는 거래기간을 보증인의 동의를 받아 연장한 때에는 그 채무 포함)

년 월 일 약정서
년 월 일 약정서

한정근보증

채무자가 은행(본 · 지점)에 대하여 다음 종류의 거래로 말미암아 현재 및 장래에 부담하는 모든 채무

거래. 거래

3. 근보증한도액

가. 근보증한도액

□	금 원
□	국법화, 금

나. "가"호의 근보증한도액을 외화로 정한 경우, 원화환산에 적용할 환율은 채권자가 현실적으로 변제금을 수령할 시점의 대고객 전신환매도율로 합니다.

4. 근보증결산기

은행은 근보증 결산기를 정하는 다음의 세 유형 가운데 어느 하나를 설정자가 선택할 수 있음을 설명하였고, 보증인은 [   ] 에서 정한 날을 결산기로 하기로 합니다.

지 정 형

년 월 일

자동확정형

정하지 아니합니다.
이 경우 보증약정일부터 3년이 경과하면 보증인은 서면통지에 의하여 근보증 결산기를 지정할 수 있기로 하되, 그 결산기는 통지 도달일부터 14일 이후가 되어야 하며, 이에 미달하는 때에는 통지 도달일부터 14일이 되는 날을 결산기로 합니다. 다만, 5년이 경과할 때까지 보증인의 별도 의사표시가 없는 경우에는 계약일부터 5년이 되는 날을 결산기로 합니다.

장래지정형

정하지 아니합니다.
이 경우 보증약정일부터 3년이 경과하면 보증인은 서면통지에 의하여 근보증 결산기를 지정할 수 있기로 하되, 그 결산기는 통지 도달일부터 14일 이후가 되어야 이며, 이에 미달하는 때에는 통지 도달일부터 14일이 되는 날을 결산기로 합니다.

② 채무자의 은행에 대한 채무 중 다음의 금융기관 또는 이에 준하는 기관이 보증한 부분은 전항 제2호 피보증채무의 범위에서 제외합니다.
  1. 은행법에 의한 금융기관 및 특별법에 의한 은행
  2. 신용보증기금법에 의한 신용보증기금
  3. 신기술사업금융지원에 관한 법률에 의한 기술신용보증기금
  4. 근로자의 주거안정과 목돈마련지원에 관한 법률에 의한 주택금융신용보증기금
  5. 보험업법에 의한 보증보험주식회사
  6. 기타 은행과 협약을 체결하여 보증서를 발급하는 기관

제2조 (상계의 제한)

보증인은 주채무의 기일도래 전 또는 여신거래기본약관 제7조에 의한 기한의 이익상실(기업자금의 경우 제9조에 의한 할인어음의 환매청구사유 발생 포함)에 따라 보증채무를 이행하여야 할 상태에 도달하기 전에는, 채무자의 은행에 대한 예금 기타의 채권에 의한 주채무와의 상계로써 은행에 대항하지 않습니다.

제3조 (다른 담보 · 보증약정과의 관계)

① 보증인이 채무자의 은행에 대한 같은 피담보채무에 관하여 따로 담보를 제공하고 있거나 보증을 하고 있는 경우에는 별도의 약정이 없는 한 그 담보나 보증은 이 보증약정에 의하여 변경되지 아니하며 이 약정에 의한 보증책임과 별개의 것으로 누적적으로 적용됩니다.

② 담보가치의 하락 등을 대비한 은행의 청구에 의하여 같은 피담보채무에 관하여 담보제공과 동시에 같은 금액으로 연대보증을 한 경우, 그 중 어느 하나의 일부 또는 전부를 이행한 때에는 전항에 불구하고 그 이행한 범위내에서 다른 책임도 면합니다.

제4조 (담보 등의 변경 · 해지 · 해제)

보증인이 동의를 한때나, 동등한 가치 이상의 담보대체, 동등한 자력 이상의 보증인 교체 또는 일부 변제액에 비례한 담보나 보증의 해지 · 해제 등 보증인이 대위변제할 경우의 구상실현에 불리한 영향이 없다고 판단될 때에는, 거래상 필요에 따라, 은행은 다른 담보나 보증을 변경 또는 해지 · 해제할 수 있기로 합니다.

제5조 특약사항 보증인 : (인)

※ 보증인은 다음 사항을 읽고 본인의 의사를 사실에 근거하여 자필로 기재하여 주십시오(기재예시 : 1. 수령함, 2. 들었음)

1. 은행여신거래기본약관과 이 계약서 사본을 확실히 수령하였습니까?	
2. 위 약관과 계약서의 중요한 내용에 대하여 설명을 들었습니까?	
3. 채무자의 부채현황, 연체유무 및 신용불량 정보 등의 내용에 대하여 설명을 들었습니까	

개인신용정보의 제공 · 활용 동의서

이 계약과 관련하여 귀 기관이 본인으로부터 취득한 다음 신용정보는 신용정보의 이용 및 보호에 관한 법률 제 23 조 규정에 따라 타인에게 제공 · 활용시 본인의 동의를 얻어야 하는 정보입니다. 이에 본인은 귀기관이 다음의 신용정보를 신용정보집중기관, 신용정보업자, 신용정보 제공 · 이용자 등에게 제공하여 본인의 신용을 판단하기 위한 자료로서 활용하거나 공공기관에서 정책자료로 활용하도록 하는 데 동의합니다. 이 동의서는 계약의 갱신 등으로 변경되는 경우에도 유효합니다.

※ 제공할 신용정보의 내용

ㅇ 개인식별정보(성명, 주민등록번호, 주소, 직업, 직장, 연락처 등)

ㅇ 개인대출현황(대출일, 대출기간, 한도약정시에는 약정금액 등 본 계약 이전 및 이후 귀 기관으로부터 받은 대출 포함)

ㅇ 채무보증현황(본 보증 이전 및 이후의 보증 포함)

ㅇ 가계당좌예금 개설 및 해지 사실

ㅇ 신용카드 발급 및 해지사실, 거래현황(카드발급일, 거래금액, 거래기간, 현금서비스금액 등 본 신용카드 발급 이전 및 이후 신용카드발급 분 포함)

ㅇ 신용능력정보(재산, 채무, 소득의 총액, 납세실적 등)

주) 연체 등 정보(연체, 대위변제, 대지급, 부도, 관련인 발생사실 등), 금융질서문란정보 및 신용조회정보(신용조회에 따라 신용정보업자가 신용정보를 제공한 사실 등)는 본 동의와 관계없이 신용정보집중기관*, 신용정보업자 **, 신용정보제공 · 이용자 *** 에게 제공됩니다.

* 전국은행연합회, 여신전문업협회 등
** (주)한국신용정보, (주)한국신용평가정보, (주) 한국개인신용 등
*** 금융기관(은행, 카드사, 캐피탈 등) 등
**** 상기내용이 변동하는 경우 고객에게 별도의 통지없이 인터넷 홈페이지에 공시
※ 본인은 본 동의서를 이해하고 동의하며, 신용정보 제공·활용에 대한 고객권리안내장에 관해 자세히 설명 듣고 수령하였습니다.

년 월 일

연대보증인 :	서명 또는 (인)

상담자	직위 :	성명 :	인

연대보증인이 꼭 알아두어야 할 사항

이하 : 1. 보증서(특정채무보증용)와 동일

3. 지급보증거래 약정서(가계용)

은행은 본인에게 이 약정서상의 중요한 내용을 설명하여야 하며, 은행여신거래기본약관과 이 약정서를 교부하여야 합니다.

수 입 증 지

			부점장

지급보증거래 약정서

(가 계 용)

주식회사 ○○은행 앞 년 월 일

본 인 (인)

주 소

본인은 주식회사 ○○(이하 "은행"이라 합니다)과 지급보증 거래를 함에 있어 "은행여신거래기본약관"이 적용됨을 승인하고, 다음 각 조항을 확약합니다.

제1조 거래조건

거래조건은 다음과 같습니다. (거래방식이 수 개로 되어 있는 경우 은행직원의 설명을 듣고 해당되는 "□"내에 "∨"표시합니다.)

<table>
<tr><td>지급보증과목
(지급보증종류)</td><td colspan="2">(   )</td><td>거 래
구 분</td><td>□ 한도거래
□ 개별거래</td></tr>
<tr><td>지급보증
(한도)금액</td><td colspan="4">금   원(원금 · 이자 · 지연배상금을 포함합니다)</td></tr>
<tr><td>지급보증
거래기간</td><td colspan="4">년 월 일까지</td></tr>
<tr><td>지급보증의
시기</td><td colspan="4">□ 지급보증개시일에 전액 보증합니다.
□ 지급보증개시일로부터 ( )년 ( )월 이내에 증빙서류나 현물 등에 의하여 은행이 필요금액을 확인하고 분할 보증합니다.
□ 일정한 요건을 갖춘 본인의 청구가 있는대로 보증합니다.</td></tr>
<tr><td>지급보증의
방법</td><td colspan="4">□ 지급보증서의 발급
□ 기타(   )</td></tr>
<tr><td rowspan="2">보증료율 등</td><td>□ 고정(은행여신거래 기본약관 제3조 제2항 제1호 선택)</td><td>□ 변동(은행여신거래 기본약관 제3조 제2항 제2호 선택)</td><td rowspan="2">지연배상금률 (은행여신거래 기본약관 제3조 제5항 적용)</td><td rowspan="2">최고
연 %</td></tr>
<tr><td>년 %</td><td>(%)</td></tr>
<tr><td rowspan="2">최초 지급보증 시의 조건</td><td>보증료의 지급 시기 및 방법</td><td colspan="3">□ 지급보증일에 주채무상환기일까지의 보증료를 지급합니다.
□ 최초보증료는 지급보증일에 그 후의 보증료는 지급한 보증료의 계산최종일 익일에 ( )개월 단위로 지급합니다.
□ 지급보증시마다 지급보증거래기간 만료일까지의 보증료를 지급하고 그 후의 보증료는 지급보증거래 만료일 익일부터 ( )개월 단위로 지급합니다.</td></tr>
<tr><td>보증료 및 지연배상금의 계산방법</td><td colspan="3">1년을 365일로 보고 일 단위로 계산합니다.</td></tr>
</table>

제2조 초과보증

은행은 본인이 요청하는 경우 제1조의 지급보증한도액이나 지급보증거래기간을 넘어서 일시적으로 초과보증을 할 수 있습니다. 이 경우에 그 초과보증에 관하여도 이 약정이 적용됩니다.

제3조 주채무의 이행의무

은행이 지급보증한 주채무에 관하여는 그 지급기일전에 지급자금을 은행에 예치하거나 주채무의 지급기일에 본인이 그 채무를 이행하여 은행에게 부담을 지우지 아니합니다.

제4조 통지의무

① 본인이 주채무를 이행하였거나 주채무에 관하여 경개 · 상계 · 면제 · 혼동 · 시효의 완성 등 사유로 그 소멸이 있을 때에는 곧 이를 은행에 통지합니다.

② 본인이 채권자로부터 이행청구를 받거나 담보물건이나 시효의 변동등 은행의 보증채무에 영향을 미칠 사유가 발생한 때에는 지체없이 이를 은행에 통지합니다.

③ 제1항, 제2항에 의한 통지를 게을리함으로써 은행이 채권자의 청구를 받아 보증채무를 이행한 때에는, 본인이 그 금액에 대한 상환채무를 지고 곧 이를 갚습니다.

제5조 보증채무의 이행

은행이 이 약정에 기해 따로 발급한 지급보증서상의 사전지급요건(어음교환소의 거래정지처분이 있는 때, 파산 · 개인회생절차개시나 회생절차개시의 신청이 있는 때)에 따라 보증기일 도래전에 보증채무를 이행할 경우에는 본인에게 사전통지를 아니하고 또 주채무의 기한 도래여부에 불구하고 할 수 있으며, 이행의 방법 · 금액은 지급보증서의 조건에 따라 할 수 있기로 합니다.

제6조 특별배상금

① 본인이 제3조에 의한 주채무의 이행을 아니한 경우에는 그 지급기일의 익일부터 이행일 또는 은행의 보증채무 이행일 전일까지 제1조에서 정하는 보증료와 지연배상금을 특별배상금으로 지급합니다.

② 제4조 제1항의 통지를 게을리한 경우에는 주채무 소멸일 익일부터 그 통지 도달일까지 제1조에서 정하는 보증료 해당액을 특별배상금으로 지급합니다.

제7조 대위변제에 따른 상환범위

은행이 제4조 제3항 또는 제6조에 의하여 보증채무를 이행한 때에는 본인은 곧 다음 각 호에 해당하는 금액을 상환합니다.

1. 보증채무 이행금액
2. 보증채무 이행에 든 비용
3. 기타 본인에 대한 권리의 행사나 보전에 든 비용
4. 제1호 내지 제3호의 지급금액에 대하여 그 지급일로부터 상환일까지 제1조에서 정하는 지연배상금율과 계산방법에 의하여 산출한 지연배상금

제8조 기타 특약사항

	본 인	(인)

본인은 은행여신거래기본약관 및 이 약정서 사본을 확실히 수령하고, 주요내용에 대하여 충분한 설명을 듣고 이해하였음.	
본 인	(인)

4. 지급보증거래 약정서(기업용)

은행은 본인에게 이 약정서상의 중요한 내용을 설명하여야 하며, 은행여신거래기본약관과 이 약정서를 교부하여야 합니다.

수	입
증	지

			부점장

지급보증거래 약정서

(기 업 용)

주식회사 ○○은행 앞 년 월 일

본 인 (인)

주 소

본인은 주식회사 ○○은행(이하 "은행"이라 합니다)과 지급보증 거래를 함에 있어 "은행여신거래기본약관"이 적용됨을 승인하고, 다음 각 조항을 확약합니다.

제1조 거래조건

거래조건은 다음과 같습니다. (거래방식이 수 개로 되어 있는 경우 은행직원의 설명을 듣고 해당되는 "□"내에 "V"표시합니다.)

<table>
<tr><td>지급보증과목
(지급보증종류)</td><td colspan="2">(　　　　　　　　　　)</td><td>거　래
구　분</td><td>□ 한도거래
□ 개별거래</td></tr>
<tr><td>지급보증
(한도)금액</td><td colspan="4">금　　　　　　　　　　원(원금 · 이자 · 지연배상금을 포함합니다)</td></tr>
<tr><td>지급보증
거래기간</td><td colspan="4">년　월　일까지</td></tr>
<tr><td>지급보증의
시기</td><td colspan="4">□ 지급보증개시일에 전액 보증합니다.
□ 지급보증개시일로부터 ( )년 ( )월 이내에 증빙서류나 현물 등에 의하여 은행이 필요금액을 확인하고 분할 보증합니다.
□ 일정한 요건을 갖춘 본인의 청구가 있는대로 보증합니다.</td></tr>
<tr><td>지급보증의
방법</td><td colspan="4">□ 지급보증서의 발급　□ 어음보증
□ 어음인수　□ 기타(　　　)</td></tr>
<tr><td rowspan="2">보증료율 등</td><td>□ 고정(은행여신거래 기본약관 제3조 제2항 제1호 선택)</td><td>□ 변동(은행여신거래 기본약관 제3조 제2항 제2호 선택)</td><td rowspan="2">지연배상금률 (은행여신거래 기본약관 제3조 제5항 적용)</td><td rowspan="2">최고
연　%</td></tr>
<tr><td>년　%</td><td>(　%)</td></tr>
<tr><td rowspan="2">최초 지급보증
시의 조건</td><td>보증료의 지급
시기 및 방법</td><td colspan="3">□ 지급보증일에 주채무상환기일까지의 보증료를 지급합니다.
□ 최초보증료는 지급보증일에 그 후의 보증료는 지급한 보증료의 계산최종일 익일에 ( )개월 단위로 지급합니다.
□ 지급보증시마다 지급보증거래기간 만료일까지의 보증료를 지급하고 그 후의 보증료는 지급보증거래 만료일 익일부터 ( )개월 단위로 지급합니다.</td></tr>
<tr><td>보증료 및
지연배상금의
계산방법</td><td colspan="3">1년을 365일로 보고 일 단위로 계산합니다.</td></tr>
</table>

제2조 초과보증

은행은 본인이 요청하는 경우 제1조의 지급보증한도액이나 지급보증거래기간을 넘어서 일시적으로 초과보증을 할 수 있습니다. 이 경우에 그 초과보증에 관하여도 이 약정이 적용됩니다.

제3조 감액 · 정지

① 국가경제 · 금융사정의 급격한 변동 또는 본인의 신용상태의 현저한 악화 등으로 여신거래에 중대한 지장을 초래한다고 판단될 때에는, 은행은 본인에 대한 통지에 의하여 제1조의 한도액을 줄이거나 그 거래를 일시 정지할 수 있습니다.
② 전항에서 정한 사유가 해소되어 정상적 여신거래가 가능한 경우에는 은행은 곧 감액 · 정지를 해소하기로 합니다.
③ 제1항에 의한 감액의 경우에 감액으로 인한 초과지급보증금액 상당액은 곧 갚기로 합니다.

제4조 주채무의 이행의무

은행이 지급보증한 주채무에 관하여는 그 지급기일전에 지급자금을 은행에 예치하거나 주채무의 지급기일에 본인이 그 채무를 이행하여 은행에게 부담을 지우지 아니합니다.

제5조 통지 의무

① 본인이 주채무를 이행하였거나 주채무에 관하여 경개 · 상계 · 면제 · 혼동 · 시효의 완성 등 사유로 그 소멸이 있을 때에는 곧 이를 은행에 통지합니다.
② 본인이 채권자로부터 이행청구를 받거나 담보물건이나 시효의 변동 등 은행의 보증채무에 영향을 미칠 사유가 발생한 때에는 지체없이 이를 은행에 통지합니다.
③ 제1항, 제2항에 의한 통지를 게을리함으로써 은행이 채권자의 청구를 받아 보증채무를 이행한 때에는, 본인이 그 금액에 대한 상환채무를 지고 곧 이를 갚습니다.

제6조 보증채무의 이행

은행이 이 약정에 기해 따로 발급한 지급보증서상의 사전지급요건(어음교환소의 거래정지처분이 있는 때, 파산 · 개인회생절차개시나 회생절차개시의 신청이 있는 때)에 따라 보증기일 도래 전에 보증채무를 이행할 경우에는 본인에게 사전통지를 아니하고 또 주채무의 기한도래여부에 불구하고 할 수 있으며, 이행의 방법 · 금액은 지급보증서의 조건에 따라 할 수 있기로 합니다.

제7조 특별배상금

① 본인이 제4조에 의한 주채무의 이행을 아니한 경우에는 그 지급기일의 익일부터 이행일 또는 은행의 보증채무 이행일 전일까지 제1조에서 정하는 보증료와 지연배상금을 특별배상금으로 지급합니다.
② 제5조 제1항의 통지를 게을리한 경우에는 주채무 소멸일 익일부터 그 통지 도달일까지 제1조에서 정하는 보증료 해당액을 특별배상금으로 지급합니다.

제8조 대위변제에 따른 상환범위

은행이 제5조 제3항 또는 제6조에 의하여 보증채무를 이행한 때에는 본인은 곧 다음 각 호에 해당하는 금액을 상환합니다.

1. 보증채무 이행금액
2. 보증채무 이행에 든 비용
3. 기타 본인에 대한 권리의 행사나 보전에 든 비용
4. 제1호 내지 제3호의 지급금액에 대하여 그 지급일로부터 상환일까지 제1조에서 정하는 지연배상금률과 계산방법에 의하여 산출한 지연배상금

제9조 상환자력 유지의무 등

① 본인은 이 거래약정으로 말미암은 채무의 상환자력유지를 위하여 다음과 같이 적절한 재무비율을 유지하기로 합니다. 그 밖에 재무구조개선약정 등이 따로 있는 경우에는 이 거래 약정의 끝부분에 이를 붙이고 그 내용은 이 거래 약정의 일부로 봅니다.

구 분	20 .	20 .	20 .	20 .	20 .
부채비율	%	%	%	%	%
자기자본비율	%	%	%	%	%
(　　　)비율	%	%	%	%	%
(　　　)비율	%	%	%	%	%

② 본인이 다음 각 호의 행위를 하고자 할 때에는 사전에 은행과 협의하기로 합니다.

1. 합병, 영업양수도 및 중요한 재산의 매각·임대
2. 이 거래약정에 따른 자금용도외의 고정자산에 대한 투자
3. 타인의 채무를 위한 보증
4. 신규사업 진출 또는 해외투자
5. 기업구조 개선 작업(Work Out) 또는 사적화의 신청 등 경영상 중대한 변화가 생길 우려가 있는 경우.

③ 본인은 은행이 이 거래약정의 사후관리상 그 필요성이 현저하다고 인정하여 다음 각 호의 행위를 청구하는 경우 그에 응하기로 합니다.

1. 보유 부동산 및 유가증권 매각
2. 지배주주의 출자
3. 유상증자 또는 기업공개

④ 제1항 내지 제3항의 규정은 본인과 은행간에 각 항별로 별도의 특약이 있는 경우에만 적용합니다.

제10조 자료의 제출 등

① 본인은 은행이 여신거래기본약관 제17조 및 제19조에 근거하여 매 시기별로 요청하는 다음 각 호의 자료 기타 여신의 사후관리를 위하여 필요한 자료를 은행의 요청이 있는대로 제출하기로 합니다.

1. 매분기 : 부가가치세 과세표준 증명원, 합계잔액시산표, 부채현황표, 판매처 및 제품별 매출예상표 등
2. 매반기 : 반기결산보고서, 부가가치세 과세표준증명원, 합계잔액시산표, 부채현황표, 판매처 및 제품별 매출예상표 등
3. 매 년 : 공인회계사 감사보고서(결산재무제표), 연결재무제표, 법인등기부등본, 사업자등록증, 주주명부, 정관, 근로소득세징수액집계표, 사업계획서, 추정재무제표(3개년), 주요거래처현황, 각종 인허가 및 기술인증관련 서류사본(KS, ISO, 특허권 등), 노사분규확인서, 기타 제품설명서, 동업계 참고자료 등
4. 수 시 : 합계잔액시산표, 부채현황표, 자금용도확인서류 등

② 본인은 은행이 본인에 대한 신용평가시 기업의 외환리스크 현황 및 관리실태를 파악하기 위하여 요청하는 다음 각 호의 자료를 은행의 요청이 있는대로 제출하기로 합니다.

1. 외환리스크 관리조직 및 관리규정현황
2. 외화자금 조달 및 운용현황
3. 외화표시 파생상품 거래현황

제11조 기타 특약사항

	본 인	(인)

본인은 은행여신거래기본약관 및 이 약정서 사본을 확실히 수령하고, 주요내용에 대하여 충분한 설명을 듣고 이해하였음.	
본 인	(인)

5. 지급보증신청서(특정채무보증용)

			부점장

지급보증신청서

(특정채무보증용)

주식회사 ○○은행 앞 년 월 일

본 인 (인)
주 소

본인은 따로 제출한 지급보증거래약정서에 터잡아 다음과 같이 지급보증을 신청합니다.

보 증 금 액		금 액
보 증 기 일		20 년 월 일
보 증 요 율		□ 고정 : 연 % □ 변동 : (%)
피보증채무의 내용	채 권 자	
	채무종류	
보증채무의 이행청구시기	보증채무는 주채무자에게 다음 사유가 있는 경우에 한하여 보증기일 만료일 전에 이행청구할 수 있습니다. 1. 어음교환소의 거래정지처분이 있는 때 2. 파산 · 개인회생절차개시나 회생절차개시 신청이 있는 때	
보증채무의 이행청구기간	주채무의 보증기일 경과후 2개월 이내에 귀하의 보증채무 이행청구가 없는 때에는 이 보증채무는 소멸하는 것으로 합니다.	
특약사항		

6. 지급보증신청서(근보증용)

			부점장

지급보증신청서

(근보증용)

주식회사　ㅇㅇ은행 앞　　　　　　　　　　　　년　　월　　일

본　　인　　　　　　　　　　(인)
주　　소

본인은 따로 제출한 지급보증거래약정서에 터잡아 다음과 같이 지급보증을 신청합니다.

보 증 금 액		금　　　액
보 증 기 일		20　　년　　월　　일
보 증 요 율		□ 고정 : 연　　　　% □ 변동 : (　　　　%)
피보증채무의 내용	보증기간 중에 (1)발생하는 (2)기한이 도래하는 (3)발생하고 기한이 도래하는 채무	
	채 권 자	
	채무종류	
보증채무의 이행청구시기	보증채무는 주채무자에게 다음 사유가 있는 경우에 한하여 보증기일 만료일 전에 이행청구할 수 있습니다. 1. 어음교환소의 거래정지처분이 있는 때 2. 파산 · 개인회생절차개시나 회생절차개시의 신청이 있는 때	
보증채무의 이행청구기간	주채무의 보증기일 경과후 2개월 이내에 귀하의 보증채무 이행청구가 없는 때에는 이 보증채무는 소멸하는 것으로 합니다.	
특약사항		

7. 지급보증서(특정채무보증용)

발행번호 : 증서기 · 번호 :

수 입
증 지

지급보증서

(특정채무보증용)

보증처 귀하 20 년 월 일

보증인 주식회사 은행 지점 (인)

귀하에 대하여 다음 기재사항과 뒷면 약관에 따라 지급을 보증합니다.

보 증 금 액		금 액
보 증 기 일		20 년 월 일
피보증채무의 내용	채 권 자	
	채무종류	
보증채무의 이행청구시기	보증채무는 주채무자에게 다음 사유가 있는 경우에 한하여 보증기일 만료일 전에 이행청구할 수 있습니다. 1. 어음교환소의 거래정지처분이 있는 때 2. 파산 · 개인회생절차개시나 회생절차개시의 신청이 있는 때	
보증채무의 이행청구기간	주채무의 보증기일 경과후 2개월 이내에 귀하의 보증채무 이행청구가 없는 때에는 이 보증채무는 소멸하는 것으로 합니다.	
특약사항		
보증채무이행장소	은행 지점	

청구금액 금 원

위 청구금액을 틀림없이 받았습니다.

20 년 월 일

채권자 명 칭 (인)

주 소

(뒷 면)

지 급 보 증 약 관

1. 앞면 보증금액은 원금 · 이자 · 지연배상금을 포함한 금액이며, 보증액 초과분에 대하여 지급의무를 지지 않습니다.
   또한 특정채무보증의 경우 분할상환 조건에 따라 상환된 금액은 보증금액에서 자동으로 차감됩니다.
2. 보증처는 이 보증서 발급에 따른 피보증채무가 확정된 때에는 즉시 은행에 보증대상채무내용확인서를 서면으로 통지하여야 합니다.
3. 이 보증서는 양도 또는 질권설정을 할 수 없으며 보증목적(피보증채무의 내용) 이외의 용도로 사용하였을 때에는 지급의무를 지지 않습니다.
4. 지급을 청구할 때에는 이 증서에 청구금액을 기재하여야 합니다. 다만 보증기일 만료일 전의 이행청구는 관계증빙서류를 갖추어 직접 이행장소에서 하여야 합니다.
5. 청구금액은 청구 당시 실제로 존재하는 피보증채무만 기재하여야 하며 청구금액 또는 청구시기 기타 청구상 잘못이 있는 때에는 당행이 조기지급 또는 과다 지급한 금액에 당행 연체이율에 의한 손해배상금을 더하여 지급하여야 합니다.
6. 이 증서를 분실 · 도난 또는 멸실한 경우에는 즉시 당행에 신고하여야 합니다. 신고하지 않음으로써 일어나는 제반사고에 대하여는 당행은 책임을 지지 않습니다.

8. 지급보증서(근보증용)

발행번호 : 증서기 · 번호 :

수	입
증	지

지급보증서
(근보증용)

보증처 귀하 20 년 월 일

보증인 주식회사 은행 지점 (인)

귀하에 대하여 다음 기재사항과 뒷면 약관에 따라 지급을 보증합니다.

보 증 금 액		금 액
보 증 기 일		20 년 월 일
피보증채무의 내용	보증기간 중에 (1)발생하는 (2)기한이 도래하는 (3)발생하고 기한이 도래하는 채무	
	채 권 자	
	채무종류	
보증채무의 이행청구시기	보증채무는 주채무자에게 다음 사유가 있는 경우에 한하여 보증기일 만료일 전에 이행청구할 수 있습니다. 1. 어음교환소의 거래정지처분이 있는 때 2. 파산 · 개인회생절차개시나 회생절차개시의 신청이 있는 때	
보증채무의 이행청구기간	주채무의 보증기일 경과후 2개월 이내에 귀하의 보증채무 이행청구가 없는 때에는 이 보증채무는 소멸하는 것으로 합니다.	
특약사항		
보증채무이행장소	은행 지점	

청구금액 금 원

위 청구금액을 틀림없이 받았습니다. 20 년 월 일

채권자 명 칭 (인)

주 소

(뒷 면)

지 급 보 증 약 관

지급보증서(특정채무보증용)의 경우와 동일함

9. 질권설정계약서(특정채무담보용)

은행은 담보제공자에게 이 약정서상의 중요한 내용을 설명하여야 하며, 은행여신거래기본약관과 이 약정서를 교부하여야 합니다.

			부점장

특정채무담보

질권설정계약서

(예 · 적금용, 동산용, 유가증권용)

★ 담보의 제공은 재산상 손실을 가져올 수도 있는 중요한 법률행위이므로 미리 뒷면 "담보제공자가 꼭 알아 두어야 할 사항"과 계약서의 내용을 잘 읽은 후 신중한 판단을 하시고,

★ 굵은선 [　　] 으로 표시된 란(당사자란 및 계약서 끝부분)은 담보제공자가 반드시 자필로 기재하시기 바랍니다.

20　　년　　월　　일

채 권 자 겸
질 권 자 ______________________ (인)
주　　소

채 무 자 ______________________ (인)
주　　소

질권설정자 ______________________ (인)
주　　소

위 당사자 사이에 아래와 같이 질권설정계약을 맺습니다.

제1조 질권의 설정

질권설정자(이하"설정자"라 합니다)는 은행여신거래기본약관을 승인하고, 채무자의 채권자에 대한 다음 채무를 담보하기 위하여 이 계약서 끝 부분 "담보목적물 목록"란에 기재한 채권 · 물건 · 증권 등(이하"담보목적물"이라 합니다)에 질권을 설정하고 채권자 앞으로 그 담보목적물의 인도절차를 마쳤습니다.

피담보채무의 표시 :

거래약정	년 월 일자 약정서
금 액	금 원
상환기일	년 월 일
이자율 · 지급시기	연 %
지연배상금	상환기일에 지급하지 아니한 때 또는 기한의 이익을 상실한 때에는 지급하여야 할 금액에 대하여 곧 연 %의 율로 1년을 365일로 보고 1일 단위로 계산한 지체일수에 해당하는 지연배상금을 지급합니다.

제2조 질권의 효력범위

① 질권의 효력은 담보목적물의 원금 · 수익권(이 계약이후 적립한 적립금을 포함합니다)과 이에 부수 하는 이자 · 수익의 수익권, 특별이자, 장려금, 배당금, 상환금, 무상주에 미칩니다.

② 담보목적물에 대하여 기한연장 · 개서 · 갱신 · 분할 · 병합 · 증액 · 감액 등을 한 때에는 그 위에도 질권의 효력이 미칩니다.

제3조 위험부담 · 면책조항

① 설정자는 채권자에게 인도한 담보증서(통장)가 불가항력 · 사변 · 재해 등 채권자의 책임 없는 사유로 말미암아 분실 · 손실 또는 멸실 된 경우에는 채권자의 청구에 따라 곧 그에 대신할 증서(통장)를 제출하기로 합니다.

② 담보증서(통장) · 담보물수령증(통장) 등의 증서상의 인영 · 서명을 설정자가 미리 신고한 인감 · 서명과 상당한 주의로써 대조하고 틀림없다고 인정하여 거래한 때에는 증서 등과 인감 · 서명에 관하여 위조 · 변조 · 도용 등의 사고가 있더라도 이로 말미암은 손해는 설정자가 부담하며, 설정자는 증서의 기재문언에 따라 책임을 지기로 합니다.

③ 담보목적물이 유가증권인 경우, 설정자는 그 증권에 관한 상환공고 · 제출공고 등에 유의하고, 이들 공고가 있는 때에는 곧 채권자에게 통지하며, 이 통지가 없었기 때문에 채권자가 증권의 추심이나 기타의 권리행사 또는 보전절차를 밟지 아니한 때에는 이로 말미암은 손해는 모두 설정자가 부담합니다.

제4조 보험계약

① 담보목적물이 유체동산인 경우, 설정자는 담보목적물에 대하여 채권보전에 필요한 범위 내에서 채권자가 지정하는 종류와 금액으로 보험계약을 맺고, 그 보험계약에 따른 권리 위에 채권자를 위하여 질권을 설정하여 보험증권을 채권자에게 교부하며, 이 계약에 의한 피담보채무가 존재하는 동안 이를 계속 유지합니다.

② 설정자는 전항에 의한 보험계약 외에 담보목적물에 대하여 따로 보험계약을 맺은 때에는 이를 곧 채권자에게 통지하며, 채권자가 채권보전상 필요에 따라 청구하는 경우에는 그 보험계약에 따른 권리에 대하여도 채권자를 위하여 질권을 설정합니다.

③ 설정자가 제1항, 제2항에 정하는 바에 따르지 아니함으로써 채권자가 채권보전상 필요한 보험계약을 설정자를 대신하여 맺거나 계속하고 그 보험료를 지급한 때에는, 채무자와 설정자는 연대하여 채권자가 지급한 보험료 기타의 제 비용에 대하여 은행여신거래기본약관 제4조에 준하여 곧 갚습니다.

④ 제1항 내지 제3항에 의한 보험계약에 터잡아 채권자가 보험금을 수령한 때에는, 다른 담보물의 제공 등 상당한 사유가 없는 한, 피담보채무의 기한도래 전일지라도 채권자는 그 수령금으로 은행여신거래기본약관 제13조에 준하여 채무의 변제에 충당할 수 있습니다.

제5조 담보목적물의 처분 등

① 보증인이 담보로 제공한 예·적금, 신탁 기타 채권에 가압류·압류명령이나 체납처분 압류통지가 발송된 때에는, 채무자는 피담보채무의 기한도래 여부에 불구하고 당해 피담보채무를 곧 상환하기로 하며, 채권자는 보증인이 제공한 담보 예·적금, 신탁 기타 채권에 대하여 근질권을 실행하거나 또는 상계 등을 할 수 있습니다. 또한 피담보채무의 기한의 도래 또는 기한이 이익의 상실로 말미암아 채무의 이행을 하여야 할 때에도, 채권자는 근질권을 실행하거나 또는 담보목적물이 예금 등의 채권인 경우에는 은행여신거래기본약관(가계용) 제10조에 준하여 상계 등을 할 수 있습니다.

② 담보목적물의 처분은 「민사집행법」에 따른 임의경매절차에 의함을 원칙으로 하되, 다음 각 호의 경우 채권자는 담보목적물로써 직접 변제에 충당하거나, 담보목적물을 매각하여 그 대금에서 제 비용을 뺀 잔액을 은행여신거래기본약관 제13조에 준하여 충당할 수 있습니다. 이러한 경우 채권자는 담보목적물의 평가액 또는 매각대금에서 그 채권액을 뺀 금액을 채무자 등에게 지급합니다. "채무자등" 은 채무자, 설정자, 담보목적물의 제3취득자를 말합니다.

1. 목적물의 가치가 적어 많은 비용을 들여 경매하는 것이 불합리한 경우
2. 경매시 정당한 가격으로 경락되기 어려운 사정이 있는 경우
3. 공정시세가 있어서 경매에 의하지 않아도 공정가격 산출이 가능한 경우

4. 그 밖에 정당한 사유가 있다고 볼 수 있는 경우

③ 임의경매절차에 의하지 아니하는 경우 채권자는 다음 각 호의 내용을 채무자 등과 채권자가 알고 있는 이해관계인에게 통지하고, 그 통지가 도달한 날로부터 1개월 이내에 이해관계인이 채권자가 산정한 예상매각대금 이상으로 처분할 수 있는 방법을 제시하지 않아야 처분할 수 있습니다. 다만, 담보목적물이 멸실 또는 훼손될 염려가 있거나 가치가 급속하게 감소될 우려가 있는 경우에는 그러하지 아니합니다.

1. 담보권 실행의 방법
2. 피담보채권의 금액
3. 담보목적물의 평가액 또는 예상매각대금
4. 담보목적물로써 직접 변제에 충당하거나 담보목적물을 매각하려는 이유

④ 제1항의 경우 채무 전액을 소멸시키기에 부족한 때에는 은행여신거래기본약관(가계용) 제13조에 준하여 채무의 변제에 충당할 수 있습니다.

제6조 비용부담

채권자의 이 계약에 의한 권리의 보전이나 행사 등에 관한 비용은 채무자와 설정자가 연대하여 부담하고, 채권자가 이를 대신 지급한 때에는 은행여신거래기본약관 제4조에 준하여 곧 갚습니다.

제7조 다른 담보 · 보증약정과의 관계

① 설정자가 채무자의 채권자에 대한 같은 피담보채무에 관하여 따로 담보를 제공하고 있거나 보증을 하고 있는 경우에는 별도의 약정이 없는 한 그 담보나 보증은 이 계약에 의하여 변경되지 아니하며 이 계약에 의한 담보책임과 별개의 것으로 누적적으로 적용됩니다.

② 담보가치의 하락 등을 대비한 채권자의 청구에 의하여 설정자가 같은 피담보채무에 관하여 담보제공과 동시에 같은 금액으로 연대보증을 한 경우, 그 중 어느 하나의 일부 또는 전부를 이행한 때에는 제1항에 불구하고 그 이행한 범위 내에서 다른 책임도 면합니다.

제8조 담보 등의 변경 · 해지 · 해제

설정자가 동의를 한 때나, 동등한 가치 이상의 담보대체, 동등한 자력 이상의 보증인 교체 또는 일부 변제액에 비례한 담보나 보증의 해지 · 해제 등 설정자가 대위변제 할 경우의 구상실현에 불리한 영향이 없다고 판단될 때에는, 거래상 필요에 따라, 채권자는 다른 담보나 보증을 변경 또는 해지 · 해제할 수 있기로 합니다.

제9조 특약사항

보증인 : (인)

〈예금용〉

■ 질권의 목적물인 예금 등의 목록 :

종별	증서기 · 번호 계좌번호	명의인 수익자 (위탁자)	금액 또는 계약액 목표액	입금부금누계액 또는 목적신탁 기적립액	증서일자	지급기일
					20 . . .	20 . . .
					20 . . .	20 . . .

주의 : 신탁의 수익자와 위탁자가 다를 때에는 위탁자의 성명을 ( )안에 적으십시오.

〈동산용 · 지명채권용 · 유가증권용〉

■ 담보목적물 목록

※ 주의 : 담보목적물이 유체동산, 지명채권, 유가증권일 경우에는 그 물건 또는 권리를 구체적으로 특정할 수 있도록 적을 것.

※ 설정자는 다음 사항을 읽고 본인의 의사를 사실에 근거하여 자필로 기재하여 주십시오(기재예시 : 1. 수령함. 2. 들었음)

1. 은행여신거래기본약관과 이 계약서 사본을 확실히 수령하였습니까 ?	
2. 위 약관과 계약서의 중요한 내용에 대하여 설명을 들었습니까?	

상담자	직위 : 성명 : 인

담보제공자(근질권설정자)가 꼭 알아두어야 할 사항

질권이란

- 채무자가 기일에 채무를 상환하지 않을 때, 채권자가 담보로 취득한 예 · 적금 등의 지명채권을 직접 추심하거나, 유가증권 · 동산 등의 담보물을 처분하여 그 추심 또는 매각대금으로부터 우선적으로 변제받는 권리입니다.
- 따라서 자기 소유의 예 · 적금이나 유가증권 · 동산 등에 타인을 위하여 질권을 설정하는 것은 타인의채무불이행으로 인하여 자기재산을 잃게 될 수 있는 위험을 부담하는 행위입니다.

담보종류에 따른 책임범위

- 특정채무담보는 채무자가 채권자에 대하여 부담하는 특정된 채무만을 담보하는 것으로, 그 채무가 연기 · 재취급 또는 다른 여신으로 대환된 때에는 담보하지 않습니다.
- 근담보는 채무자와 채권자 사이에 이미 맺어져 있거나 앞으로 맺게 될 거래계약으로부터 현재 발생되어 있거나 앞으로 발생할 채무를 채권최고액의 범위내에서 담보하는 것으로, 세가지 유형이 있으며, 각 계약의 유형에 따른 책임범위는 다음과 같습니다.

『특정근담보』

특정한 거래계약(예: 년 월 일자 어음할인거래약정서)으로부터 계속적으로 발생하는 채무를 담보하며, 그 채무가 기한연기된 때에도 담보합니다. 그러나 재취급 또는 다른 여신으로 대환된 때에는 담보하지 않습니다.

『한정근담보』

특정한 종류의 거래(예 : 당좌대출거래)에 대하여 이미 맺어져 있거나 앞으로 맺게 될 거래계약으로부터 현재 발생되어 있거나 앞으로 발생하게 될 채무를 모두 담보하며, 그 채무의 연기나 재취급은 물론 같은 종류로 대환된 때에도 담보합니다. 그러나 다른 종류의 여신으로 대환 된 때에는 담보하지 않습니다.

『포괄근담보』

채무자가 채권자에게 부담하는 현재 및 장래의 모든 채무(여신거래로 인한 채무뿐만 아니라 기타 다른 형태의 채무를 포함한다)를 담보하여 그 책임범위가 아주 광범위하므로 포괄근담보를 선택할 경우 다시 한 번 신중히 생각한 후에 결정하십시오.

10. 근질권설정계약서(근담보용)

은행은 근질권설정자에게 이 약정서상의 중요한 내용을 설명하여야 하며, 은행여신거래기본약관과 이 약정서의 사본을 교부하여야 합니다.

			지점장

근담보

근질권설정계약서

(예 · 적금용, 동산용, 유가증권용)

★ 연대보증은 재산상 손실을 가져올 수도 있는 중요한 법률행위 이므로 미리 뒷면 "연대보증인이 꼭 알아 두어야 할 사항" 과 계약서의 내용을 잘 읽은 후 신중한 판단을 하시고,

★ 굵은 선 [ ] 으로 표시된 란(당사자란, 제1조 및 계약서 끝부분)은 담보제공자가 반드시 자필로 기재하시기 바랍니다.

20 년 월 일

채 권 자 겸
근 질 권 자 (인)
주 소

채 무 자 (인)
주 소

근질권설정자 (인)
주 소

위 당사자 사이에 아래와 같이 근질권설정계약을 맺습니다.

제1조 근질권의 설정

근질권설정자(이하"설정자"라 한다)는 은행여신거래기본약관을 승인하고, 이 계약서 끝부분"담보목적물 목록"란에 기재한 채권 · 물건 · 증권 등(이하"담보목적물"이라 합니다)에 다음 내용으로 근질권을 설정하고, 채권자 앞으로 그 담보목적물의 인도 절차를 마쳤습니다.

1. 피담보채무의 범위

채권자는 피담보채무의 범위를 달리하는 다음의 세 유형 가운데 어느 하나를 설정자가 선택할 수 있음을 설명하였고, 설정자는 그 가운데 [ ] 에서 정한 채무(이자, 지연배상금 기타 부대채무를 포함합니다)를 담보하기로 합니다.

특정근담보

채무자가 은행(본 · 지점)에 대하여 다음 약정서에 의한 거래로 말미암아 현재 및 장래에 부담하는 모든 채무.

년 월 일 약정서

년 월 일 약정서

한정근담보

채무자가 은행(본 · 지점)에 대하여 다음 종류의 거래로 말미암아 현재 및 장래에 부담하는 모든 채무.

거래 거래

포괄근담보

채무자가 채권자(본 · 지점)에 대하여 현재 및 장래에 부담하는 다음 채무

가. 어음대출, 증서대출, 당좌대출, 어음할인, 지급보증, 매출채권거래, 상호부금거래, 사채인수, 유가증권대여, 외국환거래 기타 여신거래로 말미암은 모든 채무

나. 신용카드거래로 말미암은 채무(채무자 이외의 제3자가 담보를 제공한 경우는 제외)

다. 채권자와 제3자와의 위"가"의 거래에 대한 보증채무

라. 채권자가 제3자와의 위"가"의 거래로 말미암아 취득한 어음 또는 수표상의 채무

2. 담보한도액 등

가. 담보한도액

□	금 원
□	국법화. 금

나. "가" 호의 담보한도액을 외화로 정한 경우, 원화환산에 적용할 환율은 채권자가 현실적으로 변제금을 수령할 시점의 대고객 전신환 매도율로 적용합니다.

3. 근질권 결산기

채권자는 근질권 결산기를 정하는 다음의 세 유형 가운데 어느 하나를 설정자가 선택할 수 있음을 설명하였고, 설정자는 그 가운데 [ ] 에서 정한 날을 결산기로 하기로 합니다.

장래지정형

정하지 아니합니다.
이 경우 계약일로부터 3년이 경과하면 설정자는 서면통지에 의하여 근질권 결산기를 지정할 수 있기로 하되, 그 결산기는 통지 도달일로부터 14일 이후가 되어야 하며, 이에 미달하는 때에는 통지 도달일로부터 14일이 되는 날을 결산기로 합니다.

자동확정형

정하지 아니합니다.
이 경우 계약일로부터 3년이 경과하면 설정자는 서면통지에 의하여 근질권 결산기를 지정할 수 있기로 하되, 그 결산기는 통지 도달일로부터 14일 이후가 되어야 하며, 이에 미달하는 때에는 통지 도달일로부터 14일이 되는 날을 결산기로 합니다. 다만 5년이 경과할 때까지 설정자의 별도 의사표시가 없는 경우에는 계약일부터 5년이 되는 날을 결산기로 합니다.

지정형

년 월 일

제2조 질권의 효력범위

① 질권의 효력은 담보목적물의 원금 · 수익권(이 계약이후 적립한 적립금을 포함합니다)과 이에 부수 하는 이자 · 수익의 수익권, 특별이자, 장려금, 배당금, 상환금, 무상주에 미칩니다.

② 담보목적물에 대하여 기한연장 · 개서 · 갱신 · 분할 · 병합 · 증액 · 감액 등을 한 때에는 그 위에도 질권의 효력이 미칩니다.

제3조 위험부담 · 면책조항

① 설정자는 채권자에게 인도한 담보증서(통장)가 불가항력 · 사변 · 재해 등 채권자의 책임 없는 사유로 말미암아 분실 · 손실 또는 멸실 된 경우에는 채권자의 청구에 따라 곧 그에 대신할 증서(통장)를 제출하기로 합니다.

② 담보증서(통장) · 담보물수령증(통장) 등의 증서상의 인영 · 서명을 설정자가 미리 신고한 인감 · 서명과 상당한 주의로써 대조하고 틀림없다고 인정하여 거래한 때에는 증서 등과 인감 · 서명에 관하여 위조 · 변조 · 도용 등의 사고가 있더라도 이로 말미암은 손해는 설정자가 부담하며, 설정자는 증서의 기재문언에 따라 책임을 지기로 합니다.

③ 담보목적물이 유가증권인 경우, 설정자는 그 증권에 관한 상환공고 · 제출공고 등에 유의하고, 이들 공고가 있는 때에는 곧 채권자에게 통지하며, 이 통지가

없었기 때문에 채권자가 증권의 추심이나 기타의 권리행사 또는 보전절차를 밟지 아니한 때에는 이로 말미암은 손해는 모두 설정자가 부담합니다.

제4조 보험계약

① 담보목적물이 유체동산인 경우, 설정자는 담보목적물에 대하여 채권보전에 필요한 범위 내에서 채권자가 지정하는 종류와 금액으로 보험계약을 맺고, 그 보험계약에 따른 권리 위에 채권자를 위하여 질권을 설정하여 보험증권을 채권자에게 교부하며, 이 계약에 의한 피담보채무가 존재하는 동안 이를 계속 유지합니다.

② 설정자는 전항에 의한 보험계약외에 담보목적물에 대하여 따로 보험계약을 맺은 때에는 이를 곧 채권자에게 통지하며, 채권자가 채권보전상의 필요에 따라 청구하는 경우에는 그 보험계약에 따른 권리에 대하여도 채권자를 위하여 질권을 설정합니다.

③ 설정자가 제1항, 제2항에 정하는 바에 따르지 아니함으로써 채권자가 채권보전상 필요한 보험계약을 설정자를 대신하여 맺거나 계속하고 그 보험료를 지급한 때에는, 채무자와 설정자는 연대하여 채권자가 지급한 보험료 기타의 제비용에 대하여 은행여신거래기본약관 제4조에 준하여 곧 갚습니다.

④ 제1항 내지 제3항에 의한 보험계약에 터잡아 채권자가 보험금을 수령한 때에는, 다른 담보물의 제공 등 상당한 사유가 없는 한, 피담보채무의 기한도래 전일지라도, 채권자는 그 수령금으로 은행여신거래기본약관 제13조에 준하여 채무의 변제에 충당할 수 있습니다.

제5조 담보목적물의 처분 등

① 보증인이 담보로 제공한 예 · 적금, 신탁 기타 채권에 가압류 · 압류명령이나 체납처분 압류통지가 발송된 때에는, 채무자는 피담보채무의 기한도래 여부에 불구하고 당해 피담보채무를 곧 상환하기로 하며, 채권자는 보증인이 제공한 담보 예 · 적금, 신탁 기타 채권에 대하여 근질권을 실행하거나 또는 상계 등을 할 수 있습니다. 또한 피담보채무의 기한의 도래 또는 기한의 이익의 상실로 말미암아 채무의 이행을 하여야 할 때에도, 채권자는 근질권을 실행하거나 또는 담보목적물이 예금 등의 채권인 경우에는 은행여신거래기본약관(가계용) 제10조에 준하여 상계 등을 할 수 있습니다.

② 담보목적물의 처분은 「민사집행법」에 따른 임의경매절차에 의함을 원칙으로 하되, 다음 각 호의 경우 채권자는 담보목적물로써 직접 변제에 충당하거나, 담보목적물을 매각하여 그 대금에서 제 비용을 뺀 잔액을 은행여신거래기본약관 제13조에 준하여 충당할 수 있습니다. 이러한 경우 채권자는 담보목적물의 평가액 또는 매각대금에서 그 채권액을 뺀 금액을 채무자 등에게 지급합니다. "채무자등"은 채무자, 설정자, 담보목적물의 제3취득자를 말합니다.

1. 목적물의 가치가 적어 많은 비용을 들여 경매하는 것이 불합리한 경우
2. 경매시 정당한 가격으로 경락되기 어려운 사정이 있는 경우
3. 공정시세가 있어서 경매에 의하지 않아도 공정가격 산출이 가능한 경우
4. 그 밖에 정당한 사유가 있다고 볼 수 있는 경우

③ 임의경매절차에 의하지 아니하는 경우 채권자는 다음 각 호의 내용을 채무자 등과 채권자가 알고 있는 이해관계인에게 통지하고, 그 통지가 도달한 날로부터 1개월 이내에 이해관계인이 채권자가 산정한 예상매각대금 이상으로 처분할 수 있는 방법을 제시하지 않아야 처분할 수 있습니다. 다만, 담보목적물이 멸실 또는 훼손될 염려가 있거나 가치가 급속하게 감소될 우려가 있는 경우에는 그러하지 아니합니다.

1. 담보권 실행의 방법
2. 피담보채권의 금액
3. 담보목적물의 평가액 또는 예상매각대금
4. 담보목적물로써 직접 변제에 충당하거나 담보목적물을 매각하려는 이유

④ 제1항의 경우 채무 전액을 소멸시키기에 부족한 때에는 은행여신거래기본약관(가계용) 제13조에 준하여 채무의 변제에 충당할 수 있습니다.

제6조 비용부담

채권자의 이 계약에 의한 권리의 보전이나 행사 등에 관한 비용은 채무자와 설정자가 연대하여 부담하고, 채권자가 이를 대신 지급한 때에는 은행여신거래기본약관 제4조에 준하여 곧 갚습니다.

제7조 다른 담보 · 보증약정과의 관계

① 설정자가 채무자의 채권자에 대한 같은 피담보채무에 관하여 따로 담보를 제공하고 있거나 보증을 하고 있는 경우에는 별도의 약정이 없는 한 그 담보나 보증은 이 계약에 의하여 변경되지 아니하며 이 계약에 의한 담보책임과 별개의 것으로 누적적으로 적용됩니다.

② 담보가치의 하락 등을 대비한 채권자의 청구에 의하여 설정자가 같은 피담보채무에 관하여 담보제공과 동시에 같은 금액으로 연대보증을 한 경우, 그 중 어느 하나의 일부 또는 전부를 이행한 때에는 제1항에 불구하고 그 이행한 범위 내에서 다른 책임도 면합니다.

제8조 담보 등의 변경 · 해지 · 해제

설정자가 동의를 한 때나, 동등한 가치 이상의 담보대체, 동등한 자력 이상의 보증인 교체 또는 일부 변제액에 비례한 담보나 보증의 해지 · 해제 등 설정자가 대위변제 할 경우의 구상실현에 불리한 영향이 없다고 판단될 때에는, 거래상 필요에 따라, 채권자는

다른 담보나 보증을 변경 또는 해지 · 해제할 수 있기로 합니다.

제9조 특약사항

설정자 : (인)

〈예금용〉

■ 질권의 목적물인 예금 등의 목록 :

종별	증서기 · 번호 / 계좌번호	명의인 수익자 (위탁자)	금액 또는 계약액 목표액	입금부금누계액 또는 목적신탁 기적립액	증서일자	지급기일
					20 . . .	20 . . .
					20 . . .	20 . . .

주의 : 신탁의 수익자와 위탁자가 다를 때에는 위탁자의 성명을 ( )안에 적으십시오.

〈동산용 · 지명채권용 · 유가증권용〉

■ 담보목적물 목록

※ 주의 : 담보목적물이 유체동산, 지명채권, 유가증권일 경우에는 그 물건 또는 권리를 구체적으로 특정할 수 있도록 적으십시오.

이하 9. 질권설정계약서(특정채무담보용)와 동일

11. 양도담보계약서(특정채무담보용)

은행은 담보권설정자에게 이 약정서상의 중요한 내용을 설명하여야하며, 은행여신거래기본약관과 이 약정서의 사본을 교부하여야 합니다

본인확인자	팀원	팀장	부점장

특정채무담보

양도담보계약서

★ 담보의 제공은 재산상 손실을 가져올 수도 있는 중요한 법률행위이므로 미리 뒷면 "담보제공자가 꼭 알아 두어야 할 사항"과 계약서의 내용을 잘 읽은 후 신중한 판단을 하시고,

★ 굵은 선 [ ] 으로 표시된 란(당사자란, 제1조 및 계약서 끝부분)은 담보제공자가 반드시 자필로 기재하시기 바랍니다

20　　년　　월　　일

채 권 자 겸
양도담보권자 (인)
주　　　소

채　무　자 (인)
주　　　소

양도담보권설정자 (인)
주　　　소

위 당사자 사이에 아래와 같이 양도담보권설정계약을 맺습니다.

제1조　양도담보권의 설정

설정자는 은행여신거래기본약관을 승인하고, 채무자의 채권자에 대한 다음 채무를 담보하기 위하여 이 계약서 끝 부분"양도담보목적물 목록"란에 기재한 물건(이하 "담보목적물"이라 합니다)의 소유권을 채권자에게 양도하고 채권자 앞으로 그 담보목적물의 인도를 마쳤습니다.

피담보채무의 표시 :

거래약정	년 월 일자 약정서
금 액	금 원
상환기일	년 월 일
이자율 · 지급시기	연 %
지연배상금	상환기일에 지급하지 아니한 때 또는 기한의 이익을 상실한 때에는 지급하여야 할 금액에 대하여 곧 연 %의 율로 1년을 365일로 보고 1일 단위로 계산한 지체일수에 해당하는 지연배상금을 지급합니다.

제2조 담보목적물의 점유 · 보존 · 관리

① 담보목적물(제7조의 갈아 놓거나 새로 들여온 물건을 포함합니다. 이하 같습니다.)은 설정자가 채권자의 대리인으로서 점유 · 사용 · 보존 · 관리하며 그 비용을 부담합니다.

② 제1항의 경우에, 설정자는 선량한 관리자로서의 주의의무를 다하여 통상의 용도 또는 영업 범위 내에서 사용 · 보존 · 관리하여야 합니다. 또한, 보관장소 · 설비 · 기타 관리방법에 관하여 채권자의 지시가 있으면 설정자는 이에 따라야 하며, 이를 변경하고자 하는 때에는 사전에 채권자의 승낙을 받아야 합니다.

제3조 보험계약

① 설정자는 담보목적물에 대하여 채권보전에 필요한 범위 내에서 채권자가 지정하는 종류와 금액으로 채권자를 피보험자로 하여 보험계약을 맺고, 그 보험계약에 따른 권리 위에 질권을 설정하여 보험증권을 채권자에게 교부하며, 이 계약에 의한 피담보채무가 존재하는 동안 이를 계속 유지합니다.

② 설정자가 제1항에 의한 보험계약외에 담보목적물에 대하여 따로 보험계약을 맺은 때에는 이를 곧 채권자에게 통지하며, 채권자가 채권보전상 필요에 따라 청구하는 경우에는 그 보험계약에 따른 권리에 관하여도 제1항과 같은 절차를 밟습니다.

③ 설정자가 제1항, 제2항에 정하는 바에 따르지 아니함으로써 채권자가 채권보전상 필요한 보험계약을 설정자를 대신하여 맺거나 계속하고 그 보험료를 지급한 때에는, 채무자와 설정자는 연대하여 채권자가 지급한 보험료 기타의 제비용에 대하여 은행여신거래기본약관 제4조에 준하여 곧 갚습니다.

④ 제1항 내지 제3항에 의한 보험계약에 터 잡아 채권자가 보험금을 수령한 때에는, 다른 담보물의 제공 등 상당한 사유가 없는 한, 피담보채무의 기한도래전 일지라

도, 채권자는 그 수령금으로 은행여신거래기본약관 제13조에 준하여 채무의 변제에 충당할 수 있습니다.

제4조 담보목적물의 보존 등

① 담보목적물이 멸실 · 훼손되거나 그럴 염려가 있는 경우에는, 설정자는 그 예방 또는 침해구제를 위한 법적 절차를 취하고, 채권자에게 그러한 사실을 통지하여야 합니다.

② 담보목적물에 대하여 권리를 주장하는 자가 있거나 법적 다툼이 발생할 경우에, 설정자는 권리보전을 위한 법적 절차를 밟아야 합니다.

제5조 담보가치의 유지

제4조 제1항의 경우에는 채권자의 청구에 따라 설정자가 상당액의 물건을 곧 보충하여 채권자에게 양도하기로 합니다.

제6조 담보목적물의 변경

① 설정자는 담보목적물의 전부 또는 일부를 갈아 놓거나 또는 새로 물건을 들여올 때에는, 채권자의 승인을 받겠으며, 그 갈아 놓은 물건이나 새로 들여온 물건에 대하여도 따로 계약할 것이 없이 이 계약에 의하여 모두 채권자에게 양도되고 인도를 마친 것으로 합니다.

② 담보목적물에 의하여 세소 · 가공되는 재공품 · 반제품 · 완제품 · 부산물이나 담보목적물에 부합된 물건도 당연히 이 계약에 의하여 양도되고 인도를 마친 것으로 합니다.

제7조 담보목적물의 처분

① 담보목적물의 처분은 「민사집행법」에 따른 임의경매절차에 의함을 원칙으로 하되, 다음 각 호의 경우 채권자는 담보목적물로써 직접변제에 충당하거나, 담보목적물을 매각하여 그 대금에서 제 비용을 뺀 잔액을 은행여신거래기본약관 제13조에 준하여 충당할 수 있습니다. 이러한 경우 채권자는 담보목적물의 평가액 또는 매각대금에서 그 채권액을 뺀 금액을 채무자 등에게 지급합니다. "채무자 등"은 채무자, 설정자, 담보목적물의 제3취득자를 말합니다.

1. 목적물의 가치가 적어 많은 비용을 들여 경매하는 것이 불합리한 경우
2. 경매시 정당한 가격으로 경락되기 어려운 사정이 있는 경우
3. 공정시세가 있어서 경매에 의하지 않아도 공정가격 산출이 가능한 경우
4. 제1호 내지 제3호의 사유에 준하는 경우

② 임의경매절차에 의하지 아니하는 경우, 채권자는 다음 각 호의 내용을 채무자 등과 채권자가 알고 있는 이해관계인에게 통지하고, 그 통지가 도달한 날로부터 1개월 이내에 이해관계인이 채권자가 산정한 예상매각대금 이상으로 처분할 수

있는 방법을 제시하지 않아야 처분할 수 있습니다. 다만, 담보목적물이 멸실 또는 훼손될 염려가 있거나 가치가 급속하게 감소될 우려가 있는 경우에는 그러하지 아니합니다.

1. 담보권실행의 방법
2. 피담보채권의 금액
3. 담보목적물의 평가액 또는 예상매각대금
4. 담보목적물로써 직접 변제에 충당하거나 담보목적물을 매각하려는 이유

제8조 담보목적물의 인도 · 대리처분

① 양도담보권의 실행을 위하여 채권자가 요구하는 때에는 설정자는 담보목적물을 지체 없이 채권자 또는 채권자가 지정하는 자에게 양도하여야 합니다.

② 양도담보권의 실행을 위하여 채권자가 요구하는 때에는 설정자는 채권자를 대리하여 담보목적물을 처분하고 그 매각대금이 매수인으로부터 직접 채권자에게 지급되도록 하여야 합니다.

제9조 물상대위

담보목적물에 대하여 멸실 · 훼손 · 공용징수 기타의 원인으로 제3자에 대한 보험금 · 배상금 · 보상금 등의 청구권이 생긴 때에는 다른 담보물의 제공 등 상당한 사유가 없는 한, 피담보채무의 기한도래전일지라도, 채권자는 이를 수령하여 은행여신거래기본약관 제13조에 준하여 채무의 변제에 충당할 수 있습니다.

제10조 담보목적물의 회보 · 조사

채권자는 채권보전에 필요한 경우 수시로 담보목적물에 대한 현황을 조사할 수 있으며, 이 경우 설정자는 조사에 필요한 협력을 하여야 합니다.

제11조 비용부담

양도담보권의 설정 · 보전 · 행사 및 담보목적물의 보존 · 관리에 드는 각종 비용은 채무자와 설정자가 연대하여 부담하고, 채권자가 대신 지급한 때에는 설정자는 그 지급금에 대하여 은행여신거래기본약관 제4조에 준하여 이를 곧 갚아야 합니다.

제12조 다른 담보 · 보증약정과의 관계

① 설정자가 채무자의 채권자에 대한 같은 피담보채무에 관하여 따로 담보를 제공하고 있거나 보증을 하고 있는 경우에는 별도의 약정이 없는 한 그 담보나 보증은 이 계약에 의하여 변경되지 아니하며 이 계약에 의한 담보책임과 별개의 것으로 누적적으로 적용됩니다.

② 담보가치의 하락 등을 대비한 채권자의 청구에 의하여 설정자가 같은 피담보채무

에 관하여 담보제공과 동시에 같은 금액으로 연대보증을 한 경우, 그 중 어느 하나의 일부 또는 전부를 이행한 때에는 제1항에 불구하고 그 이행한 범위 내에서 다른 책임도 면합니다.

제13조 기타 특약 사항

설정자 : (인)

※ 설정자는 다음 사항을 읽고 본인의 의사를 사실에 근거하여 자필로 기재하여 주십시오(기재예시 : 1. 수령함. 2. 들었음)

1. 은행여신거래기본약관과 이 계약서 사본을 확실히 수령하였습니까 ?	
2. 위 약관과 계약서의 중요한 내용에 대하여 설명을 들었습니까?	

상담자	직위 :	성명 :	인

양도담보목적물 목록

소재지		
보관장고명 및 보관장소		
물건	종 별	
	수 량	
	단 가	
	가 액	
보험	회사명	
	종 별	
	금 액	

담보제공자(양도담보설정자)가 꼭 알아두어야 할 사항

양도담보란

- 담보로 제공한 물건의 소유권을 채권자에게 이전하고 기일에 채무자가 채무를 상환하게 되면 그 소유권을 다시 회복하기로 하는 담보제도입니다.
- 따라서 자기소유의 원재료 · 제품, 기계 · 기구 등에 양도담보권을 설정하는 경우 타인의 채무불이행으로 인하여 자기재산을 빼앗기게 될 수 있는 위험을 부담하는 행위입니다.

담보종류에 따른 책임범위

이하 9. 질권설정계약서(특정채무담보용)와 동일.

12. 양도담보계약서(근담보용)

은행은 근담보권설정자에게 이 약정서상의 중요한 내용을 설명하여야하며, 은행여신 거래기본약관과 이 약정서를 교부하여야 합니다.

			부점장

근담보

양도담보계약서

★ 담보의 제공은 재산상 손실을 가져올 수도 있는 중요한 법률행위이므로 미리 뒷면"담보제공자가 꼭 알아두어야 할 사항"과 계약서의 내용을 잘 읽은 후 신중한 판단을 하시기 바랍니다.

★ 굵은 선 [   ] 으로 표시된 란(당사자란, 제1조 및 계약서 끝부분)은 담보제공자가 반드시 자필로 기재하시기 바랍니다

채 권 자 겸
양도담보권자 ______________________ (인)
주 소

채 무 자 ______________________ (인)
주 소

양도담보권설정자 ______________________ (인)
주 소

위 당사자 사이에 다음과 같이 양도담보권설정계약을 맺습니다.

제1조 양도담보권의 설정

① 설정자는 은행여신거래기본약관을 승인하고 다음 내용에 따라 채무를 담보하기 위하여 이 계약서 끝 부분 "양도담보목적물 목록"란에 기재한 물건(이하 "담보목적물"이라 합니다)의 소유권을 채권자에게 양도하고 채권자 앞으로 그 담보목적물의 인도를 마쳤습니다.

1. 피담보채무의 범위

채권자는 피담보채무의 범위를 달리하는 다음의 세 유형 가운데 어느 하나를 설정자가 선택할 수 있음을 설명하였고, 설정자는 그 가운데 근담보에서 정한 채무(이자, 지연배상금 기타부대채무를 포함합니다)를 담보하기로 합니다.

특정근담보

채무자가 은행(본 · 지점)에 대하여 다음 약정서에 의한 거래로 말미암아 현재 및 장래에 부담하는 모든 채무.

년 월 일 약정서

년 월 일 약정서

한정근담보

채무자가 은행(본 · 지점)에 대하여 다음 종류의 거래로 말미암아 현재 및 장래에 부담하는 모든 채무.

거래 거래

포괄근담보

채무자가 채권자(본 · 지점)에 대하여 현재 및 장래에 부담하는 다음 채무

가. 어음대출, 증서대출, 당좌대출, 어음할인, 지급보증, 매출채권거래, 상호부금거래, 사채인수, 유가증권 대여, 외국환거래 기타 여신거래로 말미암은 모든 채무

나. 신용카드거래로 말미암은 채무(채무자 이외의 제3자가 담보를 제공한 경우는 제외)

다. 채권자와 제3자와의 위"가"의 거래에 대한 보증채무

라. 채권자가 제3자와의 위"가"의 거래로 말미암아 취득한 어음 또는 수표상의 채무

2. 담보한도액 등

가. 담보한도액

□	금 원
□	국법화. 금

나. "가" 호의 담보한도액을 외화로 정한 경우, 원화환산에 적용할 환율은 채권자가 현실적으로 변제금을 수령할 시점의 대고객 전신환 매도율로 적용합니다.

3. 양도담보권 결산기

채권자는 양도담보권 결산기를 정하는 다음의 세 유형 가운데 어느 하나를 설정자가 선택할 수 있음을 설명하였고, 설정자는 그 가운데 [ ] 에서 정한 날을 결산기로 하기로 합니다.

장래지정형

정하지 아니합니다.
이 경우 계약일로부터 3년이 경과하면 설정자는 서면통지에 의하여 양도담보권 결산기를 지정할 수 있기로 하되, 그 결산기는 통지 도달일로부터 14일 이후가 되어야 하며, 이에 미달하는 때에는 통지 도달일로부터 14일이 되는 날을 결산기로 합니다.

자동확정형

정하지 아니합니다.
이 경우 계약일로부터 3년이 경과하면 설정자는 서면통지에 의하여 양도담보권 결산기를 지정할 수 있기로 하되, 그 결산기는 통지 도달일로부터 14일 이후가 되어야 하며, 이에 미달하는 때에는 통지 도달일로부터 14일이 되는 날을 결산기로 합니다. 다만 5년이 경과할 때까지 설정자의 별도 의사표시가 없는 경우에는 계약일부터 5년이 되는 날을 결산기로 합니다.

지정형

년 월 일

제2조 담보목적물의 점유 · 보존 · 관리

① 담보목적물(제7조의 갈아 놓거나 새로 들여온 물건을 포함합니다. 이하 같습니다.)은 설정자가 채권자의 대리인으로서 점유 · 사용 · 보존 · 관리하며 그 비용을 부담합니다.

② 제1항의 경우에, 설정자는 선량한 관리자로서의 주의의무를 다하여 통상의 용도 또는 영업 범위 내에서 사용 · 보존 · 관리하여야 합니다. 또한, 보관장소 · 설비 · 기타 관리방법에 관하여 채권자의 지시가 있으면 설정자는 이에 따라야 하며, 이를 변경하고자 하는 때에는 사전에 채권자의 승낙을 받아야 합니다.

제3조 보험계약

① 설정자는 담보목적물에 대하여 채권보전에 필요한 범위 내에서 채권자가 지정하는 종류와 금액으로 채권자를 피보험자로 하여 보험계약을 맺고, 그 보험계약에 따른 권리 위에 질권을 설정하여 보험증권을 채권자에게 교부하며, 이 계약에 의한 피담보채무가 존재하는 동안 이를 계속 유지합니다.

② 설정자가 제1항에 의한 보험계약외에 담보목적물에 대하여 따로 보험계약을 맺은 때에는 이를 곧 채권자에게 통지하며, 채권자가 채권보전상 필요에 따라 청구하는 경우에는 그 보험계약에 따른 권리에 관하여도 제1항과 같은 절차를 밟습니다.

③ 설정자가 제1항, 제2항에 정하는 바에 따르지 아니함으로써 채권자가 채권보전상

필요한 보험계약을 설정자를 대신하여 맺거나 계속하고 그 보험료를 지급한 때에는, 채무자와 설정자는 연대하여 채권자가 지급한 보험료 기타의 제비용에 대하여 은행여신거래기본약관 제4조에 준하여 곧 갚습니다.

④ 제1항 내지 제3항에 의한 보험계약에 터 잡아 채권자가 보험금을 수령한 때에는, 다른 담보물의 제공 등 상당한 사유가 없는 한, 피담보채무의 기한도래전 일지라도, 채권자는 그 수령금으로 은행여신거래기본약관 제13조에 준하여 채무의 변제에 충당할 수 있습니다.

제4조 담보목적물의 보존 등

① 담보목적물이 멸실·훼손되거나 그럴 염려가 있는 경우에는, 설정자는 그 예방 또는 침해구제를 위한 법적 절차를 취하고, 채권자에게 그러한 사실을 통지하여야 합니다.

② 담보목적물에 대하여 권리를 주장하는 자가 있거나 법적 다툼이 발생할 경우에, 설정자는 권리보전을 위한 법적 절차를 밟아야 합니다.

제5조 다른 담보의 제공

설정자의 책임 있는 사유로 말미암아 담보목적물에 대한 채권자의 소유권취득이 무효로 되거나 실효 될 염려가 있는 때에는 설정자는 채권자의 청구에 의하여 그에 갈음할 수 있는 다른 담보를 채권자에게 제공합니다.

제6조 담보가치의 유지

제4조 제1항의 경우에는 채권자의 청구에 따라 설정자가 상당액의 물건을 곧 보충하여 채권자에게 양도하기로 합니다.

제7조 담보목적물의 변경

① 설정자는 담보목적물의 전부 또는 일부를 갈아 놓거나 또는 새로 물건을 들여올 때에는, 채권자의 승인을 받겠으며, 그 갈아 놓은 물건이나 새로 들여온 물건에 대하여도 따로 계약할 것이 없이 이 계약에 의하여 모두 채권자에게 양도되고 인도를 마친 것으로 합니다.

② 담보목적물에 의하여 제조·가공되는 재공품·반제품·완제품·부산물이나 담보목적물에 부합된 물건도 당연히 이 계약에 의하여 양도되고 인도를 마친 것으로 합니다.

제8조 담보목적물의 처분

① 담보목적물의 처분은 「민사집행법」에 따른 임의경매절차에 의함을 원칙으로 하되, 다음 각 호의 경우 채권자는 담보목적물로써 직접변제에 충당하거나, 담보목적물을 매각하여

그 대금에서 제 비용을 뺀 잔액을 은행여신거래기본약관 제13조에 준하여 충당할 수 있습니다. 이러한 경우 채권자는 담보목적물의 평가액 또는 매각대금에서 그 채권액을 뺀 금액을 채무자 등에게 지급합니다. "채무자 등"은 채무자, 설정자, 담보목적물의 제3 취득자를 말합니다.

1. 목적물의 가치가 적어 많은 비용을 들여 경매하는 것이 불합리한 경우
2. 경매시 정당한 가격으로 경락되기 어려운 사정이 있는 경우
3. 공정시세가 있어서 경매에 의하지 않아도 공정가격 산출이 가능한 경우
4. 제1호 내지 제3호의 사유에 준하는 경우

② 임의경매절차에 의하지 아니하는 경우, 채권자는 다음 각 호의 내용을 채무자 등과 채권자가 알고 있는 이해관계인에게 통지하고, 그 통지가 도달한 날로부터 1개월 이내에 이해관계인이 채권자가 산정한 예상매각대금 이상으로 처분할 수 있는 방법을 제시하지 않아야 처분할 수 있습니다. 다만, 담보목적물이 멸실 또는 훼손될 염려가 있거나 가치가 급속하게 감소될 우려가 있는 경우에는 그러하지 아니합니다.

1. 담보권실행의 방법
2. 피담보채권의 금액
3. 담보목적물의 평가액 또는 예상매각대금
4. 담보목적물로써 직접 변제에 충당하거나 담보목적물을 매각하려는 이유

제9조 담보목적물의 인도 · 대리처분

① 양도담보권의 실행을 위하여 채권자가 요구하는 때에는 설정자는 담보목적물을 지체 없이 채권자 또는 채권자가 지정하는 자에게 양도하여야 합니다.

② 양도담보권의 실행을 위하여 채권자가 요구하는 때에는 설정자는 채권자를 대리하여 담보목적물을 처분하고 그 매각대금이 매수인으로부터 직접 채권자에게 지급되도록 하여야 합니다.

제10조 물상대위

담보목적물에 대하여 멸실 · 훼손 · 공용징수 기타의 원인으로 제3자에 대한 보험금 · 배상금 · 보상금 등의 청구권이 생긴 때에는 다른 담보물의 제공 등 상당한 사유가 없는 한, 피담보채무의 기한도래전일지라도, 채권자는 이를 수령하여 은행여신거래기본약관 제13조에 준하여 채무의 변제에 충당할 수 있습니다.

제11조 담보목적물의 조사

채권자는 채권보전에 필요한 경우 수시로 담보목적물에 대한 현황을 조사할 수 있으며, 이 경우 설정자는 조사에 필요한 협력을 하여야 합니다.

제12조 비용부담

양도담보권의 설정 · 보전 · 행사 및 담보목적물의 보존 · 관리에 드는 각종 비용은 채무자와 설정자가 연대하여 부담하고, 채권자가 대신 지급한 때에는 설정자는 그 지급금에 대하여 은행여신거래기본약관 제4조에 준하여 이를 곧 갚아야 합니다.

제13조 다른 담보 · 보증약정과의 관계

① 설정자가 채무자의 채권자에 대한 같은 피담보채무에 관하여 따로 담보를 제공하고 있거나 보증을 하고 있는 경우에는 별도의 약정이 없는 한 그 담보나 보증은 이 계약에 의하여 변경되지 아니하며 이 계약에 의한 담보책임과 별개의 것으로 누적적으로 적용됩니다.

② 담보가치의 하락 등을 대비한 채권자의 청구에 의하여 설정자가 같은 피담보채무에 관하여 담보제공과 동시에 같은 금액으로 연대보증을 한 경우, 그 중 어느 하나의 일부 또는 전부를 이행한 때에는 제1항에 불구하고 그 이행한 범위 내에서 다른 책임도 면합니다.

제14조 특약사항

설정자 : (인)

※ 설정자는 다음 사항을 읽고 본인의 의사를 사실에 근거하여 자필로 기재하여 주십시오(기재예시 : 1. 수령함. 2. 들었음)

1. 은행여신거래기본약관과 이 계약서 사본을 확실히 수령하였습니까 ?	
2. 위 약관과 계약서의 중요한 내용에 대하여 설명을 들었습니까?	

상담자	직위 : 성명 : 인

양도담보목적물 목록

소재지		
보관창고명 및 보관장소		
물건	종 별	
	수 량	
	단 가	
	가 액	
보험	회사명	
	종 별	
	금 액	

담보제공자(양도담보설정자)가 꼭 알아두어야 할 사항

이하 10. 질권설정계약서(특정채무담보용)와 동일

13. 근담보권 설정계약서(동산담보-집합동산용)

은행은 근담보권설정자에게 이 약정서상의 중요한 내용을 설명하여야하며, 은행여신거래기본약관과 이 약정서를 교부하여야 합니다.

			부점장

근담보

근담보권 설정계약서

(동산담보 · 집합동산용)

★ 담보의 제공은 재산상 손실을 가져올 수도 있는 중요한 법률행위이므로 미리 뒷면 "담보제공자가 꼭 알아 두어야 할 사항"과 계약서의 내용을 잘 읽은 후 신중한 판단을 하시고,

★ 굵은 선 [   ] 으로 표시된 란((당사자란,변경내용 및 계약서 끝부분)은 담보제공자가 반드시 자필로 기재하시기 바랍니다.

20 년 월 일

채 권 자 겸
근담보권자 ______________ (인)
주 소

채 무 자 ______________ (인)
주 소

근담보권설정자 ______________ (인)
주 소

위 당사자 사이에 아래와 같이 근담보권 설정계약을 맺습니다.

제1조 근담보권의 설정

근담보권설정자(이하 "설정자"라 합니다)는 은행여신거래기본약관을 승인하고, 이 계약서 끝부분의 "근담보물건 목록"란에 기재한 물건(이하 "근담보물건"이라 합니다)에 다음 내용으로 「동산 · 채권 등의 담보에 관한 법률」이 정하는 동산근담보권을 설정합니다.

1. 피담보채무의 범위

채권자는 피담보채무의 범위를 달리하는 다음의 두 유형 가운데 어느 하나를 설정자가 선택할 수 있음을 설명 하였고, 설정자는 그 가운데 [ ] 에서 정한 채무(원본, 이자, 위약금, 지연배상금, 근담보권실행의 비용, 근담보물건의 보존비용 및 채무불이행 또는 근담보물건의 흠으로 인한 손해배상 채권 등 기타 부대채무를 포함합니다)를 담보하는 근담보권을 설정하기로 합니다.

특정근담보

채무자가 은행(본 · 지점)에 대하여 다음 약정서에 의한 거래로 말미암아 현재 및 장래에 부담하는 모든 채무.

년 월 일 약정서
년 월 일 약정서

한정근담보

채무자가 은행(본 · 지점)에 대하여 다음 종류의 거래로 말미암아 현재 및 장래에 부담하는 모든 채무.

거래 거래

포괄근담보

채무자가 은행(본 · 지점)에 대하여 현재 및 장래에 부담하는 다음 채무

가. 어음대출, 증서대출, 당좌대출, 어음할인, 지급보증, 매출채권거래, 상호부금거래, 사채인수, 유가증권 대여, 외국환거래 기타 여신거래로 말미암은 모든 채무
나. 신용카드거래로 말미암은 채무(채무자 이외의 제3자가 담보를 제공한 경우는 제외)
다. 채권자와 제3자와의 위"가"의 거래에 대한 보증채무
라. 채권자가 제3자와의 위"가"의 거래로 말미암아 취득한 어음 또는 수표상의 채무

2. 채권최고액

가. 금 원

나. 설정비용의 절감 등을 위하여 채권최고액을 최초 채권액을 기준삼아 정하였다 하여도 이를 이유로 이 계약을 특정채무담보를 위한 담보권 설정계약으로 해석하지 않기로 합니다.

3. 근담보권 결산기

채권자는 근담보권 결산기를 정하는 다음의 세 유형 가운데 어느 하나를 설정자가 선택할 수 있음을 설명하였고, 설정자는 그 가운데 [ ] 에서 정한 날을 결산기로 하기로 합니다.

장래지정형

정하지 아니합니다.
이 경우 계약일로부터 3년이 경과하면 설정자는 서면통지에 의하여 근담보권 결산기를 지정할 수 있기로 하되, 그 결산기는 통지 도달일로부터 14일 이후가 되어야 하며, 이에 미달하는 때에는 통지 도달일로부터 14일이 되는 날을 결산기로 합니다.

자동확정형

정하지 아니합니다.
이 경우 계약일부터 3년이 경과하면 설정자는 서면통지에 의하여 근담보권 결산기를 지정할 수 있기로 하되, 그 결산기는 통지 도달일로부터 14일 이후가 되어야 하며, 이에 미달하는 때에는 통지 도달일로부터 14일이 되는 날을 결산기로 합니다. 다만 5년이 경과할 때까지 설정자의 별도 의사표시가 없는 경우에는 계약일부터 5년이 되는 날을 결산기로 합니다.

지정형

년 월 일

제2조 여러 절차의 이행과 비용부담

① 설정자는 이 근담보권의 설정, 변경, 이전, 말소 등에 관한 등기를 하여야 할 때에는 채권자의 청구가 있는 대로 곧 필요한 절차를 밟아야 합니다.

② 채권자는 제1항의 청구를 할 때 당해 등기에 드는 비용의 종류와 산출 근거를 채무자와 설정자에게 별도의 서면에 의하여 설명합니다. 채권자가 이 설명을 하지 아니한 비용은 채무자와 설정자에게 청구하지 아니하며, 이 설명을 한 비용은 다음 각 호에 따라 부담합니다.

1. 등록면허세, 지방교육세, 등기신청수수료 및 법무사수수료
   가. 근담보권 설정등기를 하는 경우 : 채권자
   나. 근담보권 변경등기를 하는 경우 : 채권자
   다. 근담보권 이전등기를 하는 경우 : 채권자
   라. 근담보권 말소등기를 하는 경우 : 채무자 또는 설정자
2. 근담보물건의 조사 또는 감정평가 수수료
   가. 근담보권을 설정하기위한 경우 : 채권자
   나. 채무자의 채무불이행으로 인하여 근담보권을 행사하는 경우 : 채무자 또는 설정자
3. 근담보물건의 보존·관리현황 점검비용 : 채권자
4. 제12조에 의한 근담보물건의 점유 및 관리비용 : 채무자 또는 설정자

5. 기타 비용으로서 부담주체가 분명하지 아니한 비용 : 채권자와 채무자 또는 설정자의 균분

③ 제2항에 의하여 채무자 또는 설정자가 부담하여야 할 비용, 근담보물건의 점유 또는 관리에 관한 비용, 채무자의 채무불이행으로 인한 근담보권의 행사를 위한 비용 등 채무자 또는 설정자가 부담하여야 할 비용을 채권자가 대신 지급한 경우에는 은행여신거래기본약관 제4조 제2항을 준용합니다.

제3조 동산담보등기와 존속기간

① 설정자와 채권자는 본 계약체결 후 지체 없이 「동산·채권 등의 담보에 관한 법률」에 따라 동산담보등기를 하기로 하며, 채권자는 근담보권 존속기간을 2, 3, 4, 5년 가운데 어느 하나를 설정자가 선택할 수 있음을 설명하였고, 설정자는 그 가운데 [ ] 년을 존속기간으로 하기로 합니다.

② 채권자와 설정자는 근담보권의 존속기간 만료 전에 존속기간의 갱신을 위한 연장등기 절차를 밟기로 합니다.

③ 설정자가 존속기간 연장에 동의하지 않거나 채무자 또는 설정자의 귀책사유로 연장등기를 하지 못하였을 때에는 대출기간의 연장에 불구하고 채무자는 채권자가 인정하는 다른 담보를 제공하거나 보증인을 세워야 하며, 이를 이행하지 못할 경우 은행여신거래기본약관 제7조에 의거 기한의 이익을 상실하게 됩니다.

제4조 근담보물건에 대한 명시 의무 등

① 설정자는 담보제공시 다음 사항에 대해 반드시 채권자에게 명시하고 채권자가 요구할 경우 이를 입증할 근거자료를 제시하여야 합니다.

가. 근담보물건의 소유여부

나. 근담보물건에 관한 다른 권리의 존재여부

② 위 명시내용이 허위이거나 중요한 사항이 누락된 때 또는 명시내용을 입증할 근거서류를 제시하지 못할 때에는 은행여신거래기본약관 제7조에 의거 기한의 이익을 상실하게 됩니다.

③ 설정자가 명시한 내용을 확인하기 위하여 채권자가 근담보물건의 현황조사 또는 추가자료를 요청하는 경우 설정자는 이에 협조하기로 합니다.

제5조 목록과 실제의 불일치 등

① 근담보물건의 실제가 이 계약서 끝부분 근담보물건 목록란의 기재와 맞지 아니한 부분 또는 누락된 부분이 있어 채권자가 청구하는 때에는 설정자는 곧 변경등기나 경정등기 등 기타 필요한 절차를 밟습니다.

② 설정자가 근담보물건의 전부 또는 일부를 추가 또는 교체시킨 경우 그 추가 또는

교체된 물건이 근담보물건과 동일한 종류의 동산일 때에는 별도의 계약 없이 이 계약에 의해 담보됩니다. 교체된 물건이 다른 종류의 동산일 때에는 제1항에 따라 변경등기하기로 합니다.

제6조 근담보물건의 표시

① 채권자는 근담보물건임을 표시하기 위하여 설정자가 담보로 제공한 근담보물건 또는 보관장소에 물건의 종류, 규격, 모델명, 담보제공사실 등을 명시한 스티커, 표찰, 표지판, 전자적 식별장치 등(이하 "표지물 등"이라 한다) 을 부착할 수 있으며, 이에 대한 표시형식 및 종류는 채권자가 정하기로 합니다.

② 설정자는 부착한 표지물 등이 훼손되지 않도록 관리하여야 하며, 해당 표지물 등이 훼손되거나 멸실되었을 경우 채권자에게 즉시 통지하여야 하며, 표지물 등의 원상복구에 협조하기로 합니다.

③ 설정자는 설정자의 필요에 따라 표지물 등을 훼손하거나 제거하여야 할 때에는 사전에 채권자의 동의를 받아야 합니다.

④ 근담보물건의 제조번호가 훼손되거나 근담보물건이 여러 개인 경우 이를 구분하기 위하여 채권자는 근담보물건에 일련번호를 부여한 별도의 표지물을 부착할 수 있으며, 담보권 설정등기시 해당 일련번호를 등기할 수 있기로 합니다.

제7조 근담보물건의 관리

① 설정자는 선량한 관리자로서의 주의의무를 다하여 근담보물건을 관리하기로 하며, 통상의 용도 또는 영업 범위 내에서 사용 · 보존 · 관리하여야 합니다. 또한 보관장소 · 설비 · 기타 관리방법에 관하여 채권자와 별도의 합의사항이 있는 경우 설정자는 이에 따라야 하며, 이를 변경하고자 하는 때에는 사전에 채권자의 승낙을 받아야 합니다.

② 타인이 근담보물건에 대하여 권리를 주장하거나 근담보물건을 점유한 때에는 설정자는 해당사실을 채권자에게 지체없이 통지하고, 이에 대하여 채권자가 법적인 조치를 취할 경우 설정자는 채권자의 권리보전을 위하여 협조하기로 합니다.

③ 채권자는 설정자가 근담보물건의 관리를 소홀히 하거나, 담보가치의 유지가 어렵다고 판단할 때에는 관리인을 파견하여 근담보물건의 보존, 이동 기타 필요한 관리조치를 취할 수 있으며, 설정자는 이에 협조하기로 합니다.

④ 채권자는 근담보물건 관리를 위하여 현황조사를 요구할 수 있으며, 설정자는 이에 협조하기로 합니다.

제8조 회보와 조사

① 설정자는 근담보물건의 현황에 관하여 채권자로부터 청구가 있는 때에는 그에 따라 곧 회보하거나 조사에 필요한 협조를 합니다.

② 채권자는 필요한 경우 대리인으로 하여금 근담보물건의 보관장소를 방문하여 근담보물건의 현황을 직접 점검하거나 설정자의 관련장부 및 관계서류를 열람할 수 있으며, 대리인이 방문조사에 필요한 자료를 요청할 경우 설정자는 영업기밀 등 정당한 사유가 있는 때를 제외하고는 이를 제출하여야 합니다.
③ 채권자가 근담보물건의 입·출고 명세 및 재고상태 등 현황에 관하여 서면으로 회보를 요청할 경우 설정자는 채권자가 지정한 양식의 서면보고서를 작성하여, 관련자료와 함께 채권자가 요청한 기일까지 제출하기로 합니다.
④ 채권자가 제3항에 의하여 제출받은 서면보고서의 내용을 확인하고자 근담보물건의 현황조사 또는 추가자료를 요청하는 경우 설정자는 이에 협조하기로 합니다.

제9조 담보가치의 유지 등

① 설정자가 근담보물건에 대하여 멸실, 훼손, 매각, 임대 등 채권자의 채권보전에 지장을 초래할 현상변경 행위를 하고자 하는 때에는 미리 채권자의 승낙을 얻어야 합니다.
② 설정자는 근담보물건의 멸실, 훼손, 공용징수 기타의 사고 또는 현저한 가격의 하락이 있거나 그럴 염려가 있을 때에는 곧 이를 채권자에게 통지하고 그 예방 또는 침해의 제거를 위한 법적절차를 취하기로 하며 채권자의 청구가 있을 경우 그에 갈음할 수 있는 다른 담보를 채권자에게 제공합니다.
③ 제 1항 내지 제 2항의 경우 설정자가 제3자로부터 수령할 배상금, 보상금, 보험금, 매각대금, 임대수익금 등의 채권이 발생한 때에는, 설정자는 그 채권을 채권자에게 양도하고 이에 필요한 절차를 밟겠으며, 채권자는 그 수령금으로 다른 담보물의 제공 등 상당한 사유가 없는 한 은행여신거래기본약관 제13조에 준하여 채무의 변제에 충당할 수 있기로 합니다.
④ 설정자는 근담보물건의 수량이 아래의 기준수량 이상으로 유지되도록 관리하여야 하며, 기준수량 미만으로 감소될 경우 이를 곧 채권자에게 통지하여야 합니다. 담보가치의 유지를 위하여 채권자가 요구할 경우 설정자는 채권자가 인정하는 추가담보를 제공하거나 보증인을 세워야 하며, 이를 이행하지 못할 경우 은행여신거래기본약관 제7조에 의거 기한의 이익을 상실하게 됩니다.

물건종류	규격	모델명	특성	기준수량	단위

⑤ 제4항의 기준수량은 담보가치 유지를 위한 최소수량으로서 근담보권의 효력은 근담보물건목록에 기재된 동산 전체에 미칩니다.
⑥ 채무자가 은행여신거래기본약관 제7조에 의거 기한의 이익이 상실된 후에는 설정자는 근담보물건의 일부반출 등 담보가치를 감소시키는 행위를 할 수 없습니다.

제10조 보험계약

① 설정자는 근담보물건에 대하여 채권보전에 필요한 범위 내에서 채권자가 지정하는 종류와 금액으로 보험계약을 맺고, 그 보험계약에 따른 권리 위에 채권자를 위하여 질권을 설정하여 그 보험증권을 채권자에게 교부하고, 이 근담보권의 피담보채무가 존재하는 동안 이를 계속 유지합니다.
② 설정자는 제1항에 의한 보험계약 외에 근담보물건에 대하여 따로 보험계약을 맺은 때에는 이를 곧 채권자에게 통지하며, 채권자가 채권보전상의 필요에 따라 청구하는 경우에는 그 보험계약에 따른 권리에 대하여도 채권자를 위하여 질권을 설정합니다.
③ 설정자가 제1항, 제2항에 정하는 바에 따르지 아니함으로써 채권자가 채권보전상 필요한 보험계약을 설정자를 대신하여 맺거나 계속하여 그 보험료를 지급한 때에는, 채무자와 설정자는 연대하여 채권자가 지급한 보험료 기타의 제 비용을 은행여신거래기본약관 제4조에 준하여 곧 갚습니다.
④ 제1항 내지 제3항에 의한 보험계약에 터잡아 채권자가 보험금을 수령한 때에는, 다른 담보물의 제공 등 상당한 사유가 없는 한, 피담보채무의 기한도래전일지라도 채권자는 그 수령금으로 은행여신거래기본약관 제13조에 준하여 채무의 변제에 충당 할 수 있습니다.

제11조 근담보물건의 처분 등

① 근담보물건의 처분은 「민사집행법」에 따른 임의경매절차에 의함을 원칙으로 하되, 다음 각 호의 경우 채권자는 근담보물건으로써 직접변제에 충당하거나, 근담보물건을 매각하여 그 대금에서 제 비용을 뺀 잔액을 은행여신거래기본약관 제13조에 준하여 충당할 수 있습니다. 이러한 경우 채권자는 근담보물건의 평가액 또는 매각대금에서 그 채권액을 뺀 금액을 채무자 등에게 지급합니다. "채무자 등"은 채무자, 설정자, 근담보물건의 제3취득자를 말합니다.
  1. 근담보물건의 가치 및 제반 부대비용을 감안할 때 과도한 비용을 들여 경매하는 것이 불합리한 경우
  2. 부패 · 변질 또는 감량되기 쉬운 재산으로서 속히 매각하지 아니하면 그 재산가액이 줄어들 우려가 있는 경우
  3. 근담보물건의 보관비용이 추가로 발생하고, 보관비용을 설정자가 부담할 자력이 없는 등으로 경매절차에 의하는 것이 부적합하다고 합리적으로 판단하는 경우

4. 정당한 가격으로 처분되기 어려운 사정이 있는 경우
5. 공개된 시장에서 매각하거나 공정시세가 있어 공정한 가격산출이 가능한 경우
6. 한국자산관리공사 또는 기계거래소 등 근담보권 실행의 공정성을 담보할 수 있는 전문매각 시장에 매각을 위탁하는 경우
7. 근담보물건에 대한 외부평가기관의 평가금액보다 높은 가격으로 매수하고자 하는 매수희망자가 있는 경우
8. 제1호 내지 제7호의 사유에 준하는 경우

② 제1항의 임의경매절차에 의하지 아니하는 경우, 채권자는 다음 각 호의 내용을 채무자 등과 채권자가 알고 있는 이해관계인에게 통지하고, 그 통지가 도달한 날로부터 1개월이 지나야 처분할 수 있습니다. 다만, 근담보물건이 멸실 또는 훼손될 염려가 있거나 가치가 급속하게 감소될 우려가 있는 경우에는 그러하지 아니합니다.
1. 동산근담보권실행의 방법
2. 피담보채권의 금액
3. 근담보물건의 평가액 또는 예상매각대금
4. 근담보물건으로써 직접 변제에 충당하거나 근담보물건을 매각하려는 이유

③ 제1항의 처분방법 외에 채권자는 설정자를 위하여 근담보물건을 관리하고 그 수익금으로 제1항에 준하여 채무의 변제에 충당할 수 있습니다.

④ 제1항 내지 제3항의 경우 설정자는 지체 없이 채권자의 처분 또는 관리에 필요한 협력을 합니다.

제12조 근담보물건의 점유 등

① 제11조 제1항에 의하여 채권자가 담보권을 실행하기 위하여 필요한 경우에는 설정자 또는 근담보물건의 제3취득자에게 근담보물건의 인도를 청구할 수 있습니다.

② 설정자가 행방을 감추거나 기타의 사유로 말미암아 근담보물건이 정상적으로 관리·유지되지 아니하고 멸실·훼손·분실 등의 우려가 있는 때에는, 채권자는 근담보물건을 점유하여 관리할 수 있습니다.

③ 채권자가 근담보물건을 점유한 경우에는 피담보채권을 전부 변제받을 때까지 근담보물건을 유치할 수 있으며, 채권자는 선량한 관리자로서의 주의의무를 다하여 근담보물건을 관리하기로 합니다.

④ 제3항의 경우에 채권자는 근담보물건의 과실을 수취하여 다른 채권자보다 먼저 그 채권의 변제에 충당할 수 있습니다. 다만, 과실이 금전이 아닌 경우에는 제11조에 따라 그 과실을 경매하거나 그 과실로써 직접 변제에 충당하거나 그 과실을 매각하여 그 대금으로 변제에 충당할 수 있습니다.

제13조 부합물 등에 대한 근담보권의 효력

① 근담보권의 효력은 근담보물건에 부합된 물건과 종물에도 미치며 설정자 및 채무

자는 채권자의 동의 없이 이를 제거할 수 없습니다.

② 근담보물건에 대한 압류 또는 제12조 제1항에 따른 인도청구가 있은 후에 설정자가 그 근담보물건으로부터 수취한 과실 또는 수취할 수 있는 과실에도 근담보권의 효력이 미칩니다.

제14조 다른 담보 · 보증약정과의 관계

설정자가 채무자의 채권자에 대한 같은 피담보채무에 관하여 따로 담보를 제공하고 있거나 보증을 하고 있는 경우에는 별도의 약정이 없는 한 그 담보나 보증은 이 계약에 의하여 변경되지 아니하며, 이 계약에 의한 담보 책임과 별개의 것으로 누적적으로 적용됩니다.

제15조 담보 등의 변경 · 해지 · 해제

설정자가 동의를 한 때나, 동등한 가치 이상의 담보대체, 동등한 자력 이상의 보증인 교체 또는 일부 변제액에 비례한 담보나 보증의 해지 · 해제 등 설정자가 대위변제할 경우의 구상실현에 불리한 영향이 없을 때에는 거래상 필요에 따라 채권자는 다른 담보나 보증을 변경 또는 해지 · 해제할 수 있기로 합니다.

제16조 기타 특약 사항

설정자 : (인)

상담자	직위 :	성명 :	인

※ 설정자는 다음 사항을 읽고 본인의 의사를 사실에 근거하여 자필로 기재하여 주십시오(기재예시 : 1. 수령함, 2. 들었음, 3. 소유자임, 4. 없음)

1. 은행여신거래기본약관과 이 계약서 사본을 확실히 수령하였습니까 ?	
2. 위 약관과 계약서의 중요한 내용에 대하여 설명을 들었습니까?	
3. 근담보물건의 소유자입니까?	
4. 근담보물건에 관하여 존재하는 다른 권리가 있습니까?	

■ 근담보물건목록 (집합동산용) (1)

대상목적물의 표시					
일련번호	1				
종류	집합동산				
소 재 지 (주소/보관장소명)					
동산의 표시 위 보관장소 내에 있는 아래 기재의 물건 및 그에 관련, 부대되는 설비 등 일체					
물건종류	규격	모델명	특성	기준수량	단위

■ 근담보물건목록 (집합동산용) (2) (3) ......
이하 위 (1)과 동일

담보제공자(근담보권설정자)가 꼭 알아두어야 할 사항

동산근담보권이란

「동산 · 채권 등의 담보에 관한 법률」에 의거 담보약정에 따라 동산을 목적으로 등기한 담보권으로 채무자가 기일에 채무를 상환하지 않으면, 채권자는 설정자가 제공한 담보물을 처분하여 우선적으로 변제 받는 권리입니다.

- 따라서 자기 소유의 원재료 · 제품, 기계 · 기구 등에 동산근담보권을 설정하는 경우 타인의 채무불이행으로 인하여 자기 재산을 잃게 될 수 있는 위험을 부담하는 행위입니다.

담보종류에 따른 책임범위

이하 10. 질권설정계약서(특정채무담보용)와 동일

14. 근담보권 설정계약서(채권담보용)

은행은 근담보권설정자에게 이 약정서상의 중요한 내용을 설명하여야하며, 은행여신거래기본약관과 이 약정서를 교부하여야 합니다.

			부점장

근담보

근담보권 설정계약서
(채권담보용)

★ 담보의 제공은 재산상 손실을 가져올 수도 있는 중요한 법률행위이므로 미리 뒷면 "담보제공자가 꼭 알아 두어야 할 사항"과 계약서의 내용을 잘 읽은 후 신중한 판단을 하시고,

★ 굵은 선 [ ] 으로 표시된 란(당사자란, 제1조 및 계약서 끝부분)은 담보제공자가 반드시 자필로 기재하시기 바랍니다.

채권자겸
금담보권자 ______________________ (인)
주 소

채 무 자 ______________________ (인)
주 소

근담보권설정자
담보제공자 ______________________ (인)
주 소

위 당사자 사이에 아래와 같이 근담보권 설정계약을 맺습니다.

제1조 근담보권의 설정

근담보권설정자(이하 "설정자"라 합니다)는 은행여신거래기본약관을 승인하고, 이 계약서 끝부분의 "근담보채권 목록"란에 기재한 물건(이하 "근담보채권"이라 합니다)에 다음 내용으로 「동산 · 채권 등의 담보에 관한 법률」이 정하는 채권근담보권을 설정합니다.

1. 피담보채무의 범위

채권자는 피담보채무의 범위를 달리하는 다음의 세 유형 가운데 어느 하나를 설정자가 선택할 수 있음을 설명 하였고, 설정자는 그 가운데 [ ] 에서 정한 채무(원본, 이자, 위약금, 지연배상금, 근담보권실행의 비용, 근담보채권의 보존비용 및 채무불이행 또는 근담보채권의 흠으로 인한 손해배상 채권 등 기타 부대채무를 포함합니다)를 담보하는 근담보권을 설정하기로 합니다.

특정근담보

채무자가 은행(본 · 지점)에 대하여 다음 약정서에 의한 거래로 말미암아 현재 및 장래에 부담하는 모든 채무.

년 월 일 약정서

년 월 일 약정서

한정근담보

채무자가 은행(본 · 지점)에 대하여 다음 종류의 거래로 말미암아 현재 및 장래에 부담하는 모든 채무.

거래 거래

포괄근담보

채무자가 은행(본 · 지점)에 대하여 현재 및 장래에 부담하는 다음 채무

가. 어음대출, 증서대출, 당좌대출, 어음할인, 지급보증, 매출채권거래, 상호부금거래, 사채인수, 유가증권 대여, 외국환거래 기타 여신거래로 말미암은 모든 채무

나. 신용카드거래로 말미암은 채무(채무자 이외의 제3자가 담보를 제공한 경우는 제외)

다. 채권자와 제3자와의 위"가"의 거래에 대한 보증채무

라. 채권자가 제3자와의 위"가"의 거래로 말미암아 취득한 어음 또는 수표상의 채무

2. 채권최고액

가. [금 원]

나. 설정비용의 절감 등을 위하여 채권최고액을 최초 채권액을 기준삼아 정하였다 하여도 이를 이유로 이 계약을 특정채무담보를 위한 담보권 설정계약으로 해석하지 않기로 합니다.

3. 근담보권 결산기

채권자는 근담보권 결산기를 정하는 다음의 세 유형 가운데 어느 하나를 설정자가 선택할 수 있음을 설명하였고, 설정자는 그 가운데 [ ] 에서 정한 날을 결산기로 하기로 합니다.

장래지정형

정하지 아니합니다.
이 경우 계약일로부터 3년이 경과하면 설정자는 서면통지에 의하여 근담보권 결산기를 지정할 수 있기로 하되, 그 결산기는 통지 도달일로부터 14일 이후가 되어야 하며, 이에 미달하는 때에는 통지 도달일로부터 14일이 되는 날을 결산기로 합니다.

자동확정형

정하지 아니합니다.
이 경우 계약일부터 3년이 경과하면 설정자는 서면통지에 의하여 근담보권 결산기를 지정할 수 있기로 하되, 그 결산기는 통지 도달일로부터 14일 이후가 되어야 하며, 이에 미달하는 때에는 통지 도달일로부터 14일이 되는 날을 결산기로 합니다. 다만 5년이 경과할 때까지 설정자의 별도 의사표시가 없는 경우에는 계약일부터 5년이 되는 날을 결산기로 합니다.

지정형

년 월 일

제2조 여러 절차의 이행과 비용부담

① 설정자는 이 근담보권의 설정, 변경, 이전, 말소 등에 관한 등기를 하여야 할 때에는 채권자의 청구가 있는 대로 곧 필요한 절차를 밟아야 합니다.

② 채권자는 제1항의 청구를 할 때 당해 등기에 드는 비용의 종류와 산출 근거를 채무자와 설정자에게 별도의 서면에 의하여 설명합니다. 채권자가 이 설명을 하지 아니한 비용은 채무자와 설정자에게 청구하지 아니하며, 이 설명을 한 비용은 다음 각 호에 따라 부담합니다.

1. 등록면허세, 지방교육세, 등기신청수수료 및 법무사수수료
   가. 근담보권 설정등기를 하는 경우 : 채권자
   나. 근담보권 변경등기를 하는 경우 : 채권자
   다. 근담보권 이전등기를 하는 경우 : 채권자
   라. 근담보권 말소등기를 하는 경우 : 채무자 또는 설정자
2. 근담보채권의 조사 또는 신용평가 수수료
   가. 근담보권을 설정하기 위한 경우 : 채권자
   나. 채무자의 채무불이행으로 인하여 근담보권을 행사하는 경우 : 채무자 또는 설정자
3. 근담보채권의 관리현황 점검비용 : 채권자
4. 기타 비용으로서 부담주체가 분명하지 아니한 비용 : 채권자와 채무자 또는 설정자 균분

③ 제2항에 의하여 채무자 또는 설정자가 부담하여야 할 비용, 채무자의 채무불이행으로 인한 근담보권의 행사를 위한 비용 등 채무자 또는 설정자가 부담하여야 할 비용을 채권자가 대신 지급한 경우에는 은행여신거래기본 약관 제4조 제2항을 준용합니다.

제3조 채권담보등기와 존속기간

① 설정자와 채권자는 본 계약체결 후 지체 없이 「동산·채권 등의 담보에 관한 법률」에 따라 채권담보등기를 하기로 하며, 채권자는 근담보권 존속기간을 2, 3, 4, 5년 가운데 어느 하나를 설정자가 선택할 수 있음을 설명하였고, 설정자는 그 가운데 [ ] 년을 존속기간으로 하기로 합니다.
② 채권자와 설정자는 근담보권의 존속기간 만료 전에 존속기간의 갱신을 위한 연장등기 절차를 밟기로 합니다.
③ 설정자가 존속기간 연장에 동의하지 않거나 채무자 또는 설정자의 귀책사유로 연장등기를 하지 못하였을 때에는 대출기간의 연장에 불구하고 채무자는 채권자가 인정하는 다른 담보를 제공하거나 보증인을 세워야 하며, 이를 이행하지 못할 경우 은행여신거래기본약관 제7조에 의거 기한의 이익을 상실하게 됩니다.

제4조 근담보채권에 대한 명시 의무 등

① 설정자는 담보제공시 다음 사항에 대해 반드시 채권자에게 명시하고 채권자가 요구할 경우 이를 입증할 근거자료를 제시하여야 합니다.
  가. 근담보채권의 채권자여부
  나. 근담보채권의 양도사실, 양도금지 특약 및 담보설정금지 특약 없음
  다. 근담보채권에 대한 제3채무자의 상계 및 기타 대항력 없음
  라. 기타 근담보채권에 관한 다른 권리의 존재 여부
  마. 매출채권을 목적으로 하는 채권근담보권을 설정하는 경우, 그와 관련된 채권담보권의 존재 여부
② 위 명시 내용이 허위이거나 중요한 사항이 누락된 때 또는 명시내용을 입증할 근거서류를 제시하지 못할 때에는 은행여신거래기본약관 제7조에 의거 기한의 이익을 상실하게 됩니다.
③ 설정자가 명시한 내용을 확인하기 위하여 채권자가 근담보채권에 관한 추가자료를 요청하는 경우 설정자는 이에 협조하기로 합니다.

제5조 목록과 실제의 불일치 등

근담보채권의 실제가 이 계약서 끝부분 근담보채권 목록란의 기재와 맞지 아니한 부분이 있어 채권자가 채권보전상의 필요에 따라 청구하는 때에는 설정자는 곧 변경등기나 경정등기 기타 필요한 절차를 밟습니다.

제6조 회보와 조사

① 설정자는 근담보채권의 현황에 관하여 채권자로부터 청구가 있는 때에는 그에 따라 곧 회보하거나 조사에 필요한 협조를 합니다.

② 채권자는 근담보채권 현황조사를 위하여 대리인으로 하여금 설정자의 영업소를 방문하여 설정자의 관련장부 및 관계서류를 열람할 수 있으며, 설정자는 채권자의 요청시 영업기밀 등 정당한 사유 외에는 이를 제출하여야 합니다.

③ 채권자가 근담보채권의 현황에 관하여 서면으로 회보를 요청할 경우 설정자는 채권자가 지정한 양식의 서면보고서를 작성하여 관련 자료와 함께 채권자가 요청한 기일까지 제출하기로 합니다.

④ 설정자가 제출한 서면보고서의 내용을 확인하기 위하여 채권자가 추가 자료를 요청하는 경우 설정자는 이에 협조하기로 합니다.

⑤ 여러 개의 채권 또는 장래에 취득할 채권을 담보로 하는 경우 설정자는 근담보채권의 발생 및 변제현황 등을 채권자가 지정하는 기한 또는 채권자의 청구가 있을 때 채권자와 설정자가 협의한 방법에 따라 채권자에게 통지하기로 합니다.

제7조 담보가치의 유지 등

① 설정자가 근담보채권에 대하여 양도, 담보제공, 포기 등 채권자의 채권보전에 지장을 초래할 현상변경 행위를 하고자 하는 때에는 미리 채권자의 승낙을 얻어야 합니다.

② 설정자는 공사의 부실, 납품의 불합격 등 설정자에게 책임 있는 사유로 말미암은 경우는 물론 천재지변, 자연재해, 전쟁 등 불가항력 또는 수송 도중의 사고 등으로 말미암아 채권자가 제1조의 근담보채권 전액을 수령하지 못할 염려가 있는 때에는 곧 채권자에게 이를 통지하고 채무자 또는 설정자의 책임 있는 사유로 근담보 채권이 현저하게 감소한 경우 부족금에 관하여는 채권자의 지시에 따라 곧 변제하거나 상당액의 대신할 담보를 추가로 제공하기로 합니다.

③ 제1항 또는 제2항의 경우 설정자가 제3자로부터 수령할 배상금, 보상금, 보험금, 매각대금 등의 채권이 발생한 때에는, 설정자는 그 채권을 채권자에게 양도하고 이에 필요한 절차를 밟겠으며, 채권자는 그 수령금으로 다른 담보물의 제공 등 상당한 사유가 없는 한, 은행여신거래기본약관 제13조에 준하여 채무의 변제에 충당할 수 있기로 합니다.

④ 근담보채권에 대하여 권리를 주장하는 자가 있거나 법적 다툼이 발생할 경우에 설정자는 권리보전을 위한 법적절차를 밟아야 하며 채권자에게 이를 통지키로 합니다.

제8조 근담보권의 실행 등

① 담보목적물의 처분은 「민사집행법」에 따른 임의경매절차에 의함을 원칙으로 하되,

다음 각 호의 경우 채권자는 담보목적물로써 직접 변제에 충당하거나, 담보목적물을 매각하여 그 대금에서 제 비용을 뺀 잔액을 은행여신거래기본약관 제13조에 준하여 충당할 수 있습니다. 이러한 경우 채권자는 담보목적물의 평가액 또는 매각대금에서 그 채권액을 뺀 금액을 채무자 등에게 지급합니다. "채무자 등"은 채무자, 설정자, 담보목적물의 제3취득자를 말합니다.

1. 목적물의 가치가 적어 많은 비용을 들여 경매하는 것이 불합리한 경우
2. 경매시 정당한 가격으로 경락되기 어려운 사정이 있는 경우
3. 공정시세가 있어서 경매에 의하지 않아도 공정가격 산출이 가능한 경우
4. 제1호 내지 제3호의 사유에 준하는 경우

② 임의경매절차에 의하지 아니하는 경우, 채권자는 다음 각 호의 내용을 채무자 등과 채권자가 알고 있는 이해관계인에게 통지하고, 그 통지가 도달한 날로부터 1개월 이내에 이해관계인이 채권자가 산정한 예상매각대금 이상으로 처분할 수 있는 방법을 제시하지 않아야 처분할 수 있습니다. 다만, 담보목적물이 멸실 또는 훼손될 염려가 있거나 가치가 급속하게 감소될 우려가 있는 경우에는 그러하지 아니합니다.

1. 담보권실행의 방법
2. 피담보채권의 금액
3. 담보목적물의 평가액 또는 예상매각대금
4. 담보목적물로써 직접 변제에 충당하거나 담보목적물을 매각하려는 이유

③ 근담보권의 목적이 된 채권이 피담보채권보다 먼저 변제기에 이른 경우에는 채권자는 제3채무자에게 그 변제금액의 공탁을 청구할 수 있습니다. 이 경우 제3채무자가 변제금액을 공탁한 후에는 채권근담보권은 그 공탁금에 존재합니다.

제9조 근담보채권 회수 등

① 여러 개의 채권을 담보로 하는 경우 은행여신거래기본약관에 의하여 채무자가 기한의 이익을 상실하지 않는 한 설정자는 제3채무자로부터 근담보채권의 변제금액을 수령할 수 있습니다. 이 경우 설정자는 근담보채권의 변제기일 전에 채권자로부터 승낙을 받아야 합니다.

② 은행여신거래기본약관에 의하여 채무자가 기한의 이익을 상실한 때에는 설정자는 제1항의 근담보채권 변제금액의 수령권한을 상실하는 것으로 하며, 채권자는 제8조 제1항에 의하여 제3채무자로부터 근담보채권의 변제금액을 직접 수령할 수 있습니다.

10조 다른 담보 · 보증약정과의 관계

설정자가 채무자의 채권자에 대한 같은 피담보채무에 관하여 따로 담보를 제공하고 있거나 보증을 하고 있는 경우에는 별도의 약정이 없는 한 그 담보나 보증은 이 계약에 의하여 변경되지 아니하며 이 계약에 의한 담보책임과 별개의 것으로 누적적으로 적용됩니다.

제11조 담보 등의 변경 · 해지 · 해제

설정자가 동의를 한 때나, 동등한 가치 이상의 담보대체, 동등한 자력 이상의 보증인 교체 또는 일부 변제액에 비례한 담보나 보증의 해지 · 해제 등 설정자가 대위변제할 경우의 구상실현에 불리한 영향이 없을 때에는 거래상 필요에 따라 채권자는 다른 담보나 보증을 변경 또는 해지 · 해제할 수 있기로 합니다.

제16조 기타 특약 사항

설정자 : (인)

상담자	직위 :	성명 :	인

※ 설정자는 다음 사항을 읽고 본인의 의사를 사실에 근거하여 자필로 기재하여 주십시오(기재예시 : 1. 수령함, 2. 들었음, 3. 채권자임, 4~7. 없음 등)

1. 은행여신거래기본약관과 이 계약서 사본을 확실히 수령하였습니까 ?	
2. 위 약관과 계약서의 중요한 내용에 대하여 설명을 들었습니까?	
3. 근담보물건의 소유자입니까?	
4. 근담보채권에 양도사실 또는 계약상 양도금지 특약이나 담보설정금지 특약이 있습니까?	
5. 근담보채권에 대한 제3채무자의 상계 및 기타 대항력이 있습니까?	
6. 근담보채권에 관한 기타 다른 권리가 있습니까?	
7. 매출채권을 목적으로 하는 채권근담보권을 설정하는 경우, 그와 관련된 동산담보권이 있습니까?	

■ 근담보채권 목록 (개별채권담보용) (1)

대상목적물의 표시			
필수기재사항	일련번호		1
	채권의 종류*		
	발생원인		계약
	개별채권	발생년월일	년 월 일
	채권자(판매기업)	법인명/성명	
		주 소	
	채권자(판매기업)	법인명/성명	
		주 소	
선택기재사항	변제기일		
	채권총액		
	기타사항		

■ 근담보채권 목록 (개별채권담보용) (2) (3) ......
이하 (1)과 동일

■ 근담보채권 목록 (집합채권담보용) (1)

대상목적물의 표시			
필수기재사항	일련번호		1
	채권의 종류*		
	발생원인		계약
	집합채권	시 기	년 월 일
		종 기	년 월 일
	채권자(판매기업)	법인명/성명	
		주 소	
	채권자(판매기업)	법인명/성명	
		주 소	
선택기재사항	변제기일		
	채권총액		
	기타사항		

■ 근담보채권 목록 (집합채권담보용) (2) (3) ....
이하 (1)과 동일

*채권의 종류

연 번	명 칭	연 번	명 칭
1	부동산매매대금채권	13	보관료채권
2	동산매매대금채권	14	지료채권
3	기타 매매대금채권	15	전세금반환채권
4	부동산담보대출채권	16	보험금채권
5	금융기관대출채권	17	보험료채권
6	신용카드대금채권	18	중개료채권
7	기타 대여금채권	19	운송료(운임)채권
8	임대차보증금반환채권	20	리스료채권
9	차임채권	21	지식재산권이용료채권
10	공사대금채권	22	진료비채권
11	기타 수급인의 보수채권	23	서비스이용료채권
12	수임료채권	24	기타 채권

담보제공자(근담보권설정자)가 꼭 알아두어야 할 사항

채권담보권이란

- 「동산 · 채권 등의 담보에 관한 법률」에 의거 담보약정에 따라 채권을 목적으로 등기한 근담보권으로 채무자가 기일에 채무를 상환하지 않으면, 채권자는 설정자가 제공한 담보물을 처분하여 우선적으로 변제 받는 권리입니다.
- 따라서 자기소유의 채권에 담보권을 설정하는 경우 타인의 채무불이행으로 인하여 자기 재산을 잃게 될 수 있는 위험을 부담하는 행위입니다.

담보종류에 따른 책임범위

이하 10. 질권설정계약서(특정채무담보용)와 동일

15. 채권양도계약서(특정채무담보)

은행은 채권양도인에게 이 약정서상의 중요한 내용을 설명하여야하며, 은행여신거래기본약관과 이 약정서를 교부하여야 합니다.

			부점장

특정채무담보

채권양도계약서

★ 담보의 제공은 재산상 손실을 가져올 수도 있는 중요한 법률행위이므로 미리 뒷면 "채권양도인이 꼭 알아 두어야 할 사항"과 계약서의 내용을 잘 읽은 후 신중한 판단을 하시고,

★ 굵은 선 [ ] 으로 표시된 란(당사자란 및 보증서 끝부분)은 채권양도인이 반드시 자필로 기재하시기 바랍니다.

20 년 월 일

채 권 자 겸
채권양수인 ____________________ (인)
주 소

채 무 자 ____________________ (인)
주 소

채권양도인 ____________________ (인)
주 소

제1조 채권의 양도

채권양도인(이하 "양도인"이라 합니다)은 은행여신거래기본약관을 승인하고, 채무자의 은행(이하 "채권자"라 합니다)에 대한 다음채무를 담보하기 위하여 그의 소유인 이 계약서 끝부분 "양도채권의 표시"란에 기재한 채권전액을 채권자에 양도하고 채권자 앞으로 그에 관한 채권증서의 인도를 마쳤습니다.

피담보채무의 범위

거래약정	년 월 일자 약정서
금 액	금 원
상환기일	년 월 일
이자율 · 지급시기	년 %
지연배상금	상환기일에 지급하지 아니한 때 또는 기한의 이익을 상실한 때에는 지급하여야 할 금액에 대하여 곧 년 %의 율로 1년을 365일로 보고 1일 단위로 계산한 지체일수에 해당하는 지연배상금을 지급합니다.

제2조 채권 추심 · 변제충당

채권자가 제1조에 의하여 양수한 채권을 추심 한 때에는 채권자는 그 수령금으로 은행여신거래기본약관 제13조에 준하여 채무의 변제에 충당할 수 있기로 합니다.

제3조 담보가치의 유지

양도인은 공사의 부실 · 납품의 불합격 등 양도인에게 책임 있는 사유로 말미암은 경우는 물론 불가항력 · 사변 · 재해 · 수송도중의 사고 등으로 말미암아 채권자가 제1조의 양도채권 전액을 수령하지 못할 염려가 있는 때에는, 곧 채권자에게 이를 통지하고 부족금에 관하여는 채권자의 지시에 따라 곧 변제하거나 상당액의 대신할 담보를 추가로 제공하기로 합니다.

제4조 기타 특약사항

채권양도인 : (인)

※ 설정자는 다음 사항을 읽고 본인의 의사를 사실에 근거하여 자필로 기재하여 주십시오(기재예시 : 1. 수령함. 2. 들었음)

1. 은행여신거래기본약관과 이 계약서 사본을 확실히 수령하였습니까 ?	
2. 위 약관과 계약서의 중요한 내용에 대하여 설명을 들었습니까?	

상담자	직위 :	성명 :	인

· 양도채권의 표시

1. 원인계약	년 월 일자 약정서
2. 채권총액	금 원
3. 지급기일	년 월 일
4. 채 무 자	
5. 특기사항	

주의 : 특기사항란에는 지급조건과 원인계약이 납품계약일 때의 품명 · 수량 · 단가 등을 적습니다.

채권양도인이 꼭 알아두어야 할 사항

채권양도란

- 채권의 동일성을 유지하면서 계약에 의하여 채권을 양도인으로부터 양수인에게 이전하는 것입니다.
- 따라서 자기 소유의 채권을 타인을 위하여 양도하는 경우, 타인의 채무불이행으로 인하여 자기 재산을 빼앗기게 될 수 있는 위험을 부담하는 행위입니다.

담보종류에 따른 책임범위

이하 10. 질권설정계약서(특정채무담보용)와 동일

16. 채권양도계약서(근담보용)

은행은 채권양도인에게 이 약정서상의 중요한 내용을 설명하여야하며, 은행여신거래기본약관과 이 약정서를 교부하여야 합니다.

			부점장

근담보

채권양도계약서

★ 담보의 제공은 재산상 손실을 가져올 수도 있는 중요한 법률행위이므로 미리 뒷면 "담보제공자가 꼭 알아 두어야 할 사항"과 계약서의 내용을 잘 읽은 후 신중한 판단을 하시고,

★ 굵은 선 ☐ 으로 표시된 란(당사자란 및 보증서 끝부분)은 담보제공자가 반드시 자필로 기재하시기 바랍니다.

20 년 월 일

채 권 자 겸
채권양수인 (인)
주 소

채 무 자 (인)
주 소

채권양도인 (인)
주 소

제1조 채권의 양도

채권양도인(이하"양도인"이라 합니다)은 은행여신거래기본약관을 승인하고, 은행(이하"채권자"라 합니다)에 대한 다음 채무를 담보하기 위하여 그의 소유인 이 계약서 끝부분"양도채권의 표시"란에 기재한 채권전액을 채권자에게 양도하고 은행 앞으로 그에 관한 채권증서의 인도를 마쳤습니다.

1. 피담보채무의 범위

채권자는 피담보채무의 범위를 달리하는 다음의 세 유형 가운데 어느 하나를 설정자가 선택할 수 있음을 설명하였고, 설정자는그 가운데 [ ] 에서 정한 채무(이자, 지연배상금, 기타 부대채무를 포함합니다)를 담보하기로 합니다.

특정근담보

채무자가 은행(본 · 지점)에 대하여 다음 약정서에 의한 거래로 말미암아 현재 및 장래에 부담하는 모든 채무(아래 약정의 상환기일 또는 거래기간을 보증인의 동의를 받아 연장한 때에는 그 채무 포함)

년 월 일 약정서

년 월 일 약정서

한정근담보

채무자가 은행(본 · 지점)에 대하여 다음 종류의 거래로 말미암아 현재 및 장래에 부담하는 모든 채무.

거래 거래

포괄근담보

채무자가 은행(본 · 지점)에 대하여 현재 및 장래에 부담하는 다음 채무

가. 어음대출, 증서대출, 당좌대출, 어음할인, 지급보증, 매출채권거래, 상호부금거래, 사채인수, 외국환거래 기타 여신거래로 말미암은 모든 채무

나. 채권자와 제3자와의 위 '가'의 거래에 대한 보증채무

다. 채권자가 제3자와의 위 '가'의 거래로 말미암아 취득한 어음 또는 수표상의 채무

제2조 이하 : 18. 채권양도계약서(특정채무담보용)와 동일

사 항 색 인

(ㄱ)

(ㄴ)

(ㄷ)

(ㅁ)

(ㅂ)

(ㅅ)

(ㅊ)

(ㅋ)

(ㅌ)

(ㅍ)

(ㅎ)

판 례 색 인

대판

대전합판

대법원

저자

오시정(吳時正)

- 고려대학교 법과대학 졸업
- 법학박사(고려대학교 대학원)
- 한국산업은행(1974.3~1991.9)
- 한국금융연수원 교수(1991.9~2010.4)
- 어음제도 연구위원(중소기업청)
- 연세대학교 상남경영원 강사
- KDI 국제정책대학원 강사
- 금융분쟁조정위원회 전문위원(금융감독원)
- 소비자분쟁조정위원회 조정위원(한국소비자원)
- 고려대학교 법학전문대학원 겸임교수
- 국회입법지원 위원
- 한국금융법연구원 원장

저서

- 여신실무법률-담보(II)(제10판), 한국금융연수원
- 여신실무법률-채권회수, 한국금융연수원
- 여신거래계약의 이론과 실무(소비자금융편), 한국금융법연구원
- 여신거래계약의 이론과 실무(기업금융편), 한국금융법연구원
- 근저당권의 이론과 실무(신정판), 한국금융연수원
- 비실명예금에 관한 금융실무, 한국금연수원
- 부동산경매실무, 유로
- 채권계약관리, 신한M&B
- 담보취득관리(전2권), 신한M&B
- 어음수표관리, 신한M&B
- 채권회수관리(전3권), 신한M&B
- 부실채권관리, 신한M&B

공동집필

- 금융법률실무, 한국산업은행
- 대출채권의 관리와 회수, 한국산업은행
- 회사정리법해설, 한국산업은행

여신실무법률 - 담보(I)

초 판 1쇄 · 2014. 2. 13.
제 10 판 1쇄 · 2025. 4. 11.
저 자 · 오시정
발 행 인 · 이준수
발 행 처 · 한국금융연수원 출판미디어사업부
03053 서울시 종로구 삼청로 118
전 화 · (02)3700-1500
팩 스 · (02)3700-1530
홈 페 이 지 · www.kbi.or.kr
등 록 · 1990. 4. 20(제 1-1040호)

〈정가 25,000원〉 ISBN 978-89-287-8247-5 13360

한국금융연수원 자격검정시험 안내

•「국가공인자격」은 자격기본법에서 정한 기준과 절차에 따라 국가가 공인한 자격으로 신용분석사, 여신심사역, 국제금융역, 자산관리사(FP), 신용위험분석사(CRA), 외환전문역 I종, 외환전문역 II종 등 7개의 자격이 있습니다.

•「자체인증자격」은 우리 원이 인정, 수여하는 자격으로 공개시험형 자체자격인 프라이빗 뱅커(CPB), 은행텔러, 영업점 컴플라이언스 오피서(은행)(보험)(증권), KBI 금융DT 테스트, 자금세탁방지 업무능력 검정시험 등 7개 자격이 있습니다.

구분	자 격 명 (공인/등록번호)	응시료	자격소개
국가공인자격	신용분석사 (제2024-1호) (2008-0438)	전과목 : 66,000원 1부 : 28,000원 2부 : 39,000원	금융회사의 여신관련 부서에서 기업에 대한 회계 및 비회계자료 분석을 통하여 종합적인 신용상황을 판단하고 신용등급을 결정하는 등 기업신용 평가업무를 담당하는 금융전문가
	여신심사역 (제2024-2호) (2008-0439)	전과목 : 66,000원 1부 : 28,000원 2부 : 39,000원	금융회사의 여신심사 담당자로서 경제상황과 기업의 재무, 비재무상태 등을 분석, 파악하여 적정한 대출심사 의견서 작성, 대출이율 및 대출기간 결정 등 대출실행 여부를 판단하고 자금의 효율적 운용, 대손 방지를 위한 제반조치, 여신의 법률적 검토, 사후관리업무 등 여신업무와 관련한 종합적인 업무를 수행하는 금융전문가
	국제금융역 (제2021-1호) (2008-0440)	전과목 : 66,000원 1부 : 33,000원 2부 : 33,000원	금융회사의 국제금융 관련 부서에서 국제금융시장의 동향파악, 분석 및 예측 등을 통하여 외화자금의 효율적 조달과 운용업무를 담당하고 이에 따른 리스크관리 등 국제금융 관련 업무를 수행하는 금융전문가
	신용위험분석사(CRA) (제2023-2호) (2008-0442)	1차 : 77,000원 2차 : 88,000원	금융회사 및 기업신용평가기관 등에서 개인과 기업에 대한 신용상태를 조사평가하고 신용위험을 측정 · 관리하는 여신전문가
	자산관리사(FP) (제2020-1호) (2008-0441)	전과목 : 55,000원 1부 : 28,000원 2부 : 28,000원	금융회사 영업부서의 PB(Private Banking) 팀에서 고객의 수입과 지출, 자산 및 부채현황, 가족상황 등 고객에 대한 각종 자료를 수집, 분석하여 고객이 원하는 Life Plan 상의 재무목표를 달성할 수 있도록 종합적인 자산설계에 대한 상담과 실행을 지원하는 금융전문가
	외환전문역 I종 (제2020-1호) (2008-0436)	전과목 : 55,000원	금융회사의 외환업무 중 외국환 거래 법규 및 외환거래실무를 이해하고 고객의 외화 자산에 노출되는 각종 외환 리스크를 최소화시키는 등 주로 개인 외환과 관련된 직무를 담당
	외환전문역II종 (제2020-1호) (2008-0436)	전과목 : 55,000원	금융회사의 외환업무 중 수출입업무 및 이와 관련된 국제무역규칙을 이해하고 외환과 관련된 여신 업무를 수행하는 등 주로 기업 외환과 관련된 직무를 담당
자체인증자격	은행텔러 (2008-0437)	전과목 : 55,000원	창구에서 일어나는 제반업무에 대해 신속하고 친절한 업무수행과 정확한 업무처리로 고객에게 도움을 주고 상담을 통해 문제해결을 하도록 도와주는 금융전문가
	영업점 컴플라이언스 오피서(은행) (2010-0118) (보험, 증권) (2013-0702,0703)	전과목 : 각 44,000원	금융회사의 영업점에서 준법관련 법규와 감독기관의 감독규정이 정한 내용과 취지를 충분히 이해하고 업무 수행과정에서 이를 준수하며, 영업점에서 발생 가능한 금융사고 및 민원사항이 발생하지 않도록 사전적 예방 차원에서 그 준수사항의 이행을 점검하는 금융전문가(은행, 보험, 증권 분야별로 자격이 구분됨)
	프라이빗뱅커 (CPB) (2018-004091)	1차 : 110,000원 2차 : 342,000원 (실무교육)	개인고액자산가의 자산 및 수익증대를 실현하기 위해 금융분야 전반에 걸쳐 종합적인 금융상담과 실행을 지원할 수 있는 최고급 수준의 금융자산설계전문가
	KBI 금융DT 테스트 (2021-001872)	전과목 : 44,000원	금융인 및 예비금융인을 대상으로 디지털금융 전반에 대한 기본지식과 업무활용능력 등 금융DT 관련 기본역량 평가
	자금세탁방지 업무능력 검정시험 (2023-004792)	전과목 : 66,000원	금융시스템을 이용한 자금세탁행위와 공중협박자금조달행위를 적발 및 예방할 수 있는 전문적인 업무역량 평가

소비자 알림사항

•상기 "프라이빗뱅커(CPB)", "영업점컴플라이언스 오피서(은행)(보험)(증권)", "KBI 금융DT 테스트", "은행텔러", "자금세탁방지 업무능력 검정시험" 자격은 자격기본법 규정에 따라 등록한 민간자격으로, 국가로부터 인정받은 공인자격이 아닙니다.

•민간자격 등록 및 공인 제도에 대한 상세내용은 민간자격정보서비스 (www.pqi.or.kr)의 '민간자격 소개'란을 참고하여 주십시오.

기타

•응시료 환불 규정 : 접수기간 중 100%, 접수기간 종료 후 시험일 5일전 18시까지 50% 환불/이후 환불 불가

•자격 공인번호는 재공인시점에 따라 변경될 수 있으며, 응시료, 환불규정 등은 응시 시점에 따라 변경될 수 있으니 자격시험 응시 전 반드시 한국금융연수원 홈페이지에서 응시하고자 하는 자격시험에 관한 최신 정보를 확인하시기 바랍니다. 자격시험에 관한 자세한 사항은 한국금융연수원 홈페이지를 참조하시기 바랍니다.

•주소 : 서울특별시 종로구 삼청로 118 / TEL : 02-3700-1500 / 홈페이지 : www.kbi.or.kr